我当校长时创造性的工作主要是两件半事情：一是提出了发展的新思路，"走综合化道路"和"科研要走在教学的前面"；二是采取超常规的办法广揽了一大批人才；半件事情是植树造林。

朱九思 ◎ 著

华中科技大学出版社
http://www.hustp.com
中国·武汉

朱九思全集

（上卷）

内 容 提 要

　　《朱九思全集》分上、下两卷，上卷为"高等教育思想"，下卷为"高等教育管理"。收录的文章最早完成于 1977 年，最近完成于 2013 年，时间跨度达 36 年。上卷"高等教育思想"集中了朱九思对教育科学、学术自由、人才培养模式、大学职能等理论问题的思考；下卷"高等教育管理"荟萃了朱九思对高等学校运行过程中诸多管理问题的思考，以及如何办大学、如何办好大学的经验总结。

　　此套《朱九思全集》，内容丰富，观点鲜明，思想深刻，经验独到，反映了作者对高等教育理论的把握与升华，对高等学校管理实践的创新与担当。更重要的是，反映出作者在高等教育发展问题上的高瞻远瞩。

　　《朱九思全集》不仅给我国各级各类高等学校的办学者和高等教育管理机构的领导者以理论启迪和实践参照，给各学科领域的高等教育研究工作者以思想触动和行动推进，而且给基础教育管理部门领导和学校教师以教育思想渗透和实践工作榜样，对世界高等教育的改革与发展也具有理论和实践上的参考价值。该书适合全口径教育领域工作者和所有关心教育和高等教育发展、关心高等学校办学的仁人志士们阅读，适合广大高等院校师生学习参考。

图书在版编目（CIP）数据

朱九思全集（上卷）（下卷）/朱九思著. —武汉：华中科技大学出版社，2014.10（2025.5 重印）
ISBN 978-7-5680-0463-3

Ⅰ.①朱… Ⅱ.①朱… Ⅲ.①高等教育-文集 Ⅳ.①G64-53

中国版本图书馆 CIP 数据核字（2014）第 244124 号

朱九思全集（上卷）（下卷）　　　　　　　　　　　　　　　朱九思　著

策划编辑：周晓方　钱　坤
责任编辑：章　红　殷　茵
责任校对：何　欢
封面设计：饶　益
责任监印：周治超
出版发行：华中科技大学出版社（中国·武汉）　　电话：（027）81321913
　　　　　武汉市东湖新技术开发区华工科技园　　邮编：430223
录　　排：华中科技大学惠友文印中心
印　　刷：湖北新华印务有限公司
开　　本：710mm×1000mm　1/16
印　　张：41.25　插页：6
字　　数：778 千字
版　　次：2025 年 5 月第 1 版第 2 次印刷
定　　价：168.00 元（上、下卷）

作
者
简
介

朱九思 华中工学院1953年至1984年的主要领导人。1916年农历正月十八生于江苏扬州。1929年至1935年在扬州中学读书。1935年至1936年在浙江大学物理系任职员。1936年9月至1937年12月在武汉大学学习。1937年12月至1938年6月在延安抗日军政大学学习，1938年12月至1942年5月任"抗大"教员。1942年5月至1946年6月在晋察冀军区第三、第四军分区和冀晋纵队工作。1946年6月至1953年1月先后任《冀热辽日报》(《群众日报》的前身)、《天津日报》、《新湖南报》(今《湖南日报》)副总编辑、总编辑。1953年1月至6月任湖南省教育厅常务副厅长。1953年6月任华中工学院筹备委员会副主任兼党组负责人，1955年6月起历任华中工学院副院长、院长、党委书记、党委书记兼院长，一直到1984年12月26日退离领导岗位。其后，在华中工学院高等教育研究所(1980年10月由他亲自组织成立的高等教育研究室，现华中科技大学教育科学研究院的前身)从事高等教育研究、高等教育学专业的教学与研究生指导工作。先后出版《高等教育刍议》、《高等教育散论》、《竞争与转化》和《开拓与改革》著作，发表几十篇论文，指导了12名硕士研究生和9名博士研究生。

序

　　九思是我的老同学、老朋友。"一二·九"运动后,我们都在武汉大学,我们这些"造反分子"成立了一个秘密组织"武大青年救国团"(有助教参加),三十多人。1937年5月,我离校到北平接党的关系,抗战期间我俩音讯全无。后来听说,抗战爆发时,九思在校入了党,随即去延安。1939年底,我到延安时,他早已到华北敌后去了。我在延安待了六年。

　　抗战胜利后,1945年10月初,我离开延安,调到承德冀热辽区,办《冀热辽日报》(后改成《群众日报》)。那时九思所在的赵尔陆纵队正在承德改编,他在纵队政治部任民运部副部长,我便将他争取过来,到报社任副总编辑,两人一起工作到1948年初。我调到东北局后,他接任我的报社社长职务。

　　1949年6月,我奉命从沈阳南下,调到湖南工作。黄克诚时任天津市委书记,同王首道一起组织湖南省委领导班子。九思带领《群众日报》班子随黄老到天津,参加创建《天津日报》后又被确定去湖南办报。我被省委任命负责组织湖南报社,于是又回到《天津日报》的老队伍中。我同九思在南下途中的河南开封相遇后一同向南,到武汉后正遇上夏天极热之时,报社筹建班子几十人住在大旅社中,九思和我同住一个房间,晚上都是光着上身睡阳台,住了一个多月。同志们一起研究湖南情况,确定报名为《新湖南报》(今《湖南日报》),请毛主席题写报名;商量着哪些重要的政策性文件应尽早介绍;开始编辑头几天的报纸,写好创刊社论《庆祝新湖南的诞生》。当时大家真是豪气满怀。我当时的职务是社长兼总编辑,九思是副社长兼副总编辑。

　　到长沙后,我们接管了国民党的《中央日报》。8月15日,湖南和平解放第十天,《新湖南报》出版了。由于我们主要领导和编辑人员都具有办报经验,发行部和印刷厂也都有一批"老人",所以工作很顺利。特别是湖南省委对我们这个"老班子"予以充分信任，从各方面给予全力支持，省委宣传部部长周小舟有时还到报社来和我们一起审稿。黄老和小舟都平易近人、作风民主又很讲原则，我一直列席出席湖南省委的常委会，我们报社领导敢于向两位老领导交心，敢于向他们质疑问难。他们两人，对报纸编辑部很放手，十分尊重报纸工作的特点，从来不干涉报社的日常事务。我还记得抗美援朝初期的一个小故事。当时，我写了好几篇社论，谈战争形势和国际情况。黄克诚同志根据中央规定，提醒我地方报纸不能谈这些大局问题。但那时的新解放区，那时的民间报纸也在发议论，于是我同黄老发生了争论。随即向中央宣传部请示，而收到的回电是"同意报社主张"。黄老将电报给我看了，还笑着说"你胜利了"。如此的办报工作，使当年《新湖南报》在全国地方报纸中小有名气。

一年后，1950年底，我和九思又一次分开。周小舟到湘西区党委当书记，我接任省委宣传部部长，九思接任社长兼总编辑。正是由于有九思等老同志主持工作，省委宣传部很少过问报社的日常事务。他把《新湖南报》办得有声有色，深受读者和各方面人士的欢迎。1952年9月，我同黄老一起调回北京，我转业到工业部门工作。这一次分开后，我和九思就再也没有机会在一起工作了。

我离开湖南后，省委调教育厅厅长朱凡接任省委宣传部部长，九思接替朱凡，从此，九思从新闻界转到教育界，开始了办教育的生涯。1953年，他又被调到武汉，离开了湖南。

1953年1月，政务院批准成立华中工学院（简称"华工"）筹备委员会。6月，九思从长沙到武昌，担任筹备委员会副主任委员。从此，他先后担任华中工学院党组书记兼副院长，党委书记兼院长，直到1984年换届离任，他担任"华工"主要领导人长达31年。离任以后，又在"华工"指导高等教育学的硕士研究生和博士研究生，并继续关注"华工"的发展和中国高等教育事业，直到2002年86岁时才离休。实际上，直到今天，他仍然关注着今日的华中科技大学和中国整个高等教育事业的发展。他针砭教育时弊，还常常一针见血。

半个多世纪以来，九思全身心地投入华中工学院的工作，为华中工学院的创办、崛起和综合性、研究型发展，为华中工学院进入全国一流、国外知名，他苦心孤诣，殚精竭虑，贡献了自己的全部执着、聪明和才智，也为中国高等教育事业作出了难能可贵的贡献。他的成就表明，他是当代中国理论与实践兼具的教育家。经历过多次政治运动以及十年"文革"对教育的破坏，九思能坚持做到这一步，真是很不容易。

九思的弟子们和华中科技大学出版社的同志们集九思为中国教育、特别是高等教育的所思所想编撰《朱九思全集》，并遵九思之意请我为其作序。我虽然比较了解朱九思，在几十年历程中有与他断断续续共同工作多次的经历，并为他的为人善良、工作热情、极强事业心和敬业奉献精神所感动，但我毕竟不是高等教育的界内之人，半个多世纪以来与他在地理位置上是天各一方，对他的高等教育事业之情没有感同身受的了解。从《朱九思全集》目录所呈现的上、下卷篇章布局来看，我相信各类读者都能从中了解朱九思、了解他为之献身的华中工学院（今华中科技大学）、了解当代中国高等教育的发展历程。

九思和我现在都已经年近百岁，比起当年和我们一起奋斗的那些牺牲和病逝的战友，我们是幸运者。每念及此，我们只能老骥伏枥而不求养怡之福。知之者，谓之"烈士暮年，壮心不已"；罪之者，则谓之倚老卖老，不甘寂寞。然而，"春蚕到死丝方尽，蜡炬成灰泪始干"，我们只能是"小车不倒只管推"了！

综上，我同九思有长达七十余年的同志之情和朋友之情。为《朱九思全集》作序，我当然义不容辞。

李锐

2014 年 8 月于北京

自序
——我曾体验到具有办学自主权的好处

当此全集即将付梓之际，我回想起在"十年浩劫"期间，上级派来的军代表一把手刘崐山同志对我政治上和工作上的信任。在认真查清了我的"问题"以后，1970 年 6 月，是他首先把我"解放"的。随即，要我从进行所谓"斗批改"的湖北咸宁农村回到学校，负责校内的工作。其实，当时校内除附属中小学与实习工厂以外，工作人员与可做的工作都很少，校园空荡荡的。家中所有的书籍在"浩劫"开始、"横扫一切牛鬼蛇神"、"抄家"时都被"抄"走了，无书可读，但这反而使得我有幸获得大量的空闲时间进行回忆与沉思。我在与加拿大许美德教授（即 Professor Ruth Hayhoe）先后三次长达七小时的交谈中提到当时的一些思考（见书中《历史的回顾——关于华中工学院的办学历程》一文），就是在那种情况下产生的。

刘崐山同志当时还非常实事求是地说过这样的话：我们熟悉军队的情况，但我们并不了解大学，关于大学的工作，还是由在学校工作多年的同志们去办吧。因此，他让我参加了 1971 年在北京召开的"全教会"，而且会后带回来的某些国家政府部门希望我们创办新专业的要求，他都同意。在随后几年的工作中，我曾提出一些工作建议，例如要引进教师，他也都赞同。我曾说过："文革"期间，我们学校受的损失相对较少，特别是创办新专业与引进教师之所以能够进行，刘崐山同志的支持是非常重要的，否则，要实现我的想法也不大可能。今天，我要再次告诉许许多多的后来者，刘崐山同志在那种"史无前例"的逆境中，是真正按正确政策办事的有功之人，令人钦佩，这一点，我们永远不应忘记。历史是永远不能割断的！

当此全集即将付梓之际，我还要毫不隐讳地谈谈大学办学自主权问题。

"文革"后期，由于有刘崑山同志的开明与支持，对我来说，获得了一定的办学自主权。"文革"结束前，刘崑山同志及其他军代表陆续离校，上面重新任命我为学校党委书记。时隔不久，我们华中工学院第一任院长查谦先生谢世，上面又任命我为院长，一身二任。事有凑巧，当时又正处于教育部虽已通知收回对学校的领导权，但又尚未完全落实的过渡状态，并且这种"过渡"意外地持续达六年之久，于是我和我的同事们就利用这个难得的机遇，更多地引进教师。当1983年上面发现我们引进了数百人之多，才明确通知将进人的批准权收上去了。但是从"文革"后期到这时，我们大概已引进了六百多位教师，大体上适应了专业发展的需要（这时的专业数比"文革"之前的专业数超过了一倍）。可惜的是，对于创办较晚的理科和文科来说，教师引进得还不够，计划中的历史研究所终于未能建成。但是，这已经改变了原来纯粹的工科大学模式并基本形成文、理、工、管相结合的格局，突破了"全面学苏"的模式。其中虽有酸甜苦辣，但总的过程还是顺利的。之所以能够如此，主要得益于当时具有一定的办学自主权。否则，就当时来看，我们的愿望是非常难以实现的，或者说几乎是不可能实现的。现在回首往事，深感办学自主权的重要。当然，毋庸解释，这种办学自主权是完全正当的，绝不是可以滥用的。

最后，我绝对不能忘怀的是已经故去的不少共事多年的老同志，可以肯定地说，没有他们的无私奉献就没有学校的今天。在他们当中，曾经担任校领导工作的有：查谦、刘乾才、文斗、彭天琦、熊小村、黄礼、刘颖、朱民亲、刘昂、张鸿卿、孙宝库、孙盛海、卢振中、路丁、宋驹、姚启和等同志；曾经担任教授的有：刘正经、朱木美、赵师梅、万泉生、周绪暄、李如沆、徐真、谢义达、邓文英、张振宇、陈泰楷、李子祥、戴良谟、庆善癸、庆善驯、周玉廷、马骥方、黄兰谷、张守一、蒲万林、杨赓文、余国钧、郝刚、郑衍双、孙培祯、汤之璋、刘富华、黄慕义、罗汝梅、潘景安、程天柱、路亚衡、严学窘、李灏、虞锦江、彭伯永、张以增、刘育麒、李牧安、徐恕宏、林金铭、高宇昭、刘忠、文辅相、涂又光等同志。还有其他不少同志，恕不一一列举。他们都曾为学校的创建与发展做出了无私的贡献，我对他们抱有无法磨灭的深深的怀念之情。学校现已有离退休老同志几千人，在过去几十年当中，他们同样为学校的建设奉献了毕生的精力，我对他们表示衷心的敬意。现在还有大批同志仍在各自的岗位上辛勤工作，希望他们青出于蓝，后来居上。

此全集得以出版，要感谢我曾经指导过的博士生、华中科技大学教育科学研究院的沈红教授和她指导的博士生张青根同志，他们做了许多具体的工作。还要感谢学校出版社相关负责同志与责任编辑以及有关同志的支持。

2014 年 7 月 20 日于协和医院

朱九思生平

朱九思，1916 年阴历一月十八日出生在江苏扬州的一个经营布店的小商人家庭。5 岁至 12 岁，读私塾和小学。1929 年考入扬州中学。扬州中学是一所办学声誉卓著的省立中学，有很好的师资和教学设备。课程设置上文理并重，对语文、英语、中外历史和中外地理都很重视；除开设基本课程外，还有选修科目。这所中学相当重视实验室和图书馆建设，在 20 世纪 30 年代初，就修建了相当气派的钢筋混凝土结构的大楼，称为"树人堂"。这些，都给朱九思留下了深刻的印象。他后来曾说，他在"文革"后期，特别是"文革"之后，提出了一些办学的做法，无疑受到某些大学的影响，受到去国外大学访问的影响，但确实也有当年扬州中学的影响。可以说，扬州中学是长期潜伏在他思想深处的第一个办学榜样。

1931 年"九一八"事变后，中华民族处于危急之中。朱九思就在这种氛围中度过了青少年时期。当时，他很喜欢文学，读了大量的现代文学作品。从许多进步的文学作品中，他渐渐地接受了进步的革命思想。另外，他也喜欢外语，小学就学过英文，基础比较好。上高中后又曾学习日文和世界语。1935 年 5 月，临近高中毕业时，他因参与了苏州世界语协会的一次联欢活动，被国民党县党部拘留，罪名是这个协会与共产党有联系，实际上他当时并未参加共产党。虽然三天后被释放，但这次拘留给他年轻的心灵以极大的刺激，进一步造成他对国民党的反感。

1935 年朱九思中学毕业后，因家庭经济状况不好，没有考大学，而找到一个在浙江大学物理系当小职员的工作。一年后，他在哥哥的经济支持下终于得以考取武汉大学哲学教育系，第二年转入外语系学习。

在武汉大学学习的时间不长，但却是朱九思人生转折的关键时期。由于思想进步,他于 1936 年 10 月被吸收进"武大青年救国团",这是进步青年的秘密组织,从此他正式参加了革命。1936 年 11—12 月间,"武大学生救国会"成立,这是一个公开的群众组织,朱九思被选为理事。1937 年 10 月,朱九思在武汉大学加入了中国共产党。

1937 年底,党组织批准朱九思进入延安抗大(第三期)学习。1938 年 6 月,他留校工作;1938 年 12 月至 1942 年 5 月间,作为抗大第二分校成员,到敌后晋察冀边区,先后担任过政治教育干事、指导员、政治教员和大队的政治主任教员。在四年多的时间里,他读了不少马列主义原著,抗大的"团结、紧张、严肃、活泼"的校训,也给了他深刻的影响,成为他日后办学实践中恪守不渝的准则。

1942 年 5 月,朱九思调离抗大第二分校,担任晋察冀军区第三军分区政治部宣传科长。此时,适逢党中央发动全党整风运动,他在工作和学习中开始领会毛泽东思想,懂得必须把马克思主义的普遍原理和中国革命的具体实践相结合,并在日后的办学实践中注意贯彻和运用。

1945 年 8 月日本投降以后,朱九思调任晋察冀军区第四军分区政治部宣传科长。1945 年 12 月,又调任纵队政治部民运部副部长。

1946 年 6 月,他离开军队,调任《冀热辽日报》(后改称《群众日报》)副总编辑,后任报社社长、总编辑。1949 年 1 月,调任《天津日报》总编辑。1949 年 8 月,调任《新湖南报》(今《湖南日报》)副总编辑,后任总编辑。1953 年 1 月至 6 月,调任湖南省教育厅常务副厅长。多年的办报工作,使朱九思的政策理论水平、宣传能力和领导才能有了较大的提高,特别是养成了从政治上观察问题的敏锐眼光,从宏观上把握全局的能力和严肃认真、一丝不苟的工作作风。

1952 年 11 月,中南行政委员会根据中央关于全国高等学校进行院系调整的指示,决定组建华中工学院。1953 年 6 月,朱九思被调任华中工学院筹备委员会副主任和党组负责人,1955 年 6 月被国务院正式任命为华中工学院副院长,由此开始了他长达近半个世纪的大学管理与研究生涯。

华中工学院是我国第一个五年计划建设时期新建的一所培养重工业建设人才的多科性工业大学。建校初期,在进行一系列改革的同时,学校领导也在思考社会主义的工业大学如何办这一崭新课题。从 1953 年建校到 1960 年,朱九思作为副院长和党委副书记,与学院的其他领导成员一道,在办学实践中进行了艰苦的探索和思考,取得了很大成绩,使学院粗具规模。到 1960 年,在校学生由建校初期的 2600 余人发展到 8000 余人,专业也增加到 18 个。1960 年 10 月,华中工学院被确定为教育部直属的全国重点高等学校。

1960 年底,原任党委书记彭天琦调任中共武汉市委第二书记后,朱九思继任华中工学院党委书记。上任之后,他首先对学校工作进行了大量的系统深入的调查,对前三年"教育革命"运动进行总结。在肯定成绩的同时,他毫不含糊地指出:"过去三年工作中的主要问题,是我们在执行政策中犯了'左'的错误。在对'人'方面,没有正确执行党的知识分子政策,对学生的思想教育要求偏高偏急,方式简单粗暴,存在着混淆两类矛盾的错误;在对'事'方面,在执行党的教育方针中,没有贯彻以教学为主的原则,在教学工作和学术问题上缺乏科学的态度,轻率地进行了一些改革。上述这些'左'的错误的严重后果,是紧和乱。"所谓"紧",就是人事关系紧张,工作任务紧张。所谓"乱",就是教学秩序混乱。在他领导下,华中工学院认真贯彻了党的调整、巩固、充实、提高的方针。作为党委书记的朱九思,及时指示华中工学院院刊连续发表了《论当前提高教学质量从何着手——兼论开展学术活动的重要性》、《必须把师资培养工作进一步全面抓起来——兼论如何正确对待新生事物、爱护新生力量和积极分子》和《为提高学术水平而努力》等三篇文章,指出开展学术活动和科学研究,是提高师资水平和教学质量的重要措施。他在抓好日常教学工作的同时,特别重视提高师资水平、开展学术活动和科学研究工作。

1964 年 11 月到 1965 年 5 月,朱九思被教育部抽调到北京大学"四清"工作队工作,在北京大学无线电系领导"四清"运动。

在这一段时间内,华中工学院同全国许多高等学校一样,掀起了学习毛泽东著作的热潮。在林彪提倡的所谓"句句是真理"、"急用先学,活学活用"的影响下,毛主席语录被张贴在学院各办公室、教研室和实验室。

1965 年 5 月,朱九思从北京大学回校后,认为这些做法都是形式主义的、庸俗化的表现,与学习毛泽东思想的立场、观点、方法,掌握其精神实质的宗旨背道而驰。为了纠正这些形式主义的做法,他要把各个房间里张贴的毛主席语录都取下来,他甚至要取下挂在学院主楼上的"高举毛泽东思想伟大红旗,一定要把毛泽东思想学到手"的大字标语。由于他的这些主张不合当时的潮流,也没有照顾到当时群众学习毛主席著作的热情,方法过于简单,许多干部、群众思想不通。因此,在"文化大革命"期间,"反对学习毛泽东思想"成了他的一大罪状,他被作为走资本主义道路的当权派,受到极大的冲击。1966 年 8 月 30 日、31 日两晚上,他被拉到华中工学院全院数千人的大会上批斗,被扣上"牛鬼蛇神"等罪名,在校内游斗,又被抄家,后被安排在学院苗圃劳动改造。1970 年 6 月,在军代表指示下,获得"解放"。

1972 年 8 月,华中工学院恢复党的组织,朱九思被任命为临时党委第一书记。随后不久,又先后被任命为湖北省文教局副局长、中共湖北省委宣传部副部长、文教部副部长,但他仍主要在华中工学院主持工作。1975 年,华中工学院第一任院长查谦去世,朱九思随即被任命为院长。

朱九思重新出来工作以后,敢于开拓进取。1971 年春,根据当时四机部、一机部等部委提出的要求,在驻华中工学院军宣队主要负责人的支持下,他创办激光技术、无线电通信等 9 个新技术专业。在 1971 年开始招收工农兵学员以后,朱九思抱着对学员负责的态度,认真加强文化科学知识的教学,大胆地严格要求、严格管理,不按"四人帮"搞的所谓"教育革命经验"行事。在大力引进优秀知识分子、注意团结教师的基础上,他大抓科学研究工作,组织教师承担了国家许多重大科学研究项目,并取得了成果,使华中工学院在一些中央业务部门和研究机构中取得了较好的信誉。在 1978 年的全国科学大会上,华中工学院被授予"科学研究先进单位"称号。

1975 年邓小平主持中央工作期间,朱九思根据邓小平的"三项指示",在华中工学院大力整顿各级领导班子的"软、懒、散",加强党的建设,建立和健全各项规章制度,特别注意落实党的知识分子政策,调整各方面的关系,还宣传胡耀邦主持制定的《科学院汇报提纲》,调动广大教师搞好教学和科研的积极性。

朱九思一贯重视执行知识分子政策,尊重教师。在"文革"中,尽管朱九思自己受到很大冲击,但迫害知识分子的话他不说,迫害知识分子的事他不做。1972 年 8 月成立临时党委以后,在他的主持下,党委实事求是地纠正了一些干部和教师的历史结论,把一些无中生有的不实之词从档案里彻底清除出去。有人要揪出身不好的教师回乡批判,他坚决不允许。"文革"中,许多知识分子在一些单位不受重视,感到无用武之地,朱九思就要广大教师和干部提供线索,让人事处设法把一些有才能的知识分子调到学校来工作。所以,十年浩劫,许多高等学校的师资队伍受到了不同程度的摧残,人员减少,有的学校元气大伤;而华中工学院却与众不同,不仅师资队伍未受损失,而且自 1972 年以后,从外单位调进了一大批教师。截至 1979 年,共调进教师 600 多名,分别来自全国 20 多个省市的 500 多个单位。许多在原单位用非所学或受排挤,被压得直不起腰的知识分子,在华中工学院受到了信任和重用。校内有些同志不理解,讽喻朱九思是"高筑墙,广积人,想称霸"。有人甚至把这一做法作为朱九思的罪状之一,说他是比"走资派"还厉害的"跑资派"。朱九思则反复对有关同志讲:"我们中国不是知识分子多了,而是太少。我们大学要办下去,要培养出一批又一批的知识分子来,就要扩大教师队伍。"他还对人事处的负责人说:"要看远一些,再过几年,想调人也调不来了!"事实证明他的做法是正确的,在调来的教师中,许多人后来成了专业的学术带头人,有的成为博士生导师,他们在华中工学院"文革"后的迅速崛起中发挥了重要作用。因此,当年作为讽刺话的"广积人",变成人们对朱九思的远见卓识和强烈事业心的赞誉之词了。高考恢复以后,《光明日报》记者到华中工学院采访曾写了一篇通讯:《爱才者》,专门记述了朱九思爱才的故事(见《人民教育》杂志 1980 年第 2 期)。

打倒"四人帮"以后,朱九思勇敢地冲破了当时"两个凡是"的束缚,大胆解放思想,不观望、不等待,立即带领华中工学院党委一班人,恢复了"文革"中被拆散的基础理论课各教研室,恢复原来的教学计划;积极向上级建议,要求恢复招收知识青年的招生考试;将"文革"中未学完应学课程的一部分毕业生招回学校"回炉"(补课);落实各项政策,尽力改善教师的工作和生活条件,调动广大教师的积极性;同时大抓师资的培养提高,千方百计选派众多教师出国进修,使"文革"后的华中工学院得以迅速地恢复和重建。

1977 年暑期,在朱九思的主持下,华中工学院党委又组织全校 700 余名教师和干部,大搞调查研究,了解世界科学技术和高等教育的发展趋势,了解各专业的国际水平,摸清学科发展的脉络。教师们共写出调查报告 104 份,近 54 万字,内容涉及各学科、各专业在国外的发展现状,国外一些著名大学在 70 年代的专业设置、师资水平、教材内容、实验手段和设备、科研方向和成果等各方面的情况。调查研究,使学校上下都认识到苏联模式的专业设置存在着理工分家、重理(工)轻文、专业划分过细、专业教育内容陈旧落后、专业设置重复等许多问题,极不利于提高学术水平和人才培养。与此同时,朱九思又组织专人研究一些世界著名大学的历史,从中探索大学发展的规律。在此基础上,朱九思为华中工学院确定了学科综合化的发展方向,并进行了一系列改革。

1979 年 3 月 5 日,朱九思带领教育部派出的高等教育考察组,到美国、加拿大、日本三国考察了许多著名大学。这次考察对朱九思影响最大的,一是这些国家的著名大学都十分注意教学工作和科学研究并重,教学和科学研究结合得很好;二是几乎所有的著名大学都是综合性的。这就更促使他下决心要改革华中工学院的学科结构。

1980 年 4 月,朱九思在一期干部轮训班上就正式提出要把华中工学院办成综合性大学。

1984 年 9 月,朱九思应日本国立广岛大学的邀请,再次访问日本,并被广岛大学授予名誉博士学位。

在朱九思 30 余年的办学实践中,有两个十分可贵的品质贯穿始终,这就是高度的革命事业心、责任感和从实际出发、一切按客观规律办事的实事求是精神。朱九思在"文革"结束后的那几年,也并未受到当时普遍存在的"怕犯错误,左顾右盼,遇事不表态"和"工作松懈,怕得罪人,因循守旧"等心态的影响。他认为,作为领导人,必须敢于负责,敢于解决问题,敢于严格要求。如果错了，就改正，不要怕。而要做到这一点，就必须将个人利益得失置之脑后，时刻把工作放在第一位。

从实际出发，这是他通过1942年整风运动获得的宝贵财富。在实际工作中，他总是认真地研究本单位的具体情况，结合实际有针对性地执行上级指示，因此在他的领导下，华中工学院取得了很大的成绩。

朱九思认为，"目前，我国的普通教育和高等教育还存在许多问题，原因固然很多，从根本上说，就是搞教育的不懂教育科学，或者懂得不多，因而在某些方面未能按教育规律办事，只凭经验办事，而经验并不都是符合客观规律的。"因此，朱九思很重视高等教育科学研究，1980年就在华中工学院建立了高等教育研究所（今为华中科技大学教育科学研究院）。

1984年12月，华中工学院（1988年改名为华中理工大学，2000年经四所高等学校合并改名为华中科技大学）领导班子换届，年届69岁的朱九思退离大学的领导岗位，在本校高等教育研究所从事高等教育研究，并指导研究生，为博士研究生讲授"中国高等教育的今天和明天"的课程，有时也为全体研究生和教师讲授某些高等教育研究专题。

他总共亲自指导了12名硕士研究生，9名博士研究生。一直到今天，进入99岁高龄的朱九思先生仍以高度的事业心和责任感关注着全国教育事业特别是高等教育事业的改革与发展，关注着本校的建设。

（附注：本文作者为姚启和，原载《当代中国高等教育家》。该书于1995年出版。转载时由沈红在该文最后对朱九思近几年的情况加以简短的补充。）

目录

高等教育思想

高等教育管理

附　　录

上　卷
高等教育思想

写给邓小平同志的一封信：关于大学科学研究

这是写信人1977年10月与当时华中工学院几位主要负责人商量之后，以学院党委名义写给邓小平同志的一封信。因当时对国外情况了解不够，致使个别字句不够准确，如信中"美国麻省理工学院有美国科学院院士34人"，实际上包括相当数量的美国工程院院士；"加州理工学院有院士17人"亦复如此。

小平同志：

听到您关于科学、教育工作的几次重要指示，我们受到极大的教育和鼓舞。我们感到，这些指示，体现了党中央对我们科学、教育工作者和广大师生员工的亲切关怀和殷切期望，我们完全拥护，一定坚决执行。最近，我们在学习和贯彻执行党的"十一大"文件、党中央关于召开科学大会的通知和您的几次指示的过程中，对如何办好重点高等学校，使之快出人才，早出成果，更好地适应实现四个现代化的需要，有些想法，有几点建议，特提出来向您汇报。

一、我们完全拥护您提出的大学是科学研究的一个重要方面军和重点大学既要办成教育的中心、也要办成科学的中心这一重要指示。我们认为，在实现科学技术现代化的伟大斗争中，高等学校特别是重点高等学校，同科学院有着同等重要的地位，能够发挥同样重要的作用，应该受到同样的重视。

高等学校的科学力量，占全国科学力量的很大部分。从数量来说，全国几十所重点高等学校，一般都有教师一千多人到两千多人，有的甚至达到三千多人。而拥有研究人员千人以上的研究所则是很少数。此外，学校还有一大批研究生、高年级学生和校办工厂的技术人员与工人，都可以参加科学研究工作，这是一个相当可观的力量。就理工科大学来说，大多数教师都具有相当的理论基础和专业水平,20多年来,许多人在科学研究上已经取得一定的成绩,积累了不少经验,搞出了一批具有先进水平和对发展国民经济有重大意义的研究成果。只要加强领导,把广大教师的革命积极性充分调动起来,完全有可能在科学技术上做出更大的贡献。而且,高等学校大都设有几个学科的许多专业,同时具有几个学科的专业人员、书刊资料、实验设备和生产条件,能更好地适应现代科学技术不同学科之间互相结合、综合性很强的要求和特点,在一个学校内部充分发挥集体力量,就能够组织有关学科和专业之间的协同作战,进行边缘学科和综合性课题的研究。而这种有利条件,目前在许多研究所则是没有的。

在您的重要指示的鼓舞下,我们为了制定赶超规划,今年暑假,组织720名教师,查阅了二万四千余份国内外科技文献资料,重点是调查了解美国一些著名大学的教学水平和科学研究工作情况。在此基础上,我们提出要瞄准美国麻省理工学院,努力赶超。在这个初步调查中,我们发现美国是很重视大学的科学研究工作的。美国一些学科的主要研究力量在大学。例如,美国麻省理工学院就有美国科学院院士34人,哈佛大学有院士42人,加利福尼亚理工学院有院士17人。麻省理工学院就同时设有几个研究中心,例如材料科学和工程中心,空间研究中心,计算中心;还有为研究固体材料和受控热核反应的强磁场实验室,有为军事和空间探索服务专门研究电子学的林肯实验室等等,这些中心和实验室都是在美国国内和国际上很有名的。1957年苏联发射第一颗人造卫星以后,美国由于军事上的需要,于60年代分别在14所大学里设立了材料科学研究中心,麻省理工学院材料科学和工程中心便是其中之一。为了建设这个中心,1961年美国国防部高级研究计划局拨款327.5万美元,福特财团投资927.5万美元。美国的阿波罗计划,耗资近300亿美元,历时11年,这项庞大的研究工作,就有120所大学和实验室参加。由于美国对大学科学研究工作的重视,许多重要的科研成果是大学的研究力量搞出来的,或者是首先从大学搞起然后才引起广泛重视的。苏联的做法则与美国不同。苏联的基础研究主要在科学院进行,没有充分调动高等学校的科学力量,所以进展较慢,研究出来的成果也不能尽快地投入应用。对比之下,我们认为,美国的科学技术发展较快,虽然有多方面的原因,但同他们的体制比较能够调动广泛的科学力量,符合科学技术本身的发展规律,也是有关系的。目前西方的一些发达国家,如英国、西德、日本,在科研体制上,大体上都类似于美国的办法。

把高等学校的科学研究工作提到应有的地位,不仅有利于快出成果,而且也是培养高质量的科技专门人才所必需的。高等学校只有大搞科学研究,才能带动教学质量的提高,培养出的人才才能真正适应赶超世界先进水平的需要。因此我们建议中央有关部门在科学研究方面，真正把高等学校特别是重点高等学校看成一个重要的方面军，与科学院并重。

二、我们完全拥护您提出的大学科学研究重点放在基础理论方面和大学四年中三年用于学好基础理论的指示。目前我国高等学校的体制却完全不能适应这种要求。这主要是：新中国成立后照搬苏联的一套做法，把理科和工科完全分了家；理科设在综合大学，同文科搞在一起，工科院校不设理科专业。而且，全国设有理科的综合大学为数很少，远远不能满足我国培养基础理论方面的科研人才的需要。工科院校不设理科，使工科院校的发展提高受到极大的限制，带来很大困难。虽然有极少数工科院校已经设了点有关的理科专业，但为数极少，不能形成体系。现在越来越清楚地看出，这种理工分家的体制，与迅速发展我国科学技术、赶超世界先进水平的要求严重不相适应，必须加以改变。

从科学技术发展的历史看，理论科学和技术，在发展上本来是相互促进、相辅相成的。在 19 世纪中叶以前，由于发展水平的限制，特别是由于形而上学世界观长期统治的影响，科学和技术的发展有些脱节。一方面是一些生产技术上的发明创造还没有总结上升到理论；另一方面是当时已经提出了新的理论（如电学和磁学的各个定律），在技术上还不能用上去。但是随着科学与技术的发展，到 20 世纪 30 年代，情况发生了很大的变化。科学上已经形成了比较完整的理论体系，技术上也有了强大的手段，理论科学与技术的发展愈来愈紧密地联系在一起。近几十年来的科学研究实践证明，科学理论上的突破，对于技术发展起着巨大的推动作用。往往是通过基础理论研究认识了自然的普遍规律，因而突破了难关，开拓了新领域，引起了工业技术发展的飞跃。这样的事例很多，它充分说明了基础理论的研究对于技术发展的重要性。而为了从事深入的基础理论研究，需要借助于大规模的科学实验，这又越来越依赖于强大的技术手段。这说明了理论科学和技术发展相辅相成、互相促进的辩证关系。我国高等教育目前实行的 20 世纪 50 年代初期从苏联照搬过来的这种理工分家的体制，完全是形而上学的，是违反科学和技术发展的辩证规律的，因而是错误的。

为了改变这种做法，我们认为必须实行理工结合。理是工的基础，工是理的应用。把理工结合起来，就能互相促进，使两方面都得到提高。因此，除了综合大学仍应侧重于办好理科，并逐步增设一些新的理科专业外，特别是在一部分有条件的重点工科院校，应该有计划地增设一批理科专业，经过若干年的努力，真正办成名副其实的理工科大学。只有这样，才能适应实现科学技术现代化的需要。

三、我们完全赞成中国科学院委托中国科技大学创办研究生院的做法。同时，我们认为有条件的高等学校主要是重点高等学校，应该尽可能地大批地培养研究生，这确是加快培养高质量的科技专门人才、早出科研成果的一项有效措施。据了解，外国一些著名的大学，培养研究生的人数都是很多的。如美国麻省理工学院 1976 年有学生 8000 人，其中 4000 人是研究生；哥伦比亚大学 1964 年普通大学生是 4500 人，而研究生达到 9800 人。这样大批的研究生，成为这些大学进行科学研究的重要力量。我们建议，今后一部分重点高等学校应该逐步减少普通班的招生人数，尽量增加研究生的招生人数。一部分有较好条件的重点学校，应迅速增设各种科研所，也要创办研究生院。

以上这些建议，不知是否正确。如有错误的地方，请您批评指示。

谨致

革命敬礼！

中共华中工学院党委

1977 年 10 月 24 日

写给刘延东同志的一封信：
关于文理分科

延东同志：

2009 年 2 月 18 日《南方周末》刊登了一篇《"是否取消文理分科，教育部没有预设立场" 专访〈国家中长期教育改革和发展规划纲要〉工作小组办公室成员》一篇文章，这篇文章将多年来一直困扰我国高中教育的文理是否分科的问题再一次提了出来。我仔细阅读了这篇专访，读后深感这个问题提得很好，值得我们讨论，但愿教育部的领导能够真切关注这个问题，并在《国家中长期教育改革和发展规划纲要》中得到圆满解决。

2009 年 6 月 5 日下午，温家宝总理在西安交通人学与学生的谈话中以自己的亲身感受告诉学生："我们国家需要的建设人才是全面的，我们不仅需要理工人才，也需要经济、管理人才，也需要文史方面的专家。""学理工的也要学点文史，甚至艺术；学文史和艺术的，也要懂一点理工，这样的人才才是全面的，这也是你们的杰出校友——这个图书馆以他的名字命名——钱老讲的话。"（《西安交通大学学报》社会科学版，2009 年第 4 期）温总理的讲话中实际上也是强调文理学科有着紧密的内在联系，不应该人为地将其分开。

我在年轻的时候高中的学业是在扬州中学完成的，扬州中学在当时是一所很著名的中学。我们那个时候在学校学习就没有文理分科，那时几乎所有公私立普通高中都没有分科，我参加高考也没有文理分科考试。我在报考武汉大学的时候，报考文学院的考卷与理工农医类的考卷完全一样。那时几乎所有普通综合性大学招生考试也都是这样。我的感受是，这样的学习经历对我后来的成长尤其是对我的办大学的思想产生了重要的作用，不仅提高了我们的综合素质，也提高了我们认识世界的能力。而且我们当时在学习时并没有感受到过重的学习负担，相反倒是觉得学得轻松愉快。我在中学时代受到的比较广泛的知识教育，使我终身受益。

在新中国建立以后，上世纪五六十年代，全国普通高中也没有分科。大概是在"文革"之后，为了片面追求升学率，才开始出现普通高中文理分科，这种做法在普通高中逐步扩大，时间长了，似乎形成了一种"制度"；大学统考也跟着分科，真是害人不浅。

因此，我建议国家应该尽快取消高中阶段的分科教学制度，取消高考实行文理分科的考试制度。我认为，教育部应该利用这一次制定《国家中长期教育改革和发展规划纲要》的机会，取消高中阶段的文理分科制度。否则，这个发展规划就是一个失败的规划，对国家教育事业的发展将会产生十分消极的作用。

以上是我个人的看法，仅供参考！

朱九思

2009 年 8 月 13 日

写给袁贵仁同志的一封信：
关于大学主要领导人的任期

尊敬的贵仁部长并教育部党组：

新年好！

高等学校主要负责人的任期问题近年来受到社会各界的广泛关注。前国家教育委员会和教育部也十分重视这项工作，先后制定和实施了《高等学校校长任期制试行办法》、《普通高校党委领导下的校长负责制实施意见》、《教育部直属高校领导干部职务任期制实施办法》等一系列文件，对稳定高等学校领导干部队伍、促进我国高等教育健康发展无疑发挥了十分重要的作用。我们呼请教育部能够适当延长高等学校特别是部属高等学校主要负责人的任职期限，不完全拘于4年一届的任期制度。其理由如下：

首先，现行的政策和法规对于高等学校主要领导干部任期规定本身就留有较大的弹性和空间。如《高等学校校长任期制试行办法》就规定："高等学校的校长、副校长的任期一般为4年，学制为5年以上的学校，任期可为5年。高等学校的校长、副校长任期届满，根据工作需要和本人条件，经上级任免机关批准，可以连任。"即便《民办高等学校办学管理若干规定》也指出："民办高校校长……年龄不超过70岁。……校长任期原则上为4年。报经审批机关同意后可以连任。"这说明，对于高等学校主要领导的任期是可以适当延长的。

其次，西方发达国家大学校长的任期并没有严格规定，很多大学校长任期远比我们国家大学校长的任期要长。例如，美国西北大学校长罗杰斯任期为49年，哥伦比亚大学校长巴特勒任期43年，哈佛大学校长埃利奥特任期为40年，英国牛津大学校长丹尼斯任期也是40年，较短的任期如日本的早稻田大学校长大隈重信的任期也达到了15年。

最后，适当延长大学主要领导干部的任期，有利于大学的可持续和稳定发展,有利于他们的教育理念的正确实施。短短的 4 年任期,无法检验教育理念是否正确,也无法落实他们制定的学校长远的战略规划。实际上,不少大学的主要领导往往是刚刚把所任职的大学方方面面情况弄清楚就不得不离任,有不少学校的主要领导是带着遗憾离开自己的工作岗位的。过短的任期往往导致大学主要领导不得不追求短期行为,搞政绩工程。

可见,对于大学主要领导干部的任期可以在现有的有关政策的基础上有更大的弹性,如果他们在任期内业绩突出、身体状况好、深得学校师生的拥戴、党政主要负责人之间团结协作,那么就可以让他们不受任期和年龄限制,继续工作下去。

贵仁部长,我们深知高等学校办学的艰辛,也深感一所大学要能持续发展必须有一个稳定的学校领导班子。据我们所知,有些高等学校的主要领导在任期内很有思想,工作业绩突出,与地方政府建立了良好的工作关系,深得学校广大师生的拥戴,党政主要负责人之间精诚团结,学校发展蒸蒸日上。因此,我们呼吁教育部能够对这样的领导干部放宽任期,给他们更多的为高等学校发展做贡献的机会!

以上建议,如有不妥之处,敬请批评指正!

此致

敬礼

华中科技大学:朱九思

武汉大学:刘道玉

2012 年 2 月 18 日

高等教育刍议 *

我们讲思想路线，主要是讲要实事求是，按客观规律办事。在这里，我想从思想路线上谈谈高等教育的问题。

30 年来我国高等教育成绩是主要的，这是毫无疑义的。但从发展的观点看，从我国经过十年浩劫之后要在 20 世纪末基本实现"四化"的要求看，特别是从要按客观规律办事看，我国高等教育还有许多问题值得探讨。

一、关于高等教育的结构问题

我国现在的高等教育结构，是 1952 年院系调整时按苏联高等教育那一套形成的。这种结构，把文、理科搞在一起，叫做"综合大学"，实际上也并不综合。至于工、农、医、师范学院，则分开设立。现在看来，这种结构值得研究。理，英文叫 science（科学）；工，英文叫 technology（技术）。自然科学是人对自然现象及其规律的认识；技术是以自然科学理论为基础的，所以为了使技术得到进一步发展，就必须有科学理论的指导。因此，高等教育把理与工、农、医几乎完全分开，是不符合客观规律的。

我们培养的人，今后要从事各项建设工作，要具有一定的工作能力，即分析问题和解决问题的能力，如果没有较深厚的科学理论知识是难以达到的。把理、工分开，使得工、农、医这批专门学校，从提高的要求看，受到不少限制。我们培养的人，需要掌握更多的数学、物理、化学、生物等方面的知识。过去，只开设高等数学（现在我们叫数学Ⅰ）就够用了。就机械制造专业讲，过去连数学Ⅰ用得也不多。现在情况变了，机械制造本身发生了很大变化，要用程序

＊ 本文原载《光明日报》1980 年 7 月 10 日第 2 版，原题为《对目前高等教育中几个问题的我见》。

控制,要用微处理机,要用计算机进行辅助设计,等等。因此,我们不止开了数学Ⅰ,还开了数学Ⅱ(工程数学)。

从科学研究的角度看,工科原有的数、理知识更感不够。特别是从今后发展的需要看,理、工分家的教育结构,必然使科学技术的发展和教育质量的提高受到限制。

文科与理、工科分家,也是很不合理的。例如经济管理专业,综合性很强,既需要学经济学,也需要学较多的数学和计算机应用知识。为了使科学技术发展得更快,就要把思想方法搞对头,这就必须学哲学。英语、法语、德语、日语、中文,也都是文科,如果我们学校有这些专业,现在的日子会好过得多。

另外,师范学院培养中学教师,而综合大学没有这项任务,这也是目前高等教育结构所决定的。这在实际上降低了中学教育的水平。

我说这些的目的,在于强调高等教育的结构要改。当然,不是把已经分开了的学校再重新合起来。既不是马上都改,也不是还原,而是有重点地、有步骤地在现有基础上进行改革,经过十年二十年,把我国的高等教育结构改得更合理。这样,才能使我国的高等教育提高得更快一些,发展得更好一些。

经过反复研究,我们希望把华中工学院办成以理工为基础的综合大学。这就不仅要求实现理工结合,而且要把实际上已经开始设立的文科和经济管理学科加以扩大。这样做,好处甚多。第一,符合客观教育规律,有利于学校的发展和提高。第二,符合国家的需要。现在的情况是工科很突出,理科少,文科少,经济与管理更少。第三,符合扩大国际交往的需要,孤零零的"工",是难以搞好国际交往的。

二、关于高等学校的教学和科学研究问题

新中国成立以后,我国高等学校主要是搞教学,1958年才开始搞点科学研究。教学与科学研究分家,造成的后果是降低了高等学校的水平,或者说,限制了高等学校水平的提高。

1977年邓小平同志明确提出了重点大学既要办成教育的中心,也要办成科学研究的中心。这就是说,高等学校当然要把教学工作搞好,但同时也要重视科学研究,因为只有搞科学研究才能从根本上提高教学质量,才能培养更高水平的人才。邓小平同志之所以这样讲,是因为过去对高等学校的科学研究太不重视了。但是现在教学和科学研究分家的局面还没有完全改变,高等学校的科研经费仍然少得可怜。有些部门总觉得高等学校的科学研究不重要。这个问题不解决,要提高,提不上去;想形成"两个中心",也难以真正形成。

我们学校有个提法,叫做"科学研究要走在教学的前面"。这不是说,科学研究工作比教学工作重要,正如我们说科学研究要走在生产建设的前面,并不是说科学研究就比生产建设重要一样。因为科学研究不搞好,生产的提高受限制;科学研究不搞好,教育质量的提高也要受限制。在科学技术比较发达的国家里,科学研究工作主要在大学进行。资本主义国家里为什么能出人才,一个重要的原因就是高等学校开展科学研究。它们这样做,是有道理的,是经过几百年摸索出来的。我们不应该因为它们是资本主义国家,就把它们好的做法也看成是违反客观规律的。别人好的东西,我们应该学习。

三、关于高等学校的专业口径问题

我国高等学校特别是工科院校的专业口径一般太窄。1952 年进行院系调整,设置专业,有好的一面,十几年中培养了很多人,对国民经济的恢复和发展,起了很大的作用。但是,也暴露出一个很大的问题,就是专业教学基础不够,知识面太窄。汽车制造厂的技术人员,懂发动机的,不懂底盘;懂底盘的,不懂发动机。我们的教师,多数是 1952 年以后进校培养出来的,也存在这个问题。由于专业口径窄,带来的另一个问题就是教师队伍的结构不合理,专业课教师人多,基础课教师人少。现在,专业课教师占四分之三,基础课教师只占四分之一。这个局面,对学校教学工作很不利,必须改变。

以后专业调整,应该尽可能按学科来设置专业,加宽专业口径。去年我到国外访问,感到日本的工科专业口径比较合理,既不像苏联过窄,又不像美国过宽。我认为这也符合我国实际情况。

四、关于学习外语的问题

英语已是国际性语言,今后要求会越来越高。作为大学教师不提高英语水平,很难适应要求。大学教师的英语要尽可能达到"四会"(会听,会说,会读,会写)。但是,直到现在,有的教师仍满足于能阅读就行,还没有感到"四会"的必要性。现在,国内外学术交流日益频繁,国外学者前来讲学的越来越多,我们的教师不能听和说,就得靠翻译。而学术活动完全靠翻译,一是时间增加一倍,二是专业问题有时很难译得准确。即使是华裔学者来讲学,由于他们在国外时间长,虽然讲学时主要说中国话,但很多名词术语和某些讲解用汉语表达起来很困难,因而,在讲学中英语不可避免地也用得相当多。

对现在高等教育存在的一些问题,我认为,一要承认;二要认真对待,加以改革。目的是为了把我们的工作搞得更好。

教育要治本[*]

所谓治本，就教育工作本身来说，既要改进高等教育，又要改进整个教育，特别是基础教育，因为它是整个教育的基础，关系到全民族的素质，关系到劳动者的素质。整个教育是一个大系统，需要通盘考虑。

值得注意的是，"近些年来，发达国家的教育改革正在逐步推进。它们与以往的教育改革的主要区别在于：一是展望 21 世纪，积极适应世界新的技术革命和国际竞争的迫切需要；二是从普通教育、职业教育、高等教育到终身教育，进行系统的改革。既把教育改革放到国际背景和社会发展的大系统中去研究，又把各级各类教育置于教育的整体内，相互联系地进行全面改革。"这是刘一凡在题为《发达国家改革科学专门人才培养的战略思想和共同趋向》一文里的一段话（见《高等工程教育研究》1987 年第 3 期）。这一段话内容极为丰富，值得认真研究。

一、关于基础教育

前年，看到一篇题为《基础与重点》的文章，此文作者杨汉清认为：只有苏联一贯重视中小学教育是例外，第二次世界大战以后，特别是 60 年代以来，在教育的发展上曾经出现过一个世界性失误，就是只重视发展高等教育，对基础教育重视不够，因而导致恶性循环，不仅损害了普通教育应有的地位和作用，最终也将影响大学的质量。由于对基础教育重视不够，也造成中小学教师地位和待遇偏低、师范生人数减少和质量下降、合格教师短缺等严重后果。关于我国，作者认为：我国"四化"建设迫切需要人才，因此，重视高等教育的发展是

---

[*] 本文原载《高等教育研究》1987 年第 4 期。

必要的。但我国目前还有两亿多文盲;小学教育普及率虽已达95%,但在如何巩固现有的普及程度和进一步提高教育质量上还有许多问题;中等教育结构虽也进行了调整,高中阶段的普通教育与职业技术教育的比例已达到7:3,但还没有达到适应我国经济发展所要求的程度,还没有从根本上改变"千军万马争过独木桥"的局面。作者认为,产生这些问题的原因是多方面的,其中有一点与世界性的失误有相似之处,即只顾抓重点,而对基础重视不够,这是值得人们深思的。

去年,看到一则来自国外的评述,二次大战以后,第三世界国家由于急于摆脱落后的局面,很重视高等教育,希望快出人才,而对基础教育重视不够。最近,从《红旗》13期上看到顾明远的文章,题目是《世界教育发展的启示》,他也谈到这一点,要引以为戒。

也是去年,看到刘季平的文章,题目是《〈武训传〉批判对教育的影响》,其中有这样一段:"片面偏重高等教育,放松面向广大少年儿童的基础教育、师范教育和职业技术教育,进而在不少场合造成片面追求升学率,采取死教、死学、死考的填鸭方法,任意加重学生负担等等严重损害学生身心健康的坏现象。并使绝大多数不能升入高等学校的中学生高不成,低不就;使全国很多地方,特别是在农村与少数民族地区的儿童连小学也进不了,文盲、科盲和稍稍学了几年之后复盲的人数至今仍有增无减,使得整个民族的科学文化水平至今仍然十分低下。"刘季平的一生主要从事教育工作,曾任教育部副部长,熟悉情况,他的意见可谓语重心长。

这些问题,中央当然是了解的。1985年5月,《中共中央关于教育体制改革的决定》(以下简称《决定》)明确指出:"我国基础教育还很落后,这同我国人民建设富强、民主、文明的现代化社会主义国家的迫切要求之间,存在着尖锐矛盾,决不能任其继续。"十分突出地提出了实行九年制义务教育的必要性和迫切性。

谈到基础教育的具体问题,人们议论较多的是师资与经费。

关于师资,确实是严重短缺。据今年7月1日《中国人才报》一篇署名文章报道:我国现有中小学教师约800万,其中中学教师250多万,小学教师500多万。由于中小学生逐年递增,预计1990年,还需补充中学教师90万,小学教师100万。但是师范院校每年只有7万毕业生;扩大招生,也只能每年输送10万教师,缺口很大。按教育部门要求,高中教师应具备大学本科水平,初中教师应达到大专水平,小学教师至少是中师毕业或高中毕业。然而,中小学教师符合这一要求的,高中仅39.3%,初中低至27%,小学教师也只达到62.8%。尤其是外语、音乐、体育、美术等课程,很多学校因没有教师,多年不能开设。在边远地区和少数民族地区，因师资匮乏而严重影响正常教学的现象，更为严重。

《瞭望》新闻周刊记者在今年第25期上发表了一篇题为《中等教育面临的几个问题》的报道，其中谈到师资的部分，小标题是"师资——最头痛的问题"。作者说：据北京市教育局预测，从现在起到2000年，全市每年需要补充中学教师2200名。仅海淀区从1986—1990年，就缺少教师1200名。西城区的师资条件在全市是最好的，但目前每年自然减员便有150～200人，而每年从大学毕业生中得到的补充，却不过20来人。西城区教育局长说，按照这样的减员，现有教师队伍或可支撑5年，5年之后就难以为继了。各科教师中，尤以外语、音乐、美术教师最为短缺。北京市中学缺少外语教师1400人，去年仅分到新毕业的外语教师20人。照这种速度补充，要70年才能补足，而在这70年中，又将有多少教师退休呢？北京师范学院每年毕业生总在800人左右，能在北京任教的，不足半数。北京一所外语师范学院去年120名毕业生中，到中学报到的只有4人。这位记者认为：师资数量不够，质量不高，青黄不接，后继乏人，是中等教育潜伏着的最大危机。这种危机要在若干年后才能鲜明地显现出来，局外人是难以察觉的。然而等到它成为明显事实的时候，为时已晚。

北京如此，可以推想，全国也大同小异。中学如此，小学也大致相同。

上述情况，已引起中央高度的重视。《中共中央关于教育体制改革的决定》已着重指出："建立一支有足够数量的、合格而稳定的师资队伍，是实行义务教育、提高基础教育水平的根本大计"，"把发展师范教育和培训在职教师作为发展教育事业的战略措施"，并指出"从幼儿师范到高等师范的各级师范教育，都必须大力发展和加强"。

现在的问题是各级有关主管部门如何坚决执行中央的决定。例如中小学的外语师资力量就亟待加强。由于在大学工作多年，深感大学的第一外语负担过重，长此下去，不是办法。因而1985年二三月间，我曾向国家教委的一位负责人提出此事，建议在迅速调查之后，力争用10年左右的时间，通过每年招生，毫无例外地对凡设有英语专业的大专学校，下达指令性招生计划，必须为中学培养英语教师。关于小学英语，曾经规定从三年级起开始教学，后来发现教师奇缺，根本办不到，于是又规定一律不教。总结历史经验，为长远计，小学英语还是要恢复，先在最高的一个年级开设，逐步扩展到最高的两个年级，然后从初中到高中（包括职业高中和中专）连续再学6年，到高中毕业时，阅读能力过关，并可用英语作短文。大学一般不开公共英语课，主要开第二外语课。只有这样，才能从一个侧面即语言工具方面适应教育面向现代化、面向世界、面向未来的要求。

新中国成立以后,我国的第一外语教学走了一段弯路,以致给当前的英语教学带来不小的困难。但"文革"毕竟已过去10年,只要调查清楚,下定决心,措施得力,用10年左右时间,问题是可以解决的。

外语算是走了一大段弯路,需要大大补充称职的英语教师。其他课程并无这种曲折,只要严肃对待中央提出的"要争取在五年或者更长一点的时间内使绝大多数教师能够胜任教学工作"的要求,肯定可以实现。在历史上,包括"文革"以前的17年,综合大学的许多毕业生是要分到中学当教师的。近年来又在议论,综合大学的某些文理科毕业生不大好分配,既然如此,为何不将他们分到中学去呢?当然,要加强中小学师资力量,还必须解决中小学教师的实际问题和思想问题,要执行中央所要求的"采取特定的措施提高中小学教师的社会地位和生活待遇,鼓励他们终身从事教育事业"。《瞭望》新闻周刊记者在叙述了为什么不愿意当教师的种种原因之后说,看来应该有一些得力的措施,使得那些为我们民族塑造下一代灵魂的"工程师"生活得更好一些,使教师这个职业不仅在抽象的意义上,而且在具体的待遇上也让人羡慕。只有当社会能够把优秀的人才吸引到教育岗位上时,教育的发展才是有希望的。

这位记者还报道了一个精神可嘉但并不宜于推广的做法:北京市海淀区教育局,1985年委托北京师范学院办了一期师资大专班,招收了106名学生。1986年又委托清华、北大等7所大学代培360名大专生和200名本科生。今年计划再继续委托代培130名。西城区也先后两年委托代培了约200名师资。今年,北京市各区、各校分别委托代培的教师约有3000人。他们为此当然付出了代价,海淀区去年花了70万元,西城区花了20万元,而且还将逐年递增。对一个区的教育部门来说,这是一笔巨额支出。海淀区中小学的公用经费总共每年才有700万元啊!很显然,他们承担了本来不应由他们承担的责任。应该有一个通盘解决的办法。如前所述,应在大学与中师招生计划和毕业生分配计划中加以彻底解决。

关于经费,各方面议论也多。特别是非重点中学和一般小学,看来困难依然很大。好在中央在上述《决定》中也有明确的要求,"在今后一定时期内,中央和地方政府的教育拨款的增长要高于财政经常性收入的增长,并使按在校学生人数平均的教育费用逐步增长。"今后的问题仍然是如何坚决执行中央的这一要求。看来需要立法,根据不同地区的情况,规定地方财政应有一定百分比的费用用于教育。中央在《决定》中还严厉指出:"现在,各级都有一些领导干部,宁肯把钱花在并非必要的方面,对于各种严重浪费也不感到痛心,唯独不肯为发展教育而花一点钱,这种状况必须改变。"尽管当前办学经费困难,但来自上面的预算分到下面以后,有的地方竟然极其错误地加以挪用。

国家教委副主任柳斌是分管普教的，最近他在一篇文章中谈到提高教育质量的五点做法，其中第一点是改善校舍设施，使教师和学生有一个安全、良好的教学环境；第二点是充实仪器设备、图书资料，完善教学手段。如无一定经费，这些要求都难以实现。

北师大副校长顾明远在他的文章里引用了这样一个资料：美国比较教育学家诺亚曾比较研究了 16 个经济增长较快和 26 个经济增长较慢的国家，得到的结论是：教育发展速度超过经济发展速度的国家，经济增长就快，反之，经济增长就缓慢。

事物发展的辩证法就是如此，值得人们深思。

二、关于片面追求升学率

片面追求升学率像是一个怪物，困扰着几百万教师和数以千万计的学生及其家长，使学校极大地背离了教育方针，导致教育质量下降，严重地危害了青少年一代的健康成长。

为何产生这种严重倾向？几年来，人们谈论得最多的原因是将其归之于教育思想不正，因而一再要求端正教育思想，似乎只要解决了教育思想问题，片面追求升学率的不良现象就随之解决了。

但事实是无情的，尽管议论甚多，问题不但没有解决，而且还有愈演愈烈之势。最为紧张激烈的，当然是高等学校入学考试，确实是"千军万马争过独木桥"。影响所及，初中毕业进高中，小学毕业进初中，乃至幼儿园阶段结束以后对小学的选择，都在不同程度上逐渐出现这种趋向。每逢暑假将至和暑期当中，街头巷尾，茶余饭后，甚至办公室、车间，都在议论纷纷，家长们也不辞辛苦地为孩子们奔忙，真是牵动了千家万户。

难道广大中学教育工作者都不懂得端正教育思想的重要性？难道他们都不愿意执行教育方针？当然不是。而是在他们身上，承受着两大压力。一是衡量一个中学办得如何，似乎只有一个标准，就是看其升学率的高低。另一个是来自社会主要是家长的压力。如果说中等教育工作者教育思想有问题，那么，对广大家长来说，又是什么问题呢？不论是教育工作者，还是学生的家长，在这个严峻的形势面前，都有满腔无法回避的苦衷。

这种片面追求升学率的严重现象究竟从何而来？作为教育工作者，当然应检查自己的教育思想。但教育思想之所以有问题，既有主观原因，更有复杂的客观原因。就后者来说，主要是教育结构和有关的政策还须进一步解决得更好一些。

现在已经很清楚,产生片面追求升学率的第一个原因,就是由于"千军万马争过独木桥",焉能不挤？焉能不紧张、不激烈？

有一篇报告文学,题为《黑色的七月》,发表在去年 11 月的《文汇》月刊上,主要是写当前高考的种种弊端。但作者最后找到了出路,往立交桥上一站,豁然开朗。如果千军万马不是挤在独木桥上,而是通过立交桥实行分流,那就不拥挤、不紧张、不激烈了。

已经有人谈到联邦德国的职业教育制度。1984 年五六月间,我也曾与另几位同志访问了联邦德国。参观了好几所中等职业学校和一所高等专科学校。他们的做法是,初中毕业以后实行坚决而明确的分流,三分之一进普通高中,准备进大学;三分之二进职业学校,准备去工厂当工人。

他们的中等职业学校,一种是地方政府办的,另一种是较大企业办的。不论是谁办的,学制一般都是 3 年,取得毕业证书以后,才能去工厂工作。法律规定,工厂不得接收非职业学校毕业生当工人。因此,他们的工人素质较好。接待的主人很风趣地说:"告诉你们一个秘密,我们的产品质量之所以好,一个重要原因,就是我们的工人都经过严格的教育。"职业学校的教师、设备等条件都很好。

关于我国的职业学校,正如《决定》中所指出的"恰恰是当前我国整个教育事业最薄弱的环节"。因此中央决定:"根据大力发展职业技术教育的要求,我国广大青少年一般应从中学阶段开始分流:初中毕业生一部分升入普通高中,一部分接受高中阶段的职业技术教育;高中毕业生一部分升入普通大学,一部分接受高等职业技术教育。""力争在五年左右,使大多数地区的各类高中阶段的职业技术学校招生数相当于普通高中的招生数,扭转目前中等教育结构不合理的状况。"

几年来,高中教育结构改革已取得一定的成绩,但今年全国参加高考的总人数仍有 220 多万,大学录取的总人数占高考总人数的 30% 左右。比之往年,稍有缓和,但仍相当拥挤。

其所以如此,除去中学的分流尚未达到应有的程度以外,还由于"文凭学历的作用过大。晋升、工资、福利、住房、医疗甚至子女、家属的安排,都直接或间接与文凭学历连在一起"。(《国家教委副主任柳斌谈如何纠正"片面追求升学率"》,载今年《瞭望》新闻周刊 25 期)这就势必造成一种严重的社会心理,学生只有升入大学才是唯一的最佳出路。这就成为产生片面追求升学率这一现象的另一个重要原因。

有鉴于此,中央在《决定》中指出:"调整教育结构,相应地改革劳动人事制度。"我认为在这句话中,含有丰富的内容。柳斌在他文章的结尾对此有所发挥："纠正片面追求升学率的倾向需要端正办学思想，端正办学思想有赖于协调现行的育人、用人政策。而这，不是教育行政部门及学校能单独解决得了的，须要其他有关部门的配合，乃至全社会的共同努力。"

这当然不是说教育行政部门和学校不要端正教育思想，恰恰相反，要高度重视这一根本问题。

现在普通中学中比较普遍的情况，学生是"一好代三好"，学校是"一高顶数高"。在这种情况下，学生的思想品德教育极大地削弱了，近视眼人数也急剧上升。中学时代对于每一个青少年来说是人生观基本形成的时期，也是他们长身体的时候，但只重智育、轻视德育和体育已达到如此严重的程度，难道还不应引起高度的重视吗？

在这种情况下，加之高考又文、理分科，就以智育而论，又造成严重的偏废现象。不仅不重视音乐、美术，就连历史、地理也得不到应有的重视。现在中学所用历史、地理教材，比较单薄，加上偏废，学生已所得无几。我的切身体会是，由于在中学时代，中外历史和中外地理都学得比较多，因而终生受用不尽。这不单纯是学知识，也是重要的思想教育。较多了解了祖国几千年历史和地理的详情，就越发感觉祖国的可爱。较多了解了世界历史和世界地理以后，既可以大大开阔眼界，又可以有所鉴别。现在有不少青年人，包括大学生，由于对世界史知之太少，好像资本主义社会是"从天而降"，而且从一开始就是现在这个样子，加上对当前资本主义国家的情况也知之太少，于是盲目地得出一个错误的结论：社会主义不如资本主义。他们毕竟是受教育者，不能责怪他们。作为教育工作者，还是要反躬自问：我们的工作到底做得怎样啊？

所有这些，都说明教育行政部门、学校和教育工作者本身，不管外界情况如何，都必须尽大力而为，端正办学思想，这是义不容辞的职责所在。

能不能办到呢？北京市三十四中和武汉市粮道街中学的事例都说明，在一定的程度上是可以做得相当好的。这两所学校的共同点是：限于学生来源条件，基础差的学生相对集中。经过反复讨论，他们立足于本校的具体情况，提出自己的办学目标，不在升学率上与重点学校争高低，而着眼于使学生在各自原有基础上得到提高。他们认为，对学校工作的评价，不能单看升学率，而要看学校整体工作是否优化，思想政治工作是否有效，教师是否有很强的责任心、事业心，最终又落脚在学生在德智体诸方面是否都得到全面发展与提高上。最终，他们取得了较好的成绩。这虽是个别事例，但却是非常值得效法的。如果所有学校都能这样做，加上上述其他各项有效措施，我们的中小学教育就将大大改观。

附带说一点：在片面追求升学率之风盛行的情况下，中学分为重点和非重点已逐渐失去了它原定的本意,种种弊端也已暴露出来。最大的弊端就是挫伤了许多非重点中学的教育工作者、学生及其家长的积极性。如果一项措施只能调动一部分人的积极性,而对多数人却在不同程度上起着相反的作用,它还有什么存在的价值呢?看来还是取消为好。不错,学校之间总有高低之分,但应在实践中、竞争中形成,而不必作行政性的决定。至于取消以后的有关问题,如怎样招生等等,可以另议,作出合乎实际的规定。

当然,为克服"片面追求升学率"现象,从长远看,还必须增加高等学校和普通高中。

三、关于高等教育

当前以及今后一个相当长的时期内,高等教育最突出的问题,是如何进一步明确办学指导思想,坚持社会主义方向,深化改革,提高大学生、研究生的全面素质。

中央再一次对高等学校提出了明确的要求:建设具有中国特色的社会主义,需要培养一代又一代的宏大的知识分子队伍。这支队伍的思想道德素质和科学文化素质关系着我国社会主义事业的前途和命运。对此,高等学校担负着重大的责任。

具体地说,高等学校培养出来的大学生和研究生,应当有坚定正确的政治方向,爱祖国,爱社会主义,拥护共产党的领导,努力学习马克思主义;应当热心于改革和开放,有艰苦奋斗的精神,努力为人民服务,具有为实现中国特色的社会主义现代化而献身的精神;应当自觉地遵纪守法,有良好的道德品质;应当勤奋学习,努力掌握现代科学文化知识。高等学校培养出来的人应具备这样的素质,应能满足社会主义建设的实际需要,这是衡量办学成效的基本标志,也是教育改革必须遵循的方向。

毫无疑问,上述要求是正确的。近一年来,不少学校对1983年以来的毕业生进行了调查,对在校学生也进行了研究,广大学生热爱社会主义祖国,拥护共产党的领导,立志振兴中华,主流是好的。但是由于社会和历史等多方面的原因,要把学生培养成为具有上述几个"应当"的人,还须做很大努力。在一部分学生身上存在的问题,恰恰是:①对政治方向和政治原则认识模糊;②为谁服务问题尚未解决;③道德品质方面有种种不良表现;④学风不正,等等。

前年7月,湖北省高等教育学会在湖北十堰市开会,第二汽车制造厂热情接待了我们,并向我们提了宝贵意见,说这几年的大学毕业生,业务上加强了基础,但实践能力方面较差,特别是思想素质更需大大提高。该厂厂长说,他是 60 年代初期大学毕业的，"二汽"开始筹办时调来工作。那时，这个深处大山沟的"二汽"的生产环境与基本建设工作艰苦得很，但他们毫无怨言，认真创业。而这几年分来的大学生却不安于在此工作，总想往大城市跑。

今年 4 月，我和另几位同志去苏州、洛阳和郑州，接触了许多华中工学院五六十年代的毕业生。一谈到近几年的毕业生也颇有意见。

最近看到某科技大学的校长跟新华社记者的谈话。该校校长说他们学校这几年分配给科研单位的毕业生使人家很失望，原想培养出接班人，但现在却接不了班。不是他们业务差，而是工作态度有问题。许多毕业生一到那里不是想着如何工作，而是想着如何奔出国；眼高手低，脱离实际，大事干不了，小事不屑一干；处理不好人际关系，并带有"骄娇二气"，使许多老科学家感到失望。

当然，出现这些问题，有其社会的、历史的原因，并不可怕；但如不重视，听之任之，不加纠正，那就非常可怕了。

最近在一次座谈会上，当讨论到培养的学生须要具有上述的几个"应当"的时候，表现出三种态度：一种是认为正确，另一种是没有明确的态度，还有一种是认为要求高了，不大切合实际。

也有人这样发表意见：不能将现在的学生与 50 年代、60 年代的学生比。这样说有两种理解：一种是认为现在 80 年代与五六十年代的具体情况不大一样，在青年学生身上表现出不同的特征，因此要改进我们的工作方法，以求达到更好的效果。这当然是对的，应该这样看待和这样去做。

但是也有另一种理解，就是五六十年代对学生的要求比较高，现在不应该那样要求。这种说法很容易迷惑人，其实是不对的。从工作方法来说，应该改进；但从要求来说，绝对不能降低。正由于现在执行改革开放的方针，把大门打开了，我们的工作责任也大大加重了。

中央已经明确地告诫我们，社会主义建设的不断发展，为培养人才创造了良好的条件，改革开放使学生的眼界比过去更开阔，能得到更多的锻炼。但是也应当看到，"文化大革命"的消极影响还没有完全消除；在改革过程中，人们思想上的种种反映会在高等学校表现出来，影响到高等学校的师生，这些都将是长期存在的现象。在改革开放的条件下，不可能把青年学生封闭在"温室"里，他们不可能不接触腐朽的丑恶的东西，这就增加了思想政治教育的复杂性和艰巨性。

因此，那种认为对青年学生可以降低要求的想法和做法显然是不可取的。难道大学生、研究生不应当有坚定正确的政治方向？不应当有艰苦奋斗的精神，努力为人民服务？不应当遵纪守法，有良好的道德品质？不应当勤奋学习,努力掌握现代科学文化知识?当然不是。否则,就是思想上的混乱,也必然导致工作上的软弱。前一时期的软弱不应重蹈覆辙。工作当然是复杂而艰巨的。但如果避重就轻,另找什么"灵丹妙药",或者"捷径",企图轻而易举解决问题,取得成绩,肯定会徒劳无功。

那么,怎么办呢?我想分别从全局和学校两方面略陈管见。

从全局看,首先是中央所指出的,要旗帜鲜明地坚持社会主义方向,坚持改革、开放、搞活的总方针、总政策,为青年学生的健康成长创造一个良好的社会环境。这就是我们通常所说的"大气候"。

从全局看,要进一步贯彻执行党的十二大关于教育是战略重点之一的决定。今年8月15日,中央电视台在13点的专题节目中,有一位有关方面的人士谈教育问题。当谈到教育经费时,他认为现在的状况不足以说明教育已处于战略地位。他讲得很坦率,也有根有据。据我所知,现在大学校长之所以忙得不可开交,原因之一是经费困难,这势必分散大学校长的精力。

从全局看,还须进一步贯彻执行中央关于教育体制改革的决定。在指出我国教育事业的落后和教育体制的弊端以后,《决定》说:"要从根本上改变这种状况,必须从教育制度入手,有系统地进行改革。""经过改革,要开创教育工作的新局面,使基础教育得到切实的加强,职业技术教育得到广泛的发展,高等学校的潜力和活力得到充分的发挥,学校教育和学校外、学校后的教育并举,各级各类教育能够主动适应经济和社会发展的多方面需要。"

现实的情况是,高等学校在德、智、体、美诸方面做了一些本该由普通教育承担的工作。而且由于学生入大学以前,中学、家庭和学生本人都忙于追求升学,在思想品德方面的教育不够和已有一定程度的"定型",业务上有所偏废(考理科的忽视历史、地理)和不足(主要是英语,还有其他),加之大学本身的客观限制(学制、教学计划等)和不足(思想政治工作和管理),虽然可以尽力"亡羊补牢",但毕竟已为时稍晚。本文之所以着重谈"治本",而且首先谈基础教育、片面追求升学率以及中等职业教育,主要原因之一即在此。

从全局看,正如中央已经指出的,"国家及其教育管理部门要加强对高等教育的宏观指导和管理。"1982年以后的三四年中,由于批准权的下放,增加了一大批大专学校。一方面要看到,本科生与专科生的比例、科类之间的比例和地区之间的布局等方面有一定程度的改善;另一方面更应看到,不少新办学校条件很差,教育质量难以保证。

关于大学生的分配体制,现在也出现了令人担心的问题。"文革"以后,形成"部门所有制"的分配体制,除国家教委以外,所有部委所属大学毕业生,均分配到该部委所属单位。而国家教委所属大学毕业生,例如工科毕业生,就很难分配到其他部委所属工厂或研究单位去工作。一般说，国家教委所属大学的水平还是较高的，竟落得如此地步，令人难以理解。这种分配体制显然有其落后的一面，长此下去，将会形成一种特殊的"近亲繁殖"状态。

以上所谈，都是属于全局性的意见，这是一方面。另一方面，就是学校。

作为直接培养大学生和研究生的高等学校，首先必须进一步明确办学指导思想。

由于许多高等学校不同程度地削弱了思想政治工作，产生了只重视智育而轻视德育的倾向。

智育无疑是应该重视的，但千万不可轻视德育。

古今中外，教育的基本职能从来就包含着思想品德和业务技能教育两个互不可分的方面。任何一个社会的统治者，都要培养为这个社会服务的人。这种人既要具备忠于这个社会的思想品德，又要具有巩固与发展这个社会的业务技能，缺一不可。

刘一凡在他的文章里谈到：最近几年，发达国家在政府文件、咨询报告和社会舆论中，都不同程度地强调提高高等教育质量。"怎样提高高等教育质量，改善科学专门人才的培养工作呢？许多发达国家都强调首先要提高德育质量，加强品德教育。"

日本受"教育荒废"的困扰，校内和家庭暴力、青少年自杀和犯罪、欺凌弱小同学等道德问题，引起社会上强烈反响。因此，1986年4月，日本临时教育审议会在《关于教育改革的第二次审议报告》中，第一次把智育、德育和体育的位置改为德育、智育和体育，要求对科学专门人才"在精心培养德、智、体协调发展中寻求'真、善、美'和'宽广的胸怀'与'健康的体魄'"。当然，日本如此强调德育，仍然是明治维新以来一贯倡导的"和魂洋才"（即具有日本民族传统道德观念的"大和魂"与西方现代科学技术知识的人才）的继续与发展。

美国教育界在最近展开的讨论中，认为美国学校教育存在着"德育空白"。有人强调，高等学校的教育，无论在智育上对学生提出怎样严格的要求，如果忽视德育，则是不完全的教育。如果不同时注意德育和智育，美国那些难以解决的问题将会有增无减。这与日本的要求大同小异。

苏共中央在1986年6月3日发表的《改革高等教育和中等专业教育的基本方针》中强调："加强高等和中等专业学校的思想教育职能，对于解决加速经济与社会进步这一任务的作用正在无法估量地增长。""培养未来专业人才在业务工作和社会工作中创造性地运用辩证唯物主义方法的技能，培养他们的政治警惕性和对敌对思想的不调和态度。"

发达国家都根据各自的需要，如此重视对学生的思想品德教育，何况我们现在还处于发展中国家的地位,经济和科学技术方面还比较落后,更应加强德育。这样做,既可以激励学生奋发图强,努力向上,这应成为主要的作用;又可以防止与克服种种消极因素。只有同时又重视智育、体育和美育,使学生得以全面发展,才能提高大学生、研究生的全面素质,培养出国家需要的合格人才。

要达到此目的,关键在校系两级领导。中央要求,高等学校的领导干部不仅应有较高的专业知识水平,而且应有较高的思想政治水平,较强的领导管理能力,能够正确执行党的路线、方针、政策,懂得如何办好学校,培养合格人才。党委书记和校长,应当努力成为社会主义的教育家。

从学校方面看,作为学校领导,为实现办学指导思想,必须善于调动教师的积极性。教师的思想品德对学生有潜移默化的影响。教师又可以把德育与智育结合起来,使之更容易为学生所接受。

为此,应当在关心广大教师工作和生活条件的同时,热情帮助他们树立正确的教育思想,使他们真正了解,既教书又育人是教师义不容辞的职责。

如前所述,教育的基本职能包括思想品德和业务技能教育两个互不可分的方面。既然如此,作为教师又怎能只教书不育人呢?教师是人类灵魂的工程师,这话现在很少提了,但它是对的。

为了使广大教师真正做到教书育人,中央已经指出,需要有相应的政策、制度作保证。对教师要进行全面的考核,既包括教学的质量,也包括教书育人的情况。要大力表彰教学效果好和教书育人成绩优秀的教师。

在实行教师职务聘任制以后,广大教师都很关心聘任问题,这是很自然的,无可厚非。今后要总结经验,完善教师职务聘任制。不仅教师任职资格评审委员会要以学术造诣高的和教书育人好的教师为主组成,还要进一步修改有关条例。对教师来说,这是一项重要的政策。

毋庸多说,还须十分重视马克思主义理论课教师和思想政治工作队伍的建设。这是高等学校进行思想政治教育的骨干力量。在这方面,中国科技大学提出了一个很好的做法,筹办"马克思主义原理研究生班",专门培养一批既能做学生的思想工作,又能进行理论教育的人才,把马列主义理论教育与学生实际联系起来。

与此同时,又必须调动广大职工的积极性,帮助他们进一步树立服务育人的思想。

从学校方面看,如何调动学生的积极性也就是通常所说的学习动力,是另一个刻不容缓的重要课题。

不论在他们身上存在什么样的问题,青年毕竟是青年,可塑性终究是大的。即使是大学,也仍然要像小学和中学一样,从校系两级领导到广大教师、思想政治工作人员和职工,都仍然要像园丁一样,既勤勤恳恳又满腔热情地培养学生。

需要从三方面进行工作:一思想,二政策,三改革。

为加强高等学校的思想政治工作,中央已经做出专门的决定,要求我们培养的学生能够坚持正确的政治方向,坚持改革开放,真正提高思想政治素质。实现了这一点,学生也就有了理想,有了道德,有了正确的精神支柱,有了根本的动力。

中央还要求:必须认真研究新时期的新情况和青年学生的特点,切实改进思想政治教育的内容、形式和工作方法。这些话我们都很熟悉,问题在如何"认真研究"。大学生、研究生的思想当然要比中小学生复杂得多,这就需要更多地接触他们,了解他们,研究他们。为此,有必要在这里提出心理学上的非智力因素。

清华大学精密仪器系教师徐世朴,在学习了教育心理学以后,写了一篇题为《人才的非智力心理品质浅识》的文章,内容较好。人们注意较多的是学生的智力因素,这当然是必要的。但学生心理上的非智力因素不但重要,甚至对智力因素的发展也起着重要作用,乃至决定作用,表现出明显的因果关系。但是对如此重要的课题,正如徐世朴所提出的,迄今在高等教育研究中还是进展较少的一部分,也是现实中暴露出问题较多的一部分。究其原因,主要是在我国,心理学曾经被视为唯心主义的伪科学,成了禁区,因此对个人的心理品质、心理健康的研究也就得不到承认,更谈不上教育和发展。直到现在,仍有一些错误观念的影响,主要表现在:①把政治思想和心理品质等同起来,并以前者取代后者;②把集体主义精神和个体心理发展对立起来,并以前者淹没后者;③重外向干扰,轻内向障碍,对后者的严重性估计不足。徐世朴的文章还谈到非智力心理品质的主要内容,当前青年学生非智力心理的矛盾与冲突,改善与健全非智力心理品质的关键因素,等等。总之,这是一篇较好的文章,也说明从事科学技术教学的教师完全可以在实际工作中发挥很好的作用。如果从领导到广大教师、干部,都能在重视学生智力因素的同时,认真研究学生的非智力因素,那么,我们的思想政治工作与教学工作等等,必将大为改观。

关于与学生有直接关系的政策,中央已经指出,从招生、培养到毕业的各个教育环节都要深化改革。为此,是否可以考虑尽早推广全国一百多所职业大学的做法,原则上不包分配,择优推荐,但国家根据需要有权下达一定数量的指令性分配计划。

当前的情况是,学生一进普通大学门,就好像进了"保险库"。对学校不交任何费用,享受公费医疗,还有百分比较大的助学金(现已开始改变),国家负责分配等等,这就大大助长了"铁饭碗"思想。如能尽早改变这种"统包"的做法,肯定有助于调动学生的学习积极性。职业大学的经验已经鲜明地摆在我们面前。当然具体执行时,要先出"安民告示",讲清道理,并按"老人老办法,新人新办法"加以过渡。

关于教学方面的改革,学生是关心的,对于调动学生的积极性关系很大。

难度较大的是马克思主义理论课的教学改革。可喜的是不少学校和不少教师都在积极地进行改革与探索。从报上看,较为突出的是华东师范大学,先有华民与卢娟两位教师,在经济学与哲学方面做得很好,受到学生的欢迎。看来已经推广到华东师范大学的整个马克思主义理论课部,面向全校开的 4 门课都普遍受到欢迎。华东师大能做到的,相信其他学校也定能做到。关键在于领导。第一,领导要重视,将教师的积极性调动起来。第二,领导要解决经费及其他有关条件,使教师既能享有丰富的图书资料可资阅读参考,又能参加有关的学术活动,参与建设的实际过程,参与社会实践,并积极从事研究工作。第三,要有足够的教师力量。

华中工学院电子与信息工程系从 1985 年开始,对本科生的电子线路课的实验教学,从教材内容、教学方法、考核制度以及与之配套的实验室管理体制等方面,进行了全面改革与探索。改革带来了活力,呈现出崭新的面貌。以前上实验课是教师等学生,现在是学生等老师;以前怕损坏仪器和元器件,学生不敢动,教师担心,现在学生敢动手,教师放心;以前学生提的问题大多是"是什么",现在的提问大多是"为什么";以前实验课仅在实验室进行,现在的实验延续到了学生宿舍,延伸到了广阔的社会;以前任课教师与学生感情不深,现在师生之间胜似亲人。正如同学们所说:"我们一干就是一天,学习这门课的积极性与其他课程相比真有天壤之别。我们就像是一个一直被别人抱着走,而现在第一次被放下来自己走路的小孩。""实验课的改革,使得我们由理论到实践迈出了一个大步,从电路的设计、安装到调试,所碰到的问题是以往学习理论知识所不曾有的,但又是生产实践中最需要的。通过这门课程的学习,我们对今后的毕业设计和走向社会充满了信心。"

像这样因改革而产生的生动活泼的事例,相信在其他学校也一定会有。今后的问题就是如何加以深化和扩大。教学方面的改革内容极多,包括专业设置与改造、教学计划、教学内容、教学方法等等,需要有突破性的进展,今后任务极重。

据我所知,华中工学院电子与信息工程系电子线路课的实验教学,之所以能进行改革并取得一定的成果,首先是由于这个系的领导有进行改革的积极性,因而进一步将教师与学生的积极性调动起来。这是一条十分可贵的经验。

就让我们下决心把领导、教师(当然也包括其他工作人员)和学生三方面的积极性都调动起来,为进一步明确办学指导思想,深化改革,提高教育质量和学生的全面素质而努力奋斗。

四、结论

教育要治本,归结到一点,就是要通过研究与实践,逐步建立和完善具有中国特色的社会主义教育。

为此,首先要研究我国的国情,还要联系到世界各主要国家的有关情况。换句话说,要研究这种教育制度是在什么样的历史背景下建立的。

还要总结我国教育的历史经验,主要是 1949 年以来的经验。分析一下,哪些事做对了,哪些事做得不对,经验教训是什么。

然后,根据党的十一届三中全会路线以及党的教育方针,建立和完善适合我国国情和任务的教育制度,在实践中不断加以完善。

如此重大的研究任务,又必须结合教育改革持续进行,决非少数人所能解决,而必须发动教育行政部门和学校的广大教育工作者,特别是各级领导人参加。不仅是学校的党委书记和校长,作为努力方向,应该有更多的教育工作者努力成为社会主义的教育家。

重大的历史责任[*]

当前高等学校面临的问题很多,但最主要的问题是什么,这是今年(1988年)1月以后,人们不能不反复思考的问题。

今年2月12日,我在一个会上谈了这样一个观点:毫无疑问,我们的学校教育工作一定要深化改革。但改革毕竟是手段,而不是目的。在进行改革的时候,一定要牢牢记住所要达到的目的。教育改革所要达到的目的,说到底,必须是提高教育质量,培养更多更好的人才。

今年3月17日,我向青年教师讲教育科学,提出要注意处理好矛盾的共性与个性的关系,既要研究矛盾的普遍性,又要研究矛盾的特殊性。我认为在高等学校运用竞争机制是正确的,但又必须注意高等学校自身的特点。在高等学校运用竞争机制,说到底,是教育质量上和学术水平上的竞争。脱离了教育质量与学术水平的提高,就脱离了学校的实际。

今年七八月间,我访问了北方的一些大学。在与同行交谈中,我把上述观点归结成一句浅显的话:决不能要钱不要命。意思是钱是要搞的,没有钱不好办事,但决不能以牺牲教育质量和学术水平这个命根子作为代价。

1985年5月公布的《中共中央关于教育体制改革的决定》已经写得很清楚:"衡量任何学校工作的根本标准不是经济效益的多少,而是培养人才的数量和质量。"紧紧掌握了这一条,改革就不会迷失方向。

有人已经指出:遗憾的是,有些高校未能紧紧掌握这一条。现在有一股风,好像人才质量如何、科学水平如何都可以不谈了,创收压倒一切。但是作

———————————
* 本文是作者1988年10月30日在第二届大学教育思想研讨会上的发言,原载《高等教育研究》1989年第1期。

为教育决策者和学校领导者，必须冷静对待这个问题。

其实，这在教育科学上是早已解决了的问题。教育必须培养全面发展的人，也就是我们所熟悉的"使受教育者在德育、智育、体育几方面都得到发展，成为有社会主义觉悟的有文化的劳动者"。现在邓小平同志提出要培养有理想、有道德、有文化、有纪律的"四有"人才，与上述教育目的实质上是一致的。大学负责人要努力成为懂得教育科学的教育家，首先必须懂得这个道理。

我之所以认为提高教育质量，也就是培养和提高大学生、研究生的全面素质，是高等学校当前面临的一个最主要的问题，除了上述的必须按教育规律办事以外，还有以下几点需要引起重视。

第一，近几年，全日制高等学校发展过快，目前已达一千零几十所，在校学生人数已达 200 万左右。因此，一位中央负责同志在今年 1 月全国高教会议上说，现在，我国的高等学校已经具有一定的数量和规模，今后一个时期主要的不是继续追求数量上的发展（也不是不发展），而是要把工作精力更多地集中到搞好教育改革、提高人才的培养质量、提高办学的效益上来。固然，没有一定的数量，就没有质量，但质量毕竟更重要，质量第一。否则，就会出"次品"，甚至"废品"。

第二，对目前教育质量的估计，看法不一。但经过前年和去年各方面对近几年毕业生的调查和日常的了解，绝大多数高教工作者都认为颇有问题。由于种种原因，学生在思想品德上问题甚多；业务上固然有某些得以提高的方面，但更值得重视的是下降的方面。目前在校学生有认真学习的，占 30% 左右；有一般的，占 60% 左右；也确有 10% 左右很差，或相当差，在那里"混"。有些学生上课迟到，或干脆不去，作业抄别人的，考试舞弊之风相当盛行。

第三，面临社会主义商品经济的发展和世界新技术革命的挑战，高等学校的教学工作、思想政治工作和行政管理工作已经暴露出不少与这些挑战不相适应的问题，诸如专业口径仍然过窄，教学内容与方法落后，管理松懈，思想政治工作相当薄弱，治党不严等等，所有这些，都显然不利于教育质量的提高和"四有"人才的培养。

那么，怎么办呢？我在本书的《教育要治本》一文中，曾经分别从全局和从学校两方面提出了一些意见。

经过一年多形势的演变，现在看来，属于全局性的问题，对学校工作和对学生的影响更大。学校不可能与社会隔绝，大学生一般已经成年，对外界事物十分敏感。有人把大学比之为社会的晴雨表，很有道理。要把学生培养成振兴中华的骨干力量，首先要把社会大环境治理好。

现在，对物价上涨，分配不公，脑体倒挂，党内和社会上一些腐败现象，人们的不满情绪上升。

党的十三届三中全会做了极其重要的决定。正如10月11日在党外人士座谈会上，一些民主党派负责人所说的，当前人心所向，是治理经济环境，整顿经济秩序，全面深化改革；是从严治党，克服和纠正党政机关的腐败现象。三中全会精神顺乎民心，切合实际，只要坚决执行，我国的改革和建设大有希望。他们还说，在此之前对国家的经济形势有疑虑，有担心，现在则增强了信心，看到了希望。毫无疑问，这一决定也大大有利于高校工作，有利于高校的安定，有利于做好学生工作。

有的同志谈到，"现在舆论宣传中也出现了某种程度的倾斜"，这是颇有见地的看法。我看到某些宣传报道后也有同感。例如，在提出"有偿服务"以后，报纸就宣传某些大学"创收"如何之多。其实，就我们这些大学来说，预算外收入主要是来自各方面的科研经费。而所有具体的科研工作都有种种支出，剩余的净收入一般为数有限。何况不同的学校又有其不同的具体情况，决不能一概而论。但报纸上没有说明，这就给"局外人"一种印象，把毛收入当成净收入，扭曲了事实的真相。又如，在提出"有偿服务"以后，竟然也报道某些学校学生做买卖，写得津津有味，似乎这又是什么新生事物，殊不知恰恰帮了倒忙。还有一个更突出的事例，就是《人民日报》1988年8月6日发表了一篇《"蛇口风波"答问录》，而且还发动讨论。当时我在大连理工大学，此前毫无所闻，只能从这篇报道的内容上进行分析。我认为李燕杰等3位同志即使有问题也只是方法问题。而蛇口某些青年的问题，则是思想认识上的原则问题。报纸似乎不偏不倚，我看是有倾向性的。基本上是否定李燕杰等3位同志。《人民日报》最后宣布，报社内部始终存在着两种不同意见。我只希望各级党的领导和报纸的负责人，要慎重行事，因为白纸黑字，发行量又大，非同小可。我们在学校工作的同志，实在感到工作难做啊！

在10月11日的党外人士座谈会上，有些人士建议：一是抓党风政纪的整顿，从严治党，坚决克服和纠正党政机关的某些腐败现象，各级领导干部和共产党员要起模范带头作用；二是坚决按照两个文明一起抓的方针，在搞好物质文明建设的同时，狠抓社会主义精神文明建设，这样才是体现了建设有中国特色的社会主义的原则。

1982年党的十二大，明确提出了两个文明一起抓。但几年来的事实，令人有些不解。

前一时期，有这样的论调，似乎只要物质文明上去了，精神文明也就自然而然地随之而上。

同时又有这样的论调，在新旧交替的过渡时期中，腐败现象是无法避免的，似乎并不可怕，只有等到商品经济充分发展之时，这些严重问题才能得以解决。

假如这些论调可以成立的话，那么，十二大的提法需要修正，目前提出的治理经济环境、整顿经济秩序、从严治党、克服与纠正腐败现象等也可以取消。

客观事物的规律是，物质与精神是相互渗透的，必须一起抓，而不能有任何偏废。只有在大抓物质文明建设的同时，大抓精神文明建设，学校的思想工作才能具有良好的社会大环境而得以强有力地开展起来。

在党外人士座谈会上，许多发言者提出，希望各级党和政府的领导人要进一步认识教育事业的重要性，把发展教育事业放在战略任务的位置上。

今年第7期《红旗》发表了何祚庥、茆俊强两位同志所写《我国教育经费是否超过同等经济发展程度国家的平均水平》一文以后，再没有人公开说教育经费没有问题了。比之中小学，大学的经费要好得多。但现在的实际情况是，按国家教委给其所属学校的经费看来，原定标准已经相当低，加之近年来通货膨胀，物价上涨，现在每培养一个本科大学生，学校要贴五六百元。这显然又是一个很大的难题。特别是教师工资很低，非解决不可。由此看来，经费问题不是很小，而是很大。国家财政确实困难，但教育经费占国家财政预算的比例理应得到提高。

我之所以将全局性的问题谈得如此之多，是由于全局毕竟是全局，影响很大。

但党的十三届三中全会的决定，在未来两年中，将使社会大环境发生十分有利的变化。在此情况下，我们的任务就在于将学校这个小环境治理好，整顿好，加强各项工作，深化教育改革，全面提高教育质量，为培养"四有"人才而努力奋斗。

为此，我提出以下几点意见。

第一，关于商品经济

去年（1987年）中央要求大学的党委书记和校长要努力成为社会主义的教育家。为了适应社会主义商品经济发展形势，培养成千上万有较高素质的劳动者，从根本上摆脱教育脱离生产实际的现状，除各级党政部门的大力支持外，首先要有一大批既懂得社会主义商品经济、又懂得教育的教育家。我们不仅需要优秀的教师，更需要优秀的校长。校长是办学治校的核心。

当前的情况是，自从提出要发展商品经济以后，有不少人是懂得的，但还有更多的人不大懂得。特别在青年人当中，对商品经济存在着从字面出发的误解，以为商品经济就是"做买卖"，而且要大做买卖，大赚其钱，仅此而已。这也难怪,在这方面对他们的教育就是很不够。例如影响最为广泛的报纸,虽然天天都可以看到"商品经济"之类的字样,但究竟"什么是商品经济?""什么是社会主义商品经济?"等等,似乎就缺乏应有的宣传教育。在大学里,有政治经济学这门课,当然也讲了有关商品经济的内容,有学懂了的,但看来不懂的居多。究其原因,还是教育不够。这就有一个重新教育和不断教育的问题,责任在领导。

商品经济是为交换而生产的经济形式。在资本主义社会,劳动力也成为可供买卖的商品,人与人的关系都成了赤裸裸的商品和金钱交易关系。资本主义商品生产的特点,是以追求剩余价值为目的。社会主义的商品经济是建立在生产资料公有制基础之上的。我们国家现在处于社会主义初级阶段,商品经济还不发达,因此必须发展商品经济,既然如此,就要受价值规律的支配,这与资本主义商品经济有共同点。但我们毕竟是以生产资料公有制为基础的社会主义社会,就不能听任商品经济像资本主义社会那样,在无政府状态下进行。

总之,要懂得商品经济,我们大学负责人以及广大教师和干部,看来有再学习的必要,并且要组织工人学习。同时,要求政治经济学教师改进教学内容,对学生进行有关商品经济的教育,使学生也懂得商品经济,解除他们由于不懂而产生的误解,提高认识,让他们毕业以后能更好地工作。

第二,关于教育的社会透明度和教育事业发展的关键

"教育的社会透明度太低",这是某负责同志在全国高校暑期工作会议上讲的一句话。他说,现在我们有许多人讲把教育摆在首位,还是一句空话,许多党政领导根本就没有把它摆在首位,这也是事实。但是,怎么样摆在首位?把教育的什么东西摆在首位?我觉得现在要把权力和责任同时下放给学校,你现在不给担子,他怎样摆在首位啊?教育系统很关键的就是教师,教书育人主要是通过教师来进行的。所以,团结、依靠、提高教师,充分调动教师的积极性,是我们教育事业发展的关键。现在各种各样的政策、方针、条例,不能到达学校,不能到达教师身上。我们制定的方针、政策、条例、文件,有多少可操作性?有多少可行性?很关键的,一个是学校,一个是教师。学校是教书育人的基础单元,最基本的阵地,是学校在教书育人,是学校在培养人。就像现在经济改革的关键、出发点和落脚点是企业一样,我们的政策、方针、改革的出发点和落脚点,成败都在于学校是否能够承担起教书育人的责任,在于是否能充分调动教师的积极性,让教师终身从教、全身心从教。我们教育行政部门就是要争学校办学的自主权和能力,要争教师的地位和待遇,使教师能够成为最受尊

重的人，使教师职业成为最受人羡慕的职业，使学校成为社会上最受尊重的独立的办学治校单位。当然大家都说我们现在远远做不到，还是一句空话。但是作为方针政策来讲，都必须解决这一问题。而且随着教委职能的转变，改革的深入，学校的书记和院校长们的领导责任无疑是越来越大，担子无疑是越来越重。

这些话讲得非常之好。这些话本身就显示出教育的社会透明度，特别指明了是否充分调动教师的积极性，是教育事业成败的关键。

现在，学校负责人的紧迫任务，我以为就是将这次暑期工作会议的精神和内容，原原本本地传达到教师（当然也包括干部以及工人），让他们深切了解。这种传达本身就可以起很好的动员作用。

另一方面，我以为也需要将高校暑期工作会议的基本精神和与学生关系密切的某些内容，结合各学校的具体情况，向学生讲，以动员学生的积极性。

第三，关于从严治校和校园民主

关于如何管理学校，历来存在着两种不同的指导思想。一种认为必须从严治校，加强管理；另一种则相反，反对从严治校，认为这样做有碍于学生个性的发展，不利于人才的培养。

对这样一个原则问题，今年高校暑期工作会议作了明确的论断，还是应该从严治校，加强管理。

据 10 月 16 日《人民日报》报导，前不久，18 所高等工业院校的教务处长会聚西安，讨论通过了向全国高校发出《关于加强校风建设的倡议书》，其中有一条就是："建立、健全各项规章制度，严格执行校纪校规，严肃课堂纪律，杜绝考试作弊现象，树立严谨的校风和学风。"毫无疑问，这样提完全必要。否则，还有什么纪律可言呢？

由于近三四年来，先后发生了几次波折，学风又存在问题，加之管理松懈，打架、酗酒、赌博，特别是考试舞弊等既无法纪又无道德的事件时有发生，现在一些学校负责人已经认识到从严治校的必要性，但在实践中却有不同表现。有些同志是认真负责的，敢抓敢管，思想工作也抓得紧。但也有些同志总是顾虑重重，东张西望，怕这怕那，下不了决心，以致表面上似乎很稳，实际上是官僚主义；不求有功，但求无过，过得去就行；一般号召多，具体措施少；责怪下面多，自我批评少；客观原因多，主观原因少。这后一种同志，似乎有"无穷的忧虑"。作为高等学校的负责人，既然肩负着重大的历史责任，这样一种精神状态显然是需要扭转的。须知事物发展的规律是，如不扶正祛邪，必然是邪气压正。

在从严治校的同时,需要实行校园民主。

在高校暑期工作会议上,有一位同志谈到校园民主,内容很好。他讲的大意是:校园民主搞得扎实一点,活跃一点,有很大好处。现在部分学生不是有逆反心理吗?我想多一点校园民主,逆反心理会少一点。如果让学生多参加一些社会实践,多参加一些社会活动,多让他自己有一点当家做主的机会,多让他挑一点担子,他的看法就会比较实际一点。我们老是说考虑问题要从实际出发,但是他没有接触实际的机会,你叫他怎么从实际出发?很难。学生正处在一个转换期,从未成年到成年,从家庭、学校将要走向社会。在这个过渡时期中,比较早地参加一些社会活动,他就会务实一点,这对他转变观念可能大有好处。让他也知道社会生活的复杂,人际关系的复杂,知道柴米油盐来之不易,仅有的一点钱用到什么地方去。多让他们考虑这些东西,对学生来说有很大好处,可以增强主人翁的责任感。比如,有的学生就会感到,"这个责任既然是同学们推举的,那我就义不容辞。我自告奋勇来承担了,那我当然更不能把事情搞坏。"很多社会政治生活里的一些大问题,其实在微观上一分解,无非就是一些很平常的日常工作。领导与被领导,组织与被组织,管理与被管理,这种关系如果能够起一点变化,有助于缓解学校内部人与人之间的矛盾,有助于使学生比较早地意识到自己肩膀上有一种责任,让他们有一种责任感。校园民主实际上不是一个离开学校管理及其各项工作,单纯教学生来讲民主的过程,而是让学生在民主的实践过程中来学会民主。现在有种"代沟"的说法,实际上不是一种年龄上的差距,而是一种责任上的差距。一方面我们考虑青年人的愿望,另一方面青年人也要考虑我们这些肩膀上压着担子的人的一些处境。校园民主是一篇文章,这篇文章要什么时候破个题,以积累起一些比较成熟的经验。

这些话讲得很好。我看除在管理工作中实行校园民主以外,是不是还可以在意识形态方面实行有领导的校园民主。在日常工作中以有领导的讨论会形式,或者如学生所说的"沙龙"的形式,讨论一些属于意识形态方面的问题。例如电影《老井》和《红高粱》在国外获奖以后,在国内引起了不同评价,报刊上发表了不同的意见,这是一种正常现象。我想在校园之内是不是也可以通过校刊、广播台或一定的会议形式,加以讨论。又如,今年上半年,中央电视台播放了《河殇》电视系列片以后,也引起了不同的反响。我认为《河殇》在对待历史文化传统方面,犯了历史虚无主义的错误。这就难怪杨振宁教授提出了尖锐的批评意见,他说:

文化传统是一个复杂的事情,是一个多方面的事情。中国的文化传统是世界最悠久的文化传统之一。中国的文化传统是西方人非常羡慕的，因为它里面有非常良好的部分，教育传统就是其中之一。当然任何一个几千年传统，任何一个几亿人的历史背景，不可能纯粹是好的，其中有许多复杂的成分，对此是要讨论的。从这点上讲起来，我个人觉得《河殇》可以激发大家去思考，激发大家去研究，激发大家去反思。可是这个电视片里讨论了一些象征性的问题，大家知道，所有象征性的问题都是非常复杂的。这个电视片里特别提出来了三个象征，都是中国传统的象征，是中国历史的象征，是中国民族的象征：一个是龙传统或龙文化；一个是长城；一个是黄河。我想全世界都承认，这三者是中国传统的象征。在这个电视片里，我最不能接受的是，把这三个传统都批评得一无是处。这个电视片认为，如果不把这种传统抛弃掉的话，中国就没有希望。我认为这是大错的。（1988年10月16日《人民日报》第8版转载9月10日《天津日报》）

最近，李政道教授也写了一篇《读〈河殇〉有感》。他说：

在科学上，20世纪是量子力学的世纪，量子力学操纵了一切原子、分子、核子、电子等的运动规律。通过量子力学才产生了今日的物质文明。但是，量子力学，是由经典力学演变而成。没有过去的经典力学，就不会有今日的量子力学；不懂得经典力学，就不可能了解量子力学。同样地，一个只依赖过去的民族是没有发展的；但是，一个抛弃祖先的民族也是不会有前途的。5000年的黄土文化值得我们骄傲，希望我们今后的创业，也能得到未来子孙们的尊敬。黄帝的儿女们，我们只要有志，不必害怕目前的贫穷。盼能启新自兴，望弗河殇自丧。（《人民日报》1988年11月4日）

我之所以写到这里，又摘引了这么多话，是由于这里涉及的不是小问题，而是很大的问题。我想不仅杨振宁、李政道接受不了，很多炎黄子孙也接受不了。但问题在于恐怕有不少青年人都弄不清楚，受到了不好的教育，而且恰恰是影响很大的教育。怎么办呢？我看，第一有机会就要讲，像杨振宁那样，在南开大学新生入学典礼仪式上讲；第二可以组织讨论，让大家把意见都说出来，然后加以引导和澄清，提高他们的认识。这样做，也是校园民主，而且是一种很好的思想工作方法。不是说要改进思想政治工作吗？这就是一种改进。

既敢于从严治校，又敢于实行校园民主，将两者结合起来，这就有可能在我们高等学校的管理工作上开辟出一条新的路子。

第四，关于学术规划

据美国加州大学田长霖教授的介绍：美国著名大学都有三种规划——学

术规划、基建规划和预算规划,以学术规划最重要。他从加州大学伯克利分校应聘到欧文分校任执行副校长以后,提出的第一条重要措施就是制定学术规划,要求每一个学科制定 10 年之内赶上第一流水平的计划。制定学术规划的目的就在于要瞄准最高水平,第一要赶上,第二要超过,使自己处于领先的地位。

我国的学术水平,一般说,落后于世界先进水平二三十年,更有制定学术规划、急起直追的必要。但近来的情况却令人担忧。由于一些人所共知的原因,一些大学教师和科学工作者在研究工作上热衷于所谓"短平快",难度不大,见成果较快,收益却不少。如果听之任之,有人已经担心,我国与世界先进水平之间的差距不是缩小,而是有可能拉大。

既然如此,我认为更有必要制定学术规划,借以改善"短平快"以及其他种种各行其是的、带有一定盲目性的不良状态。

第五,关于从严治党

党的十三届三中全会的基本精神之一,是从严治党,十分重要。

要办好一所大学,当然要有好的负责人,好的教师,但也必须有一个坚强的党。因此,要根据党中央的决定,从严治党。

就以华中理工大学而论,现有教师中的党员占教师总数的 50%以上,现有干部中的党员占干部总数的 48%以上。华工如此,凡是具有相当历史的大学也大体如此。教师和干部中的党员比例如此之高,应该说,这是很好的现象,关键在于如何使党员进一步发挥强有力的带头作用与模范作用。

党的十三届三中全会做出了重大决定,北戴河高校暑期工作会议抓住了要害,这就是高等学校面临的极好的形势。我们应该在这种有利形势面前,努力工作,肩负起重大的历史责任。

高等教育漫谈[*]

我自认为是一位现实主义者，一位历史唯物论者。我的"志业"并非成为一位教育理论家，把孔子的那个成语颠倒一下，"作而不述"方是真实写照。我一贯主张，研究学问是为了解决现实问题，指导实践工作。因此，我关注的问题，虽然广至全球，泛及诸科，主旨却是教育的现实问题。我力求通过自己的思考为当代中国教育，尤其是高等教育更好地走向21世纪，提供思想上、方法上、手段上的启示、借鉴和参考。

在今年(1996年)4月4日接受的一次专访中，我明确强调："我的教育思想既简单，又复杂。简单地说，办大学就要按教育规律办事。我个人没有什么神秘性，有话就讲，直言不讳。如果说我的教育思想有值得研究的地方，那就是紧密结合当前高等教育工作的实际。我是关心实际问题的。把我的教育思想与当前的教育实践割裂开来，孤零零地研究，方法就不太对头。把我的教育思想跟复杂的现实联系起来研究，就是我所说的复杂的一面。"

一、关于大学的办学方向及德育问题的思考

几十年来，无论是在领导工作中，还是在理论研究领域，我都极其重视坚持社会主义的办学方向，坚持德育在教育工作中的首要地位和有效实践。在探讨教育功能时我明确指出："一个国家办教育，总不愿意培养反叛者，而应该

---

* 本文是由武汉大学教育科学研究院陈闻晋教授根据朱九思先生口述、讲座、讲话和专题交流整理而成的，是陈闻晋教授1996年3—7月在华中理工大学做访问学者的一项学期研究总结。本文写作时间为1996年6月20日—7月15日。

培养建设者。这大概是教育最重要的功能。"①因此,坚持社会主义方向,培养热爱社会主义祖国的一代新人,是中国教育的首要问题,也是德育的首要问题。

(一)社会风气之乱,要把我们国家断送的

我对于近年来社会风气的恶化、贪污腐败的盛行、传统道德的沦丧以及党的优良传统和作风的败坏表示深深的忧虑。这些现象既是全社会思想教育问题,也直接影响到学校教育的成效。在市场经济的大环境下,不健康的乃至丑恶的社会现象对于高校师生员工的负面影响很大。不仅学生的思想道德状况不尽如人意,教育者本身的问题也不少。有的教师,甚至是高级知识分子,做学问是一套,而做人是另一套,有学阀作风,品质极差。这样的事例说明,党的优良传统、好的社会风气在不少人那里丢了。随着经济的发展,我国的社会风气差了。社会风气是什么? 就是人的内心思想。社会风气之乱,要把我们的国家断送的。

(二)警惕西方旨在瓦解中国、打一场"没有硝烟的战争"的图谋

面临错综复杂的国际大环境,我多次强调要警惕西方敌对势力演变、瓦解中国的图谋。"现已确知,美国制订了15～20年演变中国的计划。他们采取诱压兼施,'遏制''接触'并用的阴险策略,不惜一切代价,尽快和完全消灭中国的社会主义制度。"②"这个问题很严峻。中国要是坚持社会主义道路的话,就得积极应战。要是愿意放弃社会主义,走俄罗斯、乌克兰的道路,不必美国演变,自己演变就是了。"③西方瓦解中国的具体做法就是扶持台湾独立,策划西藏分裂祖国,煽动西北边疆兄弟民族闹事,在内地则是和平演变中央政权。应该说,这种现实对于高等教育的挑战也是十分严峻的。有一位老教育工作者曾经在一个重要场合尖锐地指出:"目前,我国最优秀的大学培养的最优秀的学生事实上毕业出来是为美国资本家服务去了,这对我们培养社会主义事业的建设者和接班人是多么大的讽刺!"④

由此可见,在计算机时代带来的迅猛变化的浪潮中,既要主张积极学习先进科学技术,改善我国高校落后的基础教育设施,又要提醒人们不要对"信息

---

① 1996 年 3 月 27 日的发言。

② 1996 年 6 月 14 日在武汉汽车工业大学的报告,题目:"全面提高大学生、研究生的素质"。

③ 1996 年 6 月 7 日接受华南理工大学科研处的专访,题目:"21 世纪中国重点大学的发展趋势"。

④ 陈鸿瑶:《在高等工程教育研究会一届三次理事会上的发言》,《高等教育研究(武汉水利电力大学)》中国高等工程教育研究会会议专辑,1995 年 10 月 12 日。

高速公路"采取盲目乐观的态度。我一再告诫中青年研究工作者,在国际学术交流中,要站稳自己的立场,注意人格和国格的尊严。

中国的高等学校要迎接西方的挑战和未来世纪的挑战,迫切期望加强爱国主义、集体主义、社会主义教育和革命传统、优秀传统文化教育。我认为,加强德育的核心是爱国主义教育,而爱国主义教育中,优秀传统文化、革命传统和历史教育应该占有很大的比重。鉴于我国在很长一段时期内对于悠久的中国历史和灿烂的古代文化采取了简单粗暴的批判态度,特别是"十年动乱"对于中国文化登峰造极的破坏,使一两代人对于中国历史和文化知之甚少,民族文化的"虚无主义"还有较大的市场。加强爱国主义教育中最关键的是加强历史教育。"如果谈到爱国主义教育的话,历史教育要在这里占一个非常重要的部分,不了解历史,你怎么来爱国。这话是胡乔木同志在 1982 年讲的。我说一个年轻人如果对自己国家的历史都不了解,你说要他爱国,他怎么爱法。对自己的历史不大了解,很不了解,他怎么爱法,无从爱起,不感觉到可爱。另外,如果一个青年人不了解自己国家的历史,对于自己的国家没有热烈的感情,没有爱国心的话,这是一个不完全的青年人。"①

爱国主义教育在今天,实质上是教育青少年热爱我们的社会主义祖国。要使热爱社会主义祖国的情感和信念牢固扎根于新一代大学生的头脑。

为了提高德育水平,必须学习借鉴国外成功的教育经验,包括在德育和文化素质教育方面的成功经验。"我觉得日本的德育有值得我们借鉴和学习的地方……很有必要让更多人知道日本道德教育的现状。不管怎样,日本的道德教育有一套体系。"②美国在这方面也有许多值得我们学习借鉴的成功经验。

(三)坚持社会主义办学方向的实质是教育学生做堂堂正正的中国人

坚持社会主义办学方向的实质是培养人,特别是培养堂堂正正的中国人。社会主义中国的大学,培养出的学生要以做堂堂正正的中国人为自豪,要把如何培养人当成"建设有中国特色社会主义高等教育理论要点"的核心。③ "如果要问,教育是干什么的? 教育就是首先要教学生学会做人。"要教育学生"做奉献第一,索取第二的人","做具有自我批评精神的人","敢于做中流砥柱,而不是随波逐流的人","做有为之人"④。

---

① 朱九思:《我们面临抉择》,《高等教育研究(武汉水利电力大学)》1995 年第 1 期。
② 1996 年 4 月 17 日的发言。
③ 1996 年 4 月 10 日的发言。
④ 1996 年 6 月 14 日在武汉汽车工业大学的报告,题目:"全面提高大学生、研究生的素质"。

(四)改善大环境,优化小环境

如何实现上述德育目标呢?关键是提高德育工作的有效性。在市场经济大潮中,教师的师德、奉献对于学生的影响最大,学校"小环境"建设意义深远。各级领导、教师、干部要克服困难,扫除自己的障碍。最大的障碍是认为大环境不好,对小环境无能为力。"我在北洋政府时代读私塾,上小学,在国民党政府时代读中学、大学。那时候的社会风气更坏,贿赂公行,卖淫嫖娼公开化。然而学校还是一方净土。私立大学风气差别大,但南开大学风气好。国立大学风气都很好。我们至今仍很怀念大、中、小学时的教师。譬如上海,当时是'冒险家的乐园',交通大学、同济大学却都有很好的风气,教会大学如圣约翰大学、沪江大学都很好。那时候的大环境比现在差远了。"①我对于华中理工大学两年来的人文系列讲座倾注了极大的热情,给予了很大的支持。我曾与人文讲座的主持人做过两次长达六个多小时的交谈,对这位青年教师"敢为天下先"的精神给予了充分肯定和热情鼓励。我不仅听了几次人文讲座,甚至希望学校上上下下的党政干部都能听听,因为"这是一件大好事"②。

(五)教育应该是"做人"教育与"做事"教育的统一

在新形势下,面对社会各类不健康的、腐败的、丑恶的现象,我的忧虑明显加深了,危机感更强烈了。必须把坚持社会主义办学方向,培养热爱祖国、勇于竞争、乐于奉献的一代新人视为中国教育乃至国家兴旺的紧急大事。应当加强和改善德育工作,提高大学生的思想、道德、文化素养。坚决反对着重功利主义的教育,呼吁教育的"正本清源",即教育要培养学生做人,只要学好了"做人",自然会"做事"。1994 年香港《镜报》月刊上一篇署名文章提醒人们正视内地教育界的危机。"所谓教育目标功利化就是把教育目标仅仅看做是培养为经济建设服务的工具,而不是把它看成是造就有文化有知识的人,进而提高整个民族的素质。有些人在学校期间掌握了一定的文化知识和专业技能,却既缺乏事业心、责任心,也没有必要的涵养……整个社会缺乏一种有效途径来提高人的素质、加强法制观念和道德规范的教育以及净化社会环境。这是近年来社会风气恶化的重要原因之一。所以在教育领域中,着重功利主义是有害的。"③中国的大学要培养学生做了解中国历史、热爱中国文化的堂堂正正的中国人。因此,不仅要解决好受教育者的"做人"问题,教育者也要解决好

---

① 1996 年 4 月 30 日下午在华中理工大学高教所研究生毕业论文答辩会上的发言。
② 朱九思:《人文讲座好得很》,《高教研究简报》1995 年 6 月 12 日。
③ 朱九思:《我们面临抉择》,《高等教育研究(武汉水利电力大学)》1995 年第 1 期。

"做人"问题,要以身作则,言传身教,为人师表,敬业乐教。在市场经济大潮下,大学既要接触社会现实,了解市场经济的发展,又不能随波逐流,听任社会上不健康因素的侵蚀,要建设好育人的小环境。

二、树立全面提高大学生和研究生素质的办学质量观

从严治校是我办学的一贯风格。我认为,松松垮垮、自由散漫的校风是熏陶不出有责任感、富有竞争精神的一代新人的。为此,我时常提醒现任学校领导要关注这个问题。

(一)对苏联高教模式的再反思、再认识

改革开放以来,我一直呼吁并坚持主张中国高等教育要突破苏联模式,改革现有的综合性大学无综合、单科性院校林立的格局,克服由此产生的学科专业划分过细、口径过窄、教学计划过死、课内学时过多等弊端,实现高等学校各具特色的综合化、学科综合化、专业淡化、教育手段现代化。这些主张经过我和我的继任者的努力,在华理工大学已结出硕果。十几年来,我国高校注重国际交流与合作,学习借鉴发达国家办学的成功经验,革除几十年来的积弊已取得了较大的成果。然而,"'文革'后20年来,我国高校比较多的且取得一些成绩的小改小革,基本上没有跳出苏联模式。要是认为我说得过分,看看现行的教学计划就一目了然"[①]。

不彻底突破苏联模式,就不可能把中国的大学办成世界一流。我不止一次感叹道,我国大学在世界大学中排名总是靠后,原因就是学科不够综合。这些都是20世纪50年代院系调整时始料未及的。学科太单一,不利于学校的发展。世界上多数名牌大学,都是文、理、工、农、医等学科俱全的。一般说来,综合化比单一化有优势。[②] 在为我80寿辰的庆贺中,同事们曾撰写了一副贺联,上联曰"喜晋八旬更解大学同宇宙"——这句话生动地描述了我对高等教育之"道"的领悟。

对于20世纪50年代的高等学校院系调整,我们应该既肯定其一定的历史功绩,又要看到其缺乏教育科学依据、仅出于短期需要的事实。而今天,中国的大学正在品尝院系调整的苦果,而且这个苦果还将"苦"很长一段时期。为了提醒人们正确认识20世纪50年代的院系调整,我在1996年5月15日的《高教研究简报》还转载了北京理工大学一位教育研究专家(时任北京理工大

---

① 1996年6月7日接受华南理工大学科研处的专访,题目:"21世纪中国重点大学的发展趋势"。
② 1996年6月7日接受华南理工大学科研处的专访,题目:"21世纪中国重点大学的发展趋势"。

学高等教育研究所所长的杨东平教授)的文章《中国高等教育的苏联模式——关于1952年的院系调整》。"文革"之后的中国高教界错过了一次机遇。在拨乱反正之初,中国就应该学习借鉴欧美办学经验,大规模调整高等学校的学科结构。可惜由于当时教育部主要负责人在指导思想上陷入误区,按兵不动,错过了这次机遇,使大学向综合化方向发展直至今天才引起重视。

突破苏联高教模式的现实困难还在于,高校教师、干部已习惯于按苏联模式办学了,形成了"思维定式"。个中原因,现在的中老年教师、干部都是按苏联模式培养出来的。按这种习惯办学,是不可能培养出世界一流人才的。实际上,苏联高教模式在20世纪60年代的苏联国内已开始进行调整、改革,到了80年代,苏联政府更是大刀阔斧改革高教体制。但它在当今中国高教的观念、体制和教学过程中仍根深蒂固。中国大学要形成自己的特色和优势,在克服苏联模式的道路上还要走很远。"这就好像生产力和生产关系的关系。你生产关系还是那么一个老样子——专业基本上未动,你要求在那么一个老框框内进行学科建设,那搞不出个东西来,那是个落后的东西。"①

高教体制的实质性突破有两次:一次是20世纪80年代初期华中工学院等少数学校对于单科性院校的办学传统的突破,向综合化方向迈出实质性步伐;再一次便是近几年来兴起的多种形式的联合办学,这实质上是新一轮院系调整。

(二)全面发展,重视大学生和研究生的文化素质培养

教育的目标就是教学生学会"做人"。一个人无论从事什么样的职业,"做人"都是一个新鲜而永恒的主题。而"做人"问题,与人文教育关系密切。

加强文化素质教育在我国高教界渐已达成共识,这是"做人"教育的基本内涵。在我看来,一个重要背景就是苏联模式对于人才培养产生的严重弊端,特别是人文素质的阙如。从教学计划看,"除了几门政治理论课,理工农医科学生都没有学习文科课程",知识结构太单薄了。②"不妨问一问:现在大学生、研究生中,有多少人看过《共产党宣言》?(知道)美国独立是哪一年?《圣经》是一部什么作品?《哈姆雷特》的作者是谁?荷马史诗是什么意思?作为重要的文化知识,中国大学生、研究生是需要知道的。如果在我们当中相当多的人答不好这些问题,那也决不能责备他们,而主要是普通基础教育特别是中等教育所设人文学科内容相当薄弱所造成的恶果。"③中国大学生的文化素质方面

---

① 朱九思:《我们面临抉择》,《高等教育研究(武汉水利电力大学)》1995年第1期。
② 1996年6月7日接受华南理工大学科研处的专访,题目:"21世纪中国重点大学的发展趋势"。
③ 朱九思:《培养大学生的人文精神》,《高教研究简报》1995年6月12日。

的严重缺陷，是由两个因素造成的：一是苏联模式造成的专业过细、专业口径过窄，课程结构不合理；二是中国基础教育中的错误导向，片面追求升学率，重考试，轻素质，重理轻文，造成大学生的文化素质单薄。因此，我主张，研究高等教育的人一定要关注中小学教育。我一直认为，现在的大学做了不少为中学"补课"的事情，文化素质即人文教育方面的缺陷就是中小学教育的偏差所导致的。从社会上看，近年来社会风气方面的不良现象，与中国优秀文化教育的缺乏关系密切。我赞成涂又光教授为弘扬中国文化提出的一系列意见、建议，呼吁抵制民族虚无主义，防止社会的"文化沙漠化"。

近年来，国家教委比较注意大学生的素质教育，出台了一些旨在改善学生知识结构、强化人文素质的政策措施。两年来，我收集了有关我国高校加强文化素质教育的许多信息资料，为之宣传、呼吁，并集中在《高教研究简报》上刊载。华中理工大学去年开始推行的"大学生语文水平测试"，在全国引起较大的反响。对于这个实质上给中学教育"补课"的举措，既然推行了"证书制"（即语文考试合格证书，无此证不能毕业），就得好好抓起来，巩固下去。几年来华中理工大学的人文学术气氛相当浓厚，在高教界惹人注目。可以说，国家教委近年加强大学生文化素质教育政策的制定，与华中理工大学等学校的成功探索有一定的关系。

人文教育的核心是文史哲教育。我对于文史哲教育的现状十分担忧，担忧的根本原因是所谓功利主义教育对于全面发展目标的冲击。"一个国家，一个民族，对高等教育的需要是多方面的。我们培养的是人，不是一个物质产物，是有精神、有思维能力、有道德的人，更要注意到怎样适应整个社会发展的需要。"[1]仅从语言文字教学来看，我国教育界的问题是不少的。现在中小学的汉语言文化水平不能说是令人满意的，语文、历史、地理知识太缺乏，远远比不上我那个时代所达到的水平。个中原因，我比较赞成涂又光教授的分析，自20世纪50年代后的30多年中，中国上下对于中国传统文化批判得过头了，继承发扬则远远不够。为了加强文史哲教育，一定要加强历史教育。我积极支持杨叔子校长关于建设华中理工大学人文教育基地的设想，并进而指出：华中理工大学现已有了哲学、中文、新闻、社会学、法学、艺术等学科，这些学科还需要不断发展和提高；作为人文教育的重要内容，历史学科非常需要在华中理工大学予以建设和发展，要敢于从外校引进一批历史学科人才，招聘一批名牌大学历史系本科生和研究生，建立历史学研究所甚至历史系。为了提高全体学生的历史知识水平，可以围绕一些专题开设高水平的学术讲座。譬如以香港回

---

① 朱九思：《我们面临抉择》，《高等教育研究（武汉水利电力大学）》1995年第1期。

归为主题,开展近现代史教育和爱国主义教育,同时结合地理、政治、经济、文化等多学科的知识熏陶,以此为契机,达到人文教育的多方面目的。①

在华中理工大学的人文社会科学发展已成绩斐然的形势下,我深感,华中理工大学的"历史学科建设是个空白,错过了历史机遇,要设法迎头赶上了"②。其实,这又何尝不是我对于尚未值得乐观的人文素质的深切的忧思呢?

(三)教育过程的质量意识和培养人才的现代化要求

近年来,由于各种因素的影响,高校教学工作出现了较多的新问题。学生的教育质量出现了"滑坡",学风、教风都存在不良倾向。我从某些教授那里获知,有的研究生,甚至是博士生,不重视实验,只靠计算机,其论文中的数据不知是从何而来的。"提高教育质量,特别是研究生教育质量,要有三大条件:师资力量、实验手段、图书资料……只追求研究生数量的增长,不重视培养的质量,这是不懂教育的表现。"③

1996年是华中理工大学高教研究所喜获丰收的一年。其教育管理学专业作为该校第一个文科博士点获得国务院学位委员会的批准。这是全所教师和研究生奋斗多年的结晶,也是华中理工大学教育学科建设的一大成就。在胜利的喜悦中,我一再说,今年高教所要重点做两件事:一是博士点建设;二是学科建设。在所内讨论博士点建设的会议上,我毫不客气地摆出了几个严峻的现实问题:"现在最迫切的是增加教师,在这一点上要像前些时争取博士点一样抓紧";"资料工作也要高度重视","没有丰富的资料,学科建设很难进行";"研究生培养是一个核心问题……研究生课程也好,论文也好,我倾向于高标准"。"标准很难具体化,只有看文章时才知道。因此,希望论文在答辩之前的三个月定稿。就怕到答辩时文章才拿出来,毫无修改余地,这是一件很危险的事情。我们不希望出现不愉快的事情。所谓'不愉快',就是不得不高抬贵手(才可以通过论文答辩)。博士论文尤其如此。论文答辩不能满足于'多数是好的'。要是多数是不好的,就该打屁股了。问题就出在'少'上面……我们希望论文能经得起历史的检查,目的是强调(研究生)培养的效果。"④"不高抬贵手"、"不满足于多数是好的"。

关于学科建设问题,希望高教所与本校有关部门一道,结合华中理工大学的实际,研究和探讨有关教学内容和课程体系的改革。我们研究教育目标等

---

① 1996年6月19日的发言,6月20日的专访。

② 1996年6月19日的发言。

③ 1996年4月17日的发言。

④ 1996年5月8日的发言。

宏观问题的目的,就在于结合当前的教育改革实践,解决重要的认识和实际问题,发展教育科学。研究工作必须结合实践,不能陷入纯粹的思辨。学科建设主要是面向 21 世纪的教学内容和课程体系改革,与高等教育学的博士学科建设一样,不是短时期就能解决的事情,需要经过长期细致的探索。以上两个主要的工作,今年应该认真准备,并尽快行动起来,做到未雨绸缪。

在外语教学方面,我国走的弯路太多了。由于中小学教育中的不足和缺陷,大学教学中竟用占教学计划的 1/10 左右的学时学英语,效果却是事倍功半。在这件事情上,国家教委是负有责任的。"1985 年,我曾向一位国家教委的专职委员当面提过两条意见……希望国家教委下决心把中小学英语教学工作抓好,而且一定要从小学五年级抓起,关键是解决全国中小学所需的全部英语教师。……整整 10 年过去了,看来比 10 年前当然有进步,但尚未达到应有的程度,差距仍然很大,只好寄希望于未来的 10 年了。"①由于中小学英语教学未抓好,大学英语教学直接受到影响。

最近,涂又光教授在一次讲座上引用恩格斯于 1888 年为《共产党宣言》英文版所写的序言原文,说明经济基础与上层建筑、意识形态的关系不是简单的前者决定后者的关系,而是相互作用、相互影响以及用前者"解释"后者的关系。在那次讲座上我谈了自己的感受:"中青年教师和学生对于外语,特别是英语,非学不可。恩格斯的话,每个词我都认识,但年纪大了,一时反应不过来。不知在座的诸位如何。早晨我给一位刚刚考取我所博士生的同志打电话,告诉她被录取了,英语要好好恢复一下,不要以为通过了英语四、六级就很神气了。我研究过英语四、六级教学大纲,感到 CET-4 的词汇量只相当于我们过去的初中毕业水平,CET-6 的词汇量只接近过去的高中英语水平。"②

总的说来,近几年高教界在加强教学、深化改革方面取得了不少成绩,但不能盲目乐观,我反对这种所谓的现在的中国高等教育是历史上最好的时期之一的评价,主张清醒地认识教育界的问题,注意潜在的危机。

三、教育要发展,经费要先行,要强化中国教育的危机意识

中国的知识分子,即传统的中国社会中的"士"阶层,有一个很好的传统,就是"士志于道","君子忧道不忧贫"。用今天的话说,一个正直的学人,关注社会的发展、人类的命运,往往超越了对于自身成败得失的顾虑。

"有效管理还体现在善于发现人才,培养人才,选拔人才,重用人才,使其

① 朱九思:《温故而知新》,《高教研究简报》1995 年 3 月 10 日。
② 1996 年 6 月 11 日的发言。

成功的办学方针不致在我离任后人去政息,一切又重新开始探索。"①这是我"志于道"的一个方面。如果问,我所关注的众多教育问题中何者为先? 我会毫不犹豫地说:教育经费问题。

(一)教育经费短缺是当前办学面临的一个主要矛盾

"教育经费和所谓创收是我们办教育、办学校所面临的一个主要矛盾。学校要发展、要提高,但经费困难透了。"这几年高校的"四个投入不足"的关键是教育经费投入不足。"在全世界,发达国家以及相当一部分发展中的国家,对教育是重视的。对教育经费的情况有人做了专题研究。概括地说,全世界发达国家教育经费平均占国民生产总值 6% 左右。""比较发达的,比如说印尼、泰国、马来西亚、菲律宾、印度等,教育经费现在占国民生产总值 4% 左右。我们国家的教育经费占国民生产总值多少呢? 拿去年(1993 年)来说,大约占国民生产总值 2.8%。而我们国家的经济,特别是最近十几年发展如此之快,相形之下,国民生产总值中投到教育上的,也只有 2.8%。按道理说,不仅应该是 4%,而且应该超过 4%。"②

制约教育发展最厉害的是教育经费。目前,中国各个大学的教育自救运动似乎成了高等教育的主要职能。这种现象太反常了。一方面是教育经费短缺,另一方面是花大钱建三峡、争奥运。教育经费的短缺恰会对社会经济发展造成严重影响。

(二)要正视我国教育由于经费短缺所造成的危机

几十年来,由于极"左"路线的影响,学术界比较习惯于为现行政策注释,做合理性的论证工作。在教育研究领域,对于经费短缺的掩饰性"研究"、"合理性"说明比较多,而且往往戴着有色眼镜看待海外对我国教育问题的评价。我认为不强调我国教育的危机,就不会唤醒教育决策者和政府领导人的教育发展意识,就有可能导致危及中华民族前途的大乱子。

"从物质、经费等条件上说,内地高等教育比台湾地区的大学差得远。我们当然有自己的长处,但我们必须重视我们的短处。如何认识和解决当前我国教育所面临的问题,首先有一个态度问题,方法问题。也就是说,我们是坦率地承认我们的落后和不足,还是讳言存在的严重问题乃至危机。""有人说台湾地区经济腾飞了,所以能多出钱办教育,内地经济比较落后,所以办教育的钱就应该少。这话本身就带有片面性。教育经费的比例要适度,而我国的教

① 陈闻晋、胥青山、胡承群:《试论中国大学校长的理想模式》,《高等教育研究》1995 年第 6 期。

② 朱九思:《我们面临抉择》,《高等教育研究(武汉水利电力大学)》1995 年第 1 期。

育经费是失调，应该占 GDP 的 4％，1995 年实际只有 2.68％。是没有钱吗？不是的。钱跑到过剩投资的经济建设上去了。""投资比例严重失调，不仅教育投资不足，文化、科技、卫生、农业投资都严重不足。要说政府没有钱办教科文卫事业，这话只能哄三岁小孩。"①

（三）教育经费问题既是一个现实问题，也是一个理论问题

政府重不重视教育，首先表现在教育投资上。教育投资占 GDP 的多少，看上去是一个决策过程，实际上包含了对于教育经费的理论认识。也就是说，在中国这样一个人口大国，应该把多大的"蛋糕"切给教育才是合理的、恰当的。这个问题有重大的理论价值。

"涂又光教授曾经提到教育经费在理论上要讲透。我赞成这个提法。教育经费要占国民生产总值的 4％，既是一个现实问题，又是一个理论问题。理论的实质就是规律性，教育经费不达到这个比例就是违背规律，就会出乱子。资本主义国家如此，社会主义国家也是如此。教育研究者要敢于把这个问题提出来，划不了右派，不要八面玲珑。"②

总之，对于教育经费的理论认识有如下几个方面：①应该站在教育是中华民族百年树人、千年基业的高度来认识政府办学行为的重要性；②教育经费是教育事业成功的基础和前提；③我国教育经费的政府投入从中央到地方严重短缺，教育经费的入不敷出已经构成了教育的最大危机；④中国的高等学校既然姓"社"，是公立大学，其经费来源的主渠道应是政府财政拨款（起码要占 50％，一般应占 60％～80％），而不应使创收成为高校"自救"的"主渠道"；⑤功利主义的教育价值观，亦即教育为经济发展服务的单纯"服从论"在思想上导致了对教育的轻视，进而错误地体现在政府的教育决策中，造成了教育界的不少混乱。

（四）警惕教育领域中的"鸵鸟"现象

1994 年 12 月，在武汉水利电力大学高等教育科学报告会上，国家教委某研究机构的一位负责同志曾来华中理工大学讲学。讲了 6 次，我全都听了，是高教所老教师中唯一的坚持始终的"学生"。对该教授的讲学，我评价道："五讲都讲得很好，第六讲是谈教育经费问题的，我不敢苟同该教授的观点，我明确表示愿做他的诤友。他是从国家财政部的立场上谈教育经费问题的，认为经费缺乏情有可原；而不是站在教育的立场上，确切地说，没有站在中华人民

---

① 1996 年 3 月 13 日的发言。
② 1996 年 4 月 10 日的发言。

共和国百年树人、千年基业的立场上谈教育经费问题,因此我不能苟同这位同志的意见。"

教育经费的短缺,不仅是我国教育界有目共睹的问题,也在海外华人社会中引起关注。作为一项有代表性的意见,《高教研究简报》1996年1月9日刊登了台湾地区政治大学教授吕俊甫的文章《中国大陆的教育问题》。该文早在1989年6月就指出大陆教育存在着13个方面的问题,包括教育经费不足、教师工资偏低、师范生源质量偏低、图书及教学设施缺乏和落后、学生和学校的数量大和质量低等等。这篇文章,6年多之后仍然引起不同的争议,国家教委有人认为该文存在片面性。我在刊登该文时写了一个较长的编者按语:"决不能让大陆教育掉在台港后面。""从那时(指1989年6月)到现在,又是7年过去了。在此期间,我国教育投入仍然严重不足,办学条件并无改善,于是号召学校'创收',学校搞钱之风大为发展,致使学校领导对教育的精力投入不足,教师精力投入不足,学生精力投入不足,特别是学校风气每况愈下,令人担忧。在这种情况下,对当前教育质量又该如何估计呢?""就大学而言,一位有关部门的负责同志1995年9月在一个有关的场合说,我担心大陆高等教育可能掉在台港的后面。这种危机感显然是有根据的。全世界有经验有见地的高等教育工作者的共识是:大学有三大支柱——教师、设备、图书。恰恰这三个方面,大陆大学都存在显而易见的问题。"在这个按语的结尾,我引证了列宁对教育的有关论述,列宁于1923年1月在《日记摘录》一文中指出:"使我们的整个国家预算首先去满足初级国民教育的需要,这个工作我们还做得太少,做的还远远不够。""我们不应当光讲这个不容争辩的但过于理论化的道理。应当在最近修改我国季度预算的时候,实际着手干起来。当然,首先应当削减的不是教育人民委员部的经费,而是其他部门的经费,以便把削减下来的款项转用于教育人民委员部。"

对于我国教育的危机,1995年,我还在一篇《警惕"鸵鸟现象"》的短文中讽喻教育界同仁:鸵鸟身躯高大,它遇险时就把头埋进沙子里,却把身躯暴露在外面,自以为这就没了危险,其实它只是自己看不到危险罢了。明明存在问题却说不存在,明明存在危机,却不承认有危机,这叫"鸵鸟现象"①。

---

① 1996年4月25日的专访。

大学生命的真谛[*]

从 1953 年起,我在华中工学院工作。1984 年底,我从领导岗位上退下来,仍在本校高教研究所做点力所能及的事,迄今已 45 年。

这几年,我向博士研究生讲一门课,名为"高等教育的今天与明天"。所谓"今天",是指从新中国成立初期到现在,"明天"是指今后几十年。我试图通过这门课,总结几十年的经验。但严格说来,也谈不上总结,而只是一种反思,是高教战线上一名老兵的历史的回顾。当然也提到"明天",期望今后几十年的我国高等教育能办得更好。但是一开始就宣布,我的讲稿至少 5 年之内不公开。

说来有些奇怪,当去年冬全国教育科学规划办公室来函,要我为《面向 21 世纪——我的教育观》丛书撰稿时,我却做了一件很不礼貌的事,未予置理。今年 2 月初,又接到规划办公室 1 月 29 日的来信,说交稿时间,原定为 1 月 15 日,一部分作者尚未交稿,希望于 3 月 1 日前寄去。我仍然很不礼貌,仍未回应,以致高教卷主编汪永铨同志亲自打来电话,催促此事。由于是老朋友,我向他交心,倾吐了为何如此的全部心情,而且是不大愉快的心情。这几年我们高教所出了一个小小的内部简报,份数也少,我做具体编辑工作,非原则性的缺点肯定有,但并无任何原则性政治性的错误。尽管如此,却两次引起争议。我自信还算坚强,但存在决定意识,情绪难免有些不佳。我表示不想写,以免使主编为难。永铨同志仍然鼓励我写。毕竟是 30 多年的老朋友了,实在盛情难却,问他已经收到的稿件字数多少,他说最长者 2 万字,最短者 3000 字。我说我也写 3000 字吧。很抱歉,占用了不少他打电话的时间。

---

[*] 本文完成于 1999 年 3 月。大学生命的真谛是学术自由,追求真理。这也是本文作者的教育观。

以上所写，看似多余的闲话，但我认为很有必要，骨鲠在喉，一吐为快。冰心老人去世后，《南方周末》在"纪念冰心"长篇报道中说，老人也曾表示，现在写文章很难发表。

既然要写我的教育观，首先要说，我的教育观是"学术自由，追求真理"。这当然主要是指高等教育。80年前，蔡元培先生任北京大学校长，就宣布"思想自由，兼容并包"。对此我早就知道，但领会不深。直到"文革"以后才逐渐有进一步的理解。去年下半年，我在我们高教所"学术活动"时间，关于学术自由，我讲了两个下午。何清涟在《现代化的陷阱》一书写的"后记"，题为"追寻学者生命的真谛"，这个题目令我深思。有一个刊物约我题词，我题的是"学者生命的真谛是追求真理"。套用何清涟的话，我这篇短文命题为"大学生命的真谛"，这个真谛就是"学术自由，追求真理"。重说一句，这就是我的教育观。

规划办公室1月29日的再次来信中说："文章集中阐明本人的面向未来的教育观。不是写工作经验总结性文章，也不是写论证严密的理论性文章，是给作者充分的自由度来展示对面向21世纪中国教育的个人观点，因此，文章一定要突出'我'，突出'观'。"

尽管如此，由于学术自由毕竟是一个敏感的话题。为避免有人抓辫子，我仍然不得不先引用毛泽东同志的一大段话。他于1957年2月27日在最高国务会议上《关于正确处理人民内部矛盾的问题》的长篇讲话中说：

百花齐放、百家争鸣的方针，是促进艺术发展和科学进步的方针，是促进我国的社会主义文化繁荣的方针。艺术上不同的形式和风格可以自由发展，科学上不同的学派可以自由争论。利用行政力量，强制推行一种风格，一种学派，禁止另一种风格，另一种学派，我们认为会有害于艺术和科学的发展。艺术和科学中的是非问题，应当通过艺术界科学界的自由讨论去解决，通过艺术和科学的实践去解决，而不应当采取简单的方法去解决。为了判断正确的东西和错误的东西，常常需要有考验的时间。历史上新的正确的东西，在开始的时候常常得不到多数人承认，只能在斗争中曲折地发展。正确的东西，好的东西，人们一开始常常不承认它们是香花，反而把它们看作毒草。哥白尼关于太阳系的学说，达尔文的进化论，都曾经被看作是错误的东西，都曾经经历艰苦的斗争。我国历史上也有许多这样的事例。同旧社会比较起来，在社会主义社会中，新生事物的成长条件，和过去根本不同了，好得多了。但是压抑新生力量，压抑合理的意见，仍然是常有的事。不是由于有意压抑，只是由于鉴别不清，也会妨碍新生事物的成长。因此，对于科学上、艺术上的是非，应当保持慎重的态度，提倡自由讨论，不要轻率地作结论。我们认为，采取这种态度可以帮助科学和艺术得到比较顺利的发展。

马克思主义也是在斗争中发展起来的。马克思主义在开始的时候受过种种打击，被认为是毒草。现在它在世界上的许多地方还在继续受打击，还被认为是毒草。在社会主义国家里，马克思主义的地位不同了。但是就是在社会主义国家，还是有非马克思主义的思想存在，也有反马克思主义的思想存在。……因此，马克思主义仍然必须在斗争中发展。马克思主义必须在斗争中才能发展，不但过去是这样，现在是这样，将来也必然还是这样。正确的东西总是在同错误的东西作斗争的过程中发展起来的。……这种斗争永远不会完结。这是真理发展的规律，当然也是马克思主义发展的规律。……思想斗争同其他的斗争不同，它不能采取粗暴的强制的方法，只能用细致的讲理的方法。……

人们问：在我们国家里，马克思主义已经被大多数人承认为指导思想，那末，能不能对它加以批评呢？当然可以批评。马克思主义是一种科学真理，它是不怕批评的。如果马克思主义害怕批评，如果可以批评倒，那末马克思主义就没有用了。①

我之所以摘录如此之多，更重要的原因是由于现在许多人根本没有读过这篇重要文章，有些人虽然读过，但也慢慢淡忘了。再加上20年"左"的思想影响，经过党的十一届三中全会以来的批判，虽已在很大程度上有所克服，但应该清醒地看到，尚未根除，也并非轻而易举地可以根除。

大学是研究高深学问和培养高级人才的场所。大学的根本特性可以概括为两个字：学术。这里所谓学术的含义是广义的，包括教育、研究与开发。美国的《美国新闻与世界报道》杂志，每年用5个指标评估美国最佳大学，第一个是"学术声誉"，占25％。包括我国在内的许多国家或报刊，凡评估最佳大学者，均莫不如此。由此可见，也可以说，学术自由、追求真理是大学的灵魂。

江泽民同志在北大百年校庆纪念大会上说，我国要有若干所世界一流大学。须知世界一流大学的主要标志是具有世界一流的学术水平。但是若没有学术自由，哪能达到一流的学术水平？

江泽民同志又十分强调知识创新，这是完全切合时宜的重要号召。但如无学术自由，哪来知识创新？

我完全同意著名历史学家、原华中师范大学校长章开沅教授讲的话：

学术自由问题，是个很重要的问题。没有学术自由，只能培养庸才，培养

---

① 《毛泽东文集（第七卷）》，人民出版社1999年版，第229～231页。

不了具有高度创造力的人才。人们常说,要培养创造思维。如何培养创造思维?如何给创造思维以良好的环境?这就是需要学术自由,不能堵塞创造思维的空间。引导与学术自由不是绝对对立的。我在位时,要求教师追求学术自由,给教师以宽松的空间。我常对教师说,政治责任,我负责,学术水平,你负责。总之,在大学应该是校长有自己的追求,学校有自己的追求,教师有自己的追求,学生有自己的追求。

我认为,在学术自由问题上,我们没有很好地解决。尤其是在社会科学领域,学术自由不是很多。现在有些年轻人,毕业参加工作,首先考虑的不是追求真理或终极关怀,而是会不会犯错误。青年人,首先就考虑个人安危,这是很可怕的,不利于一个民族的兴盛。譬如打仗,首先考虑的应是占领阵地,打击敌人,而不是个人安危,否则就没有取胜的希望。当然重要的应该是创造环境,给创造思维以空间。

以上谈话原载上述我们小小简报去年 11 月 20 日的第 17 期《访问章开沅教授》一文中。

宇宙间一切事物都在无休止的发展变化中。如无学术自由,学术如何发展?社会如何进步?国家如何兴盛?

但是非常遗憾的是,就在毛泽东同志上述那篇讲话以后,风云突变。就学术自由问题而论,最突出的是大肆批判著名经济学家、人口学家马寅初教授的"新人口论"。考虑到这是一个后果非常不好的事件,这里有必要主要根据对马寅初生平很有研究、现任北大经济学院院长晏智杰教授和另一位教授朱正直所写《唯一的名誉校长——马寅初》一文,将事件经过加以简要介绍。

正是在毛泽东 1957 年讲人民内部矛盾问题的那次最高国务会议上,马寅初就他已思考与调查了几年之久的"控制人口"问题发表了自己的见解,当即得到毛泽东的赞赏,使马寅初分外高兴,认为解决中国人口问题的时机已到。经过进一步准备,1957 年 6 月,马寅初将一篇书面材料,作为正式提案,提交第一届人大第四次会议审议,然后又在 7 月 5 日的《人民日报》全文发表,这就是他著名的《新人口论》。他的基本观点是:我国人口基数大,增殖快,使有限的国民收入,被六亿多人口吃掉了一大半,以致影响积累和工业化。因此,控制人口,刻不容缓。否则,日后的问题更为棘手,更难解决。不知是何原因,陈伯达和康生竟然敢于先后在 1958 年 5 月 4 日北大 60 周年校庆大会上和 7 月 1 日向北大师生作报告时,点了马寅初的名,要他作检讨。从此,一场声势浩大的批判马寅初运动开始了。这一年,全国主要报刊发表了几十篇批判《新人口论》的文章。1958 年,马寅初在《重申我的请求》一文中说:"我接受《光明日报》

开辟一个战场的挑战书。我说，这个挑战书是合理的，我当敬谨拜受。我虽年近八十，明知寡不敌众，自当单身匹马，出来应战，直至战死为止，决不向专以力压服，不以理说服的那种批判者们投降。"①这篇申辩文章还未及发表，就被康生看到了。1959 年 12 月 15 日，康生气势汹汹地对北大领导人说：马寅初的问题已不是学术问题，而是借学术为名，搞右派进攻，要对他进行彻底批判，把大字报贴到他门上去。② 在批判激烈的时候，好心的朋友劝马寅初"认一个错了事，不然的话，不免影响你的政治地位"③。但是，马寅初认为："这不是一个政治问题，而是一个纯粹的学术问题。学术问题贵在争辩，愈辩愈明，不宜一遇袭击，就抱明哲保身，退避三舍的念头。"况且，"我对我的理论有相当的把握，不能不坚持，学术的尊严不能不维护。"他明确表示，"我只得拒绝检讨。"④1960 年 1 月 4 日，他被迫向高教部辞去了校长职务。但他并没有改变坚持真理、维护学术尊严的决心。他说："在北大政治上我是不能领导，可是在学术上我是可以领导的吧。我的人口理论是纯粹的学术问题，可是有人硬把它扯成政治问题，我当然不服。现在北大空气太沉闷了，学生谁也不敢发表意见，没有学术空气。"⑤

历史证明，马寅初的人口理论完全正确，现在我国已因人口过多而成为重大问题。如当年真正按毛泽东上述讲话的精神行事，那该多好！对马寅初的错误批判所造成的非常不好的后果，用"差之毫厘，失之千里"这句老话来形容，似乎也未尝不可。

另一个因缺少学术自由而进行错误批判的事件，是对于著名经济学家孙冶方的批判。我知道此事，但不熟悉。为写此文，特向熟悉者请教。孙冶方1956 年写了几篇文章，认为价值规律是所有经济规律中的第一规律，因此，实行计划经济似也要重视价值规律，讲究效益与利润。但是 1957 年却遭受到严厉的批判，后来还受到牢狱之苦。历史同样证明，他的观点是对的，只是他当时还不可能预见到在社会主义初级阶段，还要实行社会主义市场经济。"文革"以后，不仅为他彻底平反，而且设立了孙冶方经济学研究奖励基金。

还有一次涉及面更宽的错误批判，就是 1958 年教育革命中的"拔白旗"，全国许多大学，不少教师都受到批判。后来又发展到广泛的学术领域的大批判。

---

① 《新建设》1960 年第 1 期。
② 见北京大学历史档案。
③ 马寅初：《我的哲学思想和经济理论》，《新建设》1959 年第 11 期。
④ 马寅初：《我的哲学思想和经济理论》，《新建设》1959 年第 11 期。
⑤ 见北京大学历史档案。

刘一凡同志在《中国当代高等教育史略》一书中说：从 1958 年开始，高等学校的学术批判，在内容上，从教学和研究的方向深入到教学体系和研究内容；在范围上，从中国知名学者，扩展到外国有声誉的科学家；在跨度上，从当代的学者和理论上溯到近代甚至古代的学者及其学说；在层次上，从学科的具体内容上升到学科哲学基础。①

我为何谈这些往事？主要因为这些错误的批判，不仅完全否定了学术自由、"双百方针"，对我国科学文化的发展极为不利，严重挫伤了大批学者的积极性，而且由于现在大多数中青年教育工作者不了解这些往事及其严重性，有时难以辨别是非，以致重复历史上的错误。

当然，十一届三中全会以来的情况变化很大。例如，《中国现代教育家传》第一卷，既有蔡元培、黄炎培、徐特立、吴玉章等的传记，也有陈独秀和胡适的传记。② 几年前，人民出版社又出版了 30 万字左右的《胡适传》。特别是今年 2 月 24 日《光明日报》上北京大学出版社的新书广告，第一条就是《胡适文集》，共 11 卷，既有精装本，又有平装本。

尽管如此，由于"左"的影响尚未根除，在人文、社会科学的领域中，还有些历史遗留下来的阴影，有待继续消除。

有人担心提倡学术自由以后，"出格"的文章和著作容易出现。其实，毛泽东在上述讲话里已经有所告诫。他说："对于非马克思主义的思想，应该采取什么方针呢？对于明显的反革命分子，破坏社会主义事业的分子，事情好办，剥夺他们的言论自由就行了。对于人民内部的错误思想，情形就不相同。禁止这些思想，不允许这些思想有任何发表的机会，行不行呢？当然不行。对待人民内部的思想问题，对待精神世界的问题，用简单的方法去处理，不但不会收效，而且非常有害。不让发表错误意见，结果错误意见还是存在着。而正确的意见如果是在温室里培养出来的，如果没有见过风雨，没有取得免疫力，遇到错误意见就不能打胜仗。因此，只有采取讨论的方法，批评的方法，说理的方法，才能真正发展正确的意见，克服错误的意见，才能真正解决问题。"③

现在，党中央号召要"三讲"：讲学习，讲政治，讲正气。在学术自由、追求真理这个重大问题上，看来也需要认真学习，以提高认识。

① 刘一凡：《中国当代高等教育史略》，华中理工大学出版社 1991 年版，第 47 页。
② 《中国现代教育家传》编委会编：《中国现代教育家传（第一卷）》，湖南教育出版社 1986 年版，第 174～213 页，第 342～419 页。
③ 《毛泽东文集（第七卷）》，人民出版社 1999 年版，第 232 页。

大学要研究自己[*]

南斯拉夫学者德拉高尔朱布·纳伊曼著《世界高等教育的探讨》中译本由北京的教育科学出版社 1982 年出版。该书的第 13 页有这样几句话："人们常常指责大学对一切都进行研究,但就是不研究它们自己;同时人们公开地指责它们准备对一切进行改革,而不去准备改革它们自己。"在该页下的第 19 条脚注,作者说明这几句话引自"帕金:《高等教育的革新:英国 U.K.H.J 的新大学》,经济合作与发展组织,1969"。

大学为什么要研究自己?为什么要改革自己?最近我之所以将周远清同志的文章《加强教育科学研究,积极推进教育创新》复印给你们,就是为了回答这些问题,希望你们有所重视,仔细看一看,并联系到我们自己。

周远清 1960 年前后进清华大学,读的是自动控制专业,毕业后留校任教,后做教学管理工作,当过教务处长、教务长、副校长。张孝文任教育部部长时,将他调任高等教育司任司长,后任副部长。大概是上世纪 90 年代初,我在江苏省教委举办的一次会上(会址是扬州大学)认识了他。十年来,我对他印象较深的有三件事:

一是他在那次会上的讲话很好,敢于提出四个"投入不足":教育经费投入不足,领导精力投入不足,教师精力投入不足,学生精力投入不足。后面三个投入不足,都是由于"创收"所造成的。

二是他提出了加强文化素质教育,虽然几年来成效甚微,但他提出了这项重要措施是可贵的。爱因斯坦说过,提出问题甚至比解决问题还重要。现在来看,只有实行通识教育,才能真正解决这个问题。但难度很大,因为现在各

---

* 作者于 2003 年 4 月 11 日给华中科技大学党委常委的信件。

级教育主管部门负责人与各高等学校负责人都是从全面学习苏联模式里过来的，直到现在，学苏的影响依然存在（特别是工科），"千百万人的习惯势力是最可怕的"；再加上现在的风气是过得去就行；还有任期制，有好的一面，也有不好的一面，容易促成短期行为。为何北大能够带头，一二年级不分系？原因有二。一是北大的文理科毕竟保存了元气，再加上一百年来学术自由的传统。马寅初的"新人口论"虽然遭到疯狂的批判，但不仅他自己决不屈服于压力，而且校内许多教授实际上还是同情他的，只是敢怒而不敢言而已。二是现任北大党委书记闵维方，今年53岁，但他懂得教育科学，非常了解发达国家的高等教育。他当年从北京师范大学教育系毕业后，去美国斯坦福大学读研究生，获得教育管理学、教育经济学的博士学位，又在另一大学做博士后，曾任德克萨斯大学校长助理，还担任世界银行关于发展中国家教育经济方面的职务。而其他大学负责人则很少有这个经历，正因为如此，那就要学，要研究，要有浓厚的兴趣，这也是一种敬业精神的表现。

因此，周远清给我印象较深的第三件事，就是这篇最近发表的文章，不是空谈，不是一片叫好声，而是指出当前的问题，如重理轻文，重物质文明轻精神文明，重数量轻质量，重业务轻政治。他又说："高等教育既要考虑到规模数量的发展，又要更加关注质量的提高、结构的合理和效益的提高，要考虑人民群众受教育的需求，更重要的是要考虑高等教育从根本上说适应一个国家经济社会的发展水平。"这与我在《高等教育当前应该着重抓什么》一文中（已复印给你们）所说这几年扩招"发展过猛"的意思是完全一致的，只是我在文中没有展开说明。周远清更明确地提出："一个大学的校长应该是教育家，至少应该高度重视教育科学的发展，否则很难说是一个成熟的校长。"我想也应该包括党委书记。

那么，从何着手呢？就我们学校来说，建议从规模和通识教育这两个问题的研究开始。

关于规模，近两年我谈得最多。五十年来，已经吃过三次"扩招"的苦头。第一次是1956年，犯了盲目的急性病，敲锣打鼓放鞭炮，"提早进入社会主义"，各方面工作都出现新的突然的大发展，教育也不例外，高校招生很多，当时高中为数较少，几乎90%的高中毕业生都被录取。由于当时的风气很好，实事求是，很快发现质量下降，第二年就减少了招生数字。

第二次是1958年，头脑更热。经过"反右"，全国划了五十多万右派分子。特别是在毛泽东主席大发雷霆，批判所谓"反冒进"之后，全国出现了"万马齐喑"的局面。在这种形势下，他老人家提出了三面红旗，超英赶美，实行有名的"大跃进"，高等学校还要实行"教育革命"，包括"扩招"，并且连续两三年。这样,从 1960 年到 1962 年的三年困难时期,在全国范围内出现了大量的问题。幸而 1962 年中央召开了七千人大会,揭开盖子,确定了"调整、巩固、充实、提高"的方针。湖北省委要各高校进行总结,我们上报了"三年工作的基本总结",集中归为"左、紧、乱"三个字。省委分管文教的书记许道琦同志看了以后对我说总结得很好,因为非常实事求是,丝毫不掩盖缺点错误。

就"扩招"来说,第三次苦头是 1983 年。已经记不清哪位领导这年说了什么话,于是又下达了盲目扩大招生的计划,但那时风气还是比现在好得多,又很快发现质量下降,第二年立即纠正。

1984 年底,我从领导岗位上退下来了,不过仍在高教所做一点力所能及的工作,关心全国特别是本校的高等教育。五十年来,经过很多次的风风雨雨,尝过很多的酸甜苦辣,深感要办好一所大学,很不容易。

其实,这几年最早提出"扩招"的是朱镕基同志。1999 年上半年,教育部筹备召开全国教育工作会议。当时提出扩招的主要原因,是由于全国出现了"经济紧缩"的严峻形势,市场销售不佳,物价下降,必须采取各种措施"启动消费",而立即扩大招生正好可以收取大量的学杂费。从此,扩招就沿袭下来,2000 年超过 1999 年,2001 年超过 2000 年,但今年却突然降了下来,出乎许多人的意料。

周远清同志在其文章中认为:"要考虑人民群众受教育的需求,更重要的是要考虑高等教育从根本上说适应一个国家经济社会的发展水平。"这也就是我所说的,前几年扩招"发展过猛",违背了客观规律,既违背社会经济的发展规律,又违背教育的发展规律。大体上从 2000 年起,就开始有一部分大学生毕业后找不到工作,2001 年和 2002 年这种无法就业的情况又进一步发展。更值得人们重视的是,这三年大学毕业生都是扩招以前进校的,今年才有 1999 年第一次扩招的大学生毕业,现在已经显现出今年的就业问题比过去几年还要麻烦。

我说过,中国高等教育要走向大众化阶段,因此,我赞成逐步增加招生数字。但一不能过猛,二必须区别对待,几十所高水平大学的规模一定要控制,不能过大。至于每年增加的招生人数,则由一般普通高校与可以招收本科生的民办高校(全国已超过百所,今后还会增加)去担负。这种区别对待绝不是小事,而是国家当前与长远的需要,否则要犯历史性的大错误。

现在周远清也说了,这个问题叫做重数量轻质量,而且是对全国所有大学讲的。要有远大眼光,绝不能自我矮化。

对过去几年怎样看,今后又怎样办,建议你们认真研究一番。你们负有重大的责任啊!

　　至于通识教育,这是更大更复杂的问题,涉及教育科学更深层次的问题,靠现在的教科院恐怕不行,靠政策法规处更不行,建议你们带头钻进去,像周远清所讲的,要力争至少做成熟的领导者。天下无难事,要做有心人。周远清本人就是一个很好的例子。

　　最后,将《求精不求大——美国普林斯顿大学办学秘诀》一文复印给你们参阅。这是一所"常青藤大学",在去年的《美国新闻与世界报道》中被排为美国大学中的第一名。

　　1933 年,希特勒在德国上台以后,作为犹太裔德国人的爱因斯坦,只好立即离开德国,去美国普林斯顿大学高等研究院任教授,继续从事研究工作。1955 年 4 月 18 日,这位一代科学巨人在该校溘然长逝,享年 76 岁。

　　杨振宁教授也在这所一流大学工作过。

大学要实现学术自由[*]

这本书是我与沈红教授共同指导的博士生王怀宇同志在其博士论文《研究型大学的教授与教授群体》的基础上修改完成的。中国在 20 世纪 90 年代后期提出建设世界一流大学的奋斗目标。在此之前,作为一名多年从事高等教育工作的管理者和研究者,我对于国外世界一流大学特别是美国的研究型大学的形成与发展,一直给予极大的关注。在我看来,美国的研究型大学成就卓著,特色鲜明,是值得我们认真学习和借鉴的。我曾经指导一名博士生也就是现在的沈红教授对美国的研究型大学进行过深入系统的研究,对于这一类具有相当的科研实力和博士生培养能力的大学有着深刻的认识。而在中国的现实背景下,如何推动一批具有较好基础的大学成为国家重大科技成果、创新思想和创造型人才的集中产出地,促使它们走上世界一流大学之路,应该说目前国内的研究还不够丰富。

这篇论文的选题正是在这样的背景之下确定的。之所以选择"教授和教授群体"作为研究研究型大学的切入点,主要基于两个方面的考虑:一是我从事高校管理工作几十年,对于大学教授——这一大学中最宝贵的资源从未有一刻忽略过,正如清华大学原校长梅贻琦先生所说,"大学者,非谓有大楼之谓也,有大师之谓也",我深知大学教授对于一所学校的重要性;二是当前国内大学中,无论从学术环境还是制度建设上,都存在许多不尽如人意之处,如果这些方面没有改进和突破,如果不能形成人才辈出的良好局面,那么,建设世界一流大学只能沦为空谈。从一定意义上说,建设一所高水平的研究型大学和

---

* 本文是作者为《教授群体与研究型大学》(王怀宇著,华中科技大学出版社 2008 年 6 月版)一书所作的序。完稿于 2007 年 8 月 10 日。

形成一支高水平的教授队伍,二者是相辅相成、互为依托的。

关于"教授和教授群体",我想着重说明以下两点。第一,在当前科学技术日新月异的新形势下,群体之间的合作已经变得越来越不可替代。关于科学研究是如何走上"集群化"发展道路的,本书从科学学的视角进行了深入的剖析。我记得在 2007 年年初召开的国家科学技术奖励大会上,南京大学的一个创新团队荣获了国家自然科学一等奖,这个团队的研究工作历时 19 年。在后来的记者采访中,他们曾谈到团队协作的重要性,每一个不同学科背景的人在这个集体中贡献自己的智慧。本书的作者在撰写博士学位论文期间,曾有机会深入南京大学的固体微结构物理实验室进行访谈,对于一个团体所发挥的作用有更加深刻的了解和直观的感受。第二,我也想强调一下个体的作用。在一些最基本的基础研究领域,以个体为主的研究工作仍然有很大的空间。从个人兴趣、专业背景、研究对象等多种因素出发,研究活动的组织形式也可以变得多样化,所以,任何的科学研究都并非绝对的,在提倡团队协作的同时,也不能片面地忽视、忘记或降低个人的力量。

此外,我还想谈的是关于学术自由的问题。只有学术自由,才能促进学术的发展,促进人类社会的发展。如果没有学术自由,哪能达到一流的学术水平?胡锦涛同志在 2006 年全国科学技术大会上做了题为《坚持走中国特色自主创新道路 为建设创新型国家而努力奋斗》的重要讲话,其中提到:"要在全社会培育创新意识,倡导创新精神,完善创新机制,大力提倡敢为人先、敢冒风险的精神,大力倡导敢于创新、勇于竞争和宽容失败的精神,努力营造鼓励科技人员创新、支持科技人员实现创新的有利条件。"试想,没有学术自由的良好风气,创新精神将从何而来?陈寅恪先生提出的"独立之精神,自由之思想"的主张已成为中国知识分子共同追求的学术精神与价值取向,"兼容并包,思想自由"的方针不仅成就了北大昔日的繁荣,也是大学最基本的理念之一,是天经地义、亘古不变的真理。我一直认为,"学术自由,追求真理",这是大学生命的真谛,是保护不同思想、不同流派在大学这片肥沃土壤中生根开花的有力武器。仅从这一点上讲,这篇论文的选题和本人为其作序的基本思想就有很重要的现实意义,因为研究大学教授问题,学术自由是一个无法回避的主题。

教育必须按规律办事[*]

从严格的意义上讲，作为学校的领导人，如果不懂得教育科学和教师的重要性，就很难办好学校。

这里包括两方面的内容：教育科学与教师。教育科学是教育规律的反映，是我们探索教育规律、认识教育规律的一门科学理论，而遵照教育规律，真正按教育规律办事，则必须依靠全体教职员工，尤其是教师。

大学要不要研究教育科学？过去许多人持否定态度。南斯拉夫纳伊曼在一本名为《世界高等教育的探讨》的书中说："大学对一切都进行研究，但就是不研究它们自己。"这话讲得很尖锐，但却揭示了一种非常奇怪的现象。

1985 年 10 月，在国家教委举行的一次国际学术讨论会上，对大学要不要研究教育科学的问题展开了讨论。北师大副校长顾明远同志提出，高等教育必须研究自身的规律。但也有人认为，要不要研究高等教育科学，这在世界上是一个有争议的问题。他自己对此也是持怀疑、否定的态度。厦门大学潘懋元教授在发言中指出：世界上有养鸡学、养羊学等等，为什么就不能有养人学呢？他认为应该有，人是高级动物，比一般动物复杂得多，既然对一般动物都有这个学、那个学，为什么对作为高级动物的人就不能有养人学呢？作为培养高级专门人才的高等教育，当然是一门科学，是有规律可循的。高等教育学还不成熟，研究得不够，这不奇怪。正因为不成熟，就更需要认真研究。我是同意他的意见的。教育是培养人的，教育学也可以说就是"养人学"，高等教育学

---

* 本文是根据作者 1988 年 3 月 17 日在华中理工大学青年教师教育科学系列讲座的讲稿整理而成，原载《高等教育研究》1988 年第 3 期。

可以说就是"高等养人学"。

目前,我国的普通教育和高等教育还存在许多问题,原因固然很多,但从根本上说,就是搞教育的不懂教育科学,或者懂得不多,因而在某些方面未能按教育规律办事,只凭经验办事,而经验并不都是符合客观规律的。

例如,10年来,片面追求升学率的现象不仅未能克服,反而愈演愈烈,这是完全违背教育规律的。

又如,近年来,只重视智育而忽视德育的现象,也越来越严重。智育当然重要,现在问题也不少,需要认真研究解决;但德育方面的问题就更多,我们却有所忽视。这也是违背教育规律的。

再如,新中国成立以来,我国的教育工作中一直存在着重理轻文的现象。这同样是不符合教育规律的。重理当然是对的,问题就在于不该轻文。过去政法、财经方面的人培养得太少了,现在已经觉察到了,这几年财经、政法方面的专业发展就很快。但我觉得解决轻"文"的问题还应有更重要的一面,那就是不论在哪个学科的教育计划中,在课程设置上,都必须把"文"摆在一个适当的位置上,给以足够的重视。特别是现在的中等教育,文史方面的教学比较薄弱,这对青少年的健康成长是不利的。

中央提出,高等学校的校长、党委书记要努力成为社会主义教育家。今年1月30日,李鹏同志在全国高等教育工作会议上又强调指出,学校领导人要努力把自己锻炼成社会主义教育家。我个人理解,这就是要求我们认真学习和研究教育科学,真正按教育规律办事。

全国高等教育工作会议的内容传达以后,学校里思想很活跃,这是很好的现象。但是,在执行会议精神时,要认真研究客观事物的规律,注意处理好矛盾的共性与个性的关系,既要研究矛盾的普遍性,又要研究矛盾的特殊性。

比如,这次会议提出要把竞争机制引入高等学校,这是正确的,是深化高等教育改革的重要环节。这是由矛盾的普遍性决定的。社会主义经济是有计划的商品经济,是商品经济就有竞争。高等教育要适应经济发展的需要,要适应经济体制改革的形势,就必须引入竞争机制。只有这样,高等学校才能充满生机和活力。但是,在引入竞争机制时,又必须注意高等学校自身的特点,注意矛盾的特殊性。所以,李鹏同志说,要在国家计划指导下,把竞争机制正确地引入学校。把竞争机制引入学校的时候,要遵循教育的规律,考虑高等学校的状况,形成适合学校的制度和方法。说到底,把竞争机制引进高等学校,是教育质量和学术水平的竞争;脱离了教育质量和学术水平的提高,就脱离了学校的实际,也就违背了教育规律。

关于有偿服务,目前各个学校讨论得很热烈。在资本主义国家大学里,大学的社会职能一般都认为有三条，一是教育，二是研究，三是服务。在我国，大学的社会职能过去一般提两条，就是教育和科学研究，但实际上也有服务，也是三条。近年来，大学做了很多为社会服务的工作，如举办各式各样的培训班，承担越来越多的应用性研究和开发性研究任务等等，这在实际上也是有偿服务。但正如李鹏同志所说的：开展有偿服务，在一个学校范围内，必须统筹兼顾，加强管理。开展有偿服务，不能一哄而起，各校必须根据自己的条件，踏踏实实地去做。他还一再提出，有偿服务必须在完成教学任务的前提下，在保证完成任务的前提下进行。这些都是充分考虑到学校的特点和教育的规律而提出的。因此，有偿服务，第一，必须在保证提高教育质量和学术水平的前提下进行；第二，必须有组织、有计划地进行，决不能放任自流。

最近一个时期，大家对"给政策，不给钱"议论很多。据我所知，这两句话开始是对经济工作讲的，是指国家对经济工作放宽政策。比如国家允许企业引进外资，扩大生产规模，靠企业自己想办法赚钱，积累资金，提高经济效益。最先是对经济特区讲的，接着又扩大到沿海地区，扩大到内地的企业。中央关于科技体制改革的决定下达之后，有些办法，在一定程度上也属于"给政策，不给钱"的性质，允许科研单位自选课题，加强横向联系，争取科研项目和科研经费，改变过去那种全由科研事业费包干的局面。这种做法，使科研任务、经济效益直接同科研人员的奖酬挂钩，在一定程度上打破了"吃大锅饭"、干好干坏一个样的局面，调动了科研人员的积极性。但是，科研单位同高等学校不同，它只有科研任务，没有培养学生的任务。而高等学校则肩负着培养高级专门人才和发展科学技术的双重任务，并且有相当多的学校是以培养人才的教育任务为主。因此，对高等学校，此次政府工作报告的提法是允许搞"有偿服务"，主要目的是挖掘学校潜力，增强办学活力，发挥高等学校知识密集的优势，通过有偿服务来改善办学条件和改善教职工的生活待遇，并不是只给政策不给经费。

关于承包问题，有的同志主张把承包的办法引进教学、科研中来，主要理由是：既然要发展商品经济，就应把商品经济的机制尽可能引到高等学校中来。我对此有点疑虑，很显然，承包一词在当前有其特定的含义，是属于经济方面的用词。不管怎样，我们是学校，还是要按教育规律办事，要着眼于提高教育质量和科学水平。谈承包，要具体问题具体分析。有些工作，如后勤方面的某些工作，可以承包，其他工作就不怎么好承包。

总而言之，改革一定要深化，但又要认识到改革只是手段而不是目的，改革的目的是为了提高教育质量和学术水平。一句话，要上水平。因此，改革必须按教育规律办事，决不能违反客观规律。违反了客观规律是一定要受到惩罚的。违反教育规律而受到惩罚的事例,过去已有过不少。因此,当我们进行改革的时候,一方面要敢于改革,另一方面又必须明确改革所要达到的目的。毋庸讳言,当前教育质量和学术方面是存在不少问题的,切不可掉以轻心。

1958 年搞过一场所谓教育革命,在教师中拔白旗,在学生中搞自编教材,搞师生上讲台比武等等,不按教育规律办事,其结果是教学秩序混乱,教育质量下降。

在"文革"中,搞什么"火烧三层楼",什么以"典型产品带动教学",什么"上、管、改"等等,更是完全违背了教育规律,结果是受到更严重的惩罚。

李鹏同志在全国高等教育会议上说:"现在,我国的学校已经具有一定的数量和规模,今后一个时期主要的不是再追求数量的发展,而是要把工作精力更多地集中到搞好教育改革,提高人才的培养质量,提高办学的效益上来。"李鹏同志的这一段话把今后一个时期高等教育改革的目的讲得很清楚了。因此,目前我国的高校改革,就是要围绕提高人才的培养质量、提高办学的效益来进行。

前面讲了,作为领导,在认识了教育规律以后,就要按教育规律办事;而要按教育规律办好学校,则还要依靠全体教职工,特别是依靠教师,因而教师队伍的建设对办好学校具有战略意义。不懂得这一点,也很难办好学校。

就我个人来说,从中学时代起,就受到一些潜移默化的影响。从 1929 年到 1935 年,我在扬州中学读书。当时,扬州中学非常有名,教学质量很高,每年考大学,凡报考的都 100% 地录取,而且都是当时的著名大学。为什么? 主要原因是师资水平高。一般地讲,中学的教师大都以本地人居多,但是扬州中学校长却从外地聘请高水平的教师,包括体育教师、美术教师、音乐教师也从外地聘请。扬州中学的前身之一是江苏省第八中学,这所学校本来比较落后,教育家李更生于 1917 年担任校长后,在短短的几年中,学校变化很大,主要原因就是他重视教师。李更生认为:"教育要先注重师资。"他重视人才,求贤若渴。为了招聘德才兼备的人才,他真是踏破铁鞋,费尽苦心。例如,理化教员董伯度,蜚声大江南北,李更生想方设法聘请他前来八中任教并殷勤接待。按照约定时间,董于某日下午三时到校,这天下午两点半,李即守候在校门口。当董一到校门前,他就迎上前去,帮助卸下行李,又亲自伴送到宿舍,一路上笑语融融,感人肺腑。董伯度对此十分感动,一心扑在教学上。后来,董因家中老母需要照顾,决心回乡任教,李不便强留,便冒着大风大雪,兼程赶到董府,长跪于董母之前,恳求她促令儿子重返八中。董母看到这种情景,大受感动,立即催促儿子与校长重返八中。此事传开后,有些亲友责怪他不该这样卑躬屈膝。李却正色地说:"我为学生而跪,何卑之有? 况彼母亦我母也。"在他的多方罗致下,八中一时名流荟萃,人才济济。他们中既有学识渊博的饱学之士,也有刚学成归国的新秀,还有名牌大学毕业的高材生。即使是朱自清这样的著名学者,在他的热情聘请下,也欣然前来八中任国文教员兼教务主任。在当时社会上广泛流传着"北有南开,南有扬中"之说。南开中学在张伯苓主持下,聘请了许多有名教师,如罗常培、舒舍予(老舍)、范文澜、马千里等,因而教育质量很高,很有名气。

再谈谈大学。在我国老一辈的教育家中,我最钦佩的三个人是蔡元培、张伯苓和竺可桢。

在1917年蔡元培任北京大学校长以前,北大是一个比较腐败的学校。教师中不学无术的大有人在。蔡元培到北大以后,除了提出进步的办学方针,还聘请了一批具有革新思想的教员,像陈独秀、李大钊、杨昌济、马寅初、马叙伦、陶孟和、章士钊、胡适、钱玄同、刘半农、沈尹默、冯祖荀、丁绪贤、温宗禹等。他还聘请了年仅24岁,又无大学学历,但学术造诣较深的梁漱溟。辜鸿铭确有真才实学,但很保守,蔡亦继续聘用。他的这些措施一下子就把比较腐败的北京大学改造过来了。蔡元培一生的教育活动值得我们很好地研究。

张伯苓在教育家严范孙的支持下,先办南开中学,办得很好,1919年又创办南开大学。他聘请了一批好教师,如姜立夫、邱宗岳、饶毓泰、杨石先、张彭春、竺可桢、范文澜、汤用彤、罗隆基等。在中学时,我们是看不起私立大学的,唯独对南开大学另眼相看,因为它办得好。抗日战争爆发后,北大、清华、南开组成了西南联合大学,也说明了这一点。

竺可桢是1936年春去浙江大学任校长的。到浙大以后,他也很重视聘请好教师。他认为"校长之最重要在能聘请得良好之教员"。他先后聘请了许多,像钱宝琮、陈建功、苏步青、胡刚复、王淦昌、王葆仁等好教师。不久,抗日战争爆发,浙大搬迁4次,在当时所有大学中最为艰苦。第一次从杭州搬到浙江西部建德一带,第二次搬到江西南部吉安一带,第三次搬到广西宜山(在柳州以西),第四次搬到贵州遵义一带。他的夫人和14岁的儿子就是在搬迁过程中失去的。但他却把浙大的教师队伍保存下来了,这是很了不起的。浙大的教师力量当时在全国是第一流的。

现在,人们常说,世界各国之间的竞争,归根到底,是科学技术的竞争,是教育的竞争,是人才的竞争。现在,学校之间的竞争,归根到底,也是人才的竞争,也就是教师力量的竞争。何况学校的主要任务是培养高质量的学生,更需要有高水平的教师。因此,一个学校教师队伍的强弱关系到一个学校的水平,这是一条千古不移的规律。

现在,几乎所有的学校都在叫经费困难,不得不忙于搞钱,这也是实情。

但我始终认为,将人与钱比起来,从根本上说,人比钱重要,而且重要得多。有了人,充分发挥人的聪明才智,把大学生和研究生培养好,扩大学校的影响,不断增加高水平的研究课题,重点学科和重点实验室也随之不断增加,就会有更多的经费。

香港知名人士李嘉诚是广东潮汕地区人,几年前出资办汕头大学,房子漂亮得很。但他后来也逐步感觉到仅仅有钱盖漂亮房子还不行,还要有好的教师,才能办好学校。据我所知,汕头大学的教师情况,在新办大学中还算可以的,但严格说来,还差许多。广东的佛山大学也有类似的情况。值得赞扬的是"二汽"办的湖北汽车学院,原来是一所职工大学,教师力量很弱,由于学校的领导着重抓了教师,情况发生了明显变化。

我认为,一所大学要把教师队伍建设好,要做好以下三项工作。

第一,要注意教师队伍是否优化。具体说,包括三个方面:年龄结构是否适当,职称结构是否适当,知识结构是否适当。从我们学校看,总的方面似乎还可以,但仔细分析起来就有些问题。例如,老系里面,个别系年轻教师少了,需要补充;新系问题更多一些,特别是有些新专业青年教师相当多,恰恰缺少中年教师,在年龄结构和知识结构方面问题很大。

第二,要重视学术带头人。一个学科没有学术带头人,是很难提高的。例如,我们学校激光专业起步时间不长,但进展很快,一个重要原因是有学术带头人,当然也有其他人的努力,尽管只办了16年,但却走在全国的前面。从这里可以看到学术带头人的重要性。

第三,要着重培养青年教师。一所学校有没有后劲,决定于青年教师的成长是否迅速。毫无疑问,教师队伍的建设,要充分发挥老教师的作用,要大抓中年教师。但是,从长远看,青年教师决定我们学校的未来。现在,高校里有一部分青年教师不大安心工作。前几年,原教育部发了一个文件,规定大学毕业生不能教大学。提出这个问题,我赞成,但操之过急,效果并不好。1981年以来,我们费了很大的劲留了几百名大学毕业生做青年教师。现在,他们的思想不安定了,大多想方设法搞学位,对如何过好教学关,如何掌握教学规律,就不重视了。当然,这不是青年教师不安心工作的唯一原因,但这确实是一个重要原因。我希望青年教师要安心,热爱自己的本职工作。现在,教师的待遇不高,学校的生活条件也还存在许多问题,但我们应该以事业为重。百年大计,教育为本。

总之,作为学校的领导,要把教师队伍的建设作为办好学校的战略问题来抓。如果忙忙碌碌而抓不住要害。就是事务主义,就是不懂得办教育的规律。

从严格的意义上说,作为教师,如果不懂得教育科学,就很难做好自己的工作。

在大学教师中间，似乎有一个普遍的看法，就是只要有学问，就能够当教师，无需懂得教育科学。我承认在过去这是事实，但是随着自然科学、人文社会科学和技术科学的发展，特别是随着国家各项建设事业的发展，对人才的质量提出了更高的要求，教师的学术水平固然要不断提高，但与此同时，又必须很好地掌握教学过程的规律与特点，熟练地掌握各项教学原则。就以教学原则而论，潘懋元教授就提出了以下十项：科学性与思想性相结合的原则；知识积累与智能发展的原则；在教师主导下发挥学生自觉性、创造性与独立性的原则；理论联系实际的原则；专业性与综合性相结合的原则；教学与科学研究相结合的原则；循序渐进的原则；"少而精"原则；量力性原则；在班级教学中因材施教的原则。① 这就是说，现在的高等教育对教师的要求大大提高了。教师如果懂得了教育科学，并且善于运用，就能更好地发挥自己学术上的才能，在教学过程中收"事半功倍"之效。

所以，对教师来说，现在也有一个"专业化"的问题。这不是指教师原来所学的专业，而是对"教师"这个"专业"而言的。也就是说，教师必须按"养人学"或"高等养人学"的要求去教育学生。只有这样，才能培养好学生。这就像现在工厂里的企业管理人员，凭老经验办事再也不行，必须懂得管理科学一样。在大学里，不仅教师，其他工作人员一样也应懂得教育科学。

怎样才能懂得教育科学？

第一，学习。现在学校开办这个系列讲座，就是学习，希望大家认真学。同时，还必须自学。只懂得教育学还不够，还要懂得心理学，包括青年心理学、教育心理学等。此外，还可以看看一些教育家传记及其他有关教育的书。

第二，要总结自己学习与工作的经验。现在，部分学生反映，有些老师讲课引不起他们的兴趣。因此，教师要研究教学原则，要在实践中了解学生的学习兴趣，设法加以引导。这里关键的问题是教师要重视教学实践。教师如果不重视教学工作，不深入教学实践，是很难搞好工作的。现在有的青年教师不大重视教学，特别是对习题课、实验课、指导实习等教学环节不大重视，这是不对的。

关于教育科学的许多问题，这里简要地提出几个比较现实的基本问题说一说。

其一，教育是干什么的？教育是培养人的一种社会活动。用简单的话说，教育就是培养人。李鹏同志最近在全国高教会议上说，要把培养符合社会需

---

① 潘懋元：《高等教育学讲座》，人民教育出版社 1983 年版，第 64～112 页。

要的人才作为高等学校的主要任务。去年三、四月间,他视察重庆大学时,曾两次提到是培养接班人,还是培养同路人,还是培养反对社会主义的人的问题。从当前的情况来看,这个问题非常值得我们深思。

其二,为什么要教书育人?古今中外,教育的基本职能,从来都具有两个不可分离的方面:一是思想品德教育,一是业务技能教育。这是因为任何一个社会的统治阶级,都要培养为该社会服务的人。而这些人既要具有忠于这个社会的思想品德,又要具有为巩固与发展这个社会所需要的业务技能,二者不可缺一。正因为如此,作为教师,必须既教书,又育人,将两者紧密结合在一起。这是教师的天职,是由教育的基本职能所决定的。

其三,为什么要对学生严格要求?对学生严格要求,特别在教学方面,绝不是技术问题,而是原则问题;也不是单纯的业务问题,而是极其重要的思想问题,值得我们高度重视。"教不严,师之惰",仍然是至理名言。当然,要严格要求学生,教师首先要严格要求自己,否则,实际上就是进行另一种教育,或者叫做反面教育,后果当然更不好。

要按教育自身特点办事[*]

　　这次"文化选择与大学教育理想"国际学术研讨会在湖南大学召开,给中国学者提供了一个很好的学习机会。关于这次会议,我想谈三点意见。

　　第一,这次会议开得很好。我是抱着学习的态度来参加会议的,学到了很多东西,感到很满足。

　　会议为什么开得成功?主要原因是我国十多年来在改革的同时实行开放。不开放,不会有这次会议;即使有,也不可能是这样的自由讨论,畅所欲言。

　　在我国历史上,唐朝是很兴盛的。原因之一是唐朝是开放的。当时,经常住在京城长安的外国人士有上万之多。唐朝也派人到其他国家去。最有名的,一个是玄奘和尚到印度;另一个是鉴真和尚从我的家乡扬州出发到日本。

　　但遗憾的是,从明朝中期到清朝末年,也就是距今 500 年前到本世纪初这一时期,尽管有康熙、雍正和乾隆当政时的"康乾盛世",但总的说来,我国处于闭关自守的局面。正因为闭关自守,我们不幸落后了。

　　相形之下,大体上在同一时期,欧洲西部经过 14 世纪到 16 世纪的文艺复兴和 16 世纪马丁·路德开始发动的宗教改革,从封建的中世纪黑暗时期解脱出来。再经过 1640 年以后的英国资产阶级革命和 1789 年的法国资产阶级革命,使英、法等西欧国家走上了发展资本主义的道路,增强了综合国力。这就是 1840 年英国发动侵略我国的鸦片战争、强迫我国订立屈辱的《南京条约》,以及以后几十年各帝国主义列强不断侵略我国的根本历史背景。从此,我国

---

　　* 本文是作者在 1994 年"文化选择与大学教育理想"国际学术研讨会上的讲话,原载《高等教育研究》1994 年第 3 期。

沦为落后的国家。

总结历史经验,开放或不开放,区别是很大的。现在我国的开放政策非常好。我希望,像这样的国际会议今后能继续举行。

第二,这次会议的主题是"文化选择与大学教育理想",到会的中外学者发表了许多很好的意见。我想重复说一点,不论是本土文化,还是外来文化,都有其各自的重要性。但是,一般地说,或者就大多数民族和国家来说,本土文化是"根"。中国有句老话:根深才能叶茂。首要的是继承和发扬优秀的本土文化,才能"根深";同时,又将优秀的本土文化和优秀的外来文化相结合而发展,才能"叶茂"。

从这个意义上说,请允许我说一点我们自己的事。最近几十年来,我国的教育存在着重理轻文的现象。尽管胡乔木同志 1982 年已经指出这一点,但仍然没有引起重视。在中等教育中,重理轻文的现象比较突出。现在中学生学习负担很重,这个过重的负担主要来自于理科课程。几年前,我曾翻阅了中学文科教材,发现其内容比较单薄;加之不少学生对文科课程有所偏废,这对青少年的成长显然是不利的。高等教育也有此现象,只是具体情况不同于中等教育而已。对此,我颇为忧虑。在实行市场经济以后,我很担心这种重理轻文的现象很可能还会有所发展。这当然不是青少年的责任。

我国正在实行教育改革,特别强调体制改革,这是必要的。但如果只强调体制改革,而把教学改革放在次要地位,甚至很次要的地位,这就不好了。我认为应该两手抓,一手抓体制改革,一手抓教学改革。体制改革和教学改革都要持续相当长的时间。特别是教学工作,面对着两百多万在校大学生,教学天天都在运行,占据教师与学生大量的时间与精力。如果等体制改革抓得差不多了才来着重抓教学改革,那怎么行!现在我国有些大学在积极探讨实行学分制,这看起来好像是教学管理的一项具体措施,实际上要实施真正完善的学分制,必然牵涉到整个教学工作的改革。

第三,我国教育现在面临的最大挑战是什么?尽管有文化选择方面的挑战,更有教育经费不足带来的严重困难,但我认为最严重的是市场经济的挑战。有位与会的国内学者问一位国外学者:你们的教育是如何适应市场经济需要的?这位国外学者回答说:我们没有这个问题。这个答复是符合实际的。历史的情况是,在过去二三百年中,许多发达国家经济的发展与教育的发展大体上是同步的,因而在整体上是适应的。而我国在 1949 年以前是市场经济,但那是半殖民地半封建社会的市场经济,是很不成熟的市场经济。1949 年以后,我们学习苏联实行计划经济,时间过得很快,已有 40 年之久。现在实行市场经济,这是历史的必然,非如此不可;但毫无经验,非常生疏,经过近几年的摸索，仍处在幼儿园或小学生的阶段。因此，需要认真学习，要谨慎从事，切不可强不知以为知，自以为是，草率鲁莽。像经济转轨一样，有一个摸索的过程，不可能一蹴而就。参加这次会议的有一位来自我国某大学的外籍教师，他在该大学已经工作了几年。据他观察，这所大学把中国优秀的传统文化都丢了，对外国好的东西也没有学到，整个学校都是"一切向钱看"。我听到以后，心情是有些沉重的。这位外籍教师能直言不讳地指出我们的问题，他是我们的好朋友，要向他表示感谢。当然，我们有一千零几十所大学，希望不要出现第二所、第三所这样的大学。前车之覆，要成为后车之鉴。这也正好说明我国教育面临的最大挑战是市场经济。这虽然不是本次会议的主题，但却是无法回避的现实。从这一点说，我对华东师范大学张人杰教授发言的最后一部分，即关于教育要适应市场经济需要的7点思考非常赞赏，体现了一位教育研究工作者科学的良心。

毫无疑问，教育要适应市场经济的需要，但教育更要适应整个社会发展的需要。这与本次会议的主题（"文化选择与大学教育理想"）又恰好息息相关。我们决不能为教育而教育，但正是为了要适应我国整个社会发展的需要，教育又必须毫不动摇地按其自身的特点办事。否则，势将事与愿违，受到历史无情的惩罚，这是不以人们的意志为转移的。

大学教师要懂得教育科学[*]

在我国高等教育界,越来越多的人认识到:建设一支高水平的师资队伍,对于办好大学具有战略意义。但是,衡量教师水平高低的标准是什么?大家的看法却不尽一致。一种观点认为:大学教师的水平,就是教师的学术水平,这种看法是片面的。因为大学教师的基本职责,是在传授知识的同时,培养、发展学生的智力和能力,既要教书又要育人。很显然,大学教师要完成自己的基本职责,除了掌握渊博的知识和具有较高的思想水平之外,还必须懂得教育科学。前者是解决教什么的问题,后者是解决如何教的问题。前者当然是重要的,但教育的效果如何,却取决于后者。

在干部队伍的建设中,我们党和政府十分强调干部要专业化。实践已经证明,这是十分必要的。同样,大学教师也有一个尚未引起重视的专业化问题。教师的专业是教育,是培养学生,如果只是学问渊博,而不懂教育科学,教学效果不好,就不能认为他是一个真正专业化了的教师,因为他没有掌握做好本职工作所必需的知识和能力。

我国高等教育界长期以来不重视研究和掌握教育科学,有其多方面的原因。

我们党在领导根据地建设的岁月里,曾创办了许多学校,包括一些大学,但由于那时处于残酷的战争年代,对系统研究教育科学无暇顾及。新中国成立以后,全面学习苏联,那时苏联的高等教育界有一种流行的看法,即所谓大学教师只需要有学问,不必学习教育科学。后来,苏联改变了这种错误观点,逐步开展了对高等教育科学的研究。1974 年苏联正式成立了高等教育研究

---

* 本文是作者与蔡克勇合写,原载《高等教育研究》1985 年第 4 期。

所,下设高等教育规划与人才需求预测研究组、教学法指导研究组、大学生的共产主义思想教育研究组、电子计算机以及现代化教学手段在教学中的应用研究组、高等教育管理研究组、情报资料中心等,共有研究人员 500 人。苏联的许多综合大学和工、农、医学院,都普遍设置高等教育研究机构,积极开展教育科学的研究。而我们国家自 1957 年以后,由于"左"的思想的影响越来越严重,对教育学和心理学等也越来越不重视,有一个时期甚至把这几门学科当作"资产阶级伪科学"加以批判。这种"左"的影响在教育界特别在高等教育界是相当广泛和深刻的,致使到了今天,我们许多的大学教师和管理工作人员仍不重视教育科学的学习和研究。从事教育工作而不重视教育科学,这应该说也是一种不尊重知识、不尊重科学的特殊表现。

有人可能会说,我们的一些老教师,并没有学过教育学,教学效果不是也很好吗? 是的,我们并不否认这种事实。但是,我们更应看到,这些老教师之所以能够教好书,收到好的教学效果,除了有较高的学术水平之外,还由于他们积累了多年的教学经验,通过总结,自觉或不自觉地掌握了一些教学法的规律。这就如同一些自然科学家,虽然没有系统地学习过唯物辩证法,但通过自己的科学活动,也自觉或不自觉地掌握了一些辩证方法一样。正如恩格斯所分析的:自然科学家可以通过自然科学的发现本身所具有的力量而掌握辩证思维方法,"但这是一个比较长期、比较缓慢的过程,在这个过程中有大批多余的阻碍需要克服"①。教育科学是人类几千年教育实践活动的经验积累和总结,学者们有意识把教育作为一门学科来研究和创建,从夸美纽斯《大教学论》的问世,到赫尔巴特的《普通教育学》、《教育学讲授纲要》的出版,其间也经历了一百多年的历史。从 19 世纪到今天,教育科学又有了很大的发展,目前正在经历着由传统教育到现代教育的重大变革。高等教育学也已从教育学中分化出来成为独立的学科领域。我们学习经过几千年的积累和提炼的教育理论,用于指导自己的教学实践,显然比自己盲目摸索的效果要好得多。

还有一点需要指出,通过个人教学实践来完成的比较长期、比较缓慢、充满曲折的认识过程,并不是对每个人都能行得通的。也有这样一些教师,虽然从事教育工作多年,却始终不懂得教育规律,没有掌握正确的教学方法,教学效果并不理想。这些事实是前车之鉴。

粉碎"四人帮"之后,我们党大力发展教育事业,胡耀邦同志曾经向广大教师提出三点要求:一、要努力学习和掌握比较渊博的知识;二、要认真研究教育

---

① 《马克思恩格斯全集》(第 20 卷),人民出版社 1971 年版,第 385 页。

科学,懂得教育规律;三、要有高尚的道德品质和崇高的精神境界,能为人师表。① 这三点要求都有很强的针对性,对师资培养工作具有重大的指导意义。如果说,对高等学校体制和结构的改革,管理干部应当更直接地承担责任的话,那么,教学内容、教学方法和教学制度的改革的重任,主要就落在教师的肩上了。目前,许多大学正在进行的教学改革中所碰到的问题,正是迫切需要教师掌握教育科学而广大教师又缺乏这方面素养这一对尖锐矛盾的突出表现。下面仅就几个问题予以说明。

其一,教学的主要任务是传授知识还是培养与发展学生的智力和能力?对于教学论中这个根本问题,现在大家的认识还很不一致,做法也相距甚远。现代高等教育科学认为:大学教学过程是教师引导学生学习知识、掌握技能、发展智能(指智力和能力的总称)的双边活动过程。通过教学这种活动过程,教师把人类长期积累起来的科学文化知识,有目的、有计划、有系统地传授给学生;同时发展学生的智能,培养他们的道德品质、情感、意志、性格和行为习惯,形成某种世界观。发展学生的智能,就是要使学生善于学习和运用知识,独立地分析问题和解决问题,成为富有创造才能的劳动者。发展学生智能是教学工作的主要任务,是学生进一步获得知识,进行科研、生产等活动,提高学习和工作的效率与质量的必要条件,也是衡量教学质量高低的一个极其重要的标志。

大学教学改革要解决的主要问题,就是如何在教学过程中更好地发展大学生的智能,使之成为有创造能力和独立工作能力的专门人才。正是由于对这个根本问题没有科学的认识,所以教学改革的一系列具体措施,诸如拓宽专业口径,加强基础理论教学,增加自学时间,加强综合课程,理工科学生要学习人文社会科学知识,文科学生要学习自然科学知识,加强实践性教学环节,改革考试方法等等,都很难真正落实。

其二,课堂讲授应讲得"天衣无缝",还是应该"留下问题"?这个问题与上一个问题密切相关。认为大学教学是以传授知识为主,就主张满堂灌、注入式,课要讲得"天衣无缝";认为教学的主要任务是培养和发展智能,就主张启发式教学,讲课要留有问题,即在讲清基本理论和基本方法的前提下给学生留下问题,"天衣有缝",促使学生进一步去钻研。对于这个问题,美国加州大学伯克利分校副校长田长霖教授曾作过很生动的分析,他说,一天到晚问学生,你有什么不懂,这不完了吗?这样学生永远不会有什么启发。就是要让他不懂,他不懂才会去钻研嘛。所以教书有一条很重要,就是不能教得很透彻,要

① 《人民日报》1980 年 6 月 28 日。

给学生留下问题。这不是说教师不好好教书，教师一定要让学生了解大部分内容，懂得 70％ 左右，以提高他们的兴趣，使他们可以继续钻研，然后留下30％，引导他们自己去解决。① 这就是启发式的教学。这个"大部分"和"小部分"，不仅是个量的比例关系，而且包含着质的内在联系。这个"大部分"应起两方面的作用：一是诱发学生去钻研"小部分"的兴趣，二是给学生以钻研"小部分"的必要的知识准备和方法准备。很显然，教师要做到这一点，就要认真备课，要付出更多的劳动。因为，如果什么都讲透彻了，那么学生就只需记忆、背诵教师讲过的东西了；倘若教师对基本内容都没有讲清楚，那么，学生不仅不会产生进一步钻研的兴趣，甚至会产生反感。

在 60 年代末 70 年代初，苏联教学法专家达尼洛夫等人提出一种新的教学法，称作问题教学法。所谓问题教学法，就是教师在课堂上通过建立一种问题的"情境"来进行教学，克服过去那种"通报——有图例说明"式的教学方法。问题教学法分为五种不同的水平：（1）教师问题式地讲述知识，大学生随之进行模仿活动；（2）教师问题式地讲述知识，并伴之以按教师指出的样子进行的大学生的独立作业；（3）教师问题式地讲述材料，以及大学生对材料进行改造加工；（4）教师问题式地讲述，大学生进行局部的探索活动；（5）问题式学习，由教师提出问题，建立一种问题情境，在这种问题情境下，大学生进行研究性的探索，以致最后解决问题。苏联教育家认为，问题教学法是调动大学生学习的积极性和主动性，发展他们的创造能力和辩证思维能力的重要手段②。

我院有位教师也试验了一种"疑问式教学法"。这种教学方法是用问的方式引出新内容、新问题、新概念，引导学生和教师共同探求知识，共同由已知走向未知，从而改善教师拼命讲、学生被动听的满堂灌的局面。疑问式教学是把学生推到"发明者"的地位，让他们去思考，去"建立"学说，"提出"方法，而不是被动地死学死记教科书。这位教师的体会是："整个教学过程，及每堂课讲授下来，要让学生感到知识体系既像东去的江河水系一样，密如蛛网，丰满充实，又像主干大江横贯西东，来去清晰。对于那些小支流则完全不需要讲，而留给学生自己去探索去思考。"③

不论是"讲清大部分，留下小部分"的教学法也好，"问题教学法"也好，"疑问教学法"也好，都包含一个引起学生兴趣、激发学生求知热忱的问题，这也是教学论的一条重要原则。因为学生的学习兴趣是学习积极性中很活跃、很现

---

① 参阅《西北工业大学学报》第 2 卷第 2 期增刊。
② 参阅李春生《苏联高等教育的整体化》，《外国教育动态》1982 年第 3 期。
③ 参阅李竹英《疑问式教学法初探》，《高等教育研究》1985 年第 1 期。

实的心理因素,是学生对学习活动和学习对象的一种力求认识的倾向。这种倾向带有情感的色彩,促使人们去顽强追求,积极探索。很显然,学生的这种学习兴趣在学习中起的作用是十分重要的。它不仅能提高学习质量,还能促使学生某些潜在的素质和能力得到充分的发展,以至成为一生事业的出发点和成才的起点。相反,人们对自己不感兴趣的东西,是很难自觉深入研究的。所以,教师要善于运用教材,在教课时只把教科书作为引起问题和提供解决问题的材料,随时诱发学生的好奇心和求知欲,而不能让教科书左右教学的进行。学生有了学习的兴趣,产生了求知的热忱,就可以生动活泼地、主动地学习。反之,如果教师只顾讲授知识,不讲究方法,不能引起学生的兴趣和好奇心,学生学习就会被动,思维就会停滞,结果是思想僵化,甚至对学习产生厌倦情绪。最近,某学院有一位学习成绩相当好的三年级学生,找任课老师谈心说:他经过考虑,准备提出退学,其原因是,对大学的学习,越来越没有兴趣。他曾把大学的讲课同中学的讲课作比较,他觉得有几位中学教师的讲课给人以美的感受,大学的讲课却显得枯燥无味,特别是近来教的专业课更是令人受罪,所以还不如退学出去做生意来得快意。这虽然是一个比较极端的例子,但还是很发人深省的。

目前在我国要实行"留下问题"的教学方法,需要解决一个如何评价教师的教学效果的问题。由于长期受传统教学思想的影响,人们往往称道课堂上讲得很透彻,讲得"天衣无缝"的教师"有水平",教学效果好,学生们也大都欢迎这样的教师讲课。"学生都听懂了没有",这似乎已经成为评价教师教学效果好坏的标准。在这种情况下,我们有的教师想采用这种"留下问题"的教学方法,也不免望而却步。因此,学校的各级领导同志都应该站出来说话,要大力支持教师进行试验。应该充分看到,想克服千百年来形成的传统看法和习惯势力是非常不容易的,不大造舆论,领导不大力支持,教师是很难顶得住的。

还有一点需要强调指出,我们不少教师对于传授知识很注意,但对于传授获得知识的方法却很不注意,这是一种偏废。从教育学的角度讲,"授人以鱼不如授人以渔",教会学生怎样去获取知识比教给学生某些具体知识更为重要。

其三,在传授知识中,是突出打好基础,还是把一个专业的知识都尽可能塞给学生?大学肩负着培养学识较高的专门人才的任务,但是不可能也没有必要把某个专业所需要的科学知识都传授给学生。大学生在学校中所应掌握的,仅仅是根据培养目标的要求,学好本专业的基础理论,掌握某些必要的专业知识。对于现代教育学的这个基本观点,教师们在认识上并不一致,在行动中分歧更大。其主要表现是:第一,许多教师总是希望多教一些,希望"学完一门课程就精通一门学科"；第二，不少教师总是要求增加专业的教学时数，希望把那些叙述性的具体专业知识都给学生讲一遍，因而就出现了任课教师争学时、专业课与基础课争学时的现象。有的教研室甚至提出，没有多少学时我们便不开这门课，等等。大家互争学时的结果，往往就是撒胡椒面，各门课程都照顾一点，致使学生负担过重，基础课和基本理论得不到应有的保证。这种情况显然是违背教学论的基本原理的。

任何专业的知识结构，按其性质来说，都可以分为"理论性"和"事实性"两部分，前者是讲事物的机理，是专业知识的基础理论，后者只叙述一种事实。学习前者有利于促进学生的智力发展，有利于学生日后去学习所需要的专业知识和解决复杂的实际问题，有利于对工程技术成果作出理论性的概括。而叙述性的专业知识，是教不胜教、学不胜学的。

其四，减少课堂讲授学时，增加自学时间。这个问题已经提了多少年了，但总是解决不了。减少学时这个问题为什么这样难以解决呢？就教师来讲，大家都是好心，想让学生多学点知识。殊不知，这种违背教育规律的做法，其结果是适得其反。

引导学生自学，这本是大学教学过程的一个显著特点，而且随着年级的升高，自学的作用越来越重要。因为现代大学需要掌握大量信息，不可能也不必要都通过课堂来获得，而是要通过引导学生自学来掌握；同时，引导学生进行艰苦而不间断的自学，这对于培养学生顽强的、有节奏的劳动态度和劳动习惯，使他们今后能不畏艰险地攀登科学技术高峰也是十分有益的。

大力提倡学生自学，这已经成为整个教育改革都需要解决的一个共同问题，《光明日报》1985年2月12日第一版有一条消息报导说：如何改变单纯以课本、课堂和教师传授知识为中心的传统教学方式，使小学生更快更广地获取新的知识？这已经成为教育家们所关心的问题。对此，著名教育家、91岁高龄的叶圣陶说："教科书上的知识是很有限的，所以从小学一年级起，就要鼓励孩子们自己学习，在课堂之外学习，锻炼观察的本领、思考的本领、试验的本领、创作的本领，还要让孩子们高高兴兴地学，有滋有味地学。"对小学生尚且提倡自学，何况大学生呢？

在教育改革浪潮的推动下，大家都越来越重视开展第二课堂活动，认为这是扩大学生知识面、开阔视野、发展智能、陶冶情操和增强体质的重要途径。但是，如果不把教学时数压缩，使学生有必要的自由支配的时间，那么，第二课堂活动就很难广泛深入地开展下去。

其五，考试和评分的办法，是引导学生着重于理解、思考和应用，还是着重于记忆、背诵？

长期以来,我国的考试,从小学、中学到大学,都是以考书本知识、考记忆为主,而不大注意训练学生的理解和思考能力,其后果是不利于培养开拓型人才。

考试是千百年来广大教师在教学过程中探索总结出来的了解学生学习成绩、检查教师教学质量,以及选拔人才的一种手段;对学生的学习来讲,又是一根非常重要的"指挥棒"。如果考试只要求记忆教师讲过的内容,就会引导学生死记硬背,即所谓"上课记笔记,下课背笔记,考试默笔记",这样的学习势必抑制学生智能的发展,这样的考试方法确实是摧残青年,非改革不可。而要有效地进行改革,又非掌握教育科学不可。

现代教学论认为,命题是考试的中心环节,要正确地命题首先要明确考试的指导思想,防止重记忆、轻理解,重知识、轻智力,重理论、轻实践的倾向。正确的命题要着重于检查学生对基本原则的理解和分析问题、解决问题的能力,包括综合应用知识的能力,既考知识又考能力、既考理解又考综合应用。

考试的方法要灵活多样。开卷、闭卷、口试、笔试和实践(实验、操作等)等各种考试方式,皆有其特殊的功能,对检查学生某一方面的成绩较为有效,如开卷考试宜于检查学生的创造能力和综合应用能力,等等。因此,应根据不同的考核内容的要求,灵活运用适当的考试方法。

在教学改革中碰到的问题远不止上面所列举的那些,如果要说到整个教育改革,那难题就更多了。而教育科学也同其他科学一样,并不是包治百病的现成药方,它提供给人们的只是解决问题的基本理论和基本方法。我们学习掌握教育科学,以教育的基本理论为指导,结合教育工作的实际,积极探索,及时总结,就会使教育改革工作少走弯路,能够比较健康地稳步地前进。当前,教育理论正处在由传统教育到现代教育的重大变革之中。战斗在教育战线上的每一名战士,都有义务也有条件为发展现代教育理论、建立中国式的社会主义高等教育体系而贡献自己的一分力量。

《高等教育学》序[*]

潘懋元同志主编的我国第一部《高等教育学》正式出版了,这是件值得庆贺的事情。

早在 50 年代,潘懋元同志和厦门大学的有关同志一起,应当时的需要,就曾编写过高等学校教育学讲义,可是由于众所周知的原因,这项很有意义的工作被中断了。粉碎"四人帮"之后,潘懋元等同志又继续这项未竟的事业,经过几年的辛勤劳动,终于使这部书问世,这也是我国高等教育科学研究工作的一个成果。

胡耀邦同志曾经向广大教师提出三点要求:一、要努力学习和掌握比较渊博的知识;二、要认真研究掌握教育科学,懂得教育规律;三、要有高尚的道德品质和崇高的精神境界,能为人师表。这三点要求都有很强的针对性,也完全适用于奋斗在教育战线的广大干部。

粉碎"四人帮"以来,我们在总结教育工作的经验教训时,大家都有一个共同的认识,那就是要切实按照教育规律办事。这个认识非常重要。按照教育规律办事,首先就要认识教育规律。高等教育学就是研究高等教育规律的,因此,它应成为所有在高等教育战线工作的教师和干部必读的"专业课程"。过去,由于很少有人专门研究高等教育的理论,因而有些人就误认为在高等学校工作和教书,可以不研究教育理论。近年来,由于科学技术的迅猛进步和生产的发展,引起了高等学校任务的变化,教师职能的扩大。如果不认真研究高等教育理论,不掌握高等教育规律,就不能适应时代的要求,就很难完成自己的任务。因而,许多国家都逐步重视研究高等教育理论。例如:美国建立了全国

---

* 《高等教育学》,潘懋元主编,人民教育出版社、福建教育出版社 1985 年版。

高等教育学会；新加坡设立了亚洲地区高等教育与发展研究所；日本广岛大学有大学教育研究中心，1976 年以来，已经举行过 3 次国际学术讨论会；近年来，苏联出版了好几本有关高等教育理论的专著和教科书；我国也已成立了全国高等教育学会，许多高等学校都建立了高等教育研究机构，还出版了不少这方面的学术刊物。可以这样说，研究高等教育理论已经逐渐成为一个热门了，这是大势所趋。

但是，我们也应看到，由于种种原因，我们高教战线还有相当多的同志不重视学习和研究高等教育理论。他们认为，只要有专门的学问就可以当好大学教师，能教好书就是一个好的教师。这些同志不了解，书教得好的教师，工作做得好的干部，他们都是自觉不自觉地遵循了教育规律办事，只不过没有提到理论的高度来认识。现在我们的任务，就是要大力宣传高等教育学，使大家都能自觉地遵循教育规律办事，这是高等教育改革的需要，是实现教育要面向现代化、面向世界、面向未来的需要，一句话，是提高教育质量和学术水平的需要。潘懋元同志主编的这本书的出版，就是适应了这个需要。作为高教战线上的一名老兵，我感谢他们做了一件很有意义的事情。

谈科教兴国的两个问题[*]

美国研究型大学的形成与发展，大体上经历了100年时间。美国的世界一流大学，当然都在其中。这些大学的成就，不仅代表美国高等教育的成就，而且代表美国科技进步和经济发展的成就。诺贝尔科学奖的获得者之中，美国的学者越来越多，这些学者又几乎都在研究型大学中工作。那么，这些研究型大学是怎样形成的，又是怎样发展的，有些什么值得我们学习的经验，本书都有比较详细的叙述与分析，并试图加以总结，值得我国教育工作主管部门、科学工作主管部门、大学、科研院所和关心科教兴国大政方针的所有同志阅读。和任何事物一样，本书决非完美无缺，只是在目前同类出版物中，是较新并较为详细的一本。

联系到我国的情况，我想趁此机会提出科教兴国中互有关联的两大问题。一是科学研究在大学中的地位；二是一大批大学与一个庞大的科学院已经并存了将近50年，今后怎么办？是继续长期并存下去，还是加以改变呢？恰恰这两个问题，又与本书的内容息息相关。

20世纪50年代初，我国高等教育照搬苏联的做法，强调以教学为主，根本不提科研。当时忙于学习俄文，翻译苏联教材，熟悉从苏联学来的教学制度和各个教学环节，也无暇顾及科研。1956年，国家制定12年科研规划，将大学列为国家科研的一个方面军，大学才开始考虑科研问题，但正式下达的事业费中没有科研这一项，而中国科学院的科研经费却很充足，使我们高等学校羡慕不已。1958年"大跃进"，使大学科研有所突破，我们学校（当时名为华中工学院）

---

* 原文是作者为《美国研究型大学形成与发展》（沈红著，华中理工大学出版社1999年版）一书所作的序。

为适应科研的需要创办了《学报》。1961年颁布的"高教六十条",也提到高等学校要搞科研。虽然,科研经费仍付阙如,但是,我们学校的科研工作方兴未艾。直到"文化大革命"期间,某些研究项目仍未中断。

1977年,邓小平复出以后,他首先抓科学与教育,并且提出,高等学校特别是重点高等学校,要成为两个中心,既是教育的中心,又是科研的中心。他对"科研"二字没有提出任何限制。在他的提议之下,1978年3月,国家召开了全国科学大会。大家都说,这是"科学的春天"。对高等学校来说,当然也是"科学的春天"。会前,有关部门提出要奖励科研工作搞得好的大学,选中了浙江大学和我们学校,并要我作大会发言的准备。我准备的发言题目是"科学研究要走在教学的前面"。发言稿送到为大会做筹备工作的国家科委,获得通过。但是送到教育部,却引起了两种不同的反应:一种是同意;另一种是反对,认为这是"重科研,轻教学"。其实这完全是误解。我的发言稿已经说得很清楚,在大学,科学研究是"源",教学是"流",没有科研这个"源",教学这个"流"就难以充实新的内容,提高质量。"源"和"流"相辅相成地结合起来,才能提高教师的学术水平,教学内容才能不断更新,也才能培养高水平的人才,同时出高水平的成果,对国家作出更大的贡献。

我认为,大学的科研工作当然不能毫无条件地进行,但是在世界科技发展日益迅速的形势下,任何一个有追求的大学,总不能目光短浅,仅仅围着教学打转转,而应该有适当的预见。

例如,20世纪80年代初,我们学校有一位教师,去英国剑桥大学世界闻名的卡文迪许实验室攻读博士学位。实验室主任库克教授给他的研究课题,是关于引力方面的一个难题,100多年来一些学者和研究生曾从事研究而尚未解决。我们这位教师原来是中国科技大学毕业的,是严济慈老先生的得意门生,业务基础很好。经他认真研究,这个难题终于获得解决,库克教授很高兴。于是,我们学校便向他提出,希望得到这套实验装置,教授慨然同意。真要特别感谢他!这套装置运回学校以后,我们建立了迄今为止仍然是国内最好的引力实验室,十几年来,一直在继续进行研究,并且不断取得新的成果。如果我们把目光仅仅局限在与教学相适应上,不要这套实验装置,那显然就是鼠目寸光,自甘落后。其他一些学校和我们一样,都有这种事例。

值得注意的是,1998年4月28日,在《科技日报》社与中国软科学研究会共同举办的"面向知识经济时代,建设和完善国家创新体系的战略与对策"研讨会上,中国科学院院长路甬祥认为:"高等学校的基本职能是传播知识和培养人才。教学科研型大学担负着培养人才和开展科研的双重任务,它们主要是开展与教学相适应的自由探索性基础研究……"①这里，他画了个"与教学相适应"的框框，值得商榷。当然，大学科研多数是"与教学相适应"的，但是决不能仅仅局限于"与教学相适应"。特别是现在，科学技术发展极快，高科技的发展来势更猛，因而早在1992年4月，中央就及时地在一个重要文件里指出：有条件的高等学校要创办高科技产业。无须解释，办高科技产业的前提，当然必须首先从事高科技研究。大学是人才密集的地方，进行高科技研究是大学义不容辞的任务。大学进行高科技研究，恰恰又是大学非常明显优越于科研院所的地方，可以一举数得：一可以发挥教学科研型大学都具有的多学科密集的优势；二可以提高教师的学术水平，获得突出的成果，因此从1901年以来，诺贝尔科学奖获得者的绝大多数是大学教授；三可以培养出优秀乃至出类拔萃的莘莘学子；四可以为国家的现代化建设事业增强极大的实力。还应该看到，中国科学院再大再强，也只有一个；而教学科研型大学，如果大体上按现有重点大学来看，已有近100所之多。其中排在前几十名的大学，都是颇具实力而且各有特色的。如此情况，怎么能对大学科研加以限制呢。

第一个问题谈到这里，也就必然引申出互有关联的第二个问题。

新中国成立以前，在国民党统治时代，1928年以后建立了中央研究院，蔡元培任院长。直到1949年新中国成立前夕，中央研究院只有十几个研究所，规模不大，全院总共也只有几百人。

新中国成立以后，我们学习苏联的做法，建立了一个庞大的中国科学院。据1999年1月8日《南方周末》报所载："（现）有123个研究所，4万科研人员，外加3万辅助人员，1万名研究生，所获经费（1998年）是4亿美元。"这就是说，中国科学院平均每个科研人员所获经费是1万美元，折合成人民币，就是8.2万多元。

由于中国科学院是从无到有，所以在新中国成立之初就到处"挖"人，当然只有从大学"挖"，别无其他来源，以致与大学的关系非常紧张，大学当然反应很强烈。毛泽东不得不亲自出马，排解纠纷。当时的高教部部长杨秀峰与科学院院长郭沫若，两人的听力都差，都戴助听器，被称做"两个聋子吵架"。最后，毛泽东裁决，像朝鲜战场那样，划一条"三八线"，从谈话之日起，科学院再不准从大学"挖"人，这一时间大约是1956年。

1959年，当时任高教部副部长的蒋南翔，通知很少几所高教部直属学校在上海开会，讨论对某项尖端技术进行合作研究的问题。当时的浙江大学党委书记刘丹很有感慨地在会外对我说，好端端的浙江大学被"拆散"以后，一部分

---

① 路甬祥：《关于建设我国国家创新体系的战略思考》，《新华文摘》1998年第7期，第169页。

教师正式调到复旦大学,但也有些高水平的教师被科学院"挖"走了,意见很大。似乎可以说,当年科学院是在削弱大学师资力量的情况下建立并获得初期发展的,只不过这种"削弱"被分散在不少学校中,因而表面上看不出来。

当然,几十年来,中国科学院的工作是有成绩的。但是,随着科学技术在高速发展中既分化又综合的趋势越来越突出,科学院历史上带来的弱点与问题也表现得越来越明显。其致命的弱点是:每个研究所都是单科性的,地域也相当分散,即使设在北京者稍多,但也互相不大往来,甚至一个所的内部也有矛盾,以致历史上1个数学所不得不分成4个,而现在又不得不加以合并。再从国家的高度来看,一方面大学非长期办下去不可,另一方面科学院既庞大又自成体系,以致在人力、财力、物力上造成许多重复性的支出,完全有悖于优化资源配置的重要原则,因而显然已不合时宜。

相比之下,美国虽有科学院,但没有研究实体。美国联邦政府的科技政策,简而言之,其重要方面是将主要的基础研究通过一定的程序,由大学(主要是研究型大学)承担。美国政府有些部门甚至将自己建立的某些重要实验室,也委托大学代为管理。例如,美国能源部将其所属的国家劳伦斯实验室,交给加州伯克利大学(我国通称为加州大学伯克利分校)管理。1979年3月,我去参观过这个实验室的加速器。这仅是一例,还有其他。美国这样做,既对国家任务没有任何不利影响,又使大学与研究机构双方相得益彰。

有比较才能有鉴别。相形之下,我以为美国上述这些做法都是很聪明的。我想我们也应该更聪明一些。现在一大批大学与一个庞大的科学院并存的局面,已经显然不合时宜,有悖于优化资源配置的重大原则,我以为现在是改革这种体制的时候了。据了解,个别城市已在考虑,准备将科研院所按学科与有关大学联合或合并,这是一个好消息。当然,像大学的联合、合并一样,具体操作时要十分慎重,要走群众路线,搞调查研究,要自愿,要能在改革中和改革后把大家的积极性进一步调动起来,以有利于继续提高与发展。

50年来,与其他各项工作一样,我国整个科研工作有很大进展。但其中存在的问题,特别是政府科技政策和科技体制上的某些弊端逐渐暴露了出来,因而我认为,政府的科技政策、科技体制与大学发展之间的重要关系是亟须研究的。于是,我对我所指导的第一个博士研究生沈红提出的学位论文选题方向便是"大学科学研究",并且以大学科研取得显著成功经验的美国研究型大学作为该研究的主要对象。为了研究这个问题,国家教育部为沈红提供了赴美国大学研究一年的机会。在我和前任美国纽约州立大学总校校长 Donald Bruce Johnstone 教授的合作指导下,1997年秋,沈红的博士学位论文《美国联邦政府科技政策与研究型大学的科研发展》经专家评审并答辩通过。现在与读者见面的《美国研究型大学形成与发展》一书，就是在这一博士学位论文的基础上修改、扩充而成的，其中有三章是博士学位论文中所没有的。作为沈红的指导教师，我为此书的出版感到由衷的高兴，愿为此书作序，并趁此述及以上互有关联的两大问题。毛泽东在《论十大关系》中说得好："我们提出向外国学习的口号，我想是提得对的。现在有些国家的领导人就不愿意提，甚至不敢提这个口号。这是要有一点勇气的，就是要把戏台上的那个架子放下来。""应当承认，每个民族都有它的长处，不然它为什么能存在？为什么能发展？同时，每个民族也都有它的短处。有人以为社会主义就了不起，一点缺点也没有了。哪有这个事？应当承认，总是有优点和缺点这两点。"他又说："我们的方针是，一切民族、一切国家的长处都要学，政治、经济、科学、技术、文学、艺术的一切真正好的东西都要学。"①

---

① 《毛泽东著作选读》（下册），人民出版社 1986 年版。

改革教育需要研究思维科学[*]

  《中共中央关于教育体制改革的决定》明确指出："在教育思想、教育内容、教育方法上，从小培养学生独立生活和思考的能力很不够，发扬立志为祖国富强而献身的精神很不够，生动活泼地用马克思主义思想教育学生很不够，不少课程内容陈旧，教学方法死板，实践环节不被重视，专业设置过于狭窄，不同程度地脱离了经济和社会发展的需要，落后于当代科学文化的发展。"这就向我们提出了教育改革的艰巨任务。

  我们党在领导根据地建设的岁月里，曾创办了许多学校，包括一些大学。但那时处于战争年代，系统研究教育科学无暇顾及。新中国成立后，我们全面学习苏联，当时苏联有一种流行的看法，大学教师只要有学问，不必研究教育科学。但后来苏联改变了这种错误观点，1974年苏联正式成立了高等教育研究所。而我国自1957年以后，由于"左"的思想影响越来越严重，对教育学、心理学等也越来越不重视，以致到今天，许多大学教师和管理干部仍然忽视教育科学的学习和研究，更谈不上关心它的发展和创新。很明显，要彻底改变我国教育的落后状况，必须加强教育科学基础理论的研究，重视基础理论对实践的指导作用。

  研究教育科学的基础理论，就是研究教育过程的基本规律，也就是研究人认识世界和改造世界（包括自己在内）的才智和本领是怎样获得的。这是教育科学中的核心问题。这个问题解决好了，教育科学中的其他学问和教育战线各个部门的工作就有了依据。

  为此，在加强教育科学基础理论和心理学等方面的研究和应用的同时，还

---

  * 本文是作者和李德华、黄晓明合写的，原载《高等教育研究》1987年第2期。

应该密切重视国内外教育基础理论研究中的一些新动向、新概念、新成果。比如，近几年来，钱学森同志积极倡导的思维科学即是一例。

70 年代末，钱学森在探索现代科学技术体系结构的时候，在我国首次提出了思维科学这样一个概念。他先后发表了一系列的相关论著。尽管严格说来思维科学作为一门科学在我国目前还没有真正建立起来，但是它已有了一个良好的开端和一个大致清楚的框架，也初步取得了一些研究成果。近几年来，我们在一些刊物上看到不少关于思维科学为什么可以建立起来，关于它的层次结构，以及抽象（逻辑）思维、形象（直感）思维、灵感（顿悟）思维、社会（集体）思维等多种思维形态的机理或规律方面的论述。实际上，早在 100 年前，恩格斯就在《自然辩证法》一书中多处论及思维科学的概念。例如，在《〈反杜林论〉旧序。论辩证法》一节中，恩格斯说："关于思维的科学，和其他任何科学一样，是一种历史的科学，关于人的思维的历史发展的科学。"在《数学》一节中，他又说："辩证法的规律无论对自然界和人类历史的运动，或者对思维的运动，都一定是同样适用的。"在这里，恩格斯把思维运动、自然界运动和人类历史的运动，看成是组成宇宙物质运动的三大运动。人的思维能力是人类智能的核心。研究思维问题为的是提高人的智力。对此，恩格斯说："人的思维的最本质和最切近的基础，正是人所引起自然界的变化，而不单独是自然界本身；人的智力是按照人如何学会改变自然界而发展的。"这也就是说，研究思维问题，加强对思维规律和方法的了解和运用，必将促进对社会和自然的改造；反过来又必将推动人类能力的发展。这是一个呈递进关系的循环。联系到学校教育改革的实践，恩格斯的话值得我们深思。

一、思维科学与教育科学基础理论的研究

教育是在一个多层次结构的大系统中进行的。这个动态系统中的主要矛盾由教师（包括书籍、资料、文献）为一方、学生为另一方而构成。教育过程，一般的理解，就是实现知识的转移，即从教师身上、从教科书和文献资料中转移到学生头脑中，这个过程充满着记忆、理解、想象。所有这些无一能离开人的思维活动。从学生方面来讲，学生掌握知识的快慢、优劣、牢固程度和灵活性同他们的思维方法正确与否、同他们的思维能力强弱与否直接相关；从教师方面而言，教材的组织、编写，教学法的研究，对学生状况的分析，也都同思维方法直接相关。因此，要想教好和学好，都必须加强对思维规律的研究。

如果说教育过程是知识的转移，那么什么是知识？钱学森说："我们谈信息，或者说知识，说人类的精神财富，包括两大部分：一部分是现代科学体系，

还有一部分是不是叫前科学,即进入科学体系以前的人类实践经验。……人现在认识到的客观世界,不管是科学还是前科学,只是整个客观世界的一个很小的部分,而且是动态的、变化的。……人还在不断地总结自己的实践经验。这就联系到思维科学。……从前人类发展还没有达到这个阶段,好像不大认识这个问题。现在说'信息社会',知识是生产力,那就非常重要了。"可见,我们要发展科学技术,要将两种知识总结好,教给学生,看来非研究思维科学不可。

教育过程中知识的转移(传授),这仅是教育过程的一方面;另一个更重要的方面是能力的培养,首先是吸取知识和运用知识的能力的培养。在科学技术飞速发展的今天,新知识潮水般地涌来。有人做过统计,在 19 世纪知识每 50 年增长一倍,20 世纪中叶每 10 年增长一倍,70 年代每 5 年增长一倍。现在,计算机、激光、生物工程、材料科学,还有其他许多学科都以前所未有的速度迅猛发展。面对这种知识激增的形势,作为教育工作者,我们教给学生的,全面说来,应是智能,是学习和运用知识认识客观事物并解决实际问题的能力。人的智能的高低,集中表现在反映客观事物深刻、正确、完全的程度上和解决实际问题的速度上。我们常说的智能,包括两方面的内容,一是知识,二是能力。能力又包括很多方面,如观察力、记忆力、想象力、分析判断能力、创造能力、应变能力等等。这些都是认识活动所必须具备的一般能力。这些能力都同人的抽象(逻辑)思维、形象(直感)思维、灵感(顿悟)思维和社会(集体)思维有着密不可分的关系。因此不对思维科学进行深入研究,难以有效而大量地培养高质量的有开拓精神的人才。钱学森认为:"发展思维科学的又一个效果,是使我们懂得如何更充分地发挥人脑的能力,比如人脑的创造力。这不是逻辑推理而是思想的飞跃,是所谓'灵感',当然灵感也是从实践经验的总结提高得来的。"又说:"人的脑力劳动中最深奥的是创造,而现在因为我们不了解创造性过程,不了解创造思维的规律,无法教学生,只能让学生自己去摸索,也许摸会了,也许摸不会。如果我们发展思维科学,那就可能有朝一日我们懂得创造的规律,能教学生搞思想上的飞跃,那该有多好啊。"钱学森的这些话,充分说明了研究教育科学基础理论,需要研究思维科学。

二、思维科学与高等学校的教学改革

思维科学的研究对教学方法、考试方法、教学内容、课程设置、专业设置乃至学制的长短等,都起着直接或间接的指导作用。

先谈谈现行的教学方法。理工科大学生一般都比较注重抽象(逻辑)思维方式的训练。这无疑是需要的，而且还应搞得更好。问题是我们往往忽略了与人的创造能力直接有关的形象（直感）思维、灵感（顿悟）思维和社会（集体）思维的训练。特别是在工科院校里，学生的想象力、洞察力、在实际活动中的综合能力，以及一闪即逝的灵感等等，好像都与学生的创造力无关，而被看重的只是考试成绩。因此，反映在教学方法上，教师常常自觉不自觉地实行模板化的"满堂灌"，以传授书本知识为目的的"填鸭式"，学生因此被训练成了"唯书"的苦读者。应付考试，他们一般是佼佼者，但搞科学研究，从事创造性工作则不然。

设想一下，如果人的创造能力不仅与人的抽象（逻辑）思维有关，而且与形象（直感）思维、灵感（顿悟）思维、社会（集体）思维有着密切的联系这一点能为教师、学生所理解，那么以往在课堂上常常出现的那种"满堂灌"，照本宣科，平铺直叙，只注重各个知识模块的死记硬背而不问相互之间的联系，只让学生知其然而不引导学生知其所以然，只详细介绍有关学科的现状和结论而不注意介绍有关学科产生、发展的来龙去脉的旧教学方法，就会逐步被启发式教学方法所取代。所谓启发式教学方法，应该是从人们思维的客观规律出发，引导学生能动地吸取知识。不仅吸取前人研究得来的结论、成果，而更重要的是学会前人探索、创造、运用知识和寻求知识的科学方法。这当然包括较完备的思维能力和较全面的动手能力。如能做到这些，那么上述旧有的一套就会减少或被抛弃，代之而起的将是生动活泼的启迪思想的讲述，振奋精神、激发智慧的课内外讨论，以及安排得当、准备充分、着重培养学生独创能力的实验、实习、实践等现场教学活动。对于学生来讲，在教师正确的教育思想和教学方法的指导下，也就不会忽视培养创造能力、洞察能力的实验、实习、实践等教学环节，而只去死"啃"要考的那几本书，从而获得德、智、体、美诸方面的全面发展以及各种能力的全面增长。

现在时而听到一种议论，哪里哪里出现了一个"超常"儿童。这个说法是不够恰当的。那些表现出智力很强的儿童，到底是"超常"还是"正常"？看来是"正常"而不是"超常"。一些报刊曾经报导华东师范大学通过教改使常态儿童获得"超常"发展的消息，北京市教育学会副会长、北京师范大学教育系王焕勋教授对这个提法提出了异议。他认为，华东师范大学的经验，只是使正常儿童获得了正常的发展，并不是使正常儿童获得了超常的发展。他认为，现在的问题是我们的指导思想不够明确，许多中小学校的师资水平不高，办学条件太差，致使正常儿童的潜力没有发挥出来，在德、智、体、美诸方面都没有得到正常的发展，没有达到正常儿童应达到的水平。我们认为，王焕勋教授的看法是很有道理的。

此外,对于从事教学管理工作的同志来讲,有没有一个正确的教育思想,有没有教育科学基础理论诸如教育心理学、伦理学、教育史以及思维科学方面的修养,也是至关重要的。"领导是关键",这是一句常话,也确是至理名言。

美国耶鲁大学教授蒲慕明在他的《能力培养和思想教育》一文中谈到一些观点。他说:"要培养独立创新精神,就要随时注意增加学生的自信心,有了自信,才会勇于创新。增强学生的自信心是要讲教育方法的。在近代物理学界有一个起了很大影响的哥本哈根学派。有人曾经问过这个学派的始祖波尔有什么秘诀,怎能教出那么多好学生,一个个都在物理学上作出重大贡献。他说,我有一点,就是我从不犹豫地在学生面前指出我自己的错误。波尔这样做,一方面是在真理面前把自己和学生放在同一平面,培养学生尊重真理的精神;另一方面也是增加学生自信心的好办法。学生看老师都有错误,我提出自己的想法有错误更没关系,这样就养成了勇于提出创见的习惯。相反,若波尔只顾不时指出学生的错误,对学生的自信心会有很大的打击。信心和能力常常是互为因果的。有能力的人,不断打击他的自信心,丧失自信心后,有能力也使不出来了;没有能力的人,不断增强他的自信心,鼓励他不断尝试,久而久之能力也就培养出来了。美国课堂气氛比较活跃,学生常常勇于发问,……这种时候鼓励学生发表意见,是培养他们的信心和独创力的好办法。培养主动进取、有独创力的学生是一件重要的事。"在蒲慕明的这一段话中,除了"要培养学生的自信心"这一心理学命题之外,是不是还有"要培养学生具有独立性、勇于提出创见"这样一个和社会(集体)思维有关的思维科学命题呢?

考试也是一个大问题,因为它在客观上是"指挥棒",指挥青年学生的思维发展到何处去。因此,这个指挥棒用好了,对于教学改革好处很大;用得不好,对教学改革不仅谈不上好处,而且有很大害处。比如,以前那些只注重书本知识的考试,就起过很不好的作用。现在的一些考试,已经开始出现试题出得活一些的苗头,这就是一个进步。如果广大教师对人们的思维规律有所了解与研究,把考试的着眼点放在培养学生综合运用知识的能力和创造能力上,那么他们就会改变那种靠死记硬背的考试方法;评分的标准也不会是只看重卷面的结论而不看分析问题和解决问题的过程、创见性及平时学习中反映出来的各种能力。这样做的结果,学生就会在平时注意自己各种能力的锻炼,特别是思考能力的锻炼,就会多看参考书,就会主动地探求未知世界而不因考试偏废其他课程,就不会在考前"临时抱佛脚",死记硬背一番,侥幸地应付过关。优秀的学生也就不会因一时考试失误而被埋没。

关于考试,最近上海《文汇》月刊上有一篇报告文学,题目是《黑色的七月》。文章以许多事例揭示了每年 7 月间高考中的种种弊端，如："风油精熏透的模拟考场"，"题海边的坟茔"，"留级也要走后门"，"第八次拼搏"，"再度集结的高复大军"等等。虽然这篇作品的题目吓人，但作者的用心却是好的。在文章结束时，作者指出的是光明，而不是沮丧。他描述说："初秋艳日下新落成的双层立交桥留住了我思索的脚步……分流——一个有趣的哲学命题。"是啊，我们为什么不能让学生们也像立交桥上的车辆一样各行其道呢！千军万马过独木桥，那还有不乱的？作者在这里实际上提出了整个教育体制改革乃至社会教育观念改革的治本之道——"立交桥"。十分有趣的是，在这个小小的例子中，我们可以看到作者运用了多种思维方式：有形象（直感）思维：从"黑色的七月"到"立交桥"，有灵感（顿悟）思维："双层立交桥留住了我思索的脚步……一个有趣的哲学命题"。此外，处处可见的是抽象（逻辑）思维。作者的社会（集体）思维反映在他的广泛的取材和深厚的社会知识中。

从思维科学的要求看，专业课要大改。这一方面指教学内容要更新，要充实改造；另一方面指有关的课程设置也应变更。我们要培养有开拓精神、有创造能力的学生，必须打破旧框框的局限。老是多少年一贯制，教育还能不僵化、不落后？学生的眼界何以宽得起来？一些有创见的思想何以产生出来？我们现在面临的是知识激增的时代，还像以前那样开几门专业课，工就是工，理就是理，文就是文，互不相干地学，互不相干地教，或者只动口不动手，那是不利于培养学生的独创能力的。对现在大学许多专业课的内容，多数学生是可以自己看懂的，完全可以以专题报告的形式，由教师先作一番介绍，着重介绍有关的学术思想、发展的规律和最新的动向，或者只讲要点，然后让学生自学，自己做实验或者参加科研课题，自己写出读书笔记、实验报告或课题总结，最后分头汇报。

与此有关联的，要重视选修课。选修课中，就工科大学来说，不仅要有工，而且要有文、理、史、哲，还要有管理及艺术方面的课程。其内容不仅包括本学科本专业中最新的成就和动态，也应包括教师本人在科研当中的体会和成果、经验和教训。以上这些，不仅有利于培养学生的思维能力、吸取知识的能力和创新能力，减轻学生的不合理负担，而且对教师业务的成长，对学科专业的建设都是有百利而无一弊的。

在教育科学出版社 1982 年出版的《世界高等教育的探讨》一书中，作者德拉高尔朱布·纳伊曼写道："那种主要是建立在吸取知识基础上的教育体系，正在变得非常荒谬。目前的教育体系应该朝着发展青年的成年人能力的方向进展，而不是朝着发展他们的知识的方向发展。""在各级体系里，特别是在高等教育阶段，如果现在人们估计用 80% 的时间来传授知识，用 20% 的时间来获得学习方法和研究方法的话,这种比例将要根本改变。这一点是很清楚的。我甚至可以说,这个比较应该倒过来。"为此,有人提出:教育,特别是高等教育,必须致力于使学生"学会学习"和"学会研究"。著有《未来的震荡》《第三次浪潮》等著作的托夫勒说:"大学生们必须学会摆脱过时的概念,并且知道在什么时候、如何去代替这些过时的概念。总之他们必须学会学习。""未来的文盲将不再是不识字的人,而是没有学会学习的人。"要使学生学会学习和学会研究,首先有一个学会思考的问题。人都有思维能力,但能力有高低,效果不大一样。另外,还必须有一个相应的教育过程,以取代过去那种仅以传授知识为目的的教育过程。这个过程就是从课程设置、课程内容到教学方法、教学观念都已经大大改革的充满生气和启迪的以培养学生的思考能力、独创能力为目的的新过程。

思维规律的研究可以给教学方法、考试方法、教学内容、课程设置、专业设置等等提供改革的理论依据,起到直接的推动作用。由于这些方面的改革、更新,教学的效果肯定会优于以前,在时间上也会相对缩短。以钱学森本人的体会为例,由于他在中小学所处的局部比较优越的学习环境,他在中学毕业时,已经达到现在高等院校一年到一年半的学习水平。所以他认为要培养在某一专业领域内能实干的人才,大学不要四年,有两年就可以了,这就是两年制大学专科。四年制大学可以培养有开发科学技术能力的人才,达到的水平,相当于我国的硕士。如果我们确能做到这一点,那显然于国家、于人民都是一件大好事,肯定是我国教育事业的又一大进步。

三、思维科学与青年学生世界观人生观的确立

在培养学生成为有理想、有道德、有文化、有纪律,热爱社会主义祖国和社会主义事业,具有为国家富强和人民富裕而发愤图强、艰苦奋斗的献身精神的人的过程中,也就是在解决学生的世界观和人生观问题的过程中,同样需要研究思维科学。

办教育,实行教育改革,其根本目的是"提高民族素质,多出人才,出好人才"。对高等教育来讲,就是要为国家社会主义建设培养大批具有共产主义世界观、人生观,具有一定的马克思主义哲学思想修养,并且掌握了一定的文化科学技术知识,具有积极进取、独立创新精神的建设者。只有达到这样的目标,我们的"接班人"才能在对外开放、对内搞活的条件下,胜任未来政治斗争和经济竞争的重任。那么,这项工作进行得怎样呢?坦率地讲,进行得不算好。尤其是近几年,面临开放、改革、搞活的新形势,学生中的思想政治工作没

有充分表现出应有的活力，因而在资产阶级自由化思潮面前，显得软弱甚至退却。究其原因，除了与领导的指导思想失误有关之外，也和我们对现代条件下政治思想教育及其理论基础（包括思维科学和它的哲学概括认识论）研究和运用得不够分不开。

客观世界的万事万物时刻都在发展着变化。作为教育工作者，首当其冲的任务就是引导学生正确看待客观世界。政治理论课教师、政工干部应该这样做，专业教师也应该这样做。因为不管是政治思想问题还是科学技术问题，也不管以什么思维方式来思考，归根结底，实际上都存在一个考虑问题的方法和角度，也就是常说的立场、观点、方法，或世界观的问题。现在有些学生的思想方法不对头，考虑问题很片面、偏激，究其原因，一方面是思想上坚定正确的政治方向没有很好解决，另一方面是缺乏比较宽广的知识。

列宁说："只有用人类创造的全部知识财富来丰富自己的头脑，才能成为共产主义者。"诚然，科学技术既是社会生产力中最活跃的成分，又是社会精神文明的巨大推动力，但它仍不能说是列宁在这里所说的那个"全部"。1982年10月，有位中央领导同志从报纸上看到北京航空学院开了一门唐诗宋词课，产生了意想不到的效果，于是在中国社会科学院的一次会议上，谈到要对学生进行中国历史和传统文化方面的教育，认为只有这样，才能使学生深刻地感受到我们祖国的伟大、可爱，才能产生强烈的爱国主义思想感情，才能成为一个完全的中国人。恰好，前面提到的蒲慕明用自己的亲身经历，有力地证明了中央领导同志的这个意见非常重要。他说："读文史不能只算是课余消遣，调剂身心，可有可无的，对陶冶一个人的民族感情、爱国心、责任感，都有无形的积极的作用。"蒲慕明的这句话，很有道理。

然而，现在的青年学生常常只对电影、电视中看到的西方发达的资本主义国家的现代化景象很感兴趣，而在课堂上，又常常只是听到一些资本主义社会如何如何、社会主义社会如何如何、共产主义社会如何如何等有限的书本知识。由于种种原因，目前的普通教育过分地看重升学率，学生们对马克思主义的哲学知识一知半解，历史知识又少得可怜。他们不了解历史，特别不了解资本主义长达数百年的发展史，因此，他们常常只将世界作横向的比较，而且常常是把靠掠夺殖民地、发战争横财、靠剥削劳动人民起家并发展百年之久的最发达的资本主义国家，同在曾经长期经历封建统治、百多年来又遭受帝国主义侵略，并且由于北洋军阀和国民党的腐败而沦为殖民地半殖民地的国度里建设起来的社会主义祖国作比较，不是比速度，而是比现代化程度。这样比怎么能够理解社会主义制度的优越性？怎么能够理解没有共产党就没有新中国呢？

在青年学生人生观世界观的形成过程中,我们应该向他们提供历史的和现实生活中的生动事例和形象的感性的事实。单一的讲课肯定是不够的,这不能满足青年学生多方面知识的需求。寓教育于多种形式之中,运用电影、电视、录音、录像、音乐、美术、摄影、写作、演讲、评论等等方式方法,把思想性、知识性、趣味性融为一体,进行形象化的直观教育,学生们欢迎,效果也会好。列宁说:"青年人往往不得不用另一种方法,用和他们父辈不同的方法、不同的形式,在另一种环境下接近社会主义。"这个观点,值得我们认真思考。

最近,许多大学针对学生中存在的思想问题,采取了改进政治理论课程的设置,改进教学方法和手段,增强教育的直观性和实践性,组织社会调查、社会实践,举办研讨会、座谈会等活动,收到了较好的效果。不少学生反映说:"以前觉得共产主义离我们太遥远了,现在理解到,共产主义作为一种社会制度,需要我们几代人的艰苦努力才能建成。但是共产主义作为一种运动,却早已深入到我们生活的每一个角落。"又说:"我们再也不认为'没有共产党就没有新中国'是空洞的宣传了。"由此看来,如果说青年学生有什么"信仰危机"的话,那不能怪他们,因为他们在这方面知之太少,我们没有把这些知识生动活泼地教给他们。因此,在大学教育中,不仅要讲授各种专业知识,而且要讲文、讲史(包括世界历史、中国历史、科学技术体系结构及其发展史、专业发展史)。

另外,关系到学生基本素质的思想政治教育与专业知识教育课一样要提倡启发式教学,同样要充分刺激学生的各种思维活动,要强调教学效果。它的教学内容和方式方法,都应该有计划性、科学性。教学的最终目的都应落脚到培养学生自觉运用马克思主义的立场、观点、方法来分析和看待客观事物的能力这一根本点上,并且把它真正放到打基础的重要位置上,做到"精心设计,精心施工"。近年来,有些大学组织学生在假期中参加社会调查,接触社会实际。有的大学生甚至主动提出要求假期到农村工矿做兼职教师等。他们呼吁社会各方面多为他们提供接触实际的条件和机会,我们应该支持他们。要知道,真正解决青年学生的世界观人生观这个大问题,脱离火热的社会主义建设事业,没有激发青年豪情的社会主义文化生活是不行的。问题是我们如何在有限的人力、物力、财力情况下,把这项工作合理地纳入教学计划,切实做好。政治思想教育既是一门理论课,更是一门实践课;既要有系统性,又要有针对性;既要有较统一的高水平的教材,又要照顾到不同的对象。因此这方面的问题,需要进行深入的研究,包括从思维科学角度来思考。

四、思维科学与国外教育改革

我国目前教育落后，所以大家总希望向国外学习一些有益的经验。当我们在这里谈论思维科学是教育科学基础理论的重要组成部分的时候，国外的有些教育家实际上已经在把理论转变为实践活动了。

1984年7月4日《光明日报》发表了该报驻华盛顿记者邹秀基的一篇报导，标题是《美国学校开设思维技巧新课程》。文章说："近两年来，美国越来越多的大学设立专门课程，讲授思维技巧，并且规定入学新生必须选修此课一年。许多中学，甚至小学，也开始把思维技巧列入教学计划。"这是针对小学教育质量下降和学生缺乏基本的分析、推理能力而采取的措施。许多教育工作者认为，学生缺乏基本的分析、综合能力，原因是多方面的："填鸭式"的教学方法，抑制了学生分析和解决问题的主动性，把死记硬背与理解掌握混为一谈，造成学生对所学知识只知其然而不知其所以然；学生笔头练习减少，连考试回答问题也只需打钩而已；学生看电视太多，对阅读失去兴趣；另外，学校过去没有把讲授思维技巧列入教学计划，也是一个重要原因。

如何把思维技巧教给学生，已经成为美国教育界热心研究的课题。教育部门为此专门成立了一个工作组，计划在6个城市的公立学校进行试点，把思维技巧作为一门独立的课程或糅合在其他课程中讲授。这些城市将在学校里组织试点班，为学生建立档案，等他们读完大学一年级后，再把他们的思维能力和学习情况与那些未经这类训练的学生进行比较，以便确定试验效果，总结出讲授思维技巧的经验。美国约有20%的院校现已设立思维技巧课。

美国学校里讲授思维技巧的教材和方法没有统一的规定，目前有以下四种方法比较引人注目。

（1）讲智力结构，把智力分成120项相互无关的技巧，编成教科书，其中26项与学生的学习效果关系密切。

（2）讲战略推理，集中讲授解决问题的六种技巧，即分析、归类、化整为零、列出顺序、找出彼此关系、综合等。

（3）利用教具，以学识浅、成绩差的学生为教学对象，通过解决具体问题训练他们的推理能力。

（4）讲横向思维，鼓励打破传统思维模式，另觅观察问题的新路子。

1986年第1期《世界知识画报》上，发表了一篇题为《什么是1,000,000?》的文章和一组照片，报道了美国几所大学开设形象思维课程的情况。此课程首先在斯坦福大学和麻省理工学院开设，课程的主要设计者之一、斯坦福大学的鲍博·麦金姆教授在谈到课程设置时说:"我在教学生如何设计新产品的时候,发现许多学生在构思新想法时有困难。他们总是说:'我没想象力。'他们在中学学到的只是如何掌握字、词和数字,而对周围的一切熟视无睹,甚至等到看得真真切切之后才给它们贴上桌子、门一类的标签,然后就再也看不到别的了。"因此,麦金姆认为他们是缺乏形象思维的视觉上的"文盲"。如何纠正或改进呢? 麦金姆建议,环视一间房子,要以色彩、质地而不仅仅是以功用对所看到的物体加以分辨(如是否是家具)。他认为以这种方法观察事物,它们的色彩以及造型就会从熟悉的框框中显现出来。此课程以"使熟知的变为生疏的"为座右铭,目的在于把学生的眼睛和大脑从固有的观念中摆脱出来,用新的角度观察周围的事物;使互不相关的因素联系起来;让学生勾画草图,调整修改,再加上想象,直至新的构想出现。

麦金姆认为想象并不能完成所有的思考,但想象能为思考者提供一个丰富而又有较强表现力的手段。它可以弥补分析、推理的不足,并能更快地促使出人意料的飞跃和联想出现。

教课过程中,教师们尽量避免批评听起来是最狂妄的建议。他们认为:"打消一个不成熟的想法比鼓励一个愚蠢的想法要容易。"因此他们"宁愿看到一次奇特的、有创新的失败,而不愿看到一回按部就班的成功"。

现在美国一些大学,包括著名的麻省理工学院都开设了形象思维课程。他们所培养出来的学生许多已成为科技骨干,活跃在美国各大公司的设计室中。

他山之石,可以攻玉。国外一些好的经验,新的教育概念,我们应该很好地学习和借鉴。当然在这个过程中,我们也要防止不顾国情、不讲科学的盲目照抄照搬的倾向。

五、思维科学与高等教育的未来

随着电子计算机科学和技术的进步,在未来的电化教学、自动化教学系统中,迫切需要研究思维科学、人工智能等新理论、新技术。

最近几年在国内外已有不少思维科学、人工智能和教育工作者携手合作,研究某些课程中的教学经验和启发式教学方法,合理地组织教材,充分地考虑学生学习时的思维方式和心理状态,在计算机上研制成一些课程的计算机教学专家系统,达到了优秀教师的教学水平。据报道,在这样的系统上,学生们往往能够直观地、愉快地、交互式地学习知识,训练技能,询问各种问题。近年来甚至还出现了在计算机屏幕上做物理和化学实验，做战争演习和战略决策以及模拟各种特殊环境（如航空、航天、失重、星际旅行等）的教学专家系统，使学生以较少的物质和资金获得较多的切身体会和知识。

可以预料，这种新型的"教师"随着新技术的发展必然会逐渐增多。那么，我们的教师们岂不会失业吗？不会的。到那时，教师相当一部分工作也许就是研究每一门课程教学中的思维规律和材料组织，研究如何实现形象化教学、如何培养学生的创造能力，然后精心构造高级的电脑教育系统。这样一来，教师不就有更多的精力去学习提高，进行科学研究，从事更富于创造性的劳动了吗？这对进一步增强学校作为教育和科研两个中心的实力多有利啊！

通过以上几个方面的讨论，我们可以清楚地看到，高等教育乃至整个教育的改革同思维科学的研究有着多么密切的联系。应当说，思维科学就是教育科学基础理论的重要内容之一。它的形成和发展，推动着对于教育改革具有指导意义的教育科学基础理论的前进和深化。因此，教育的改革需要研究思维科学。

诚然，由于教育科学是一门涉及面很宽、影响因素众多的大学问，它的对象又是活生生的人和飞速发展的现代科学技术，其研究领域的复杂程度往往是其他学科所难以比拟的。除了思维科学之外，它还和脑科学、心理学、系统科学、管理科学和马克思主义哲学等有着密切的关系。因此，要想很好地解决基础理论的问题，需要教育工作者同其他有关学科的学者齐心协力，共同研究、摸索、探讨、攻关。

为了从根本上改变我国教育落后的现状，十分需要改变我国教育科学基础理论研究的落后状况。因此，教育工作者注意思维科学的新发展，积极开展这方面的研究是很有必要的。可以肯定，随着思维科学的发展和传播，随着教育科学基础理论研究的深入和进步，必将逐步赋予广大教育工作者以崭新的观念和思想，从而适应我国社会主义现代化建设对教育事业提出的更高的要求。

在教育界开展思维科学的研究，应该同数千年来古今中外教育经验的总结与发掘相结合，同培养大批高质量人才的教育实践相结合，同研究各种杰出人才的成长经历和他们的思维特点、创造过程相结合，同心理学、脑科学、计算机科学、人工智能、科学学、未来学以及自然辩证法等有关的研究领域相结合，特别要同教育改革的实践相结合。中国古代有一士大夫阶层所信奉的座右铭："君子动口不动手。"我们现代的教育工作者，既不是也不应该做这样的君子。我们要理论联系实际，来个"君子既动口，又动手"，从实践中来，到实践中去,从实践到理论,从理论到实践,不断总结经验,不断探索前进。

我们深信,只要坚持"面向现代化、面向世界、面向未来"的正确方向,坚定不移地走改革创新的道路,经过广大教育工作者的共同努力,我们就一定能够逐步建立起完整的具有中国特色的社会主义教育科学的基础理论体系,从而更好地完成我们肩负的历史重任。

科学研究要走在教学的前面*

　　把高等学校办成既是教学的中心，又是科学研究的中心，并且科学研究要走在教学的前面，这不仅是由科学研究和教学两者固有的联系所决定的，同时也是加快实现社会主义现代化的必然要求。

　　我们一般说的教学，主要是指教师给学生传授书本上的理论知识和实际经验。自然科学理论是生产斗争和科学实验这两方面实践的总结，它最初从生产实践中提出来，到了科学实验产生以后，才逐渐形成理论体系，从而奠定了各门自然科学的理论基础。随着自然科学的进一步发展，现在，广义的科学实验已包含着各种科学研究的实践活动，它把理论与实践有机地结合在一起，成为现代各门自然科学理论的源泉。显然，只有有了科学研究，即有了科学实验的实践，并把实践经验总结成为理论体系，才有可能进行教学。从这个意义上说，科学研究是"源"，教学则是"流"。科学研究总是走在教学的前面。

　　科学研究要走在教学的前面，这是同实现现代化对高等学校提出了更高的要求分不开的。现代科学技术的发展日新月异，据统计，近 10 年来的发明和创造，比以往 2000 年的总和还要多。而且，新的发现和发明投入实际应用所需要的时间也越来越短。蒸汽机从发明到应用经过了 80 年，电动机用了 65 年，真空管用了 33 年，而原子能只用了 6 年，晶体管只用了 3 年，激光只用了两个月。在这种情况下，理工科大学如果不开展基础理论和新兴技术的研究，创造具有先进水平的研究成果，用以不断提高师资水平，丰富教学内容，革新教学手段，又怎么能够适应科学技术飞速发展的形势，培养出具有世界先进水平的科技人才？如果长期满足于传授现有的书本知识，学生经过几年的在校

　　* 本文是提交 1978 年全国科学大会的书面发言稿，后载于《光明日报》1979 年 1 月 18 日第 4 版。

学习以后,必然会落后于日益发展的科学技术,那就只能培养出低水平的学生,对科学技术现代化与我国建设事业是极为不利的。党中央要求高等学校既要办成教学的中心,又要办成科研的中心,就是要求我们改变过去的状况,积极组织教师和学生大搞科学研究。通过科研活动,提高教学质量,使学生具有更新知识的能力。所以,高等学校只有真正办成科研的中心,才能培养出高水平的人才,真正成为教学的中心。在科学史上,凡是科研的中心,都是聚集人才、造就大师的科学基地。1810年建立的柏林大学,由于与著名的柏林科学院紧密联系,办成了教学和科学研究相结合的大学,几十年间成为德国和世界的科研中心。1900年至1945年,诺贝尔奖获得者的59%是德国培养出来的。美国麻省理工学院为美国的许多科学研究部门培养了大批科学技术人才,它本身又是一个科研中心。这所学院的教育工作的一个突出特点,就是教学与科学研究紧密结合,相互渗透,相互促进,实行一种"大学生研究制度",使学生有机会同教授一道参加正在进行的研究项目,通过研究实践鼓励学生刻苦钻研,培养独立工作的能力。美国一些办得比较好的大学的教学质量高,一个重要原因就是他们都很重视开展科学研究。美国诺贝尔奖获得者的90%都在大学里工作。可见,大学组织教师和学生开展科学研究,是提高教学质量、培养具有创造能力的人才的根本途径。目前我国大学的教学水平还不高,还停留在传授现有书本知识的水平上,但这只是暂时的现象。实现四个现代化要求高等教育必须有一个大发展、大提高。今后的大学,特别是重点大学,招收研究生的人数会越来越多。学校如果不大搞科学研究并使它走在教学的前面,怎么能培养好研究生?将来,大学生的水平越来越高,科学研究越来越成为培养学生的重要手段,甚至用以代替部分专业课、部分专业实习课和部分专业作业课。在这种情况下,教师如果不搞科学研究,又怎么能指导学生?学生如果不参加科学研究活动,只懂得书本知识,只会简单重复教师的示范,又怎能适应四个现代化的需要?所以,科学研究走在教学的前面,这是必然的趋势。

对于科研应当走在教学的前面,这也是在总结了我院20多年来正反两个方面的经验教训以后才逐步认识的。从1958年到1960年,我们由于普遍开展科学研究,带动了教学改革。特别是1961年以后,我们总结前几年的经验教训,强调了抓好日常教学工作、培养提高师资和开展科学研究这3项工作,一直坚持到"文化大革命"前。由于科学研究工作更加有计划地开展,一些重点项目坚持下来,对教学工作起了很好的促进作用:1958年设置的一批新专业很快地成长起来,师资水平有了进一步的提高,并且培养了一批新生力量;在这一时期内,我院先后参加了30多门全国通用教材的编写工作;增加了一批实验设备,开出的实验项目增加了一倍;从1961年起我院开始招收研究生,普通班的教学质量也有所提高。

1971 年以来，我院又开展了科学研究工作。在这一段时间内，"四人帮"的干扰破坏是很严重的。但是从我们自己的实践经验出发，总觉得高等学校不搞科学研究是不行的。所以尽管这几年出现过几次反复，我们还是排除干扰，逐年扩大了研究项目，成果年年增加。科学研究对于教学工作的促进和带动作用也是很明显的，这主要表现在提高了师资水平，丰富了教学内容，加强了实验室的建设，不仅促进了新专业的成长，而且带动了老专业的改造。有些新专业的建立就是从科学研究开始的，而科学研究的开展加速了新专业的建设。这样的例子是很多的。例如：我院激光专业 1972 年创办时，没有熟悉这个专业的教师，没有现成的教材，也没有实验设备。通过开展激光技术的研究，不仅出了科研成果，而且培养出一批比较熟悉专业、具有一定水平的教师，编写了反映自己研究成果的教材，建立了适应专业需要的实验室，1976 年已经招收了第一届学生。我院无线电通讯专业在 1971 年开始建立时，只有 4 名教师对模拟通讯有些了解，对数字通讯很不熟悉。通过几年来的科研实践，全教研室绝大部分教师对数字通讯已经掌握，半数以上对散射通讯比较熟悉，并且应用研究成果写了一批教材，今年已经招收了 6 名研究生。我院金属材料及热处理工艺与设备专业是 50 年代中期建立的，通过多年来进行合金钢的研究，探讨不同金属材料强韧化的规律，不仅为国家提供了新的工模具钢种，而且用研究成果丰富了教学内容，加强了专业理论基础，使专业逐步得到改造，去年招收了第一届研究生。这些事例都说明，学校大搞科学研究，不是削弱了教学，而是促进了教学，提高了教学质量。

科学研究走在教学的前面，当然不能简单地理解为在具体工作的安排上，都要先搞科研，然后才能教学；也不是在时间分配上要使科研多于教学。我们说的是，高等学校里科学研究要占重要地位。有人担心，科学研究要走在教学的前面，是不是要以科研为主，把教学放在次要地位。其实这是一种误解。党中央指出，科学研究应当走在生产建设的前面，谁也不会理解为这是要求工厂以主要时间去搞科学研究，而不以生产为主。相反，这正是为了通过开展科学研究去促进和带动生产建设的发展。对学校来说，大量的时间是用来进行教学的，特别对学生来说，主要是在教师的指导下进行学习，这是毫无疑义的。对高年级的学生来说，让他们参加一些力所能及的科研活动，培养他们独立工作的能力，更有必要。在这里，科学研究活动本身也就成了一种教学手段，一种教学方式。高等学校的教学，如果是从培养人才这个意义上来理解，它本来就应该包含科学研究在内，因为科学研究也是培养人才的一种重要手段。实践证明，学生通过参加科学研究活动，不仅掌握了最新科学技术成就，获得创造能力,而且培养了刻苦钻研、一丝不苟、实事求是的好学风和热爱科学、热爱集体的好思想。所以,广义地讲,高等学校以教学为中心,或者说以教学为主,就应该既包括教学,也包括科研,即包括培养人才的全部工作在内。

科学研究和教学既然是辩证统一的关系,它们之间也必然会有矛盾。如果处理不好,也会互相影响。这就要求我们统筹兼顾,全面安排,妥善解决可能出现的矛盾。我们的做法是抓了几个结合:

(1)在组织领导和组织机构上,实行系和研究所尽可能结合的办法,教研室和研究室更要尽可能合一;

(2)在科学研究力量的配备上,实行专职和兼职相结合的办法;

(3)在研究方向上,尽可能与所设专业的发展方向相结合;

(4)在学生学习的安排上,尽量使专业课、专业实验课、专业实习与科学研究活动相结合。

总之,我们一定要处理好教学和科学研究的关系,真正把高等学校办成既是教学的中心,又是科研的中心,让高等学校这个科学研究的重要方面军在向四个现代化进军中发挥它应有的作用和力量。

科学研究无止境[*]

20 世纪 90 年代中期以来,我国高教界逐渐较多地提及苏联模式和中国高等教育学习苏联的问题。其实,中国高等教育学习苏联,几乎是与新中国的成立同时的。新中国成立前夕召开的被民主人士称为"新政协会议"的全国政治协商会议,就明确提出国家建设要全面学习苏联经验。1949 年底国家政务院颁布《关于成立中国人民大学的决定》,以及 1950 年初国家教育部提出"哈尔滨工业大学改进计划",成为高等教育正式学习苏联的标志。1952 年开始的大规模院系调整,则将高等教育的全面学苏推向了高潮。当时,私立大学全部被"消灭",公立综合性大学如北大、清华等被肢解,大批苏联专家陆续进入各重点高校,成为苏联人才培养模式的示范者,同时大量俄文教材被引进,其他外国教材一律被取消。50 年后的今天,当我们重新审视这些当年的做法时,不免令人感慨系之! 对于苏联模式和我们当年的全面学苏,确实应该认真反思。1992 年 5 月,我曾向加拿大多伦多大学安大略教育科学研究院专门研究中国高等教育的露斯·海霍(Ruth Hayhoe,中文名许美德)教授谈到,我国高等教育当年的全面学苏,主要是政治原因造成的,在教育科学上是没有根据的。尽管我国高教界对此可能有不同看法,这是正常现象,值得继续探讨,但我仍然坚持当年的观点。在本书中,作者对相关问题的论述是较为详明的,这方面我就不赘述了。

我要说的另一点是关于"自主选择"的问题,这是对那段历史进行反思的结果,也是观照现实中国国情和国际大环境而得到的启示。本书提出自主选

---

　　* 本文是作者为《从全面学苏到自主选择——中国高等教育与苏联模式》(谢雪峰著,华中科技大学出版社 2004 年版)一书所作的序。

择是中国高等教育深化改革的总原则,对"自主选择"是否能上升到总原则的高度,可能会有不同看法,但自主性和选择性,无疑是中国高等教育所必须坚持的。坚持自主性是建设中国特色社会主义的基本要求,不坚持自主性就不可能坚持社会主义道路。有人认为,我国高等教育的社会主义方向曾经有过空泛化的现象,这不是危言耸听。比如高等学校实行"有偿服务"带来了全国高校的"创收热",在教师和学生中就出现了"经商热"。这是就国内而言。从世界范围来看,从来就未停止过对中国青年人进行资本主义意识形态和资产阶级价值观的灌输和渗透。连美国几届总统在中国的各种公开演讲,都对青年人尤其大学生们大谈其美国的价值观,其实就是资产阶级的价值观和人生观。我们不能说这些人生观和价值观没有一点可取之处,但总的来看,与我们的传统人文精神是有较大背离的,与中国现实的道德认知和主流的价值取向也是不相符的。因而,我们坚持高等教育的自主性和社会主义方向,就是十分必要的。此外,高等教育坚持选择性的道理也是显而易见的。面对着各种各样的教育信息和教育模式,我们必须选择最符合中国实际的东西,选择最能使之本土化的东西,否则就会重犯当年全面学苏的某些错误。目前,我国高等教育学习、借鉴美国的做法较多,然而也不要排除其他国家的先进经验,从而获益更多。

此外,我想着重谈谈理论创新和教育创新的话题。高等教育界一直认为,德国(当时是普鲁士王国)的威廉·洪堡在世界高教史上,是提出高等学校要将教学和科研相结合的第一人。但当我们看完本书后,应该多一些思索,上述看法似应修正,按时下的说法,就是需做一些理论创新。本书提供了18世纪俄罗斯高等教育改革的一些材料,尤其是彼得大帝创办俄国科学院的计划。在这个计划中,科学院包括大学部,也就是说,科学院和大学是一体的,科学院的院士也必须是大学的教授。从另一角度看,大学教授也是科学院院士,他既要从事教学,也必须进行科学研究,教学和科研在这里不仅是结合的,而且是密不可分的。由此看来,认为彼得一世是主张大学教学与科研相结合的思想先驱,这是有道理的。彼得一世当年的改革,无疑是教育创新,但他的创新灵感并不是从天上掉下来的,而是来自法国和德国的科学院模式,以及来自德国的大学模式,彼得一世巧妙地将它们结合了起来。反观我国的现实,科学院系统和高校系统是分离的,这是当年全面学苏的结果,而不是教育资源和科技资源的优化配置。彼得一世当年将科学院和大学融为一体的做法,对于我们今天的教育创新,以及科技创新和体制创新来说,仍然有着借鉴意义。

本书作者的这项研究成果,应该再一次给予人们这样一个启示,即科学研究永远无禁区,研究工作是无止境的。自然科学是如此,人文科学也是如此。

以洪堡的教育思想而论，它也不是凭空产生的。有人已经指出，洪堡曾受到德国哲学家康德的有关教育观点的影响。特别是我指导的最后一名博士研究生王怀宇，在她今年5月提交答辩的学位论文中，有这样一段值得重视的论述："在1910年洪堡创办柏林大学之前，事实上，在此前的启蒙运动时期，德国的大学改革家闵希豪生就对大学教师提出第二种要求，即大学至少有某些教授应该是能够发表著作的著名学者，德国的哈勒大学和哥廷根大学最早体现了这一趋势，以教学为主，科研辅之。到18世纪末，启蒙运动中的新人文主义形成了第三种要求，即认为科学研究是学者的最高职责，也是一名优秀的大学教师必不可少的职责。"由此可见，洪堡的历史功绩就在于在前人启示的基础上，进一步发展成为在世界高教史上具有里程碑意义的教育思想：大学必须实行学术自由，实行教学与科研的结合。像这样的事例，在人类发展史上，实在太多了。否则，人类就不能发展，社会就不能进步。

但是在我国，还有待于大力改进。特别在人文社会科学方面更值得注意。我指导的另一位研究生，由于他的论文里一再出现了"自由知识分子"一词，一家老大学出版社要他删去，否则，不予出版。但北京一家全国知名的出版社却不以为然，出版了。这绝不是唯一的事例。曾任北京大学校长的吴树青提出了"中国文科为什么未能出大师？"值得人们深思。

关于教学改革[*]

　　教育改革大体上是两个方面，一是关于体制的改革，特别是宏观方面的一些改革；二是教学上的改革。下面只就教学上的改革，根据我们学校摸索的一些初步体会，说几点看法。

　　最近两三年，全国许多大学都在进行教学上的改革。我们日常工作中大量的是属于教学方面的事，在这方面我们也较有主动权。不像 50 年代从苏联学来的办法，说教学计划就是法律，丝毫不能改变。教学大纲虽说不是法律，实际上也不能越雷池一步，统得很死。现在教学计划和教学大纲都只是指导性的，所以学校的灵活性也就大一些。但现在还没有形成一套比较完整和成熟的东西，看来还需要再经过一段时间，才能集中起来，得到更好的结论。

　　谈到改革，首先要明确，大学进行改革的目的到底是什么。当然许多同志是明确的，或者是比较明确的。但是确实也有不大明确的，例如认为改革就是"创收"，多搞钱，给大家多发些钱，在我们学校就有这种情况。正因为对改革的目的不那么明确，因此去年万里同志就专门讲了改革的目的，就是要"多出人才，快出人才，出好人才，多出研究成果"。最近中央有位同志也讲了几句话："从实际情况出发，快出人才，多出人才，出好人才，使教育适应生产力的发展，培养四化建设所需要的各级各类人才。"基本意思和万里同志的讲话一致。多出人才和快出人才，主要表现在招生计划上；除本科之外，还要办专科，学制短一点，人才出得快一点。这当然需要我们做大量的工作。但我觉得更值得我们多考虑的是如何"出好人才"，就好像工厂的生产一样，有产量、产值、经济

---

　　* 本文根据作者 1985 年 1 月 25 日在南宁的一次讲话整理而成，原载《高等教育研究》1985 年第 2 期。

效益等方面的问题，但更有产品质量问题。如果产品的质量不好，干脆没人买。虽然学校似乎不像工厂那样能立刻见效，但从工作来说，我们总得认真地把学生培养好。邓小平同志讲了，教育要面向现代化，面向世界，面向未来。北京景山学校是一个中小学一贯制的普通学校，邓小平同志就对它提出这样的要求，何况我们是大学呢？所以应该高度重视培养人才的质量。培养的人才如果不能达到应有的规格，那就是极大的浪费。因此要谈教学上的改革，首先还是要把改革的目的搞清楚。"出好人才"是全面的，不仅业务好，还要思想好，身体也要好。不能连起码的爱国主义思想都没有，什么都是资本主义好，这样的青年人怎么能好好地为我们国家服务呢？当然现在做思想工作，也一定要克服过去某些不好的做法，但这并不等于说对学生的思想教育可以放松，可以马马虎虎。

关于教学上如何改革，是不是可以归纳成这样四句话：第一，转变旧的教学思想；第二，更新陈旧的教学内容；第三，改变落后的教学方法；第四，克服旧的习惯势力。最重要的是第一句，转变旧的教学思想。现在科学技术的发展日新月异，知识的信息量大大地增加，来势也非常猛，还是按照几十年前以传授知识为主的老办法确实是不行了，现在必须转变成以培养能力为主。知识当然还是要传授的，问题是传授知识的目的是要培养学生的能力，培养他们面对现在科学技术迅速发展的适应能力，毕业之后到工作岗位上去，面对着许多新的事物，他能够接受，能够很快地加以消化和应用，并且还能有新的发展。我们要培养的就应当是这样的人。反过来说，可千万不要培养书呆子。中国有个很老的寓言，有个老道会炼金，把炼出来的金子给了他的徒弟，徒弟当然很高兴，但久而久之徒弟不满足了，跟师傅提出"你最好告诉我炼金术"。现在培养学生也就应该告诉他们"炼金术"。我们把"炼金术"教给他们的话，他们的能力就强了。

第二句话和第三句话，大家很熟悉，不需要作任何说明了。为什么加上第四句话"克服旧的习惯势力"呢？现在实际情况是这样：我们的教师，所有在学校工作的同志们，谁不愿意把学校办好？谁不愿意把学生教好？但为什么一谈到改革就不那么容易呢？问题就在于有个多年的习惯，这是不以人们的意志为转移的。那种传统的以传授知识为主的教育思想和一套做法是多少年延续下来的，现在要改不是那么轻而易举。但是又非改不可，因此我们要提高自觉性，克服那种旧的习惯势力，因为现在的工作对我们的要求更高了。我们既不要操之过急，但千里之行始于足下，我们总得起步，而不能等待。不能设想上面会发布一个文件，讲个一百条如何教，那是不可能的事，也不应这样要求，还是要靠我们自己。

下面介绍一些我们的具体做法,供同志们参考。

一、关于专业的内容和口径

关于专业的内容和口径,确实需要根据具体专业的情况,根据我们国家的情况做进一步的研究。原因很简单,就是 20 世纪 50 年代初期我们学习苏联的做法设置专业,一般地说专业口径比较窄。关于这一点,现在连苏联自己都感觉到了。这已经见之于苏联当了多年高教部部长的叶留金的书,书名叫《苏联高等教育》。在这本书里,已经承认当年专业设置的口径过窄,对于培养人才不利。而我们呢?不仅是 20 世纪 50 年代从苏联学来这一套做法,在过去二三十年中还有进一步发展。这在工科方面表现最为突出,专业曾达到七八百之多,远远超过了苏联。凡是在工科学校工作多年的同志都越来越感到这样不行。教育部经过两年的调查研究,已经在不久之前开了会,做了决定,把工科现行的专业压缩到大概 190 多个。是不是到了 190 个就差不多呢?还可以研究。

专业的课程设置也是一个比较复杂的问题。现在工科的专业除去理论基础课、专业基础课、专业课之外,政治课 3 门,另外是英语、体育,是不是这样就够了,非常值得研究。最迫切的是经济管理。一个学工程技术的人,不懂得工厂管理,不知道经济管理,从今后来说,就是一个不完全的工程师。

一定的人文学科的课程也得采取适当的办法加以解决。北京航空学院设了一门唐诗宋词的选修课受到学生的欢迎,非常值得我们深思。现在学生由于种种原因,关于中国的历史,关于我们几千年来的文化知道得太少。北京航空学院开这门选修课,选这门课的学生学了之后很有兴趣,对他们的思想是有影响的,觉得我们国家历史上有伟大的文学家,有伟大的诗人,并不是什么都是外国好。这个问题牵涉到我们培养的青年一代是否具有强烈的爱国主义思想。如果他们对中国的历史知道得少,对我们中国几千年的文化知道得少,他们怎么能产生强烈的爱国主义思想呢?而一个青年人如果没有爱国主义思想,怎样能很好地为我们国家的社会主义建设服务呢?当然大学有专业性特点,人文课程不可能多设,主要依靠中学,因此中学必须克服重理轻文现象,要重视人文课程。

二、减少学时

工科的学时过多,这是由来已久的。我们 50 年代初期学苏联,把人家五年半的计划搬过来,压缩成四年。所以现在回过头来看,也难怪 20 世纪 50 年代高教部开会老是谈如何克服学生负担过重，如何克服超学时，以至于毛主席也一再地讲学时砍掉一半，还讲过健康第一，一定要保证学生有 8 小时的睡眠。那时候工科四年的课内学时是 4000 多，后来逐渐减了一点，也还有 3000 多。最近这三年，我们差不多花了两年多的时间，把学时从 3000～3200 压到 2400。这个工作也不简单，为什么？还是那个"习惯"问题。

过去我这门课要讲 120 学时，现在你只让我讲六七十学时，没法讲。所以一谈到教学计划要压学时，矛盾就特别多。但经过努力，我们倒是基本上实现了。工科的专业压到 2400 学时，就可以给学生多一点自学的时间。有的同志提出，一年级的学生，刚从中学来，还不知道利用时间来自学，空堂也不知道利用，因此周学时还是重一点比较合适。我说这是一个领导问题，只能靠讲清道理和介绍学习方法来引导，采取加重学时的办法总是个下策。当然，比较起来，一年级的学时可以比二年级以上的学时多一点，那是正常现象，但是经常把学习负担压得重重的，那就绝不是好办法。清华大学设了一个生物工程系，请了一个在美国的中国教授兼任系主任。他兼这个系主任，首先碰到的问题就是教学计划。在他兼职之前，这个系的教学计划已经有个初稿，他一看，不行，要大砍。这可成了问题。后来反映到有关领导同志那里，领导思想很开阔，决定"让他试验"。当然现在各个学科，文有文的情况，理有理的情况，医有医的情况，农有农的情况，但总的来说，我看都要考虑减学时。当然也不是说学时越少越好，没有那个意思。

三、抓好两个过渡

所谓两个过渡，第一个过渡就是学生从中学到大学的过渡，主要是要把一年级抓好；第二个过渡是指四年级的学生将要从大学过渡到社会上去工作，主要是要搞好毕业设计和毕业论文。过去我们总有这样的想法，学生刚从中学来，一年级不要抓得那么紧，让他有一段时间逐步适应大学的学习生活，到二年级的时候抓得紧一点，三年级的时候再抓得紧一点。但是现在看来，不从一年级抓起就晚了，必须首先把第一个过渡抓好。学生从中学带来了一套根深蒂固的中学的学习方法和习惯，考进大学之后，又普遍松一口气，于是乎晃晃荡荡，一年就过去了。学还是学，但是从培养能力来说，没有什么变化。所以，真正把第一年抓好，第二年、第三年又继续抓，到了第四年做毕业设计、毕业论文，他的能力就强了。因此一年级的任课教师和班主任，都需要配备得尽可能强一点。要把话讲透：你进了大学，松一口气的思想要放弃，还是要认真学习；你来自中学的那个习惯对大学不适应，要改一改；要讲我们大学的目标，主要是培养你有较强的能力,自学能力、实际动手能力、计算能力,工科学校还有画图的能力,进一步还要有能够产生新思想的能力,就是一定的创造能力。这倒不是要求他在大学期间一定要有什么创造发明,而是要培养他有这么一种思想方法,能够不断地考虑新问题。在这点上,美国的教育倒非常值得我们参考,他们提倡学生要能够具有新的思想,特别在选拔研究生的时候,更注意这一点。

我们从事教育工作的人还要看到在青年人身上蕴藏着很多潜在的力量,我们的责任就是如何把他们的潜在力量挖掘出来。但我感觉到,我们做教育工作的人对于我们的对象还了解得不够,研究得不够,这也是使学生处于被动局面的一个原因。这也是以传授知识为主的传统教育思想对我们的影响。现在的大学生是经过多次筛选,在"独木桥"上走过来的,要正确评价他们。我举一个例子:离我们学校不远有个研究所,前年我们有几个学生去那里做毕业设计。他们给我们这几个学生的题目是一块"骨头",但硬是被我们的学生解决了。最初这个研究所不让我们学生在那里住,说房子紧张,叫他们每天来回跑月票。后来发现我们的学生做得不错,很有一点门道,就转而主动请我们的学生在那儿住了。这说明在青年人身上有潜在的力量,尽管是不平衡的,但在不同的程度上有他们的潜在力量,问题就在于如何尽到我们的责任,把他们的潜在力量尽最大可能挖掘出来。

四、克服旧的教学方法

旧的教学方法就是注入式,就是"满堂灌"。这也怪不了哪个人,多少年来就是这个样子,也是一种"传统"。但是现在看来也非改不可。特别是现在学时要压缩下来,怎么讲呢?只能有重点地讲。其实即使不受学时的限制,也应该有重点地讲,不要讲得"天衣无缝",应该是"有缝",不讲的部分让学生自己好好地自学,考试时一样地考。但现在来自中学的学生总希望老师讲得详详细细的,听起来舒服。现在要改变,有些公式不一定详细推导,要有意识地让学生自学,自己去思考。这可有矛盾了,有些一年级学生就反映:"嘿,这个老师还不如我中学的老师。"所以学生反映老师的意见,我们要做具体分析。他们有些意见提得不对,老师却做得对。我们要支持老师,领导上如果不支持老师,那谁还愿意改革呢?当然,我不是说学生就是老习惯,对改革不欢迎。如果一个老师,在课堂上照本宣科,或者基本上照本宣科,学生是很不满意的。现在已经有不少学生提了意见。特别在讲清道理以后,学生也希望改革,希望学得更好一些,希望自己的能力更强。所以我们要了解学生,不要把学生看得好像都是那么被动,都是那么老一套,不完全是那样。

五、用好考试这个指挥棒

本来"指挥棒"这个词,最初用的时候有点不大好听,是个贬义词。现在看来用在这个地方倒不是贬义词,应该承认考试确实是个指挥棒。把这个指挥棒用好了,对于教学改革有好处。这个指挥棒用得不好,对教学改革就有坏处。这点我们原来没有意识到,去年的高考对我们有很大启发,高考的数学题出得比较难,因此去年高考之后,产生两种完全相反的意见。一种来自在大学工作的人,鼓掌欢迎,说数学考题这样出法,即使有点问题也是次要的,方向是对的。只有这样,才能把考生真正的水平、真正的能力考出来。另一种意见来自中学工作的同志们,特别是数学老师,说这个题目简直是整人,题目这样出法我们在中学无法工作。这些意见很快反映到教育部,特别是后一种意见很强烈。但我们向教育部说,千万不要动摇,以后也要这么做,不但数学这样做,所有的课程也应该这样做。事实上,去年高考数学题目这么出,结果很好,满分是120分,你说题目难呀,但确有超过100分的,也确有10分20分的。这就真正看出考生的水平和才能。去年有一个鲜明对比,就是英语的考题出得太容易,八九十分的人多得很。进校之后,一上课问题就出来了,尽管都是八九十分,但是实际的程度很悬殊,于是不得不分班,不然没法教学,悬殊太大。

今天全世界的学校没有不考试的,全世界的学生也没有一个不怕考试的。但是怕也没有用,非考不行,因此这是指挥棒。这个"棒"指挥什么呢?一是指挥中学的教学改革,二是指挥大学的教学改革。

六、重视第二课堂

第一课堂是按照教学计划进行的,第二课堂是教学计划以外的各式各样课外活动,有科学技术方面的,有文学方面的,有艺术方面的,还有其他方面的。我们之所以叫它为第二课堂,是觉得它是对第一课堂的补充。为了培养学生的能力,当然首先还得靠第一课堂,对专业的内容、口径、课程设置以及各个环节和方法等等进行认真的改革。但是也要把第二课堂活动进一步开展起来,这对于培养学生的能力确有好处。就好像当年我们自己当学生的时候,大量知识主要来自课内教学,但有不少知识来自课外。我们在课外读小说,进一步接触到社会科学方面的书刊,学到很多知识。我们自己就是这样过来的。现在学生课外读的东西很广泛,订刊物,买各式各样的书,应该说在某种意义上是好现象。现在教学计划内设置的课程,知识面是比较窄的,即使增加选修课,有些知识也不可能在选修课里解决,那就要依靠课外活动。现在各个学校都在这样做,问题是怎么样做得更好一些。

七、专业课要大改

我们工科学校教学计划里,专业课历来大概占 20%,或者将近 20%,这和学习苏联的关系很大。专业课不是不要,但是应该看到专业课的问题比较多。科学技术发展得这样快,工业生产发展这样快,新的东西发展这样快,专业课往往陈旧得厉害。基础课和专业基础课在不同程度上有它一定的相对稳定性和一定的相对独立性。现在问题是:从 20 世纪 50 年代初期到现在,专业课也变成相对"稳定"了。专业课怎么能相对稳定呢? 专业课不是没有理论,但理论性的部分相当少,叙述性的部分相当多。而叙述性的部分确实完全可以自学,高年级的学生都看得懂。我们学校把问题提了出来,专业课必须大改,以讲专题为主。所谓专题,就讲一个核心问题;如果变成一门"课"就麻烦了,好像没有三四十学时就不叫做"课"。而"专题",4 个学时也可以,8 个学时也可以。重要的专题可以列为必修,更多的应该是选修。学生愿意听哪个专题就听哪个专题。这样做了以后,有些教师提出一个工作量问题。这么一搞工作量不是少了么? 我们就加倍计算,加两倍、三倍甚至更多倍计算。譬如他讲 4 个学时一个专题,工作量可以算 20 个学时、30 个学时,甚至可以算 40 个学时。原因很简单,并不是照顾,因为他讲最精彩的、最重要的、最新的东西,备课工作量确实很大,要看很多最新的书刊,才能够集中起来把这个专题讲好。所以工作量问题好办,主动权在我们手里。但是我们要求专业课非改不可。

八、抓紧学生应用计算机的训练

其实这是个经常性工作,谈不上改革。但是现在毕竟处于刚刚起步的时候,单独作为一条提出来,是有必要的。无论经费多么困难,这个问题也非解决不可。如果我们培养的大学生出去之后,还是不会应用计算机,是"机盲",特别对理工科学生来说,那就应该是个不小的缺陷,培养规格上就有问题。

九、提高学生的外语水平

讲起来这也不是改革,也是经常性工作,但现在还是一个严重的问题。"文革"以前教俄文,现在教英文,首先碰到的问题是教师很紧张。再加上现在中学里英文教学的问题更多,以至于前年和去年英文的高考题目出得那么容易,这样下去怎么得了。按理要在小学到中学这一段,把第一外语下决心解决好。现在是我们大学做了中学的事情，但不做又不行。一个大学毕业生不管是哪个专业的，如果不能掌握1门外语，那和我们国家四个现代化就很不适应，和邓小平同志提出的"三个面向"就更不适应。现在对外交往这么多，以后还要多，大学生不能直接看英文资料，不能看英文书刊，或者看是能看，但速度非常慢，口语又差得太远，怎么行呢？

十、注意培养优秀学生

我们过去对待学生，实际上是"两头往中间拉"，也就是平均主义。当然差一点的学生往中间拉还是对的，我们有这个责任，帮助他学好赶上来。问题就是过去对于优秀的学生只是一般对待，也等于把优秀的学生往中间拉。人的智力是不一样的，应该因材施教，培养出拔尖的人才。要把这点做好也很不容易，需要克服许多阻力，采取许多坚定措施，所以我把它也列为改革的内容之一。

"教是为了不需要教"*

"教是为了不需要教",这是老教育家叶圣陶说的一句至理名言。他说:一个人从小学到大学毕业,以至考上研究生,是否从此就学完了呢?不是。学习是没有一天能够毕业的,世界上的事情是学不完的,无论是谁都要学习一辈子。我说教是为了不需要教,就是要教师引导学生从小养成自学能力。一个人如学到某一阶段就说我毕业了,不再学习了,那就会停止不前,就要落后。

叶圣陶的这些意见,是对中小学教师讲的。其实,很值得我们在大学工作的同志们深思。最近,我曾多次谈到"教是为了不需要教",指出这应成为我们教学改革的指导思想。

一、必须明确以提高质量为主

摆在我们学校面前的任务很重,既有发展数量的任务,又有提高质量的任务。一方面要发展,另一方面要提高,只发展不提高是不行的。这几年,我们学校的发展是比较快的。在发展数量的同时,我们一直很重视提高质量。今后,我们更要着重地抓质量,进一步提高教学质量,为国家培养高质量的人才。这个质量,当然不单纯是业务质量,同时也包含政治思想、道德品质和身体素质,也就是我们通常说的德智体要全面发展。

关于教学思想,我们有四句话,叫做"加强基础,培养能力,教书育人,全面负责"。这四句话,哪句最重要?我看都重要。但从科学技术迅猛发展对人才的要求看,从以往的经验教训看,从当前种种不合时宜的传统观念和习惯势力看,最重要的看来是第二句。培养能力可以说是当务之急,非重视不可。

---

* 本文原载《高等教育研究》1984 年第 1 期。

能力的含义自然是多方面的，有自学能力、实验操作能力、分析问题解决问题的能力和创造能力等等。这里，最重要的又是创造能力。

一提到创造能力，有人可能说要求太高，以为是要求学生一毕业就能创造什么或发明什么，因而总有点怀疑。要是这样，我们不妨换一种说法，就是不能把学生培养成书呆子。如果培养书呆子，那是最大的失败。

当然，书呆子也不是什么事都不能干。分到工作岗位上去，还是可以做这样或那样的工作。但是，如果寄希望于他们有所开拓、有所创造，则多半是要落空的。

所谓创造能力，具体地说：①学生要善于运用和发展已经获得的知识，要能举一反三；②要有很强的自学能力，不断而又及时地吸收新的知识；③更重要的是要具有 new idea，就是要具有产生新的思想、新的观念、新的见解的能力，要具有一种科学的想象力。要具有 new idea，这是目前在发达国家中非常流行的一种观点，被视为对人才的最根本要求。他们在招聘人员时，特别注意的就是你这个人有没有 new idea。现在处于世界第四次工业革命的浪潮之中，国际竞争是那么激烈，科学技术的发展变化是那么迅猛，人家已在研究 5 年 10 年乃至 15 年以后的产品，如果我们还不重视培养学生的能力特别是创造能力，能行吗！尽管我们的学生读了满脑子书，并不是"草包"，但要他们研究未来的产品或问题，却没有那个能耐，这只能说明我们工作的落后和失职。

二、必须彻底改革教学方法

一般地说，中学和大学目前的这一套教学方法是落后的或比较落后的。落后的集中表现就在于不重视培养学生的能力。中学"满堂灌"、"抱着走"，出现了所谓"高分低能"的学生。但大学也是"满堂灌"、"抱着走"，这就不可能不出现同样的后果。这里不去多说中学。在某种意义上讲，正由于现在的中学教育是如此状况，才大大加重了我们大学教育的责任。至少得"亡羊补牢"，尽我们最大的努力，使青年学生从长期被"喂着吃"和"抱着走"的习惯中解脱出来，形成我们上述所期望的能力。

现在这一套教学方法，其症结就在那个"喂着吃"、"抱着走"，或者叫"填鸭式"。但时代发展到今天，知识是那么多，你填也填不完。现在叫信息社会、信息时代，你能填多少？不要说四年制，就是改五年制又怎么样？对此，我们一定要有足够的认识，要有一种非改不可的切肤之感。

也许有人不太以为然，说现在各条战线的骨干，不都是这样培养出来的么？不都是还很不错么？言外之意是没有改革的必要。

从总结教育工作的成绩来说,30年来为国家培养了大批人才,他们当中的大多数,都已成为各条战线的骨干,这是不错的,是我们的成绩。不这样看,当然是不对的。但是如果以此为满足,甚至进而认为今后仍然可以照此办理,那就错了。老是抓住那个成绩不放,抓住那个传统方法不改,只能说是保守,也就是落后,是严重脱离实际。

从何改起?还是要按"教是为了不需要教"这句老话做,坚决克服"抱着走"的错误方法。不要只给学生"金子",而要教给他们"点金术"。要使他们成为具有 new idea 的有为之人,而不是平庸无"能"之辈。

三、必须冲破旧习惯的阻力

列宁说过,千百万人的习惯势力是最可怕的。他把话说得这样重,为的是使人们对习惯势力的危害有清醒的认识,并下决心冲破它。

当前有哪些习惯势力危害着我们呢?略举两例。

一是从新中国成立初期学习苏联逐渐形成的习惯势力。20世纪50年代初期,不仅高等教育,就是经济工作,也都是全盘学习苏联。有没有成绩?当然有,应该肯定。但是如果以为这样一来就可以万古不移,那可就不对了。当时那样做有当时的历史情况,不那么做不好办。但现在回过头来看,苏联那一套,就是在50年代初期,相对于当时的世界水平而言,也不一定是最先进的;现在就更不用说了。苏联过去那样做也有它自己的具体原因。苏联在20年代后期,在第一个五年计划开始前后,各行各业急需大批人才。因此就办了不少直接与工厂对口的大学,其中有一些就是由大企业负责办的。1941年苏德战争爆发,当时正处于第三个五年计划的中期,也就是进行有计划的经济建设才十二三年,还在初期阶段。与其相应的高等教育自然也只能如此。1945年战争结束,苏联受了很大的创伤,急需恢复,大体上仍旧按战前的一套办理。没过几年,我们国家解放了,要进行建设,苏联派来许多人帮助,带来的大体上也只能是战前的那一套。这就是历史的真实情况,对此我们要有清楚的了解。肯定过去学习的成绩,绝不意味着那一套在80年代也是可行的。其实,二三十年来,苏联的高等教育也有许多变革。但60年代以来,我们许多同志对苏联的情况很不了解,特别是积习难改,以致对改革造成很大的阻力。

二是不少教材多年不变,这对改革形成另一个习惯性的阻力。现在科学技术发展这样快,知识的信息量增加得很猛,而我们却仍然习惯于一些老的通用教材,几十年如一日地用下去。这当然省力,但不幸的是落后了。

上面举的例子,只不过是当前阻碍我们改革的种种因素之一二。但积习之深，影响之大，已由此可见一斑。这也说明，要想真正有所改革，有所前进，有所作为，就得下决心冲破这些阻力，否则有可能事倍功半，甚至停滞不前。

四、必须有敢于担当风险的勇气

大凡改革，没有不与一定的风险联系在一起的。改革的目标愈大，风险也必然愈大。真正有志于改革和不甘做平庸之辈者，都必须有敢于担当风险的勇气。

改革怎么会有风险呢？大道理不必说了，这里只谈我们这几年的情况。关于教学改革，我们这几年主要抓了两件较大的事：一是一些课程用英文版教材，二是把教学计划的总学时压了下来。

我们采用英文版教材，到现在已将近5年。到目前为止，已有物理、材料力学、电工基础等16门课程采用英文版教材，今年有176个小班有1门课程用了英文版教材。现在看好像没有什么，但刚开始时可是件担风险的事。学校内部认识并不完全一致，这倒不要紧，无非是多做工作。而外界对我们的怀疑可就多了。有的虽说不怀疑，但要等着瞧，看你搞几年，到底行不行。特别是如果效果不好，不仅要受到各方面的埋怨和指责，而且对工作确有损失。现在我们用了将近5年，情况显然有很大变化。实践证明，使用英文版教材在培养学生外文阅读能力上是很有好处的，而且也完全没有开始时某些人担心的那样"丢了课程"。当然，我们不能说毫无缺点、毫无问题。这并不奇怪，做任何事总有一个过程，何况改革。

再一件事是减少学时。现在我们已把四年制的总学时控制在2400以下，这也不是一件轻而易举的事。德智体要全面发展，基础要加强，外语要加强，技术基础课要加强，工程训练又不能削弱，人文知识还要加，你减哪一部分学时？不仅如此，我们还明确提出，包括数理化在内的所有课程都得减少课堂讲授的学时，增加课堂讨论和自学的学时。所有这些做法，能不能保证质量？这里确有一些风险。但是我们下定决心，确信我们的做法是对的，终于坚定地走过来了。

其实，有些问题还谈不上需要什么勇气，只要你有点实事求是的精神就行了。就拿统编教材来说，一切从培养目标出发，从人才的培养规律出发，完全合用的就全用，部分合用的就部分用，完全不合用的就全不用，一切出于公心，不管是什么人编的，什么人审的，什么出版社出版的（包括我们自己编的、自己出版社出版的也一样）。这就叫实事求是。

我很佩服上海第一医学院，不少医科方面的大学统编教材是由他们负责主编的。但他们就有这种精神，不合用的一本也不用。这种实事求是的态度值得我们学习。

五、千里之行始于足下

要办成任何一件事情，都有一个过程，不能一蹴而就。这是正常现象，更何况一项较大的改革。现在的问题是，我们已经在做的工作一定要做得更好，还没有做的要立刻开始做。俗话说得好：九层之台起于累土，千里之行始于足下。任何事情无论难易，总要先开始做，没有开始就不会有过程，更不会有结果。老是等待观望，老是议论清谈，是永远不会有所作为的。

方向既已认准，就要开步走。用军队的话说，来个常行军，也不要求你急行军。但原地不动或老是打圈圈，那是绝对不行的。让我们走它 1 年、2 年、3 年，这样就上去了，我们的学校就会办得更好，培养学生的质量就会更高，对国家和民族的贡献也就会更大。

按照预定的规模，不久以后，我们学校每年将有 3000 名左右的毕业生（包括研究生、大学生、干训生等等）。如果他们当中的大多数能成为德智体全面发展的有创造能力的一代栋梁之才，献身在祖国的四面八方，那我们才真正尽到了应尽的责任。

改革实验课教学,加强实验室建设[*]

现代科学技术面临着新的突破,新的技术革命正在兴起。迎接世界新的技术革命的挑战,对我们学校来说,涉及一系列的工作。教学实验,包括实验室的建设和管理,是重要环节之一。我院的实验室工作,在大家的努力下,是有成绩的,是在不断前进的。关于今后的工作,下面谈一些意见。

一、改革

全院各专业的实验课都要进行改革,正如整个教学工作要改革一样。实验课的改革,无非是两个方面,一个是实验课的内容,一个是实验教学的方法。从内容来说,不是说验证性的实验一概不要,但是现在绝大部分实验课是验证性的实验,这就不利于培养学生的能力。有的同志可能会讲,这是教学大纲规定的。教学大纲也只是参考性的嘛!教学大纲规定得对,我们就执行;规定得不对,我们不应该机械地执行。大纲规定的某些实验,我们觉得没有什么意思,就要改。有不少教学大纲,在这一点上是需要重新修订的。今后,有讨论修订教学大纲的业务性会议,我们有关的同志要去参加,要提出意见。如果某些大纲的修订是以我们为主提出草案,我们就要敢于提出一个更好的大纲。另外,还涉及实验课的学时在总学时中占多大比例,这不可能做统一规定。但是,看来有相当一部分课程实验的学时要适当增加。凡是认为有必要单独设实验课的,都可以单独设课,我们非常赞成单独设实验课,这也是改革。单独设实验课就要进行考试,实验才会更加被重视。

关于实验教学方法的改革,大家已经注意到了,这很好,希望继续坚持下

---

* 本文是作者 1984 年 1 月 17 日在华中工学院实验室工作会议上的讲话。

去。采取什么方法不好统一规定，各有各的特点。但总的来讲，要有利于培养学生的能力，特别是创造能力。凡是这样改革了的，同学们很有兴趣，普遍感到收获很大。

二、规划

过去已搞过规划，现在要把已有的规划拿出来，根据今后的任务和要求，着眼于培养学生的能力，重新加以修订。订规划，对各个单位来讲，涉及人、钱、物和房子，涉及如何对现有设备进行改造和应该补充什么设备，这都可提出来研究。

现在做规划碰到一个困难，就是"五定"还没有完全定下来。教育部对我院还只定了一个规模，到1990年，总的规模是在校学生15000人，其中大学生12100人，研究生2000人，干训生、进修生900人。到现在为止，专业还没有完全定下来，这可能对规划有影响，因为要按专业做实验室规划。我看专业一时定不下来，规划还是要搞，我们可以提出设想。比如，我们要办应用物理专业、化学工程专业。

我们1953年建校时就有一个总体规划。现在兄弟院校的同志们来参观，认为这是一条好经验。我们要下决心搞好规划，包括今后盖房子的规划，把我们建校的好经验继续保持下去。

在这次搞规划时，要下决心建立必要的实验中心。迎接世界新的技术革命的挑战，重要的一条是要强调各专业、学科联合协作。不仅从科学研究的角度应该这样，实验室建设也应该这样。特别是一些贵重设备，很花钱，又很不容易买到，对一个单位来说使用率也不高，需要建立一些实验中心。究竟需要建立什么中心，建立起来以后怎么管理，请大家讨论。但不管怎样，成立实验中心这个方向是对的。一些同志有个习惯，总感到好的设备归自己管理就方便些，别人管就不太方便。管设备的单位，也可能有对其他单位照顾不够的地方。大家都注意，交给你管，就要管好，包括对其他使用单位，要主动地多加照顾，我看问题就解决了。

关于添置设备的问题，各单位不要把规划做得大大的，要实事求是。现在我们的财力只有这么大，如果你要想多买些设备，你自己想办法，我没有意见。当然，也要经院里有关部门审查，经院里同意。特别是购买贵重设备，要办一定的手续，经过答辩，不然可能造成很大的浪费。我们有这么多专业，财力有限，做规划时不能不考虑究竟有多大的可能性，我们只解决那些急需解决的设备。我很赞成购买设备要进行可行性研究。这台设备究竟该不该买，把有关人员找来,讨论讨论,怎样把有限的钱用在刀刃上。已经买进来的东西,要尽可能共用。有的虽不一定建立实验中心,但设备应该共用。

三、改造

如何把现有的设备加以改造,这是一个很重要的问题。金属材料教研室的同志改造了两台设备,我觉得非常好。他们把一台旧的设备加以改造,提高了性能,现在对培养博士研究生都很有用处。改造,包括应用计算机、微处理机、单板机,对设备采取各式各样的办法来改造。这应该成为我们实验室建设的一个方针,而且是一个重要的方针。这好比工厂的技术改造,发挥潜力,"内涵为主,外延为辅"。改造老设备与购置新设备相比,省钱得多。要奖励改造,以后实验室评比时,要把改造老设备列为评比的一个指标,放在十分突出的位置上。通过改造,以有限的钱,使我们的实验室现代化,也使我们的教师、实验室工作人员得到锻炼,使学生受到教育,这是事半功倍的事。实验设备经过改造之后,可以向学生介绍,说这本是个旧设备、老设备,经过改造,发挥了很大的作用。这对学生是很好的教育,不但是思想教育,也是业务上的教育,让学生知道设备经过改造也能现代化。我们的学生,今后有许多是要分到中小型工厂去的,一到工厂就会碰到技术改造问题。我们应该培养学生具有参加技术改造的能力,使他们到工作岗位之后,知道如何进行技术改造。所以说,改造现有设备,对教师,对学生,对实验室工作人员,对我们工作的各个方面,不论是在经济上,还是在思想上、业务上,好处很大。因此,这是建设实验室的一项重要方针。

四、制度

关于实验室的管理工作,我们已建立了一些制度。现在一是要把已有的制度经过研究加以修订。二是要新制定一些制度。比如说,消耗定额制度,也就是一个实验室承担了多少任务,它应该有多少消耗,如固体块的消耗、材料的消耗等。不同任务的消耗是有差别的。完成的任务与提供的条件要相符。需要有一个规定,以便有章可循。

工作量制度。在实验室工作是要算教师工作量的,问题是算不算教学工作量? 对这个问题,教务处还在研究。我看可以通过了解、考查,某个教师在实验室工作中确实花了时间,就应该承认他的劳动。

对设备的维修,应该有一个规范。特别是贵重设备,出了毛病当然要修,但比较复杂,我们又不够熟悉,对怎么个修法要有些规定。弄不好,会越修越坏。

关于创收分配问题。总的来说，我们是鼓励创收的，同志们不要担心。现在的规定算数，是否再需要做一些修改，请大家讨论。这里要有一个累进，就是随着创收的增加，提成的比例要随之而增加，以此来奖励创收，不要创收多少都是一样。需要讲明的是，我们提倡创收，并不是单纯为了钱。钱只是一个方面，更重要的是应该多为社会服务。现在我们国家还比较落后，作为一所大学，不仅科研要面向社会主义建设，各项工作都有一个为社会服务的问题。我们承认，提成多少有点作用，但我们毕竟是社会主义大学，这里确实还有个思想认识问题，有一个不忘奋斗目标的问题。我们不能只在那里计算几个钱，那样未免把我们的风格降得太低了。我们要按经济规律办事，但是不能把思想政治工作放到一边，要把两者结合起来。

五、培养

我们不善于管理，技术水平低，重要的原因是干部职工的科学文化素质比较差。怎么办？只有培养提高。我们是高等学校，对于培养人有很多有利条件，要比社会上好办得多。在职培训，要充分利用业余时间。现在的问题是行动，要具体化，要有决心，要在全院范围内做得更好。这是件大事。

六、严谨

我们校风中就有"严谨"二字。不单纯是对治学，对任何工作都应该有严谨的态度。现在有些教师反映，许多事要自己去跑腿、打杂。其实总的说来，现在实验室人员已经不少了，而且我们相信大多数人工作是积极努力的。但确有极少数人工作态度差一点，教研室和实验室的负责人要敢于领导。只有严格才能真正实行岗位责任制，较好地完成工作任务。干工作应该说话算数，除非碰到不可克服的困难，一般地讲，就是要按时完成，要讲效率。不然，一件事，可以一个星期完成，也可以两个星期、三个星期才完成，那还谈得上什么效率！严格，应该成为工作中的一条原则，做任何工作都应该这样。只有这样，我们的工作才能一步步前进。这样做，对年轻的同志也是很好的培养、很好的教育，也是个锻炼。反过来讲，他工作有些懒懒散散，我们又不抓，这对工作没有好处，对他个人也没有好处。

培养大学生的创造能力[*]

一、问题的提出

今天我主要谈谈培养大学生的创造能力。最近一年来,碰到一些情况,感到这个问题很重要。

第一个情况,我院有个研究生在美国麻省理工学院学习。去年5月他给学校写来一封信,说他通过5个多月的学习,与其他研究生相比,"所欠缺的主要的一面,是我自己觉得在科研方面创新的能力差"。他还说:"我从中学到大学一直是念书念得不错的,但很少有独立研究的训练。现在在这里,每一个教授手里都有第一流的题目,很需要人的创造性,也需要有科学研究的方法。"这个学生从中学到大学,学习的确一直不错,英语也很好。所以,当麻省理工学院的李凡教授来我院时,我当面向李凡教授推荐了他。但是,就是这样一个我觉得很有把握的研究生,在美国学习5个月后就有这么强烈的感受。它说明了什么呢? 所以,我接到他的信之后,就开始考虑关于学生的创造能力的问题。

第二个情况,我院1名79级大学生自费到美国去留学,去年5月也给我来了一封信。他讲美国大学生"除了课堂上听课之外,课外要读参考书。一天念几十页书,而且要念懂,实在不是那么简单。不像在国内,下了课大部分时间做作业。要不然,为什么美国学生独立思考能力强呢? 关键是教授给他们的只是每章的要点(即 key),其余的就得靠自己了。这样学起来是辛苦一些,

---

* 本文是作者 1982 年 5 月 12 日在教育部部属高等工业学校电力、电子工程类专业教学工作座谈会上的讲话。

但学得扎实"。"他们经常做 term paper,一写就是十几张。不大量查阅资料,开动脑筋,是交不出来的。"他接着写道,"当然,没有学生会欢迎这种教学方法,听老师讲得细细的多省心!但不费心怎能学到真本领?"下面还有一段话,"我认为学校可以在个别的学科或个别的班,先进行试点。任何事情开始是会有困难的,但要想赶先进,就不能抱着老方法。吸取别人的长处,发扬自己的优点,才能事半功倍。"他给我写信,谈美国大学的情况,就是向我这个当院长的提意见。这封信看后,又有一些感触。我觉得他反映的情况和提的意见是非常值得考虑的。

第三个情况,还是这个学生,去年8月又给我来了一封信。这时他已在洛杉矶进了一所社区大学(college)。他住的地方离加州理工学院很近,因此他有时候到加州理工学院去转一转。在这封信中,他写了这么一段话:"他们(指加州理工学院)的课教的是'为什么'和'怎么办',而不是'是什么'和'这样办'。所以他们的学生具有高度的分析能力和独立的创造能力。我真希望我的母校也有某些班能如此学习和研究,而不是专门听老师讲。当然,这需要有一定的程度才能办到。"他说的加州理工学院,1979年我去过一次,水平很高,素有"袖珍学校"之称。这所学院的大学生和研究生都不多,但在办学的方法上很有值得参考的地方。这个学生在信中介绍的教学方法就很值得我们认真思考。

第四个情况,大约在去年9月间,我院科研生产处的负责同志说,现在苏联对大学生的培养目标在提法上有了改变。学生不仅要具有分析问题和解决问题的能力,而且要具有一定的创造能力。他提出这个意见,就是希望学校认真考虑我们大学生的培养目标。1961年以后,我们对苏联的教育情况很不了解。这位同志提出的这个情况,我觉得非常宝贵。

第五个情况,今年1月,常州中学校长史绍熙同志对新华社记者发表谈话,提出:"培养人才,首先要培养他们的创造精神。青少年一进中学,应把培养他们的创造精神放在突出的位置上。"

史绍熙同志认为,新中国成立32年来,我们培养的大学生和中专毕业生已经成了我国各条战线上的骨干力量。但是,这支队伍也有不可忽视的不足之处,就是出类拔萃的人才不多。在自己的实际工作中具有独创精神的人也不是很多。如果我们在科学上缺乏创新精神的人才,那么,在一段不太长的时间内赶上或者超过世界先进科学技术水平的任务就会落空。

史绍熙同志说,常州中学是一所已经创办74年的老中学。最近几年,据老师们回忆和从国外回到母校访问的老校友们的介绍,凡是在科学上有所成就的校友,他们在中学时代经老师的引导,都具有刻苦钻研和独立思考的良好学习习惯。例如，音乐家刘天华，文学家刘半农，心理学家潘菽，会计学家潘序伦，语言学家吕叔湘，教育家邵鹤亭、段力佩，史学家钱穆、吴泽，地理学家胡焕庸，经济学家姜君辰，激光专家王之江，内燃机专家史绍熙（天津大学副校长，是常州中学校长史绍熙的同名兄弟），美籍华人科学家程心一等，他们在中学时既认真学习前人的宝贵知识，又不满足于现成的结论；他们勇于探索，后来在自己选择的学科方面，都取得了优异的成绩。

对于在中学里如何培养学生的创新精神这个问题，史绍熙根据自己多年的工作经验指出，要在教学、教材、教法和检查他们的学业成绩上体现出来。他认为，首先，教材要经常更新，要把新的科研成果及新的科学概念及时编到中学教材中去。在教学中，要以新的科学为指导，不断清除陈旧的思维方法，以帮助学生建立起一个变化的而不是孤立和静止的客观世界的概念，吸引他们去探索更新的知识。如果中学教材多少年都没有变化，没有新的东西，我们培养的学生是无法跟上时代和科学前进的步伐的。其次，要运用启发式教学方法，引导学生积极开展讨论。教师要在他们讨论时，注意发现每个学生的才能和不足之处，采取有效的措施，促进其发展。再次，要检查他们的学业成绩。主要是检查他们对基本概念的掌握情况，要求他们快速而准确地回答问题，而不应强调检查内容的深度和难度。目的是要他们把知识学活。

史绍熙同志认为，直到目前，教育战线还有许多东西阻碍着人才的发现和培养。强调平均发展，要求一律化、一个样，指导工作上一刀切，统得过死。例如，对中学的要求就是一个模式，而不注意各个学校根据自己的具体条件，办出各自的特色。教育行政部门有一种习惯的说法，说中学是打基础的，培养人才是大学的事。其实，这种说法是片面的。人才是由小学、中学、大学、研究院各个阶段有机结合培养出来的，缺少哪个阶段也不行。

史绍熙同志提出要培养中学生的创造精神，那么，培养大学生又该怎样呢？我想，我们更需要考虑如何培养大学生的创造精神。

在过去一年里，我前前后后碰到这些情况。在碰到这些情况时，就联想到过去，回想到"文化大革命"前的"十七年"。高等教育工作在"十七年"里是取得了很大成绩的。现在各条战线上的科技骨干大部分是"十七年"培养出来的，这是要充分肯定的。但另一方面，"十七年"当中也存在一些问题。比如说，学生学习负担过重，在"十七年"中一直存在着。我记得在1955年，教育部就提出过这个问题。当时不叫"学习负担过重"，而是叫"超学时现象"。后来，差不多每次开会都要谈到如何克服学生学习负担过重的问题。1964年，毛主席在春节谈话中，把这个问题提得更加尖锐。可以说，在"十七年"当中这个问题一直没有得到很好的解决。又如，1963年10月，教育部在西安召开的部属工科院校的一次会议上,着重研究了大学毕业生"后劲不足"的问题。现在回想起来,如果"后劲不足"的现象确实存在的话,那么它与大学生是否具有一定的创造能力有密切关系。

目前世界上科学技术发展的状况,真可谓日新月异。联想到我们培养的大学生,他们毕业之后,无论是到工厂,还是到科研单位,能不能适应科学技术如此之快的发展速度呢?这是值得我们在大学工作的每个同志深思的问题。

一年来,碰到这些情况,又回忆到"十七年"高等教育存在的问题,加之这几年实行开放政策,我们对发达国家的情况逐渐有所了解,对科学技术发展之快也有新的感受,把这些集中起来,感到在新的历史时期,确有必要很好地考虑如何培养大学生的创造能力的问题。

二、如何培养大学生的创造能力

(一)专业调整和专业改造

我记得,1980 年 1 月,教育部高教二司的一位负责同志介绍了一个情况:苏联工科方面的专业只有 200 多个;而我国工科方面的专业却有 800 多个,其中不少专业的面是很窄的,对于提高质量很有妨碍。去年 10 月,教育部一位负责同志到我院视察工作,我向他汇报的时候,就这个问题提出了一点看法。我说,工科院校的专业调整和改造问题,建议部里及早考虑;至于在做法上,不妨分步骤进行。因为全国的工科院校有 200 多所,大家看问题的角度,有相同的地方,也有不同的地方,要求同时进行,看来不那么简单。我说,是不是教育部所属的十几所学校先走一步,而且也不一定要求一次做好。解决好一个问题总是要有个过程的。现在先搞一次,过两三年再搞一次,经过几次,逐步把这个问题解决好,或者说基本解决好。他同意这个意见。我认为讨论这个问题是有好处的。有些专业该不该调整,已经非常明显。就我们学校来说,过去有个自动控制专业,又有个工业企业电气化专业。前几年经部里同意我们将它们合并了,现在看来,合并得好。当然有些专业的调整还得好好研究,因为这个问题比较复杂,牵涉到目前和长远的需要。但要重视,要认真研究,争取早一点解决这个问题。专业的调整和改造是组织教学的一个前提;这个前提不解决,后面的文章如制订教学计划、考虑课程设置等等,就不那么好做了。

(二)课程设置

课程设置也是一个重要的带实质性的问题。最近,我收到一个 77 级毕业生的来信。他在信中说,最近从《世界经济导报》读到该报特约记者朱传一写的访美通讯之五——《对中国技术人员的分析》，读后感触颇深。他摘引了这篇通讯中的几段："有人（指美国人）这样说，作为一个个人，中国工程技术人员常常是顶呱呱的；但作为一个企业中工程技术部分的一员，他们却不是最好的"，这"也许是中国教育和长期以来的社会影响（造成的）"。"许多美国学术界人士劝告我们要注意麻省理工学院的训练方法，就是不仅要他们学习本行科学技术的基本知识，而且要他们懂得经济管理、成本会计，还要学会社会学、心理学甚至文学和艺术。这种训练方法从现代经济和教育结合的角度来看，实在具有非常现实和深远的意义。"他们采用这种训练方法的"理由之一就是克服科学技术人员思想上的狭隘性，理由之二就是提前应对毕业后到企业中去必然会与行政人员发生的矛盾"。这个毕业生接着写道："上述的两条理由，和我国技术人员存在的问题相对照，我认为针对性很鲜明。从长远利益来看，在目前科学技术高度发达、各学科之间纵横交错的时期，狭隘地只钻本行业务，到了一定的程度就再也上不去。只有看得更远、站得更高的人，才能继续攀登顶峰。为什么科学技术人员思想上会产生狭隘性和会与企业中的行政人员发生矛盾呢？《世界经济导报》中讲了，这是因为他们习惯于只从生产技术方面观察问题，不懂得从经济管理角度和其他方面观察问题，综合权衡利害得失。如果我国技术人员仍然不管成本和市场，只看到技术的作用，不看到成本和市场对整个企业的影响，那么，企业内部会发生的更大的矛盾，就是技术人员和管理人员想不到一起。现在工科学校大多数学生（指不是学经济管理的学生）对企业管理都不感兴趣，这种倾向妨碍他们有意识地去了解企业管理这门科学。如果这些学校不开设这些课程，恐怕这块空白只有到企业当中去经过一番折腾后才能开始填补。"这就是最近的一个毕业生，刚到工作岗位上才几个月的感受。我觉得他的这个感受是我们考虑课程设置时必须重视的。

现在工厂不像前几年，产品和材料按计划分配，国家包了；需要盖房子、添设备，就写个报告向上面要钱，完全是"供给制"的办法。现在工厂正在调整，取消了"供给制"。我们培养的大学生，到工厂去工作，不了解有关经济方面的知识，肯定要与管理人员发生矛盾。所以，学校的课程设置很值得研究。有关经济管理和经济政策方面的知识，与我们工科大学生的关系太密切了。应不应该开设？这个问题很迫切，请同志们研究。当然，课程设置内容很多，这里只着重谈了一点。

（三）教学计划的总学时

这也是个老问题。"十七年"中一直存在学习负担过重，现在的负担也不轻。因为现在的教学计划大体上还是按"十七年"的计划沿袭下来的，只做了某些修改,学时都在2900~3000。就四年制来说,嫌多了。经过研究,我们倒是下了点决心,一律压缩到2400以内。这个决心下得比较大,思想通当然很好,如果思想不大通,也得勉强去做。要等到大家思想都通了还不知是何年何月的事。我们办大学已经有二三十年的经验了。特别是这几年,我们对国外大学的情况了解更多了。学时那么多,学生哪有时间看参考书?哪有时间思考问题,钻研问题?现在,少数学生下课后能把课程稍为复习一下,但多数人顾不上复习,就得赶作业,一天到晚处在匆匆忙忙之中,这怎么能把学生培养好呢?总学时压缩了,各门课程都得压缩,这就要精选教学内容,突出重点;不能那么过细地讲,有些内容应留给学生去自学。现在,注入式的教学方法还相当普遍,教师从头讲到尾,不留一点时间,不放过一个问题。这种讲法,表面上受学生欢迎,实际上是不好的,特别是对培养创造能力是很不利的。美国圣迭戈加州大学一位美籍华人教授去年来我们这里,对我说过这么几句话:课堂讲授,中国第一;但从效果来看并不很好。看来这位学者比较直率,有什么话就讲出来。他的话是否都对,可以讨论,但我们的工作确需研究改进。总之,我们的总学时需要压缩。

(四)提高师资水平

要提高教学质量,培养学生的创造能力;要压缩总学时,精选教学内容,改进教学方法,这对教师的要求更高了。在这种情况下,如何更好地提高教师的水平,关系很大。对师资队伍的建设,近几年来已做了大量的工作,但从培养学生的创造能力来说,我觉得有两点还需要促一促。一点是不要让我们的教师老是讲那么一门课。现在有不少教师5年、10年甚至在更长的时期内,老是讲那一门课。应该鼓励教师到一定时候,要讲另一门课;到一定的时候,再讲第三门课。教师多讲几门课,好处是很多的。当然,换讲一门新课,就得花时间准备。但这样做可以促进他们去扩大自己的知识面,有助于改善他们的知识结构。另一点是要使我们的教师逐步地既能担负教学工作,又能担负科研工作。当然,现在也有这样的教师,能同时搞科研和教学。特别是培养研究生的,既要给研究生上课,又要指导研究生搞科研。但是有不少教师,往往在一段时期内搞教学不搞科研,或者搞科研不搞教学。我说这些话,绝不是责怪我们的教师,责怪教师是不对的。责任在我们领导身上,因为我们过去没有把这个要求明确提出来。今后只有这样做,才能更好地提高教师水平,从而提高教学质量。

(五)教学原则

高等学校的教学原则有各种提法。曾经提过"少而精";也提过"教师的主导作用"；前段时间又有人说"高难度、高起点"应是我们的教学原则；还有其他一些提法。到底我们的教学原则是什么？我个人认为，因材施教应该是一个极其重要的教学原则。因材施教的教学原则，过去也提过，但在"文化大革命"当中被批判得很厉害，说这是资本主义的，是修正主义的；有的还说是继承了孔老二的衣钵，因为是孔子首先提出因材施教的。现在回过头来看，我们教育工作的一个很大缺点，就是平均发展。因此，多年来相当严重地忽视了因材施教这个重要原则。让两头向中间靠，让好的和差的都往中间靠，确实是我们教学工作中一个很大的缺点。这样下去，大学生的创造能力是培养不出来的。

现在看来，因材施教应该成为我们极为重要的教学原则。是极为重要的，但不是唯一的；还有其他教学原则。要把我们今后的教学工作搞好，特别是要培养学生具有一定的创造才能，不实行因材施教，是困难的。事物的发展总是不平衡的，各人的水平总是不一样的，总是有各自的特点的。因此，我们的教学就应该根据学生不同的水平与不同的特点，加以区别对待。这才叫做实事求是，从实际出发。如果不实行因材施教，而是搞平均发展，那就违背了从实际出发这样一个重要的原则。当然，要做到因材施教很不容易，多年来我们可以说没有做多少工作，也没有什么实践经验。事实是学生当中确有"尖子"，确有智力强的学生。我们学校 77 级有个学生，他在三四年级的时候就开始有计划地钻研一些问题，写了 3 篇论文，有 2 篇文章已在学报上发表了，今年毕业后考取了我院研究生。对这样的优秀学生，我们就要采取特殊的培养措施，使他们尽快成才。我们也做了点工作，譬如说，曾经要求各系做些调查，看看你那个系有多少这样的学生，对这些学生采取什么培养措施；有些课，哪些学生可以免修。我们上学期还办了《大学生学报》，准备作为一个内部刊物不定期地继续办下去。这对促进大学生思考问题，钻研问题，有计划地从事某些研究工作，非常有好处；同时对发现优秀人才也非常有好处。另外，这学期我们还提倡由学生会出面召开学生科学讨论会。最近，有的系的学生已召开了学术讨论会。我看学生开科学讨论会的事情要好好总结一下，好好宣传一下，要多提倡，这也是因材施教。青年人都有那么一股子劲，都有创新的热情，再加上我们的积极支持、正确引导，就容易得到快速发展。一个学校，乃至一个年级，一个学生班，肯学习、肯钻研、工作和学习都好的学生总是有的。应该说，这样的学生就是人才，我们应该重视这样的人才，创造条件培养他们。

现在，我们国家严重地存在着教师队伍老化、科研人员老化、工厂技术人员老化的问题。这样下去是不行的，是危险的。如果在 20 岁到 30 岁、30 岁到 40 岁这两段年龄的人中能够出一批人才，那我们的国家就大有希望了。武汉医学院院长裘法祖是全国有名的外科专家。有一天他专门跟我谈脑细胞的功能,谈得很有意思。他说,对于一个人来讲,大体上 45 岁是个分界点。人在 45 岁以前,脑细胞的功能曲线是向上的;45 岁之后,这个功能曲线就开始趋向下滑了。他这个说法是有道理的,我很相信。我们的国家可以说是寄希望于 20 岁到 40 岁之间的人,因此,大学里怎样发现人才、培养人才,我觉得是一个非常重要的问题,应该下一番功夫做好这件事。

(六)改进各个教学环节

就课堂讲授来说,过去有那么一句话,叫做"课堂解决问题"。提"课堂解决问题",对教师压力很大。有时学生也抓住这句话,"某某老师没有解决问题"。我们已明确宣布这句话有问题,而且对学生也讲了。你强调"课堂解决问题",教师必然要把课讲得又细又全,"天衣无缝"。老师教得"天衣无缝",学生就无需独立思考,这样就使学生的思想僵化了。我们不能要求教师"课堂解决问题"。我们的教师是愿意把课讲好的,哪个教师不愿把课讲好呢?因此,我们一方面要认真听取学生的意见,同时又要很好地分析学生的意见。当然,有的教师对教学内容没有掌握好,或者确实没有教学经验,这样的教师,不要轻易让他们上讲台。我们强调教务处、系、教研室在安排教学任务时,应该层层把关,严格审核。只要我们将这道关把住了,就放手让教师发挥自己的才能。他们自己觉得怎么讲好,就让他们讲去。我觉得应该给教师这个权力。不久之前,我们学校出现这么一件事:有位教师没有完全按通用教材的顺序讲,某些内容稍微调换了一下。后来学生有意见,反映到我们这里来。我们对这个教师是了解的,是相信这个教师的,因此我们支持他这样做。当然,我们要给学生做工作,希望教师也跟学生先打个招呼,花几分钟讲讲这样做的道理,学生就不会随便提意见了。现在,学生年龄小,中学那一套学习方法还没有改,习惯于按教材顺序学;你稍微变一下,他就不习惯,有意见。你把工作做在前面,问题就解决了。对教师,我主张首要要相信他们,相信他们是能够把课讲好的,放手让他们去讲。教学中即使有某些缺点,也可以帮助他们克服。如果我们不相信教师,用不恰当的限制束缚他们的手脚,他们怎么能大胆进行改革,想方设法把课讲好呢?

再谈谈实验这个环节。现在,我们的实验指导书是面面俱到,看来要改。去年,我们电工基础实验课做了个试验,教师只出实验题目,至于如何设计实验方案,如何组合仪器设备,如何调试,如何写实验报告,完全由学生自己去完成,教师只起指导作用。这样做了后,效果很好,学生非常有兴趣。近来,我们听得很多,在国外,大学生也好,研究生也好,随时可以进实验室做实验,因此,国外学生一般动手能力比较强。由于条件限制,我们还不能这样办,但是,改革实验方法是很有必要的,有些可以先在小范围内试验。

毕业设计这个环节,我们从 77 级开始,强调要尽可能做实际题目。77 级的毕业设计只安排了 8 周左右的时间,看来短了,各方面的训练很不够。78 级我们延长了一些,一般不得少于 12 周。

(七)教师的指导作用

在整个教学过程中,我们的教师要指导学生如何去学。在这一点上,目前做得不够。不能责怪教师,主要是我们没有向教师明确提出这个要求。现在,很有必要对教师提出这个要求。在教与学这两个方面,不管怎样,教是起主导作用的方面。学生是我们培养的对象,因此,要培养学生具有一定的创造能力,教师在教学过程中应该告诉学生怎样去思考问题,怎样去看参考书,怎样去图书馆看文献、查资料,甚至指出解决某个问题应看哪些杂志、哪篇文章。现在,有很多学生不会看参考书,不会查文献资料。因此,教师在教学过程当中要帮助学生,告诉学生如何去做。这里面包含着如何听课,如何思考问题,如何做实验,如何设计,等等。现在的学生有两个特点:一是年龄小,不少学生进校时只有十五六岁;二是习惯于死板的学习方法。用创造能力来衡量的话,可以说,相差很远。因此,对现在进校的学生,如何在教学过程中加强指导,我们做领导和教师的都有很大的责任,教师的指导作用就更显得重要。

(八)图书馆工作和课外活动

这两方面,我们做得很不够。特别是我们的图书馆,虽说订有 3000 多种杂志,但是地方小,不能全部摆出来,至少有一半刊物摆不出来,教师和学生都无法看,这是我们的一个大问题。最近,打算想办法尽快解决,一是尽量把杂志摆出来;二是办分馆,按学科分类设分馆,教师方便,学生也方便。另外就是组织开展各式各样的课外活动,上面提到的学生科学讨论会就是一种很好的课外活动。我们还鼓励学生组织一些课外科技小组。但现在只是零零星星地搞了一点。今后总学时缩短之后,学生课余时间多了,除去学生自己主动去看参考书和杂志以外,要进一步加强学生的课外活动。我们学校把课外活动取了一个名字,叫做"第二课堂"。看来,要把大学生培养好,除了搞好按教学计划安排的教学过程,即"第一课堂"以外,还要抓好"第二课堂",使"第二课堂"与"第一课堂"相辅相成,目标都是为了培养大学生的创造能力。

再谈培养大学生的创造能力及其他[*]

一、要教给学生"为什么"和"怎样办"

培养学生的创造能力,改革教学方法,这对提高教学质量十分重要。我们讲教学方法,当然不能离开教学内容,讲方法首先必须有内容,内容与方法应该是统一的。如果有哪位教师,他对课程的内容掌握得不怎么好,再讲究方法也不行。只有把内容掌握好,改革教学方法才有基础。

讲改革教学方法,就要解决传授知识和培养能力的关系问题。知识是要传授的,但我们不能单纯地传授知识,更重要的是培养学生的能力。当然能力不能离开知识,如果离开了知识,能力也就是空的。但知识是无止境的,我们传授给学生的知识总是有限的,因而必须精选。要在传授知识中特别注意培养学生的能力,包括自学能力,思维能力,分析问题、解决问题的能力和创造能力。我很赞成有一位教师讲的话:如果学生做了电工基础实验之后,只能依样画葫芦,这并不能说明我们工作的成功,而只能说明我们工作的失败。所谓失败,就是没有把学生的实验分析能力培养起来。我们是大学,绝不能只满足于单纯地传授知识,而应该有更高的要求,应该让学生具有创造能力。

最近在教育部召开的部属高等工业学校电力、电子工程类专业教学工作座谈会上,我做了题为"培养大学生的创造能力"的发言,主要是提出问题,希望在会议上引起议论。听说讲了以后,在会议上得到一些反映,大家觉得这个问题确实很值得研究,应该予以重视。希望在我们学校也应该引起重视,希望大家都来议论议论,而且提出更多更好的做法。由于讲话稿已经发给全体教

---

* 本文根据作者 1982 年 6 月 21 日在华中工学院教师大会上的讲话整理而成。

师,讲话的内容我就不在这里讲了。我只想强调一下其中讲的第三个情况,一位自费到美国留学的学生来信说,美国加州理工学院"他们的课教的是'为什么'和'怎么办',而不是'是什么'和'这样办'。所以他们的学生具有高度的分析能力和独立创造能力"。我觉得这段话非常重要,非常值得很好地考虑,怎样在教学中教给学生"为什么"和"怎么办",而不是"是什么"和"这样办"。中国科学技术大学有一位教授,最近到我院给物理专业研究生上课,我特地跟他交谈了两个小时,征求意见。交谈的内容很多,我不想详细讲了。只讲一件事,他说学理的人和学工的人考虑问题的方法多少有些不大一样。这不是指日常生活,是指业务上学术上不大一样。他说学理的人遇到问题往往从规律性上想得稍微多一点,学工的人往往从经验上考虑多一点。这位同志能把这样一个看法说出来,我觉得对我们非常有好处。当然,我也并不认为我们这里学工的同志就是从来不从规律性上考虑问题,而是只从经验上来考虑。我没有这个意思。但我觉得他能够很坦率地把这个意见讲出来,对我们很有帮助。经验是宝贵的,我们可不要否定经验。问题在于我们怎样在重视经验的基础上,把我们的思维和做学问的方法,上升到注意探讨规律性的程度上去。如果能上升到这样一个程度,我们的水平就会进一步提高。所以联系到这个留学生来信讲的加州理工学院注意教给学生"为什么"和"怎么办",而不是"是什么"和"这样办",我们在教学工作中是不是应该注意这一点呢?我觉得应该注意。应该教给学生"为什么"和"怎么办",而不应只是告诉学生"是什么"和"这样办",这样才能够培养他们的创造能力。中国科技大学这位教授还打比方说,从国外的某一个期刊上或某一本文献上发现,在某项具体的研究中有个数据0.5,一看这个数据很有用,就肯定下来,加以应用。这样好不好呢?当然也好。但如果不满足于0.5这个数据,而是进一步考虑这个0.5是从哪里来的,是怎么产生的,那就更好了。

最近我看了教务处的期中检查报告,觉得很好。这个报告反映了我们的工作,反映我们的基础课、专业课和实验课都出现了相当一部分有利于培养学生能力的好经验。只是现在属于这方面的事例还不是大量的。这没有关系,事情总有一个过程。尽管现在还是少部分,但却是一个良好的开端。

为什么现在进行教学改革,不论是教学内容还是教学方法的改革,都那么不容易?我想原因就在于习惯势力。就是说多少年来形成了这个习惯,要改,不那么容易。这种习惯势力很厉害,这是一个情况。

第二个情况是这几年进大学太难了,因此在中学,特别是高中就是围绕着考大学这个目标,因而学生在中学学得很死。到大学之后他们也有个习惯势力,也希望按照中学那一套来教他们。但是我们是大学呀!学生学了4年之后,他们就要出去工作。因此现在摆在我们面前的任务是怎样来改变这个局面。从这点来说,也有一个打开新局面的问题。而且中学的这种情况,在几年内还是改变不了的,这就更加加重了我们大学的责任。

我认为这样来分析原因是比较客观的,这种现象有其历史的和现实的原因。既然如此,我们就要发挥主观能动作用,下决心改变这个局面。我在教育部召开的那个会上讲了,如果经过 5 年的努力,能够做到这一点的话就是很大的成绩。这就是说,我不是把这件事看得那样轻而易举,一句话就解决了。这件事不那么简单。列宁说过:千百万人的习惯势力是最可怕的。但是,我们既然认识到这是一种不好的习惯势力,不利于培养学生的能力,那我们就下决心改。要在我们华中工学院,从现在起,经过大家的努力,在 5 年内扭转这个局面。如果能提早一点解决,那就更好。我们今天开这个会的目的就在这里。如果能这样,我们学校培养的大学生具有了相当的或者说一定的创造能力,那就取得了相当大的成绩。

二、关于其他几个问题的意见

利用这个机会,另外说几点意见。

(一)做一代良师

讲一讲做一代良师。6 月 13 日,《光明日报》第一版登了青岛医学院的一位老教授沈福彭同志的事迹。沈福彭教授是搞解剖学的,74 岁,今年 2 月间去世了。《光明日报》这篇通讯的中心内容说他是一代良师。我想我们的教师也要像沈福彭同志那样做一代良师,为人师表,教书教人。最近一年,报刊上发表这方面的材料不多。第一个发表了栾弁的材料,那是去年。不久之前,我们印发了南京工学院讲师韦钰同志在西德学习期间的事迹。第三个就是沈福彭同志的事迹。我们印发给全体教师每人一份,要求大家也做一代良师。特别是我们所面对的青年学生,是 10 年动乱的受害者,他们身上存在着不少的思想问题和其他问题。不能责怪他们。现在我们的责任就是要培养他们,教育他们。和青年学生接触最多的是教师。当然班主任、辅导员和学生接触也很多。但是总的来说,跟学生接触最多的还是教师。教师对学生的影响是很大的。一言一行,一举一动,治学态度,思想作风,对学生的影响都非常大。

青年人是可爱的,是我们的未来,要靠同志们去教育他们,做一代良师。

(二)大办讨论班

关于师资培养工作,这里要讲的是业务上的培养提高。我们已经开了会,也转发了数学系的情况。在我们今后的师资培养工作中，讨论班这个形式要着重办起来。从"四人帮"垮台到现在，我们学校抓师资培养还是比较认真的，做的工作也比较多，也取得了一定的成绩，这也是大家努力的结果。但是最近一年，我就感到有一个问题，就是下一步师资培养工作怎么办？1个多月之前，我和数学系的兼职教授，也是我们数学系的系主任徐利治同志交谈，对我很有启发。徐利治同志在我们这里工作了3个多月，他是兼职的系主任，和系里其他同志一道研究工作，还讲了1门课，就是"数学方法论"。在他临走的前一天，我和他预先约定，谈了将近3个小时，主要是向他请教。他着重谈到，要把师资水平提高，讨论班这个形式非常重要！非常重要！他就反复讲这个。他讲复旦大学的苏步青同志抓师资培养，几十年来，就是一直抓讨论班，到现在他还是抓讨论班。每个星期讨论班必须在一起讨论一次，研究生也参加，而且一定要参加。特别重要的是必须"长期坚持，风雨无阻"。这是复旦大学苏步青教授几十年的经验。据徐利治同志说，他所知道的一些综合性大学也有办讨论班的风气。而且他讲，同志们可不要见怪，一般地说，办讨论班的风气，综合性大学搞理科的比我们工科学校要做得好些。他为什么敢说这个话呢？因为他确实了解一些综合性大学的情况，也了解工科大学的情况，因此他大体上形成了这样一个看法。当然也不是所有综合性大学都做得那么好，也不是工科学校里就没有做得好的。但是一般地比起来，工科不如理科。他还讲，讨论班也不能强求一律，要根据实际情况，可以从读书开始，从读书班一直到高级的真正是研究性的讨论班。现在数学系有13个讨论班，就既有读书班，也有真正研究性的讨论班。他讲，讨论班就是"学术细胞"。"学术细胞"这个名称我觉得很好。他讲这个"学术细胞"多少类似于国外有些大学的讲座。人数不做具体规定，少则三四人，多则七八人，十来个人都可以，不强求一律。他特别指出，通过讨论班恰好能把教学工作和研究工作结合起来。对于大学教师来说，都应该具备教学和科研两种能力。我们现在的实际情况还不是这样。这也不能怪教师，也有种种原因。但我们应该向这个方向努力。为帮助教师向这个方向努力，讨论班就是一个很好的形式。通过长期办讨论班，就可以使得我们的教师逐渐具备这两种能力。他认为，作为高等学校的教师，只搞教学，不搞科研，总是一个缺陷，必须从战略上提出这个问题。作为一个教师，只有同时搞研究工作，教学内容和教学方法才能搞得更好。不仅讲别人的成果，还可以把自己的体会加进去，这样教学质量才会比较高，学生收获才能更大。徐利治同志并不是只讲科研而忽视教学。他很强调，作为一个大学教师必须教课；正是为了把课教好，不搞科研是不行的。怎样办呢？讨论班就是一个很好的形式。各系各教研室现在就要考虑，不要等到下学期。事实上，过去两三年中,我们也曾经提出过办讨论班,有的系和教研室也办了一些讨论班,问题是过去我们还没有把它提到一个更重要的位置上来。从现在起,各系和各教研室在这个会议之后,尽管正忙于期末考试等等工作,但可先做一些准备。有的教研室能在放假之前组织起来,那就很好,组织多少算多少。暑假以后,希望把讨论班大规模地办起来,长期坚持,风雨无阻。研究生必须参加,不是旁听。而且往往年轻的研究生可以提出更好的见解,要鼓励他们发表意见。

(三)将英文版教材进一步用好

某些英文版教材我们已经用了 3 年,总的情况是好的,但是还有若干不足之处。我们不仅要坚持下去,而且要进一步用好。特别希望用英文版教材的教研室主任和教师们多做一些考虑,怎样使用英文版教材能收到更大的效益。这个效益,一方面当然是内容,这是主要的;另一方面,也确实提高我们教师和学生的英文程度。前几天,我问一个 4 年级的学生关于英语教材的问题,他用了 1 门英文教材,感到不是没有收获,而是收获少了一点。原因是什么呢?他说用 1 门不够,因为学完这门课就中断了。语言这个东西,一中断就不好了。我们要做到学生在 4 年当中至少有 3 门课连续用英文版教材。如果有的专业能够用到 4 门,那更好。现在看来完全有可能,因为已有高等数学、物理和好几门技术基础课在用英文版教材。因此一般专业用 3 门英文版教材没有问题。可能剩下的个别课程的教材还没有选到,希望能够尽快解决。如果再能选用 1 门技术基础课或专业课教材,那就有 4 门。

与此同时,教师在外语学习方面,不管是参加集体学习,还是个人自学,都要再努一把力。这是今后的形势和工作对我们的要求。希望再过一两年,以后再有外国学者来讲学,教师能不要翻译,直接听。当然,还有第二外语的问题。希望第一外语已经基本过关的同志学第二外语。如果有的同志德、日、法语中某一种已经学得比较好,希望他也学英语。作为一个大学教师,从长远来看,至少掌握两门外语比较好。

(四)专业课教师要讲工程数学

工程数学这门课,各系、各有关教研室不仅现在要继续派辅导教师,而且要承担工程数学的讲课任务。今天上午,看到不久以前发的一个通知,要求在两三年内做到由各系承担工程数学的教课任务,我感到慢了一点。我认为这对有关的教研室和有关的教师来说,好处非常之大,有百利而无一害。既然是这样的好事情,为什么不可以加快速度?我们的教师自己本来就应该掌握工程数学。当然,掌握是一回事,要上讲台讲是另一回事。但是上讲台讲它一两遍,就能够把工程数学掌握得更好。事情总是逼出来的。特别是专业课教师讲工程数学,能够更好地联系专业实际。哪些内容应该多讲,哪些内容可以少讲,哪些内容干脆不讲,数学老师不太清楚,除非他到你那个专业,真正摸索三四年,否则是不熟悉的。而专业教师却清楚多了,哪些有用,哪些没有用,他心里是有数的。我们能不能下决心,一年,最多两年,工程数学全部由有关的专业教师讲。这样做是正确的,既然如此,就下决心。看谁走在前面,我们就大大表扬。我们之所以对专业教研室提出这样的要求,归根结底还是为了培养人,使学生学了之后,能力大大地提高。

（五）严师出高徒

"严师出高徒",这是一句老话,但却是千百年经验的总结。现在有部分学生,甚至有少数班干部,对严格管理不仅有意见,而且有点反感。对这种情况要做具体分析。一方面分析这个反感是哪里来的,总有个原因;另一方面,在反感面前我们怎么办。我的意见是:不迁就,不让步。我们也知道,产生反感的原因是"文化大革命"的后遗症,他们也是受害者。在他们身上,有无政府主义,有极端个人主义,这话是邓小平同志讲的。当然我们也不是说所有的青年人都这样。正由于在他们身上有无政府主义和极端个人主义,一严格管理,就不满意,甚至发展到有些反感。既然如此,我们就决不让步。当然,我们要做思想工作。下学期开学之前,学生干部训练 5 天,首先向学生干部讲清楚,这个反感是怎么产生的,为什么不对,要采取什么办法做工作等等。然后我们在学生当中也要把话讲明白。既然做思想工作,就不要回避矛盾。只有把它讲明白了,思想工作才有针对性,才能够解决问题。

在学习上,同样要严格要求。我们是培养人的,思想要抓,业务也要抓。从现在情况看,第一是考试,由于从去年起我们狠抓了一下,一年来总的情况是好的,但考试舞弊的现象并没有根除。最近开除了 1 个学生,是机制二年级的,他的错误之一,就是化学考试舞弊;还有 3 门课不及格,旷课达 56 次之多。另外还有其他方面的错误。今天期末考试开始了,请同志们特别抓紧。这不是与学生过不去,而正是对学生的爱护。首先是考试舞弊,在思想上很不好,成绩是虚假的。第二是作业。最近一年,特别这一学期,由于有些具体办法改变了,对作业有点放松。在教务处转发的期中检查报告中,对作业怎样计算成绩,怎样检查等等,都提出了具体的要求,希望大家重视。如果我们在某些地方要求不合理,那该改就改。但是既然规定了,而且又是合理的,就要严格要求学生按规定执行,否则有些学生就会钻空子。第三是机械制图。已经从教师和学生中听到反映,说现在的制图水平比"文化大革命"前差了相当一个距离。同志们都知道制图对于学工的人来说何等重要，叫做"工程师的语言"。但是现在图画得比较马虎，工程字也写得很潦草，这样不行。不要怪学生，也不要怪老师。我们今天提出来，从下学期起，机械制图一定要严格，严格到和"文化大革命"前一样，其中包含毕业设计、课程设计，凡是牵涉到画图的都要抓。

坚决克服"抱着走"的错误方法[*]

去年5月份,教育部在我院召开部属高等工业学校电力、电子工程类专业教学工作座谈会,我在会上作了题为"培养大学生的创造能力"的发言。现在,大家对这个问题都比较重视。在我国高等教育界也有不少同志对这个问题做了深入的研究,写了很好的文章。在这里,我想从另外一个角度再说一些意见,也可以把它作为我那次发言的继续吧。

一、要做有为之人

我国有两句成语:一句叫做"人贵有志",一句叫做"学贵有方"。一个人生活在世界上,应该有远大的理想、崇高的志向;要实现自己立下的志向,就必须有正确的方法,包括学习方法、工作方法、思维方法等等。

我们应该立一个什么样的志呢?作为我们民族、我们国家来说,就是毛泽东同志提出的要"自立于世界民族之林",就是党的十二大提出的"全面开创社会主义现代化建设的新局面",从1981年到20世纪末,使全国工农业的年总产值翻两番;作为个人来说,就是要立志做"有为之人"。

围绕着做"有为之人"这个主题,我们向全院教师提出,"要培养高质量的学生,要着重培养学生的自学能力、分析问题和解决问题的能力、创造能力,坚决克服'抱着走'的错误方法";我们向全院机关干部提出,"对工作应有更高的要求";我们向全院学生提出,"要立志成为高质量的大学生"。

根据新中国成立以来全国高等教育的经验,根据我们学校30年来的经验,特别是根据今后国家建设的要求,我认为,作为一个高质量的大学生有5

---

* 本文是作者根据自己1983年6月至9月在华中工学院的几次讲话整理而成的。

个标志：第一，思想要好；第二，业务基础要好；第三，要有分析问题、解决问题和创造的能力；第四，要有较好的中、英文表达和阅读能力（表达主要指中文，阅读主要指英文）；第五，身体要健康。

我们已经明确提出，我们学校的工作，在当前和今后若干年内，主要是开创学校各项工作的新局面，以提高质量为中心，以培养高质量的学生（包括大学生，研究生，函授、夜大、干部专修科的学生）为中心。为什么提出这样的要求呢？

这是因为，党的十二大确定了我国经济建设的战略目标，并把农业问题，能源、交通问题和教育、科学问题作为战略重点，对人才培养的质量提出了更高的要求。

这是因为，邓小平同志为北京景山学校题词："教育要面向现代化，面向世界，面向未来。"进一步明确了教育事业发展的方向。

这是因为，我院近3年来比较快地增加了招生人数（1980年招1700人；1981年招2000人；1982年招2250人；今年计划招2500人，实际超过2600人），这样做是符合国家建设要求的。与此同时，我们历来是重视提高质量的。1981年初，在研究如何贯彻执行中央工作会议精神时，我们就提出，我们学校要尽可能地继续发展，更要在质量上提高。现在，由于学生人数的不断增加，由于"四化"建设对大学毕业生提出了更高的要求，我们就更应该着重于提高质量。

这是因为，在我国高等教育战线，出现了一个很好的革命竞争局面。这种革命的竞争是非常有利于改进我们的工作的。要看到，我们学校的工作与兄弟院校相比，还存在不少差距。我们要学习兄弟院校的一切有益的经验。还是那两句话：发扬优势，防止从优势变劣势；敢于竞争，争取从劣势变优势。

关于高质量的大学生的5个标志，不准备在这篇文章中全面论述；有些问题，过去也讲到了一些。在这里，想侧重谈一个问题，就是为了加强学生的业务基础，培养学生具有分析问题、解决问题和创造的能力，必须坚决克服"抱着走"的错误方法。

所谓"抱着走"，就是在教学思想和教学方法上，只注意向学生传授知识，不注意培养学生运用知识和吸收新知识的能力；把学生当作小孩，老是抱着他们走，不注意培养学生的自学能力、独立工作能力和创造能力。

"抱着走"的危害性很大。它把学生禁锢在传统的知识圈内，不图革新创造；它让"孩儿"安卧于母亲的怀抱之中，不愿自己走路。这对培养高质量的人才是很不利的。大家都知道，当前科学技术的发展十分迅速，知识更新的周期日益缩短，学生今后需要的知识，我们不可能在学校中都传授给他们。所以，重点还是在于，要培养学生具有自学的能力，分析问题、解决问题的能力和创造的能力。因此，必须坚决克服"抱着走"的错误方法。

二、要具有紧迫感

有一些事实促使我考虑，使我更感到克服"抱着走"的必要性、紧迫性。

今年暑假期间，民进中央举行茶话会，欢迎各地赴京的中小学教师会员。民进中央副主席、老教育家叶圣陶在会上发表了谈话。他说："教是为了不需要教。"是不是说不教就是学成了呢？非也。不教是为了养成学生有一辈子自学的能力。他又说：我们常把进学校说成读书，其实进学校不光是读书，不要把读书看得太死，严格地说，进学校是受教育。受教育不是为了考试，而是要培养合格的人才。

无独有偶。和叶老的见解一样，我国著名科学家钱伟长今年 5 月到我们学校，在座谈会上，他说：长期以来，我们的学校只重视教，而对学重视不够。我们培养的学生，有很多不善于自学。可是，不善于自学就不能生存。应该培养大学生，在校时有教师教能学会，毕业后无教师教也能学会。"首要的是培养自学能力"，应作为我们的口号。这样，大学的教学计划以及我们对学生的态度，都应该改变。我们应该变"以教为主"为"教学兼顾"，以至"以学为主"。当然，对"学"要注意指导。

大家可以看到，这两位老教育家老科学家都强调要培养学生的自学能力。他们都从教学论的原则出发，正确地阐明了教与学的关系。而"抱着走"的错误方法，恰好是违背了教学论的原则，不坚决克服怎么行呢？

再一个促使我经常考虑的事实，就是我们的各级学校，多年来习惯于注入式的教学，加上近几年进大学很不容易，于是有些中学就搞题海战术，有些"高明"的教师就出一些题目，让学生死记硬背。碰对了，学生高呼"老师万岁"。这样做的结果如何呢？正如到我院参观的一位中学高三班主任所说的：现在有些学生是"高分低能"。这种现象不改变能行吗？有趣的是，今年的高考语文试卷中，作文题是一幅漫画，要求考生针对漫画内容写一篇 300 字的说明文和一篇 800 字的议论文。这个题目不落俗套，别开生面，使得那些靠老师猜题、准备一大套套话应考的学生手足无措，而真正有观察能力、分析能力和写作能力的学生则可大显身手。这样的考试方法很好，是对习惯于"抱着走"的人当头一棒，我们很赞成。

今年 8 月 25 日，《光明日报》发了一则消息，说的是北京市怀柔县一中今年有 100 人参加高考，其外语成绩的及格率高达 81％。北京地区有两名考生外语获得满分,也都来自怀柔一中。为什么他们能取得如此优异的成绩?主要是外语教师孟雁君解放思想、勇于改革的结果。她借鉴了中外专家在外语教学方面的经验,改变了教师讲、学生听的传统授课方法,代之以听、说、练的活动;她还采用多种视听手段,千方百计为学生创造语言环境,围绕教材,要求学生听什么、讲什么,"强迫"学生把"吃"进去的东西都"倒"出来,让他们在反复听说的练习中掌握词汇、语法和句型。这说明,在中学也需要改变"抱着走"的方法。而且,不仅必要,实际上也能够做到,改变之后,硕果累累。

更有意思的是,上海市一师附小本着以学生为主的教学思想,着眼于调动学生的学习积极性、主动性,改革课堂教学和考试方法,培养学生的自学、自治、自理能力,收到了较好的成效。《光明日报》编者在按语中指出:"一师附小的经验告诉我们,从儿童入小学的那一天开始,就要注意培养他们独立思考、自己支配课余时间、自己管理自己的能力,不能因为他们幼小,就采取'灌'、'盯'、'抱'的办法。"这一段话说得很好,很值得我们深思。

对于"抱着走"的错误方法,小学中学已经在着手改革、注意克服了,并已取得了成绩,难道我们高等学校能够熟视无睹、安于现状么?当然不行。

再一件事情,《人民日报》在 7 月 29 日发表了 1 篇文章,题为《美科学界谈第四次世界工业革命》。此文很值得一读。文中说,据预测,第四次世界性工业革命即将来临。第一次工业革命始于 18 世纪 70 年代,其基础是在英格兰用煤冶炼铁矿石和纺织工业机械化;第二次工业革命始于 19 世纪 40 年代,是蒸汽机、铁路和酸性转炉钢的时代;第三次工业革命在 20 世纪初开始,以电力、化学制品和汽车的发展为时代的标志;而第四次工业革命则将以微处理机、遗传工程、新型建筑材料和能源开发为中心。美国国家科学局副主任古德说,过去的 3 次革命,都是由于新的科学发现和技术发展而发生的,因为这些发现和发展导致了新兴工业的出现。但是,支持前 3 次工业革命的科学情报的数量,与今天可利用的巨大信息储存相比,真是小巫见大巫。目前,物理、化学、工程和生物学等方面的知识,90% 是 1950 年以来获得的。美国工业界已经纷纷出动,狂热地搜罗科学家、工程师和技术人员,并且,此种异常需求之风也刮到大专院校,甚至中学。因此,美国科学家呼吁:如果美国要迎接这次新"革命"的挑战,工业界和政府就必须把加强高级技术教育放在头等优先位置。

这则消息,至少给我们两点启示:第一,科学技术的发展异常迅速,以致过去的科技情报数量与今天的相比只是小巫见大巫,第四次工业革命的浪潮即将席卷全球;第二,要迎接新的工业革命的挑战,必须优先发展高级技术教育。

大家想一想,我们今天培养的大学生、研究生,不仅要满足 20 世纪 80 年代为现代化建设打好基础的需要,还要满足 90 年代经济振兴的需要,更要适应 21 世纪科技发展的需要。我们国家的工农业产品,要能在国际市场上具有较强的竞争能力。国际市场的竞争,归根结蒂,是科学技术的竞争。而科学技术的竞争,归根结蒂,是教育的竞争、人才的竞争。我认为,这就是我们教育界要认真考虑的"面向现代化"、"面向世界"、"面向未来"。如果我们在教育学生时,老是抱着他们走,他们就永远是襁褓之中的婴儿,而难以成长为振兴中华的巨人。

正是上面说到的这些事实(当然,这些事实也仅仅是说明问题的例子,难免挂一漏万),使我们深切地感到克服"抱着走"的紧迫性。

三、要采取切实的措施

如何克服"抱着走"的错误方法? 根据我们学校的情况,提出以下措施。

(一)解放思想,统一认识

这个问题的关键,就是我上面说到的,"人贵有志",要有良好的精神状态,要立志做有为之人,要有克服传统的教学方法的紧迫感。对于教学改革,许多教师是重视的,工作是积极的,并且已经取得了一些成果。但是,也有部分教师不够重视,不够积极。其原因,既有习惯势力的影响,也有思想认识问题。例如,有的人认为,改革还不是那一套,没什么意思。还有的人认为,教学改革好是好,但不大容易,算了吧,以后再说。第三种看法是奉命行事,你要我改,我只好改,但并不积极,舍不得下功夫。最严重的是,认为现在这一套就很好,不需要改了。请大家"对号入座",好好想一想,统一认识——对"抱着走"的错误方法要坚决改、抓紧改。

(二)从一年级抓起

这是因为,前面已经说到,对克服"抱着走"的错误方法要有一个紧迫感。再者,大学生入学后,要实现"两个过渡":一个是从中学的学习到大学学习的过渡,一个是从在校学习到日后工作的过渡。实现这两个过渡,必须从一年级抓起。过去,我们看到新生年龄小,对改变"抱着走"的教学方式强调得不够,结果到了高年级想改就困难了。例如,在毕业设计时,有的学生独立工作能力很差,这与"抱着走"是有很大关系的。当然,这不能责怪教师,这是我们领导的责任。实际上,年轻人的可塑性很大,只要我们加强引导、加强教育(也包括做好教师的思想工作),学生的不良学习习惯是完全可以改变的。

(三)从各个教学环节入手

我们说要改变"抱着走"的错误方法,既包含所有的学生、所有的年级,也包含所有的课程、所有的教学环节。

课堂讲授：教师只讲重点，讲分析和解决问题的方法；不要讲得"天衣无缝"。但要求学生必须阅读指定的教材和一定数量的参考书，告诉学生，讲过的要考，没讲过但要求阅读的同样要考。一个好的教师，不仅要使学生有所知（传授知识），更要让学生有所思（提出一些问题，或由此及彼联想一些问题，启发学生怀着强烈的求知欲，在课后自己去获得新的知识）。

实验课：要让学生到实验室去自己动手，从准备工作到得出结果，全部由他们独立完成。在今年的毕业设计中，凡是这样要求了的，学生做实验，上计算机，就干得很欢。这也证明，只有当学生真正感到他们是实验的主人，而不是简单地听一听注意事项，被动地按一按开关、填一填数据时，才能充分发挥聪明才智，才能有效提高独立工作能力。

毕业设计：这是大学最后一个进行综合训练的环节，也是实现从学习到工作的过渡的必经之路，更不能"抱着走"。有一位教研室的负责同志对我讲，他们感到毕业设计压力大，太忙了。我看，问题恐怕就在于"抱"得太多了。因为"抱"得越多，学生独立思考越少，越离不开教师；学生越离不开教师，当然教师也就越忙。出路何在？一是毕业设计题目要早些定，早些告诉学生，使学生能够早做准备，带着问题学习。二是选定的题目，不一定是教师先做过一遍的，个别学生还可以自己选题。三是出题可以采取"一条龙"的方式，即教研室的科研课题是龙头，把科研课题中的某些部分给研究生；再把科研课题中更小一点的、在短短几个月中能够完成的某些内容，给学生做毕业设计；再下面的，就作为学生课外科技活动的内容（当然，不是所有的题目都能这样做，但只要具备条件，就应该这样做）。四是加强与科研单位和工厂的联系。到研究所和工厂做毕业设计，既解决了经费问题，又获得了业务丰收。

其他如习题课、讨论课、实习等教学环节，也都要着眼于调动学生的积极性，加强学生的独立工作能力。

（四）扩大学生的知识面

从今年秋季开学起，每个专业要开出两门以上的新课，内容就是讲近5年内的新技术、新理论、新的科研成果和新的学术动态，以开阔学生视野。学时不要过多，可以三五学时，也可以一二十学时；可以单独安排，也可以结合其他环节进行。另外，今后学生的课外活动，或者说第二课堂，有两个内容应该成为重点。第一个重点是组织历史、地理等人文学科的学习活动；第二个重点是有计划地开展和进一步加强课外科技活动。

（五）严格要求

这有两层意思：一是对我们教师、干部的工作要严格要求；二是对学生要严格要求。就学生而言，我们首先是指思想上的严格要求。比如，考试要严格，禁止舞弊，首先是从思想角度出发，成绩是第二位的。就学习而言，评阅试卷、升级留级要严格；做作业、做实验要严格。学校管理制度、组织纪律的执行，也要严格。几年来，我们一直坚持这样做。我们还要继续坚持下去。在暑假期间召开的全院教学工作会议上，我们进一步规定：教师布置的作业，学生要全做全交，否则一律不得参加该课程的考试；凡文字写得不通顺和马虎潦草的作业、实验报告、设计说明书等，一定要让学生重写；学生的各科作业（包括实验报告、工程制图等），各系要定期举行展览，进行检查评比……决不能让学生养成一种坏习惯，将来到工作岗位上给国家带来重大损失。我们认为，一方面要坚决克服"抱着走"的错误方法，另一方面又要严格要求，这是一个问题的两个方面，二者是相辅相成的。"抱着走"，我们不干；放任自流，我们也不干。

培养现代化所需要的人才[*]

  教育是培养人的社会活动。教育的社会功能主要是通过培养社会所需要的劳动者和专门人才来实现的。在社会主义初级阶段,实现现代化,究竟需要高等教育培养什么样的人才,这是一个十分复杂的问题,它涉及高等教育的层次、结构和不同类型高等学校的培养目标和规格等一系列问题。本文仅就两个问题谈一谈看法。

一、现代化和继承道德文化传统

  谈到现代化,人们往往首先想到的是发达的经济和高水平的科学技术。特别是新技术革命的挑战,微电子技术、激光、新材料等高技术产业的相继进入国民经济领域,更加深了人们的这种观念。因此,对于高等教育来说,培养现代化所需要的人才,人们很自然地首先想到的是如何提高科学技术水平,而往往容易忽视思想品德方面的要求。近几年来,高等学校的思想教育工作普遍有所削弱,存在着只重视智育而忽视德育的倾向,这已是毋庸讳言的事实。

  近年来,许多高等学校进行过毕业生调查,从用人单位所得到的反馈信息,几乎一致认为:有相当多的大学毕业生思想道德素质较差,普遍缺乏事业心和社会责任感,许多学生缺乏基本文化素养,不能适应现代化建设的需要。形成这种现象的原因固然是多方面的,而且还不仅仅是高等学校内部的原因。但对于现代化过程中社会需要的片面理解和对于道德文化传统的认识上的偏颇,不能说不是重要原因之一。

  现代化是一个社会发展和变革的过程,是按一定的理想、目标、价值观念

---

  * 本文是作者与姚启和合写,原载《高等教育研究》1988 年第 4 期。

而设计、规划的社会发展蓝图。作为人类文明发展的一定阶段，现代化是和近代大工业的出现和发展联系在一起的，也就是说，它要求生产力的高度发展，要求实现工业化和生产的商业化、社会化，要求以科学技术水平的提高和现代化作为基础。但绝不是说，只要有了高度发达的科学技术、生产力和丰富的物质财富就是现代化了。就是在发达的资本主义国家，它也必须具有某些精神文明的东西（如普及教育、文明礼貌、社会道德规范等）和资产阶级民主与法制，作为其维系资本主义社会制度的支柱。何况我们要实现的是社会主义现代化，绝不能照搬西方发达国家的"现代化"作为我们的蓝图。我们必须在发展社会生产力，进行物质文明建设的同时，高度重视社会主义精神文明特别是理想、道德方面的建设。否则，发展生产力、物质文明建设也是没有保障的。"我们为什么要坚持四项基本原则？就是因为在当代中国，只有这样做，才能从根本上保证生产力的发展。"（中共十三大报告）

现代化也是一个历史过程。任何国家的现代化都只能在其历史传统和固有的文化背景下进行，不能把现代化和传统绝对对立起来。现代化并不割断历史、否认传统。一个民族在其历史发展进程中形成的各种道德文化传统，总是有好有坏。有的已经过时、僵化，成为糟粕，应该抛弃；有的在现实生活中仍还有积极作用，应该继承和发扬。彻底批判民族文化传统中封建的、落后的、阻碍前进的东西，并坚决否定它，这是完全应该的。因为不如此，就会妨碍我们在现代化道路上顺利前进。但是，我们绝不应该对民族文化传统全盘否定，搞历史虚无主义。具有数千年悠久历史的伟大的中华民族有许多优秀的道德文化传统，至今仍是我们的宝贵财富。例如爱国主义，民族的自尊和自信心，民族的向心力和凝聚力，勤劳，进取，守纪律，不畏艰险克服困难和为国家民族献身的精神等等，这些都是在实现社会主义现代化的进程中不可缺少的精神支柱，是应该加以发扬光大的。现在有极少数人面对西方发达国家的物质财富和先进的科学技术，看到我们相当落后，不是激励自己献身祖国，奋力疾追，而几乎丧失了民族自信心和自尊心，一味在那里怨天尤人，自暴自弃。这样只会涣散人心，使人丧失斗志，极不利于国家的现代化和民族的振兴。随着经济体制改革的深入，引进竞争机制，实行等价交换原则，冲击了中国历史上"贵义贱利"的传统道德，有利于商品经济和生产力的发展，其中的积极因素是主要的。但也毋庸讳言，确实有些人因此而见利忘义，见钱眼开，出现了制造假药、假酒、假农药化肥坑害群众的现象，出现了贪污、受贿、敲诈勒索等腐败现象。一个人失去了道德的约束，在极端利己主义的驱使下，就什么坏事也干得出来。它是社会主义的蛀虫，严重地败坏着社会风气，绝不会给现代化事业带来任何好处。目前我国经济不发达，还没有摆脱贫穷，在现代化进程中必须继续发扬艰苦奋斗、勤俭节约的民族美德,不应该盲目追求西方发达国家那种高消费的生活水平。但是,目前社会上普遍存在的超前消费现象和"消费早熟"心理,不能不承认与前两年错误地批判艰苦奋斗和勤俭精神,片面宣传用高消费刺激生产有很大关系。可见,在现代化进程中还必须继承发扬优秀的道德文化传统。就是对其中消极的东西的批判,也应该取慎重的分析态度,绝对不能搞所谓"矫枉过正",因为那样对于现代化事业不但丝毫无补,而且会带来很大的危害。

固然,社会主义教育的价值观,不仅要满足社会发展的需要,而且要促进人的自身发展和完善,并把二者有机地统一起来。但人的自身发展和完善,本来就应包括知识文化素质和思想道德修养这样两个方面,两者相辅相成,互为条件,缺一不可。这是人才成长的规律,现代化的人同样要遵循这一规律。也就是说,现代化的人,既要有丰富的科学文化知识,开拓创新的能力,也要有高尚的理想、道德、情操和社会责任感。缺少任何一方面都不是现代化所需要的。因此以培养现代化所需要的人才为根本任务的高等教育,就不能只重视提高科学技术文化知识水平,必须同时重视思想道德教育,重视发扬民族优秀道德文化传统。在社会主义初级阶段,由于多种经济成分、多种分配形式的存在,商品经济的发展,以及在改革过程中由于新旧体制交替必然产生的利益冲突,就更加应该重视德育,以社会主义的思想道德和优秀的文化传统来教育青年。

二、通才教育和专业教育,理论和实践

现代化要求高等教育培养什么样的人才?就本科层次的培养规格而言,有人认为,面对世界新技术革命的挑战,为了适应科学技术迅速发展的形势,应该借鉴西方国家的做法,培养通才;也有人认为,我国生产技术比发达国家落后几十年,从国情出发,应该继续坚持新中国成立以来一直实行的专业教育,培养专才。两种不同意见,至今并未统一。在社会主义初级阶段,从我国生产力的现有水平出发,实现现代化,无疑需要大量的应用型人才。那么所谓应用型是不是只要知识面很专很窄,而不需要较强的理论基础和较宽的知识面呢?现代化所需要的人才究竟要具备什么样的知识和能力结构呢?

为了回答这个问题,我们不妨研究一下美国麻省理工学院(MIT)的经验。

众所周知,MIT是世界公认的第一流大学。它从 1865 年创办以来,一直奉行着培养与工业社会发展需要相适应的人才的办学方针。它一开始就给自己定下了一个教育水准:"用多学科教育培养管理者和其他专业人才——决不

仅是'手艺工匠'"。①

在 MIT 的历史发展中起过关键作用的,是其前任院长康普顿和基里安。康普顿是一位物理学家。在本世纪 30 年代初,作为一所技术学院,为什么要聘请一位物理学家当院长? 当时 MIT 理事会成员朱厄特与康普顿有这样一席谈话:

"在整个 19 世纪和 20 世纪的头 20 年,我们国家的工业技术还处于起步阶段,看看科学的应用实际上还不真正存在。工业必须依靠工程学校或技术学校,以培养工业所需要的懂得各种技术和操作的技术人员,而这些学校又都强烈地倾向于直接的应用,教给学生专门技术、实际操作等等。这些都是工业的要求。"

"然而进入 20 世纪以后,更重要的一些工业部门发展起来了……这种工业的发展导致了它对具有基础科学、数学和基本工程原理深厚功底的工程技术人才的需求迅速增长。这主要是要使工业能够迅速抓住技术发展的新机会;这种机会由于科学的飞速发展而大大增多了。而这种人才,工业企业自己是培养不了的。我们越来越看到,工业需要那种在物理、化学和数学方面有坚实基础的、经历过训练而大不一样的人才。"

基里安是一位工程教育的实践家。他认为工程师不仅要能够发明新技术,而且必须预见科学技术的发展对人类社会的影响,并以人道主义的方式运用这些新技术。这就是他的工程教育思想。1957 年 3 月,基里安在一封长信中写道:"这个办学思想是建立在美国工程教育的传统之上的,它要求把基础科学、应用科学、社会科学和人文科学紧密地结合起来并使之相互作用。……融合通才教育和专业教育,使它们协调一致地向更高水平和更深层次的渗透贯通迈进。"

按照上述教育思想,MIT 在第二次世界大战前后全面发展了数学、物理、生物、化学、天文等自然科学领域,强化理工结合,以加强工程教育的自然科学基础。不仅如此,还大力发展了人文、社会科学和工业管理等学科领域,积极推进科技、人文、社科、管理相结合。MIT 认为,现代大工程已不单纯是技术和工艺问题。它们的提出和解决既需要自然科学的深厚基础,又需要人文、社科和管理科学的理论指导;工业与社会已越来越融为一体,因而只有全面掌握科技、人文、社会科学和管理科学,才可能使工业与社会协调发展。从这些情况来看,似乎 MIT 进行的是通才教育。

但与此同时,MIT 并没有放弃专业教育,而是积极提倡各专业学术领域的

---

① 转引自《MIT 工程教育思想初探》,《高等工程教育研究》1988 年第 1 期,以下引文同此。

交叉和交流。1950 年基里安在上任后的第一份报告中明确阐述了这种观点。他说,在过去半个世纪里,专业化是学术和职业活动的突出特征。在下半个世纪中,知识发展的战略和战术将要求在同样的专业化基础上,减少学术隔离,加强各学术领域之间的联系。在科学中,各学科之间的界限已经变得越来越模糊,而交叉学科的蓬勃发展,表明了各专门的研究领域之间是互相依赖的。我们今天的目标,就是要实现各专门研究领域的结合和信息交流。同时,MIT 还十分重视科学和工业的相互结合、相互渗透。MIT 加强理科教学和研究力量的目的正是为了促进科学、教育与工业的结合渗透。这种结合和渗透,也正是促进各专业领域相互结合和渗透的重要途径,它在战后美国高技术工业的发展中充当了重要角色。实际上,MIT,特别是其副院长布什,在建立波士顿128 号公路高技术工业区的过程中起了关键作用。后来,MIT 又建立了重要的"工业联络计划"和"MIT 合作者计划",面向全美及欧洲和日本的企业。

因此,正如基里安所明确指出的:"如果我们实现了知识的结合和整体化,通才教育和专业教育之间的矛盾的基础就不存在了。……只有通才教育会导致肤浅,只有专业教育则导致狭隘和缺乏远见。而要实现这两者的合作关系,就要在教育过程中缩小两者各自管辖的领域之间的差别。"

通才教育和专业教育相结合,MIT 的这一经验很值得我们借鉴。

当然,MIT 毕竟是美国的一所第一流的大学,它的做法我们不应该照搬。下面我们再联系我国的国情加以分析。

第一,MIT 决定加强自然科学基础,实行理工结合,是在 30 年代初。当时的美国"工业技术还处于起步阶段","科学的应用实际上并不真正存在"。当时 MIT 的领导层居然能够预见到科学和工业发展的趋势,根据人才培养周期长的特点,毅然采取了加强自然科学基础理论,并进而向综合性方向发展的决策,使 MIT 在其后的几十年中为美国培养了一大批杰出人才。现在我国的生产技术虽然还比较落后,但远比二三十年代的美国要强。因为时代不同了,世界范围的新技术革命对我们既是挑战,也是机会。中共十三大决定"把发展科学技术和教育事业放在首要位置,使经济建设转到依靠科技进步和提高劳动者素质的轨道上来",提出加速科技进步,不仅要着重推进大规模生产的产业技术和装备现代化,切实加强对引进技术的消化、吸收和创新,还要组织力量不失时机地开展高技术研究,特别是微电子技术、信息技术、生物工程技术和新材料技术的研究和开发,继续加强基础研究,大力发展软科学。随着商品经济的发展,发挥市场调节作用,企业之间的竞争日益激烈,过去那种一种产品几十年一贯制已经行不通了。为了求生存、图发展,企业必须根据市场需求,应用科学技术,不断开发新产品,提高自身的竞争能力和应变能力。不仅大企业要这样，中小企业包括众多的乡镇企业也要这样。特别是我国沿海地区的经济发展战略，要大力发展外向型经济，有领导、有计划、有步骤地走向国际市场，进一步参加国际交换与国际竞争。所有这些，都要求高等学校培养的人才必须具有较强的理论基础、较宽的知识面和综合分析问题、解决问题的能力，也就是需要培养一定意义上的"通才"，这绝不是仅仅懂得一些专门知识和操作技能的技术人员所能胜任的。

第二，我国高等学校实行专业教育是 50 年代初向苏联学来的。由于当时我国工业技术也是处于起步阶段，这种培养"现成专家"的专业教育还基本上能够适应工业发展的需要。问题是后来一直未改，而且专业划分越来越细。而苏联自己则已有大的改变，70 年代开始就提出要培养专业面宽的专门人才，并且采取措施调整了专业的设置，加强了基础课的教学。1987 年 3 月发表的《苏共中央关于高等和中等专业教育改革的基本方针》中又指出"在高等学校，出现了专业划分过细，专业数量过多的不合理现象，这对专业人才的一般学科训练和职业训练产生了不良影响"，提出要"大幅度缩减专业总量"。而据了解，目前全苏所有大学的专业目录只约 300 种，而我们经过压缩后现在还有 600 多种。

1988 年 4 月 8 日的《光明日报》刊登了一篇题为《"火箭之父"的母校》的文章，介绍了苏联著名的包尔曼高等技术学校的一些情况。这所学校在历史上曾经培养了被称为"火箭之父"的科学家科罗廖夫和著名飞机设计师图波列夫。1987 年初，苏联政府曾做出专门决议，要求这所学校重振当年雄风，培养和输送能使苏联科技全面跃居世界前列的一流人才。因此，包尔曼高等技术学校毅然摒弃当时的专业划分，采取机动灵活的课程设置，实行综合性的专业教育：一是取消内容过时或划分过细的专业，合并内容相近的专业。原先设置的专业被淘汰的达 30％。同时又新建了新材料、灵活生产系统、综合自动化等一系列新专业。二是加强基础理论教育，使学生毕业后对新的学科和知识兼容并蓄，融会贯通，成为能力全面的专家。三是广泛开设人文学科课程，如文学、艺术、美学、社会学等，使学生具有合理的知识结构，在研制和开发新技术新产品时，不仅从技术方面，而且从社会、经济、环境等方面进行综合论证，得出科学合理的结论。四是实行教学、科研、生产一体化，学校建立了 7 个教学科研设计综合体，对各系的教学、科研和设计任务统筹安排。五是为了密切教学与生产的关系，学校所有的教研室都在专业相关而又设备先进的企业建立了分支教研室，把一部分课程直接拿到工厂实地教授。

请看，这些措施同 MIT 的做法何其相似！苏联高等学校一直是主张专业教育的，但从其所设专业的数目越减越少，专业面越扩越宽，特别是像包尔曼高等技术学校所实行的所谓"综合性的专业教育",是否可以说苏联实际上实行的也是通才教育与专业教育相结合。苏联高等教育从开始注重专业教育向综合性方面的发展变化,绝非出于某些人的主观意志,而是社会发展中必然提出的合乎规律的要求。

第三,那么,究竟应该怎样分析用人单位的反映和要求呢?近两年来,我校曾经组织过几次对工厂企业科技人员和大学毕业生的比较系统的调查。一次是关于工科本科生基本规格的调查,一次是在我国机械电力行业开辟培养高级工程师的多样化途径的调查,再一次是关于大学毕业生"工作适应期"的调查。这几次调查都分别涉及数十个工厂企业(既有大型企业,也有中、小工厂)、研究机构和高等学校,调查对象每次300人以上。这三个调查得到的反馈信息,在人才培养的知识结构方面,意见基本是一致的。主要有以下几点:

其一,强调要加强基础知识(包括专业基础理论),扩大专业口径。调查中普遍反映近几年毕业生的基础理论知识学得较好,新科学、新技术的学习比以前的毕业生好。他们充分肯定加强基础理论的重要性,认为今后应进一步加强、学好。洛阳发电厂一位工程师说:"衡量一个企业看发展,衡量一个人的素质看应变,关键要打好基础。"机械部第四设计院的一位工程师说:"大学里学什么?我看学最精华、最基本的东西,学社会上难以学到的东西。"被调查的高级工程师们普遍反映,虽然具体使用的往往是专业知识,但掌握较扎实的基础知识与专业基础知识,有助于更有效更灵活地应用乃至更新专业知识。现在有的大学毕业生,由于专业口径过窄,到工作岗位后很难发挥所学知识的作用。

其二,对提高知识广度的要求超过深度的要求,即"知识面要宽一点,但不要太专太深","不要孤立追求单科知识的深度,而忽视整体知识结构的合理"。大学毕业生的现状则是知识的广度不够,离社会的要求较远。

其三,在生产实践中,凡是比较重要的问题,往往是综合的,不可能用某一方面的专业知识去解决;而且生产中的问题又是多变的、具体的。正是由于生产问题的这种综合、多变、具体的特点,大学毕业生不可能依靠在学校学到的某一专业的知识去解决,也不太可能做到工作岗位与其所学专业完全对口,必须根据生产实际需要,不断调整自己的知识结构。而只有在学校里学好基础理论和专业基础理论,有较宽的知识面,才有可能具备这种调整知识结构的能力。

工厂企业等用人单位意见最多的是,现在许多大学毕业生轻视实践,不愿到生产第一线工作,实践能力很差。

这主要是由于近几年来高等学校在强调加强基础理论的同时,忽视了理论与实践的结合，削弱了对学生实践能力的训练。学校应该对学生加强重视实践锻炼的教育，在教学中要大力加强实践环节。此外，最根本的还是要像MIT那样，加强学校与工厂企业的联系与合作，让教师和学生实际参加到生产技术的研究开发中去，真刀真枪地承担任务，接受锻炼。而要做到这样，有许多问题，包括体制和运行机制上的一些问题需要解决。关于加强理论和实践相结合，MIT教授会主席莫尔斯在赞扬康普顿院长的一段话中写道："纯科学家们接受了工程课题，他们被鼓励到实验室中去。结果，毕业出去的工程师能进行科学研究工作，学纯科学的毕业生能胜任工业科研工作。"这一段话应该引起我们很多的思考。

当然，我们强调加强基础理论，扩大专业口径，也并不是要完全取消专业，像西方国家某些学校那样完全没有目标地培养所谓"通才"。我们的结论是：通才教育和专业教育相结合，理论和实践相结合。

目前我国处于社会主义初级阶段，生产力水平总体上说比较落后，而且发展极不平衡，因此不同地区、不同工厂企业对人才的要求是有区别的。就是在一些现代化程度比较高的工厂企业，也需要大量低层次的技术和管理人员。因此，我们的高等教育在培养目标上必须分层次，在培养规格上要多样化，而不能一刀切。我们所说的通才教育和专业教育相结合，是指大学本科教育，不包括专科教育。至于工厂需要大量的懂得某些专业的工艺知识和操作技能的技术员，可以通过大力发展专科教育去培养。

人才培养任重而道远[*]

一、教学改革

关于教学改革，我的看法是已经有了一个良好的开端，其趋势无疑也是好的。

为什么说只是一个良好的开端？主要原因是，在教育工作中还存在不少弊端。《中共中央关于教育体制改革的决定》（以下简称《决定》）明确指出："在教育思想、教育内容、教育方法上，从小培养学生独立生活和思考的能力很不够，发扬立志为祖国富强而献身的精神很不够，生动活泼地用马克思主义思想教育学生很不够，不少课程内容陈旧，教学方法死板，实践环节不被重视，专业设置过于狭窄，不同程度地脱离了经济和社会发展的需要，落后于当代科学文化的发展。"

应当看到，这些弊端是有其严重性的。产生这些弊端的原因相当复杂，由来已久，根子较深。必须下很大决心，做大量艰苦的工作，并需要有一定的时间，这些弊端才能得到逐步的解决。

因此，确实是任重而道远。

为做好这项重大的改革，我以为，除了我们教育战线内部要认真工作以外，还要认真倾听外界的意见。这也许是旁观者清吧。

从国内来说，就我所看到的，我觉得钱学森同志的意见是有分量的，值得重视。他在《关于教育科学的基础理论》这篇文章里说："我也曾到一所重点高

---

　　* 本文是作者 1985 年 12 月 12 日在全国部分高等工业院校教学改革座谈会上的发言，原文《任重而道远》，载《高等教育研究》1986 年第 1 期。

等学校去听课，一堂课是高等数学（微积分），另一堂课是随机过程数学，都是两节相连的课。我听了之后，感到教师讲得太繁琐，连习题也在课堂上讲，有的学生连笔记都不记。课后我找两位教师谈，我说两节课改成一节课就行了，留下习题让学生自己去思考、去做，教学效果会更好些，而上课时间也减少了。两位教师说他们同意我的意见，但不能照我们认为正确的方法去办，因为那样办，有些学生会不习惯，灌惯了改不过来了，就会向教师提批评意见。'条子'多了，就会影响教务部门对教师的看法，因而不利于教师的评职称和提级别。这是落后阻挡了前进，不准前进！"

关于研究生，他说："知识面窄，一心钻在写毕业论文上；外文水平比较差，不习惯看外文参考书，这又反过来使他们扩展不了知识面。"

还有，"现在四十多岁的教师呢？他们有的已是副教授了。虽然他们之中的一部分是十分优秀的，报纸上常常表扬他们的事迹，读后令人得到鼓舞。但也必须说，四十多岁的教师中的大多数也深受'十年浩劫'之害，因此知识面很窄，外文阅读能力很差，这都使他们缺乏高瞻远瞩的见识。"[①]

从国外来看，就我所知道的，并且已经见之于文字的，我觉得田长霖教授的意见是值得重视的。他是行家。我1979年3月访问美国加州大学伯克利分校，他当时是机械系主任，我和他第一次见面。他现在是该校的副校长。他曾多次回祖国访问，对国内情况是比较了解的。1981年他来到我们学校，我们聘他为名誉教授。他做了一次很好的讲演，内容是谈技术科学和工程教育的重要性，而且是结合我国的国情来讲的。1983年10月，他在西北工业大学的讲演，又进一步谈到这个问题，其中有这样一段话："可以很坦白地讲一句，我们国内派到外国学习的人，甚至于许多年轻的研究生，不说访问学者，他们一到学校考博士初试马上都通过。我们简直惊呆了，怎么他们这么行。但考试之后情况就不同了，真正到做研究的时候他们就不一定行了，因为没有思考能力的训练。考博士初试是书本笔试，那他们都本领很大，因为只要靠记，靠念书本，但是到作博士论文，就发现并不是像我们想象的那么出色。这不能怪他们。他们都是真正的佼佼者。主要的是小学、初中、高中、大学的训练都是以书本为主，而不是以思考方面为主，也不以动手为主。"他的这篇讲演，我们已经转载在《高等教育研究》1985年第3期上。

另外，今年上半年，我还间接地听到田长霖和葛守仁（他也是加州大学伯克利分校的电机系教授，1979年我访问该校时，他是工学院院长）谈的另一个意见，就是从国内去的研究生，他们感觉基础不够。也许有人说，在我们的教

---

① 《华东师范大学学报（教育科学版）》1984年第4期。

学计划中,基础理论课所占的比例已经够多的了。我猜想他们所指的基础不够,恐怕不是指量的方面,而是指质的方面,就是指深度和思考能力。上面提到钱学森的意见,田长霖和葛守仁的意见,都是值得我们考虑的。他们的有些话可能讲得重一些,但语重心长!

我想,从国家教委到各个学校,都经常接触国内外各方面的人士。多征求他们的意见,对我们的改革很有好处,这叫兼听则明。

二、出好人才

《中共中央关于教育体制改革的决定》的第一部分,题目是"教育体制改革的根本目的是提高民族素质,多出人才、出好人才"。在这里,我想谈谈怎样理解"出好人才",并且联系到我们本科工程教育的培养目标来谈。

在中共中央《决定》的开头,指出了"今后事情成败的一个重要关键在于人才"之后,第二段里说:"所有这些人才,都应该有理想、有道德、有文化、有纪律,热爱社会主义祖国和社会主义事业,具有为国家富强和人民富裕而艰苦奋斗的献身精神,都应该不断追求新知,具有实事求是、独立思考、勇于创造的科学精神。这就向我国教育事业的发展和教育体制的改革,提出了伟大而又艰巨的任务。"

在这段话里,对怎样才叫做"出好人才",是讲得很明确的。是不是还可以更简练地概括为两点:第一,我们培养的人才应该"四有";第二,应该有勇于创造的科学精神。

关于创造精神,我原来也不大注意,似乎认为要求高了一点。直到好几年前,我从新华社《内部参考》上,读到常州中学老校长史绍熙与记者谈到关于"着力培养中学生的创造精神"以后,受到很大的启发。他从事教育工作几十年,得出了要培养中学生具有创造精神的结论,这是一个非常难得的宝贵结论。培养中学生尚且如此,那么,我们对待大学生又该如何呢? 1982 年,教育部高教二司在我们这里召开电力、电子工程类专业教学工作会议,要我在会议的开始发个言,我发言的题目就是"培养大学生的创造能力"。我提到常州中学史绍熙同志对我的启发,更多的是谈我们大学的问题。

说到这里,我还要介绍两个情况。一个是去年夏天,全国教育学会举行第一次年会和第一次学术讨论会以后,新华社发的消息里说,这次会议要求在普通教育工作中,培养学生的创造精神。另一个是今年 2 月 12 日《光明日报》第一版发了一条消息,里面说:如何改变单纯以课本、课堂和教师传授知识为中心的传统教学方式,使小学生更快更广泛地获取新的知识,这已经成为教育家们所关心的问题。对此，著名教育家、91 岁高龄的叶圣陶说："教科书上的知识是很有限的，所以从小学一年级起，就要鼓励孩子们自己学习，在课堂之外学习，锻炼观察的本领、思考的本领、试验的本领、创作的本领，还要让孩子们高高兴兴地学，有滋有味地学。"

也许有人说，这些话都对，但现在中小学的实际情况却是另一回事。

这也没有什么奇怪，就好像我们大学教育多年来开了许多会，议论了许多道理，但实际情况是仍然问题成堆。也正因为这样，所以中央提出来要改革，做了《决定》，非改革不可。

联系到我们本科工程教育的培养目标，究竟是要让学生受到工程师的基本训练，还是要培养开拓型的人才呢？我以为两者并无矛盾，完全可以并提。作为一个工程技术人员，当然要有工程师的基本训练，但同时也要像中央《决定》所指出的，要实行"三个面向"，"为九十年代以至下世纪初叶我国经济和社会的发展，大规模地准备新的能够坚持社会主义方向的各级各类合格人才"。因此，中央《决定》中进一步指出："要造就数以千万计的具有现代科学技术和经营管理知识，具有开拓能力的厂长、经理、工程师、农艺师、经济师、会计师、统计师和其他经济、技术工作人员。还要造就数以千万计的能够适应现代科学文化发展和新技术革命要求的教育工作者、科学工作者、医务工作者、理论工作者、文化工作者、新闻和编辑出版工作者、法律工作者、外事工作者、军事工作者和各方面党政工作者。"

请注意，这里明确指出，要"具有开拓能力"，要"能够适应现代科学文化发展和新技术革命要求"。

培养开拓型的工程技术人才，当然包括工程师的基本训练。反过来说，如果只有工程师的基本训练，而不具有开拓能力，不适应现代科学文化发展和新技术革命的要求，那就没有完全达到"出好人才"的目的。

今年 5 月的全国教育工作会议上，发了一份有点特殊的材料，就是蒲慕明教授在清华大学生物系的一次讲话。他说："在大学教育中，我们应培养学生的独立性和创造性。美国社会里的教育方法有不少缺点，但有一点我觉得值得借鉴，就是处处鼓励学生独立创新，这一点从对小孩子的态度就可看出。你在美国街上走路，很少看到父母牵着小孩的手走路，只要他会走了，就让他自己走，摔倒了自己爬起来，除非碰破了头否则不去扶他。小孩出点鬼主意，父母不但不骂，有时还夸奖几句。我们的社会可不一样。父母照顾得可紧呢，不能乱跑，不能做这，不能做那。乖乖地坐着一声不吭才是好孩子。到了学校里老师也是牵着学生念书，这个该念那个不该念，生怕学生走歪路。这反映了我们上一辈的爱心。但这样无微不至的照顾对学生独立思考探索，培养创新精神是有害无利的。"他这段话深入浅出，讲得很好，很值得我们借鉴。我和他很熟，1979 年 3 月在洛杉矶，我曾在他家里住了两天。所以这次一边给他写了封信，打个招呼，一边就把他的讲话在《高等教育研究》1985 年第 3 期上登了出来，让更多的同志能够看到他的见解。

三、专业改造

谈谈专业设置和专业改造问题。大家知道，新中国成立前，我国大学只有系，没有专业。1952 年以后，全盘学习苏联，实行院系调整，才设置了专业。可以说，这是我们学习苏联模式的一个主要表现。从此以后，设置专业所带来的一整套体系，特别对我们工科教育，在一定程度上几乎起了决定性的作用。

在过去 30 多年中，对专业的设置和改造曾做过许多工作，有过不少变迁。诸如：随着高等教育事业的发展，在全国范围内，不断增设了一些新的专业；特别是 1958 年和 1959 年，少数工科大学还设了一些理科专业。但 1961 年和 1962 年，又进行调整，不少专业下马。这个调整是完全必要的，但也受苏联模式的影响，把少数工科学校所设的理科专业基本上都砍了。另外，像我们学校，不仅把刚设的一点点理科专业砍了，还把计算机和半导体两个专业也砍了，我们就有很大意见。"文革"后期，我们学校还有个特殊情况，即 1971 年和 1972 年，我们学校又增设了 9 个专业。在耽误了 10 年以后，重办计算机和半导体专业，还有激光、微波技术专业等等，都是那时开始办的。从"文革"以后到现在，许多大学又增设了不少新的专业。最近几年，教育部对工科专业在调查研究以后，制定了新的专业目录，将数百个专业归并为两百来个专业，这是一件大好事，我们是非常拥护的。

在回顾这一段历史以后，还要做进一步的分析。

（1）新中国成立初期，学习苏联这一套做法有当时的具体情况，正如中央的《决定》所指出的，成绩还是显著的。

（2）50 年代末期以后，苏联的高等教育（当然包括高等工程教育）逐步有所改变。最主要的就是在培养目标方面，从培养具有狭窄专业知识的专家，改变成为培养具有广泛专业知识的专家。1972 年苏共中央和苏联部长会议通过了一个专门的决议，强调要"着重注意培养知识面比较宽的专门人才"。

关于苏联高等教育几十年来的演变，北京师范大学的研究生李春生在他的硕士论文《苏联高等教育的整体化》（此文转载于《高等教育研究》1985 年第 3 期上）里有比较系统的论述，这里就不详谈了，请同志们自己去阅读。

（3）从十月革命以后到 50 年代末期，苏联为了适应当时经济建设的需要，要求高等学校培养所谓"现成的专家",就是给予大学生某一门很具体的专业知识和某一套现成的解决问题的办法。这种所谓"处方式"的专家符合了当时的要求,在当时的经济建设中,包括二次大战后的恢复时期,都发挥了重要的作用。新中国成立初期,我们从苏联学来的,就正是这种培养"处方式"专家的办法,因此,专业口径很窄。

苏联在 50 年代末期以后,高等教育逐步有所改变,特别是 1972 年又专门做出决议,"要培养具有广泛专业知识的专家"。但由于我们与苏联的关系产生了严重的矛盾,对苏联的情况从此就很不了解,因而直到现在,我们所熟悉的还是新中国成立初期学来的那一套,变来变去,基本上还是在苏联早期的模式里兜圈子。应当看到,这是历史留给我们的一个沉重的负担。现在中央讲话了:"专业设置过于狭窄。"这就要求我们必须对这个在相当大的程度上起决定作用的专业设置和改造问题,认真加以研究和解决。这当然是一个十分复杂的问题,要适应国家"四化"建设的需要,学术性又很强,也不能照抄人家的一套,要开辟适合我们自己国情的道路,做起来极其艰巨。但想到这是关系到国家培养人才的大事,再费气力也是应该的。

四、考试改革

考试制度也要改革。我过去对考试不大注意,直到 3 年以前,发现学生考试舞弊,还有所谓"分数贬值",就是有时题目出得过于容易,评分时放得很宽,等等。于是,着重抓了一下考试纪律,检查教师评分是否准确无误。

去年夏天,全国高考的数学考试引起了不同的意见,就是去年暑假高考的数学试题出得比较难,据了解,当时高考数学命题小组的指导思想,就是要"考人才",不能只考死记硬背的东西。这就使我感觉到,考试除了具有大家非常熟悉的考核成绩、决定是否录取或升留级这个功能以外,还有一个更重要的功能,就是可以起"指挥棒"的作用,运用得好,可以促进教学改革,既可以促进大学的教学改革,也可以促进中等学校的教学改革。因为高考是面对中学生的嘛,你把出题的指导思想和具体内容改变了,就促使中学的教学非改革不行。

今年 1 月,我读到钱学森《关于教育科学的基础理论》的文章,使我进一步感觉到改革考试的重要性,应当使之成为教学改革的组成部分。

钱学森同志在他的文章里,谈了他自己亲身的经历。他说:"二十年代的北京师范大学附属中学有个特别优良的学习环境,我就是在那里度过了六年,这是我一辈子忘不了的六年。当时这个学校的教学特点是考试制度,或说学生对考试形成的风气:学生临考是不作准备的,从不因为明天要考什么而加班背诵课本。大家都重在理解不在记忆。考试结果,一般学生都是 70 多分,优秀学生 80 多分。就是说对这样的学生,不论什么时候考,怎么考,都能得七八十分。这个学校的教学内容也很深刻和现代化。"

除了这段话外,还有一段话:"由于我有这样一个中学的基础,当我进了上海交通大学,第一年是学不到很多新鲜东西的(因为北师大附中的教学内容比较深,课程设置比较好)。但这个大学与师大附中不同,考个 80 多分不算好学生,得考 95 分以上才行。所以我的功夫用在背诵上去了,以应付考试。……因此我在上海交大 4 年中,只有两个学年收益比较大。"当然这是历史上的上海交大,不是现在的上海交大。

考试怎样改?前提当然是教学内容和教学方法要改,要像钱学森所说的当年北师大附中的教师那样去进行教学,就是说教得好,既要讲授必要的内容,更要注意培养学生的思考能力。北师大附中的学生为什么重在理解而不重在记忆呢?因为老师讲课时,就是着重于理解,特别是几何老师着重讲逻辑思维,讲如何理解,这是前提。教学内容、方法等等,都要改。

另外,考试命题不但要改,现在看来要大改。要像去年高考数学那样,命题的指导思想是"考人才",或者说就叫做"考能力",或者说像钱学森所说的"重在理解不在记忆",考试命题需要有一个很大的改革。

与此同时,还要改进评分的方法。多年来,我们用的是百分制,50 年代学苏联,用的是五分制。现在,一些资本主义国家用的是相对评分法。可以研究一番,到底哪个方法为好。我的看法是相对评分法比较好。现在,教师也有苦衷,叫做"出题难",出深了学生有意见,出浅了学校有意见,真是左右为难。采用相对评分法,就不至于左右为难。当然,各级各类学校的入学考试,在目前情况下,还得用百分制,否则,难以决定取舍。

关于高考,我另外还有一个建议,就是是否可以不必分文科与理科,考试科目和试题,都完全一样,这样做很有好处,可以使得高中学生不致产生偏废现象,使他们在中学时代在文化科学知识方面学得更全面、更扎实一些,因为这是一个基础。我想我们大家都有感受,中学这一段对我们很宝贵,学了大量的文化科学基础知识。

我是学文科的,抗战前考武汉大学,考试的科目和试题与考理、工、农、医的完全一样。那时,好像许多大学都是如此。为什么那时能那样做,现在就不能那样做呢?高考分文、理科,也许在 50 年代这样做,还多多少少有点道理。现在形势发展了,是不是高校入学考试也要改革。当然,如果要改的话,那得在做出决定以后,要给普通高中三年的准备时间。

五、精神文明建设

谈谈社会主义精神文明建设。

在中央的《决定》里，要求把高等学校建设成为社会主义精神文明的坚强阵地。这是一个很大的题目，我在这里只说四点意见。

（一）对学生要作具体分析

新中国成立前后的学生不一样，"文革"前与"文革"后的学生不一样，工农兵大学生与 1977 年恢复高考以后的大学生不一样，恢复高考以后 77 级、78 级与 79 级以后的学生一般地说也不大一样。对当前的学生，既要看到他们的优点，也要看到他们的缺点；既不能估计过低，也不要估计过高，要恰如其分。

几年以前，有一位负责同志在一次正式的会议上说，当前在学生中产生了信仰危机。我不同意这个看法。我认为不是学生中有信仰危机，而是他们知之太少。所谓信仰危机，就包括不相信马克思主义，其实他们并不懂得马克思主义。

不久以前，我从新华社的《内部参考》上看到一位著名大学的团委书记对于他所在学校的学生情况所做的分析。我看了之后，觉得他估计过高，基本上是吹捧学生。

（二）要有理想

理想的实质是什么？归根到底，是要解决世界观和人生观问题。理想教育要从多方面坚持不懈地长期进行。马克思主义理论课是理想教育的核心，必须加以改革，否则，学生不爱听，一切无从谈起。

能不能改革好？在当前一部分同志中存在着无能为力、信心不足的问题。11 月 13 日和 15 日的《光明日报》给我们传来了很好的信息。13 日一版头条报道华东师大教师华明改革政治经济学课教学的情况；15 日一版头条报道华东师大另一位教师卢娟改革哲学课教学的情况。卢娟和华明这两位教师能够做到的事，相信其他政治理论课的教师也能做到。事在人为，我们应该增强信心。这里有一个领导的责任，不要说空话，而要为我们的教师创造必要的工作条件。例如，没有丰富的图书资料是不行的。华明教政治经济学，政治经济学分三大部分：第一部分是自由竞争时代的资本主义；第二部分是帝国主义即垄断资本主义；第三部分是社会主义。第一部分比较好讲，难的是第二部分和第三部分，学生最有意见的也是第二部分和第三部分。你说帝国主义是垂死的腐朽的资本主义，但是它并没有死呀，似乎某些地方还有所发展，你讲了半天，解决不了他的问题。所以第二部分很难讲,第三部分也难讲,第三部分就是当前的事,除了社会主义国家,世界上还有其他国家,各式各样。华明阅读了大量的图书资料,了解世界各国很多的情况,然后加以整理,加以提炼,跟学生讲,学生听了非常高兴。所以,这就有一个领导的责任问题。我们要为教师解决像这样的非常重要的工作条件,他们没有丰富的图书资料,要想讲好也困难。

(三)把学生培养成为完全的中国人

有一位中央领导同志从报上看到北京航空学院开了一门唐诗宋词的课,产生了意想不到的效果。于是他在1982年10月中国社会科学院的一次会议上,谈到要对学生进行中国历史和传统文化等等教育,只有这样,才能够使学生深刻地感受到我们祖国的伟大、可爱,才能产生强烈的爱国主义思想感情,才能成为一个完全的中国人。否则,就是不完全的中国人。

这位领导同志这样讲是很正确的,绝对不是随便讲讲而已,恰好蒲慕明用他的亲身经历有力地证明了这位领导同志这个意见十分正确,非常重要。蒲慕明现在是美国耶鲁大学教授,也是清华大学生物科学和技术系客座教授和兼职系主任。他在清华大学生物系的讲演中说:"我是在台湾长大的,在台湾'清华大学'读的大学,那里的'清华'是纯理工科的大学,没有开什么文史课程,我们很多学生觉得只搞专业有些'心灵空缺'。一些爱好文史的同学就组织了一个社团,叫'观澜社'。社名取自孟子之言'观水有术,必观其澜'。到校外请了不少文史专家来演讲、开座谈会、读诗,搞得还有声有色。毕业后,班上四十几个同学中有三十几位到了美国,目前大多学有所成,在学校、公司里工作,其中只有三位,总是经常回到祖国讲学、工作。不回国的同学也是关心祖国的事,但心中似乎存在一种我常开玩笑说是隔海观火的心情。我曾想,为什么同在台湾长大,受同样的教育,对祖国的感情有程度上的差别?最后我想到,常回国的三位我们'观澜社'的社友,都是爱好文史的。读文史不能只算是课余消遣,调剂身心,可有可无的,对陶冶一个人的民族感情、爱国心、责任感,都有无形的积极的作用。"蒲慕明以及他们"观澜社"的生动事例也使我们认识到,这位中央领导同志说的话是多么深刻。他把问题如此尖锐地提出来,我们绝不能无动于衷。

(四)作为领导,要具有良好的精神状态,要敢于做中流砥柱,切不可随波逐流

情况确实是这样:"文革"的后遗症还有,来自外界的影响不少,宣传工作

上也有问题，一句话，客观的原因很突出，给我们的工作带来了很大困难。

但是也确实存在着如另一位中央领导同志在今年 10 月所讲的情况，他说："现在有些学校，思想政治工作薄弱，管理混乱，到了不可容忍的程度。一个班没有班主任，老师不认识学生，上完课就走，究竟谁好谁坏，谁表现怎样，都不知道，这样能培养出'四化'的接班人吗？"因此，这位领导同志接着又说："我建议教委考虑，在大学里设立政治辅导员，从一年级跟到四年级，要考核品德表现。这个考核主要不是看考卷，而是看日常表现。我们培养合格的大学生，还是要德才兼备，又红又专。"

说到底，还是要抓，而且要抓紧；抓与不抓大不一样。

说到底，还是要做中流砥柱，决不能随波逐流。

说到底，还是关键在领导，领导要有政治头脑，这不是"左"，而是正确的、必要的。

救救教育

——对我国当前教育的一些看法[*]

　　新中国成立 50 多年来,国家的教育事业取得了巨大的成就、得到了快速的发展,这是历史,是客观存在,是谁也否定不了的。但是,在充分肯定我国教育事业所取得的成就的同时,我们也必须清醒地看到,目前我国的各级各类教育还存在着不少问题。为了国家的发展与前途,这些问题必须及时解决。鲁迅先生在 20 世纪 20 年代初期写的第一篇小说,题为《狂人日记》,他在这篇小说的最后大声疾呼:"救救孩子。"我认为,目前我们也到了该"救救教育"的时候了。

一、教育产业化给我国教育事业带来很大危害

　　自 20 世纪 90 年代中后期开始,关于教育能否产业化的问题曾引起过争论。当时,国家教育主管部门的态度是,教育是产业,但不能产业化。然而,在实际办学过程中,不少人依然将教育产业化。时至今日,教育产业化的不合理已经成为不争的事实了。教育产业化已经给我国教育事业带来了十分明显的消极影响。

　　由于年龄到期于去年第四季度退下来的教育部原副部长张保庆,前不久在香港凤凰卫视举办的《世纪大讲堂》节目中做了两次演讲,主题就是谈关于教育产业化危害性的问题,再次引起了人们对这个问题的关注和反思。直到现在,仍然还有人认为教育产业化即使有也没有多大的危害性。这简直是睁着眼睛说瞎话。张保庆认为,我国教育的产业化倾向,已经给国家的教育事业

---

　　* 本文曾以《教育:有话不得不说——朱九思教授谈我国当前教育问题》的专访载于《教育发展研究》2006 年总第 88 期。

带来了极大的危害。讲得很好,我完全同意他的看法。

为什么会出现教育产业化? 除了国家投入教育经费短缺的原因之外,其主要原因在于我国在推行市场经济的过程中,相关的政策和法律不够规范和完善,市场经济所产生的负面影响没有得到有效控制。追求效益的大潮导致了社会和个体过分功利化的倾向。香港学者力尔在 1994 年 4 月的一期《镜报》上撰文《重塑民族精神》。文章认为,内地的教育固然有很多优点和成就,但也存在一些问题。其中最大问题就是教育发展过程中的过分功利化倾向,这比教育经费短缺等所造成的危害性更大。他写到:"真正会对教育产生长期危害的倒是教育目标功利化的倾向。平心而论,目前大陆中小学和大学教育质量仍然是比较高的。但这仅限于学生的文化知识的学习方面,这是教育目标功利化造成的误区。所谓功利化就是把教育目标仅看做是培养为经济服务的工具,而不是把它看成是造就有文化、有知识的人,进而提高整个民族素质。这种功利化倾向加上目前学校教育中仍然向学生灌输枯燥无味的政治说教,致使受教育者的素质下降。有些人在学校掌握了一定的文化知识和专业技能,却既缺乏事业心和责任感,也没有必要的涵养。"我在给研究生讲课时,多次引用力尔的这段话。我自始至终反对教育产业化的观念和做法。

那么,教育产业化的观念和实践会给我国的教育事业带来什么样的危害呢? 我认为,教育是公益性事业,绝对不能赢利。但是,随着教育产业化的不断推进,近十几年来,各级各类学校收费越来越多,情况越来越严重,致使一些贫困家庭的学生特别是来自农村家庭的学生,因交不起学校各种各样的费用而无法上学,这实际上剥夺了这些孩子的受教育权。从基础教育甚至学前教育开始,几乎所有的家长,为使自己的孩子能够进入条件好一点的学校学习而不得不花费本不应花费的金钱。这在客观上迫使家长们不得不开展经济实力的竞争,致使低收入家庭的孩子只能上条件比较差一些的学校。

尽管我们在每年高校招生录取时,大多数高校也承诺家庭贫困的优秀生可以享受减免学费或提供其他条件,努力帮助这些学生完成大学学业。殊不知这些措施已经晚了,因为绝大多数家庭贫困的品学兼优的学生早已在基础教育阶段被无情地淘汰掉了,这种淘汰仅仅是因为经济贫困而不是智力贫困。平心而论,减免学费这项措施确实解决了少数学生完成大学学业的问题,但这并不能根本解决大多数学生平等上大学的问题。相反,很多学生在拿到录取通知书的时候不是喜而是忧。甚至有的家长因交不起孩子上大学的费用而走上了不归之路。因此,尽管每年在大学新生入学时,我们的新闻媒体都大张旗鼓地报道一些地方政府和亲朋好友为某些贫困学子慷慨解囊的感人场景,但这些毕竟只是权宜之计。

现在,这种现象已经发展到社会上流传着所谓"新三座大山"的说法,教育已经成为其中的第一座不堪重负的"大山"。这是我们教育的异化,实质上教育事业已经走到了它的反面——公益性的反面,真是我们教育的最大不幸。而实际上,正如哈尔滨工业大学校长王树国所说:"办大学不能赚钱,否则大学是办不好的。"[①]这也是至理名言。

二、教育质量下降

教育质量问题也是目前最为引人关注的,这在高等教育中显得最为突出。就高等学校来说,现在许多大学高额收费之后在干些什么呢? 这些学校把相当多的费用用于大兴土木,许多学校相互攀比,修建越来越豪华的建筑物,校门不断翻新,一个比一个时髦,一个比一个宏伟。一些学校的领导为了搞这些所谓的"形象工程"和"政绩工程",不惜投入巨资,资金不够就向银行贷款。东北地区某大学贷款竟达 25 亿左右;武汉地区某大学贷款最多时也有 18 亿元之多;许多大学都在向银行贷款。而在教学工作方面,尽管一些学校在投入上也有所增加,但是远远赶不上这些大兴土木上的恶性膨胀。不少学校把学生当摇钱树,学生的人数急剧增长,而教学仪器设备、实验条件却不及时更新和补充,根本无法满足正常的教学要求。这样的教学设备和实验条件的状况如何能够保障教学质量? 又如何能够培养高素质有创新能力的专门人才? 对此,我深表忧虑。

现在不仅是本科生的规模迅猛扩展,研究生的招生规模也在快速扩大。随着部分高校两年制硕士研究生培养工作的推广,研究生数量增长的速度将更快。与此同时,研究生教育质量同样难以保障。更为严重的是包括博士研究生在内的指导教师的力量跟不上。有这样一位老教授已经公开地讲:"过去我只指导七八个博士生,现在要指导二三十个博士生,实在忙不过来,只好偷工减料了。"其实,由于研究生带得太多,在不少学校,导师不完全认识自己指导的研究生已经成为不再可笑的"正常现象"了。"我曾经听说过一种说法,一位导师在毕业论文答辩会上问自己的研究生叫什么名字,这可能是一个笑话,但现在高校中确实存在类似的现象。"[②]

复旦大学副校长、研究生院院长周鲁卫坦言,研究生的大量扩招,导致导师和研究生的比例失调,学生质量无法保证。这样一来,大学生的质量和研究

---

① 智效民:《八位大学校长》,长江文艺出版社 2006 年版,第 1~2 页。
② 《研究生盲目扩招 答辩会上导师认不出自己的学生》,http://edu.sina.com.cn/l/2004-11-30/93164.html。

生的质量怎么能够提高呢？只能下降了。上海交大的一位研究生就说："现在导师带的研究生都很多，即使导师很敬业，也会'心有余而力不足'。我读研3年，和导师谈话的时间加起来不超过10个小时。"①

本科生的毕业设计，答辩人数也很多，因此也只好走走过场了，每个人的答辩时间只能有20～30分钟。研究生答辩的情况也大致如此，一个上午要答辩好几个研究生，不走过场行吗？这简直把培养工作当儿戏，置教育质量于不顾。很多博士生导师对于博士研究生的论文不仅不能很好地指导，而且也不能很好地审阅，就这么潦潦草草地过去了。

当然，也有个别的例外。天津的南开大学今年就有28位博士生由于论文没有通过答辩而未被授予博士学位。据说，北京大学对招收博士研究生的规模控制得十分严格，博士生的毕业时间也不一定严格控制在3年之内，而是主要取决于论文的质量，什么时候通过答辩，就什么时候毕业。特别是中国科技大学，从招生、学校规模到其他各项工作都非常严谨。但是，非常遗憾的是，像中国科技大学、北京大学、南开大学这样的学校太少了。很多大学好大喜功，又要赚钱，重数量轻质量。这是一种非常不负责任的表现，也是我国高等教育异化的表现。因为，质量恰恰是教育的生命线，没有了质量，大学的存在就失去了意义。

近年来，国内风行所谓大学排行榜，真是天晓得这些排行榜的真实性和可靠性。我一贯主张大学的质量是实实在在干出来的，而不是排行榜排出来的。每一所大学的质量的高低，社会自有公论，高校不要在意这些排行榜。

就基础教育来看，应试教育几乎已经成为我国教育潜在的毒瘤。全国上上下下都认为应试教育非改不可，但就是改不了。主要原因除了受中国长期的科举制度影响之外，与社会的经济发展水平和社会就业压力等也有很大关系。但如果从教育自身找原因，教育领域中的产业化和过分功利化确实对应试教育起到了推波助澜的作用。过去，每年的高考都安排在7月份，因此，十几年前有人写过一篇文章，题目是《黑色的七月》，讲的就是应试教育问题。

现在应试教育已经从高考向两端延伸。一端是向初中、甚至幼儿园延伸。目前初中升高中的"中考"这一关也很困难。一些家长为了让孩子将来能够考上一所好的大学，从幼儿园开始就要给孩子找好的幼儿园，继而找好的小学，当然考试也就不可避免。这就过早地将孩子置于竞争的境地，孩子的童年也因此失去了乐趣，被迫蒙上了痛苦的阴影。弄得孩子的精神负担很重，他们的

---

① 《研究生盲目扩招 答辩会上导师认不出自己的学生》，http://edu.sina.com.cn/l/2004-11-30/93164.html。

睡眠得不到保障,星期六和星期天都要到学校去学习或者参加名目繁多的培训班。在 20 世纪 60 年代初期,毛泽东就曾经指出过应试教育现象实际上是在摧残青少年。今天,已经发展到应试教育在学校教育中占统治地位。在这种情况下,即使是通过考试选拔出来的"优秀"学生进入大学之后,他们的思维能力和创新能力实际上是应该受到质疑的。而且大学生的这些能力不强,也必然会影响到我国培养高级专门人才的质量。

应试教育的另一端是向高等教育延伸,许多专科学校和设有专科培养层次的大学,为了能使更多的学生升为本科生,或者使更多的本科生升为研究生,而放弃了正常培养工作,将相当多的精力投入到如何应付"专升本"和"考研"的各种考试中去。不少学校有部分教师专门研究一些重点大学每年的"专升本"和"考研"的考题,然后再来举办各种形式的辅导班,致使辅导班成为挣钱的一条重要渠道,辅导班已经成为高校中十分红火的风景线。此外,名目繁多的各种成人教育机构也试图通过与"专升本"接轨而成为赚钱的另一条渠道。所以,"专升本"的应试教育也就不可避免了。高校中应试教育所引发的高等教育质量问题难道还不能引起我们警觉吗? 如此下去,我国的教育岂不都成为考试教育了吗? 我对此深感疑虑。

三、教育管理中的官本位、行政化倾向越来越严重

新中国成立以来,在计划经济的长期管理下,我国教育机构一直被视为行政机构的一部分,学校常常与行政级别紧密联系在一起,各级各类学校的校长和其他管理干部都是按照行政级别来划分并享受相应的待遇。最近在网上看到《瞭望东方周刊》对哈尔滨工业大学校长王树国的采访,王校长在接受采访中说道:"中国的教育还是官本位。大学被扣上行政级别,被赋予官衔,这是非常尴尬的。比如,有的高校校长被定为副部级……大学的作用不在于行政级别的高低,大学本来最应该体现社会公平,但是这种浓厚的行政化色彩让大学处境尴尬。"[①]我十分赞同王校长的观点,认为王校长的话说得非常好。

官本位和行政化倾向会给高等学校的教育和教学带来一系列的负面影响。这些负面影响包括:激化高校内部矛盾,导致学术精神的沦丧,滋生各种腐败,挫伤教师积极性。[②] 在官本位的管理体制下,教师在高校的地位和权利难以得到保障。而有关教学、科研、学科建设、教师职称评定等原本属于学术

---

① 《专访哈工大校长王树国:高等教育体制必须改革》,http://news.sina.com.cn/e/2005-03-17/12556112002.shtml。

② 李松:《行政化倾向,高校难以承受之重》,《参考消息》2005 年 12 月 29 日。

权力的权力都统统被学校内大大小小的行政"官员"所掌控,一名行政职能部门的办事员的权力及其所掌握的资源可能远远超过一名知名的教授。因此,他们经常可以对教授、专家指手画脚。据了解:"在许多高校,人们普遍缺乏一种对科学与学术的敬畏之心和虔诚之心,取而代之的是对'行政权威'的羡慕。一些学术上有建树的学者,都竞聘系主任、所长、校长等行政职务。"[1]我对高等学校管理中出现的这种官本位和行政化倾向十分反感,早在20世纪末,我就曾指出:"大学是研究高深学问和培养高级人才的场所。大学的根本特性可以概括为两个字:学术。这里所谓学术的含义是广义的,包括教育、研究与开发。……由此可见,也可以说,学术自由,追求真理是大学的灵魂。"[2]因此,应当废除当前高等学校这种官本位和行政化倾向的管理模式,而代之以民主管理的模式,正确处理好学术管理与行政管理的关系,应当依法赋予广大教师更多的权利,只有这样才能调动教师的积极性。

四、教育腐败现象在发展

目前存在于高等学校内部的教育腐败问题日益严重。高等学校曾经被誉为"清水衙门",现在情况正在发生变化,已经不是过去的"清水衙门"了,种种腐败现象特别是学术腐败越来越多。目前,存在于高等学校中的教育腐败表现形式多种多样,有的表现为商业贿赂,有的表现为学术造假,还有的表现为学术权力的滥用,等等。我对我国教育领域中存在的这些腐败问题深恶痛绝,希望国家能够采取强有力的措施,及时有效地制止,防止这种现象的蔓延,否则中国教育将面临严重的危机。

在教育腐败中,学术造假的现象极为严重。诺贝尔奖获得者、物理学家丁肇中在"21世纪科学前沿与中国的机遇"高层论坛上说:"科学家要和别人竞争,要站在别人的前面,但最重要的是要诚实。"目前,学术不端行为在中国科学界仍不同程度地存在。上海交通大学的"汉芯"研制存在着严重造假和欺骗行为,这仅是被揭露的一例。针对我国科学界存在的这些学术不端行为,丁肇中表示:"科学家最重要的道德观念就是诚实。"我对此十分赞同,学术造假不仅仅关系到造假者个人的事情,它也关系到我国良好学术风气的形成和中华民族的道德品质提高。这些造假者中有些是专家和学者,有的已经成为知名的科学家,他们理应成为国家的精英和栋梁。因此,他们的不端行为所产生的消极影响是深远的、广大的,必将影响中国科学界在世界学术界的声誉,对于

---

[1] 李松:《行政化倾向,高校难以承受之重》,《参考消息》2005年12月29日。
[2] 朱九思:《竞争与转化》,华中科技大学出版社2001年版,第92~93页。

年轻一代学者的消极影响也是难以估量的。要解决这个问题,不仅要加强思想道德教育,更要从管理体制上寻找根源。否则将难以彻底改变这种现状。

五、教育经费短缺

教育经费短缺一直是困扰我国教育发展的瓶颈之一。长期以来,我们的教育主管部门和相关部门一直认为中国是"穷国办大教育",对此我表示异议。不能简单地说"穷国办大教育",而更为重要的是国家是否能够兑现在有关政策和法规中提出的经费要求。《中国教育改革和发展纲要》提出:"到本世纪末(指20世纪),国家财政性教育经费支出占国民生产总值的比重应达到4%,国务院有关部门要制定相应的政策措施和实施步骤,认真加以落实。"①而实际上,我国的教育投资并没有达到这个水准。

正如教育部原副部长张保庆所言,尽管我国教育经费每年在绝对数量上有所增加,但是,仍然非常短缺。根据国际上的共识,发展中国家的年教育经费应占不少于4%的GDP,而且经济发展速度较快的国家还要超过4%,甚至可以在5%左右。我国近几年的经济发展速度较快,这在国际上也是得到公认的,而我国每年的教育经费只占GDP的3%多一点(在3%~3.5%),这与我国经济发展的速度是不相称的。归根结底,教育是国家的事业,国家应当支付这个比例的教育经费。如果这个比例达不到,就可能在教育领域内出现许多不正常现象。

最近几年,党和国家及各级政府大力提倡按照科学发展观的要求办事。既然要按照科学发展观的要求办事,那么教育经费短缺的现象是否符合科学发展观的要求?对此我感到没有把握。所以,在这里提出这个问题,希望大家都来研究。但归根结底解决教育经费不足问题是政府的责任。

1868年日本明治维新之后,对教育十分重视。维新之后只经过了5年,当时的日本政府就颁布了实行5年义务教育的法律,并要求严格执行。1894年,中日甲午战争之后,日本将中国赔款的相当多的部分用于发展其教育事业。大约20年前,有一部日本电视连续剧《阿信》,内容就是写阿信这个人从少年一直成长为企业家的故事。她在青少年时代由于家庭贫困不得不到别人家去打工,但是每天晚上都要带着凳子到本村的夜校去接受义务教育。当时的日本法律规定,如果她打工的那家主人不允许阿信去学习就会受到法律的制裁。陕西师范大学出版社出版的《激荡的百年史》这本书,有很多内容讲的就是日

---

① 《国务院关于〈中国教育改革和发展纲要〉的实施意见》,1994年7月3日发布,国发[1994]39号。

本明治维新之后到 20 世纪 60 年代日本如何成功的历史，书中有相当篇幅就是描述日本在这 100 年中对教育的重视。《激荡的百年史》是一本很好的书，曾经被三联书店评选为"20 年来影响中国最大的 100 本书"之一，书店均有售，希望广大读者可以找来读一读。读完之后，你们可以感到教育对 100 年的日本的发展起了很大的作用。而其中日本政府对教育的投入是一个非常重要的因素。日本是我们的近邻，与我国在文化上有着密切的联系，他们的成功经验值得我们借鉴，与西方国家相比，其借鉴性更强。

当然，教育方面不仅存在着上述这些问题，还有其他一些比较次要的问题。但我现在已经过了 90 周岁，年老了，就谈这些。我希望用"救救教育"作为标题，完全是积极的，不是消极的，是直言不讳，而不是讳疾忌医。只有这样，今后我国各级各类学校才能办得更好，才能大大有利于国家各项建设事业的发展，希望不要有任何误解。也希望这些问题能引起进一步的讨论。

要从中小学抓起

——科学教育与人文教育相结合的根本途径[*]

　　三年前,我应邀参加了在呼和浩特市举行的关于加强大学生文化素质教育的研讨会,并做了一小时的发言。我当时的观点是,文化素质培养问题确实应当引起高等学校的重视,但是还必须加强中小学的教育工作。我是过来人,我觉得我的人文素质主要是在中小学时期奠定的基础,然后再有所提高。高等教育毕竟是以专业性为主,即使以后在大学实行通识教育,也很难像中小学时代那样有系统地循序渐进地进行文化素质教育。所以,更应重视中小学生的文化素质培养。

一、中小学教育是高等教育的基础

　　高等教育是建立在中学教育之上的一种专业教育。中小学的一个重要教育目标便是为高等学校输送合格的人才,如果中小学教育没有搞好,高等教育就得不到合格的学生,那么建立在这个基础之上的高等教育也就不会稳固。如果能在中小学阶段给学生打下了科学文化知识的坚实基础,实现文理结合,那么高等教育就可以在这个基础上继续发展,就能够培养出科学精神与人文精神相结合的高素质人才。

　　然而,我国中小学阶段的教育现状却让人十分担忧。中小学课程教学中对于个性教育十分漠视。今年 7 月 18 日《中国青年报》刊登了清华大学附中特级教师韩军的文章,该文指出,多年来,语文高考试题太多关涉政治意识、思想品德、道德伦理,还没有关涉“文化”本身,这是高考作文命题的一大盲点。

---

　　* 原文是作者为《“完全人”教育观研究——论“完全中国人”及其培养》(黄明东著,高等教育出版社 2003 年版)一书所作的序。

他呼吁，作为文明之邦，文化大国，让咱中国的高考作文题，多一点文化气息和意味吧。如果我们继续追问一下，为什么高考作文命题会这么严重地意识形态化？这样的命题导向会对中小学的人文类课程的教学产生什么样的影响？实际上这样的命题思想不也正是中小学日常教学的具体体现吗？

还有一个值得一提的事例：今年7月，有记者在武汉街头做一次随机采访，了解人们是否知晓清末总督张之洞，在对调查结果进行数学处理后发现，知道张之洞其人的概率仅为3‰。在三天的调查中，只有一名某高校历史系的学生知道张之洞是清末洋务派的主要领袖之一。没有张之洞，就没有后来的大武汉，可是却鲜有人知道这个事实。这也说明我国几十年来中小学教材全国统一编写之危害。

什么样的教育才是我们应该追求的？在一个多元化的社会里，教育应该追求的是人格的健全和多样，而非画地为牢地限定几个模式，然后硬要往千差万别的人们身上套。柏拉图指出，社会需要分工，而教育的目的就在于使不同的人能够做最适合他们的工作。教育既不能名缰利锁，也不能放任自流，真正的教育是认识人们的兴趣和潜力所在，引导他们最大可能地去实现自己的人生价值。① 可是，多年来，我们的中小学过分强调了集体主义教育，个性教育被视为个人主义，而个人主义就是资产阶级的。因此，我们实际上用集体主义教育代替和否定了个性教育，个体的价值、尊严、地位是在学校教育视野之外的。在这样的教育思想的指导下，学生的个性被抹杀，人文精神和科学精神都没能得到正确的培养，更何况科学精神与人文精神的结合。

二、"重理轻文"和"文理分科"相互作用是导致大学阶段科学与人文分离的直接原因

新中国成立以后，国家急需大量建设人才，在我国的各级各类学校教育中一直存在着重理轻文的倾向。高等学校中出现了一大批口径十分狭窄的专业性学院，这些学院几乎都是理（广义上的"理"）科院校，文科教育十分薄弱。随着高考逐渐成为指挥棒，重理轻文的思想也影响着中小学教育，"学会数理化，走遍天下都不怕"成为大多数学生和家长的共同认识。从中小学开始，人文教育就得不到重视。重理轻文导致中小学生在学习科学文化知识的时候，有意无意地忽视对人文类科目的学习，从主观上降低了对自己人文素养的要求。

更为严重的是，我们在高中阶段长期实行文理分科，人为地将本来是一体

① 李继宏：《我们需要什么样的教育？》，《南方周末》2002年7月18日。

的文化科学知识分割开来。这种做法的直接后果就是高中毕业生学不到完整的科学文化知识,文科学生缺乏理科的知识和修养,理科学生缺乏基本的人文知识和修养。据说某著名师范大学数学系学生在一次地理知识的测试中,竟有一大半学生不知道巴西属于哪个洲,在地球的什么位置。某著名工科大学某系学生平时的实验报告错别字连篇,毕业时竟连毕业论文都写不出来,焦急而哭得流鼻涕。这些都是基本知识的学习,本应在中小学教育中完成的。这些现象虽然发生在高等学校,但这并不是高等学校所要完成的任务,更不能把它归结为高等学校的问题。现在许多高等学校在无奈之下,不得不开设一些文化课,只能说是不得已的亡羊补牢之举,做了一些本该由中小学做的工作。由此可知,中小学的基本素养的养成对高等学校的教育和教学工作是何等的重要!

高中阶段的文理分科,还向下影响着初中和小学阶段的教学。不少学生为了能在高中阶段学习理科,从小学开始就出现了偏科的倾向。特别是在高中时期,学习理科的学生往往被认为是高尚的、聪明的,而学习文科的学生则被认为是低级的、愚笨的。许多学生就是在这样的情况下,选择了学习理科,而放弃了对自己有兴趣的人文类知识的学习。

从旧社会过来的人都知道,民国期间大部分时间高中没有分科,其间虽然有过几次分科,但都因产生不少问题而引起教育界的批评与异议。他们认为"高中普通科分文理两组,不但与其他科(职业科)分化最厉害,即普通科之文理两组,亦两不相入,划然鸿沟。"[1] "中学分科弊端有二,就分职业科来说,学生智慧能力与学生家庭经济两者是变化的,分科本来是给人选择自由,结果却造成局限;就普通科来说,普通科不等于预备科,因为升学对一人而言面临的是升入所有大学,不只是文或理科大学,分科后给升入大学学习的学生必然造成缺陷。"[2] 蔡元培认为,作为中学的培养目标来说,要"造就健全国民"[3],必须"完足普通教育"[4]。所谓"健全国民",就要把个人与国家命运联系起来,对国家负有责任、承担义务;上中学绝不是仅仅为了升学、入仕或者就业。中学毕业生首先应当是一个合格国民。因此,蔡元培不赞成中学文理分科,认为在中学必须进行普通教育,否则会降低学生的基础知识水平。为了使学生打好基础,他甚至主张中学阶段采取四二分段,加强初中的课程。

---

① 熊明安主编:《中国近现代教学改革史》,重庆出版社1999年版,第92页。
② 熊明安主编:《中国近现代教学改革史》,重庆出版社1999年版,第92页。
③ 吕达著:《中国近代课程史论》,人民教育出版社1994年版,第271页。
④ 吕达著:《中国近代课程史论》,人民教育出版社1994年版,第271页。

当时的高中是不分文理科的，我所在的江苏省扬州中学就是这样，而且做得很好。大学在招生时，也不分文科还是理科。凡是准备上大学的学生，在参加各大学的入学考试时，必须考所有的文理科的课程，考试科目与试题完全一样。然后方能进入大学的学系学习。1936年我考进武汉大学的文学院就是这样。当时的大学也不分专业，统一按照学系或学院招生，这样学生在接受大学阶段的教育过程中能够得到比较宽阔的文化知识的教育。新中国建立初期的50年代，我们基本上还能文理并重，但从1963年实行新的教学计划开始，中小学出现了重理轻文的倾向。恢复高考以后，我们就开始在高中实行文理分科。就目前世界范围看，世界各国几乎都取消了文理分科的教学制度，英国、德国等国虽然还有文科中学这样的名称，但实际上学校的教学内容早已实现了文理并重的教学制度。苏联就完全不分科。我国近年来开始逐步取消文理分科。在高中阶段实行文理分科实在找不到教育学依据，完全是用经济学规律和政治的需要来代替教育规律、来制约教育。我坚决反对这样的做法，因为普通高中给予受教育者的是完备的普通教育，它既为受教育者升学打基础，也为受教育者就业打基础。苏联教育经济学研究认为，受过完备普通教育的工人，劳动生产率要比未受过完备普通教育的工人高25％，而且学习新技术所花的时间要少10％。

重理轻文和文理分科相互作用，制约着中小学生广泛学习科学文化知识的积极性和兴趣，导致他们过早地偏科学习，难以实现完备的基础教育，影响着中小学生身心的正常发展，削弱了中小学的科学教育和人文教育的效果，并导致这两种教育的分离。高等学校也深受其害。所以，解决高等学校科学教育和人文教育相结合问题的出发点应当放在中小学。

三、应试教育对弱化科学教育和人文教育起到了推波助澜的作用

应试教育是围绕考试转的教育，其目的不是让学生学习广泛的科学文化知识，而是教学生如何应付升学考试，它以每年升学率的高低作为一所学校教学水平高低的唯一评价标准，并把升学率与教师的待遇、晋升以及学校的发展联系在一起。在应试教育的影响下，学校把主要精力放在学生考试科目的课程教学上，那些在考试中分量重的课程被认为是主课，是师生必须全力以赴进行教学的，在中小学，主课教师的地位无形中要比其他教师的地位要高；而不参加考试的科目则被视为副课，可学可不学，很多学校就连"挂羊头卖狗肉"的样子也不要了，干脆不开设这些课了。所以，不少学校尽管课表上还有美术、

音乐、手工,但那是摆摆样子,根本就没有对这些课程进行教学。学生虽然花钱购买了这些课程的课本,但那不过是枉费钱财,因为几年下来,学生根本就不需要这些课本,上面连一个字迹也没有,还是崭新的。历史、地理、社会、劳动、自然等课程也是尽可能压缩课时(小学没有历史、地理课,而民国期间却长期在小学开设历史和地理课),有的学校甚至以各种借口取消了。任副课的老师在学校中的处境十分尴尬,他们大多数不得不转行或想办法讲所谓的"主课"。

如果说这些所谓的主课的教学能够按照要求,向学生传授广泛的科学文化知识,也许还能让人宽心点。然而,这些主课的教学怎样呢?对这些主课的教学,学校当然是群策群力、自上而下、全力以赴,但这些工作也都仅限于传授书本知识和搞题海战术,学生的知识面并没有得到扩展,而是死记硬背,机械练习,结果是师生都筋疲力尽,而学生的科学素养和人文素养并没有多少长进,更谈不上科学精神和人文精神的养成了。所以,应试教育不仅加剧了重理轻文的教学,更为严重的是,它从整体上削弱了我国中小学的科学教育和人文教育,为高等教育留下了许多后患。正如上文所说,在我国今天高等学校中不少教学工作是在给大学生补课,补中小学教育不足的课。而高等教育又是专业教育,它不可能容许你有更多的精力去这样长期补课。因此,解决问题的根本途径仍然是加强中小学的基础教育。

当然,应试教育思想的消除,也非中小学和高等学校自身所能解决的,这里涉及广泛的社会问题,如文化传统、经济发展水平、就业问题、国家所确定的高等教育规模问题,等等。所以,解决应试教育问题是一项长期的全方位的工作,需要社会各界的共同努力。

四、中小学生心理可塑性大于大学生

中小学阶段属于少年儿童阶段,而在整个人生中,少年儿童的心理处于心理快速发展的阶段,其可塑性强。同大学生相比,中小学生更容易接受学校教育的影响,他们记忆力强,兴趣广泛,没有多少条条框框的观念约束,愿意接受各种思想。因此,学校教育应当把握这一心理发展的黄金时期,对他们进行广泛的科学文化知识的教育,特别加强科学精神和人文精神的培养,为他们的进一步发展奠定坚实的心理和文化基础。

《光明日报》7 月 23 日刊登了记者对崔永元的专访,就教育问题崔永元谈了自己的忧虑。崔永元说:"教育是常让我感到忧虑的事情,其中最大的忧虑是如何教人做人这一点。我个人认为,这是教育的主旋律。……但如何做人的教育主要是在中小学完成的，学生到大学阶段就基本定型了，可塑性很小。"①受应试教育和重理轻文等消极因素的影响，我们的中小学教育确实没有把中小学生作为一个完整的人来培养，忽视了对他们进行如何做人的教育。而要真正实现"人"的教育，就不能不文理并重，以培养中小学生的科学精神和人文精神。

近年来，受市场经济的某些负面因素的影响，我国的教育中出现了教育目标过分功利化的倾向，即教育首先培养的不是和谐发展的人，而是仅仅为政治和经济服务的工具。这种教育目标的过分功利化必然会导致人理想追求的过分功利化，科学精神和人文精神的养成和结合也就难以落实。

总之，今天我们在讨论高等学校科学精神和人文精神的结合时，切莫忘记，高等学校出现的科学精神与人文精神割裂的主要原因不在大学，而主要在中小学阶段。所以，我们要加强科学教育和人文教育，必须从中小学开始抓起，把我国教育的基础夯实。

---

① 见《报刊文摘》2002年7月28—30日，第3版。

新的重大使命[*]

一、机不可失

目前世界上出现了一股谈论所谓新技术革命的热潮。对这个新技术革命，尽管有各种各样的说法，但可以肯定，在今后几十年中，现在已经突破和将要突破的新技术，运用于生产，运用于社会，将会带来生产力的新飞跃，并且相应地促使整个社会生活发生极大的变化。中央领导同志说，这对于我们现在正在进行的现代化建设，既是一个机会，也是一个挑战。

世界历史上因失去机会而落后的例子是不少的，我们国家也有这种教训。我国在 16 世纪以前一直是比较发达的，包括科学技术的许多方面都走在世界的前面。例如"四大发明"，就是我国古代科学技术的结晶，是我们民族对人类社会的伟大贡献。而在 16 世纪以前，欧洲经历了漫长而黑暗的中世纪，宗教神学的统治严重地阻碍着社会的进步和科学技术的发展。支持"日心说"的意大利科学家布鲁诺就是被教会在 1600 年烧死的。但是在 16 世纪以后，我们中国落后了。造成这种局面的原因是复杂的，我想至少有以下四点。

第一，我国封建社会延续的时间太长了。而欧洲却发生了重大的变化，14—16 世纪发生了文艺复兴，16 世纪发生了宗教改革，1640 年英国发生了资产阶级革命，为资本主义生产关系和生产力的发展开辟了道路。接着，欧洲大陆主要国家也相继发生了资产阶级革命，并且在 18 世纪迎来了产业革命，也就是第一次工业革命。正是在这一基础上，近代的自然科学迅速地发展起来。

---

* 本文是作者 1984 年 1 月 14 日在华中工学院"迎接世界新的技术革命的挑战"大型讨论会上的讲话。

英国发生资产阶级革命的时候,正是我国的明、清两代之交。在明朝,我国社会也已经出现了资本主义经济的萌芽,但是长期停滞的封建制度扼杀了它的生长。这样,中国的封建制度一直延续到19世纪,以后就沦为半封建半殖民地的社会。可以说,在历史上,我们国家失去了和西方一些国家一起跨入资本主义社会的机会。

第二,从1840年鸦片战争开始,也就是英国资产阶级革命200年之后,我国就遭受到资本主义列强的侵略和压迫,它们不让我们发展本民族的经济和科学技术。直到1949年新中国成立以前(这时距离鸦片战争又有109年),这种野蛮的侵略和掠夺造成了我国极端的贫穷和落后。

第三,在近代史上,我们民族的几次变革尝试都失败了。日本在明治维新之前,也受到西方资本主义的侵略。19世纪60年代,它抓住时机,实行资产阶级的改革,即所谓明治维新,从此走上了迅速发展的道路。19世纪末,面对帝国主义企图瓜分中国的狂潮,中国民族资产阶级的改良派曾想效法日本的明治维新,在中国变法图强,发展资本主义,但戊戌变法在封建顽固派和投降派的镇压下失败了。20世纪初,以孙中山为代表的资产阶级革命派发动辛亥革命,推翻了清朝的封建统治,建立了资产阶级民主共和国,再一次希望走发展资本主义的道路。可是,袁世凯在帝国主义国家的支持下,窃取了辛亥革命的果实,不久,中国陷入了军阀混战。

历史表明,尽管在当时的中国,企图发展资本主义的尝试是具有进步意义的,但是,在那种国际国内环境下,这条道路已经走不通了。

第四,新中国成立以后,我们自己也耽误了一段宝贵的时间。

1949年全国解放,接着顺利地完成了土地改革和国民经济的恢复工作,全国进入了一个空前团结和稳定的时期,为发展我国科学技术和生产力奠定了十分有利的基础。在国际上,由于第二次世界大战的严重破坏,作为战败国的德国、日本、意大利自不用说,就是战胜国除个别国家外也都处于恢复期中。相对说来,对于缩短差距是一个极好的机会。根据这一形势,1956年党的第八次全国代表大会做出了正确的决议。但可惜这个正确的决议未能执行。后来却转而"以阶级斗争为纲";特别是"十年动乱",更造成了极大的恶果。恰恰在这20多年中,正是世界科学技术迅速发展的时期。作为现代科学技术主要代表的电子计算机、生物工程、光电子技术等都有了惊人的发展,以致我们又失去了一次宝贵的机会。

在这里,我并非要对几百年的历史做比较全面的分析,只是想说明这样一个重大的教训:失去了机会,就要落后很多年。

目前,世界上新的技术、新的产业不断涌现,某些传统的技术和生产手段正逐渐被淘汰。如果我们积极研究和开发那些在未来的经济发展中占有重要地位的新技术、新材料,那么,在某些领域中就可以不经过传统的发展道路,直接采用比较先进的科技成果,这无疑会大大加快我们"四化"建设的步伐。也就是说,抓住了这个机会,我们就可以缩小同世界发达国家在经济技术上的差距;抓不住,差距就会越拉越大。所以,中央领导同志说,这既是一个机会,又是一个挑战。看不到这个问题的严重性,就是目光短浅。如果我们不像中央号召的那样,高度重视这个问题,研究对策、迎接挑战,弄得不好,又会坐失良机,贻误我们国家的前途。因此,我们大家在思想上要反复考虑这个问题,结合高等学校的实际情况和学科发展,来提高我们的认识。

二、责无旁贷

在迎接这一挑战中,我们重点高等学校应当站在最前沿。不是站在中间,更不是站在后面,而是站在最前面。当然,还有其他单位站在最前沿。

邓小平同志提出的三个"面向",指出了在新时期我国整个教育工作的方向和任务,对我们高等教育更为重要。我们重点高等学校的任务,一是要培养人才,二是要出研究成果。所谓培养人才,就是要培养参加新的技术革命并在其中发挥重要作用的人才;所谓出研究成果,也就是要研究那些在新的技术革命中占有重要位置的新科学、新技术。如果我们不站在面对世界新的技术革命的挑战这一关系到我国"四化"建设步伐、关系到国家前途问题的最前沿,怎么谈得上面向现代化、面向世界、面向未来呢?

新的技术革命必将直接影响高等学校各方面的工作。因为高等教育与科学技术和国民经济有着密切的联系。在这一次新的技术革命中,既然知识和智力占有突出的重要地位,那么它与教育的关系就更为密切。具体说,一方面我们要用新的科学技术成果装备自己,例如电子计算机特别是微型计算机的广泛应用等,以提高我们的教学、科研和管理水平;另一方面,如何适应新的技术革命的要求,我们在思想政治工作、专业的调整和改造、教学内容的更新、教学方法的改革、师资队伍的建设、科学研究工作的进一步开展、实验室的改造和建设、学校各方面的科学管理、干部和职工队伍的培养提高等等问题上,都要认真做一番新的考虑。这样我们才能掌握主动,适应形势发展的需要。

我们学校是以理工科为基础的,设有自动控制、计算机、激光、信息工程、生物工程等新技术学科,专业配套比较齐全。迎接这一挑战,应当说我们是有很多有利条件的,关键是要提高我们的认识,从以下几个方面来抓紧我们的工作。

（一）进一步抓好教学内容的更新和教学方法的改革，面向未来，培养适应新的技术革命需要的高质量人才

几年来，我们在教学改革中强调打好基础，克服"抱着走"的错误方法，着重培养学生的创新思想和创造能力，通过使用外文版教材不断提高外语水平。这些都是对的，是适应新的技术革命对于科技人才的要求所必需的，因而还必须抓下去。与此同时，我们还要突出抓教学内容的更新。过去我们就提倡开选修课、讲新的专题，不少专业也已经在这方面做出了成绩。但总的看来，还很不普遍，远远不能适应新形势的要求，需要突出地抓一下。决不能满足于现有的几门课程。有的课程可以合并，有的内容可以取消，要增加新技术、人文学科和现代管理等方面的课程，拓宽知识面。要让学生多接触一些新技术，尤其是与本专业关系密切的新东西。只有这样，才能够更好地培养学生的创新思想和创造能力。去年我们提出，每个专业都可以开几门新课程，讲本专业近几年来的新发展，介绍国内外的最新成果和最新动态，学时可以不限。这样做有好处，既可以使教师去注意学科发展的方向，确定自己的研究课题，也可以使学生多了解一些新知识。

新的技术革命是以微电子技术的广泛应用为标志的。我们必须加强电子计算机特别是微型计算机应用技术的教学。要在实验课、课程设计和毕业设计中让学生更多地使用计算机。这样对他们毕业后尽快地适应工作会有很大好处。

（二）科学研究工作要面向经济建设，特别注意对国家现代化建设急需的攻关项目和新科学、新技术的研究

我们学校的机、电类专业基础比较好，在这些传统学科中如何使用新技术是一个重要的课题。例如，把电子计算机、激光技术应用到机制专业中，就可以取得新成果。我们学校有一批新技术专业，它们是新技术革命的重点学科，例如计算机、激光、信息、生物工程等等，我们一定要进一步加强这方面的研究，形成自己的特色。微型计算机的应用技术，包括计算机软件的开发研究，在新的技术革命中占有很重要的地位。除计算中心的小型机外，我院现在已经有一百几十台微型机，在应用研究方面已经做出了一些成果，今后要进一步大大加强这方面的工作。我们的自动控制和计算机工程系的同志们要在微型机的应用研究方面很好地发挥作用，其他各系也都要重视这方面的研究。我院进行激光技术的研究已经有十多年了，并且取得了较大的成绩。下一步要争取建成为激光加工系统实验基地。光导纤维、遗传工程等技术我们也要积

极进行研究。

（三）要继续抓紧师资队伍的建设，同时也要抓紧干部和职工队伍的培养提高

近几年来，我们在师资培养方面做了大量的工作，许多教师的理论基础、外语水平和本专业的业务水平都有了明显的提高。今后，在教师的知识结构更新和健全各个学科的学术梯队方面，还要抓紧。特别是中年教师，大多数人的教学和科研任务很重，要大力提倡带着教学任务认真读书，大量阅读期刊文献，加深加宽理论基础，开阔知识面，掌握学科发展的新趋向。要在教师中普及计算机应用技术，院、系都要分期分批办短期轮训班，尽快扫除"机盲"。

对于干部和职工的培养，过去我们也抓了，但是抓得不够。今后要下大力气抓。提高干部和工人的素质，对于我们实验室的建设，对于我们的生产、后勤和各方面的管理工作影响极大。要实现学校管理现代化，就更要培养提高管理干部和职工的素质。要进一步组织干部学习马克思列宁主义基本理论，同时要组织干部职工学习现代管理知识和新技术知识，提高科学文化素质。在干部职工中也要有计划地普及计算机特别是微型计算机的应用知识。

（四）及早起步，实现学校管理现代化

现在世界上 70% 的计算机都用于管理。我们国家也在大力推行工厂企业管理运用计算机，推行机关办公自动化。作为高等学校，我们也应该在管理工作中运用计算机，实现管理现代化，而且应该走在前面。我院计算中心配备有专门用于管理的计算机，用计算机进行管理的技术条件已经具备。现在主要是我们的干部在认识上要跟上形势，解放思想，下决心去熟悉和掌握现代管理知识和计算机应用技术，以便使这方面的工作及早起步。

三、敢于创新

抓住机会，迎接挑战，要有新的精神风貌、新的姿态。一个学校要办得有生气，要能够适应现代化的要求，不断地有所发展、有所突破，一定要克服保守思想，要有敢闯新路的精神。

新的技术革命以微电子技术为中心，微型电子计算机的应用将渗透到各个部门、各门学科以至整个社会生活。但是现在的情况是，有相当一部分同志对新技术不了解或不熟悉。正因为这样，运用起来就难免有这样那样的顾虑；有的同志习惯于传统的一套，愿意驾轻就熟，对于新东西迟疑不决；至于生命科学等这些更生疏的学科能不能搞，就更有顾虑了。这里就有个破除迷信的问题。

以我们学校的生物工程系来说，过去我们谁办过？都没有办过。到现在也不过短短的两三年时间，我们建立了实验室，开展了一些研究。我们在生物医学工程研究方面已经做出了较好的成绩，被国务院批准为博士学位授予点。当然，这不是说我们就办得很好了，只是说不要迷信，万事开头难，事情总是人办出来的。我们为什么办生物工程系？并不是由于头脑发热，而是因为这几年来，在和一些同志的交谈中，我们感到了这门学科的重要性。前几年，有的同志听说我们要办生物系，一是表示赞成，二是希望我们不要走过去的老路，而要着眼于分子生物学方面。许多有识之士都已经看到，科学发展的动向表明，生命科学在未来不仅是重要的，而且有着广阔的发展前景。有些学者认为，如果说本世纪物理学是带头学科，那么 21 世纪将成为生物学的世纪。人们将越来越重视对生命现象包括人的生命现象的研究，并由此带动其他学科的进展和突破。既然分子生物学、遗传工程等这样重要，我们就创造条件干起来！

当然，我们也绝不是什么都能干，一要考虑国家需要，二要考虑自己的可能。说敢闯，绝不是乱闯，乱闯是不对的，还是要根据科学规律办事。破除迷信和尊重科学规律是一致的。也就是说，在战略上，我们要藐视困难，敢于创新；在战术上，我们又要重视困难，脚踏实地。总之，要迎接这场挑战，首先要破除迷信，敢于创新。没有一个敢于创新的精神状态，怎么能够开拓前进，怎么能够站到最前沿呢？

四、联合作战

迎接世界新的技术革命的挑战，任务艰巨，必须联合作战。这是科学技术发展的客观形势所提出的要求。现代科学技术发展的特点之一就是综合化、整体化的趋势加强，各门学科之间互相渗透。许多新兴的技术和边缘学科就是这种互相渗透的产物，像生命科学、环境科学、能源科学、材料科学等综合性的学科，更是需要多学科的力量联合攻关。当今世界上许多重大的科学技术成果，也大都是集体研究的产物。不同专业的人才联合起来，集体的创造能力和水平会大大地超过单个人各自为战的能力和水平的总和。

联合，一是校内联合，一是与校外有关单位的联合。

不仅各个教研室内部要联合，也不仅各个系内部要合作，而且更重要的是在我们全院，不同系、不同专业、不同学科要联合起来，进行跨专业、跨学科的研究，这样才有利于出成果。我院激光研究所的同志提出希望与机一系、机二系等合作，这个建议很好。因为机械行业在调整，有一个运用新技术的问题。我们要求各系之间，各个专业、各个学科之间，有些什么课题可以合作也需要合作的，都具体地提出来。有的同志还提议组织各专业学科的"联合协作委员会"，这个建议也很好。要采取一定的组织形式，来协调这种跨系、跨学科的研究工作。

我们还要进一步发展与工厂企业、研究机关及兄弟院校的协作。在迎接世界新技术革命的对策研究中，许多同志谈到美国的"硅谷"，建议建设我们国家的"硅谷"。美国"硅谷"的特点之一就是大学、工业和科研机构的联合协作。发展这种联合协作是迎接世界新的技术革命挑战的一项十分重要的措施。而且和工厂关系搞好了，对学校来说，许多事情也都好办了。对于工厂急需解决的问题，对于他们求援的项目，我们要尽力支持。搞得好，工厂得利，我们增加立足点。这样，学生实习以至科研生产的加工等问题，解决起来就方便多了。

为搞好联合作战，我想着重指出的是，要克服各种妨碍联合的错误思想。小团体主义、本位主义，是一种错误思想，还有一种就是有的同志不愿同别人合作，喜欢单干，说得尖锐一点，就是旧社会遗留下来的"文人相轻"的陋习在作怪。我们有些同志，不是不知道科学研究需要联合，也不是不知道自己有所长亦有所短，他就是放不下那个"架子"，不愿意"屈居人后"，或者看见别人冒尖，自己就不服气，甚至有一种嫉妒心理。我们是社会主义大学的教师，是社会主义国家的科学工作者，应当提倡建立新型的团结合作的关系，应当有宽广的胸襟。"泰山不弃土壤，故能成其大；河海不择细流，故能就其深。"尤其是要为人师表，要给学生做出表率，更应该克服文人相轻也就是嫉妒的陋习。只有克服了这些不健康的思想倾向，我们才能够不仅在形式上，而且在工作上、在思想感情上真正地合作。

迎接世界新技术革命的挑战，是历史赋予我们的重大的使命。机不可失，时不再来。我们责无旁贷地应该站在最前沿，敢于创新，协同作战，做出最好的成绩来。

高等教育与科学发展观*

在最近不到 10 年中,高等教育固然取得某些成绩,但由于一些考虑不周的决策,致使高等教育面临一些棘手的问题。

一、规模与成就

近年来,我国高等教育事业呈现出前所未有的发展趋势。特别是从 1999 年以来,全国普通高等学校本专科招生数由 1998 年的 108.36 万人增加到 2006 年的 546.05 万人,年平均增长率为 22.4%;普通本专科在校生数由 1998 年的 340.87 万人增加到 2006 年的 1738.84 万人,年平均增长率为 22.6%;高等教育毛入学率从 1998 年的 9.8% 升至 2006 年的 22%,提高了 12.2%。我国于 2002 年迈入高等教育大众化发展阶段,并已快速跨入世界高等教育大国的行列。1998—2006 年我国高等教育的发展情况见表 1。

表 1　1998—2006 年我国高等教育的发展情况

年份	招生数/万人	增长率/(%)	在校生数/万人	毛入学率/(%)
1998	108.36		642.98	9.8
1999	159.68	47.36	742.26	10.5
2000	220.61	38.16	939.85	12.5
2001	268.28	21.61	1214.38	13.3
2002	320.50	19.46	1512.62	15.0
2003	382.17	19.24	1900.00	17.0

---

* 原文刊载于《高等教育研究》2007 年第 8 期,与王怀宇合作发表。

年份	招生数/万人	增长率/(%)	在校生数/万人	毛入学率/(%)
2004	447.34	17.05	2000.00	19.0
2005	504.46	12.77	2300.00	21.0
2006	546.05	8.24	2500.00	22.0

数据来源：① 1998—2006 年度全国教育事业发展统计公报；

② 教育部官方网站公布的相关统计数字。

数据说明：① 招生数指普通高等学校本科、高职(专科)招生人数；

② 2003—2006 年度在校生数与 1998—2002 年度在校生数统计口径不一致。其中：

1998—2002 年度的在校生数指在校研究生、本科、高职(专科)在校生，以及成人高等

教育在校生数之和；而 2003—2006 年度所列数字为各类高等教育总规模数。

高等教育的快速发展，在一定程度上与我国经济社会的发展相适应，并较大地满足了广大人民群众接受高等教育的迫切需求。从整个世界范围内来看，中国仅仅用了 3～5 年的时间，就走完了美国、英国、法国、德国、日本、韩国等发达和新兴工业化国家用十几年甚至几十年才完成的高等教育由精英到大众化的转变，中国高等教育发展所取得的这些成就，受到国际社会的广泛关注。

二、发展背后的隐忧

在这些令人瞩目的成就背后，高等教育领域随之也产生了一些问题。概括起来，大体上包括以下几个方面。

(一)高等教育人才培养质量下降

应当说，1999 年，中国的高等教育在扩大内需、推动经济发展的背景下，以一个急转弯的方式走上了大众化道路。当时，由于受亚洲金融危机的影响，我国经济形势比较严峻：出口下降，内需不足，投资乏力，经济增长速度回落。在面临通货紧缩、消费水平下降的情况下，有经济学家建议，可以通过扩大高校招生，启动教育消费。可见，在当时的背景下，国家提出扩大招生主要是从经济发展的角度出发做出的决策。但是，事实上，当时绝大多数高等学校尚不具备相应的培养能力，高校扩招便仓促上马。随着学生数量的迅速膨胀，学校的教室、实验室、图书馆、计算机房等基础教学设施实际上无法满足正常的教学需要，整个大学校园变得拥挤不堪，人满为患。特别是教师队伍逐渐出现不足，很多专业的小班教学已不再可能，实验课被逐渐削减，教学质量受到严重挑战。

随着高校连年扩大招生,研究生的招生数量也急剧攀升,学校的培养条件无法满足规模发展的需要。从研究生的培养目标和过程上来讲,导师的作用无疑是不可替代的,他们要对学生的治学态度、道德修养、实践能力以及学位论文的开题、答辩等整个培养过程负主要责任。自扩招以来,原来一个导师指导几个博士、硕士生的情况已不复存在,取而代之的是十几个甚至几十个学生跟随一位导师。

下面的一项研究反映了扩招以来研究生培养过程中存在的一些问题。上海交通大学高等教育研究所在对教育部直属的71所高校的教学质量、科研质量和服务社会质量进行分析后认为,我国重点大学的发展存在以量代质的现象,政策中存在重物轻人的倾向,重点大学的研究生质量令人担忧。数据表明:从2000年至2004年,研究生扩招速度明显偏快:博士生的年均增长率为19.5%,硕士生更是达到23.1%。在对教师教学负担的调查中发现,重点大学的教师平均教学负担提高较快。与2000年相比,2004年本专科生的师生比率增长了28.6%,硕士生的导师学生比率直线上涨了102%。2000年,平均一个导师带3.8个研究生,到2004年,平均一个导师要带7.7个研究生。在教学实验环节,研究生教学实验时间则同比下降了39%。① 重点大学的研究生培养尚且如此,那些新增博士点、硕士点的地方本科院校更是不可想象。由于合格的导师数量不足,导致研究生培养本科生化,不仅出现学术水平的滥竽充数,还引发了诸如抄袭、剽窃等不良恶果,来自社会、学生、教师对教育质量的质疑之声不绝于耳。

(二)大学生就业困难

自1999年高校开始扩招以来,大学生就业问题日趋严峻,大学毕业生初次就业率日趋下降,供需比不断提高,就业形势不容乐观,受到了社会各界的普遍关注。表2的数据反映了自1998年扩招以来普通高校本、专科毕业生数量的增长变化情况。如果将毕业研究生数计入,则毕业生人数更加庞大。

表2　1998—2006年普通高校本、专科毕业生数量变化情况

年　份	毕业生数/万人	增长率/(%)
1998	82.98	
1999	84.76	2.15
2000	94.98	12.06

① 王有佳:《上海交大课题研究表明:重点大学研究生质量滑坡》,《人民日报》2005年11月10日,第11版。

续表

年　　份	毕业生数/万人	增长率/(%)
2001	103.63	9.11
2002	133.73	29.05
2003	187.75	40.39
2004	239.12	27.36
2005	306.80	28.3
2006	377.47	23.03

数据来源:1998—2006年度全国教育事业发展统计公报。

数据说明:毕业生数指普通高等学校本科、高职(专科)毕业生人数。

"十五"期间,全国普通高校毕业生累计1090万人,年均增幅27%,面临着社会就业形势严峻和扩招带来毕业生人数激增的双重挑战。大学毕业生就业压力前所未有,而且越来越成为困扰学生、家长、学校、社会的一道难题。人事部的一组调查数据显示:2005年全国高校毕业生338万,2006年达到413万,比前一年增加了75万,增长率为22%;而全国对高校毕业生的需求预计约为166.5万人,比2005年实际就业减少22%。这意味着将有六成应届毕业生面临岗位缺口。而2007年,全国高校毕业生更是接近500万人,这无疑预示着高校毕业生就业压力日趋严峻。

很明显,高校扩招的指导思想和决策并非是理性的。随之而来的更为严重的后果是,高等教育领域的改革没有跟上扩招的步伐,仍旧带有浓重的计划体制的色彩,不能有效地调整教育体制和专业结构,也没有有效地加强对学生的能力培养,在很大程度上造成了大学生的结构性过剩。正是对劳动力市场的快速反应能力非常欠缺,导致高等学校的人才培养结构与社会人才需求不相适应。上海市一位从事大学生就业工作的人士认为,高校招生规模的急剧膨胀,打乱了既有的金字塔形的人才需求结构。由此带来的后果是:一方面,在社会还无法提供足够的合适岗位的条件下,大量大学毕业生的涌入,势必造成人才暂时的相对的过剩;另一方面,高校扩招,把许多原本作为技术工人培养的学生纳入普通高等教育的培养范围,从而导致技术工人的短缺。[①]

(三)高校负债累累,入不敷出

随着扩招时代的到来,很多高校开始探求如何拓展办学空间,以满足日益

[①]　丁锡国等:《"精英教育"转向"大众化教育"　解大学生失业之惑》,http://news.xinhuanet.com/edu/2006-10/18/content_5219136.htm。

增长的办学需要。在高校内部挖潜走到尽头之际，异地选址建设新校园就成为大势所趋，这也是世纪之交国内不少省市轰轰烈烈着手建设大学城的一个直接动因。短短几年间，国内数十个大学城相继拔地而起，成为有别于英美发达国家大学城的一种独特高等教育现象。有关数据显示：自2000年起，仅两年时间，全国规划建设的大学城就达50多座，涉及21个省（市）。2002年投入325.89亿元，校园建筑总面积达1436.97万平方米，容纳高校134所，在校学生59.7万人。①

然而，在这无限风光的背后，是各个高校背负的巨额债务。当前，国内大学城建设的资金主要来自政府、学校和社会等三个方面，但由于财政投入和其他融资渠道有限，所以，无论哪种投资方式，其最终的资金来源绝大多数是银行贷款。据国家审计署的一项调查显示："大学城"建设贷款规模过大，存在偿贷风险。如南京市仙林、江宁和浦口新校区的12所高校建设项目，目前银行贷款为27.28亿元，占实际到位资金的71％。这些学校还本付息主要靠学杂费收入，按目前收费情况测算，今后每年还本付息额将超过学杂费收入的40％，个别甚至达到80％。②《2006年：中国社会形势分析与预测》社会蓝皮书称，2005年我国高校向银行贷款总量约在1500亿元至2000亿元之间。按照严格的财务核算制度，一些高校其实已经破产，而造成这种现象的主要原因源于高校的无序扩张。

2007年年初，一则关于"吉林大学关于召开征集解决学校财务困难建议座谈会的通知"的消息被各路媒体争相报道。通知中坦言："学校规模大，各方面的资金需求也非常大，增收节支的成效很难体现，学校资金入不敷出的情况日趋严峻。"③此前，关于大学负债运行的报道虽然时常见诸报端，但并未引起如此广泛的关注。据国家审计署发布的2006年第1号审计公告，包括吉林大学在内的18所高校，至2003年末债务总额72.75亿元，其中基本建设形成的债务占82％。事实上，吉林大学的这些贷款较为密集地发生在2000—2004年，正与高校大扩招、大合并的步伐相一致。高校在财政拨款增长相对有限而自筹收入又不能满足发展要求的情况下，举债办学便成为高校加速发展的必然选择。高校举债办学，虽然在一定程度上改善了学校的基本办学条件，但由此所带来的巨额债务压力和教育经费紧缺的问题也日益突出。

---

① 胡志伟、魏欣：《"大学城"遍地开花令人忧》，《经济论坛》2004年第7期。

② 赵磊等：《审计署："大学城"建设非法圈地问题突出》，http://news.xinhuanet.com/newscenter/2004-06/23/content_1543364.htm。

③ 徐笛：《吉林大学自曝欠巨款入不敷出》，《北京青年报》2007年3月23日，第A15版。

国家审计署的一份报告显示,2007年各个大学城的财务审计已经完成,在这两年的审计中发现,由于不断扩招,不少高校都有巨额贷款,因此负债累累。一般高校的贷款都在 4 亿～8 亿元,一些规模大的院校更是高达 10 亿元以上。其原因就在于国家近年停止增加给高校拨款,着重于补贴基础教育,而各个高校又在不断扩招,因此,高校都想方设法自己捞钱并加大贷款额度。国家将从 2007 年起开始控制高校扩招,着重于提高高校办学质量。① 而与此同时,令高校不能不警醒的是,随着国家扩招步伐的放缓和未来适龄大学生数目将有所下降,今后若干年内,大学城还可能面临闲置的危机,造成巨大的资源浪费。

三、理性反思

近几年来,从政府到学术界,关于科学发展观的探讨无论从理论到实践都在逐步走向深入和成熟。但是,绝大多数见诸期刊和报端的文章,都是以经济领域作为研究的切入点,这从一个侧面反映出经济与社会发展的联系更加紧密和直接。然而,如何使高等教育也能够走向全面、协调、可持续发展的轨道,却很少见文章论及。而当前由高等教育所引发的一系列社会现象,使我们不得不重新回过头来反思曾经走过的发展道路。

科学发展的基本要求就是按规律办事,高等教育的发展要遵循自身的规律,要实现健康有序的发展,必须克服政策制定的随意性。然而,事实上很明显,从最初的提议开始,高校扩招就并非从教育领域的实际情况出发所做出的决策,因而也很难符合教育发展规律。这一决策既缺乏科学的论证,也缺乏理性的思考,所以,也就谈不上是科学的。科学发展观运用在教育领域中就是要把握教育发展与社会其他领域发展之间的比例。例如,教育经费应占 GDP 多大比例等等。如果不能正确把握教育在社会发展中的科学的比例,则不仅教育事业受到损害,社会其他领域的事业也会遭受损害。所以,把握这个比例也是科学发展观的应有之义。

2006 年 7 月在上海召开的第三届中外大学校长论坛上,美国斯坦福大学校长约翰·亨尼斯认为,扩招对最好的大学影响最大。目前世界上有 20 多所顶尖级的大学。如果扩招,也要用 20 年的时间才能保证质量,维持原有的教学水准。即使是像斯坦福这样的学校,也不是一朝一夕就能兼顾人数增长与教学质量关系的。而美国所有的成功的大学规模都不大,尤其是私立学校。如果高等教育的扩张是以牺牲质量为代价,那么,我们建设世界一流大学将无

---

① 《部分高校扩招负债累累　今年起控制高校扩招》,http://edu.qq.com/a/20070309/000003.htm。

从谈起。

英国诺丁汉大学中国研究所教授、研究主任郑永年在题为《中国教育为何培养不出大师级人才》的文章中指出:"到 2005 年底,中国高校在校学生超过 2300 万人,毛入学率达到了 21%。从数字上看,这的确是个不小的成就。但这种增长方式俨如大跃进,只讲数字增加,不讲质量,更不讲其长远的影响。因而巨大的成就中隐含着危机的根源。各级政府用政治方式来抓经济发展,也用政治方式来搞教育改革。在经济发展上,政府官员长期以来追求的是单纯的经济增长数字的增加,反映在教育上则是学生人数和入学率的增加,从幼儿园到大学都是如此。而在经济上实行'抓大'政策的同时,在教育上也出现了相应的合并和升级风潮。因为数字增加的背后是巨大的经济利益,各级政府和各类学校就有巨大的动机来冒进,于是学院升大学,大学大合并。这样的改革很难说是为了培养人才。"①郑永年的意见是值得重视的。

在高校扩招的同时,大学合并和教育产业化之风也曾经愈演愈烈。事实上,高等教育领域产生的这些现象之间有着千丝万缕的联系。我国大学合并也是始于 20 世纪末,最初合并的动因是为了建设世界一流大学。然而,纵观当今世界的一流大学,并非个个庞然大物,也并非学科门类如何齐全,但它们却对人类社会的文明与发展产生了不可磨灭的影响与贡献。而我们的政策制定者和政府决策者,并未能深刻地理解世界一流大学的真谛,盲目追求大而全,认为"强强合并"就能造出世界一流大学,于是在短短几年间,大学合并搞得铺天盖地,炒得沸沸扬扬,高等学校中出现了一批"巨无霸",万人大学比比皆是,数万人规模的大学也不在少数。其实我们也不难想象,高校在高调拥护扩招的背后,受着巨大的经济利益驱使。学生数量的激增可以直接带来学费收入的数十倍增长,在这样的利益面前,关于教育质量的问题就显得微不足道了。随之而来的是,高等学校的校风每况愈下,很多不合理的收费被强加到学生的头上,高校贫困生成倍增长,高等教育作为准公共产品的属性已受到严峻挑战。

针对这些问题,在 2007 年 3 月 5 日开幕的第十届全国人民代表大会第五次会议上,国务院总理温家宝在政府工作报告中特别指出,高等教育要以提高质量为核心,加快教育教学改革,相对稳定招生规模,加强高水平学科和大学建设,创新人才培养模式,优化人才培养结构,努力造就大批杰出人才。可见,高等教育的质量问题已经引起国家的高度重视。质量是高等教育的生命线,然而如今重数量、轻质量的发展观在高等教育界却屡见不鲜,这样的发展思

---

① 郑永年:《中国教育为何培养不出大师级人才》,《参考消息》2007 年 3 月 22 日,第 16 版。

路,与科学发展观是完全背离的。

基于几年来对高校扩招所带来的一系列问题的认识,教育部于 2006 年开始已经将扩招速度放缓。一般说来,高等教育的增长速度,应不高于或略低于国民经济增长的速度。但由于有些地方盲目扩招,高等教育的增长速度实际已经远远超过了 8%,这是不符合高等教育发展规律的。① 从本质上讲,只有规模、质量、结构、效益协调发展,中国高等教育才能走上健康发展的轨道。而如果在某一时期,只单纯地谋求某一个方面的发展却忽略其他,势必造成大量问题的出现,甚至激化矛盾。特别是教育领域对于现实问题的反映有明显的滞后性,如果决策不科学,将可能造成非常严重的后果。

科学发展观是 21 世纪中国高等教育改革和发展必须牢固树立的新思想和新理念。在新的历史时期,坚持全面、协调、可持续的发展观,坚持以人为本,这不仅是对我们的教育管理者和决策者提出的新要求,也是广大教育工作者开展理论研究和指导教育实践的重要武器。

---

① 袁新文:《靠规模求生存,还是靠质量谋发展? 中国高等教育作出选择——高校告别"扩招时代"》,《人民日报》2006 年 5 月 19 日,第 11 版。

高等教育的发展必须两条腿走路[*]

在中国,具有现代意义的高等教育机构,肇始于 19 世纪末。其中有公立,也有私立。在私立高等教育机构中,最早的是教会大学。1879 年,美国圣公会合并了设在上海的培雅学堂(1865 年设立)和度恩学堂(1866 年设立),成立圣约翰书院。1890 年开始设立大学部。1906 年,正式成立圣约翰大学。[①]

私立大学在欧洲由来已久。露斯·海霍在《中国大学 1895—1995:一个文化冲突的世纪》一书中,根据拉什戴尔(Rashdall)在其著作《欧洲的大学》中的阐述,简要地说,在中世纪的欧洲,随着城市的产生和发展以及商人行会的出现,给教师行会的产生和发展提供了有利的社会环境和生存条件。这个教师的联合组织被称为"universitas"(拉丁文中的行会之意),这就是英文"university"(大学)一词的来源。[②]

但是,1952 年开始的大规模院系调整,私立大学全部被消灭了。外国人办的大学,只有北京协和医学院未改名称但改为公立。

关于这一段超过 50 年的私立大学的历史,几乎已经被人们遗忘了。尤其是教会大学,"由于人们所熟知的历史与现实的原因,教会大学史研究在中国大陆曾经长期成为被遗忘的角落"。这是历史学家章开沅在他主编的《中西文化与教会大学》一书序言中写的话。

直到 1978 年底中共十一届三中全会以后,才开始出现了所谓民办高等学校,也就是私立高等教育机构。但是,在人们的观念中,开始是难以理解的,主

---

[*] 原文是作者为《中国民办高等教育发展的研究》(刘莉莉著,吉林人民出版社 2002 年版)一书所作的序。

① 见曲士培《中国大学教育发展史》,山西教育出版社 1996 年版,第 361 页。

② 见《中国大学 1895—1995:一个文化冲突的世纪》,教育科学出版社 2000 年版,第 19 页。

管部门也是不闻不问。直到最近几年,才十分缓慢地有所重视。

尽管如此,在过去十几年当中,民办高校还是在不断发展,形成了所谓三分天下有其一的局面,即公立大学占高校总数的三分之一,业务部门办的各种管理学院占三分之一,民办高校也占三分之一。民办高校现在有办得好的和比较好的;但毋庸讳言,问题也多,办学者当然有责任,但我认为主管部门应负主要责任。作为主管部门几乎不加过问,下面自然会发生形形色色的问题,教育质量很差,管理松懈,误人子弟。有人说过,天下最大的过错莫过于误人子弟。

美国学者马丁·特罗研究总结了美国19世纪下半叶与20世纪70年代以前美国高等教育的发展历程,提出了这样的观点:在校大学生占适龄青年15％以内,是精英教育阶段;介于15％与50％之间,是大众化教育阶段;超过了50％,就是普及教育阶段。当前世界上达到普及阶段的只有美国与日本。

至于我国,截至去年年底,大学生占适龄青年的13％。因此,我国必须继续发展高等教育,向大众化迈进。

如何向大众化迈进? 必须两条腿走路:一条腿是公立高等学校;另一条腿是私立高等学校,即与国际惯例并不接轨的名称——民办高校,或称社会力量办学。

为何必须两条腿走路? 一因人口众多,二因国家财力有限。

最近几年的"扩招",适应了走向大众化的需要,很好。但似乎有些过猛,还是要掌握适当的"度"。教育与经济有别,要防止那种不自觉地以发展经济的办法来发展教育。另一个问题是毛泽东曾经说过的要防止一种倾向掩盖另外一种倾向,为实现大众化而削弱精英教育。现在应该两手抓:一手抓精英教育,按江泽民说的,"我们需要建立若干所世界一流大学";一手抓走向大众化。切不可把只有几十所有条件实行真正精英教育的高校,"眉毛胡子一把抓",也盲目地"扩招",特别要警惕有这样的学校,为了"创收",热衷于"扩招"。对这样的现象,我只好不客气地指出,是一流的想法,二三流的做法,"又大又高"是办不到的,世界高等教育史已经充分说明这一点,不可能创造出违背客观规律的奇迹。这也难怪,这些人既对高等教育缺乏研究,也不大谦虚,自以为是;加之又严重地向钱看,恰逢"扩招"良机,于是自觉地不断扩大规模。

总之,必须两手抓,切不可以一种倾向掩盖另外一种倾向,就是通常所说的要防止片面性。

而在大众化高等教育方面,则必须两条腿走路。

在这方面,日本的历史经验最能说明问题。从1868年明治维新到现在,才有一百三十多年的历史,为何已经跨过大众化阶段进入普及阶段? 原因就在于两条腿走路。现在日本高校中公立的只占总数的 30％，而私立的竟占 70％之多；就学生人数来说，私立高校则超过 70％。与此同时，实行精英教育的高等学校不但不受影响，而且继续增加。他山之石，可以攻玉。我们应该认真想一想日本的历史经验。

这本著作是作者在她博士学位论文的基础上进一步补充修改而成，写得很好。她当年选择民办高等教育作为博士学位论文题目，我很赞成。现在她出版此书，我当然很乐意为之作序。

从历史的教训谈学术自由[*]

    学术自由(academic freedom)是源于"思想自由"的一种特殊形式的自由，它是大学的基本理念之一，是大学不可或缺的灵魂。在哥伦比亚百科全书中，对学术自由的定义是："学者不受雇佣他们的院校的控制与限制，进行科研、教学和出版的权利。"① 按照美国斯坦福大学原校长唐纳德·肯尼迪(Donald Kennedy)的观点：学术自由是指教授和他们的机构团体独立于政治干涉。正是学术界——而不是美国生活的其他领域——维护这样的权利，即异端思想和非常规的行为应该受到特别的保护。……学术自由意味着松散的结构和最低程度的干涉。② 以上两种观点分别从大学内部和外部环境这两个不同的视角深刻地阐明了学术自由的内涵，我们可以发现这二者有着最根本的相似之处，即学者们的活动要免受外界力量的干预，这是学术自由的精髓所在，也是学者们事业发展的基本条件，是维系大学生存与发展的根基。

    大学"围绕知识的创造与应用而构建"这一本质属性，决定了学术自由存在于其中的必然性与合理性。这是由于：学术自由的合理性至少基于三个支点：认识的、政治的、道德的。大概最主要的是认识方面的。为了保证知识的准确和正确，学者的活动必须只服从真理的标准，而不受任何外界压力，如教会、国家或经济利益的影响。③ 这种以认识论哲学为基础的学术自由思想在19世纪的德国大学中得到了空前的发展与繁荣。自哈勒大学以现代自由主义

  * 原文刊载于《现代大学教育》，2003年第4期，与王怀宇合作发表。

  ① 王英杰：《规律与启示——关于建设世界一流大学的若干思考》，《比较教育研究》2001年第7期，第1～8页。

  ② (美)唐纳德·肯尼迪：《学术责任》，阎凤桥等译，新华出版社2002年版，第3页。

  ③ (美)约翰·S.布鲁贝克：《高等教育哲学》，王承绪等译，浙江教育出版社1998年版，第46页。

哲学为基础首创"思想自由与教学自由的原则"以来，学术自由这一崭新的大学理念便在德国大学中落地生根，威廉·冯·洪堡（Wilhelm Von Humboldt）在创办柏林大学的过程中将这一思想推向极致，此后，费希特（Johann Gottlieb Fichte）继任柏林大学校长又进一步将其发扬光大。费希特在后来给友人的信中对柏林大学的学术自由定义做了精辟的阐述：教师在专业上享有自由探讨、发现、出版、教授在各自专业领域内所发现的真理，并且这种自由不受任何限制，也不听从任何权威的指挥，任何政治的、党派的和社会的舆论不得加以干涉。这种自由只受制于一种权威的限制——在专业领域中已经证实的真理或根据科学方法及事实得出的正确结论。① 此后，由于德国大学办学思想在世界范围内的广泛传播，"学术自由"逐渐发展成为大学的一个最基本的理念。

对于学术自由，古今中外的大学校长有着深刻的理解。曾任英国剑桥大学校长的阿什比（Eric Ashby）认为："学术自由是一种工作的条件。大学教师之所以享有学术自由乃基于一种信念，即这种自由是学者从事传授与探索他所见到的真理之工作所必需的；也因为学术自由的气氛是研究最有效的环境。"② 可以说，在广泛的社会生活中，没有哪种职业像大学里的科研和教学活动那样，需要从业者必须得到一种独立和安全兼而有之的保障。曾任哈佛大学校长的德里克·博克（Derek Bok）曾经说过："许多人可以成为企业家、律师或有影响的顾问，但是只有具有安全和自由保证的学者才能去探求科学真理。……公开和自由正是一个健康的研究环境必不可少的特性。……自由而又分散的体制有着伟大的力量。它允许各自为政的独立学术中心存在，提高了创造力和适应力。"③ 可见，学术自由是学者们表现创造力和从中获得新的创造动力的能源。

纵观近代中国高等教育发展的历史，蔡元培时代的北京大学是中国大学"学术自由"思想得到最淋漓尽致体现的年代和地方。1917 年，著名教育家蔡元培先生接任北京大学校长一职，他曾三次专程赴德国大学学习和考察，这为他的大学教育思想的建立、成熟和完善以及日后在北京大学进行坚决而又成效显著的改革奠定了重要的思想基础。蔡元培先生深受德国大学"教学和科研广泛的自由"以及"自由民主的学术氛围"影响，在对北京大学的改造中明确提出了"循思想自由原则，取兼容并包主义"的办学方针。在对待学术研究的

① 张宝昆：《人的因素对大学发展的影响——德、美、日三国大学发展与高等教育思想家》，《外国教育动态》1988 年第 1 期，第 37～40 页。

② 金耀基：《大学之理念》，生活·读书·新知三联书店 2001 年版，第 173 页。

③ 姜文闵：《哈佛大学》，湖南教育出版社 1988 年版，第 3～13 页。

态度上,他认为大学不可有专己守残之陋习,"无论为何种学派,苟其言之成理,持之有故,尚不达自然淘汰之命运者,虽彼此相反,而悉听其自由发展"①。在这一思想的倡导下,北京大学聘请的教员囊括了各种不同政治倾向和不同学派的人:既有提倡新文化运动的进步人物,又有政治上保守但在学术上有造诣的学者。蔡元培先生的"思想自由、兼容并包"的办学方针宛如在当时已行将就木的北京大学中响起一声惊雷,将它往日的陈腐、衰败之气荡涤得一干二净,各路学者纷纷云集于此,在学术上各抒己见、自由探讨、不受压制,出现了百家争鸣的生动场面,各种学术思想与流派的林立交锋使北大的学术气氛开始变得空前活跃、高涨,一时间这里充满了一派生机勃勃的景象。陈独秀在描述当时的情景时说:"对于各种学说,无论新旧都有讨论的自由,不妨碍他们个性的发达;至于融合与否,乃听从客观的自然,并不是主观上强求他们的融合。"②后辈人秉承先贤们的润泽,将北大这种宝贵的思想不断传承和光大,由此造就了"思想自由、精神独立"的北大精神。北京大学开创了一代学术自由、思想自由的新风,其日后的成长与发展深深得益于此。

在现代科学发展史上,也曾出现过因学者们受到来自政治力量的强大压制而导致科学发展遭受重创的情形,这以斯大林时代大力推行遗传学中的李森科学派、否定经典遗传学最为典型。李森科是斯大林时代的一位农学家,但他更是一个政治投机者。他很会抓住时机,充分利用中央集权的官僚主义和受意识形态控制的学术气氛所提供的机会,打着发展社会主义农业的幌子,竭力将他的遗传学理论和农业实践与当时苏联的政治气候紧密结合起来,以此为自己寻求政治上的庇护与支持。1948 年,斯大林不顾已经卓有成就的遗传学家们的反对,对李森科的生物学理论赐予官方的和垄断的地位,并利用行政力量强制推行李森科学派,完全禁止以孟德尔-摩尔根为代表的经典遗传学派在苏联的教学和研究,并对那些反对李森科学派的科学家进行人身迫害,当时大约有 3000 多名生物学家遭到攻击,其结果造成了原本在俄国科学史上有着优良传统、并在国际上曾处于先进地位的遗传学遭受了灭顶之灾。这一事件最终导致苏联在遗传学乃至整个生物学领域几十年来远远落后于国际水平,至今仍没有恢复昔日的国际地位。除此之外,由于李森科对生物学的垄断,苏联错过了席卷全世界其他地区的、以现代遗传学为基础的农业革命,苏联的老

---

① 《中国现代教育家传》编委会:《中国现代教育家传》(第一卷),湖南教育出版社 1986 年版,第 15 页。

② 刘成友:《警惕学界"近亲繁殖"》,《光明日报》2002 年 4 月 26 日,第 3 版。

百姓为农业的低产吃尽了苦头，这是苏联科学史上一个十分惨痛的教训。①

新中国成立以后，由于国内的社会环境在相当长一段历史时期里都处于剧烈的动荡、变幻之中，因而学术思想长期受到政治力量的干预，很难有生长、发育之地，学术自由更无从谈起。

曾经担任北京大学校长的吴树青教授在他撰写的文章《为什么我们没有培养出文科大师》中谈到，自新中国成立以来，国内一直没有培养出文科的大师级学者。分析造成这一现象的原因，他认为主要有三个方面：第一，中国的高等教育专业划分过细，导致培养的学生知识面狭窄；第二，由于主观和客观的原因，中国在相当长的一段时期里对外联系交往很少，获得的信息也非常少，不能及时了解国外的研究与发展情况；此外，还有一个非常重要的原因就是学术环境的问题，在过去那种"左"的思想支配下，以阶级斗争为纲，把文科的学术性与政治性截然对立起来，为了保证政治性而削弱学术性，这种情况对学术本身的发展产生了极大的影响。② 很显然，尽管吴树青教授在他的文章中并未直接阐明，但实质上他所提到的第三个原因追根究底就涉及学术自由的问题。新中国成立以后，由于受极"左"思想的影响，我们国家的学术思想领域（特别是人文社会科学领域）长期处于政治力量的干预之下，没有思想自由、学术自由。受反右和"文化大革命"等政治运动的冲击，广大知识分子的人格和精神遭到严重摧残，逐渐丧失了追求学术自由的能力和勇气。著名历史学家、原华中师范大学校长章开沅教授曾经谈到："学术自由问题，是个很重要的问题。没有学术自由，只能培养庸才，培养不了具有高度创造力的人才。人们常说，要培养创造思维。如何培养创造思维？如何给创造思维以良好的环境？这就需要学术自由，不能堵塞创造思维的空间。……我认为，在学术自由的问题上，我们没有很好地解决。尤其是在社会科学领域，学术自由不是很多。"③由于学术自由长期受到禁锢，难以从根本上得到保证，导致我们国家几十年来缺乏真正的学术思想，在这种状况之下何谈培养大师级的学者。

在新中国历史上，学术思想受到政治批判和压制的事件屡见不鲜。

20 世纪 50 年代初期，对俞平伯《红楼梦》研究的批判以及后来发展成为对胡适阶级立场的批判就是其中一例。1954 年 9 月，由山东大学主办的《文史哲》发表了青年学者李希凡、蓝翎合写的《关于〈红楼梦简论〉及其他》一文，文

---

① （英）洛伦·R.格雷厄姆：《俄罗斯和苏联科学简史》，叶式辉、黄一勤译，复旦大学出版社 2000 年版，第 135～150 页。

② 吴树青：《为什么我们没有培养出文科大师》，《高等教育简报》1997 年第 16 期，第 1～4 页。

③ 肖海涛：《访问章开沅教授》，《高等教育简报》，1998 年第 17 期，第 1～3 页。

章批判了胡适的学生、北京大学著名红学家俞平伯《红楼梦》研究中的唯心主义观点。同年 10 月 10 日,《光明日报》专栏《文学遗产》第 24 期又发表了李希凡、蓝翎的另一篇批判俞平伯红学研究的文章《评〈红楼梦研究〉》。毛泽东在读了李、蓝的文章后,于 10 月 16 日给中共中央政治局及其他有关同志写了《关于〈红楼梦〉研究问题的信》,对李、蓝的文章给予了高度评价和坚决支持。他说:"这是三十多年以来向所谓《红楼梦》研究权威作家的错误观点的第一次认真的开火……看样子,这个反对在古典文学领域毒害青年三十余年的胡适派资产阶级唯心论的斗争,也许可以开展起来了。"①此言一出,原本对俞平伯《红楼梦》研究的学术批判转变成为对胡适派资产阶级唯心论的斗争。蓝翎在长篇回忆文章《四十年间半部书》中记述了当时的事情经过,文中说:"我和李希凡合写前两篇文章的初衷只是为了表明和俞先生不同的学术见解,并无别的意图。但却因此而被卷入了关于《红楼梦》研究问题的批判龙卷风。"1954 年11 月 5 日,中宣部文艺处的林默涵在一次内部大会上明确阐述了大批判的动机:"胡适是资产阶级中唯一比较大的学者,中国的资产阶级很可怜,没有多少学者,他是最有影响的,现在我们批判俞平伯,实际上是对他的老根——胡适思想进行彻底的批判,对知识分子思想改造都很有意义。"②在这次批判运动中,许多文人学者都写了文章,但绝大多数都是照上面的"精神"表示自己的政治立场的,很少有学理意义上的讨论与学术批判中的真知灼见。从阶级观决定文学观的先验的理论前提出发,对于胡适学术思想的批判存在着明显的政治意识偏见与简单化倾向。因为这场运动从一开始就是要打倒"学术界的'孔子'"与文化界资产阶级的偶像,缺少一个学术争鸣的最起码的氛围,因而出现了向政治领域"一边倒"的局面。在这一形势之下,胡适在新文化运动与新文学运动中的历史作用被否定,在"五四"时期的历史地位被抹杀,其学术思想被歪曲,以致最终直接影响了中国现代文学史对胡适的客观评价。③

我国著名经济学家、人口学家、原北京大学校长马寅初教授和他的"新人口论"所遭受的批判和攻击,是这一历史时期中最具代表性的事件。1957 年,马寅初根据他多年的调查研究,充分认识到中国目前人口自然增长率过高过快,如不尽快考虑控制人口增长,将严重影响社会的发展和进步,并于 3 月 2日在最高国务会议上,就"控制人口"问题阐述了自己的理论观点。同年 4 月

---

① 《毛泽东文集》(第六卷),人民出版社 1999 年版,第 352 页。
② 《新中国红学"第一人":遭大批判只因是胡适学生》,http://news. ifeng. com/history/phtv/tfzg/detail_2012_02/03/12273152_0. shtml。
③ 王泽龙:《胡适研究的历史与现状(上)》,《荆州师专学报》1998 年第 4 期,第 55~60 页。

27 日,他在北京大学就中国人口问题做了一次学术演讲,其后将报告稿进行了整理,并写成书面发言稿,作为一项提案提交第一届全国人大第四次会议。此发言稿于 1957 年 7 月 5 日全文发表在《人民日报》上,这就是著名的"新人口论"。然而,他所得到的回应却是"在众人不能觉察的'盛世'发出危言,可是'盛世'却不能容忍这样独立思考的'异端'"①。在那个颂歌盈耳的年代里,他的言辞是如此的尖锐和逆耳,与举国沸腾的"大跃进"形势显得那样的格格不入。1958 年,大规模地批判和讨伐马寅初的政治运动拉开了序幕。《人民日报》1958 年 6 月 6 日发表的《我国人口和就业问题》一文中说:"马寅初在《新人口论》中说的话,与右派分子的话是一样的,是站在反人民、反社会主义的立场上,是一种悲观主义。"马寅初的人口论被冠以"马尔萨斯主义"的帽子,被认为是站在资本主义立场上,于是,原本一个学术问题迅速上升为政治问题,马寅初因而遭到猛烈的抨击。面对数不清的诘难与攻击,马寅初据理力争,毫不妥协。他说:"我认为这不是一个政治问题,是一个纯粹的学术问题。学术问题贵乎争辩,愈辩愈明,不宜一遇袭击,就抱'明哲保身,退避三舍'的念头。"②周恩来曾经劝他做个检讨,以求"过关",但他并未接受。1960 年初,马寅初被迫辞去了北京大学校长的职务,但在他的人口理论上,他依然一如既往、坚持真理、不屈不挠、无怨无悔,始终捍卫着作为一名学者应有的独立、尊严与自由。历史已经清楚地向我们证明,马寅初的人口理论是完全正确的,如果 50 年前采纳他的建议,就不会造成今天人口过多、国家不堪重负的局面,正所谓"批错一个人,徒增三亿人"(现在经济学界对这一事件的评价),如今的现实是对过往的那个年代最无情的嘲讽。然而,历史是无法倒退的,我们只能寄希望于通过回顾历史给今人以启迪。

除了上述两个事件之外,在经济学领域对孙冶方的批判、在哲学领域对杨献珍的批判,也是那个特殊历史时期中颇具影响的事件。1958 年"大跃进"开始,"一大二公"之风盛行,张春桥在杂志上发表文章,鼓吹供给制。中国科学院经济研究所所长、著名经济学家孙冶方冒着危险,"不合时宜"地提出了"价值论"的观点。1962 年 6 月至 8 月,陈伯达邀孙冶方每天去《红旗》杂志编辑部参加"座谈会",康生也几次约他"座谈",鼓励他尽量"放",以便收集他的"修正主义罪证",以后再将他一棍子打死。孙冶方不顾好心人的劝告,虽然明知这是一个阴谋,仍旧决定参加。他说:"我不需要三不主义(不抓辫子、不打棍子、不戴帽子),只要有答辩权,允许我反批判就行。帽子总是要戴的,不是戴这

---

① 钱理群:《走近北大》,四川人民出版社 2000 年版,第 223 页。
② 钱理群:《走近北大》,四川人民出版社 2000 年版,第 226 页。

顶,就是戴那顶,可是答辩权最要紧。"从 1960 年代初开始,在"批判修正主义"的旗号下,孙冶方被戴上"中国经济学界最大的修正主义者"的帽子而受到围攻、批斗,1968 年 4 月被投入监牢,被关押长达 7 年之久。尽管身处逆境,他在牢房之中反复念叨的是:"我是因为我的经济学观点活着。……我死不足惜,名声毁了也不要紧,但是我长期从事经济研究形成的观点决不能丢。我要为真理活下去,要在死以前把自己的见解留下来,让人民去做公正的判决。"粉碎"四人帮"以后,孙冶方于 1978 年 10 月 28 日在《光明日报》上以《千规律,万规律,价值规律第一条》为题,重申了他多少年来一直坚持的观点。在今天看来,孙冶方强调价值规律对社会主义经济的积极作用无疑是正确的。但是在那样一个是非颠倒的年代里,又有多少学术思想能够得到真正的弘扬,又有多少学者能够始终如一地捍卫真理。孙冶方被誉为中国当代最杰出的经济学家,这不仅仅是因为他在经济学界所取得的成就和影响,更重要的是他在坎坷人生中所表现出的一以贯之的执着精神和宁折不弯的人格力量。①

本文中所要提到的另一位学者杨献珍,是我国著名的马克思主义理论家、哲学家,是 1950 年代以来中国哲学领域关于"基础与上层建筑"、"思维与存在的同一性"、"一分为二与合二而一"三次大论战的领衔者。1955 年,杨献珍针对当时哲学界有人提出的"过渡时期的经济基础只有唯一的社会主义经济",即所谓"单一经济基础论"的观点,提出了他的"综合经济基础论",对新中国成立初期的经济基础的性质问题,做出了正确的科学的回答。这本是理论界一次有现实意义的探讨,但出于康生等人的阴谋活动,杨献珍被视为反对走社会主义道路而遭到批判。1958 年"大跃进"时期,身为中央高级党校校长的杨献珍经过实地调查,对当时越来越猖獗的"浮夸风"深恶痛绝,他在一切可利用的场合中大讲"浮夸的根源是把思维当存在",极力反对哲学上思维与存在的同一性命题,以其深厚的辩证唯物主义观来反对"大跃进"中的主观唯心主义。最终的结果是他又被扣上"反对大跃进、反对三面红旗"的帽子,其职务也被降为副校长。在那样一个"不怕做不到,就怕想不到"的浮夸年代,杨献珍表现出了一个真正的马克思主义哲学家的品格。1961 年 4 月,杨献珍在中央党校授课时,引用我国明代哲学家方以智的《东西均》一文中"合二而一"的术语,用来表达对立统一规律。他认为,一分为二和合二而一是从两个不同的角度说明对立统一规律,这又一次被以投机哲学为己任的康生抓住了"辫子":这是反对毛主席提出的"一分为二"! 杨献珍于是被定为反党分子,并被撤销了中央党校副校长的职务。1963 年,身处危境中的杨献珍仍"不识时务"地提出了"合二

---

① http://sunyefang.cass.cn/.

为一"的观点。他认为，这是符合马克思主义对立统一观点的。但在当时那样一种大背景下，杨献珍再次被打倒，所有的职务全部被免，并于1965年身陷囹圄。历史学家在评论那段历史时认为，中国社会主义发展的弯路在学术上的起点就是哲学上的"杨献珍案"、历史学上的"邓拓案"、文艺上的"胡风案"。历史的进程证明了杨献珍的理论与观点的正确。这位哲学家对党、对人民的事业一片赤子之心和拳拳之情，在一种错误的、唯心主义思潮泛滥之时，敢于挺身而出，坚决地捍卫马克思主义的原则立场，他的思想、尤其是他在逆境中发出的声音，至今仍在我们耳边萦绕，仍然振聋发聩。①

回顾20世纪五六十年代的历史，除了上述这些事件之外，对于电影《武训传》的批判、对于胡风文艺思想的批判以及1958年"大跃进"开始之后实行所谓"教育革命"，并对中外历史上许多著名学者进行的批判，无疑对中国思想文化、科学技术和社会发展等广泛领域产生了巨大的影响和冲击。以上的诸多事例无一不向我们表明，坚持学术自由、思想自由的原则是符合文化、教育和科学发展规律的。陈平原在《学者的人间情怀》中谈到了这个问题，他说："在我看来，在研究过程中，政与学，合则两伤，分则两利……之所以苦苦维护学术的独立与尊严，不外认为它比政治更永久，代表人类对于真理的永恒不懈的追求。"②我国历史学家黎澍曾经对如何坚持学术自由提出了自己的看法："我们一定要坚持学术问题的自由讨论，要求所有的人都以平等精神来对待和参加这种讨论，允许批评和反批评。真理面前人人平等。学术问题上绝对不允许搞'集中制'。有了争论，只能平等讨论，不能服从多数，不能服从个人，不能服从权威，不能服从定论。任何情况下，都要允许坚持意见、保留意见，也要允许改变意见。要永远废除由领导机关或权威人士以行政手段为学术争论作结论的错误做法。没有自由和平等的精神，就不可能有科学的迅速发展。"③

的确，学术思想的健康成长，不同学术观点的碰撞、交流乃至争鸣和批判，是学术健康发展所必需的前提条件，是培养创新人才不可缺少的氛围。若没有学术自由，哪能达到一流的学术水平？如无学术自由，哪来知识创新？……"学术自由，追求真理"，这是大学生命的真谛。④ 没有学术自由，大学便如一潭死水，不可能泛起思想的涟漪；没有学术自由，大学就不能履行其主要职能之

---

① 杨耕耘、张爱虎：《真理的力量——记从郧县走出的杨献珍》，《湖北日报》2002年5月16日；关山：《杨献珍研究资料》，湖南人民出版社1987年版，第16~24页。

② 舒志定：《大学教师学术观念的哲学思考》，《大连理工大学学报（社会科学版）》2001年第2期，第10~14页。

③ 丁伟志：《黎澍论学》，《中国社会科学》1998年第4期，第49~58页。

④ 朱九思：《竞争与转化》，华中科技大学出版社2001年版，第93页。

一——成为新思想（包括那些可能不受欢迎的新思想）的催化剂和庇护所[1]；同时，学术自由也是学者人格的重要体现，是他们自觉地维护大学作为"社会良心"之神圣殿堂的不屈精神的重要支柱，正如历史学家陈寅恪先生所说"独立之人格，自由之思想"，可见人格与思想密不可分的关系。总而言之，创造一个宽松、自由的环境从本质上来说就是对知识、对人才、对创造性劳动的尊重与宽容，只有具备这种海纳百川的胸怀，才能够真正促进学术的繁荣，这是当前我国学术事业发展中需要首先解决的问题。

---

① 王英杰：《规律与启示——关于建设世界一流大学的若干思考》，《比较教育研究》2001 年第 7 期，第 1～8 页。

需要澄清的一段特殊历史[*]

　　本书最大的贡献是弥补了中国近代教育史上一段重要的空白。在 1952 年大规模院系调整以前，我国有相当数量的私立高等学校。但经过院系调整，包括教会大学在内，所有私立高等学校都与其他公立高等学校融合在一起，从此消灭了我国所有的私立高校。私立高校如此，所有私立中小学亦如此。

　　为何这样做？因为要全面学习苏联的做法。苏联没有私立高等学校，所以中国的私立高校也不能继续存在。

　　对于学习外国的做法，毛泽东讲得很清楚："我们提出向外国学习的口号，我想是提得对的。现在有些国家的领导人就不愿意提，甚至不敢提这个口号。这是要有一点勇气的，就是要把戏台上的那个架子放下来。""应当承认，每个民族都有它的长处，不然它为什么能存在？为什么能发展？同时，每个民族也都有它的短处。有人以为社会主义就了不起，一点缺点也没有了。哪有这个事？""对于苏联和其他社会主义国家的经验，也应当采取这样的态度。过去我们一些人不清楚，人家的短处也去学。""必须有分析有批判地学，不能盲目地学，不能一切照抄，机械搬用。"①

　　既然如此，为何在 20 世纪 50 年代初期我国的高等教育又全盘照抄苏联的做法呢？

　　关于这一点，应该说，还是毛泽东本人的话最真实，也最具有权威性，他是最高决策者。他说："斯大林对中国作了一些错事。第二次国内革命战争后期的王明'左'倾冒险主义，抗日战争初期的王明右倾机会主义，都是从斯大林那

---

　　*　本文是作者为《近代中国私立大学研究》（宋秋蓉著，天津人民出版社 2003 年版）一书所作的序。
　　①　毛泽东：《论十大关系》，《毛泽东文集》（第七卷），人民出版社 1999 年版，第 41 页。

里来的。解放战争时期,先是不准革命,说是如果打内战,中华民族有毁灭的危险。仗打起来,对我们半信半疑。仗打胜了,又怀疑我们是铁托式的胜利,一九四九、一九五○两年对我们的压力很大。"①

这里,毛泽东所说"怀疑我们是铁托式的胜利",他指的是第二次世界大战胜利以后,社会主义的南斯拉夫最高领导人铁托,根据自己的国情,制定自己国家的政策与做法,而不按苏联的一套办。当时有个"共产党与工人党情报局",这是由于1943年共产国际自己宣布解散了,斯大林在二次大战胜利以后,为了便于控制其他新生的社会主义国家而带头建立的,其中当然包括南斯拉夫,这个"情报局"的常设机构就设在南斯拉夫首都贝尔格莱德。当时东欧的其他几个社会主义国家都是苏联红军打进去以后才获得解放的,只有南斯拉夫是在共产党及其领袖铁托的领导下在战争期间早就开展游击战争,最后完全依靠自己的武装力量解放了自己的国家,看来斯大林对铁托最不放心。果然铁托不照搬苏联的做法,自行其是。于是斯大林决定把南斯拉夫共产党开除出情报局,宣布铁托是修正主义者,几乎所有的已经执政和没有执政的共产党,都跟在苏联共产党后面群起而攻之。相比之下,中国共产党更加强大,已经发生过毛泽东所说的几件事没有按斯大林的意旨办,所以在1948年铁托事件以后,"一九四九、一九五○两年对我们的压力很大"。这个压力当然来自斯大林。在这种压力下面,加之我们中华人民共和国又刚刚成立,需要苏联的援助,因此,毛泽东不得不非常小心谨慎,铁托事件是前车之鉴,于是在各方面照搬苏联的做法,教育工作也当然如此。

1953年3月5日斯大林去世了,"紧箍咒"没有了;加之1956年2月,赫鲁晓夫在苏共第二十次代表大会上针对斯大林过去搞大规模肃反与个人崇拜的错误,做了一个秘密报告,于是毛泽东就有可能在1956年4月下旬中共中央政治局扩大会议上发表《论十大关系》的讲话,把盖子彻底揭开来,将斯大林对中国做过的错事和受到的压力讲出来。几年之后,又以中共中央文件的形式,将《论十大关系》发给全党。"文化大革命"以后,华国锋主持中央工作时,1977年4月,人民出版社出版了由中共中央毛泽东主席著作编辑出版委员会编辑的《毛泽东选集》第五卷,发行量很大。其中包括《论十大关系》,这就向全国、全世界完全公开了这篇反教条主义的讲话。

1956年毛泽东讲话之后,当时教育部部长杨秀峰也在教育部内部检讨了全面学习苏联"一切照抄,机械搬用"的错误。

其实,50年以前,世界上也只有苏联和其他少数国家没有私立高等学校,

---

① 毛泽东:《论十大关系》,《毛泽东文集》(第七卷),人民出版社1999年版,第42页。

多数国家是有的，美国与日本就很突出。

早在 1776 年美国独立以前，在其东北部的英国殖民地，当时叫做新英格兰地区，从 1636 年起，由于移民的需要，就陆续出现了一些私立高校。最早建立的是剑桥学院，两年后改称哈佛学院，后来又更名为哈佛大学。耶鲁大学、普林斯顿大学、哥伦比亚大学等，共有近十所，都是美国独立以前建立的，直到现在仍然办得很好，不仅在美国，在全世界也名列前茅。时间久了，校舍上长了常青藤，于是他们建立了一个松散的组织，定名为"常青藤联盟"（Ivy League）。美国独立以后，私立高校继续发展，越办越多。至于州立大学，在 1862 年以前，为数不多。只是在 1862 年总统林肯颁布了"土地拨赠法案"以后，才发展较快较多。

至于日本，早在 1868 年明治维新时，就已经有直到现在仍然办得很好的私立庆应大学。东京大学、京都大学等公立大学虽然陆续建立，但一百多年来，发展最快的是不同层次的私立高等学校，已占日本高校的 70%。

美国学者马丁·特罗把高等教育的发展分为三个阶段：在校生数占适龄青年的 15% 以内，是精英阶段；介于 15% 与 50% 之间时，为大众化阶段；超过 50% 时为普及阶段。现在世界上达到普及阶段的只有美国与日本，这对美国两三百年来的发展与日本一百多年来的发展，当然起了极大的作用。

20 世纪 50 年代初期的全面学习苏联，在高等教育方面不仅取消了所有的私立高校，而且大规模的院系调整涉及除两三所医学院以外所有的高等学校。特别可惜的是十几所国立大学（包括抗日战争期间先后改为国立的南开大学、厦门大学、复旦大学），都无一例外地被"肢解"。原来绝大多数是名副其实的综合性大学，经过调整，其中大多数成为"文理学院"，虽然名义上还称之为"综合性大学"，但已经名实不符。清华大学与浙江大学原来都是很好的综合性大学，也完全成为工科大学了。十几年前，清华大学教科所一位负责人告诉我，他们的校史只写到 1949 年为止，以后的校史不好写了。

大概是五六年前吧，当高校合并刚刚开始的时候，当时的一位主管部门的主要负责人，竟然说这是第二次院系调整。我听到以后，联想到毛泽东曾经说过的一句话，历史的经验值得注意。

已进入耄耋之年，经历过的风风雨雨多一些，又联想到一件非常遗憾的事。1978 年中共十一届三中全会之后，当时教育主管部门的一位主要负责人，在全国高等教育工作会议的大会上，竟然讲 20 世纪 50 年代全面学习苏联是完全对的，教学工作恢复到 50 年代那样就很好。上海有 4 所直属高校的负责人在新华社记者访问时表示，希望能得到办学自主权，以便于进行改革，也在这次大会上遭受到批评。党的十一届三中全会之后，各部门特别是经济部门都开始进行改革,唯独教育部门基本上没有动静。连十分重要的真理标准问题讨论,这位主要负责人也按兵不动,说什么教育工作没有什么问题。

但是改革大潮毕竟是不可阻挡的,有些高校也开始行动了。华中工学院是第一家,1980 年前后逐渐办起了理科与文科,突破了苏联模式,向名实相符的综合性大学转化。第二是上海交通大学,在管理体制方面开始改革。

不过改革的阻力还是很大的,首先是来自主管部门的阻力。但追根究底还是思想认识上的阻力,上上下下不少人总认为全面学习苏联是对的。或者找出一些枝枝节节的理由为其辩护。特别是关于当年照搬苏联一套的原因,多年来更是众说纷纭,似乎没有认真读过《论十大关系》一文。

恰好 1992 年 5 月,加拿大多伦多大学安大略教育科学研究院专门研究中国高等教育的露斯·海霍(Ruth Hayhoe,中文名许美德)教授来访,应她的要求,我同她进行了长达 7 小时的交谈。她的中国话说得很好,也无须翻译。关于当年全面学习苏联的原因,我说主要是政治上的原因,在教育科学上是没有根据的。[1] 现在我重申这个观点。

历史是曲折的,但并非无序,往往经过一段较长而不一定很长的时间,就会发现事物正沿着一条客观存在的轨迹在转化。现在许多老大学已先后摆脱了学苏时代的那种模式,而形成多样化,后者当然优于前者。许多私立高校即所谓民办高校也相继出现。

由于不少老大学沿用着过去的老校名,加之各校校史又必须追本溯源,从几十乃至 100 年前写起,所以老大学的名称述为许多人所知。但不幸的是 50年前的私立大学,现在 60 岁以下的人,包括在高校工作的人们,恐怕没有几个人知道了。以私立高校比较集中的上海为例,当年的私立大学有复旦大学(抗战中期在重庆改为国立)、光华大学、大夏大学、大同大学、中国公学、上海大学、东亚体育专科学校、两江女子体育专科学校、立信会计专科学校,还有教会办的圣约翰大学、沪江大学、震旦大学等等。这已是 60 多年前的情况,恐怕还有遗漏。而当时上海的国立大学只有交通大学与同济大学(原为德国医学博士宝隆办的私立大学,1927 年交给中国政府,从 1928 年起,改为国立)2 所。再以我们所在的武汉为例,当时有私立中华大学和教会办的华中大学,而国立大学只有武汉大学 1 所。当时北京也是私立大学比较集中的城市,私立大学多于公立大学。当时南京是首都,国立大学也只有中央大学 1 所;至于中央政治学校,许多办得好的中学的毕业生,对它不屑一顾,因为它实际上类似于国民党的党校,根本不认为它是国立大学,而南京却有办得很好的教会大学,即

---

① 朱九思:《历史的回顾》,《竞争与转化》,华中科技大学出版社 2001 年版,第 3 页。

金陵大学与金陵女子大学。至于广州、杭州、成都、重庆等地,私立大学(包括教会大学)数量都不少于公立大学,至少相等。这就是历史,这就是现在已被老年人除外的人们所不知道的历史。从这个意义上说,这是不是一部不大公平的历史?当然,这是一句带有某种情绪的话,但却出自于内心。因此,当本书作者在考虑博士学位论文的选题,最后选定这个题目的时候,我当然由衷地感到高兴。现在再不写,再过若干年,恐怕更难写了。但在她动笔之前,我曾一再问她,你写这个题目后不后悔?因为她还不到 40 岁,写这个题目可能有一定的难度。但我又相信她能够写好,她是学历史的,南开大学历史系毕业,硕士学位论文是关于中国近代教育史的内容,写得很好。她回答不后悔,就这样写了。

写这篇论文的另一个难度,是要查阅大量 50 年以前的有关档案。不仅要花钱,关键是要会查,要有"沙里淘金"的本领。她到了北京、南京、上海几个大的历史档案馆,还到了厦门、广州、天津等地的有关档案馆和图书馆。这是写教育史方面的论文所必要的,她完成了。当然,在她之前,已有其他学者写过关于 50 年前中国私立大学的论文和著作,但相比之下,本书要更加充实一些。这绝不是说毫无瑕疵,世界上永远没有尽善尽美的事物。

归结起来,我对 20 世纪上半叶的中国私立大学要说能够记载史册的下面三句话。

(1)这些私立大学培养了很多青年,对国家是有不可磨灭的重要贡献的。

(2)这些私立大学的办学者们对国家是有不可磨灭的重大功劳的。

(3)当时中央政府(特别是南京时期与抗战时期)对私立大学的关怀与管理是值得现在参考的。

高等教育当前应当着重抓什么[*]

毛泽东曾经说过这样一句话：要防止一种倾向掩盖另一种倾向。也就是要防止片面性。世纪之交，我国高等教育进入大发展时期，招生规模不断扩大，这对推动我国高等教育的发展，加快我国高等教育的大众化步伐起到了积极的推动作用。但是，我们也要对这种"高速"发展保持适当的冷静，切不可只注意发展，而忽视了提高，以致误人子弟。特别是在注意高等教育大众化的同时，千万不可忽视少数大学必须踏踏实实地名副其实地实行精英教育。为此，我国的高等教育在当前还需要着重关注以下几个问题。

一、在公办高校继续发展的同时，必须发展民办高校，提高民办高校的办学水平

当今世界已经进入知识经济时代和信息化社会，在这种情况下，一切竞争包括综合国力的竞争，归根结蒂都是知识和人才的竞争。而要培养大批高层次的优秀的专门人才，主要依靠高等教育来完成。新中国建立以后，我国很快就消灭了私立大学和教会大学，使所有高等学校都变成国家和各级地方政府举办的公办大学。经过 1952 年开始的院系调整和改革开放以来高等教育的快速发展，我国公办大学已经取得了长足进步，成为国家高等教育的主力军，有人形象地称之为"国家队"。而近年来民办高校虽然已经崛起，但由于起步较晚、基础薄弱，目前还无力承担国家高等教育的主要任务。从这个意义上说，培养大批高素质人才的重任就自然地落在公办高校的肩上。所以，在面临

* 本文原载《北京大学教育评论》2003 年第 1 期。

国际竞争日益激烈的情况下,继续发展公办高校是快速培养人才的必由之路。

另一方面,我们应当看到,我国大学生、研究生的数量还远远不能满足国家经济和社会建设的要求。尽管从 1999 年开始,全国高校进行了较大规模的扩招,但截至今年,我国高校的毛入学率(在校大学生人数与适龄青年之比)也才达到 14%,按照美国学者马丁·特罗的研究结果,我国仍然处于精英教育阶段,还没有达到高等教育大众化阶段。当然,早在去年,教育部的一位官员就指出,今后几年扩招的速度将保持在 10% 左右,直到 2005 年实现毛入学率 15% 的目标。尽管如此,不仅同世界发达国家相比,我国高等教育的这个比例比较低,即使同亚洲许多发展中国家相比,也是低的。联合国教科文组织亚太地区办事处高等及远程教育计划专家王一兵教授说:"据世界银行 1994 年报告,经合组织各成员国高等教育平均毛入学率已达到 51%,跨入了普及化阶段。其中:按教科文组织 1995 年世界教育报告,北美(美国和加拿大)高等教育毛入学率 1992 年已经达到 82%;中等收入国家为 21%;低收入国家为 6%。1965 年到 1990 年,东亚地区从 8% 增加到 17%。70 年代到 80 年代末,全世界高等教育毛入学率从 8.5% 增长到 13.5%;发展中国家则为 8.3%。"[1]王一兵教授进一步说明:"1996 年,中国共有普通与成人本专科在校生 567.7 万人,18～21 岁人口大学毛入学率为 7%,每 10 万人口中大学生数为 470 人,由此看出:中国的高等教育仍处于精英阶段;同发达国家相差两个阶段;中国的高等教育毛入学率低于发展中国家平均水平;中国每 10 万人口中大学生数在亚太地区仅高于巴基斯坦、孟加拉、老挝、越南、柬埔寨和阿富汗。"[2]表 1 所示为亚太 29 个国家和地区每 10 万人所含大学生数。

表 1　亚太 29 个国家和地区每 10 万人所含大学生数

国家和地区	每 10 万人所含大学生数	人均 GNP/$
韩国	4253	10076
新西兰	4251	16880
中国台湾地区	3325	12265
澳大利亚	3219	19960
菲律宾	2696	1130
日本	2340	36315

---

① 王一兵:《知识经济、信息社会与高等教育大众化——中国面临的挑战和战略选择》,《上海高教研究》1998 年第 6 期,第 1 页。

② 王一兵:《知识经济、信息社会与高等教育大众化——中国面临的挑战和战略选择》,《上海高教研究》1998 年第 6 期,第 1 页。

国家和地区	每10万人所含大学生数	人均 GNP/ $
新加坡	2050	26400
泰国	2090	2680
哈萨克	1733	1680
乌兹别克	1629	860
土耳其	1567	2540
中国香港	1540	23200
吉尔吉斯	1330	810
塔吉克	1283	480
蒙古	1267	325
土库曼	1143	1270
斐济	1076	2535
印度尼西亚	1045	940
马来西亚	679	3430
尼泊尔	558	200
印度	555	375
斯里兰卡	504	660
中国	477	540
孟加拉	402	283
巴基斯坦	258	464
阿富汗	162	150
柬埔寨	158	215
越南	149	250
老挝	112	325

资料来源:联合国教科文组织世界教育报告1993年、1995年等。

所以,我们还要继续提高我国大学生的总体人数,而要做到这一点,仅靠公办高校是很不够的。众所周知,我国的国情是人口多,底子薄,尽管改革开放以来我国在各项建设方面取得了可喜的成就,但是也必须清醒地看到,我国仍属于发展中国家,由于国家财力有限,不可能举办更多的高等学校。因此,必须调动社会和民间力量,积极举办民办高校。无论是从理论层面看,还是从实践层面看,我们都必须有相当数量的民办高校,这些民办高校的地位和作用必须得到承认。

1998 年 8 月 29 日颁布实施的《中华人民共和国高等教育法》在《总则》第六条中明确规定:"国家鼓励企事业组织、社会团体及其他社会组织和公民等社会力量依法举办高等学校,参与和支持高等教育事业的改革和发展。"由于与该法相配套的法规、政策等还不够完善,所以目前民办高校在举办过程中还存在不少难以解决的棘手问题。《中国经济时报》2001 年 3 月 23 日刊登了一篇题为《民办学校期待"国民待遇"》的文章。文章指出:民办学校近年来在各方面的支持下得到迅速发展,但在具体的办学过程中所遇到的资金、用地、生源等方面的困难仍较为突出。……不少政协委员呼吁有关部门取消对民办学校的一些歧视性政策,与公办学校一视同仁。① 那么,民办高校受到哪些方面的歧视呢? 文章举例说:全国政协委员、民盟浙江省常务副主委陈新增指出,一些地方仍然存在对民办学校的歧视政策,使民办学校在具体办学过程中困难重重。他举例说,譬如民办学校在建设用地、银行贷款、师生来源等方面与公办学校都不在一个起跑线上竞争。按国家规定,民办学校学生和公办学校学生应享有同等权利,而目前实际情况两者是不等的。公办高校学生无须担保和抵押可享受助学贷款,而民办高校学生却不能享受这一权利,这是个明显的歧视政策。② 民办高校的困难可见一斑。

按照马丁·特罗的观点,世界上目前已经进入高等教育普及化阶段的国家应该是美国和日本。这两个国家之所以能率先进入高等教育的普及化阶段,就是得益于它们各自的私立高等教育的稳步发展。在日本,有 70% 的高等学校是私立的,而其在校生人数占全国在校生人数的比例则超过 70%。日本自明治维新以来还不过 150 年的历史,但是他们十分重视发展私立高等教育,拓宽了日本国民上大学的渠道,使得日本能比较快地实现了高等教育的普及化。在美国,高等教育普及化得益于先后举办的私立大学、州立大学和社区学院,私立大学当功不可没。实际上,东亚部分国家和地区的高等学校毛入学率之所以能够超过 15%,也是得益于私立大学的举办。我国要加快发展高等教育的步伐,民办高校这一条腿必须"硬"起来,真正实行"两条腿"走路。

在过去十几年当中,民办高校还是在不断发展,形成了所谓三分天下有其一的局面,即公立大学大体占高校总数的三分之一,业务部门办的各种管理学院大体占三分之一,民办高校也大体占三分之一。我国目前民办高校已经有

---

① 《中国经济时报》记者林春霞:《民办学校期待"国民待遇"》,《中国经济时报》2001 年 3 月 23 日,第 1 版。

② 《中国经济时报》记者林春霞:《民办学校期待"国民待遇"》,《中国经济时报》2001 年 3 月 23 日,第 1 版。

1000多所,民办高校现在有办得好的和比较好的;但毋庸讳言,由于种种原因,我国民办高校的办学水平还存在着参差不齐的现象。我们应当采取多种有效措施,促进民办高校尽快提高办学水平和质量。出现这些问题,办学者当然有责任,但我认为主管部门应负主要责任。若主管部门很少过问的话,下面自然会发生形形色色的问题,所以解决问题的关键首先在于教育主管部门的重视。所以全国政协常委、民盟中央副主席、同济大学教授江景波说:"目前,由社会力量举办的全国各类高等教育机构多达1200多个,在读学生为150万人次,这是一支不可忽视的力量。国家应加大对民办学校的扶持力度,实行扶持和严格管理并举。"①政府在加大扶持力度的同时,要建立科学的评估和督导制度,对民办学校既要管理、监督,又不能过多干预,要严格把握民办学校的审批制度,定期对民办学校的办学质量、标准进行审计,以确保学校健康、持续发展。并要尽快出台《民办教育法》,通过法律程序来扶持和规范民间办学。② 我们认为这个思路对提高民办高校的社会地位、扩大民办高校的影响都有非常重要的积极意义。

二、我国高等教育质量不容乐观,无论是公办高校还是民办高校都需要提高质量

为了尽早实现我国高等教育的大众化,增加高等学校的数量是必要的,但是更要重视提高质量。不仅民办高校存在着质量问题,公办高校同样也存在质量问题。现在,在我们有些研究刊物上,有一个值得注意的倾向,就是"发展"一词出现得很多,而"提高"一词出现得太少。就全国范围来说,高等教育事业当然要发展,而且还需要发展若干年。但在发展的同时,我们也需要注意提高。不论是哪个层次的高等学校,都应当在其已有水平上继续提高。然而,现实的情况则是我国高等教育的质量仍然或多或少地存在一些质量问题。《中国经济时报》2001年3月28日第一版刊登了题为《高等教育质量严重滑坡》一文,文章根据2001年年初瑞士洛桑国际管理开发研究院发表的2000年度"国际竞争力报告"的结果,认为:"中国的国民素质、科学技术和国际竞争力在世界的排名连续下滑:国民素质由1998年的第24位滑至第29位,科学技

---

① 《中国经济时报》记者林春霞:《民办学校期待"国民待遇"》,《中国经济时报》2001年3月23日,第1版。

② 《中国经济时报》记者林春霞:《民办学校期待"国民待遇"》,《中国经济时报》2001年3月23日,第1版。

术由第 13 位滑至第 28 位,国际竞争力由第 24 位降至第 31 位。"①为此,该报记者采访了清华大学教授刘西拉。刘教授在一所著名高校的两个工科系进行细致调查后认为,这与当前我国高等教育质量严重下滑有关。刘西拉教授分析高等教育质量下滑的首要原因是"学校普遍存在'浮躁心态',热衷'轰动效应'。因为追求短期内迅速提高各种评比指标,重金奖励作者,不顾其他;为了提高学术知名度和争取课题,拉一些社会名流或官员到高校当领导、做教授、制造舆论,不计效果;为增加科研收入,不论技术含量,只要来钱就行。因此,很多教师不在教学上投入"②。记得 20 世纪 90 年代初,原教育部副部长周远清说过高等学校存在着四个方面的投入不足的问题,即教育经费投入不足、领导精力投入不足、教师精力投入不足和学生精力投入不足。现在看来这些问题还没有完全解决。因此,大学生对整个教学环节的满意程度在下降。从刘西拉教授的调查结果看,对整个教学环节"认为'很满意'和'满意'的学生只有5%,认为'不满意'和'很不满意'的学生达 53%……认为在大学苦读几年后,'能学到一点点'和'根本学不到'有用东西的学生占 79%"③。在这所学校的课程设置方面,学生也不很满意。调查结果显示:"认为专业课设置合理的只有 8%,认为基础课设置不合理的有 18%,认为'选修课不合理'的学生比例已达 72%。"④据此,刘教授认为,这些都是"高等教育质量滑坡的重要原因"⑤。著名大学尚且如此,其他高校情况如何,可想而知。

无独有偶,今年 7 月 18 日的《南方周末》辟出大幅版面讨论扩招以后的高等教育问题。从这些文章中我们有这样的感觉,始于 1999 年的高等学校的扩招,固然有很大成绩,但也进一步影响了高等教育的质量。"随着学生规模的急剧膨胀,大多数学校的宿舍、教室、实验室等顿时紧张起来。……学校想了各种办法解决这些问题,但很显然,学校投入的增加赶不上扩招的速度,于是社会上出现了'质量下降'的担心。"⑥"从 1999 年开始,广州外语外贸大学开始

① 《中国经济时报》记者冀文海:《高等教育质量严重滑坡——教师队伍中出现"断层"、行政干预过多、高校创新受限等是主要原因》,《中国经济时报》2001 年 3 月 28 日,第 1 版。

② 《中国经济时报》记者冀文海:《高等教育质量严重滑坡——教师队伍中出现"断层"、行政干预过多、高校创新受限等是主要原因》,《中国经济时报》2001 年 3 月 28 日,第 1 版。

③ 《中国经济时报》记者冀文海:《高等教育质量严重滑坡——教师队伍中出现"断层"、行政干预过多、高校创新受限等是主要原因》,《中国经济时报》2001 年 3 月 28 日,第 1 版。

④ 《中国经济时报》记者冀文海:《高等教育质量严重滑坡——教师队伍中出现"断层"、行政干预过多、高校创新受限等是主要原因》,《中国经济时报》2001 年 3 月 28 日,第 1 版。

⑤ 《中国经济时报》记者冀文海:《高等教育质量严重滑坡——教师队伍中出现"断层"、行政干预过多、高校创新受限等是主要原因》,《中国经济时报》2001 年 3 月 28 日,第 1 版。

⑥ 《南方周末》驻京记者邓科:《高校扩招陷入尴尬境地》,《南方周末》2002 年 7 月 18 日。

接受省政府下达的扩招计划。……大量学生的拥入,使该校以语言教学为主的优势正在受到影响。语言教学理想状态是小班化模式。而学校所有的200多间教室显然已经变得紧张。今年5月份,学校的班级数是236个。今年9月份新生入学,又要增加30多个班级。"①"在扩招迅猛的大学,超负荷运转的教室和老师都有点力不从心。这使学校里产生了一种焦躁的情绪。"②某大学的一位负责人对毕业生的质量忧心忡忡,"扩招后实验设备的添置滞后,致使一些学生丧失了动手的机会,常常是几个学生一起实验,只能看,不能摸。有些学生根本没有亲手做过实验③。一般来说,发展比较容易,无非是铺摊子,现在就是一个劲"扩招",反正盖学生公寓、盖食堂,大家都有了经验,并不难,驾轻就熟。但是提高却很困难,比发展困难得多。有人也许会说,"发展"里面包含着"提高"的意思。如果是这样的话,那么"提高教育质量"、"提高学术水平"、"提高师资水平"、"提高学生素质"等等,是否都可以改为"发展教育质量"、"发展学术水平"、"发展师资水平"、"发展学生素质"? 显然,这样的说法是不能令人赞同的。"发展"是硬道理,历史已经充分证明了这一点;但"提高"也是硬道理,未来也将证明这一点。两者相辅相成,切不可片面地强调一个方面而忽视了另一个方面。

当然,对于不同层次的高校也应当有不同的质量要求,就像每年高考也需要分批录取一样。我们不能因为扩大招生规模而忽视甚至放弃对质量的要求。目前,我们有不少高校片面地强调规模,似乎规模越大,学校地位也就越高。从高等教育自身发展的规律看,这种倾向是有害的!

三、在公办高校中,应当将精英教育与大众化教育区别对待

江泽民在北京大学百年校庆大会上的讲话中,发出了"为了实现现代化,我国要有若干所具有世界先进水平的一流大学"的号召。这些具有世界先进水平的一流大学就是我们所要举办的精英教育的主体。相对来说,要实现高等教育的大众化并非轻而易举、一蹴而就,而最为困难的则是办好精英高等教育,这其中需要解决的问题更多、工作更艰巨。今年8月份在北京密云,由教育部主办了一次"中外大学校长论坛"。在这次论坛上,英国牛津大学副校长科林·卢卡斯(Colin Lucas)说过这样一句话,要办好世界一流大学很难。世界一流大学校长能发出这样肺腑之言,绝不是空发议论,而是经验之谈,值得

---

① 《南方周末》记者江华:《广东:大学对扩招的不同声音》,《南方周末》2002年7月18日。

② 《南方周末》记者江华:《广东:大学对扩招的不同声音》,《南方周末》2002年7月18日。

③ 《南方周末》记者江华:《广东:大学对扩招的不同声音》,《南方周末》2002年7月18日。

我们深思。

但是，在我们高等教育向大众化行进的过程中，却是希望所有公办大学包括实施精英教育的学校都一起来参与，这种做法是考虑不周的。相反，我们应当采取措施，减轻精英教育大学的负担，使这些学校能够"轻装疾进"，逐渐发展成为具有世界水平的一流大学。那么实现高等教育大众化的任务主要靠谁来完成呢？一是省属本科大学和其他各种类型的高校；二是靠民办大学，现在这条"腿"很弱，需要加强领导和管理。也是毛泽东说过的话：没有区别，就没有政策。

我们可喜地看到，近年来我国有些重点大学已经意识到这个问题，北京大学与清华大学不用说，其余大学中也有的以实际行动面对扩招，减少各自的招生规模。2002年，武汉大学本科的招生规模为7000人，比上一年减少了1000人；复旦大学认为，"对于我们学校来说，'扩招'的概念用不上"[1]。据介绍，复旦大学近3年来本科招生人数都在3200人至3400人之间，在各省市的招生人数都没有什么变化。另有信息表明："今年重点高校在广东虽然仍在扩招，但不少高校已减缓了本科的扩招规模。据了解，清华今年计划在广东招生较去年仅增5人；北大增加7人；复旦增加2人；上海交大比去年扩招4人。而南京大学、浙江大学、南开大学等高校的招生则与去年持平。"[2]

另一方面，要加快我国高等教育的发展步伐，把我国早日建设成为发达国家，必须建设若干所名副其实的研究型大学，其中还必须有世界一流的高水平大学。鉴于我国体制、历史等原因，建设这样的世界一流水平的大学，只有依靠一部分知名公办大学，这也是历史赋予这些为数较少大学的重大使命。国家需要采取各种切实有效的措施，积极发展这些大学，以便从中脱颖而出一批更高水平的世界一流大学。

因此，在公办高校中，必须将精英教育与大众化教育区别对待，重点办好一批实施精英教育的大学或称为研究型大学。教育主管部门，在宏观上，对高等教育可以两手抓：一手抓少数高水平大学，实施精英教育，使它们在今后几十年陆续成为世界知名大学，并进而成为世界一流大学；另一手抓绝大多数的其他高校，既有公立的，也有私立的，即社会力量办学。具体来说，这种区别主要体现在两个方面——经费投入和办学规模。

所谓经费投入，就是指为了办好这些实施精英教育的大学，国家在经费上必须进一步给予重点支持。从我国的国情看，我们能办好50～100所实施精

---

① 《南方周末》记者陈音：《复旦："扩招对我们不适用"》，《南方周末》2002年7月18日。

② 《南方周末》记者江华：《广东：大学对扩招的不同声音》，《南方周末》2002年7月18日。

英教育的大学就已经相当不错了。国家如果能在资金上保证这一批大学的办学需要,并给予充分的办学自主权,我们相信,在这些高校中会涌现出若干所世界一流大学。

所谓办学规模就是指对于实施精英教育的大学要控制规模,对于这些大学可由学校自主确定招生规模,而无须给它们下达指令性计划。哈佛大学荣誉校长陆登廷曾经对《中国教育报》记者说,大学并不是越大越好(这当然主要指高水平大学)。哈佛大学今年有20000人申请入学,但他们只招收1600多人。哈佛大学在校的研究生与本科生总数大约是16000～18000人,研究生人数多于本科生。哈佛大学的模式当然不能全盘照抄,但人家300多年的经验来之不易,其精神值得认真思考。从上文中,我们可以看出,我国目前已经有少数著名高等学校开始在控制每年的招生规模,这是值得肯定的。

综上所述,我们可以看到,我国高等教育目前面临的这三个方面的问题最为紧迫,因此也最为重要,尽管我们也还会有其他一些困难和问题。希望各级教育主管部门和各级各类高等学校能够重视这几个问题,端正思想,采取切实有效的措施,以便使我国的高等教育进一步迈上健康发展之路。

全面提高质量是我们的中心任务[*]

　　今年 5 月，教育部在武昌召开全国高等学校工作会议以后，我院研究如何执行教育部会议的精神，重点突出了全面提高质量问题。也许有人认为，这是否同教育部会议的主要内容有点矛盾，因为会上的报告是《关于调整改革和加速发展高等教育的若干问题》，但我们却强调提高质量，而且作为工作中心。经过反复考虑，我们认为不但没有矛盾，而且是为了更好地执行教育部会议的精神。

　　为什么这个问题值得重视？因为这关系到我们学校工作的中心任务。我们在学校管理、体制和许多规章制度方面都要改革，但总得围绕着提高质量这个中心来进行。最近教育部已就一些实际工作着手进行改革，如工科学校专业目录的审订就正在成都开会。

　　到底中心在哪里？我们觉得，中心还是要强调一个质量。一个大学生究竟应该培养到什么程度才算合格。关于这个问题，我们最近研究了一下，把德智体全面发展具体化，归纳为以下五点。

一、思想要好

　　大家都感到，思想政治工作做了很多，多数学生也都是好的和比较好的，但总有一部分学生思想情况差一些。这是摆在我们面前非常值得研究的问题。现在提出怎样培养大学生具有爱国主义思想和共产主义思想。报纸上也经常宣传，我们学校也经常讲。中央一位负责同志在去年 10 月的一次讲话中说："为了进行共产主义思想教育，需要从历史教育、理想教育等方面着手。为

---

　　* 本文是作者 1983 年 6 月 20 日在湖北省高等教育研究会第三次学术讨论会上发言的第一部分。

什么先讲历史教育呢？因为我们的理想是从历史发展规律得到的。所以，不进行历史教育，就不能够进行精神文明的教育。"这就说明进行历史教育的重要性。现在广大青年，历史知识相当贫乏。青年学生缺乏历史知识，对历史发展规律知道得很少，因此要树立一个好的理想不太容易。这位负责同志还讲：最近北京航空学院开了一门唐诗宋词的课程。航空学院本来跟唐诗宋词关系不是太大，可是开了这门课程的结果，产生了原来意想不到的效果，激发了学生的爱国心。很多学生原来就不知道中国有什么文学，只知道外国有托尔斯泰、雨果或海明威这些人的作品，而不知道在中国历史上早就有非常伟大的文学作品。这样，作为一个中国人就是不完全的中国人，他怎么能产生爱国心呢？他对于中国的民族文化根本不了解，对于我们民族的历史也不了解，这样的中国人不能算是完全的中国人，依靠这样的中国人就不能够建设社会主义现代化。为什么呢？他缺少爱国心。他为什么缺少爱国心？他对国家的历史不了解，对中国的文化不了解，他就感觉不到中国有什么可爱的地方。所以不要责备青年人，他不了解嘛！正因为不了解，再加上现在外来影响很多，他就感受不到自己的祖国有什么可爱的地方，相反倒觉得外国好。这个矛盾在一部分青年学生中很尖锐。

因此，我们应好好研究怎样把青年学生培养成为完全的中国人，这是一个新的要求。要进行这方面的教育，文科还好办，理工科就麻烦了。我们想通过课外活动，也就是我们所说的第二课堂的活动，加强历史、地理的教育。因为青年学生不仅缺乏历史知识，而且地理知识也很贫乏。

这里我想发表一点感想，现在的小学、中学重理轻文，对历史、地理不大重视，使得中学升大学，特别是考理工科的学生，文科方面的知识相当贫乏。当然，这是普通教育方面的问题，但高等教育要设法补救。如把课外活动搞得更广泛一点，更有计划一点。明确历史、地理作为重点。历史是纵向的，就是我们国家从过去到现在是什么情况，世界上从过去到现在是什么情况。地理可以说是横向的，就是我们中国现在是个什么情况，世界上是个什么情况，这两方面的知识都很重要。

我们年纪较大的人都有这样的感觉，由于过去在小学、中学时代，不仅学了数理化、英文、中国语文，同时还学了比较多的中国历史、世界历史、中国地理和世界地理的知识，现在感到，对于我们开阔眼界好处很大。我们是过来人，相比之下，觉得现在的小学、中学教育在这方面是值得研究和改进的。但我们大学不能怨天尤人，不能说这是中学的问题，我们可以不管。可以通过第二课堂来进行这方面的教育。如进行地理、历史知识测验来吸引学生参加第二课堂的活动。前几天，我们就搞了这方面的测验，促使学生重视学习历史、地理。

利用第二课堂讲历史、地理知识,教师怎么解决?我们准备在干部中挑选一些人,让他们先学习,然后再去给学生讲,这对干部本身也是一种扩大知识面的办法。

第二个重点是在课外组织学生进行科技活动。特别是高年级学生,一定要搞科研。

这两个方面都很重要,一个是文,一个是理。把这作为整个课外活动的两个重点。

二、业务基础要好

在"业务"的后面加了"基础"两个字,就是说不要泛泛地谈业务好,重点要放在基础上。这不是说专业不重要,但总不能半斤八两。教学计划也不是这样。工科教学计划基础课的分量占了 80%(包括公共课、基础课和技术基础课)。为什么这样强调基础?一个很重要的原因就是科学技术知识发展很快,我们是处在所谓"知识激增"的时代。只有加强学生的业务基础知识,才能使他们适应科学技术的迅猛发展。

当然,基础知识的内容也在变化。例如在 50 年代,我院大多数专业的数学只讲"高等数学"就行了,即前面讲"解析几何",后面讲"微积分"就够了。只有少数的电类专业,还需要学一部分"电工数学",但分量不重,仅几十个学时。

但近年来变化很大,由于计算机发展很快,因此在理工方面运用数学方法非常多。因此,我们现在所有的专业不但要学习"高等数学",还必须学习"工程数学"。"工程数学"的学时也是 100 多,不同的专业要求不一样,电类专业要求更高一点。现在我们的教学计划就分"数学Ⅰ"、"数学Ⅱ"。

前几年,我们一些中年教师,作为访问学者出国进修,首先感到困难的就是数学基础不够。另外,一些国外对我们友好的教授也对我们讲,我国理工科不大大加强数学,就上不去。

物理的教学内容也起了变化。20 年前,工科专业对于"理论物理"中的四大力学,不学全部,只学某一部分。现在情况变化了,不学就不行。

因此,我讲的业务基础要好,不是一般的业务要好,而是随着科学技术的发展,对基础知识提出了更高的要求。

尽管现在工厂对数学的要求并不高,但这是暂时的,几年以后,要求就会提高。因为现在工厂强调技术改造,引进新技术。引进了新技术就要消化,数理基础差,就消化不了。

三、学生要具有分析问题的能力、解决问题的能力和创造能力

培养学生创造能力，不能一下要求很高，但要提出来。50年代，我们是学苏联的办法，按苏联的教学计划办。后来苏联发展了，我们却不了解。这几年才知道，苏联1960年左右就已提出要培养学生的创造能力。在资本主义国家的大学中，实际上是这样做的。

为了培养学生的上述能力，除了加强基础外，专业课究竟怎样办，很值得研究。钱伟长同志最近到我们学校来，我们交换了一些看法。他就任上海工业大学校长以后，了解到一些情况，对于上海工业大学的工作提出了几点意见。其中有一条是：要求上海工业大学各个专业，今年暑假后要开出一二门新课，内容必须是近5年来国际上的最新动向。

我觉得这个意见很好，我们也做了布置，要求今年暑假以后，各专业至少开两门新课。最近又加了新的要求：不但要讲最近5年的新进展，还要讲本教研室最近几年来在科研方面的新成果。这是办法之一，使学生不但善于分析问题和解决问题，而且有助于培养创造能力。学校教师的积极性还是很大的。从国外学习回来的教师已有八九十人，他们在国外学习了一些新的东西，自己也有一些研究成果，更应该讲一讲。没有出国的教师也有这个责任。

现在中学的学生，为了考大学，拼命地死记硬背；考取大学后，就把中学的那套学习方法带到大学来。这几年我们总在想办法帮助学生改变学习方法。20天以前，在研究教学工作的会议上，我们的马毓义副院长提出，要培养学生具有分析问题和解决问题的能力，就得从入校开始，通过思想工作和教学工作，通过老师和各个教学环节，促使新生改变学习方法。

马毓义副院长为什么提出这个意见？因为他现在指导学生搞毕业设计，深深感到有些学生的能力比较差。我非常赞成马毓义同志这个意见，准备在全院大动员，尤其是对暑假后要开课的教师更要好好动员。新生一进校进行入学教育时就讲，学校讲、各系讲、老师讲。对二、三、四年级学生也要讲，要营造一种氛围，让学生认识到：按中学那样一套学习方法不行，学不好。

培养学生的能力，需要做工作，不要怨天尤人，指责中学如何如何。我们应面对现实，通过各种方法，促使学生发生变化，经过三四年的学习，使学生具有上述能力。

四、具有较好的中、英文表达和阅读能力

在我们学生中，有中文表达比较好的，也有比较差的。有的人写的东西语法不通，文理不通，词不达意，错别字不少。中国人，又是大学生，写作能力这样差，怎么行？尽管这种状况首先是中小学造成的，但用人单位现在议论我们，我们总应该努力使学生的书面表达能力提高一些。

英文要求有较好的阅读能力，要在毕业的时候能阅读专业书刊。现在在校的大学生，几年后毕业，到那时国际交往更多了。我们的大学毕业生，今后无论在哪里工作，连阅读外文资料都有困难，那是不行的。

我们使用了几门英文版教材，已经用了4年，效果是好的，是成功的。这样做的目的，就是要使学生具有较好的阅读能力。所谓较好的阅读能力，就是不但要能看，而且要有一定的速度。要做到这一点，不用几门英文版教材，只靠公共英语400多个学时，哪怕再翻一番，也解决不了。现在中学生的外文基础太差，和我们当年不能比。但光说中学也不行。我们的做法是，把两年的英语课内容合并在一年学习，学时也由规定的400降为250。英语教师出于好意，有点担心，曾提出意见，说其他学校公共英语课400～500学时，我们现在只开200～250学时，太危险了。我们研究以后，认为公共英语在一年级只开200～250学时，是比其他学校少了一半，但采用了几门英文版教材，到毕业的时候，学生的英文阅读能力，会超过那些学校。我们都学过外文，每人都有体会，学了不用就会忘记。但学了以后，再用几本外文版教材就巩固了，不容易忘记了。

我们原来用的英文数学教材有缺点：第一，叙述的太多，篇幅太大，学生课外看，花的时间太多；第二，习题数量太多，虽不太难，学生还是受不了。陆传务教授决心很大，自己编英文版教材，现已编好。原来打算今年暑假后还使用原来的英文版教材，因为那个教材还有1000多本，到明年暑假后再用陆教授编的这本教材。后来我要教务处的同志同数学系说，陆传务这种做法好，自己编英文版教材，编好后我们用电动打字机打印出来，既快又漂亮，今年暑假后就全部用新本子。至于原来的千把本，就卖掉。编了英文版的，同时中文版的也就出来了。如果大家认为编得好，我院出版社就出版发行。

第二门用外文版教材的课程是物理。物理的内容叙述和术语比数学要复杂一些，我们采用过渡的办法，第一学期用中文版，第二学期用英文版。这样也可以和数学错开。

第三门是技术基础课，如电工基础、机械原理等。

有些专业不好采用英文版教材,如新建的建筑学专业,还有生物力学专业,高等数学可用英文版,但以后的课程就不大好办。还有应用数学专业,要求比较高,高等数学的内容都比一般专业要求深,现在还没有办法采用英文版教材。这些专业,不能采用英文版教材,就应从一些外文刊物上选择好的文章、好的章节,随着教学的进度,不断地发活页文选。总之,要使学生能经常地接触到英文。

用英文版教材这件事,在开始时,是有很多问题的,有思想问题,也有实际问题,很多老师有意见。陆传务教授很好,他带头干,坚决干,这就突破了。

用了英文版教材以后,任课教师的英文程度也提高了。一般讲,专业课教师的外文程度好一些,因为他们要接触很多新东西。基础课的教师长年忙于教学,一般外文较差。通过用英文版教材以后,这个问题也解决了。这是一箭双雕的事情,既提高了学生的英文程度,又提高了老师的英文程度;就业务来讲,教师和学生又都接触到国外一些新的东西。因此从语言和业务来讲,好处都很大。

现在全国有两所高等学校使用外文版教材,一所是我院,一所是上海华东师大。据了解,现在有很多学校的老师想用,关键在于领导敢不敢下决心。当然各个学校的情况不同,不能要求一致,但总得慢慢地开始做,要努力去做。否则,仅靠400学时的英语课,是不行的。

这样做,还可从另一方面看到它的好处:这几年,我们出国留学人员和研究生,出国前的英语考试,成绩都比较好。

把学习英语和具体的基础课、专业课结合起来,还比较好办。但中文水平怎么提高,很难办。我考虑从今年暑假以后,一、二年级的学生,每个月进行一次测验。现在我们经常有数学竞赛、物理竞赛,也可搞语文竞赛。给学生发一篇千余字的文章,文章上毛病很多,有语法上的、文理上的、词汇上的,还有很多错字,让学生去改,再发标准答案。至于作文竞赛可以每年搞一两次。

另外,要求教师凡涉及学生语文知识的地方要严格要求,如毕业论文、设计说明书、实验报告等等,写得不好的要重写。反复几次以后,学生的中文表达能力就会有所提高。还要发动大家想办法,在不加重学生负担的情况下,千方百计使学生的中文水平在4年中不断提高。

五、身体要健康

现在学生身体不太好,很多学生眼睛近视。学生进校时年纪很轻,只要我们经常提倡文体活动,搞好伙食,学生的身体还是会很好的。

一个合格的大学生，是不是就是这五条，还可以讨论。

总之，培养合格的高质量的大学生，重要的是要有好的领导班子，同时还要有好的教师队伍、好的干部队伍、好的职工队伍。也就是说，我们的领导班子、干部队伍、教师队伍、职工队伍，如不相应地提高，要培养合格的高质量的大学生也很难。

教育评估应当促进教育改革 [*]

　　我接触教育评估工作的时间不长。就整个教育工作来说,评估工作也是刚刚提出来,要真正把这项工作做好,还需要有一个准备阶段。一是要继续研究,二是各个学校可根据自己的情况做一些试点工作。如果只是研究而毫无实践,有些问题就不容易暴露出来。另外,正因为这项工作刚刚开始,是否可以设想得宽一些,不要受别人的经验或某些框框的约束。因此,我这个发言,也想谈得稍微宽一点。

一、教育评估与教育改革的关系

　　我考虑比较多的问题,就是评估和改革的关系。

　　教育评估和当前正在进行的教育改革是一个什么样的关系?我的看法是这样,评估应当有利于改革,应当促进改革,把改革搞得更好。只有这样,我们的评估工作才有意义。如果我们的评估只是就现状来评估,不与改革同时考虑,作用就不大,甚至还不利于改革。现在,中央已经正式发布了关于教育体制改革的决定。这个决定侧重于体制方面、宏观方面。关于教学内容、教学方法的改革,文件中也有一段话。我们在学校工作的同志都很了解,体制的改革当然重要,但就教育工作来说,教育思想、教学内容和教学方法的改革从根本上讲有其特殊的重要性,不然的话,怎么提高质量?当然,体制不改革,学校没有自主权,很多事情就不好办。但是,在这个前提下,大量的工作还是教学内容和教学方法方面的改革。这里讲的"教学内容"和"教学方法"也是宽泛的。

---

* 本文是作者 1985 年 7 月 17 日在湖北十堰市召开的湖北省高教学会学术讨论会上的讲话,原载《高等工程教育研究》1985 年第 3 期。

"教学内容"包括专业设置、专业改造、教学计划、课程内容，等等；"教学方法"也不单纯是课堂讲授，还包括教学的各个环节，一直到考试。湖北省高等教育学会准备在 1985 年 10 月开一个关于教学过程方面的研究会，提高到教学论的高度来讨论，我非常赞成。中央的决定对这个问题没有多谈，但我们不能等待，期待有那么一天，国家教育委员会对教学内容、教学方法的改革还要另外发布一个什么决定。当然，这也可能，但是我想不应该等待。因此，教育评估工作，即使是处于研究和准备阶段，也应该紧密地和改革结合在一起。

我这样谈似乎有点离题了，好像在谈改革，但我觉得有必要。我们的整个教育工作都要改革，当然也包括教学上的改革。从根本上讲，从长远来讲，教学改革有其特殊的重要性。

有三个情况值得提出来研究。

第一个情况是，从 50 年代初期起，我们全心全意地学习苏联，问题是现在应该怎么办？要不要实行改革？为了回答这个问题，我觉得有必要来看看这几年的经济工作。大家都记得，从 50 年代初期起，经济工作上也是全盘学苏联，一点都不走样。但这几年，我们在经济方面的改革变化很大，一直发展到中央关于经济体制改革的决定中，提出"有计划的商品经济"。说要有创造性，这是真正的创造性。这不是脑子发热随便想出来的，而是总结了多年经验、特别是我们自己的经验才得出的结论。如果不实行有计划的商品经济，再按照 50 年代全盘学苏联的办法就搞不下去，我们的国家就建设不好。但这样做是否就把"文化大革命"前的工作成绩否定了呢？丝毫没有。这一点中央也做了结论。不管是经济工作、教育工作还是其他工作，现在讲改革，丝毫没有否定"十七年"的成绩。但问题是，如果现在还按"十七年"的做法做下去，那就搞不好。

回顾这几年的经济工作以后，再来看教育工作，就会得出一个结论：要敢于改革，非改革不可。特别是我们工科类型的学校，我总觉得基本上还是 50 年代初期从苏联学来的模式，还跳不出来。其他学校，像文科、理科、农科，可能好一点，但也只是程度上的差别。工科的问题很突出。这样下去能把学校办好吗？能真正提高质量吗？就拿专业设置来说吧，通过两三年的工作，去年订了一个新的工科专业目录，说实在话，我认为还没有解决根本问题，专业口径一般还是比较窄。要不要继续解决？我看要解决。一个多月前，美国匹兹堡大学教授陈霖生，是搞传热学的，他在我们那儿讲学 4 个星期，我同他见了两次面。他这是第 4 次回国。正因为他对我们的情况比较了解，讲话也讲得比较坦率。他说像我们这样的做法实际上是浪费。他以内燃机专业为例，一个青年人从小学到中学，直到受大学教育，十几年时间，大学毕业已过了 20

岁,他主要懂得什么呢?主要只懂得内燃机。如果到工作岗位上稍微改变一下专业,至少在初期他就适应不了,因为他在大学里学的就是内燃机,别的东西他不大熟悉。这不是学生的问题,而是我们的工作造成的。所以,陈霖生认为这是浪费,我看他讲得有道理。

我们工科专业也有口径稍微宽一些的,如无线电技术、机械制造,但总的来说,口径比较窄。我们现在要敢于研究这个问题,就是说,怎样从 50 年代的苏联模式中跳出来。事实上,50 年代后期以后,30 年来,苏联的高等教育也在不断改进中,只是后来我们对其情况很不了解。我说的是"跳出来",不是全盘否定,关键是不能老在那个框子里修修补补,而是要跳出来,对的继续采用,不对的要敢于改。不过,要真正做到这一点很不简单,我个人对此深有感触。"文化大革命"结束到现在将近 9 年了,对这个问题我们教育战线基本上还没有怎么触动。这就说来话长了。比如,前几年关于检验真理标准的讨论,我们教育战线可以说是按兵不动,为什么?就因为有人对"十七年"是肯定的,完全肯定,不但路线上正确,一切做法都正确。只有一件事走了弯路,就是学俄文,其他没问题。这是摆在我们面前的一个问题。假如我们一头栽到评估里去,对这些问题不加考虑,更不去做进一步的改革,那么,我们的评估到底有多大的价值?

第二个情况,现在世界上科学技术的发展非常之快,这个情况大家都熟悉,无须多说。中国有句成语,叫做"日新月异"。我说真正的"日新月异"是现在,知识的信息量真是潮水般地涌来。这就促使我们要考虑,面对这样一个形势,教育工作怎么办?邓小平同志说得好:教育要面向现代化,面向世界,面向未来。要做到这一点,我们的教育思想必须有一个根本的转变。

当前,最值得注意的是交叉学科的出现和发展。我们高等学校是培养高级人才的,国家也需要大量的高级人才。如果看不到这种趋势,那就很难做好我们的工作。

但是,正如有人已经指出的,我们目前对于交叉学科还没有给予足够的重视。这是由于我们过分强调学科的专业化,缺乏横向联系。同时,我们又将专业看成是一成不变的东西。这在我们工科方面最为突出。50 年代设立的专业基本上一直延续到现在,许多教材的内容多年不变,或者变化很少。实际上,任何一个学科(专业)都在不断地变化。世界上没有固定不变的东西。

第三个情况,我们的教学方法一般地说还相当落后。有些教师确实是在运用启发式方式教学,但一般教师恐怕还是运用注入式方式比较多。教学方法也不单纯是课堂讲授的问题,应该贯穿于教学活动的各个环节。去年和前年,我国高考开始出现一点新的气象。特别是去年,数学的高考题出得比较活,普遍反映"题目难"。正好高考数学试卷是在我们学校集中评阅,通过我们学校有关的同志我弄清了数学命题组是哪几个人,是什么指导思想。去年数学命题,经过命题小组 5 个人反复研究,确定了这样的指导思想:"考人才"。听了之后,我想把这话改变一下,出考试题应该确定这么一种指导思想:"考能力",而不是考死记硬背。数学命题这么改变了一下,去年高考数学就真正把分数拉开了,真正看出了能力。中学的某些数学老师为了提高升学率,没有别的办法,只好在那儿"灌、灌、灌",题目一改变就有意见,说"这不是考学生,是整我们老师","以后没法教"。这正说明了问题的所在。总之,我们教学方法的各个环节,包括考试,非改不可。不然,刚才讲的要着重培养能力,怎么可能? 还是那个老样子,那是不行的。

上面讲到的这些情况,都得通过我们今后的改革逐步加以解决。教育评估要和我们教育工作中的这些实际情况紧密结合起来,要促进改革,使改革搞得更好。这样,评估工作才更加有意义。这是这两天想得比较多的一点,就是评估和改革的关系。

二、教育评估中政治与业务的关系

想谈的第二个问题就是政治和业务的关系。

这个问题说起来也是老生常谈,但是我认为很值得注意。"十七年"那个时候,特别是 1958 年之后,政治活动过多,出现了一些"左"的错误。可是这几年又出现了另一种情况:强调了业务。这样做对不对? 对。但是,政治的地位在下降。这种现象的产生有两方面的原因。经过"文化大革命",物极必反,政治"不吃香"了,这是客观原因;另一方面,也有主观原因。尽管我们提了要加强思想政治工作,但现在到底是加强了还是削弱了?"左"的毛病一定要继续克服,但现在也出现另一种情况,思想政治工作不是在加强,而是有所削弱。其实,正因为在客观上"文化大革命"带来了后遗症,思想政治工作更应该加强,不应该削弱。这也就是党的十二大所讲的两个文明建设要一起抓。

我们来到十堰市的头一天,第二汽车制造厂的负责同志对我们培养学生提出了两条很宝贵的意见:一是要着重培养学生的能力,第二就是培养的学生要有起码的政治素质。他说这几年分配来的不少大学毕业生,不是以事业为重,而是以个人生活为重,缺少强烈的事业心。到"二汽"来一看:"哟,大山沟!"不愿意在这里干。因此,他提出了一个政治素质问题。这个意见提得好。

虽然政治素质在评估指标体系中已经列进去,但我希望不要流于形式。建立评估指标体系不是有 3 个原则吗? 叫做科学性、可行性、方向性。讲政治就是方向性。假如我们的评估在政治方面流于形式，一头栽进那些业务评估里，那就不全面了。当然，一个学校大量的工作是业务性的工作，评估那些很重要，但是，评估工作确实有个方向性。假如我们对政治方面的评估流于形式，或者基本上流于形式，后果将是很不好的。当然，也有困难，就是难以量化。思想状况怎么量化？确实增加了评估的难度。不过，假如不注意政治，那么，我们和资本主义国家的大学评估有什么区别？比如说，美国大学的评估搞得最热闹，那里确实没有什么思想、政治等指标。假如我们无形中也这样做，那我们和美国大学的评估还有没有区别？如果没有区别，那就成了一个原则问题。下月上旬，全国高教学会要在哈尔滨开扩大理事会，内容是两个：一是《中共中央关于教育体制改革的决定》公布了，要研究，看怎样执行得更好；二是研究如何培养有理想、有道德、有文化、有纪律的学生。这两个题目都很好。不仅第一个题目重要，第二个题目——培养什么样的学生——也很重要。过去，毛泽东同志提出要培养有社会主义觉悟的有文化的劳动者；现在，用"四有"（"有理想、有道德、有文化、有纪律"）这么个提法，我看用得好。因为这个"四有"不是随便提出来的，是针对"文化大革命"之后的情况提出来的。

关于这一点，我还想多说几句。我们的教育评估，是在社会主义新中国的评估，是在当前情况下提出来的评估。为了使我们的学生具有一定的政治素质，思想政治教育要贯穿在我们的整个教育改革中。这就对我们的教学计划、教学内容、教学方法、第一课堂、第二课堂，都提出了更高的要求。当然，对青年的教育，特别是思想教育，要采取潜移默化的办法，正因为如此，就要采取各式各样的办法。进行思想教育和纪律教育，老是在那儿做大报告不行。到底怎么进行，采取什么方法才能达到好的效果，这都是摆在我们面前的新问题。这不单纯是思想政治工作、政治理论课的问题，而且应该贯穿在我们整个教育工作和教学工作当中。要把我们中国的教育，包括大学教育，办得有中国特色，就要探索出一套新的做法、新的经验。

在中央关于教育体制改革的决定公布之前，中央和国务院召开了一个全国性的教育工作会议。会议文件中，有一份是美国耶鲁大学的蒲慕明教授在清华大学生物系的一次讲话，讲了两个问题：一个是教学方法，他认为我们现在的教学方法太死，"抱着走"。他说这样子要把学生培养好是不容易的。第二个问题，用我们的话来讲，就是谈思想。他讲得很具体，讲他自己是在台湾长大的，在大学念书时，和几个要好的同学，组织了一个团体，名叫"观澜社"，讨论我们中国自己的历史和我们的民族文化。他说，就是那几年的活动，对这个组织成员的思想产生了影响，使他们感觉到我们国家可爱。他的同班同学后来大部分到了美国，从"四人帮"倒台到现在，只有 3 个人回过内地。这 3 个人，包括蒲慕明自己，都是"观澜社"的成员。其他不在"观澜社"的，到现在为止，还没有一个回来。

由此可见，到底如何看待政治素质，怎么样解决这个问题，在评估当中又怎么样引起大家重视，起到方向性的作用，都是值得我们研究的。这是第二点意见：政治和业务的关系。

三、教育评估中校内与校外的关系

第三个问题，就是评估要把校内和校外很好地结合起来。

这次初步提出的评估方案和意见是这么做了，也希望能真正做好。后来在哈尔滨工业大学归纳的方案中，有71项指标，其中一项叫"社会综合评价"。71项只有这一项属于校外，但是这一项极为重要。我们长年累月辛辛苦苦工作，培养的学生到底怎么样？最后的检验还是在毕业后的工作岗位上，不论是大学生还是研究生，都是如此。这跟物质产品一样，到底合格不合格，最有发言权的是用户。从这个意义上讲，尽管在评估指标里不可能列出很多项，只有那么一项，但是，在今后的评估工作中，各个单位如果要试点，除了校内自评外，我认为有必要认真地了解一下用人单位对毕业生的评价。我不是说用人单位的意见百分之百正确，有些意见还要做具体分析，因为用人单位有它自己的角度，但不管怎样，只要我们对各式各样的用人单位都进行访问调查，把校外的意见集中起来加以研究，得出来的结论就能反映广大用人单位总体意见，这对我们办好学校是很好处的。

我还有一个想法，就是应该征求已经毕业的学生的意见。不管是50年代毕业的，60年代毕业的，还是70年代以及最近毕业的，都应该征求他们的意见。最近两三年，我跟我们的校友有些接触，有些毕业生还是愿意提供意见的。我认为他们完全是出于关心，希望学校办得更好。他们工作了若干年，总有一些体会。因此，对毕业生的意见也应该有计划地调查。

当然，大量的工作应该是在校内，正因为如此，容易忽视校外。仔细想想，校外多了解一下，也许好处更多一些。中国有句老话，叫做"旁观者清"，用人单位就是"旁观者"，而且不是一般的旁观者。我们的毕业生在那儿工作，他们非常了解到底是什么情况。

中国高等教育的今天和明天[*]

　　"今天"是指 1949 年到现在，"明天"主要是指 21 世纪之后。课程的主要内容包括 10 个方面：①关于苏联模式；②关于知识分子问题；③关于高等教育特点；④关于高等教育改革；⑤关于高等教育目标；⑥关于教育经费；⑦高等教育的方向问题；⑧高等教育的改革问题；⑨高等教育的体制问题；⑩高等教育的国际化问题。其中：①～⑥方面是关于高等教育的"今天"的；⑦～⑩方面是关于高等教育的"明天"的。

　　自从上学期末决定要讲课之后，我陆陆续续在考虑研究生教育到底应该怎样进行？特别是博士生教育怎样进行？我觉得在我们国家，这是一个值得很好地研究的问题。我有一个总的想法，研究生教育应该向研究的方向进行，将研究的精神贯穿始终。因为是研究生，不是大学生，更不是普通教育。既然是研究生，顾名思义也就应该贯彻研究精神。另外，有的国家，但我知道的不是很详细，例如，英国的剑桥大学的博士生根本没有学位课程，一开始就把研究课题，即博士论文的题目交给博士生。不像美国确确实实还有博士学位课程，更不用说硕士生。硕士学位实际上是学位课程占的分量比较重。在美国，一些学校硕士学位不做论文，一部分学校做论文，各个学校有自己的自主权。但英国的大学，至少我所知道的剑桥大学，读博士学位只做论文。十几年前我在学校领导岗位时，我们学校有一位物理教师，叫陈应天，他到剑桥大学读研究生。他去的时候并没有硕士学位，但不知他采取什么办法就直接申请读博士学位，而且是在一个非常著名的实验室，叫做卡文迪许实验室，也就是一个

　　* 本文为作者给 1996 级博士生所授课程"中国高等教育的今天和明天"的一部分，根据作者的讲课录音整理而成。

系,物理系。这个实验室是 20 世纪内获得诺贝尔奖人数最多的一个机构。将近 100 年来,这个实验室主任都是获得了诺贝尔奖的。陈应天在那里读博士时的主任库克,到我们学校来过,我接待了他,当时他还没有得到诺贝尔奖,现在的情况不了解。另外,有一些从这个实验室出来的博士,后来得到了诺贝尔奖。所以,前前后后加起来,这个实验室,即这个物理系,是近 100 年来获得诺贝尔奖最多的。所以,它在世界上非常有名。这个实验室同意陈应天直接读博士学位。陈应天去后,库克教授就把论文题也就是研究课题交给他,题目是关于物理方面的引力问题,即万有引力的那个引力。而且把题目交给他时,库克教授讲了,这个题目已先后有多个博士生和教授做过,但都没解决,现在交给你去研究。当然库克教授也没解决这个问题。如果解决了,诺贝尔奖早就得到了。陈应天用了近两年的时间把这个问题解决了。正因为解决得很好,库克教授很高兴。把这个问题解决后,陈应天事先也与我联系了,他说:"我想跟库克教授提出来,请他把这一套实验装置无偿地送给我们学校。"我说那太好了。事后一谈,库克教授同意。运费是谁出的我不记得了。实验装置就全部运到了我们学校。我在位时就建了一个引力实验室。实验室建在防空洞的最里面。为什么要放在那里呢?因为引力实验室要求很高,要恒温恒湿,还要求不能有任何振动。如果放在普通的大楼里,周围有车,人来人往,下雨时有雷等等;而放在那里就没有任何振动。全国有引力实验室的单位只有两个。一是我们,二是中山大学,但中山大学的比我们的差多了。现在已被全国公认,我们这个引力实验室是全国最好的。去年"211"预审就参观了这个实验室。专家们非常赞赏,说不知道华中理工大学还有这样一个实验室。另外,这几年国内外的同行来参观的不少,都很赞赏。现在这个实验室的主任叫罗俊,也搞得不错。上面谈的是英国的情况。根本没有什么学位课程,就是搞研究。而且题目都是难度很大的,把没有解决的题目交给你做。已经解决的问题根本没有必要交给你做。因此,前一段时间我考虑的研究生教育怎么进行的问题,这不仅是我们,在全国也是非常值得研究的问题。应将研究的精神贯穿始终。因此,我个人有个想法,从现在开始试验一下,通过这次承担这门课程的教学,对博士生课程如何进行,来个试验。

根据这样一个精神,于是我上周一下午首先列出了以下这些参考书。

（1）党的十一届六中全会通过的《关于建国以来党的若干历史问题的决议》。对它的阅读有助于理解高等教育的今天的历史背景。

（2）李锐的《关于毛泽东功过是非的一些看法》,见贵州人民出版社出版的《毛泽东的早年与晚年》。对该文的阅读有助于理解《关于建国以来党的若干历史问题的决议》。

(3)周恩来的《关于知识分子问题的报告》。

(4)刘一凡的《中国当代高等教育史略》。

此书中作者的观点,有一些我是同意的,有一些我并不同意,有一些有待继续研究。

(5)蔡克勇的《高等教育的发展和改革》。

此书中的观点有一些我是同意的,有一些我并不同意,有一些有待继续研究。

当然,参考资料不限于这些。今天我还要列出以下 3 篇,都是毛泽东同志的。

(1)《论十大关系》。

(2)《关于正确处理人民内部矛盾的问题》。

(3)《在中国共产党全国宣传工作会议上的讲话》。

尽管博士这个词在中国也是由来已久,一千多年前就有这个词,现在沿用得很有意思。从字面上来说,博士生要"博",要多看书,多看一些参考书。复旦大学的生物系老教授谈家桢说:"我们中国是博士生不博,综合不综。"即博士生的知识面不博,综合大学不是真正的综合大学。这句话说得对。我看不仅是我们的博士生,我们所里所有的同志、所有的研究生都应该这样,只有博然后才能精,才能深,叫先博而后精,先博而后深。另外,从今天开始,这门课如何进行呢?上周一下午我讲了,著名的教育家叶圣陶老先生说过一句话:"现在是用教小学生的办法教大学生。"这句话说的是实情。现在从小学到中学、大学几乎普遍是课堂讲授,满堂灌。教师讲课很详细,学生也希望教师讲得越细越好。这怎么行呢?因此现在我们研究生教育不应该用教小学生的办法,也不应该用教中学生、大学生的办法。现在教大学生的办法是不好的,落后的。我在位时的最后两年抓了一下,叫做反对"抱着走",讲课不要讲得"天衣无缝"。后来我退下来了,这件事就烟消云散了。我是讲现在一般的教学方法是落后的,当然有些教师是讲得好的。因此现在试图与研究生一起进行改革的试验。第一,多阅读参考书;第二,上课采取讨论式,或叫研究式。每堂课我先讲,然后大家讨论、发言。大家发言中,我也会继续发言,这就是讨论。《论语》中既有孔夫子的话,也有他弟子的话。他弟子的话尽管占的比重不大,多数是孔子自己的话,但还是有他弟子的话。这就说明,那时孔子进行的教学看来也是讨论式、研究式的。我从来没有了解一千多年前的书院是什么情况,那时的教学是怎么进行的?我不了解,也不敢随便说,我只能估计很大的可能也类似于两千多年前孔夫子的办法。

1979 年之后,我国到国外去留学的人逐渐多了。1982 年田长霖在我校有个讲话，后来他到西北工业大学也讲了。田长霖说：国内派到外国学习的人，进行考试时，把我们惊呆了，但后来做研究时就不一定行了。原因是缺少很好的思考能力的训练。这就是由于在国内从小学到中学、大学就是用那么一种填鸭式方法教育出来的。习惯于那么一种方式，没有把大学生的思考能力培养出来。国外的大学教师讲课往往都留一二十分钟给大家讨论提问，已成为习惯。这个方法很好。提问本身就是训练思考能力。而我国一般是满堂灌，但也有好的。只是学生不习惯，一开始要大家提问时，出现冷场，原因是不习惯。我们常常说，对学生不仅仅要传授知识，而且要培养能力，能力中最重要的是思考能力，或叫思维能力。能力很多，写作是能力，大学中会操作计算机也是一种能力，工科学生会画图也是一种能力，做实验有实验的能力，到工厂去实习上机床有动手能力。但所有能力中最重要的能力是思考能力，而且这种思考能力应从小抓起。我们的《高等教育简报》在开学后第3期登了一篇文章，是水利电力大学高教所前所长、教授陈德亮到美国探亲回来后谈感受。陈德亮跟我谈到他的这个感受，我建议他写出来的，题目叫"在美国的小学教育"。尽管美国教育有落后的一面，特别是中等教育乃至某些大学教育，但它的教学方法应该说非常值得我们参考。在这方面我们是大大地落后了。而且现在要改也不容易，习惯势力太大。所以这次我们下决心来改。讲的内容只要注意思考是能够提出问题的。有些问题是我个人的观点，对不对，可以讨论、研究，但一定要提出问题。就如刘一凡的书、蔡克勇的书中的观点，有一些我是同意的，有一些我并不同意，有一些有待继续研究。他们是如此，我何尝不是如此呢？我觉得有观点就讲出来，不存在什么敢不敢讲的问题，研究嘛！我正好准备了两个材料，都是毛泽东的讲话，把毛泽东抬出来，腰杆子硬一些。一个材料是《对学术问题的不同意见不应禁止谈论》。这是毛泽东在1956年2月19日给刘少奇、周恩来、陈云、彭真、邓小平、陈伯达、陆定一的一封简短的信。信中说："我认为这种自由谈论，不应当去禁止。这是对学术思想的不同意见，什么人都可以谈论，无所谓损害威信。因此，不要向尤金①谈此事。如果国内对此类学术问题和对任何领导人有不同意见，也不应加以禁止。如果企图禁止，那是完全错误的。"②1956年2月1日中央宣传部给党中央写了个报告，说广东中山大学党委反映，有一位苏联学者在中国参观的时候，讲了一些"有损我党负责同志威信的话"，是否有必要向苏方反映，请指示。事情是这样：当时有一位在中国讲学的苏联学者，在参观孙中山的故居（广东中山市翠

---

① 当时苏联驻中国大使馆大使，哲学家。
② 《毛泽东书信选集》，人民出版社1983年版。

亨村)的途中向中国的陪同人员谈他对毛泽东在《新民主主义论》中关于孙中山的世界观的论点的不同看法。中山大学反映到中宣部，中宣部反映到中央，毛泽东看了之后写了这段批语。

另外一个材料是《关于请中宣部讨论对待苏联科学的教条主义态度问题的批语》。这是毛泽东写给中宣部负责同茨的一封短信，当时陆定一同志出国去访问了，写给副部长张际春的。信中说："张际春同志：此件值得注意。请中宣部讨论一下这个问题，讨论时，邀请科学院其他有关机关的负责同志参加。陆定一同志回来，将此件给他一阅。"这是指当时的中央政治局委员康生1956年3月14日写了一个报告，内容是关于德国统一社会党中央宣传部部长哈格尔3月3日在我国访问时的一个谈话纪要。哈格尔说：过去教条主义的错误主要表现在过分强调苏联的先进经验和科学成就，例如，我们在宣传苏联农学家的遗传科学的学说时说一切都好，将德国科学界很有权威的威尔茨的一切都否定了，认为奥地利遗传学者孟德尔的一切都是反动的，而在德国的生物学家中绝大部分是孟德尔学派；科学可以有各种学派，我们相信久而久之可以使真正研究科学的人走向唯物主义；苏联科学有好的，我们应该学，但不能将苏联科学界的每句话都认为是神圣的。哈格尔还说：在哲学上也要重新研究，我们有某些哲学家对黑格尔采取完全否定的态度，是错误的。

正好这两封信的前一封是关于社会科学的，后一封是关于自然科学的，所以不论是社会科学还是自然科学，学术问题完全可以讨论，也应该讨论。所以我在讲课的时候，尽管我还是比较慎重的，但我觉得该讲的观点还是应该讲，对不对可以讨论。

关于学习苏联模式*

一、学习苏联模式的表现

关于 1950 年代初期学习苏联的具体情况我就不讲了,因为刘一凡的书里有。在这里我只是概括地谈一下我们学习苏联模式的表现,主要有以下四个方面。

(一)院系调整,全盘苏化

院系调整时,完全按照苏联模式办,一点折扣都没有。首先是从北大、清华开始进行调整。全是按照苏联模式办,可以说是全盘苏化。调整之后留下 11 所所谓综合大学,但是并不综合,实际上是文、理学院。调整之后办了 9 所多科性工学院,我们学校就是其中之一,其余均为单科。除了刚才讲的 11 所所谓的综合大学、9 所多科性工学院,一共是 20 所,其余全是单科,包括单科工学院、单科师范学院(包含几所民族学院,培养少数民族教师)、单科医学院、单科农学院、单科林学院、单科财经学院、单科政法学院、单科外语学院、单科体育学院,以及各种单科艺术学院等等,全盘苏化。

(二)重理轻文

为什么放在这里讲,这个"思想"不是调整后的后果,而是调整时的指导思想。这两者是有区别的。我考虑了一下,并不是调整之后造成的结果是重理轻文,而是调整的指导思想就是重理轻文。这里的"理"是广义的,不仅是数、

---

* 本文为作者给 1996 级博士生所授课程"中国高等教育的今天和明天"的一部分,根据作者的讲课录音整理而成。

理、化、天、地、生，还包含着工、医、农、林。这里所讲的"文"也是广义的，人文学科、社会科学、财经政法都在内。调整时的指导思想就是重理轻文。这也是从苏联学来的。后面还要讲在第一个五年计划开始之后，苏联也来了一个院系调整，也是重理轻文。所以在这一点上也是全盘苏化。

（三）专业设置口径很窄

教学计划、教材、各种教学制度等均按照苏联的做法，也是全盘苏化。

（四）大批学校归专业部门管

前面讲了大量的单科医学院、农学院、体育学院等等，其中的大批院校归专业部门和省里管。归专业部门管的院校所占比重还大一点。我记得 20 世纪 50 年代初期就有那么 400 所大学，而归专业部门管的各种单科学院数量很大，归省里管的数量有限，无非是师范学院（地方办的师范学院），有的地方管管医学院、农学院，多数归专业部门管。这个做法也是从苏联学来的，也可以说是全盘苏化。

因此 20 世纪 50 年代初期我们学习苏联模式是全盘照搬的。

二、苏联模式是怎样形成的

刚才我讲了我们的模式是学苏联的。现在要问：在苏联，这种模式是怎样形成的？是不是十月革命之前，在沙皇时代就是这样的呢？

为解决这个问题，我读了《苏联高等学校》这本书。当然，《苏联高等学校》这本书是很权威的，作者叶留金长期任苏联高等和中等专业教育部部长。这本书主要谈十月革命之后苏联的高等教育。在书的最后，翻译的同志有个后记，说这本书比较全面地介绍了自苏维埃政权建立以来苏联高等教育走过的道路、现状和前景，而以阐述当前苏联高等学校面临的迫切问题为主。但是我看了一下，在这本书中还是零零星星地谈到十月革命之前苏联高等学校的情况，以及十月革命之后，特别是第一个五年计划开始之后怎样从沙皇时代遗留下来的情况改变成后来的模式。

从这本书中可以看出："沙皇时代，俄国是有一批名副其实的综合大学的。"（这是叶留金的话，是很权威的）究竟有多少所呢？没有说。但书中有这样的记载：1927 年，全国有 18 所综合大学。但 1928 年第一个五年计划开始以后，苏联采取了以下两项重要措施。

（1）纷纷成立各种专业部。就是我们国家从 20 世纪 50 年代初期开始一直沿用下来的各式各样的部，如机械部、电子部、地质部、农业部、林业部和教育部等等。这是第一个五年计划开始时的一个重要措施。叶留金的原话是："纷纷成立各种专业部。"

（2）为了培养急需的大批人才，特别是工业方面的技术人员，通过调整和新建来发展高等学校。

具体地说是两个办法：一是调整；二是新建。

1）关于调整的办法

首先以综合大学和多科性工学院的某些系和专业为基础，建立相应的单科专业学院。所谓以某些系和专业为基础，就是文科和理科以外的其他的系和专业，即以工、农、医、财经、政法等等为基础，建立相应的单科专业学院。从18所综合大学中分建出来了70所各种不同性质的单科专业学院。把医疗系分出来变成医学院，把农业系分出来变成农学院，把工科各专业变成各种不同的工科学院等等。苏联的综合大学只剩下文科和理科。但也有一点小小的例外，就是在边远地区，因高等学校很少，有个别综合大学除文科理科外，保留了其他学科，如楚瓦什大学、亚库梯大学[1]，因为边远地区人口少，没有必要建立其他专业学院。除此以外则全部予以调整。

对多科性工学院也是如此，将其中某些系和专业分出来，建立各种不同性质的单科专业学院。《苏联高等学校》这本书中没有讲具体的数字，即建立了多少单科工学院，但举了一个著名学院的例子。

俄罗斯有一所著名的学院叫鲍曼工学院，水平很高，相当于我国的清华大学。将著名的鲍曼工学院分成5个学院：机械机器制造学院、航空学院、动力学院（估计就是后来的莫洛托夫动力学院。李鹏就在这个学院学习过。我校动力系有名的老教授马毓义在这个学院学习过三年）、化学保护学院、高等工程建筑学院。后来的鲍曼工学院保留老校名，但实际上只是机械机器制造学院。即把机械机器制造这一个学科放在原来的鲍曼工学院。将这样一个著名的多科工学院一分为五。

书中有这样的数字，1928年至1929年，有32所工学院（估计是多科性工学院），到1929年至1930年，就增加到96所工学院，估计全部（至少绝大部分）是单科工学院，非常著名的鲍曼工学院都已一分为五了，何况其他学院。

这是一种做法，以综合大学和多科性工学院的某些系和专业为基础，建立相应的单科专业学院。

2）关于新建的办法

与此同时，另外一种做法是，各个专业部建立了许多新的专业学院。完全

---

[1] 见符娟明主编：《比较高等教育》，北京师范大学出版社1987年版，第75页。

是新建的,不是调整的。正因为这样,专业设置比较狭窄,培养的人才比较专,只适合在某一具体部门工作。

经这样两种做法之后,各种专业学院在高等学校总数中占绝对优势,在 20 世纪 80 年代共 660 所左右,约占高等学校总数(大约 900 所)的 74%。

各专业学院按部门分为工、农林、政法、财经、医药、师范、体育、艺术等几类。其中大量的是工学院,两百多所;师范学院将近两百所。然后是农和医,共约两百所。

1982 年,专业性工学院与多科性工学院,共 178 所,占高等学校总数的 31%。

以上所谈,就是《苏联高等学校》这部具有权威性的书中所叙述的,从沙皇时代到十月革命后(主要是 1928 年以后),苏联高等学校模式的重大演变。

新中国成立以后所学的模式,完全是苏联第一个五年计划开始以后的产物,与十月革命以前的模式毫无关系。

三、为何学习苏联模式

新中国成立了,人心所向,愿意学,而且当时提出了"学习苏联先进经验,要与中国实际相结合"。如果能这样做,当然很好。

问题是没有这样做,不是学习苏联先进经验与中国实际结合,没有很好地研究,既没有研究苏联的那一套,也没有研究我们自己的情况,而是全盘照搬。当时的口号是"全心全意地学习苏联"。

因此,就要进一步提问:为什么全心全意地全盘照搬?这就不能不谈到当时存在着一种特殊的政治背景。

1956 年 4 月 25 日,毛泽东有一个讲话,后来形成文字发表的时候,叫《论十大关系》。其中第十个关系是讲"中国和外国的关系"。文章里有 3 段话:

我们的方针是,一切民族、一切国家的长处都要学,政治、经济、科学、技术、文学、艺术的一切真正好的东西都要学。但是,必须有分析有批判地学,不能盲目地学,不能一切照抄,机械搬用。他们的短处、缺点,当然不要学。

对于苏联和其他社会主义国家的经验,也应当采取这样的态度。过去我们一些人不清楚,人家的短处也去学。当着学到以为了不起的时候,人家那里已经不要了,结果栽了个斤斗,像孙悟空一样,翻过来了。比如,过去有人因为苏联是设电影部、文化局,我们是设文化部、电影局,就说我们犯了原则错误。他们没有料到,苏联不久也改设文化部,和我们一样。有些人对任何事物都不加分析,完全以'风'为准。今天刮北风,他是北风派,明天刮西风,他是西风派，后来又刮北风，他又是北风派。自己毫无主见，往往由一个极端走到另一个极端。

苏联过去把斯大林捧得一万丈高的人，现在一下子把他贬到地下九千丈。我们国内也有人跟着转。中央认为斯大林是三分错误，七分成绩，总起来还是一个伟大的马克思主义者，按照这个分寸，写了《关于无产阶级专政的历史经验》。三七开的评价比较合适。斯大林对中国作了一些错事。第二次国内革命战争后期的王明"左"倾冒险主义，抗日战争初期的王明右倾机会主义，都是从斯大林那里来的。解放战争时期，先是不准革命，说是如果打内战，中华民族有毁灭的危险。仗打起来，对我们半信半疑。仗打胜了，又怀疑我们是铁托式的胜利，一九四九、一九五○两年对我们的压力很大。可是，我们还认为他是三分错误，七分成绩。这是公正的。

现在需要谈的是"斯大林对中国作了一些错事"。

斯大林的意见就是中国无论如何不能打内战。说如果打内战，中华民族有灭亡的危险。仗打起来，1946 年 7 月开始解放战争，斯大林对我们半信半疑：这个仗打下来的结果，中国共产党究竟是胜利还是失败呀？看来还是未知数。也许斯大林认为蒋介石太强大了，中国共产党还是太弱小，恐怕内战打起来共产党是要失败的。仗打胜了，1949 年 4 月我们的解放军过了长江，接着 10 月 1 日中华人民共和国成立。"仗打胜了，又怀疑我们是铁托式的胜利，一九四九、一九五○两年对我们的压力很大。"

在延安时我们就和苏联有电台联系。自从西安事变后，苏联有一个小组带电台常驻延安，经常和中央领导、和毛泽东见面，有什么事就通过这个电台发报过去。一直到解放战争时期，我们同斯大林、共产国际之间的联系，都是通过这个电台。1949 年 4 月我们的解放军过长江，就是将革命进行到底。其中有件事：1948 年的年初，斯大林特别派了米高扬来了解情况。1948 年 1 月 31 日米高扬到了平山的西柏坡。带来两个任务：第一是了解情况，看毛泽东是不是第二个铁托；第二是明确提出不要过长江。长江以南是国民党的，长江以北是共产党的，叫南北朝。斯大林为什么不希望日本投降后打内战？为什么仗打起来后半信半疑？实际上是怀疑我们打不过国民党。另外，特别是我们打到长江边上了，为什么不要我们过长江？斯大林不是为了蒋介石，斯大林是怕美国出兵干预。因为美国从抗战时期、解放战争时期一直是全力支持蒋介石，如果跟它打，尽管前一个时期美国大力支援，但并不出兵。但一过长江可就不得了，美国恐怕要出兵。美国一出兵，斯大林怕得要死，很有可能要爆发第三次世界大战。这时苏联正处于恢复时期，再打第三次世界大战，苏联吃不消。因此就派米高扬来,劝说解放军不要过长江。毛泽东拒绝了,说从我们的情报来看,美国只给钱、装备,不会出兵。不仅现在不会,以后暂时也不会,这是最好的时机,如果错过这个时机,再过一两年、两三年,反而不好办。这时打,美国不敢出兵。就这样把米高扬顶回去了。

另外怀疑我们是铁托式的人物。铁托在南斯拉夫是个老革命。1936年西班牙爆发内战,一方是革命的人民战线,另一方是反动统治。在革命的统一战线领导下进行战争,同西班牙的统治者打仗,打了一年多。在这个有名的西班牙战争中,铁托是西班牙革命统一战线领导人之一,直接参加武装斗争,直接指挥了武装斗争。因此在二次大战期间,铁托在南斯拉夫国内组织游击队,发动游击战争,而且队伍是越来越多,也解放了一些地方,与我国相同,也是建立根据地。因此在德国、日本投降后几年,东欧那些国家除去南斯拉夫是自己解放自己以外,其他几个国家全部是苏联红军解放的,如波兰、捷克斯洛伐克、罗马尼亚、保加尼亚等。这些国家的党政领导人都是从苏联回去的。只有南斯拉夫从头到尾是自己解放自己。从对希特勒的战争开始到南斯拉夫解放,苏联红军都没有去过。我认为铁托是以老革命自居,对斯大林不是很买账。另外,更重要的是1950年、1951年,铁托在南斯拉夫国内政治上有些做法斯大林不满意,即没有按苏联的那套做法办。如搞工人自治,这些做法传到斯大林那里,斯大林不以为然,觉得铁托在搞独立。斯大林有点担心毛泽东会不会成为东方的第二个铁托。中国太大,比南斯拉夫大多了。

还有一个情况,1949年10月1日新中国成立后,毛泽东去莫斯科坐了冷板凳。

1949年12月6日,毛泽东乘火车离开北京。12月16日,火车抵达莫斯科。2月17日离开莫斯科,3月4日,回到北京。从出发到回到北京,三个月差两天。从到达莫斯科到离开,是两个月零一天。

当时,新中国刚刚建立,正是百废待兴啊!但毛泽东在莫斯科的时候,尽管斯大林表面上热情接待,实际上却是坐冷板凳。就是因为怀疑毛泽东是铁托。毛泽东去了以后当然提了一些要求。首先是订"中苏友好条约",然后希望在装备、技术等方面得到帮助。斯大林不置可否。后来毛泽东发了脾气才扭转过来。斯大林才表示商量这些问题。毛泽东就打电报到北京,让周恩来等其他有关同志立刻到莫斯科来具体谈判。因此毛泽东说:"仗打胜了,又怀疑我们是铁托式的胜利,一九四九、一九五〇两年对我们的压力很大。"

在这种"压力很大"的政治背景之下,正如一位研究历史的学者(就是在延安待了很久,后来在北京中国社会科学院工作,《中国社会科学》的总编辑黎澍)在一篇文章中所说:"到中国革命胜利以后,在一次接见南斯拉夫代表团的时候,斯大林说:'我们把中国问题看错了,中国同志是对的。'然而几乎就在同时,他又怀疑毛泽东是铁托。为了表明不是,毛泽东不得不十分谨慎,极力表现忠于斯大林,学苏联学得非常坚决。学马克思主义主要是学斯大林的马克思主义,就是现在有人叫它斯大林主义的、死守那些僵硬的教条。"(《通向"文化革命"之路》,载《晚年毛泽东》,春秋出版社1989年版,269页)从这段话我们可以理解为什么苏联会解体,一个极大的原因就是斯大林时代流传下来的僵硬的做法,搞得苏联内部的矛盾是越来越尖锐。如果苏联在20世纪五六十年代以后就进行改革,苏联就不会解体。

正因为这样,所以我们国家的高等教育,在新中国成立以后,全心全意地全盘照搬苏联的。这就是20世纪50年代我们全盘苏化的主要原因或者说是根本原因。换句话说,我们如此坚决地学习苏联模式,主要是政治上的原因,在教育科学上没有根据。

四、对学习苏联模式的评价

(一)优点

学习苏联模式的优点是:①培养了大批的人才,特别是急需的工业技术人员,这是很大的成绩;②初步改善了高等学校的地区分布状况。

在新中国成立前、成立初期,非常清楚,绝大部分高校在沿海、在北京、在上海,江苏也稍微多一点。在中部则少得多,西部更少。通过院系调整,确实初步改善了这样一种局面。尽管上海交通大学西迁西安闹了很大的纠纷,应该说在原则上当时把上海交通大学迁往西安是正确的。不能因为闹纠纷而否定这种做法。上海交通大学闹了纠纷,其他大学并没闹纠纷。西北工业大学是从南京搬去的。当时南京的华东航空学院,全盘搬到西安就是现在的西北工业大学。现在的南京航空航天大学是当时的南京航空工业专科学校,1958年把名字改了。还有一部分学校搬到四川。可以看出,要发展中西部,50年代搬了一些学校到那里去,尽管是初步的但很好。从培养人才来看,增加一些大学是好现象。特别是西安,20世纪50年代增加的大学比较多,当时第一个五年计划在西安办的工厂也特别多。这个决策是对的。

优点主要是这两条。当然还有其他,但今天只谈主要的。

(二)缺点和问题

学习苏联模式的缺点和问题主要表现在以下5个方面。

1. 完全打乱了大体上按教育与科学发展规律所形成的高等学校学科结构

1949 年前，旧中国时代，那时大学在沿海地区，主要在北京、上海、广州，包含江苏、浙江以及武汉。武汉的大学很少，只有武汉大学和教会办的华中大学，另外还有一所是私立的中华大学，就这三所。江苏靠近沿海，学校多一点，特别是南京。在学科结构上，当时沿海地区，包括武汉、四川（四川大学），不是说做得很好，但大体上是按教育和科学的规律形成高校学科结构的。这就同国外的大学一样，在学科结构上并不是有一个高明的人在那里指挥，而是自然发展而成的。国立大学国家要花钱，公立的省里要花钱，私立的私人要花钱，教会的教会也要拿钱。它总得考虑学校如何办？不自觉地按照教育和科学的规律来办，不是瞎胡闹。在这一点上，我们应该这么说，在政治上教会学校是帝国主义国家来办的，但在学术上无所谓是不是资本主义。如南京的金陵大学、广州的岭南大学、北京的燕京大学、上海的圣约翰大学等等，主要是美国人办的。从学术上看，这些学校办得不错。燕京大学很出了一批人。黄华（新中国早期外交家）就是燕京大学出来的。其他像苏州的东吴大学，还有湘雅医学院，北京的协和医学院、成都的华西医学院等等。但院系调整从北大、清华起，在学科结构上完全打乱。科学上没有根据。刘一凡的书中也讲了，把理和医分开，把理和农分开，更不用说把理和工分开，在科学上简直是背道而驰。不但没有根据，而且是背道而驰。这是事实，谁也否定不了的。

2. 在教学计划和课程设置上，形成教育失衡和异化

异化这个词用的是杨东平文章中的话。[①] 文章的题目是《中国高等教育的苏联模式——关于中国的院系调整》。杨东平是北京理工大学高教所的所长。我引用了他的一段原话："现代教育始终有相辅相成的两翼。一方面，作为人力资源开发，对经济振兴、科技发展具有重要意义，具有强烈的国家功利价值；另一方面，教育又具有促进社会政治、思想、文化、艺术的发展，保持和传递文化传统，维系和整合社会，以及陶冶人格等人伦教化的功能，即教育的非功利价值，它主要是通过文科教育实现的。"

我觉得杨东平的这段话讲得很好。把教育的功利价值和非功利价值这两方面讲得非常清楚。高等教育这两方面是相辅相成的两翼。但是，我们照搬了苏联的教学计划、课程设置，形成了教育的失衡和异化。就是说，这两方面不是相辅相成的两翼，而是一翼，是功利价值那一方面。非功利价值那一方面，对工科来说，除去三门政治课以外，其他没有。这就叫失衡和异化。我觉

---

① 见《高教研究简报》1996 年第 13 期总 59 期，1996 年 5 月 15 日。

得这两个词用得对。

3. 学生学习负担过重

20世纪50年代和60年代初期这个问题很大。我们学校1953年成立,教学完全按苏联的教学计划进行,教学大纲实际上也是从苏联来的。教材主要也是用苏联的教材。后来慢慢地我们国家自己编,如《高等数学》就是樊映川编的,但总的来说是苏联的。学习负担过重也有客观原因,苏联的工科学制是5年半,我们是4年,但我们照搬,就把苏联5年半的教学计划压缩成我们的4年。这个负担怎么可能轻呢?20世纪50年代那个时候叫超学时,实际上就是负担过重,一回事。我校1953年成立后的1955年就开会解决超学时问题,1956年、1957年都是这样。当然,1958年、1959年教育革命是另外一回事。到了"高教60条"一搞,大体上恢复原状。恢复后就又出现负担过重,以至于毛泽东不得不讲,健康第一,把课程砍掉一半。这不是小事情,我们是培养人的,搞这么重的负担会走向反面。

4. 学俄语,不学英语

从中学到大学不学英语学俄语,这个失误也不小。虽然它在所有几个失误中不是最重要的,但失误也不小,到现在为止这个问题还没有解决。英语是一个工具,不掌握这个工具不行。俄语在世界上不通用,德国和日本投降之后,只有东欧和我们学俄语。但东欧在历史上本来就与俄国(或苏联)的关系比较密切,历史上有些国家的种族就跟苏联很接近,语言本来就是接近的,而中国就差远了。而且中国在历史上就是学英语的。1952年之后几乎一刀切,一直到现在这个后遗症还没完全解决。研究生还把英语作为第一外语来学,这是不光彩的事情。我们当年念书时,第一外语英语几乎可以说在高中毕业时就解决了。尽管到大学后工科、医科还要念一年英语,但只是读点文章。在我看来那一年的英语可学可不学,为什么呢?我在读高中时,数、理、化就是用英语课本,当然有些中学没有用英语课本,但毕业时英语也很好。进了大学之后,特别是理科、工科、医科乃至农科,数理化全部是英语教材,不管学生的程度如何,拿出来的都是英语教材。我第一年在武大读的哲学教育系,教育概论是英文教材,心理学也是英文教材,这是教育方面的两门课。哲学方面,哲学概论是范寿康讲的,他是既没有用英文教材,也没有用中文教材,是他自己编的,也不发讲义,写黑板讲授。此外,形式伦理学是英文教材。我们同学中也有在高中时数理化不用英文课本的,因为20世纪30年代前期已出了一些高中数理化中文教材,还不错,如《大代数》等等。但到大学后,用什么教材决定于教授,用英文教材,看不懂也得用,特别是像心理学、形式伦理学,读起来比工科的书难多了。文科的教材看起来很费劲。但我们那时不管是好的差的，都得用英文教材。在中学毕业时如果英语不过关，进了大学就受不了，除非是考入差的私立大学，也许好混。更不要说是进教会大学，教会大学基本上都是英文教材，而且教师讲课时也是用英文。

"文革"后，只好从实际出发，大批英文教师流失了，小学、中学、大学的英语教学都很困难。因此，一直是四级、六级，好像通过四级、六级是很了不起的。实际上这是个大大的倒退。和我们那个时候比起来是个倒退。我说这个话是因为我看过详细的四级、六级教材，现在四级通过了只相当于我们那时初中毕业水平，六级通过了只接近于还不等于我们那时高中毕业水平。但现在把四级、六级看得了不起，真是不了解历史情况，倒退了还不知道。学时占了很多，一、二年级基础外语占了 200 多个学时。如果第一外语过关了，就把这 200 多个学时腾出来了。不学英语学俄语带来了后遗症，影响了我们的国际交往，影响了我们从导师到研究生、大学生研究水平的提高。因为看外文期刊、外文书困难，参加国际会议开不了口，听也不行，听不懂，多困难呀！掌握工具是个大问题。

5. 专业数量大增，口径越来越窄

高校由各专业部委管，不仅造成专业设置重复，专业口径越来越窄，专业数量越来越多，比苏联还多。现在看来，更严重的是对现在进行的教育改革中的管理体制改革带来极大困难。

现在由各个专业部委管理的 300 多所大学，就经费来说，比较好的、没有什么困难的主要是两个部委。一个是铁道部。铁道部现在管理一二十所大学，如铁道学院、铁道医学院，全国大概有十几所。它们的经费没有什么大问题。另一个是石油部。如石油部管理的中国石油大学，其经费充足得很，为了进"211"，投入很多，包括北京的那个研究生院。江汉石油学院的经费虽不如中国石油大学，但总的来说，石油部的情况还好。除了这两个部委所管理的大学以外，其他的部委所管理的大学，尽管经费情况不完全一样，但都相当困难。如机械部管理的大学很多，到现在为止还管理了 20 多所，送也送不出去。前年到海南岛去，海口市人大常委会主任谈到：机械部准备把合肥工业大学送到海南岛来，海南省政府原则上同意接，但省里有一个海南大学，建议海口市接。在海南岛，尽管海口市是财政状况比较好的市，但要把合肥工业大学全部接过来，首先要盖房子，然后还有其他各种费用，海口市考虑再三，不敢接。我做了一点工作，我说："你们接过来吧！合肥工业大学来了之后，将来对海口市、海南岛有好处。"但到现在还没去成。去年到洛阳市，洛阳市校友会开会，洛阳工学院党委书记说：机械部想将洛阳工学院下放给河南省管，河南省感到很困难，双方在谈条件，到现在也没谈成。因为河南省感到接洛阳工学院负担太重，尽管经费也转过来，但转过来的经费有限。这两个学校算是直接和间接的接触了，其他的不了解。总的来说是困难的。当时的机械电子部可能对进"211"的西安电子科技大学另眼看待，其他的可能就困难了。各个部委都是那样，现在水利电力大学进"211"，电力部对其另眼看待，多给点钱。电力部将没进入"211"的学校下放给地方所属局管理，如华东电管局。但经费也困难。农业部也是这样。我去年去了华中农业大学，一谈起来也是哇哇叫。所以现在来看，在管理体制上非改革不可，但遇到的困难太大了。当然其他的问题和缺点还会有，我就提上述5点。

今天讲了四个问题：①学习苏联模式的表现；②苏联模式在苏联是怎样形成的；③我们国家为何全盘照搬苏联模式；④对学习苏联模式的评价。

最后，还要重复谈一谈，我们进行研究生教育方法改革的试验，因此，采用讨论式、研究式，希望大家充分发表意见。

正因为是讨论式、研究式，类似于学术活动，因此，在不违反法律的前提下，研究工作没有禁区。

关于正确对待知识分子[*]

关于如何正确对待知识分子的问题，我准备从四个方面来讲解。

一、新中国成立以后的第一个 7 年对待知识分子的状况，总的方面是比较好的

高校教师的作用仅次于学校领导，就我们国家来说，仅次于学校的校长和党委书记，教师在高校中的地位和作用实在是太重要了。先讲 1949—1956 年这个时期知识分子的基本概况和出现的问题。这个时期共 7 年，是新中国的第一个历史时期，叫做社会主义基本改造的 7 年。这个时期在对待知识分子的问题上从总体来看是处理得比较好的，首先要肯定。

1951 年 9 月以后在高等学校开展的"三反"运动拉开了知识分子思想改造运动的序幕，1952 年底思想改造运动告一段落，在这个基础上继续开展忠诚老实运动。正如刘一凡在书中所说的，总的看来，全国高校进行的思想改造运动和忠诚老实运动是健康的，收效也是比较大的。但是刘一凡在书中也讲到，在思想改造运动中，有些地方、有些高等学校在掌握政策方面不够准确，要求过高、过急，因而对待少数教师的方式生硬、粗暴，进行了过火的批判，伤害了他们的感情，挫伤了他们的积极性。在忠诚老实运动当中，个别地方也发生过逼供信的偏差。尽管如此，这两个与知识分子直接相关的运动，其总的效果是比较好的，但是这个时期有另外三项专题批判，历史已经做了结论，效果是不好的。

---

* 本文为作者给 1996 级博士生所授课程"中国高等教育的今天和明天"的一部分，根据作者的讲课录音整理而成。

第一项专题批判是 1951 年 5 月在全国范围内开展的对电影《武训传》的批判，这是新中国成立以后第一次思想战线上比较重大的斗争。武训是清朝末期同治和光绪年间的人，出生于山东聊城一个贫穷的农民家庭，青年时期因为不识字而受人欺侮，因此后来下决心办学。他当叫花子，到处讨钱并把钱攒起来。经过 30 多年的努力，他在山东聊城一带陆续办起了 3 所义学。武训的这一活动受到当时广大群众的赞扬，也受到统治者的赞扬。1950 年上海文艺电影界人士认为，武训当时办学的事件可以用来配合当时正在农村蓬勃兴起的冬学运动，推动扫盲和普及教育运动。于是决定拍摄《武训传》，导演是有名的孙瑜，是 20 世纪 30 年代非常进步的人士，扮演武训的就是赵丹。影片上映后受到赞扬，报刊上发表了 40 多篇文章，反映很好。

1951 年 5 月 20 日《人民日报》发表了毛泽东撰写的社论（不是毛泽东本人署名）《应当重视电影〈武训传〉》，社论有一段文字："像武训那样的人，处在满清末年，中国人民反对外国侵略者和国内反动封建统治者的伟大斗争时代。电影根本不去触动封建经济基础及其上层建筑的一根毫毛，反而狂热地宣传封建文化，并为了取得自己所没有的宣传封建文化的地位，就对反动封建统治者极尽奴颜婢膝之能事，这种丑恶的行为，难道是我们所应该歌颂的吗？"由毛泽东执笔的这篇社论发表以后，在全国很快掀起了对电影《武训传》的批判。

1951 年 6 月 4 日，教育部发出指示，要求把这个批判普及到每一位教育工作者。但是，在批判中还牵涉到对陶行知教育思想的批判，因为陶行知对武训办学表示过赞扬。陶行知是近代中国杰出的教育家，与鲁迅一样是由民主主义者转变成共产主义者，是中国典型的进步知识分子之一。这一点，当年在陶行知去世后，毛泽东、周恩来对他都表示了赞扬和肯定。然而，时过境迁，当时受到批判的就有陶行知。当时采用的都是点名式的批判，而且发表文章进行批判。

另外，这一场批判运动还牵涉到一批进步民主人士，造成了不良后果，在当时有人就感觉到不应该这样办。因此，周扬在 1953 年全国文艺工作者代表大会上就说过，这场批判有一点从教条公式出发，是一些粗暴的武断的批评，是一部分人的偏激意见，使不少作家在精神上感到了压抑和苦恼。周扬的讲话发表在 1953 年 10 月 9 日的《人民日报》上。在 20 世纪 80 年代，胡乔木在 1985 年 9 月 5 日的一次会议上谈到对当年电影《武训传》批判时说："这个批判涉及的范围相当广泛，我们现在不在这里讨论对武训本人和《武训传》电影的全面评价，这需要历史学家、教育学家和电影艺术家在不抱任何成见的自由讨论中去解决，但我可以负责地说，当时这场批判是非常片面的、非常极端的，也可以说是非常粗暴的。因此，尽管这个批判有它特定的历史原因，但是由于对批判所采取的方法,我们不能说它是完全正确的,甚至也不能说它是基本正确的。"这说明当时的这场批判搞错了,胡乔木的这篇讲话发表在 1985 年第 12 期的《党史通讯》上。

第二项专题批判是对俞平伯《红楼梦研究》的批判。俞平伯在新中国成立前就开始研究《红楼梦》,并且写了《红楼梦辨》。新中国成立后的 1952 年 9 月,他将《红楼梦辨》加以修订,换了一个名字,以《红楼梦研究》作为书名再一次出版。1952 年 9 月之后,他又发表了几篇关于《红楼梦》的文章,他的书和文章对《红楼梦》的作者、成书经过、版本、源流做了有价值的考证。当然,由于受旧思想的影响,有时不可避免地有些缺点。其实考证工作在任何时候都是需要做的,近些年来对于《红楼梦》仍在考证,这是很正常的。

1954 年有两位青年学者李希凡、蓝翎(都是山东大学中文系毕业的青年教师)在 1954 年第 9 期的《文史哲》和 1954 年 10 月 10 日的《光明日报》上发表了两篇文章《关于"红楼梦简论"及其他》、《评〈红楼梦研究〉》,对俞平伯的观点和方法进行了批评,这也是很正常的学术讨论。但是,他们的文章引起了毛泽东的重视,1954 年 10 月 16 日,毛泽东给中央政治局的同志及有关同志写了一封信。信中有这样一段话:"这是三十多年以来向所谓《红楼梦》研究权威作家的错误观点的第一次认真的开火。"毛泽东又说:"事情是两个'小人物'做起来的,而'大人物'往往不注意,并往往加以拦阻,他们同资产阶级作家在唯心论方面讲统一战线,甘心作资产阶级的俘虏。"毛泽东的这封信很快被正式传出来了,传达到基层。于是,全国文教部门、高校的文科系、文艺和科研团体以及各个民主党派等等,纷纷召开座谈会,发表批判文章,形成了对俞平伯的围攻。虽然还是学术批判,但当时的形势是一边倒,没有一篇文章为俞平伯辩护,俞平伯自己也不能写文章。当时在全国范围内这也是一场思想战线上的重要批判。俞平伯还是很有涵养的,一直没有表态。但是,从此就不再研究《红楼梦》了,直到 1978 年十一届三中全会以后,俞平伯才重新开始对《红楼梦》的研究。1986 年 1 月,中科院文学所为他从事学术研究活动 65 周年举行庆祝大会,对他表示祝贺,实际上是替他恢复名誉,在报刊上发表了这个消息。

从对俞平伯《红楼梦研究》的批判很快就发展到对整个学术领域资产阶级唯心论的批判。我也记不清当时是否有来自上面的内部指示,在各个学术领域,很自然地把主要锋芒转到对胡适的批判。胡适当年也确实做过对《红楼梦》的研究、考证,发表过一些文章。从历史上看,最早对《红楼梦》进行研究的不只有俞平伯。因此,批判俞平伯对《红楼梦》的研究很自然地就会对胡适进行批判。而且胡适当时还有一个问题,在国民党战败后,我们党发表过一个战犯名单,其中就有胡适。他后来随蒋介石去了台湾,当过"中央研究院"院长,后来当过国民党驻美国的大使。因此,把批判目标转移到胡适就很自然了,这就使得这场批判带有政治性了。虽然当时的批判在表面上仍然说是学术批判,实际上就包含政治因素在里面了。当时就有内部通知,说明很重视这场批判,美其名曰政治战线和思想战线上的社会主义革命,调子提得很高。

1954年12月2日,中国科学院院务会议和中国作家协会主席团举行联席会议,决定联合召开批判胡适的会议,参加会议的有近100人,而且参会的从郭沫若起都是著名的学者,不是一般人。讨论会延续到1955年3月,总共召开了21次会议,目标都对准了胡适。同时,各高等学校举行各种讨论会、批判会,各种报刊发表了几百篇文章,比批判俞平伯的声势要大得多。但是,在"文革"后,人们逐渐感觉到在批判中对胡适的学术思想缺乏历史的具体的分析。由于他被宣布为战犯,所以在批判时简单地用政治上的反动来抹杀他在学术上的成就,混淆了学术问题与政治问题的界限,带来了不良影响。

这个问题说起来相当复杂。胡适是"五四"新文化运动的主要开拓者之一,有人说他是"五四"新文化运动的奠基人之一,我看这样说也不算过分。用历史的眼光来看,"五四"新文化运动的奠基人还有李大钊、陈独秀等等。但胡适在提倡白话文上贡献很突出,他不仅提倡,而且身体力行,用白话文写文章、写诗歌,而不用文言文来写。他写的《尝试集》是我们当时在中学时代都读过的,写得很好,影响很大。虽然在"五四"运动之后用毛泽东的话说他在向右转,这是他的思想倾向,但是也没有牵涉到政治问题。在北洋政府期间,胡适并没有做过政府的官员,虽然蔡元培在北大主政时期胡适担任过文学院的院长,这并不是什么政治官员。从历史的角度看,胡适在学术上有许多重要成就。他在学术研究上是多方面的:"五四"新文化运动期间他侧重于研究文学,后来又研究哲学,中国的第一部哲学史就是他写的。当然其观点有些问题,但其在学术研究上具有开拓精神。他对历史也很有研究,也有很多成果。总体来看,胡适的学术成果十分丰富,思想主要是唯心论的,是一位学问家。前一段时间,国内外的学术界提出,不能认为唯心论都是百分之百错误的,用历史眼光看,对唯心论不能全盘否定。从学术的观点和科学的观点看,对唯心论应当正确评价,这样做绝不会降低唯物论的正确性和重要性。学术都有一个历史发展的过程,在许多地方和许多时候,它们是可以互相补充、相互促进的,所以,对于学术问题要有科学的态度。胡适的学术思想,实质上是唯心的,但是不能因此而全部否定他在学术上的成就。而在当时的批判中几乎把他的学术思想说得一文不值,目的就在于要在政治上宣布他为战犯的同时,在学术上也要宣布他为"战犯"。

不久前,我在报上看到要出版《胡适全集》,内容十分丰富,大约有不少于

500 万字。前几年也零星出版了一些关于胡适的部分研究成果,如《胡适文存》、《胡适传》等等,其中《胡适传》现在有多种版本。从学术观点看,在中国当代学术史上有他的地位和特殊贡献,不能简单地否定,简单地否定不是科学的态度。

第三项专题批判就是对胡风文艺思想的批判。我们在学生时代就比较熟悉胡风这个人,20 世纪 30 年代前期,他参加了左翼作家同盟,在上海与鲁迅来往很密切,鲁迅对他也很器重。现在来看,当时对胡风文艺思想的批判有些是正确的,有些是错误的、片面的。胡风这个人很怪,在新闻界和文艺界的历史上,很多人都觉得他有点怪异,他对于文艺的一些观点也很怪,有的也不太正确。

1952 年在文艺界的整风中,有人提出要对胡风的文艺思想进行讨论甚至是批评,也有个别人开始在《人民日报》上发表文章,指出胡风的文艺思想实质上是属于小资产阶级个人主义的。尽管这个时候已经给他戴了"帽子",但总的来说,这个时候的批评还是学术性的。但是,胡风这个人个性比较怪异,很有点自以为是,他写作的文风也有点怪,有相当的欧化倾向,可能与他早年留学日本有关。尽管 1952—1953 年报纸上发表了不少批评胡风文艺思想的文章,但仍然限于学术批评,所以是正常的现象。但是,胡风对于这些批评意见不接受,于是在 1954 年 7 月,他给中央写了一封上诉书,大约 30 万字,题目叫做《对文艺问题的意见》,认为总体上看自己的文艺观点还是正确的,只是在个别问题上可能有问题。

中央很重视这封上诉书,1955 年 1 月 22 日,中共中央宣传部向中央报告,正式要求对胡风的文艺思想进行公开批判,中央很快就同意了。从此,文艺界就对胡风进行大规模的批判,在报纸上发表文章,口气十分激烈,并且将对胡风的文艺思想的批判变成了对胡风的政治上的声讨。《人民日报》分三批刊登了批判胡风的文章,而且毛泽东还专门为此亲自写了按语:"胡风是一个暗藏在革命阵营里的反革命派别,一个地下独立王国。这个反革命派别和地下独立王国是以推翻中华人民共和国和恢复帝国主义、国民党的统治为任务的。"这就完全定性了,将胡风定为大反革命而且还是一个集团。在 5 月 13 日至 14 日的文章发表以后,5 月 18 日将胡风正式逮捕。于是对胡风的文艺思想的批判完全变成了在政治上和组织上肃清胡风反革命集团的运动,许多人被打成了所谓胡风分子,这个事件成了全国的一桩大冤案。刘一凡在其书中也提到了许多受到冤屈的人的姓名。1955 年对胡风正式判刑,宣判为有期徒刑 15 年。

1978 年党的十一届三中全会以后,中央才对这桩冤案进行了彻底纠正和平反，为胡风及所有所谓胡风分子恢复了名誉。中央有关部门在对胡风的结论中写道："对于胡风同志的文艺思想和主张，应按照宪法关于学术自由、批评自由的规定和党的'百家争鸣、百花齐放'的方针，由文艺界和广大读者通过科学的正常的文艺批评和讨论，求得正确解决，不必在中央文件中作出决断。"这表明中央对其文艺思想没有表态，平反主要是在政治上平反和恢复名誉。胡风是在 1985 年去世的，平反后他担任过全国政协委员和中国作家协会的成员，也担任过一定的职务。

最近几年胡风的夫人梅志也经常撰文写一些有关胡风的文章，人民出版社有一个刊物《中国新文学史料》（季刊）曾经刊登过一些关于胡风文艺思想的文章，其中不少作者的评价还是比较公正的。

这三项专题批判都发生在 50 年代前期。新中国成立以后头几年就有这样几项效果不好的专题批判。因此，李锐在 1980 年讨论《关于建国以来党的若干历史问题的决议》（以下简称《决议》）草稿时的发言中指出，这几年（指新中国成立初期的 7 年）已经有"左"的萌芽。实事求是地说，我认为李锐的意见是对的，他的意见符合当时的历史情况。那时候，虽然"左"的状况并不占统治地位，但这三次专题批判确实是"左"的萌芽，对于这个判断大家还可以讨论。

《决议》虽然没有下这样的结论，但是我认为《决议》主要是从大局出发，而且《决议》本身的篇幅已经很大，如果过于详细也是不妥的。在《决议》的起草过程中，邓小平反复强调宜粗不宜细。所以，《决议》只能从大局着眼，对于三项批判这样一些局部问题也就无须一一地加以叙说了。所谓大局就是新中国成立初的 7 年恢复了国民经济，开始实行有计划的经济建设，从 1953—1956 年，第一个五年计划提前完成，社会主义改造基本完成；1956 年 1 月 2 日又召开了关于知识分子问题的会议。特别是 1956 年 9 月举行的党的第八次全国代表大会开得很成功。所以，《决议》指出："在这个历史阶段中，党确定的指导方针和基本政策是正确的，取得的胜利是辉煌的。"这句话是完全正确的，毫无疑义的。但是，我们现在研究这个时期知识分子的问题时，不能不谈到这些事件（指三项专题批判）。在研究后，我认为这些事件带有"左"的萌芽，从研究工作的角度来看也是可以的，以便从中吸取历史教训。

应当看到，这个时期对待知识分子问题上的主流是好的，最为突出的标志就是 1956 年 1 月党中央召开的关于知识分子问题的会议。因此，我们在开始时就将周恩来在这个会议上的报告复印给了在座的诸位。这些文章你们都应当学习。对于这次知识分子问题的会议，在《决议》中有一段话："一九五六年一月党中央召开的知识分子问题会议和随后提出的'百花齐放、百家争鸣'方针，规定了对知识分子和教育科学文化工作的正确政策，促进了这方面事业的繁荣。"

此外,中共中央文献研究室正在陆陆续续编辑出版的《建国以来毛泽东文稿》丛书,把新中国成立以来毛泽东的讲话、文章、信件、批语等全部收集起来。我个人有一套,讲课时有些内容就是从这些书中引用的。在这套丛书的第6集第6页上有一条注释是谈1956年1月知识分子问题会议的。注释说:"周恩来代表中共中央所做的《关于知识分子问题》的报告指出,知识分子已经成为我国各个方面生活中的重要因素,他们中间的绝大部分是工人阶级的一部分。正确地解决知识分子问题,更充分动员和发挥他们的力量,为伟大的社会主义建设服务,已成为我国完成过渡时期总任务的重要条件。"这是对这次会议的评价。另外,在1956年1月30日《人民日报》刊登的新闻稿中有这样一段话:"在会议的最后一天,毛泽东同志讲了话,他号召全党努力学习科学知识,同党外知识分子团结一致,为迅速赶上世界科学水平而奋斗。"从这段话中可以看出,这次会议对于知识分子问题很重视,体现出当时中央的意图。《建国以来毛泽东文稿》对于毛泽东对待知识分子的态度和关于这个会议的由来都说明得很清楚。

二、1957年的反右派斗争,开始了长达20年的"左"倾错误

值得注意的是,《决议》里并没有谈到毛泽东对知识分子问题的态度。《决议》只讲了第二阶段1957—1966年。虽然《决议》指出:"这十年中,党的工作在指导方针上有过严重失误,经历了曲折的发展过程。"对"文革"前十年有这样的断语,而"长达20年'左'倾错误"是邓小平讲的,这说明并不是《决议》中没有说的就不能说,人们的认识总是不断发展的,只要实事求是、合乎实际情况,可以提出进一步的看法,邓小平的这句话就是如此。邓小平说的这句话,大家认为说得对,因此成了大家的共识。

关于1957年中央决定要整风,即反对官僚主义、宗派主义、主观主义,同时也决定动员党外人士帮助党整风以及发展到反右派斗争的严重扩大化倾向等,大家可以从《毛泽东选集》第五卷的有关文章中看到。刘一凡的书中也概括地谈到当时的一些情况。这里,我就根据刘一凡书中的数字给大家介绍一下。1957—1958年,全国被划为右派分子的人数达到552877人,1979年底复查核实,错划为右派分子的竟有533222人,错划的达到总数的96%。另外,当时还有5000人正在复查中。刘一凡在书中说,1958年1月,据高教部整风办公室统计,205所高校中(总数为229所)教师、学生和干部被划为右派分子的人数占总人数的3.6%,其中,被划为右派分子的教师占教师总人数的6.56%,

学生被划为右派分子的占学生总人数的 3.21%，有的学校教师被划为右派分子的竟达到教师总人数的 9%～11%，打击面过大。我看了这个统计数字后计算了一下，周恩来在 1956 年 1 月关于知识分子问题的报告中讲，当时高校教师有 42000 人。如果按照这个数字和刘一凡在书中所提供的比例来计算，那么教师被划为右派分子的人数应该是 2755 人。

实际上，绝对不止这个数字。原因如下。第一，周恩来提到的 42000 人数是 1951 年的数字，经过当年（指 1953 年）暑假新教师的补充，会增加相当数量的教师。当时全国高校招生规模很大，以致后来在高等教育领域中也出现反冒进的问题，所以当时必须补充大量的青年教师。第二，这个数字中还没有包括另外 24 所高校的教师人数。第三，刘一凡书中提到还有 5000 人待查。所有这些原因使我认为，高校教师被划为右派分子的人数应该大约在 3000 人左右，平均每所高校有 100 多名，全国的情况大致如此。

1957 年 9 月 15 日，《人民日报》发表了社论《为什么说资产阶级右派是反动派》，毛泽东看了文章以后总体来说是赞同的，并且还在文章的内容上有所增加。这就完全将右派分子定性了，资产阶级右派不仅仅是资产阶级的，而且还是敌对分子。本来在 1957 年 2 月 27 日毛泽东在最高国务会议上做了《关于正确处理人民内部矛盾的问题》的报告，其中的第五部分就是谈知识分子问题的，谈得很好。但是仅仅几个月之后，他的看法却突然地发生了 180 度急转弯，这就非常严重地混淆了两种不同性质的矛盾，把大量的人民内部矛盾错划为敌我矛盾。

本来 1956 年 9 月党的第八次全国代表大会开得很成功，会议明确提出，国内的主要矛盾已经不是工人阶级和资产阶级之间的矛盾，而是人民对于经济文化迅速发展的需要同当前经济文化不能满足人民需要的状况之间的矛盾，全国人民的主要任务是集中力量发展社会生产力，实现国家工业化。虽然还有阶级斗争，但根本任务已经是在新的生产关系下面保护和发展生产力。但是仅仅过去一年，毛泽东又彻底否定了"八大"的正确路线。从此以后，经过庐山会议对彭德怀的错误批判以及后面的一系列以阶级斗争为纲的举措，毛泽东认为，无产阶级与资产阶级之间的矛盾又上升为主要矛盾。

在此期间，由于"大跃进"和"反右派"的错误，加上当时的自然灾害和苏联政府背信弃义单方面撕毁合同，国民经济在 1959—1961 年发生了严重困难，国家和人民遭受重大损失，因而提出了"调整、巩固、充实、提高"的方针。1962 年 1 月召开了有 7000 人参加的扩大的中央工作会议，总结了那几年的经验教训。只是在这种情况下，1962 年 3 月 2 日，周恩来向在广州召开的全国科学工作会议、戏剧创作工作会议等会议的代表讲话时，才明确肯定我国知识分子的绝大多数是"属于劳动人民的知识分子"。这个讲话也就是人们后来常常提到的所谓"脱帽加冕"：脱掉资产阶级的帽子，加上劳动人民的冕。当时广大知识分子听到后兴高采烈，但是"脱帽加冕"也只是昙花一现（这是我个人的观点，大家可以讨论），很遗憾、很可惜。

实际上，毛泽东本人并不赞成广州会议对待知识分子的"脱帽加冕"的态度。1957 年他在接见弗鲁西诺夫时讲到他不赞成广州会议对待知识分子的观点。我想把薄一波在"文革"之后回顾新中国成立以来历史的书中的观点给大家介绍一下。薄一波在《若干重大决策与事件的回顾》一书中讲到两点："把知识分子都看成资产阶级知识分子，逻辑上很荒谬，好像知识是资产阶级的私有品，一有知识，就归到资产阶级队伍里去了。这种提法，也是没有理论和历史根据的。马克思、恩格斯从来没有把为资本主义服务的知识分子和资产阶级等同起来，他们认为知识分子绝大多数是脑力劳动者，其中一般的工程技术人员也参与剩余价值创造，受资本家剥削。马克思的《剩余价值学说》第一卷详细论述了这个问题。列宁在十月革命后，明确地把知识分子，旧社会培养的知识分子，称为'劳动阶层'之一。"这段话太重要了，多年来我们对知识分子性质这个问题搞不清楚，薄一波把知识分子的阶级属性说得很清楚，这是我第一次看到这样的论述。他从理论上、历史上谈到了知识分子的属性，虽然没有进一步展开，但是意思已经非常明确了。

列宁的话让我产生了一些联想。在十月革命之后直到列宁逝世之前的那一段历史，从现在所能看到的文章和联共党史，没有看到列宁在世的时候对知识分子有什么不好的做法和态度，也没有看到列宁要搞什么运动和改造之类的资料记载，乃至于列宁去世以后，斯大林负责的时候至少在 1936 年以前也没有看到斯大林对待知识分子搞过什么运动和改造之类的文献记载。恰恰相反，斯大林还十分重视对知识分子的使用。因为苏联在十月革命和三年内战之后，国民经济遭受极大的破坏，需要尽快恢复国民经济，所以需要发挥知识分子的作用。1927 年在苏联发生了"沙赫特"事件，即苏联聘请的一名国外工程技术人员对苏联的矿场进行了破坏。这个事情震惊了斯大林，于是他下决心要大批培养自己的知识分子，提出"技术决定一切"的口号。所以说，在十月革命之后，列宁和斯大林对待苏联知识分子的态度是很好的，也许有不好的，只是我还没有看到这方面的资料，当然 1936 年之后情况有所变化。

薄一波在书中的第 1011 页上面有一句话，"对知识分子的性质和作用的错误认识，可以说是毛主席晚年思想中的一个重大偏见和失误"。这句话很重要，他说的是"重大偏见和失误"，不是一般的偏差和失误。他接着说："也是我们党长期没有处理好同知识分子关系的最深刻的根源。"薄一波在书中反复表达过这样的意思,即毛泽东对知识分子不放心,一直处于矛盾和摇摆不定的状态。

在1962年9月党的八届十中全会上,尽管经过了"调整、巩固、充实、提高"等阶段,毛泽东的思想和调子又变了,他把社会主义社会中一定范围内的阶级斗争扩大化、绝对化了,提出所谓"阶级斗争一抓就灵"。本来在1957年反右之后,毛泽东已经开始提出无产阶级与资产阶级矛盾仍然是我国社会的主要矛盾的观点,在党的八届十中全会上,他把这个调子进一步发展,他甚至断言,在整个社会主义历史阶段,资产阶级都将存在和企图复辟,并成为党内资产阶级、修正主义的根源。从这个时候起,在意识形态领域也对文艺作品、学术观点,以及文艺界、学术界的代表人物进行了错误的过火的政治批判,在对待知识分子问题上发生了愈来愈"左"的偏差。在高等教育界也出现了类似的问题,例如,高校教师的职称制度也被搁置,所以,年轻教师都被统称为教员,认为教师的职称制度是资产阶级的,不能要。

至于"文革"期间,我就不用多说了。那个期间,要批判资产阶级反动学术权威,毛泽东说资产阶级知识分子统治学校的现象再也不能继续下去了,以致把知识分子变成了"臭老九"。这些都是知识分子在"文革"期间的处境。薄一波在书中讲道:"文革"中有两种人成为批判的对象,第一是干部,特别是高级干部;其次是知识分子,特别是高级知识分子。我们在这里主要谈知识分子,当时确实提出要批判资产阶级反动学术权威,而实际上并没有界定什么叫"资产阶级反动学术权威"。

三、毛泽东晚年为何犯这些严重的"左"的错误

我在准备这个讲稿时有些犹豫:是讲得宽一点还是讲得简单一点。最后决定将本部分内容讲得宽一点、稍微详细一点。原因是在座的各位对于当年的情况并不太清楚。我总觉得谈家桢的话是对的,他说现在的"博士不博"。当然不仅是博士,作为高等学校的教师,知识太贫乏了肯定不行。实际上,如果要简单讲毛泽东犯错误的原因,那就是薄一波在书中讲到的几个原因,我已经给大家介绍过了。

我觉得讲复杂一点、宽一点更好,特别是毛泽东为什么在对待知识分子等问题上态度那么摇摆?在我看来,如果当年毛泽东能够正确分析和处理好这些原因,情况就不会那么糟糕。但是,毛泽东没有处理好,他连"八大"的正确路线都否定了,而"八大"报告是经过他审阅、修改和补充的(有据可查),"八大"的开幕词是毛泽东自己讲的,但是,为何过了一两年他就把这些都否定了

呢？为什么？

我在讲授时仍然要以《决议》为依据。毛泽东这么做的第一个原因是对当时形势估计的错误，他错误地认为无产阶级与资产阶级的矛盾仍然是主要矛盾，而且要贯穿在整个社会主义历史阶段，那么我们需要追问，毛泽东为何错误地估计了当时的形势。这就需要分析当时的有关历史背景，而且还牵涉到当时共产国际的有关历史背景，主要是牵涉到当时的苏联共产党和苏联共产党当时的一些领导人，特别是赫鲁晓夫。关于这一点，《决议》只写了一段不到100字的话，几乎是一带而过。当时我们与苏联共产党的矛盾，作为《决议》来说不好写，这涉及中苏关系和中苏两党关系问题，所以不能写得太多。在我看来，1960年前后这一段历史对于毛泽东思想上错误估计形势的影响很大。为此，我们来看一看历史事实。

毛泽东对当时形势的错误估计首先与1956年在苏联、波兰、匈牙利发生的事件，特别是在苏联发生的事件有密切的关系。

第一件事情发生在苏联。苏共在1956年2月14—25日举行第二十次代表大会，以朱德为团长的中共代表团参加了这次大会，参加这次大会的共计有55个国家兄弟党的代表团。大会开始时宣布的会议主要议程是：①赫鲁晓夫代表苏共中央做总结报告；②莫洛托夫做中央检查委员会的工作报告；③布尔加宁做苏共中央对第六个五年计划的指示报告。赫鲁晓夫在总结报告里，借口世界的形势发生了根本性转变，提出了所谓和平过渡的论点，就是说有可能通过议会的道路从资本主义向社会主义过渡。这个论点实质上是公开地修正了马克思主义关于国家与革命的学说，这是赫鲁晓夫总结报告中一个重大的原则问题。特别是在大会闭幕前，赫鲁晓夫向出席大会的代表做了一个秘密报告，题目是《关于个人崇拜及其恶果》，攻击斯大林是迫害狂、严酷的专横、走向大规模迫害道路和恐怖道路，等等，完全抹杀了斯大林的功绩，丑化了苏联共产党、丑化了苏联，也丑化了国际共产主义运动。

会议之后不久，首先是美国的《纽约时报》以及其他国家（都是资本主义国家）的报纸刊登了赫鲁晓夫的秘密报告，《纽约时报》全文刊登。这些报道引起了严重的恶果：一方面，帝国主义和各国反动派在全世界掀起了反苏、反共、反人民的浪潮；另一方面，在国际共产主义运动中引起极大的思想混乱，给许多兄弟党造成了严重困难，给国际共产主义运动造成了严重损害。

因此，我们党中央和毛泽东认为苏共第二十次代表大会是苏共领导人走向修正主义道路的第一步，这一点很明确。在此期间，还发生了两起突出事件：一是苏波关系事件；二是匈牙利反革命暴乱事件。面临这样的形势，在毛泽东的主持下，以《人民日报》编辑部的名义发表了两篇长文：《关于无产阶级专政的历史经验》(1956 年 4 月 5 日)和《再论无产阶级专政的历史经验》(1956 年 12 月 29 日)。发表这两篇长文的目的很清楚，就是为了挽回苏共第二十次代表大会造成的恶果。

第二件事情是苏波关系事件(过去统称为波兰事件)。赫鲁晓夫秘密报告在资本主义国家报纸公开以后，在波兰展开了扩大人民民主、改善人民生活的群众性讨论。1956 年 7 月，波兰统一工人党举行第七次中央全会，通过了扩大人民民主、改善人民生活的决议。会议之后又在波兰全国开展了有关波兰建设方针的讨论。在波兰全国人民的支持下，波兰统一工人党在该年度 10 月举行了第八次中央会议，通过了关于党在目前的政治和经济任务的决议，选出了以哥穆尔卡为首的新的领导机构，这是一个主张改革的领导机构，而这些改革都是十分正确的。苏联在二战中将波兰解放后，成为社会主义国家的波兰一切都照着苏联的样子办，但是在民主、人民生活、经济建设等方面逐渐暴露出许许多多问题，广大人民是有意见的。在这种情况下，苏共二十大以后，波兰共产党处理得很好，为了消除不良影响，波兰开始实行改革，这是对的。但是苏共开始反对，具体地说首先就是赫鲁晓夫反对，他认为波兰的做法是错误的。于是赫鲁晓夫亲自率领苏联党政军的主要领导人在事先没有通知的情况下，突然闯进了波兰，强制举行了苏波会议。但波兰统一工人党领导人进行了针锋相对的斗争，要求维护民族尊严和主权，按照波兰的国情进行政治、经济体制改革，走波兰特色的社会主义道路，并且要求消除两国之间的不平等关系。在这种情况下，赫鲁晓夫终于退却，波兰的局势很快得到了稳定。

据当时内部的传说，赫鲁晓夫准备出动苏联红军，幸好他们征求我们党中央的意见，我们党中央表示反对，因此没有出动苏联红军。

第三个事件就是匈牙利暴乱事件(过去统称为匈牙利事件)。这也是由于赫鲁晓夫秘密报告公开后的影响，再加上波兰进行的改革及其与苏联斗争的影响发生的。匈牙利在 1956 年 10 月 23 日—11 月 4 日发生了大的动乱。开始时与波兰一样，匈牙利广大人民要求改革，主要是进行民主改革和改善人民生活，这些都是正常的要求。但是，在这一点上匈牙利党中央没有处理好，导致了暴乱。暴乱之后，经过改组的政府总理纳吉在反革命势力进攻下不断后退，一些早被解散的反革命党派又开始恢复活动，他们叫嚣要在匈牙利恢复资本主义制度。到了 11 月 1 日，纳吉政府竟然宣布退出"华沙条约"，匈牙利中立。11 月 3 日，纳吉又改组政府，使政府进一步落入到反动派手中。这样一来，匈牙利的政变就完成了，西方资本主义国家跳出来欢呼。

就在这个关键时候，苏共领导人一度准备执行投降路线，承认匈牙利的现状(这在"九评"中可以看得到)，但是我们党中央坚决反对，建议苏共调动红军将反革命暴乱镇压下去,后来组成了以达卡尔为首的革命派的工农革命政府,挽救了匈牙利社会主义,重建了匈牙利党——匈牙利社会主义工人党。

因此,毛泽东在1957年初做了《关于正确处理人民内部矛盾的问题》的报告,接着又决定党内整风,并且发动党外人士帮助党整风,目的是不希望苏波关系事件特别是匈牙利暴乱事件在中国发生。但是,整风运动之后,出现了大鸣、大放、大字报,什么意见都有,当然也有偏激的意见,甚至章伯钧等民主人士提出要"轮流坐庄"。这使毛泽东很快意识到:会不会发生像匈牙利事件那样的事件?因而下决心发动整风运动,但是运动发动起来以后就不以他个人的意志为转移了。这些使毛泽东对中国形势的估计发生错误,否定了1956年初对于知识分子的政策和"八大"的正确路线。同时,1957年发动的反右派斗争也造成了严重扩大化的不良后果。这是1956—1957年的情况,后面还有一系列情况,特别是1958年之后,苏共领导人又有一系列破坏中苏关系和破坏国际共产主义运动的事实以及他们对美国领导人的无原则的吹捧和交往,使毛泽东进一步认为,苏共领导人已完全走上了修正主义的道路。

1958年以后有哪些事实呢?根据"九评"的内容列举如下。

(1)1958年苏共领导人赫鲁晓夫提出要和我们建立联合舰队和长波电台,企图在军事上控制我们国家,遭到了我们的拒绝。

(2)1959年6月,苏联政府片面地撕毁了中苏双方在1957年10月签订的《关于国防新技术的协定》,拒绝向中国提供原子弹样品和制造原子弹的技术资料。

(3)1959年7月,苏联政府突然片面决定在1个月之内撤走全部在中国的苏联专家(大约1000人),撕毁了几百个协议和合同,带走了所有的图纸。

(4)1959年9月,在赫鲁晓夫访问美国前夕,苏共领导人不顾我国政府的反对,迫不及待地在9月9日以塔斯社的名义发表了《关于中印边境事件的声明》,偏袒印度政府。

(5)1960年6月下旬,罗马尼亚工人党举行第三次代表大会,赫鲁晓夫利用这个机会带头组织对中共的围攻。但是阿尔巴尼亚共产党拒绝服从苏共指挥棒的指挥,坚决反对苏共领导的宗派活动。从此,苏共就把阿尔巴尼亚视为眼中钉。

(6)1961年10月,举行苏共第二十二次代表大会。苏共领导人又一次集中地大反斯大林,同时在大会上又发动了对阿尔巴尼亚的大规模公开攻击。赫鲁晓夫甚至公然号召要推翻阿尔巴尼亚党的领导人霍查和谢胡。赫鲁晓夫的这些做法开创了利用一个党的代表大会攻击其他兄弟党的恶劣先例。因此,当时毛泽东和中央认为,这是苏共领导人把他们自己从苏共第二十次大会开始逐步发展起来的修正主义形成一个完整体系的修正主义路线。这个完整的修正主义路线还表现在这次大会上新通过的党章，该党章比第二十次代表大会的党章又有了新的重大发展，不仅大吹特吹和平过渡之类，并且提出了全民党、全民国家的口号。

（7）1962年4—5月间，苏共领导人通过他们驻新疆的机构和人员，在伊犁地区进行了大规模颠覆活动，引诱和胁迫几万中国公民逃到苏联境内。在中国政府再三提出抗议和交涉后，苏联政府仍然拒绝遣返这些中国公民，这在社会主义国家关系中是史无前例、骇人听闻的事件。在此期间，苏联政府把我国在苏联的留学生全部赶回来。

（8）1962年秋，中印边境发生大规模武装冲突以前，苏共领导和他们的报刊公开为印度政府辩护，指责我们。苏联对印度的经济援助有2/3是在中印边境武装冲突以后援助给印度的，其中包含大量的军事援助。

（9）1963年7月14日，苏共中央公开发表声明，揭示所谓历史真相，把中苏两党问题的一切责任都推到中国共产党身上，把中苏关系推向破裂的边缘，把国际共产主义运动的分歧推到空前严重的程度。在这种情况下，中共只好开展公开的论战。1963年9月6日，以《人民日报》和《红旗》杂志社编辑部联合名义发表评苏共中央公开信的文章，共计9篇（即前文提到的"九评"）。

说来也很有意思，就在"九评"结束之后不久，1964年10月，赫鲁晓夫下台了，这是他们内部矛盾的结果。苏共中央主席团内部感觉赫鲁晓夫不下台不行了。据说苏共中央主席团成员之所以敢于迫使赫鲁晓夫以身体健康为由提出辞职（实际上是让他下台），据说朱可夫在其中发挥了重要的作用，因为朱可夫是国防部长，而赫鲁晓夫调动不了军队。于是我们在1964年10月21日发表了一篇带有结论性的文章《赫鲁晓夫是怎样下台的？》，系统列举了赫鲁晓夫的12条错误，即12条罪状。

虽然赫鲁晓夫下台了，但是苏共领导人在路线问题上并没有发生变化，实行的是没有赫鲁晓夫的赫鲁晓夫修正主义路线。这种情况使得毛泽东一方面继续坚持同苏共领导人的斗争，另一方面，毛泽东进一步考虑到我们自己的问题，1962年前后那几年一直在抓主要矛盾——阶级斗争，也考虑在我国来一点大动作。1964年提出运动的目的是整党内走资本主义道路的当权派，在赫鲁晓夫下台后，毛泽东说了一句意味深长的话："赫鲁晓夫式的人物就睡在我们身边。"但是，中国赫鲁晓夫式人物是谁呢？"文革"开始不久，毛泽东在南方转了一大圈之后回到北京，写了一张大字报《我的一张大字报》，把中国赫鲁晓夫式人物公开了，第一个对象就是刘少奇，就把刘少奇搞得靠边站。后来就是史无前例的"文革"。以上讲的就是毛泽东犯错误的第一个原因。

第二个原因，正如《决议》所提出的，是他晚年逐渐骄傲起来，逐渐脱离实际和脱离群众，主观主义和个人专断作风日益严重，日益凌驾于党中央之上。这样一来，毛泽东恰恰否定了他自己过去的言论。早在1944年4月12日他就说过："我党历史上曾经有过几次表现了大的骄傲，都是吃了亏的。第一次是在一九二七年上半年。那时北伐军到了武汉，一些同志骄傲起来，自以为了不得，忘记了国民党将要袭击我们。结果犯了陈独秀路线的错误，使这次革命归于失败。第二次是在一九三〇年。红军利用蒋冯阎大战的条件，打了一些胜仗，又有一些同志骄傲起来，自以为了不得。结果犯了李立三路线的错误，也使革命力量遭到一些损失。第三次是在一九三一年。红军打破了第三次'围剿'，接着全国人民在日本进攻面前发动了轰轰烈烈的抗日运动，又有一些同志骄傲起来，自以为了不得。结果犯了更严重的路线错误，使辛苦地聚集起来的革命力量损失了百分之九十左右。第四次是在一九三八年。抗战起来了，统一战线建立了，又有一些同志骄傲起来，自以为了不得，结果犯了和陈独秀路线有某些相似的错误。这一次，又使得受这些同志的错误思想影响最大的那些地方的革命工作，遭到了很大的损失。全党同志对于这几次骄傲，几次错误，都要引为鉴戒。近日我们印了郭沫若论李自成的文章，也是叫同志们引为鉴戒，不要重犯胜利时骄傲的错误。"在1949年全国解放前后，毛泽东一再提醒全党要戒骄戒躁。这些内容在《毛泽东选集》中都可以看到。1956年苏共二十大之后，毛泽东也提醒说斯大林逐渐骄傲起来、独断专行。但是毛泽东晚年的悲剧就在于他本人也骄傲、独断专行，在《决议》中用了"悲剧"这个词。

那么，毛泽东晚年为什么会骄傲起来呢？我认为有四件事情可以使他产生骄傲的思想：一是打败了蒋介石，建立了中华人民共和国；二是在朝鲜战场上将美国军队打退到三八线以南；三是社会主义改造提前完成，原来预计15年，结果5年就基本完成了；四是把赫鲁晓夫打下了台。正如《决议》所指出的："党在面临着工作重心转向社会主义建设这一新任务因而需要特别谨慎的时候，毛泽东同志的威望也达到高峰。他逐渐骄傲起来，逐渐脱离实际和脱离群众，主观主义和个人专断作风日益严重，日益凌驾于党中央之上，使党和国家政治生活中的集体领导原则和民主集中制不断受到削弱以至破坏。"《决议》接着又指出："从马克思主义的观点看来，这个复杂现象是一定历史条件的产物，如果仅仅归咎于某个人或若干人，就不能使全党得到深刻教训，并找出切实有效的改革步骤。在共产主义运动中，领袖人物具有十分重要的作用，这是历史已经反复证明和不容置疑的。但是国际共产主义运动史上由于没有正确解决领袖和党的关系问题而出现过的一些严重偏差，对我们党也产生了消极的影响。中国是一个封建历史很长的国家，我们党对封建主义特别是对封建土地制度和豪绅恶霸进行了最坚决最彻底的斗争，在反封建斗争中养成了优良的民主传统；但是长期封建专制主义在思想政治方面的遗毒仍然不是很容易肃清的，种种历史原因又使我们没有能把党内民主和国家政治社会生活的民主加以制度化，法律化，或者虽然制定了法律，却没有应有的权威。这就提供了一种条件，使党的权力过分集中于个人，党内个人专断和个人崇拜现象滋长起来，也就使党和国家难于防止和制止'文化大革命'的发动和发展。"

除此之外，是否还有其他使毛泽东犯错误的原因，人们的认识是在不断发展的，这个问题还可以继续研究。例如，李锐在其《毛泽东早年和晚年》一书中有《毛泽东晚年左的错误思想初探》，提出毛泽东犯错误的另外一个更深层次的思想原因，就是毛泽东受康有为《大同书》思想的影响很深。春秋出版社出版的《晚年毛泽东》文集中，也有两篇文章谈到毛泽东思想中带有乌托邦成分。这些文章都是《决议》之后发表的，大约在1989年前后，算是对毛泽东犯错误原因分析的进一步深化研究。

说起来也有些讽刺意味，毛泽东于1947—1948年在陕北取得比较大的胜利之后带着中央准备过黄河去河北期间，在经过晋西北时曾有一个讲话，其中对农业社会主义思想提出批评。所谓农业社会主义思想也就是小生产者的理想，追求绝对平均主义。没有想到，10年后的毛泽东竟然对人民公社评价那么高。

四、中国知识分子具有强烈的爱国心

为何中国知识分子具有强烈的爱国心？完全是由我们的国情决定的。从1840年鸦片战争以后，中国逐渐沦落为半殖民地半封建社会。1937年卢沟桥事变以后，中国共产党提出，中国已经沦为半殖民地半封建社会。早前连孙中山也说过，中国已经成为"次殖民地"，意思就是说别的殖民地只受一个国家统治，而我们却受到各个帝国主义国家的压迫和侵略，连殖民地都不如。

从19世纪下半叶起，各个帝国主义国家在我国划分不同的势力范围；另外，中国所有的新老军阀都有各自的帝国主义国家做后台。在这种情况下，100多年来，我们一直很落后，虽然在1927年蒋介石在南京成立国民政府，全国基本统一，但是从经济上看，国民政府并没有办什么事情。广大人民生活很苦，绝大多数知识分子对这种状况极不满意，都要求奋起救国。在1840年以来的100年中，这样的例子实在是太多了。这里只举几个抗战胜利后的例子来说明中国知识分子的爱国之心。

李公朴原来是民主主义者，从抗日战争初期起，李公朴的思想就开始变化,因而曾遭到蒋介石的逮捕。1939年曾到过延安和重庆的大后方,一直从事抗日进步活动,由于反对国民党的内战政策,1946年7月11日在昆明被蒋介石的特务暗杀,年仅46岁。

闻一多于7月15日在李公朴的追悼大会上慷慨激昂讲话,严词斥责国民党反动派,当天晚上就被国民党的特务杀害,年仅47岁。

1949年8月,毛泽东在《别了,司徒雷登》一文中写道:"我们中国人是有骨气的。许多曾经是自由主义者或民主个人主义者的人们,在美国帝国主义者及其走狗国民党反动派面前站起来了。闻一多拍案而起,横眉怒对国民党的手枪,宁可倒下去,不愿屈服。"

朱自清是浙江绍兴人,曾在扬州中学任教,后来到清华大学执教。1948年6月,朱自清在抗议美国扶植日本和拒绝领取美援面粉的宣言上签名。当时他的生活非常困苦,这一年的8月12日终于贫病交加在北平逝世,年仅50岁。在他逝世以前,他还嘱咐家人不要买国民党配给的平价美援面粉。毛泽东在《别了,司徒雷登》中说道:"朱自清一身重病,宁可饿死,不领美国的'救济粮'。……我们应当写闻一多颂,写朱自清颂,他们表现了我们民族的英雄气概。"

钱学森从上海交大毕业后去美国留学。新中国成立后的1952年就决定回国,经过多方努力,1955年终于回到祖国,为我国的火箭和导弹的研制成功奠定了坚实的基础,做出了重大贡献。

梅贻琦也是在美国的留学生,回国后在清华大学工作,后来担任清华大学校长和西南联大的实际负责人。1948年底,他看到国民党在大陆的大势已去,担心美国给清华大学的庚子赔款的退款会受到影响,因此决定去美国和美国的有关方面协商这件事情。1949年全国解放以后,他并没有去台湾,而是继续留在美国掌握这笔退款经费,并且设法与中央人民政府联系,希望中央人民政府能够对这笔经费有个态度,继续用于支持清华大学的办学。但是,由于种种原因,中央没有给予答复,既没有表示要,也没有表示不要。但他还是在美国等着,希望这样做能够接受这笔款项,同时让他的长子梅祖彦绕道回到北京,转达他的口信,希望政府考虑此事,要求梅祖彦回到清华大学去工作。由于当时特殊的国际环境,中央人民政府仍然不置可否,但是梅贻琦仍在美国等候答复。后来,他感觉到如果继续等下去的话,这笔款项很有可能会"吹掉",因而不得已到达台湾,用这笔款项在台湾新竹创办了清华研究院,经过了几年的发展,成为台湾的"清华大学"。所以,他去台湾完全是迫不得已,这完全是当时政府的责任。他于1962年在台湾去世。

蒋介石还是有两下子,他有自己的手腕。据这几年去台湾考察回来的人跟我说,在台湾有两个高级知识分子(学者)的墓最有气魄:一个是胡适的,一个是梅贻琦的。蒋介石很重视这个事。所以这两个墓碑特别大，墓志铭也写得比较多，墓志铭中对于胡适和梅贻琦也根据他们各自的情况做了评价，评价还是很好的。

所以，在对待知识分子的问题上，包括毛泽东在内，党对知识分子的那种摇摆态度，以致像梅贻琦这样具有强烈爱国心的知识分子却遭到如此冷落而不得不去了台湾。

反右派斗争将大量的知识分子错划为右派，在摘掉帽子之后，这些知识分子仍然勤奋工作，态度很好。最近 10 年，我碰到两个在大学时代被划为右派的校友。一个是在香港碰到的，见到我以后十分热情。他说："事情已经过去了，我没有任何计较，我对于母校还是非常关心的。"我说我向你道歉！当年把你划成右派是完全错误的，我代表学校向你道歉！

另一个校友是我在神农架开会时碰到的，他在学生时代被划为右派后，在学校苗圃工作了十几年。见到我以后也是十分热情，现在在汽车工业学院工作。

我们要设身处地地替他们想一想，这些人在当年被划为右派之后就被认为变成了我们的敌人，在社会上都抬不起头来，灰溜溜的。新中国成立以来，知识分子的待遇是不高的，有相当一些知识分子遇到了许多不幸，但是，一旦问题解决后，还是一如既往地认真工作，这就是中国知识分子的特点，也是极大的优点：具有强烈的爱国心。有句话，说起来似乎是个笑话，但是我觉得这句话能够说明部分道理，说中国知识分子是"物美价廉，经久耐用"。这似乎就是中国知识分子的真实写照！

关于高等学校的三大职能[*]

　　高等学校的三大职能，我们大家都知道，就是教育、科学研究和服务。要说明的是，多少年来，高等学校三大职能中的第一个职能一般地被称为教学。在这次准备讲课的时候，经反复考虑，把它改了，不用"教学"，用"教育"。我觉得谈高等学校的三大职能，第一个职能也是一个主要的职能，用"教育"比"教学"好。教育是对一个人的全面的培养，而教学，按照我们一般的理解，侧重于业务课。关于学生的思想品德，严格地讲，不是说与业务课没有关系，但是我们所习惯用的"教学"这个名词，往往不大联系思想品德。因而，第一个职能，用"教育"比较好。就英文来说，这两个名词也是有区别的。"教育"英文就是"Education"，"教学"英文是"Teaching"。两个词有实质的区别，当然也有联系，但是区别是更主要的。因此，我在这儿用的三大职能就是教育、研究、服务。

　　正因为是三大职能，就分三个大部分讲。第一个大部分就是教育。第二个部分就是科学研究，这部分讲的内容比较少。第三个部分就是服务，这部分按道理说，分量比较少。但是，由于我们国家最近 8 年，在"服务"这个问题上出现了很多复杂的严重的情况，这部分也准备多谈一些，联系到我们所面临的许许多多的问题，比如说教育质量下降的问题，比如说教育经费的问题，等等；实际上也联系到思想工作。所以，第三个部分比第二个部分讲得多些。算是起个头，讲了之后再讨论。我还是按照以往的习惯，需要敞开讲的地方就敞开来讲，对与不对都没关系，研究嘛，讨论嘛。我觉得只有敞开来讲，才有利于思

---

　　* 本文为作者给 1996 级博士生所授课程"中国高等教育的今天和明天"的一部分，根据作者的讲课录音整理而成。

考问题,有利于讨论问题。

一、第一个职能:教育

从新中国成立到现在 47 年,也就是来回顾这 47 年的教育,分为三个时期。

(一)"文革"前 17 年的教育情况

现在先讲第一个时期。"文革"前 17 年的教育:全面学苏,成绩很大,问题不少。

全面学苏,在《关于学习苏联模式》一讲里已讲了,不需要重复。是全面学苏,不是学习苏联先进经验同中国实际相结合,这两句话是有区别的,有重要的区别,所以我一定要用"全面学苏"。

成绩很大。也不需要多讲了,在前面也讲了。17 年培养了大批的人才,这是个很了不起的成绩。没有 17 年中我们的高等教育培养的大批的人才,17 年的建设,第一个五年计划、第二个五年计划,一直到第三个五年计划,取得那么大的成绩是不可设想的。成绩很大,这一点是毫无疑问的。不管是什么样的情况,这个历史的事实是没有争论的。

问题不少。在前面《关于学习苏联模式》一讲中已经讲了以下几点。

(1)打乱了大体上按教育与科学发展规律所形成的高等学校的学科结构。这主要是院系调整所造成的。当时有一部分学校是名副其实的综合大学,后来院系调整,因此分开了。清华是个典型的例子,何止是清华,所有的综合大学都不例外,北大、南开、武汉大学、中山大学,所有的综合大学无一例外。这就把学科结构打乱了。而这个学科结构即使在旧中国(应该说从 20 世纪初一直到新中国成立前,我们的高等教育是从外国学来的),实际上是自觉不自觉地大体上按照教育和科学发展的规律形成的。那个时候不管是国立大学,不管是地方办的公立大学,不管是私立大学,乃至于 21 所教会大学,都有这么一个问题,办一个学科,办了之后,学生出去总要就业,总要干事,不管是做教育工作、研究工作,还是做其他工作,都必须这样。另外,一个学校,它办文科、理科、工科等,也不是盲目的,它要考虑为什么这么办。这个东西也不可能那么准确,那么严格,因此,我就用了"大体上"的字眼。在那个时候,它也是适应那个时候的经济和社会发展的状态。但是,院系调整将其打乱了,对我们后来的教育影响很大。教育工作应该是讲究质量的,讲究效益的,讲究效果的。

(2)在课程设置上,形成了教育的失衡和异化。这里主要是引用了《高教研究简报》今年 5 月第 13 期转载的杨东平的文章,题目是《中国高等教育的苏联模式——关于中国的院系调整》，他谈到了功利价值和非功利价值问题，也就是邬大光的论文的第二章中所讲的，所谓功利价值就是功利主义教育价值观，所谓非功利价值就是理性主义教育价值观。

（3）学习负担过重。

（4）学俄语，不学英语。这个问题现在回过头来看，也同样问题不少。

（5）由专业部委分管相当一部分大学，不仅造成专业设置重复，专业口径越来越窄，专业数量越来越多；现在看来，更严重的是给现在管理体制的改革带来很大困难。现在，专业部委管理的学校还有 300 多所。现在李岚清提出要联合，谈何容易。要下放，放不下去；要联合，很困难。也就是说，给现在的教育体制改革带来极大的困难。

现在谈"文革"前 17 年我们的高等教育工作所存在的问题，大体上仍然如此，所以我今天把《关于学习苏联模式》一讲所讲的内容再重复地说一说。

今天需要加以补充的是与第二点有关的，要介绍邬大光谈教育价值观的文章，他讲得很好。同时联系到对 1958 年教育革命的评价。刘一凡的书里面有一些对 1958 年教育革命的评价。我对他的评价有不同的看法，要讲一讲我的意见。

邬大光在他 1990 年的博士学位论文的第二章中，专门有一节谈教育价值观，有针对性地联系我国教育改革 40 年的教育进行分析，而且是理论的分析。我觉得他讲得很好。他说："一般认为，教育价值观表现为两种性质与方向不同的价值取向：即理性主义的教育价值观与功利主义的教育价值观。所谓理性主义的教育价值观是在教育过程中，强调教育的对象是人，认为人是教育的出发点和归宿，把人的个性的自由发展作为教育的最高原则，在教育过程中实现人的自我完善；抛弃教育中的实用性与职业性，主张教育是生活的准备，而不是职业的选择；尽量保持教育与社会经济生活的距离，以人的理性发展作为衡量教育的唯一标准。所谓功利主义的教育价值观是指将教育活动理解为只是个人适应环境的活动，认为衡量教育的标准是实现社会的价值和创造社会的价值；教育是为职业选择做准备，社会的需要就是教育的需要，也是人的需要，教育要以促进社会发展为最高目标。这两种教育价值观在西方高等教育中的分界线表现得比较明显，经历了几次大的历史冲突之后，目前在西方发达国家中，两种教育价值观开始呈现融合的趋势。在整个教育活动中，人们往往把教育价值观作为一种宏观的指导思想，事实上，不同的教育价值观在教学过程中各有不同的表现形式，教学过程的运行机制是教育价值观的直接反映。"

下面他就联系我国过去 40 年的情况说："如果从我国教育方针的理论来源和教育方针表述的基本价值取向分析，应该说是理性主义与功利主义相结合的价值观。至少可以说我们在理论上的追求是建立一种人的全面发展的教育模式。但是，当我们透过教学过程的运行机制，尤其是通过体现教育价值观的专业设置与课程设置，就会发现，指导我们教学实践的教育价值观在本质上表现出较为明显的功利主义。"

这就是说不一致，从方针来说，是两种教育价值观的结合；但是从教学过程来看，从专业设置和课程设置来看，表现出明显的功利主义。他又进一步指出："诚然，从高等教育发展史上看，功利主义教育价值观有其存在的合理性。就'功利'一词的本义来看，'功利'绝非贬义词，只是指明教育的这种客观属性。马克思主义从不一般地否定功利主义，马克思曾经讲过：'功利论至少有一个优点，即表明了社会的一切现存关系和经济基础之间的联系。'教育从古典的基本是非功利的发展为现代具有明确的功利性，无疑是一种显著的社会进步。但是，需要指出的是，在我国功利主义的教育价值观中，存在着强烈的狭窄的实用主义色彩。这可以从我国几次大的教育改革的失误中反映出来。第一次为 1958 年的'教育大革命'，第二次为 1966 年开始的'文化大革命'，第三次为近几年有所抬头的'教育商品化'行为。"

上面所讲的是两种教育价值观的基本含义。为了说明这个狭隘的实用主义，邬大光在论文中进一步评价 1958 年的"教育大革命"。

他说："在 1958 年的'教育大革命'中，教学过程的某些改革具有明显的实用主义倾向。搞'单科独进'，大砍大并基础课程，削弱基础课理论教学，大搞现场教学，忽视课堂教学，师生过多地参加生产劳动、社会活动和科学研究，教学时间偏少，三四月份参加校内外服务性劳动和农业劳动，7 月大办工厂，9 月大炼钢铁，大学普遍停课，到 10 月中旬，据不完全统计，397 所高等学校办起工厂 240 个，打乱了正常的教学秩序。1959 年秋，在'反右倾、鼓干劲'的口号下，再次出现了实用主义泛滥的高潮，大批师生下厂下乡，搞所谓的社会实践，参加保粮保钢运动，直到'高教 60 条'颁布之后，这股实用主义的思潮才得以纠正。"

在引用了邬大光的这些有关论述之后，现在要问，在两种教育价值观当中，我国高等教育究竟应该如何选择呢？我认为应该是两者的结合，应该是理性主义与功利主义相结合的价值观。也就是杨东平在他文章里所述，现代教育有相辅相成的两翼，这两翼是功利价值与非功利价值的结合；前者就是功利主义教育价值观，后者就是非功利教育价值观即理性主义教育价值观。正如邬大光已经指出的，我国教育方针的理论来源和教育方针表述的价值取向，正是两者的结合。问题是体现教育价值观的专业设置与课程设置，在本质上表现出的却是明显的功利主义，以至发展到狭隘的实用主义。这个话的意思很清楚,从方针到教学过程的具体措施,一直到课程设置,都应该是两种教育价值观的结合,而不能像 17 年所表现出来的矛盾:方针是两者的结合,教学过程里面专业设置和课程设置却是功利主义的,而且三次大的改革都表现出狭隘的实用主义倾向,这不行。

邬大光的这篇博士论文是 1990 年完成,当年 12 月答辩的。1989 年上半年他到我们这里来调查过,我和他谈过。他还到别的地方如北京、上海调查过。回去之后写论文,一直到 1990 年的 12 月论文答辩通过。但是他发表在 1989 年第 4 期《高等教育研究》上的另一篇论文《理性主义与功利主义的冲突与选择》,又有这样的观点:目前西方发达国家理性主义与功利主义在高等教育趋向融合,是更高层次上的融合;后面他又讲,而发展中国家不可能也无必要实现这种融合,或者说,实现这种融合的经济基础并不具备。

对这几句话,我有意见。他的意思是说,发达国家出现了融合的趋势,至于发展中国家,发展水平等还没有达到发达国家那一步,因此,还谈不上融合。这就是说,还是要搞功利主义。我的看法是这样:这后一句话如果是指我国的话,显然是不妥当的。第一,因为我们是社会主义,必须坚持走社会主义道路;第二,因为思想品德方面存在许许多多的问题,必须解决。这一次,我们党的十四届六中全会通过的关于精神文明建设的决议就是要解决这个问题。我们应该两手抓。其他非洲国家可以像他所说的那样,但是不能一概而论。看来他 1990 年的论文已改正了自己的观点。他已经不再像他一年前所说的那样,要搞功利主义,而是理性主义与功利主义的结合。

回过头看,再说 1958 年的教育革命。当然,在教育革命中,不仅像邬大光所说的,有着强烈的狭窄的实用主义色彩,而且表现出严重的教育政治化倾向,最突出的是"拔白旗"。"拔白旗"也是够厉害的,就是拔掉资产阶级的白旗,插上无产阶级的红旗,在全国许多大学中,许多教师、学生都受到批判。简称就是"拔白旗,插红旗",更简单就是"拔白旗"。在 1958 年夏天,省委在武汉大学布置高等学校工作。后来,"拔白旗"进一步发展到广泛的学术领域的大批判。一些教师、教授都受到了批判。

刘一凡在他的《中国当代高等教育史略》一书中关于这一段的情况还说了下面一段话。

"从 1958 年开始,高等学校的学术批判,在内容上,从教学和研究的方向深入到教学体系和研究内容;在范围上,从中国知名学者、专家扩展到外国有声誉的科学家;在跨度上,从当代的学者和理论上溯到近代甚至古代的学者及其学说;在层次上,从学科的具体内容上升到学科的哲学基础。比较重要的、影响全国的,一是从北京大学开始的对马寅初'新人口论'的错误批判,把他提出的重视节制生育、控制人口增长的正确呼吁当作马尔萨斯人口论的'翻版'，公开指名批判，而且涉及其整个学术思想和政治观点。马寅初坚持真理，表示'决不向专以力压服不以理说服的那种批判者们投降'。"

确实是这样，马寅初当时是北大的校长，对他的批判在全国的影响是很大的，可马寅初的态度很有原则性，丝毫不妥协。周总理跟他谈话，劝他做个检讨。马寅初不干。真是了不起，这真正是追求真理，高度的科学态度，不容易啊。当时的声势够大的，全世界都知道。

"二是从北京师范大学开始的对心理学科及心理学家曹日昌的批判，毫无道理地指责心理学是'抹煞人的阶级性'、'麻痹人的阶级意识'，是'彻头彻尾的资产阶级反动伪科学'。1959 年，由于调整工作任务繁重以及纠正宁'左'勿右思想，学术批判没有大规模地进行。1960 年，又提出'在哲学社会科学和文艺方面批判修正主义和挖十八、十九世纪资产阶级学术思想的'老祖坟'，'在科学技术领域插上毛泽东思想的红旗'，'学术批判是教学改革的中心环节'等口号。学术批判在不少学校展开：从我国巴人、李何林的'人性论'、'人道主义'文艺观点延伸至十八、十九世纪欧洲人本主义文艺思潮；从 16 世纪捷克教育家夸美纽斯的量力性原则到 20 世纪苏联教育家凯洛夫的《教育学》；从 19 世纪的魏尔啸的细胞病理学到 20 世纪摩尔根的遗传学说，都无一不受到指责。清华大学组织对各门学科'查家谱、挖祖坟'活动，批判麦克斯韦电磁学理论，认为它'脱离实际'、'机械类比'，是'唯心主义'的理论；同时也批判了铸造合金的流动性理论、摩擦理论中的库仑定律、水能利用的动力经济学等。"

以上就是刘一凡书中的一段。

当然，这种教育政治化倾向，在前 17 年当中，不仅表现在 1958 年的教育革命中，而且表现在其他接二连三的运动和活动中，尤其是 1962 年党的八届十中全会以后，在以阶级斗争为纲的政治大气候之下，提出了"阶级斗争是一门主课"。这种"教育政治化"倾向越来越突出。

对《关于学习苏联模式》一讲"文革"前 17 年主要补充以下两点。

一是杨东平的文章，功利价值在教学计划与课程设置上体现得很突出，非功利价值很弱；根据这一点，上一次做了一个补充，主要是介绍邬大光的论文，他关于教学改革 40 年的理论分析，以及理性主义和非理性主义的分析，可以参考。用我们这一时期讨论的内容来说，就是人文教育与科学教育的关系。表现在学习苏联的教学计划和课程设置，主要的就是科学教育。我们今后的教育改革，应重视人文教育。用我们自己的话来说就是这样。作为我们研究生同学来说，了解外国的高等教育史上几百年来理性主义、功利主义的冲突很有必要，特别是我们中国现代的高等教育是从外国学来的。

二是对 1958 年教育革命的评价。刘一凡的书,关于 1958 年的教育革命,在详细介绍了当时的情况之后,后面专门有一部分谈对 1958 年教育革命的评价。确实是这样,"文革"后期对 1958 年的教育革命有不同的看法。特别是"文革"结束的初期,议论很多。我知道 1978 年上半年就有这么一个会议:讨论教育与科学的关系,主要是讨论教育问题。对 1958 年教育革命的评价、议论很多。有的认为对,有的认为不对,占上风的意见是认为对。蒋南翔的看法对会议的影响比较大,他认为 1958 年的教育革命成绩很大,尽管有缺点,但成绩是主要的。

对历史的总结研究,对 1958 年的教育革命做总结研究有好处。刘一凡在他的书里,谈到对教育革命的评价时,做了以下的论述。

自 1958 年至今,对这一场教育革命的成败得失,始终有着不同的评价。经过几次争论,迄今没有取得一致的看法。归纳起来,大体上有以下 4 种不同的观点。

第一种,认为在"大跃进"和人民公社化运动中,在"左"倾错误思想指导下,教育革命从指导思想、工作方针、重大措施直至实践结果,都只能说是错误的或者主导的方面是错误的,给我国高等教育事业带来不可估量的损失。

第二种,认为教育革命所提出的教育目的、教育工作方针基本上是正确的,虽然受到"左"倾思想的干扰,出现了不少错误和缺点,甚至严重的错误。但从总体上讲,从全过程来看,得大于失,功大于过。

第三种,认为从当时的社会历史条件来看,教育革命确实有严重的缺点和错误,给我国高等教育事业带来许多不良的后果,但是各地各高等学校的情况是有差别的,必须具体分析。同时,由于教育革命是探索建立社会主义教育体系、走中国自己道路的一个尝试,因而,无论是得失成败,都提供了有参考价值的经验与教训。

第四种,认为教育革命是新中国成立以来高等教育发展中的一次战略抉择。把解放思想、破除迷信、以苏联为鉴戒、多快好省地发展高等教育事业、建立适合我国国情的社会主义高等教育体系作为战略思想,从长远的发展方向来看,是可以考虑的。在方针和措施上,比如加强党对教育工作的领导、教育必须与生产劳动相结合、培养有社会主义觉悟有文化的劳动者等,是正确的;有的如实行区域规划、扩大地方管理教育的权力、在教育工作中充分依靠和发动群众,则有一定的积极意义,是可以进行试验的;再有,学校教育与社会实践相结合,实行教学、生产、科学研究结合等新鲜经验,也是值得进一步探索的。但是,在教育革命的指导工作中,除了缺乏经验以外,主要是犯了"左"倾错误,有的错误还是严重的。这主要表现在:对新中国成立 9 年来高等教育工作的缺点和错误,估量过重;高等教育事业发展过快过猛,超越了国民经济可能负担的水平,教育质量有所下降;把不少教师视为资产阶级知识分子或是"党内资产阶级专家",进行过火的批判,严重地伤害了他们的感情,挫伤了他们的积极性;没有很好地贯彻执行"百家争鸣,百花齐放"的方针,在学术问题上任意扣上"唯心主义"、"资产阶级伪科学"的帽子,造成恶劣的影响,妨碍学术与文化的正常发展;弄虚作假、谎报成果等不良学风有所滋长。

这四种观点,哪一种比较切合实际,比较接近真理,只要实事求是地进行具体分析,就不难得出结论。作者基本上倾向于第四种意见,认为从1958年至1960年,高等学校广大教职员工破除迷信,解放思想,以苏联的经验和教训为鉴戒,积极探索我国发展高等教育的道路,精神是可贵的,经验和教训是有参考价值的。但是,由于指导思想上的"左"倾错误,教育革命的缺点和错误也是严重的。

这就是刘一凡的观点,他倾向于得大于失。下面就谈谈我的看法。

我同意第四点意见的后一部分,不同意第四点意见的前一部分。我和刘一凡的分歧在"度"上,我觉得"得"、"失"不能等量齐观。刘一凡在好的方面比我估计得多一些,我觉得没有这么多,但我并没有全部抹杀。我认为从字面上看,是有如刘一凡所说的"破除迷信,解放思想,积极探索我国发展高等教育的道路"这些情况,但在1961年"调整、巩固、充实、提高"八字方针下提出的"高教60条"以后,高等教育可以说几乎全部恢复了1958年之前的原状,除去科研。科研比1958年以前要好,并没有什么新措施保留下来。就是科研,从1956年制定12年科研规划向科学进军开始,在思想认识上已有所改变,后面要谈。这是一。第二,刘一凡说"经验教训是有参考价值的"。当然,"高教60条"是接受了教育革命的教训,但"高教60条"并没有接受什么值得称道的来自教育革命的经验,除去科研。

实践是检验真理的唯一标准。不能只从字面上看,更重要的是看事实,看实际的结果。

我又联想到知识分子问题,1962年陈毅在广州对知识分子的"脱帽加冕",只是昙花一现。"高教60条"也好像"脱帽加冕"一样,其寿命也为时不长,仅仅短短的5年。"文化大革命"首先从学校开刀,充分说明不仅没有接受教育革命的教训,而是变本加厉,远远超过了教育革命中的错误。

当然,这只是我个人的看法。正如刘一凡所说,"对这一场教育革命的成败得失,始终有着不同的评价",我们研究中国高等教育史,完全可以继续讨论下去。为此,现将王长华等所作《为了忘却的回顾》一文,复印给大家阅读。可见当时的历史虚无主义是相当严重的。

为了进一步研究这个问题,以及今后研究其他类似的问题,这里有必要引用毛泽东的《在延安文艺座谈会上的讲话》中关于动机与效果的关系的论述,作为在研究方法上的参考。他说:"究竟是看动机(主观愿望),还是看效果(社会实践)呢?唯心论者是强调动机否认效果的,机械唯物论者是强调效果否认动机的,我们和这两者相反,我们是辩证唯物主义的动机和效果的统一论者。为大众的动机和被大众欢迎的效果,是分不开的,必须使二者统一起来。为个人的和狭隘集团的动机是不好的,有为大众的动机但无被大众欢迎、对大众有益的效果,也是不好的。……社会实践及其效果是检验主观愿望或动机的标准。"[①]

他在这篇讲话的后面又说:"一个人做事只凭动机,不问效果,等于一个医生只顾开药方,病人吃死了多少他是不管的。又如一个党,只顾发宣言,实行不实行是不管的。试问这种立场也是正确的吗?这样的心,也是好的吗?"[②]

"文革"前 17 年的教育就谈到这里;这个时期是全面学苏,成绩很大,问题不少。

(二)"文革"10 年的教育情况

下面谈"文革"10 年,这是一场灾难。就教育来说,是一片混乱,完全违背了教育规律,其表现可见于以下事实。

(1)对前 17 年做了两个完全错误的估计:一是执行了一条修正主义教育路线;二是资产阶级知识分子统治了学校。这是 1971 年全国教育工作会议纪要写的。这就是后来常常讲的"两个估计",实际上也就是对前 17 年的教育做了两点完全错误的结论。

(2)对以后的高等教育规定了一条错误的方针,即所谓"走上海机床厂的道路"。对于这一点,邬大光在他的论文里叙述如下。

在"文革"10 年中,狭隘的实用主义色彩达到了高潮。1968 年 7 月 22 日《人民日报》刊载《从上海机床厂看培养工程技术人员的道路》的调查报告,把这种做法说成是唯一的道路、唯一的办学方式;号召全国的高等学校都要学习这种形式,工厂需要什么,就学习什么,工厂不需要的,就可以不学。《红旗》杂志 1970 年第八期发表《为创办社会主义理工科大学而奋斗》一文,这是以驻清华大学工人解放军毛泽东思想宣传队名义写的一份所谓"教育革命"的总结,对于全国理工科人才的培养影响极大。在专业问题上,该文提出了一个"厂带

---

① 见《毛泽东选集》(第三卷),人民出版社 1991 年版,第 868 页。
② 见《毛泽东选集》(第三卷),人民出版社 1991 年版,第 873 页。

专业"的问题,把它说成是无产阶级教育制度的新体制。所谓"厂带专业"就是打破过去系的界限,或合并,或增设,都按科研生产实践的联系,把有关专业纳入校办工厂、科研单位和厂校挂钩系统,由校办工厂实行统一领导,统筹安排教学、科研、生产。如清华大学压力加工专业的师生,就在机械厂锻压车间参加劳动,结合生产汽车上的各种锻件,学习锻造工艺等课程。如此种种,在"文革"10年中普遍存在。

这也就是1971年以后招收工农兵学员的做法。当时"以典型产品带动教学","火烧三层楼",就是将理论基础课、专业基础课和专业课叫做"三层楼",要放一把火烧掉。基础课教师完全分散下放到各个专业,这就完全打乱了原来的教学计划和课程设置,把课程内容搞得支离破碎。以致"文革"之后,我们不得不对留校工作的工农兵学员重新补课,主要补基础课。

(3)停止招生数年,从1966年起就停止招生,少培养上百万高级专门人才。尽管1971年以后,招了几届工农兵学员,但为数很少,他们中质量悬殊较大。荒唐的例子是"白卷英雄"张铁生。

"文革"中的灾难,当然远远不止这些,但就教育工作来说,大体上就是这一些。总而言之,非常混乱,完全违背了教育规律。

(三)"文革"后20年的教育情况

下面谈谈"文革"后20年的教育情况。

(1)1977年上半年撤销了"文革"中的科教组,恢复了教育部。

(2)邓小平亲自抓教育。1977年8月8日,邓小平亲自召开科学和教育工作座谈会,邀请了30人参加会议,中国科学院从事自然科学研究的15人,高等学校也有15人(武大的查全信参加了)。

邓小平在会上说:"我自告奋勇管科教方面的工作,中央也同意了。我们国家要赶上世界先进水平,从何着手呢?我想,要从科学和教育着手。科学当然包括社会科学,虽然这次会议因为时间仓促没有邀请社会科学家。"

邓小平在会上谈了对17年的估计问题,完全推翻了1971年全教会的"两个估计"。他说:"对全国教育战线十七年的工作怎样估计?我看,主导方面是红线。应当肯定,十七年中,绝大多数知识分子,不管是科学工作者还是教学工作者,在毛泽东思想的光辉照耀下,在党的正确领导下,辛勤劳动,努力工作,取得了很大成绩。特别是教育工作者,他们的劳动更辛苦。现在差不多各条战线的骨干力量,大都是建国以后我们自己培养的,特别是前十几年培养出来的。如果对十七年不作这样的估计,就无法解释我们所取得的一切成就了。"

接着，他又说："就知识分子的世界观改造方面来说，应该怎样估计呢？世界观的重要表现是为谁服务。我国的知识分子绝大多数是自觉自愿地为社会主义服务的。"

他在后面又说："无论是从事科研工作的，还是从事教育工作的，都是劳动者。不是讲脑力劳动、体力劳动吗？科研工作、教育工作是脑力劳动，脑力劳动也是劳动嘛。"

这就推翻了两个错误的估计。

在这个会上，邓小平要求重点高等学校既是教育工作的中心，又是科研工作的中心。

在这个会上，他还决定立即恢复高考制度。当时，群众推荐工作已经布置下去了，他决定收回。他说："今年就要下决心恢复从高中毕业生中直接招考学生，不要再搞群众推荐。"非常果断。因此，77级学生是1978年年初进校的。

在这次座谈会以后，隔了一个月，他又找教育部主要负责人谈话。首先着重谈教育战线的拨乱反正。就是要批判"两个估计"，要求教育部不要背着"两个估计"的包袱，要为广大知识分子讲话，要敢于大胆讲话。于是，教育部以大批判组的名义，写了一篇题为《教育战线的一场大论战》的文章，登在1977年11月18日的《人民日报》和1977年第12期《红旗》杂志上。

在谈话中，邓小平提出工宣队和军代表要从高等学校撤出去。

邓小平又提出要恢复教授、讲师、助教等职称。职称在"文革"前叫学衔，"文革"前几年就中断了，说这是修正主义的，一律称做教员。

邓小平在这次谈话中也批评了教育部负责人。他说："教育部要争取主动。你们还没有取得主动，至少说明你们胆子小，怕又跟着我犯'错误'。我知道科学、教育是难搞的，但是我自告奋勇来抓。不抓科学、教育，四个现代化就没有希望，就成为一句空话。抓，要有具体政策、具体措施，解决具体的思想问题和实际问题。你们要放手去抓，大胆去抓，要独立思考，不要东看看，西看看。把问题弄清楚，该怎么办就怎么办。该自己解决的问题，自己解决；解决不了的，报告中央。教育方面的问题成堆，必须理出个头绪来。现在群众劲头起来了，教育部不要成为阻力。教育部首要的问题是要思想一致。赞成中央方针的，就干；不赞成的，就改行。"谈话的最后还说："办事要快，不要拖。"上面这两次讲话和谈话，现在都编在《邓小平文选》第二卷中。

我之所以引用这么多，是为了说明邓小平是非常重视教育的，另外他的这种领导方法很值得我们学习。

（3）1978年年底，中央召开了具有重大历史意义的十一届三中全会。在这次全会之后，就高等教育来说，本应展开教育改革，特别是教学改革。十几年来,高等教育的改革,可以说是"步履蹒跚","进展迟缓"。虽然,1985年中共中央颁布了《关于教育体制改革的决定》,内容很好,但没有得到很好执行。十一届三中全会之后,错过了一个非常好的时机,我们应该有这样的看法。"不为尊者讳、不为长者讳、不为贤者讳","秉笔直书"。谈历史应该有一个秉笔直书的态度。教育的发展在1978年错过了第一个好时机,1985年又错过了第二个好时机。多可惜啊!

(4)1988年年初,突然提出了所谓"有偿服务",要各学校"创收",甚至要求学校推倒围墙开铺子。从此,正如邬大光论文所说,教育商品化倾向又逐渐显现出来,致使教育工作不仅错过了两个重要时机,实际上又受到新的挫折。这不仅是邬大光一个人的意见,还是邬大光的指导老师潘懋元的意见。1988年10月在南京航空航天大学召开的第二届全国大学教育思想研讨会上潘懋元就提出来了,要防止教育商品化的趋向。

(5)20年来,也有一些零零星星的改革,特别是各校的自主权扩大了。因此,各校可以各显神通,如武汉大学等校实行学分制,刘道玉提出来了,招收插班生。也有来自上面的改革,下放学校的办学自主权。但并未解决根本问题,仍然受着20世纪50年代初期从苏联学来的框框的约束,跳不出来。

近20年来,真正谈得上重要的政策,我以为有以下3项。一是我们学校早在1980年,即开始进行学科结构的改革,办理科、办文科、办管理学科,逐步走向综合化。这是一个重要的改革,这一点现在也为大家所公认了。二是最近三四年,李岚清作为分管教育工作的副总理提出的联合办学,这个很好。虽然困难很多,但已经起步,已经有初步成果,特别是方向对头。办得最好的联合大学是南昌大学,上海大学、青岛大学也办得比较好,我家乡的扬州大学办得不太好。总之,联合办学进展不快,那也不要紧,哪怕要10年、20年,但路子是对的,无论如何是对的。这些苏联模式遗留下来的问题,如不解决,对我们国家今后高等教育的发展确实是非常不利的。三是周远清讲的三点:①进行教学内容、课程体系的改革;②建立保障教育质量的评估体系;③加强文化素质教育。特别是第一条、第三条就是针对学习苏联模式的。学习苏联模式主要就是搞科学教育。科学教育很重要,但也要加强人文教育,人文教育是解决一个方向问题,也就是道路问题。虽然周远清用的是文化素质教育,但实质是人文教育。去年在那个会议上,季羡林很有学者风度,他就讲的是人文教育。从教育上来看,提人文教育更准确。

以上所谈,就是新中国成立以后40多年来,高等学校的第一职能,也是高等学校的基本任务,在培养人才的教育工作方面的情况:①前17年全面学苏,成绩很大,问题不少;②"文革"10年,一片混乱,完全违背了教育规律;③"文革"后20年,教育改革进展迟缓,既落在我国经济改革和社会发展的后面,同时与世界发达国家高等教育改革的差距也越来越大。

是什么原因形成了这种局面?

第一,教条主义倾向依然存在。在《关于学习苏联模式》一讲中,我未提到这样的高度,因为既有来自斯大林的压力,又有其他因素。但看了邬大光的论文以后,我觉得不能不进一步提到存在教条主义倾向的高度。

其实,就在《论十大关系》这篇讲话里,毛泽东一方面固然讲到了斯大林怀疑我们是铁托式的胜利,1949年、1950两年对我们压力很大;但另一方面,他又讲:"党内一些人有一个时期搞过教条主义,那时我们批评了这个东西。但是现在也还是有。学术界也好,经济界也好,都还有教条主义。"

这次讲话,毛泽东还严厉批评了教育部(主要是高教部),说:你们究竟是中国的教育部,还是苏联的教育部? 非常尖锐,后来胡乔木整理讲话稿,觉得这话对高教部的影响太大,没有整理进去。

杨秀峰当时是高教部部长,毛泽东讲话以后,高教部讨论,他在会上做检讨,承认高教部犯了教条主义错误。

第二,"左"倾错误的影响太深。1958年的教育革命,"拔白旗",政治活动太多,劳动太多,是违背教育规律的一套做法。

1962年党的八届十中全会以后,"左"的做法在高等学校中重新抬头,并进一步发展。阶级斗争是一门主课,在高校开始进行"社教"试点,我先去湖北大学,后去北京大学。当时去北大,进去时就带着一个框框,即"北大的党委已经基本上烂了"。在北大进行"社教"是由中宣部直接领导的,带队的是副部长张磐石。后来北京市委不同意,彭真不同意,才不了了之。

10年"文革"期间,尽人皆知,高校是重灾区。

"文革"以后,"左"的做法仍然存在,最突出的有以下几件事。

第一件事是真理标准问题的讨论,完全按兵不动。1981年,新华社记者刘凡要我写一篇东西交给新华社内参的《国内动态清样》,前几期《简报》上重登了我写的《往事重提》,说的也就是关于那次真理标准的讨论。同志们了解一下有好处。

第二件事是认为"17年全面学苏完全正确,只要能恢复到17年那样就很好","17年只有一个缺点,就是不学英文学俄文"。关于不学英文学俄文,附带说一点情况,1956年,毛泽东在《论十大关系》中有这样几句话:"现在,学英文的也不研究英文了,学术论文也不译成英文、法文、德文、日文同人家交换了。这也是一种迷信。对我国的科学、技术和文化,不加分析地一概排斥,和前面所说的对外国东西不加分析地一概照搬,都不是马克思主义的态度,都对我们的事业不利。""这也是一种迷信"，这句话是很有分量的。我个人的理解是指全盘学苏。可惜1956年毛泽东的这一段话并没有起什么作用，可见当时全盘学苏的影响很大。

下面讲第三个原因：市场经济的负面影响。首先要明确在现阶段的中国，非实行社会主义市场经济不可，这是历史的必由之路。

早在1945年，毛泽东在中国共产党第七次代表大会的总报告《论联合政府》中说："没有一个新民主主义的联合统一的国家，没有新民主主义的国家经济的发展，没有私人资本主义经济和合作社经济的发展，没有民族的科学的大众的文化即新民主主义文化的发展，没有几万万人民的个性的解放和个性的发展，一句话，没有一个由共产党领导的新式的资产阶级性质的彻底的民主革命，要想在殖民地半殖民地半封建的废墟上建立起社会主义社会来，那只是完全的空想。"

紧接下去，他又说："有些人不了解共产党人为什么不但不怕资本主义，反而在一定的条件下提倡它的发展。我们的回答是这样简单：拿资本主义的某种发展去代替外国帝国主义和本国封建主义的压迫，不但是一个进步，而且是一个不可避免的过程。它不但有利于资产阶级，同时也有利于无产阶级，或者说更有利于无产阶级。现在的中国是多了一个外国的帝国主义和一个本国的封建主义，而不是多了一个本国的资本主义，相反地，我们的资本主义是太少了。"①

列宁早在20世纪20年代初期，俄国开始实行新经济政策时就说过：在俄国，资本主义不是太多了，而是太少了。其实，比较起来，俄国资本主义的发展，比中国早得多，1862年沙皇俄国废除了农奴制，资本主义就得以发展，但在20世纪20年代初期，列宁还讲这样的话，这说明在一定条件下发展资本主义经济，是不可逾越的必由之路。

也许有人说，毛泽东上面的话是1945年讲的，而且讲的是新民主主义经济。现在不同了，是搞社会主义。

其实，我们讲现在我国处于社会主义初级阶段，这个"初级阶段"，实质上也就是"新民主主义"。

当1953年12月确定"过渡时期总路线"的时候，总路线的正式表述是这样的："从中华人民共和国成立，到社会主义改造基本完成，这是一个过渡时期。党在这个过渡时期的总路线和总任务，是要在一个相当长的时期内，逐步实现国家的社会主义工业化，并逐步实现国家对农业、对手工业和对资本主义

---

① 见《毛泽东选集》（第三卷），人民出版社1991年版，第1060页。

工商业的社会主义改造。这条总路线是照耀我们各项工作的灯塔,各项工作离开它,就要犯右倾或'左'倾的错误。"

这里所说"在一个相当长的时期内",究竟多长呢?当时据内部的传达,预计是"15年左右或更长一点时间",但从1954年初开始的社会主义改造,却在1956年提前基本完成,于是敲锣打鼓,庆祝提前进入社会主义。其实,这是"欲速则不达",短短3年时间,根本不可能解决如此重大的改造任务。

但从此不提"新民主主义"了,实际上新民主主义阶段还远远没有结束。因此,现在说"社会主义初级阶段",实质上就是"新民主主义"。

在1978年党的十一届三中全会以后,经过十几年的摸索,终于认识到非实行社会主义市场经济不可。

从计划经济到市场经济,要使市场经济达到基本成熟的程度,要有多长时间呢?邓小平在一次接待外宾时说:估计要30年时间。

几年前,香港的爱国刊物《镜报》月刊发表过一篇经济学家千家驹的文章《似曾相识燕归来》,就是谈新中国成立初期,他担任国家财经委员会的私营工商业管理局局长;但1954年社会主义改造开始以后,这个局取消了。现在,实行市场经济,允许私营工商业发展,所以是"似曾相识燕归来",但中间相隔30年之久。我之所以讲这么多,主要是我认为有必要趁此机会从理论上、从历史过程上,让年轻的研究生能够了解这件大事的来龙去脉。

但是另一方面,也要认识到市场经济本身并不是尽善尽美的。18世纪著名的资产阶级经济学家亚当·斯密(1723—1790年)说过一句有名的话:市场经济就好像是一只"看不见的手。"经过资本主义三四百年发展过程中的经验教训,现在大家都认识到:在实行市场经济的时候,还必须有另一只看得见的手——就是政府必要的宏观控制。发达的资本主义国家经过1929年经济危机以后也认识到这一点。前几年,当我国开始实行市场经济的时候,高教研究界出现了一些简单的认识,认为市场经济尽善尽美,只要实行市场经济,什么问题都可以解决了;甚至认为,对市场经济的批评,是把实行市场经济以后出现的问题看成洪水猛兽。我都直接或间接表示了意见。我认为实行市场经济以后,不论是出之于市场经济本身的问题或者是其产生的影响,都应该重视,不可掉以轻心,这样做是对的,但绝不是把市场经济"看成洪水猛兽"。这是一种情况。

另一种情况是,辽宁大学校长冯玉忠1981年在《光明日报》发表了一篇文章《南行忆语》,主要观点是反对对市场经济进行批评,也属于这种情况。持这种观点的人虽不多,但对工作影响不小。还有一件事,就是所谓"蛇口风波"。虽然主要只波及南方,但影响不小,不可低估。这就叫资产阶级自由化。现在提反对精神垃圾,对这种事情重视程度更高了。

第三种是邬大光在论文里写的:"文革"之后,尤其是在近几年的教学改革中,狭隘的实用主义价值观的具体表现似乎不如前两次那样猛烈和明显,但实际上产生的效果及性质与前两次大体相同,并表现出比较明显的"教育商品化"行为,而这与前两次是有所不同的。受"教育商品化"思想的影响,教学活动中出现许多急功近利的短期行为,许多"热门"专业一哄而上,过多过滥,而基础学科不受重视,出现了学校办公司,系办公司,甚至教研室办公司的现象。

以上就是第三个影响教学改革的原因。

第四个原因是教育经费严重短缺。本想作为一讲,但精力不够,也没有专门探讨过这个问题,只能根据多年来的感受,讲一讲主要意见。

应该承认,"文革"前17年的教育经费,总的状况是好的,甚至是比较充裕的,没有遇到过困难。"文革"后初期,直到1984年高校都要求增加经费。我1984年底从领导岗位上退下来,在经费方面虽不如"文革"前那样宽裕,一年比一年紧,但日子还勉强过得去,不过也经常向上面反映困难。回忆起来,经费真正发生困难,大概是1986—1987年。在这期间,好像曾经发生过一次市场抢购风潮,就是传说物价要有较大的上涨,于是发生抢购。紧接着,物价果然有较大的上涨。而教育经费并没有随通货膨胀率的提高而增加,要学校自己创收,这就使学校感到钱不够用了。这种情况在随后几年中继续发展,经费增加很少,物价上涨较快,学校创收又不大容易,因而感觉越来越困难。特别是1992年以后,困难更大,因为经济发展过热,以致发生严重的通货膨胀,通货膨胀率达到30%,直到现在,经过宏观调控,物价才算基本上稳住,基本实现了宏观经济的"软着陆",这是我国这几年宏观调控的一大成绩。但学校依然越来越困难,难过得很。以我们学校而论,最近两三年,上面给的钱只能解决全年开支的将近1/3,其余2/3还多一点,需自己解决,以致发生了赤字。正由于经费越来越困难,于是各学校不得不千方百计去搞钱,去创收,这就造成了大的问题。1993年周远清在扬州大学的一次会议上说,在高等学校出现了"四个投入不足"的危机,即"教育经费投入不足,领导精力投入不足,教师精力投入不足,学生精力投入不足"。这些话切中当时的实际。"四个投入不足"中,根子是第一个投入不足;为了搞钱,也就出现了邬大光所说的教育商品化的不良倾向。这就对教育工作形成了很大的冲击,当然更谈不上什么教育发展。

以上就是要讲的第一部分,关于高等学校的第一个职能——教育。其中讲了4点:①"文革"前17年,全面学苏,成绩很大,问题不少;②"文革"10年,一片混乱,完全违背了教育规律;③最近20年,教育改革进展迟缓,既落在经济改革与社会发展的后面,又与世界发达国家高教改革的差距越拉越大;④产生问题的原因。

二、第二个职能：研究

(1)从13世纪开始，欧洲从中世纪大学开始，一直只有一个职能，就是教育。

(2)19世纪初，洪堡创办柏林大学，方针是教育与研究的结合，后来为西欧与美国许多大学所接受。这就出现了研究这第二个职能。柏林大学的做法很快扩散到其他资本主义国家。

(3)新中国成立后学习苏联的做法。苏联的大学以教学为主，另外建立了一个庞大的科学院。但是苏联的大学并不是完全没有研究，许多教授还是有各自的研究工作的。只是从大学的职能来说，没有提科学研究。因此，苏联大量的科研，都由科学院和其他许多专门的研究机构承担，在大学内部以教学为主。

(4)20世纪50年代，我们全面学苏就把这套全盘照搬过来。高等学校就是搞教学，最初根本不提研究。另外，建立一个庞大的科学院，再加上一些专门的研究机构。而建立中国科学院时，许多科研人员又是从高校挖去的，这就产生了矛盾，一直反映到毛泽东那里，于是"两个聋子吵架"，"划了个三八线"。

(5)1956年，制定12年科研规划，号召"向科学进军"，才开始有所改变。在规划的总说明中，承认高等学校是国家整个科研工作的一个方面军。

(6)1958年教育革命中，科研在许多高校都有比较明显的发展，多数是技术革新。真正起变化是在"大跃进"以后。我们学校的"学制"也是这年开始变的。

20世纪60年代颁布"高教六十条"，虽然强调教学为主，但科研在高校中毕竟起步了。

(7)"文革"期间，大部分学校的教学与科研陷入停顿，我们学校情况稍好一些。在20世纪70年代还上了一些新专业。对有些新专业以前所知很少，比如说激光。仅物理教师知道一些粗浅的原理。另外像微电子专业等也不熟悉。因为我"解放"得早一点，刚一"解放"，当时的军宣队负责人刘崑山就要我回到学校来。主要是办新专业。办新专业就要从研究开始。这是我校在"文革"后期得到的一个偶然的机遇。因此在1978年的全国科学大会上得到奖状。

"文革"后，特别是1977—1979年前后，各校的研究都先后搞起来了。邓小平提出重点大学要办成"两个中心"，使科研在高校才正式成为第二职能。

这一点很重要。否则，对国家来说，高校就不成其为科研的一个方面军，不可能在培养人才以外，对国家的经济与社会发展有更大的贡献。

对学校来说，不搞科研，师资难以提高，教学内容难以更新，教学质量难以提高。现在研究生越来越多，更需要开展科学研究。

（8）现在的科研情况，总的方面是好的，除对工作有利外，还可以创收。问题也出在"创收"上，出现了不少短期行为——只注重"短、平、快"项目，不愿意合作，大课题难以组织。

最后，有必要将苏联的做法与美国的做法加以比较。20 世纪 50 年代从苏联学来的大学与科学院并存体制，现在看来应重新评价。不管苏联自己怎么评价，但在我国的确弊多利少，特别是和美国的体制比起来弊端非常明显。美国也有科学院，但美国体制更有利于科研。美国科技在全世界发展水平最高，一个重要原因是体制合理。美国的科研任务主要交给大学。科学院只是一个虚体。由大学承担主要科研任务，好处很多。美国大学，特别是一流大学，都是多学科的，而现在高水平的科研课题都需要以多学科为背景。美国大学也分校院系几级，还设了"研究中心"，这是在二战前后出现的。"研究中心"是跨学科的。"文革"之后看到的第一本介绍美国大学的书，是关于麻省理工学院的，书中就提到麻省理工学院有 15 个"研究中心"，前几年的资料表明，麻省理工学院的"研究中心"已达到 45 个，现在多少不知道。中国科学院下有 150 多个实体，大部分遍布全国，每个研究单位都很小，又很分散，联合起来很困难。但这个局面也难以改变。经费困难是突出问题，只有少部分研究所的经费是有保证的。研究所处于维持现状的局面。这种体制对科学发展明显不利。未来科技发展是不断变化的。中科院这种体制显然适应不了这种变化。从大学本身来说，承担大量的科研课题，水平也提高了，还有利于招收和培养研究生。而当初中科院从无到有时，大多是从高校挖人。由此引起中科院和高教部的矛盾。郭沫若和杨秀峰两位负责人之间也出现矛盾，这就是所谓"两个聋子吵架"，一直反映到毛主席那里。

三、第三个职能：直接为社会服务

20 世纪初，美国威斯康星州的州立威斯康星大学首先提出来为社会服务，该校通过直接为社会服务很快获得了名声。后来美国其他许多大学也逐渐效仿，并且进一步扩展到其他国家，这就逐渐形成一个共识，直接为社会服务是高等学校的第三职能。在这里，用"直接为社会服务"更准确一些。

严重的问题发生在 1988 年初，国家教委召开全国高教会议，国家教委有位负责人在讲话中提出了"有偿服务"，实际上是要解决国家经费投入不足的问题。这就对以后的高等学校产生了越来越大的冲击，许多高校领导人对此很有意见。其影响直到现在尚未终止。

本来，"文革"之后，高等学校为社会服务，不论是培训人才，还是各式各样的研究开发工作，都是"有偿"的。而1988年初提出的"有偿服务"是借用这个名词，目的在"创收"，不给教育经费以应有的增加。因此，一提出以后，该年二三月间，国家教委召开北京30所大学负责人座谈会，大家都有意见，认为这样会导致教育质量下降。现在高校层层办公司，哪像办学的样子。这些年的情况可以归纳为三句话。一是不务正业。学校办公司既非所长，也影响正业，并形成高校工作中的"一硬三软"。一硬：凡能挣钱的地方都硬。我校把成教院看成摇钱树，就是一个例子。其他学校也是如此。科研之所以受影响小是因为能挣到钱。三软：思想工作软，教学工作软，行政管理软。结果是风气变坏。上上下下只谈钱，到了要钱不要脸，甚至不要命的地步。也有的校长认为如果没有钱则没有命。现在的情况已经很严重了。二是得不偿失。创收的确得到一些钱。我校成教院每年创收800万元。但损失更大。由此得出第三句话：饮鸩止渴，也就是慢性自杀。这方面的例子很多。一是华东化工学院（现为华东理工大学），是国家教委直属的重点学校，曾经在教学改革上很有点闯劲。但后来因搞创收，大办公司，学校走了下坡路。后来，学校新班子不错，再加上外援，中国石油天然气公司投资1500万元，上海市也给予帮助，现在才开始有转机。第二个例子是武汉工业大学（原来叫武汉建筑材料学院），1987年创收风潮来后，大办公司，把钱搞光了，直到现在还负债6000多万元，其中只有1500万元属正当开支，另5000万元属公司亏损。校长也不得已辞职。新班子比较得力，解决了一些问题，该校在全国党建工作会议上得了奖，也通过了不久前的"211"预审。但还有不少问题有待解决。第三个例子是某某大学。现在为了搞钱，大量招收自费生，数量接近于计划内学生。该校之所以敢于这样做，是因为所在省给了政策。

上述情况在全国范围内不少，并非危言耸听，都是事实。日本访问学者比嘉佑典在评价中国高等教育时提到创收和干部职称问题，认为这是其他国家所没有的。

国家财政困难谁都知道，问题是如何定比例。我国这几年在科研方面的投入占国内生产总值不及0.5%，离应该达到的1.5%差距还很大。这导致我国科研水平下降，并使我国科研水平与发达国家之间的差距又拉大了。发达国家教育经费占国内生产总值的 6%,发展中国家平均占 4%左右。我国 1991 年教育经费占国内生产总值 2.86%,1994 年占 2.51%,1995 年占 2.41%,1996 年估计也只在 2.5%左右。严重的比例失调是造成教育经费短缺的根本原因。比例问题是一个国家建设中的大事。资本主义国家在比例方面是比较注意的,其经验是非常丰富的。在这一点上,邓小平同志显得卓有见地。在 1980 年他就指出社会各行各业是相互依存的,不能顾此失彼。我们过去没有搞好比例关系,导致比例失调。他特别提到教科文卫经费太少,不成比例。1988 年 9 月,他又指出,我们在科技、农业、教育方面的投入要注意。我们在这一方面耽误了若干年,影响了我们的发展。我们要在别的方面忍耐一些,甚至于牺牲一点速度,要千方百计把教育问题解决好。学校的事情还远没有解决,只不过有了希望。

高校应多渠道筹措经费,但主渠道应是各级政府的财政投入。从我校来说,各级财政投入最起码应达到三分之二,或五分之三,其余部分由学校自己想办法。现在大部分投入要学校自己想办法,困难就大了。由此造成的结果是寅吃卯粮。

关于创收,中央没有正式表示过态度。1992 年中央发了文件,中间提到高校可以发展高科技产业。高校有人才和技术优势,办高科技产业是可行的。但这和创收是两码事。高科技产业即使搞,也要先投资。从那时到现在好几年了,高科技产业并不多。北大有个北大方正,很令人羡慕,但难以办成。方正本身已有 17 年的历史,学校累计投资已达 1 亿元。当然,这个方向是对的。方正现在也遇到了困难,因为产品已经饱和了,现在必须寻找新的产品路子。其他大学也有搞得好的,比如东北大学的软件工程。但绝大多数学校都很困难。有些搞出来的产品不一定就是高科技,搞出来的也不一定赚钱。世界上都公认学校是非营利机构。我们国家在这方面似乎已经模糊了。教育单位是培养人的,不能以赚钱为转移。这是资本主义国家的经验。当然在资本主义国家也有以赚钱为主要目的的学校,但那只不过是"野鸡"学校。日本在这方面严格得很。只要是正式学校,都是非营利机构。高科技产业在开办上,必须做到校企分开,这也就是产业社会化的意思。混在一起,问题就复杂了。

总的来说,学校要成为名副其实的学校,教育要成为名副其实的教育。

关于高等教育的方向[*]

　　基本方向是必须坚持四项基本原则,即邓小平在 1979 年 3 月 30 日的报告中提出的,必须坚持社会主义道路,必须坚持人民民主专政,必须坚持共产党领导,必须坚持马克思主义、毛泽东思想。但是谈高等教育方向,只谈这个基本方向是远远不够的。教育工作的方向也是小平同志提出来的,必须实现"三个面向"。1983 年 10 月 1 日,他在为北京景山学校题词时,提出教育要面向现代化,面向世界,面向未来。我认为这个不仅是教育的方向,也是科技、经济以及其他方面的方向,各个方面都是如此,都要"三个面向"。另外,不实现"三个面向","四项基本原则"也不可能真止坚持下去。为什么呢? 因为贫穷落后。过去所谓的"贫穷社会主义"那是极端反动的,是极端反马克思主义的。所以"四项基本原则"的方向和实现"三个面向"是紧密联系在一起的。不仅是教育,而且是国家工作各个方面。这次我想具体谈谈为什么要坚持"四项基本原则"和"三个面向"。我看有这样的三个原因。

　　一个原因是,1984 年或者 1985 年的时候,胡耀邦时任党中央总书记,在一次干部学习讨论会议上,胡耀邦的发言要点是:从 1848 年,马克思、恩格斯发表《共产党宣言》以来,在国际共产主义运动历史上,经历了三次高潮。但是从 1956 年起,开始进入低潮。我看了之后认为胡耀邦的看法是对的,我今天要讲的就是根据胡耀邦的观点来的。

　　从 1956 年到现在 1997 年,国际共产主义运动整体处于低潮。这个低潮从 1956 年开始,由于 1989 年东欧发生了巨大的变化,社会主义国家出现了资

　　* 本文为作者给 1996 级博士生所授课程"中国高等教育的今天和明天"的一部分,根据作者的讲解录音整理而成。

本主义复辟。特别是 1991 年苏联解体，十几个加盟共和国都各自独立了，所有那些各自独立的加盟共和国都成了资本主义国家，向资本主义发展，这是非常大的变化。所以我认为现在处于低潮的谷底。

现在，社会主义国家就剩下中国、越南、朝鲜、古巴、老挝。最大的是我们中国，尽管邓小平讲了我们决不当头，但是实际上我们还是处在一个"当头"的地位。过去冷战时期，世界上有两个超级大国，一个是美国，一个是苏联。当时是苏联在上面顶着，但是现在苏联垮台了，我们中国不顶也得顶着。因为现在正在谷底，我们不能不顶，假如不顶的话，我们估计也要资本主义复辟，之后古巴、朝鲜、越南都要复辟，这样的话，到最后可能一个社会主义国家都没有。当然我是说的假设。

1956 年到现在，有 40 年了。我的个人看法是，低潮还要持续若干年，我认为至少要到 2050 年。我想我有必要给大家简单地讲一讲国际共产主义运动历史上的三次高潮。

第一次高潮：巴黎公社。国际共产主义运动从 1848 年《共产党宣言》发表到现在已经有 150 年了。第一次高潮就是 1871 年的巴黎公社。列宁于 1913 年在《马克思学说的历史命运》里面有这么一句话：在《共产党宣言》1848 年发表之后的初期，马克思学说绝对不是占统治地位的，它不过是社会主义派别或思潮之一，但是到了 1871 年巴黎公社出现之前，马克思以前的社会主义已奄奄一息。国际工人协会（第一国际）1864 年产生，此时德国社会民主党也成立了。

1871 年 3 月 18 日巴黎工人起义夺取政权，3 月 28 日，巴黎公社正式成立了。此时，无产阶级以暴力革命打碎了资产阶级国家的机器，建立了历史上第一个无产阶级专政的新型国家政权。那时，由于当时法国没有无产阶级政党的领导，5 月 28 日，仅仅存在两个月的巴黎公社，终于惨遭失败。当时起义的工人和法国政府军队有冲突，在战斗中，大约 3 万公社社员被杀害。

巴黎公社一宣告成立，马克思就开始细心收集研究所有关于公社活动的消息。1871 年 4 月 18 日，国际工人协会（第一国际）总委员会上，马克思建议就法国工人起义建立巴黎公社的斗争，发表一篇告全体会员的宣言，表明国际工人协会的态度。总委员会就把这个任务交给了马克思。在巴黎公社失败后的第三天，也就是当年的 5 月底，马克思的文章写好了，也发表出去了，就是有名的《法兰西内战》。这篇是科学共产主义的重要文献之一。为什么是重要文献呢？因为这是根据法国巴黎公社的经验，进一步发展了关于阶级斗争、国家革命和无产阶级专政学说的基本原理。工人阶级不能简单地掌握现成的资产阶级的国家政权机器，而是应该采取革命暴力夺取政权，建立无产阶级专政。

所以巴黎公社在无产阶级和被压迫人民的斗争史上有及其重要的意义,是个十分重要的榜样。马克思有这么一句话:巴黎公社的原则是永存的。这句话是非常有气魄的,也就是说,虽然失败了,但是其表现出来的革命原则是永存的,这也是马克思具有伟大气魄的结论。所以 1781 年 3 月至 5 月,巴黎公社是国际共产主义运动史上的第一次高潮。现在在法国巴黎都还保留着一面"公社墙",也叫"哭墙"。

第二次高潮:1917 年俄国十月革命。1871 年巴黎公社的失败,从 1872 年到十月革命,45 年时间里,又可分为两段。前一段是从 1872 年到 1905 年俄国革命以前。列宁在《马克思学说的历史命运》中说,这段带有和平性质,没有什么革命。西方资产阶级革命也已经结束了。东方没有成熟到实现这一革命的程度。在 1905 年的俄国革命之前,用列宁在文中的话就是:马克思主义在理论上的胜利,逼得它的敌人装扮成马克思主义者,历史的辩证法就是如此。这是什么意思呢?是指第一国际在 1864 年成立了,但是在巴黎公社失败后,1872 年,第一国际马上停止活动,1876 年正式宣告结束。到了 19 世纪 80 年代末,1890 年以前,马克思主义的影响力进一步扩大,各国共产党、工人政党,迫切要求建立新的国际组织。于是,1889 年 7 月,各国工人阶级政党,在巴黎开了国际社会主义代表大会,宣告成立第二国际。这时,马克思在 1883 年去世了,但是在恩格斯的领导关怀之下,第二国际基本执行了马克思主义的路线,推动了国际工人运动的发展。但是在 1895 年恩格斯去世以后,在各个国家工人阶级政党内部,机会主义因素增加。因为是相对和平时期,没有什么革命,所以机会主义相对容易发生。

在 78 年以前的 1919 年,恰好也是今天(1 月 15 日),卢森堡、尤尔凯维奇,这两个国际工人运动史上有名的人物遇难。昨天中央人民广播电台的消息,在德国柏林,有一些工人、进步人士和组织召开了一个纪念会,纪念卢森堡、尤尔凯维奇遇难 78 周年,尽管德国现在已经资本主义复辟了。

1919 年 1 月 15 日将两个人处决,使得第二国际在恩格斯去世之后分裂成了三派。一是左派的代表人物,他们都是德国工人阶级政党的创始人之一,都是第二国际成立时处于领导地位的成员,很有名。第二派是以伯恩斯坦为首的右派,公开修正马克思主义。第三派是以考茨基为首的中派,实际上是支持右派反对左派的。伯恩斯坦、考茨基两个机会主义者也是德国人,在历史上臭名远扬。伯恩斯坦在分裂时,态度公开,面貌早就暴露出来了。而考茨基比较隐蔽,他的真实面目暴露出来是在第一次世界大战的时候,因为第一次世界大战是两个帝国主义集团为了争夺在世界范围内的殖民地而引发起来的战争。所以对其反对是对的,对其支持说明就是不革命的。考茨基正是在此时支持一战，所以当时列宁写了这样一篇文章《无产阶级革命和叛徒考茨基》。考茨基在历史上也做过好事，例如在马克思过世以后，《资本论》的二、三卷是1883年之后由恩格斯整理出来的，还有第四卷（《剩余价值理论》），1895年恩格斯逝世后是考茨基整理的。这个是好的，但是后来他变了。列宁毫不含糊地给他戴上了叛徒的帽子。

伯恩斯坦和考茨基在20世纪二三十年代相继去世，但是他们遗臭万年。他们是有名的机会主义的头头。但这是在分裂之后。第二国际领导地位，当时实际上是被伯恩斯坦和考茨基占据着。因此，在19世纪末，第二国际逐渐走上修正主义的道路，第二国际灭亡是在第一次世界大战期间，正是因为他们的错误领导才会有这样的结果。这是一段（1872—1905年，俄国革命之前）。

后一段（1904—1917年），十月革命爆发，这段出现了不同于前面的情况。首先1905年俄国革命，虽然失败了，但是列宁对这次革命有这样的评价：1905年的革命是1917年十月革命的预演。在1905年俄国革命后不久，1911年中国发生了辛亥革命，对于辛亥革命，列宁的评价很高，因为发生在东方。列宁在1913年《马克思学说的历史命运》中有这样一句话："世界上的任何力量也不能够恢复亚洲的旧的农奴制度，不能铲除亚洲式国家和半亚洲式国家中的人民群众的英勇的民主精神。"也就是说，后一段情况变化了，前面一段没有革命。

在1913年，列宁此文最后有个非常重要的预言：即将来临的历史时期，定会使马克思主义这个无产阶级的学说获得更大的胜利。果然，在以列宁为领袖的俄国布尔什维克党的领导下，1917年11月7日，在沙皇俄国爆发了伟大的十月革命。所以，列宁是了不起的，在1913年就预见到了，只相距4年。十月革命是国际共产主义运动史上的第二次高潮，成功了。

关于十月革命的成功，有必要谈谈列宁对马克思主义的重大发展。本来在19世纪中叶，根据当时的情况，资本主义处于前期的上升阶段（就是通常所说的自由资本时期）。马克思当时认为无产阶级革命必须在几个资本主义国家同时爆发，才能获得胜利。但是列宁在进入20世纪以后，也就是资本主义从自由资本主义时期发展到了垄断资本主义时期时候，在《资本论》的基础之上，在马克思之后研究资本主义的新情况。特别是在1914年第一次世界大战爆发之后，列宁住在中立国瑞士的苏黎世，集中精力写一本重要著作，叫做《帝国主义是资本主义的最高阶段》，非常有名的著作，或者简称为《帝国主义论》。他在这本书里指出了资本主义在发展到垄断资本主义时代的时候出现了不平衡的现象。什么叫做不平衡的现象呢？自由资本主义时代生产力发展得比较缓慢，各个资本主义国家发展的速度大体均衡。但是到了垄断时代之后，由于各个资本主义国家竞争得厉害,发展的速度就不一样了。有的快有的慢。德国在 19 世纪末期后,资本主义发展得很快,几乎赶上了英国,这就叫做不平衡。列宁经过研究后发现这样的一个不平衡的规律。在这样一种不平衡的规律下,列宁说:无产阶级革命可以在资本主义链条上某一个薄弱的环节上发生,而且能取得成功。十月革命就是在列宁的新的理论之后形成的,这就是对马克思理论的发展,不一定在几个国家革命才行,因为情况变化了。

我国革命的成功何尝不是证明了这一点呢? 所以在革命的理论中,这一点就表现出重大的指导作用,就如列宁曾经讲过:没有革命的理论就没有革命的运动。十月革命的成功是国际共产主义运动史上第二次高潮。

第三次高潮:1949 年中国革命的成功。第三次高潮是 1949 年中国革命的成功,建立了以中国共产党领导下的人民民主专政,实际上是无产阶级专政的政权。这是毛泽东曾经讲过的话,至于在政策上,根据中国情况确立,但是根本性质上是无产阶级专政。第二次世界大战以后,在东欧和东方,出现了 8 个在无产阶级政党领导下的人民民主政权。有南斯拉夫、阿尔巴尼亚、罗马尼亚、保加利亚、匈牙利、波兰、捷克斯洛伐克、民主德,再加上法国共产党和意大利共产党。法国共产党和意大利共产党虽然不执政,但是在西欧很强大,后来在 50 年代末期,又出现了古巴。尽管如此,第三次高潮就是中国革命的成功。

从此,世界上形成了两个阵营:社会主义阵营和资本主义阵营。再加上 1950—1953 年的朝鲜战争,实际上是我们取得了巨大的胜利,打到了三八线。另外,50 年代以前,法国和越南也打了几年,我们没有报道,没有公开。但是也派了铁道兵去帮助维修公路,恢复铁路。实际上,越南打败法国,中国的功劳是很大的。大概先后去了 8 万人。另外,战胜法国的关键一战是奠边府,是怎么打胜的? 是我们的陈赓大将去指挥的。后来越南非常佩服,留他给越南干部做报告,他一下讲了三天,问他中国除了你还有像你这样的人吗? 陈赓回答说:多得很哪!

正是因为朝鲜、越南战争的胜利,所以以 1949 年新中国成立为标志就是第三次高潮,形成了一个阵营。在形势上很好。但是遗憾的是,1956 年赫鲁晓夫在苏共第二次代表大会上做了秘密报告,把斯大林说得一无是处,所有内容马上在西方报纸上全文发表,引起以美国为首的资本主义阵营国家对斯大林发起攻击,反对苏联和各个国家的共产党。波兰、匈牙利都发生过一场严重的事件,都是由这种情况造成的。同时,也不能不影响到许多没有执政的国家的共产党。从资本主义国家到第三世界国家,甚至有一些共产党员提出要退党。所以为什么胡耀邦敢讲从 1956 年起开始出现低潮,因为赫鲁晓夫的报告出现后后果非常不好,开始出现低潮,使得形势很好的高潮没有继续高涨。特别是在 1956 年开始走向低潮之后，又过了 30 年，在 80 年代中期，戈尔巴乔夫采取了一系列错误的改革措施。戈尔巴乔夫是在 1984 年上台的，上台之后就开始张牙舞爪，拉出改革的大旗。确实是应该改革，但是戈尔巴乔夫上台之后的改革，从其指导思想到若干具体的措施，都是错误的。他提出一个叫做"新思维"的东西。五花八门地提出了许多方法，对苏联不但没有起到好的作用，反而马上搞糟。他提出了实行多党制，一时间政党多如牛毛。斯大林在位期间，确实专制得太厉害，物极必反，现在戈尔巴乔夫一放手，一下子，大大小小的政党就多如牛毛。另外是思想上面的混乱，以至于 1989 年底，东欧发生了剧变，东欧的几个社会主义国家都产生资本主义复辟。两年后，1991 年底，又使得第一个社会主义大国苏联解体，原来十几个加盟共和国纷纷宣告独立，并从俄罗斯起头开始资本主义复辟，走上资本主义的道路。

前面我们讨论过，我国在北京有一批经济学家，把资本主义形形色色的经济学学说都搬了出来。因为我们领导层的一些同志对市场经济不是很了解，就把其中一部分人当做顾问，当做"智囊团"。中国有中国的情况，还好我们的中央不像俄罗斯，是比较稳定的。

俄罗斯资本主义复辟之后，上台的叶利钦是一介武夫，他左右的一些人也乱搞。从美国请来一些所谓大名鼎鼎的资本主义经济学家，搞得一塌糊涂，通货膨胀到了极点。万幸的是我们中央稳定，不像俄罗斯那样。

北大教授李熠霖不了解中国的实际情况，不结合中国的实际，把毛泽东丢了，就是把理论与实践相结合丢了。他是民盟中央的常委，我的一个熟人有次在民盟开会的时候刚好和他分在一个小组讨论，李熠霖大谈特谈市场经济。我的这个熟人就跟他说，"你说市场经济好，我们中国怎么样？我看我们中国不是市场经济，是官场经济。"我们的市场经济还是在幼儿园阶段，还在摸索之中。你李熠霖不要老是说大话，要看看中国的实际情况。当然我这个熟人说得有些极端，故意跟他顶了一下，也不是说我们现在就没有市场经济。所以这些人成为"智囊团"是很危险的，都是歪点子，还好中央比较稳定，没都信他们，影响不太大。

说实话，中国实行市场经济，照搬外国，非要失败不可。怎样走我们自己的市场经济之路，是一门很大很大的学问。

苏联解体就是第三次高潮后的又一次低潮。我认为现在是谷底。我们不当头头也得当。我们要有这样的一个认识，就是我们现在正处于谷底，宁可把事情看得严重一些。但是，我们要把社会主义、共产主义的大旗永远扛下去。我们对这次低潮中几乎到了谷底的状态要做出充分的估计，并且进一步从历史回到现实。对于复辟这个问题，要去研究它，不要去回避它。从历史上看，复辟与反复辟是客观存在的,是带有规律性质的,不要去回避它。在从封建主义向资本主义前行的过程中,历史事实告诉我们,复辟与反复辟不是以人的意志为转移的,就是旧的统治阶级不愿意退出历史舞台,道理很简单,他不甘心,想要努力重新登台。我们要去研究这方面的问题,但是现在几乎没有。1992年,我看过《人民日报》的一篇文章,是中国社会科学院的一位同志写的,字数不多。讲的是历史上的复辟与反复辟。除了这篇文章之外,在报纸、刊物上都不谈,对于俄罗斯,对于东欧,我们要注意国家之间的关系,不去刺激他们。我们现在被美国包围,我们还想要突破包围。实际上这个问题是一个大问题,不能回避它。

回忆起我当年在扬州中学念书的时候,还是蛮有意思的。我们当时初中和高中不仅数理化学了两遍,连地理历史都学了两遍,当然高中的时候要更全面和系统一些。当时我所在的扬州中学向来是以考上上海交大而闻名的,每年都是第一,考取的人数最多。因此,理工科毕业生很多,在我的同学中,98%都是搞理工的,像我这样搞文科的有几个,不过很少。但是我们扬州中学不是重理轻文,而是文理并重。我现在就感觉到,我当时在中学学习的地理和历史的知识,让我一辈子受用无穷。所以我现在谈论这个复辟与反复辟的问题的时候,是凭借我的记忆,当时我们西洋史的老师讲得非常好,很生动,让我们的兴趣很是浓厚。

法国复辟与反复辟,从18世纪到19世纪经历了三次,是最多的。印度是一次到两次(1640年资产阶级革命之后)。德国资本主义革命要晚一些,有没有复辟我不记得了。美国讲起来也是蛮有意思的,主要是英国殖民到那里去的,由于英国政府对美国东北部新英格兰人民榨取得太厉害,让去那里的英国人受不了,于是就要闹独立。这就是历史上著名的独立战争,在1774年前后,也叫第一次资产阶级革命。后来的美国南方和北方不同了,北方的资本主义经济发展得很快,实行的是雇佣劳动制。而在南方实行的是具有封建性质的庄园制,从非洲买了大量的黑人当作奴隶。在政治上面的表现是,北方是共和党,南方是民主党。1860年北方的共和党人林肯当上了总统,他当然代表的就是资本主义的利益,主张解放黑奴。这就侵犯了南方封建庄园主的利益,从而爆发了南北战争。这场战争一打就是三四年,后来北方的共和党领导的共和军终于打败了南方,解放了黑奴。1863年,林肯发表了《解放黑人奴隶宣言》,他是继华盛顿之后美国又一位伟大的总统。北方是先进的,南方是落后的,恰好北方也赢了南方,这就是带有复辟与反复辟性质的,在历史上叫做是第二次资产阶级革命。

那么在中国,讲起来也很有意思。1911年辛亥革命,出现了中华民国,虽然是不彻底的资产阶级革命，复辟也出现了两次。

第一次是袁世凯当皇帝，1916 年 1—3 月，也就是民国五年，袁世凯当了83 天的皇帝，硬是要穿上龙袍。当时云南省起义，之后其他省纷纷响应了。袁世凯一看事情不妙，气死了。

第二次复辟就没有袁世凯当皇帝这么出名了。张勋原来是清末举人，具有保皇思想，辛亥革命之后，都要剪辫子，他就是不剪。并且不许他下面部队里的所有军官和士兵剪辫子，叫"辫子军"。1917 年，溥仪 13 岁时，张勋把溥仪请上金銮宝殿，当了皇帝。但溥仪只当了 12 天的皇帝，上演了一场闹剧。

1916 年、1917 年先后发生这样的两次闹剧，是道道地地的复辟。特别是第二次，12 天。但是从历史的观点来看，不是偶然。在这个问题上，在国际共产主义运动处于低潮的时候，复辟与反复辟这样一个历史性的重大问题非常值得研究，以防止在我国发生资本主义复辟。这就是我为什么讲要坚持"四项基本原则"和实现"三个面向"的原因，讲得宽一点。从历史的角度真正认识问题的来龙去脉，我想不仅是年轻的同志，我们年纪大的人也会有认识的局限性。

学校里讲资本主义在帝国主义阶段，叫做垂死挣扎，叫做腐朽的资本主义，而且为期不远。多年来，印象很深，现在看没有垂死挣扎，也没有腐朽。特别是东欧、苏联发生巨大的变化之后，从资本主义向社会主义过渡过程中复辟了，过去说资本主义垂死挣扎、腐朽，现在不是那么一回事情，现在看资本主义灭亡的时间是难以估计，不是短期的事情，无论从理论上还是从实践上都是个问题。政治理论课老师原来的困境，现在解决了，因为政治理论界有一个突破。

对于这个问题，解题解得比较早的，我所看到的是在经济学上研究很有造诣的于光远，也许是我的见闻有限，但是我所看到的最早的确实是于光远。在1989 年 4 月 3 日，《人民日报》上登了他的一篇文稿，是谈如何看待资产阶级的腐朽性，不长，大概有一两百个字。

最近，于光远在一次讲话中说，以往人们过分强调资本主义生产关系不能和社会生产力相适应，看不到经过一定的调整，资本主义生产关系还可能容纳比原来高得多的社会生产力，对于列宁在《帝国主义是资本主义的最高阶段》中，垄断资本主义的腐朽性是否适合当代资本主义这一点上，可能有不同的看法。但是，列宁在这本书里面最后一章为全书做概括时，说过这样一句话：大家应该要接受的，"如果以为这一腐朽趋势排除了资本主义的迅速发展，那就错了。""整个说来，资本主义的发展比从前要快得多。"可是斯大林否定了这个说法，他在 1952 年发表的《苏联社会主义经济问题》一书中回答列宁这个论点是否有效时,很武断地说:由于第二次世界大战所产生的新条件,这个论点应该认为是已经失效了。事实证明,列宁的论断是正确的。于光远还说,比原先估计的容量还要大得多。于光远所用的列宁的话,来自《列宁选集》(第二卷)《帝国主义论》。在一年零三个月之后,《人民日报》发表了一篇署名文章,很长,大约有七八千字《科学认识当代资本主义》,因为这个问题是当前的现实问题。虽然该文不是百分之百正确,但是我们可以思考嘛。我把该文结语说一下,包含有两个方面:

第一个方面,要看到在当代资本主义条件下,一些国家科学技术和生产力仍然可能有相当的发展,甚至较快的发展,并且可以在不触动资本主义制度的前提下适当调整生产关系,使其各种矛盾得到一定的缓和,得到相对稳定的发展。马克思列宁主义关于资本主义、帝国主义的分析本来包括这方面的内容,只是我们对于某些基本的原理缺乏完整、准确的理解罢了。列宁在论述帝国主义腐朽性时就指出,如果以为这一腐朽趋势排除了资本主义的迅速发展,那就错了。在帝国主义时代,某些工业部门,某些资产阶级阶层,某些国家,不同程度地时而表现出这种趋势,时而又表现出那种趋势。

下面又引用了列宁的话,列宁在论述帝国主义是向社会主义过渡的资本主义的时候指出,它可以在腐烂状态中保持一个比较长的时期(万一机会主义的脓疮迟迟不能治好的话),但是还是必然要被消灭的。这篇文章估计是他在瑞士的时候(1914年至1916年的时候)写的,于1917年发表。到现在已经有80年了,在80年前他就预见到了戈尔巴乔夫这样的人物迟早会出现,戈尔巴乔夫是国际共产主义历史上最大的叛徒,比考茨基还要大,因为那时共产党还没有当权,苏联存在了几十年,最后是戈尔巴乔夫硬是把它给断送了。这位作者引用列宁的话:资本主义通向社会主义的整个道路绝不是笔直的,而是难以想象的复杂。

另一方面,我们也不应该被资本主义国家暂时的相对稳定和发展的现象所迷惑,事情绝对不像某些资本主义辩护师所说的那样:资本主义矛盾已经解决,可以万世常存。历史的发展将证明,没有任何灵丹妙药能使帝国主义摆脱其固有的矛盾和危机,能使其避免最终被社会主义所代替的历史命运。只有我们既坚定相信社会主义代替资本主义的历史必然性,又充分认识到资本主义向社会主义过渡的长期性、复杂性、曲折性,这样,无论发生什么样的困难、挫折和反复,都不会动摇自己的信念,坚持不懈地将社会主义事业进行到底。

该文发表在1990年8月27号,在东欧变化之后,苏联解体之前,我觉得里面的基本观点是不错的,对我们今后的学习有参考价值。

资本主义是腐朽的,但是还是可以发展,对现在中国影响很大,关系太大了。在这一点上，我认为有必要放到第一点原因的后面来讲，让我们认识到，实现社会主义市场经济，进行改革开放是没有问题的，不然就要落后，就要挨打。所以要坚持"四项基本原则"和实现"三个面向"，同时不让机会主义的脓疮在我国出现。

以上所谈是第一个原因。

当然，即使在中华人民共和国不发生资本主义复辟，还要注意其他有关的重要因素。下面就开始讲第二、第三个原因。

第二个原因是以美国为首的帝国主义国家正在处心积虑策划在 15～20 年内将社会主义中国演变成为资本主义国家。向东欧和苏联的资本主义复辟那样。《半月谈》内部版去年第三期《面对没有硝烟的战争》，说的是干部头脑一定要清楚，西方国家的全面接触的企图就是进行渗透颠覆活动，讲得很明确。"面对没有硝烟的战争"这个题目出自邓小平在 1989 年会见坦桑尼亚革命党主席的时候说的话："西方国家正在打一场没有硝烟的第三次世界大战。所谓没有硝烟，就是要社会主义国家和平演变。"

另外一位俄罗斯科学院美国加拿大研究所研究员、历史学博士在莫斯科撰文《俄罗斯政坛中美俄三国关系》在俄罗斯《明日报》发表，近日，一位《光明日报》常驻莫斯科记者把这样一篇文章摘要翻译了出来，登在从属《光明日报》的另外一本刊物《情况反映汇编》上。

这篇文章很好，说得透。也就是前天涂又光老师讲的，现在俄罗斯叶利钦是在美国和中国之间"走钢丝"，他现在与中国的关系搞好，打中国牌。但是，他不能脱离美国，有很多情况要依靠美国，毕竟意识形态是资本主义，这个是很清楚的。文章中也提到北约东扩，现在俄罗斯反对，是在讨价还价，这个是外交策略。我以为最终是要妥协的，俄罗斯是挡不住的。现在俄罗斯算什么？所以说戈尔巴乔夫是机会主义的脓疮，把这么强大的苏联搞垮了，虽然还有什么核弹，但都是纸老虎。现在美国像在钓鱼，因为苏联要向世界货币基金组织贷款，美国不是不给，是给一点，但是不给足，让俄罗斯维持在这样一种不好的状态，俄罗斯只有走钢丝才能苟延残喘。

中国与叶利钦搞好关系是对的，但是不要存在幻想，就那么回事。最后一句话很有意思："中国对克里姆林宫两面派的做法非常生气，而在大西洋彼岸的美国正陷入野心日益增长和实力不断削弱的矛盾之中。它正在准备同共产主义的中国进行'大战'。在这场战争中，未必没有民主化了的俄罗斯的参加。且促使莫斯科参加美国的军事冒险，这应该是美国外交的极其重要的方面。"这样说穿了，最后俄罗斯还是要倾向美国那一边的。虽然如此，我们和俄罗斯、美国的关系还是要搞好的。但是，不要抱任何幻想，我们现在处于这样的形势,我们面对的主要对手是美国,现在美国对中国的策略是双管齐下。一方面是通过与中国的全面接触进行渗透,15~20年内将社会主义中国演变成为资本主义国家。这是软的一手。另外硬的一手是非常明显的,就是包围中国。我们最直接的是台湾问题,台湾问题是内政,但是现在是一个国际问题,台湾问题是中美之间的问题。台湾问题不是短期之内能解决的,但是去年4月,克林顿特意访问日本,和日本首相谈判发表统一宣言《日美安全保障联合宣言》,原来日本和美国之间仅有一个安全保障的条约,去年又将其进了一步,范围扩大至亚太地区,甚至是全球。现在在日本有43149名美国军队士兵驻在日本全国133个地方,特别是日本所谓"自卫队",是海陆空军,虽然人数不多,但是装备却十分精良。所以现在日本很清楚,不满足做经济大国,还想要做政治大国和军事大国。现在日本右翼很明显扩张。近日,桥本龙太郎访问东南亚五个国家,意图是拉近与东南亚国家的关系。在日本中文报纸里面讲,说到其他国家都是幌子,只有到越南去才是其真正的意图,想与越南建立密切的关系,一起对付中国。越南对中国很不友好,桥本龙太郎看得很清楚,要朝鲜跟中国关系恶化,金正日是说什么也不干的。特别是金正日尽管"左"得厉害,但是基本的立场是不会变化的。越南是个地方霸权主义的国家,历史上跟中国也有仇怨,加上几年前也打过一架。所以现在我们希望和越南的关系能搞好,但是有其中的复杂性。

这就是美国硬的一手,越南,日本,东南亚,这就把中国包围了。这就是我们所面临的严峻的形势。在这种情况下,我们怎么办?就必须坚持"四项基本原则",抵制和平演变,又实现"三个面向",加强国家国力,把年轻一代培养好,才能立于不败之地。这是第二个原因。

第三个原因是国内的情况,毫无疑问,我们国家的国内情况要从1978年的十一届三中全会起,这18年来取得了伟大的成绩,对这一点要有充分的估计,如果没有这18年来的成就,腰杆也硬不起来。但是在这样的一个非常好的形势下,有一个情况要注意。在我们国家,在阶级关系上出现了新的情况,也就是说,由于我们允许私营经济的发展,而且是比较大的发展,也由于我们大量引进外资,于是就在我国必然会产生资本主义经济,必然出现资产阶级,这是必然的,不要怕讲,在理论上和原则上都没有什么可怕的。国旗上面的第四个小星就是民族资产阶级,在国旗上都是允许其存在的,因为对国家有利。但是,在这样的一种情况下,就会存在剥削。

北京师范大学的经济学教授陶大勇是全国总工会的副主席,在一次会议上他讲到几点,我还记得其中的一点是这样说的:我们国家工人阶级是领导阶级,是国家的主人。现在变了,很多工人在私营工厂里面做工,有的还受外国资本家的剥削。宪法中说工人是主人，可是现在完全成为受剥削者。那现在还能叫做是主人吗？散会后，李志富在电梯里说，陶老，你讲的问题在我脑海中也存在啊，我解决不了。所以出现资产阶级是必然的。另外还有一个更加麻烦的问题，第四颗星是民族资产阶级，现在没有民族资产阶级啊。现在出现资产阶级后，有没有官僚资产阶级，有没有买办资产阶级啊？有的话比例是多少？有是必然的。问题是怎么对待它。有人提出，我们对民族资产阶级要既团结，又斗争。但是官僚买办资产阶级是已经被打倒的对象，不能既团结又斗争。如果没有这几十年的发展和成绩，那我们的国际地位哪有这么高，因为现在还不够强大，所以要坚持"四项基本原则"和实现"三个面向"，要更加强大才行。

但是现在值得谈论的是另外一个问题，我们很熟悉，谈论得也很多。第一，存在相当严重的腐败现象。这个问题可是大了。薄一波的那本回忆录《若干重大决策与事件的回顾》上卷153页到160页，"不能忘记的历史启示"，谈到郭沫若的有名的文章《甲申三百年祭》，李自成进了北京，领导层完全骄傲了。另外，黄炎培1945年和另外几位国民参政会的参议员访问延安，回到重庆以后，写了《延安归来》（写的是他在延安待了一个月的所见所闻），当时这篇文章在重庆很轰动。黄炎培的儿子黄万里寄给了我一本，写得很好，很真实。每个朝代都有这样的周期律，开始打天下，兢兢业业，二三十年后，腐败了，最后灭亡了。共产党能否逃过这个周期律呢？最后薄一波发表了自己的看法：不但今天我们还不能说已经完全跳出了这个周期律，就是在今后相当长的时期内，也不要说这样的话。任务尚未完成，全党仍需努力。

最近，从《人民日报》的内部参阅上，看到一篇文章——《跳出历史的周期律》。1996年12月的某一期，作者是两个离休的同志，话讲得非常中肯。"我们能不能跳出旧时的周期律，打破敌人的图谋，这是摆在我们一代又一代人面前的现实的政治问题。"邓小平同志曾经尖锐地指出，我们这个党该抓了，不抓不行了，不惩治腐败，就有失败的危险，我们党采取对策，有些问题是依然存在的，一些人有些担心，我们党难以跳出旧的历史周期律。为什么担心？原因是多方面的。有五个原因。现在全国范围内，腐败现象相当严重，5个原因在此就不重复了。

腐败现象，我们的学校也有，只是稍微好一点。腐败现象就在我们的鼻子底下，我对我们学校是很有意见的。负责人不认真对待，本身就是腐败现象。1993年是我校校庆40周年，北京校友会发起建立校友基金会，已经累积了70多万，利用这样的一个40周年校庆，建立一个校友基金委员会，当时让我当主任。在成立大会上我讲了，既然我是主任，我就一定要负责。

第二个问题,社会风气不好——一切向"钱"看。现在是党政机关上上下下开铺子做买卖,各个部门都想办法赚钱。要知道"一切向钱看"的民族是没有希望的民族。某大学为了多收人,分数一直往下降。我有一个熟人的女儿,在该校本科大三的英语系,她班上就有个学生是 200 多分进来的,要知道即便是文科,也应该至少是 500 分。简直不像话到了极点,很多教师干部都有意见,这就是买卖文凭。

另一件事就是,我接到省人事厅的通知,说搞了一个湖北省专家大辞典,有我的名字,凡是上了辞典的人都要求买一本,98 元。通知还很不客气,有自上而下的味道。人事厅怎么到了这个地步,最近诸如此类的事情也有很多,我一概不理。

我昨天给人事处处长电话,意见大得很。第一,我坚决不买,不是我出不起,是我很讨嫌这个事情。第二,不允许公家花钱买一本给我。第三,我的意见,不应该拿公款替上了名字的领导人每人买一本。如果买,就是腐败。通过这件事情我才发现,人事厅一点不干巴巴的,可以去办班,还有这个考试那个考试,都可以收考试费用。人事厅想尽办法搞钱。这个风气已经坏到了这个程度。时间越久,问题就越难解决,积重难返,这就是第二点。

第三点,思想上的混乱。前面说过"蛇口风波"。深圳是一个钱的社会,物价都贵得不得了。像我们学校招待所 8 号楼这样的酒店,一个晚上至少 1000块,香港的一个刊物《镜报》说过,深圳是比资本主义还资本主义之地。

前几年发生过两件丑事。"股市风波",就是去拿一个登记的东西 100 块,利用这个办法搞钱,而且是政府行为。

第二件事情是深圳的大火,仓库爆炸,事情严重极了,不远处就是一个煤气站,再发展下去,整个深圳就完了。那个仓库是深圳公安局的仓库。

第四点,科教兴国的号召,基本上没有落实。这个号召是正确的,当然要科教兴国。没有科教,综合国力怎么上得去。要引进,更要靠自己。科教的重要性是全世界人民公认的。但是遗憾的是,基本上没有落实。

这是第三个原因。

估计到了 2050 年,中国的综合国力到达相当水平的时候,国际共产主义运动的第四次高潮的出现也就有希望了。

所以,对现在领导人天天讲成绩讲得天花乱坠,我受不了。要说说缺点,谈不足之处。

恩格斯说过,"伟大的阶级,正如伟大的民族一样,无论从哪方面学习都不如从自己所犯错误的后果中学习来得快。"

还有一段是恩格斯晚年的话:"我们还差不多还处在人类历史的开端,而将来会纠正我们的错误的后代,大概比我们有可能经常以极为轻视的态度纠正其认识错误的前代要多得多。"很有道理啊,这讲得多深啊。

以上就是我要谈的,我们国家坚持"四项基本原则"和"三个面向"的原因。主要是这样的三个方面。

就高等教育来说,有两点关键性的东西。

第一点,高校要有胜任的两个党政一把手,校长和书记(不一定要是教育家)。如何才能胜任,需要具备以下五个基本条件。

第一个条件,要有一定的政治理论基础。这个不是老生常谈。现在我们的方向,内容都很具体,很复杂,学校党政一把手没有政治理论基础是不行的。原来是学过三门政治理论课,但是现在是一把手,仅仅是原来学的那么一点点的东西是绝对不够的。现在的国际形势这么复杂,问题多,难度大。江泽民提出了当领导干部要讲政治,没有政治理论基础怎么讲? 特别是到了岗位上之后,不读书不看报,那怎么行呢? 既然到了领导岗位上来,就要学习。比如《参考消息》和报纸,内部保密室里面的刊物都是可以选择性地看的,再忙也要看。对现在这样一个国内外形势,一个大学的两个一把手都要有政治理论知识,至少要读这样的一些文章,我列了一个书单,22篇文章也只有5万字左右。

(1)恩格斯《在马克思墓前的讲话》。

(2)列宁《马克思主义的三个来源和三个组成部分》。

(3)列宁《卡尔·马克思》(传略和马克思主义概述部分)。

(4)毛泽东《反对本本主义》。

(5)毛泽东《实践论》。

(6)毛泽东《矛盾论》。

(7)毛泽东《反对自由主义》。

(8)毛泽东《纪念白求恩》。

(9)毛泽东《〈农村调查〉的序言和跋》。

(10)毛泽东《改造我们的学习》。

(11)毛泽东《整顿党的作风》。

(12)毛泽东《反对党八股》。

(13)毛泽东《学习和时局》。

(14)毛泽东《为人民服务》。

(15)毛泽东《论联合政府》(第四、第五部分)。

(16)毛泽东《在中共七届二中全会上的总结》。①新民主主义的经济政策;②进城以后,抵制糖衣炮弹;等等。

(17)邓小平《坚持四项基本原则》。

(18)邓小平《建设有中国特色的社会主义》。

(19)邓小平《保持艰苦奋斗的传统》。

(20)邓小平《坚持社会主义,防止和平演变》。

(21)邓小平《振兴中华民族》。

(22)邓小平《在武昌、深圳、珠海、上海等地的谈话要点》。

另外,毛泽东的《关于正确处理人民内部矛盾的问题》和《论十大关系》也是应该要读的,就是很难找。

这就是我认为两个党政一把手必须具备的第一个条件。

第二个条件是要懂得教育。要懂得教育,我觉得最重要的是两方面。

第一方面,要懂得教育规律。到底高等教育规律是什么? 就是在《高等教育学》里面,潘懋元讲的外部规律和内部规律这两条,尽管在前年江门的会议上,北师大的一位名教授在发言时说,中国现在的教育研究理论水平太低了,到目前为止,连高等教育发展的规律都还没有找到。潘懋元当时也在场,这句话说得有点过,我的看法是,尽管对于潘懋元说的那个外部规律和内部规律,有一些不同的意见是可以讨论的,但是除去潘懋元提出的这个外部规律和内部规律以外,也可能是因为我的见闻有限,我没有听见第二个人说过“我认为高等教育规律应该是什么”。所以我认为潘懋元提出的这两条还是可以的,我们还是要实事求是一点,不要像这位教授那样讲,也不是说潘懋元的两条就是天经地义的。我认为在没有更好的意见之前,潘懋元的说法就是可以的,不要眼高手低,别人的东西看不上眼,又提不出自己东西来,这样是不行的。

用潘懋元的这两条来看看从 20 世纪 50 年代到现在的高等教育。简单地说,很明显的就是外部规律考虑得多,内部规律考虑得少。目前,快要到世纪之交了,外部规律应该具体执行得更好。比如,课程体系改革,教学内容的改革等等。但是,内部规律这个方面应该承认是做得太差了。主要是在课程体系上面和教学内容上面,人文教育这一部分基本上没有,这是一个很大的缺陷。内部规律说要培养一个全面发展的人。这样,问题就来了,怎么才能全面发展? 问题就在内部规律上。可断定,人文教育是基础。但是要培养年轻一代真正成为马克思所说的全面发展的人,这个人文教育太重要了。有天我们所在支部开会,就有老师说到了这一点,好像德育研究现在越研究越困难。我说,德育研究不和人文教育结合起来,始终是有困难的。可以这样说,人文教育对德育来说也是一个基础。就拿我的亲身经历来说,我的小学、初中、高中、大学只读了很短的时间。当时还在北洋军阀时期,在国民党统治时期,那时候我们有门课叫党义,讲的是孙中山先生的三民主义,建国大纲,建国方略。我们只要知道是什么东西就行了。其实,对我们的人文素质是没有发生什么影响的。我回想我的年轻时代，人文教育方面的东西是从哪里来的，就是大学语文、中外历史、中外地理，分量都是相当重的，就是从这个地方进行熏陶。

人文教育的作用在于培养年轻一代学会做人，学会做一个堂堂正正的人。这是人文教育的最大作用和目的。要达到这样一个目的靠什么？靠的就是人文教育来熏陶，人文也不是生而知之的。只要不去重理轻文，只要把人文教育的课程从小学到大学在课程体系中的地位都能好好体现一下。对于实现内部规律关系太大，从50年代到现在，内部规律没有做好，最大缺陷就在这里，缺少一个基础，缺少一个主心骨，缺少一个灵魂。当然"文革"前的毛泽东思想，倒是维系人心。现在的一个邓小平理论，实际上是一回事。另外，人文教育看来除去课堂之外，课外的东西一样很重要。1925年，在上海发生了"五卅惨案"，整个社会、学校整天强调，这个我印象很深。像每年的5月9号，是我们签署"二十一条"的纪念日，因为年年都在纪念，所以印象也是很深的。但是现在，像"九一八"、"七七事变"，一般也就轻描淡写地提了一下，顶多逢十的时候大搞一下。去年，中央电视台随机采访一些年轻人，什么是"九一八"都不知道。可是我们这样一些年纪大的人，对"九一八"印象之深，很难用言语来形容。

我的小孙女，现在跟我儿子和儿媳都在日本，6岁了，在日本上幼儿园，满嘴的日本话，中文听得懂，但是不会说。他们每次来电话的时候，我就会抓住机会跟儿子讲，你们这个问题不解决，我在思想感情上意见大了，你们年轻，根本不知道历史上的日本人是怎么对待我们的。当年的惨状，你们是不知道。现在慢慢好起来了，她已经能讲一点中文了，但是发音还是很不标准。这就是爱国主义的培养啊。去年的"九一八"、"七七"就是冷冷清清的，这样像话吗？大张旗鼓地纪念又会怎么样？怕什么？

所以，在没有更好的观点出来以前，按照潘懋元的这两条是可以的，但是就是对这两条规律也是做得远远不够的，尤其是内部规律。

第二方面，要懂得教师的重要性。这个就不多说了。

第三个条件，就是要把学校办好，管理核心是学术管理。也就是说，教学、科研是主要的。这个道理很简单，比如说在工厂当一个厂长、党委书记，不围绕生产来管理，是什么厂长？是什么党委书记？行政管理是学术管理的保证。

第四个条件，需要用共产党的"三大作风"——理论联系实际、密切联系群众、批评与自我批评。若用这三大作风看现在的状况，那差得远，当然不能一概而论。三大作风在工作上体现出来，是有很多好处的。

第五个条件，要有自知之明。每次开会的时候，校长、书记讲话都会说，欢迎老同志向我们提意见，但是从来不听意见。我想从胡耀邦讲起。1981年，通过了《关于建国以来若干历史问题的决议》，胡耀邦也升为主席了，在那次会议上，胡讲了一段话非常好："我的地位是变了，但是我的实际情况没有变，我胡耀邦还是原来的胡耀邦，不会因为从现在起，我当上主席了，水平就大大提高，没有这回事。所以欢迎在座的国务委员经常向我提供意见，帮助我。"胡耀邦这个人我是很了解的，很好，不是讲漂亮话的人。

1982 年，北京的《中国青年》这本刊物，有篇文章对我们学校进行了丑化。在文字上面进行了严重的丑化，这不太好吧？即使有缺点，态度也应该是与人为善的。《中国青年》是团中央办的，我写信过去，也没有人理我。我就写信给胡耀邦，把事情的原委都说清楚。胡耀邦只看重要的来信，其他的都要秘书帮忙整理，并且及时汇报。胡看了信之后，让有关同志去调查了一下我的信的真实性。确定属实之后，在上面批了一段话，批评了《中国青年》，说不能这样办刊物，批评也不能夸张。这就证明，他不是说漂亮话的人。胡耀邦就是这样的一位领导，是这样起到领导作用的。

他在位的几年里，到过了很多县，到过湖北恩施。一般说来，中央负责人很少到恩施，连省委都很少去，但是中央总书记却到了恩施。

所以我觉得一把手就要具备这样的几个条件。

前面说的是，就高等教育来说的两点关键的第一点。第二点，是经费问题。

"三个面向"没有物质条件是不行的，比如实验室、图书馆都困难得很。没有钱就没有物，尤其是实验室和图书馆。我们都是唯物主义者，需要最起码的物质条件。要办好学校就是人、财、物。

想要办好学校，没有物就是空谈，是无米之炊，办好学校就是这样的两条。第一是人，第二就是钱，有了钱才能有物。

中国高等教育的主要发展趋势*

今天我们讲第六讲:中国高等教育的主要发展趋势。

根据中国高等教育的发展方向和中国高等教育的目标,中国高等教育的主要发展趋势,我认为主要有以下三点。

一、高等学校要成为加强精神文明建设的基地

(一)为什么要加强精神文明建设

在全国范围内加强精神文明建设,高等学校有其特殊性。它是培养高级人才的。这些人将来是要掌权的。

只要我们社会主义的中国不变颜色,而且在今后的几十年中能够进一步地富强起来,对全世界今后的共产主义运动必然要起很大的乃至决定性的作用,使共产主义运动从第三次低潮走向新的高潮。我们马克思主义者应该有这样的信心:总有一天会出现新的高潮! 这是由历史唯物主义所决定的。

当然,如果我们变了颜色的话,那就是另外一回事了。关于这一点,西方资本主义国家的统治阶级和他们的代表人物是完全了解的。因而,处心积虑地对我国实行"分化",叫做"没有硝烟的第三次世界大战"。今年(指1997年)1月30日,美国《纽约时报》发表了一篇社论,题目叫做《柏林墙与中国》,就是最新的证据。

大家都知道,1989年10月,戈尔巴乔夫同意联邦德的做法,撤掉柏林墙。

---

* 本文为作者给1996级博士生所授课程"中国高等教育的今天和明天"的一部分,根据作者的讲课录音整理而成。

但就在 1989 年的年底,东欧就变了;紧接着 1991 年,即两年之后,苏联就解体了,好快呀！柏林墙的倒塌,是东欧和苏联社会主义垮台的标志,《纽约时报》的社论把这样一个政治性很强的敏感的名词"柏林墙"与中国相提并论,他们的意思是说:你们中国总有一天要和东欧一样,要变颜色的。他们讲得很公开呀！一点也不隐讳,完全是明目张胆。

这就是我们面临的严峻的国际形势。

我国新华社在 1997 年 2 月 5 日广播了评《纽约时报》这篇社论的署名文章,题目叫做《驴唇不对马嘴》。这篇署名文章说:柏林墙的倒塌是苏联、东欧地区等社会主义国家相继瓦解的重要标志,《纽约时报》对此念念不忘,情有独钟,这是由于它所代表的垄断资产阶级的阶级利益使然。无须大惊小怪。尽管这篇署名文章指出"把柏林墙与中国相提并论是驴唇不对马嘴",话说得很清楚,但是我们应该看到:要真正使我们国家永远立于不败之地,确实很不简单哪！这是由于我国目前有些情况不能不令人担忧。

先说改革开放吧。

实行开放政策是非常必要的。从我国历史上看,凡是实行开放的朝代,例如汉朝,特别是唐朝,实行了很好的政策,都很兴盛。反过来说,实行闭关自守,不开放,例如从明朝中叶以后(大约是公元 1500 年左右)至鸦片战争以前,大约是 400 年,我们国家是大大地落后了。在这 400 年里,哪怕是"康乾盛世"期间,也是把大门关得紧紧的,夜郎自大:哎呀我们是天朝帝国,是世界的中心——中国。骄傲得很不注意向别人学习。而恰恰在这个 400 年期间,西欧进行了"文艺复兴"(也就是在公元 14—16 世纪),从中世纪的封建时代解脱出来,发展资本主义。西欧这些国家,当时在经济上、文化上都比中国落后,但"文艺复兴"后,发展了资本主义,从此赶到了中国的前面。这是一个十分深刻的历史教训,我们必须吸取！

因此,我们必须坚决实行改革开放的政策。这一点我们应该坚定不移。

但是,开放也会带来一些消极因素,我们必须加以防范。正如邓小平曾说过的:打开窗户,会有个把苍蝇飞进来,这并不可怕,及时把它消灭掉就是。

再说搞市场经济吧。

实行社会主义市场经济也是完全必要的。毫不含糊地讲,这是不可逾越的历史阶段。如果说可以逾越的话,那就叫做空想的社会主义,或者说叫做农业社会主义。那还不是科学的社会主义。作为一个马克思主义者,应该充分认识到这一点。毛泽东同志在《论联合政府》里讲到:"我们不要怕发展一点资本主义。"我国在"大跃进"时期是想逾越这一历史阶段的,实践证明是不对的。

但是,我们应该清醒地认识到:市场经济的本质属性毕竟是资本主义的经济性质。这个观点是不见诸任何文字记载的，是我个人带有研究性质的观点，大家可以讨论。这正如自然经济的本质是封建性质一样，这不是危言耸听，这是科学。正因为它（指"市场经济"）是资本主义性质的，与我们坚持的社会主义方向是有矛盾的，所以社会主义市场经济实行起来非常不容易。

搞社会主义市场经济，我们没有任何现存的经验可以借鉴，完全是摸着石头过河，所以需要我们创造性地开展工作。大家知道，市场经济是讲利益驱动原则的。这就容易带来诸多的消极因素，很多人会只为自己赚钱，而忘记了国家、集体、他人的利益。怎么办？我看我们应该加强宏观调控。资本主义国家不也搞宏观调控吗？1929—1933 年资本主义经济危机之后，每个国家都注意宏观调控。我们不仅要运用经济杠杆来搞宏观调控，必要的时候还要有行政手段。如去年棉花市场很混乱，很多人到农村自由收购，然后高价出售，为个人或小团体谋利，搞乱了市场，影响了企业的生产。因此我认为，适当恢复一点棉花统购统销的行政办法是必要的。当然，宏观调控还是应以经济手段为主。

现在的问题就在于我们对社会主义市场经济的积极方面注意了，而对消极方面实际上不大注意。

以上谈的是值得注意的问题，有开放的问题，有市场经济的问题。这些都增加了我们加强精神文明建设的紧迫感。现在中央决定：要加强社会主义精神文明建设，说到底，正是为了反对越来越多的"右"的干扰，正是为了反对市场经济所带来的越来越多的消极方面。《中共中央关于加强社会主义精神文明建设若干重要问题的决议》（以下简称《决议》）指出：要肃清"文化垃圾"（又叫"扫黄打非"）。过去我们有些成绩，但也有问题，现在要进一步地抓好。

学校是培养人的地方，责无旁贷，必须成为建设精神文明的坚强基地。

春节前三天，我特约朱玉泉同志（中共华中理工大学党委书记）谈了一次话，建议这学期的工作要把加强精神文明建设列为第一项，当作大事来抓。现在中央做出了决定，这是千载难逢的机会，机不可失。这不是随随便便就能搞好的，没有一整套措施是不行的。

（二）如何加强精神文明建设

第一，要加强思想建设。在春节前（指 1997 年春节）召开的全国纪检工作会议上，江泽民同志说："物质贫乏不是社会主义，精神空虚也不是社会主义。"我觉得这两句话讲得很好。我认为，所谓"精神空虚"就是缺少了精神支柱，失去了理想与信念。江泽民的话当然是有针对性的。现在在我国，确实有不少的人认为，只要有钱就行了，还管它什么社会主义信念不信念。精神空虚啊！

青年学生也不例外,这是很危险的!

邓小平说:"现在中国提出'四有',有理想、有道德、有文化、有纪律。其中我们最强调的,是有理想。""没有这样的信念,就没有一切。"①在青年教育上要讲理想。这是邓小平 1986 年 11 月 9 日会见日本当时的首相中曾根康弘时的谈话。这段话讲得很好啊!邓小平又说过:"现在有人担心中国会不会变成资本主义。这个担心不能说没有一点道理。我们不能拿空话而是要拿事实来解除他们的这个忧虑,并且回答那些希望我们变成资本主义的人。我们的报刊、电视和所有的宣传工作都要注意这个问题。我们这些人的脑子里是有共产主义理想和信念的。要特别教育我们的下一代下两代,一定要树立共产主义的远大理想。一定不能让我们的青少年作资本主义腐朽思想的俘虏,那绝对不行。"②

如何在青年学生中进行理想教育?我反复考虑,要加强马克思主义的理论教育。尽管现在政治理论教育还存在种种问题,但还是要研究,要设法解决。

湖北省教委副主任陈传德同志去年到中央党校学习了三个月。据他告诉我,他们首先学马克思主义的三个组成部分:哲学、政治经济学和科学社会主义,然后学民主与法制、党的建设。三个月学习了五个部分的内容。他说:"确实是学与不学大不一样,收获很大。中央党校的老师讲课都能理论联系实际,听了体会很深。"

我回想我自己的成长过程,在小学,特别是中学时代接受了科学教育,又接受了比较好的人文教育。我记得当时我还正儿八经地学习了音乐、美术。当时扬州缺少音乐、美术教师,学校就特地到上海去请。我到现在还记得一个叫吴人文的美术教师,他是学校当时从松江请来的,他的课讲得很好。现在回想起来,觉得当时学的东西真是终身受用不尽,这也许就叫做形成了人文精神吧!我在中学还学习过手工,对培养创造精神和能力很有帮助。进入大学后,利用业余时间,阅读了许多当时进步书店出版的哲学、经济学等方面的书籍,特别是去延安以后,比较系统地接受了马克思主义教育,也就是接受了共产主义理想信念的教育。在延安整风运动之前,学习了不少知识,但方法上教条主义的东西不少。整风运动之后,就抛弃了教条主义的东西。这两个时期对我的成长,好处非常大。

当然现在时代不一样了,我们要有别的好办法来代替它。

---

① 《邓小平文选》(第三卷),人民出版社 1993 年版,第 190 页。
② 《邓小平文选》(第三卷),人民出版社 1993 年版,第 111 页。

早在 1901—1902 年，列宁在他写的《怎么办》一书中是这样讲的："我们说，工人本来也不可能有社会民主主义的意识。这种意识只能从外面灌输进去。各国的历史都证明：工人阶级单靠自己本身的力量，只能形成工联主义的意识，即确信必须结成工会，必须同厂主斗争，必须向政府争取颁布对工人是必要的某些法律，如此等等。"列宁指的社会民主主义意识即社会主义意识，他所说的"灌输"不同于现在教学方法中所说的"注入式"。所谓工联主义，简单地说就是为经济利益而斗争，只限于向厂主自发性地斗争，不涉及政治。列宁讲这话是有针对性的，他是反对这种"自发性"的观点的。他主张灌输社会主义革命的意识。人不可能是生而知之的，有时是需要灌输的。工人阶级需要"灌输"，青年学生也需要"灌输"。我就是被"灌输"过来的。关键是你被"灌输"之后，你再怎么样去理解它，提高它。

因此，为了我国的前途，为了培养可靠的革命接班人，应对青年学生进行一定的灌输，就像灌输科学知识一样，灌输马克思主义，对他们进行基本的理论教育。只有这样，才能为思想建设打下很好的基础，在青年学生身上树立正确的精神支柱。

我有时很不理解，上面很多党政主管部门的领导同志，明知现在政治理论课的效果不好，但就是不闻不问。在这种情况下，我们很多学校领导也就放任自流，不做研究。尤其是对两课，即公共政治理论课、德育课，就是不研究怎么搞。这是极不负责任的态度。我是很有意见的。

其实只要认真对待，问题总是可以解决的。否则马克思主义真是"不灵"了，真是"过时"了。青年学生毕竟是青年人，只要讲清楚道理，他们是完全可以理解的。问题是政治理论课如何教？应该说，作为教师总希望把课教好，取得好的效果。现在处于大变革时期，新问题很多，老一套不行了，要改革，要将理论与现实很好地结合起来，要研究新问题，做出合乎科学的说明。要提高学生的思想认识。事实上，有的教师已经这样做了，外校有，我们学校也有。我们学校的何抗生老师的课就很受学生欢迎嘛。但领导毕竟是关键，上上下下有关的各级领导都应该加强对政治理论课教学工作的研究与领导。否则，经常在口头上说要加强马克思主义的学习，就成了空话、废话。长此下去，后果是非常不好的。所谓信仰危机，势必越来越严重。正如邓小平所说的："没有这样的信念，就没有一切。"还应该看到，在学校中，不仅学生的政治理论课教学工作中存在种种问题，老师和干部的政治理论学习也存在种种问题。我总觉得现在的政治理论学习与"文革"前 17 年相比，那真是有天壤之别啊！这也是风气不好的一种表现，是一种不讲政治的倾向。在这方面，应该说比抓学生的学习要好抓得多，问题就在于抓还是不抓。

我们现在确实应该正儿八经地研究一下:怎么搞才好?

其一,思想建设,主要是理论建设。不解决好这个问题就谈不上树立正确的理想和信念,谈不上真正能够树立起很好的精神支柱,谈不上克服在某些青年学生当中和青年教师当中存在的"信仰危机"。

其二,在加强思想建设的同时,应加强道德建设。道德是人与人之间的关系,人与集体之间的关系,人与社会之间的关系。这里我想讲得具体一点,而且将教师、干部、职工和学生中的道德建设,完全结合在一起讲。

1993年10月的一天晚上,在我们学校举办的"科技节"的开幕式上,校团委邀请我和杨叔子校长讲讲话。我因为有事,只讲了10分钟,没有展开谈。我讲的主题是要求学生"学会做人,学会做事"。当时参加开幕式的武汉其他高校的团委书记们都说他们好久没有听到这样的讲话了。学生们听了反映较好。1994年以来,学校很多院系都请我去讲这个问题,我就有机会围绕这个主题展开来谈。我在校刊上也写过类似的文章。

关于"学会做人",我认为,第一,要学会做把奉献放在第一位,把索取放在第二位的人。马克思主义也讲索取,但更讲奉献,是把奉献放在第一位的。

1994年三四月份,学校业余党校约我去向学生讲一次课。为此,我邀请几位有关干部谈谈学生中的情况,以便决定讲的内容。当时的校团委书记周进说:"现在的学生最爱听的字眼是'索取',最不爱听的字眼是'奉献'。"于是我就针锋相对,决定讲的题目就是"奉献第一,索取第二"。而且那天晚上一开始就把题目亮了出来。记得那天晚上我引述了毛泽东的《论联合政府》的最后一段的有关内容,告诉青年学生新中国是很多先烈用生命和鲜血换来的。

毛泽东在《论联合政府》中说道:"无数革命先烈为了人民的利益牺牲了他们的生命,使我们每个活着的人想起他们就心里难过,难道我们还有什么个人利益不能牺牲,还有什么错误不能抛弃吗?""成千成万的先烈,为着人民的利益,在我们的前头英勇地牺牲了,让我们高举他们的旗帜,踏着他们的血迹前进吧!"

记得我还讲了我自己十分熟悉的几个人的事迹。初中时有个叫杨瑞年的女同学。她读过师范,当过教师。抗战爆发后参加了新四军,在新四军军部当宣传队队长。皖南事变时被俘,关在上饶集中营。国民党要她写悔过书,把共产党骂一顿,把国民党吹一顿,她就是不干。后来日本人打过来了,他们被押着往武夷山一带转移,准备到福建。当时的党支部组织了暴动。有些人跑了出来,她当时没有跑出来。尽管她当时还不是党员,但她革命信念相当顽强,被国民党枪杀了。牺牲时她才二十五六岁呀!高中时代有个叫何懋勋的同学,高中毕业后考进了清华大学。抗战爆发后,他到山东西北部参加了聊城专员范筑先领导的抗日游击队。他在那儿当游击队的政委，在一次战斗中牺牲了。大学时代有两个同系（外文系）的同学，一个叫林守正，参加新四军的那个叫谢文耀。林守正直到新中国成立后还毫无音信。谢文耀随刘邓大军南下，进行土改时，被国民党残余武装杀害了。后来革命队伍里和我经常在一起的同志就牺牲了4个。这些同志我都很熟悉啊！

那天晚上我讲了两个小时，有300人听了。事后了解，反映很好。这也说明青年人是通情达理的，只要导之以理，动之以情，他们是能够接受的。现在有些学生把索取放在第一位，他们不了解新中国是怎么来的，不知道新中国有多少人做出了牺牲，我们要向他们讲清楚。青年人如果把奉献放在第一位，把索取放在第二位，就是全心全意为人民服务，就是有职业道德。

第二，学会做中流砥柱、不随波逐流的人。现在的社会风气有不好的一面，各种丑恶风气很盛行。我们就是要培养一大批敢于自觉抵制这种丑恶风气的人。不能让他们也随波逐流。这一条很重要。但现在很多人做不到，不敢做。

第三，做有批评与自我批评精神的人。现在很多人几乎没有批评，自我批评也空泛得很。我们党是有这个优良传统的呀！毛泽东曾把这个作为我们党的三大作风之一。我们很多党员同志们都忘记啦。青年人更不讲这个了，这怎么能行啊。

学会了做人，同时还应学好本领，即"学会做事"。只有这样才能很好地参加国家建设事业。对学生如此，对教师、干部也是如此。

加强道德建设，中心是学会做人。我就是这个看法。做到了上面的几点，才算得上是一个堂堂正正的中国人。

做到了这几点，也就能够为人民服务，全心全意为人民服务。这也是《决议》指出的道德建设的核心。做到了这几点，教师、干部、职工的职业道德问题也就解决了。学生将来工作的职业道德也就有了保证。做到了这几点，再加上有正确的思想信念，有精神支柱，就可以保证我们国家长治久安，永不变色。

为了真正地加强精神文明建设，正如《决议》第五条所指出的："强调党要加强对精神文明建设的领导，必须狠狠地抓，一天不放松地抓，从具体事件抓起，关键是党风建设和领导干部以身作则。"这个关键，讲起来也是一个很大的专题，这里就不展开来谈了。只是要牢牢地记住，这是关键，否则，一切无从谈起。

今天我谈主要的发展趋势，就是要抓住这一点，这也是社会主义高等学校与资本主义高等学校的根本区别之所在。

二、要转变教育思想,加快教育改革

从 1978 年 12 月,党的十一届三中全会到现在,整整 18 年过去了。但教育改革十分迟缓,远远不能令人满意。我认为原因有以下几点。

第一点,也是根本原因,就是 18 年前那场关于真理标准问题的大讨论没有在高校深入进行。当时教育部的几位领导,以为"文革"前 17 年没有问题,只要恢复到"文革"以前那样就很好,无须改革,没有认识到这是一件关系到思想路线的大事。思想路线问题不解决,思想认识不提高,一切改革自然无从谈起,这不能不是极大的教训。

第二点,是积习难改。列宁说过:"千百万人的习惯势力是最可怕的势力。"这句话多少年来我一直记得。高校界负责人和广大教师都是从 20 世纪 50 年代苏联模式中培养出来的,已形成了一种难以摆脱的习惯。就像中国的那句老话说的"江山易改,禀性难移"呀!

第三点,有畏难情绪和懒汉思想。有些高校负责人这几年也逐渐认识到:高校需要改革,但又不知从何着手,觉得难度很大。这些人当中有些很懒,不学习,不研究,只能说些空话,如什么"以学科建设为龙头,深入进行教学改革"之类,做表面文章,年复一年,敷衍了事。实质上没有搞改革。这种现象不是个别的。

因此,现在要进行改革,必须首先解决思想问题,用很大的力量来解决思想问题。完全有必要进行转变教育思想大讨论。姚启和教授曾写过一篇文章,题目是《转变教育思想是教学改革的先导》;蔡克勇同志也写过一篇文章,题目是《转变教育思想 加快教育改革》。这两篇文章都写得很好,我看了两遍,没有空话,内容都不错。我没有大的意见,只是蔡克勇同志的文章里把"knowledge explosion"一词译成"知识爆炸",我认为译成"知识激增"更准确些。十几年前《文汇报》的一个记者访问我,我曾表达过我的这个译法,还曾被登载在《文汇报》上。我建议同志们尤其是研究生同志们都仔细看看,所以我这里就讲简单一些。也许有人对其中的个别观点有看法,这是正常现象,可以讨论,越讨论越清楚。

在这里我还是要强调一点:我们高等教育要培养具有综合素质的大学生、研究生。这一点要非常明确,它是我们进行高等教育改革的重要目标之一。

所谓具有综合素质的大学生、研究生,我认为应包含以下三个方面的内容。

(1)要有良好的精神状态。过去如此,现在如此,将来更是如此。我们党在过去几十年的革命和建设中,为什么能克服那么多的艰难险阻,取得最后的胜利,就是因为我们党的同志包括军队的同志精神状态很好。

保持良好的精神状态我认为必须有两个基本条件:①具有正确的信念和实现这种信念的事业心;②要具有人文精神和良好的品德。这都是些看不见摸不着的东西,是非常好的内在素质,是做一个很好的人所必需的。

(2)要有宽厚的基础科学知识。不仅包括数学和自然科学知识,还包括社会科学知识。特别是现在,科学技术发展非常快,如果有了宽厚的基础科学知识,出现了新的科学知识就容易理解、接受和发展。

(3)要有较好的创造才能。当今世界已进入"信息社会"。我国起步晚一些,还不是发达的"信息社会"。但从世界发展的趋势来看,已进入了"信息社会"。从全球范围来说,现在科学技术的发展已经不是"日新月异",而是"瞬息万变"。前不久,我接到校友王天骏(华中工学院七八级研究生)从美国的来信。他专门从事数字高清晰电视大规模集成电路的开发工作,身处多媒体高科技的前沿,目睹了信息革命生气勃勃的景象。他说:"要赶超世界先进水平,目前我国要培养一大批有创造才能的'轻骑兵'。"这些建议也许实行起来有些不现实。但我认为,我们可以先试验一下,可以在少数学校的一些班级搞搞试点。如在本科学校开三年的专科班,科学合理地安排专业课、基础课,侧重培养学生的科学创造才能。我想这是可行的。

当然,学无止境,人无完人。一般来说,我们培养出来的学生,不可能每个人都是尽善尽美的。但要以上面三点作为奋斗目标,应该这样明确地提出来。

另外,教育是一个整体,只靠大学的改革不行,各级各类学校要密切配合,同步进行。我国 20 世纪 50 年代,大学生学习负担很重,中、小学生的学习负担不重。现在反过来了,中、小学生的学习负担很重,而大学生学习负担不重。回顾六七十年前,我读小学、中学的时候,负担都不重。高中还有多种课外活动,学生学习休息都很合理。那时除了完成正常的学习任务外,我还看了很多课外书籍。每天下午打球,寒暑假还可以轻松地休息、玩一玩。我要坦率地讲:我国现在中、小学教育太落后了,应试教育太不科学了,已经到了非改革不可的地步了。

三、一部分高校应成为研究高科技的重要方面军

"文革"结束时,我国的科技水平大体落后国外发达国家 30 年,1978 年全国科学大会后到 20 世纪 80 年代中期,大体上相差 20 年。但随后由于经济条件不好,投入少,科技开发不够,目前我们与国外发达国家的距离又拉大了。

因为恰在 1985 年以后,西方发达国家又大大地向前发展了一步。如果我们不迎头赶上去,差距完全有可能进一步拉大。

今年的两代会期间,李鹏总理在和代表分组讨论时说:到 2000 年,科研经费投入比例将由目前的占国内生产总值的 0.4% 增至 1.5%。若能如此,情况将非常乐观。我希望在 2000 年以后,再能多投入一点来发展科技,使我国能赶上世界发达国家。

在经费尽快增加以后,我们就有可能在不长的时间内赶上去。回顾苏联情况与我国在 20 世纪五六十年代的情况,就可以证明。

苏联从第一个五年计划开始以后到 1941 年德国进攻苏联以前,仅仅十几年,在经济和科技方面,就已成为欧洲强国之一。

二次大战中,苏联各方面损失很大。但在二次大战以后,仅仅过了 12 年时间,就将世界上第一颗人造卫星送到天上,震动了全世界,特别是美国。后来,原子弹与氢弹相继制造成功,成为世界上两个超级大国之一,与美国平起平坐。

再看看我们中国,中苏关系开始恶化以后,完全凭借我们自己的力量,在 20 世纪 60 年代到 70 年代初,两弹一星也相继制造成功。

所有这些都说明,只要增加必要的经费,科技力量使用得当,在今后不太长的时间内,在高科技方面是可以赶上世界先进水平的。而且也非赶上不可。

在科技力量方面,毫无疑问,高等学校,特别是其中一部分高等学校,在科技人员的数量方面多于科研院所;在水平方面,也属于前列。十几年来,这些学校在高科技方面也取得了很明显的成绩。就以我们学校而论,在过去十几年中,承担了来自国防科工委和航天部的高科技研究课题,我们都完成得很好。

因此,为了赶上世界先进水平,一部分高等学校应该进一步成为高科技研究的重要方面军。

综上所述,可以把我国高等教育的主要发展趋势,归纳成为三句话:不变色,要改革,赶上去。这也是我们这门课最后的结论。

我当校长时创造性的工作主要是两件半事情：一是提出了发展的新思路，"走综合化道路"和"科研要走在教学的前面"；二是采取超常规的办法广揽了一大批人才；半件事情是植树造林。

朱九思 ◎ 著

华中科技大学出版社
http://www.hustp.com
中国·武汉

朱九思全集

（下卷）

内容提要

　　《朱九思全集》分上、下两卷，上卷为"高等教育思想"，下卷为"高等教育管理"。收录的文章最早完成于1977年，最近完成于2013年，时间跨度达36年。上卷"高等教育思想"集中了朱九思对教育科学、学术自由、人才培养模式、大学职能等理论问题的思考；下卷"高等教育管理"荟萃了朱九思对高等学校运行过程中诸多管理问题的思考，以及如何办大学、如何办好大学的经验总结。

　　此套《朱九思全集》，内容丰富，观点鲜明，思想深刻，经验独到，反映了作者对高等教育理论的把握与升华，对高等学校管理实践的创新与担当。更重要的是，反映出作者在高等教育发展问题上的高瞻远瞩。

　　《朱九思全集》不仅给我国各级各类高等学校的办学者和高等教育管理机构的领导者以理论启迪和实践参照，给各学科领域的高等教育研究工作者以思想触动和行动推进，而且给基础教育管理部门领导和学校教师以教育思想渗透和实践工作榜样，对世界高等教育的改革与发展也具有理论和实践上的参考价值。该书适合全口径教育领域工作者和所有关心教育和高等教育发展、关心高等学校办学的仁人志士们阅读，适合广大高等院校师生学习参考。

图书在版编目(CIP)数据

朱九思全集(上卷)(下卷)/朱九思著. —武汉：华中科技大学出版社，2014.10(2025.5 重印)
ISBN 978-7-5680-0463-3

Ⅰ.①朱…　Ⅱ.①朱…　Ⅲ.①高等教育-文集　Ⅳ.①G64-53

中国版本图书馆 CIP 数据核字(2014)第 244124 号

朱九思全集(上卷)(下卷)　　　　　　　　　　　　　　　　　　朱九思　著

策划编辑：周晓方　钱　坤
责任编辑：章　红　殷　茵
责任校对：何　欢
封面设计：饶　益
责任监印：周治超
出版发行：华中科技大学出版社(中国·武汉)　　电话：(027)81321913
　　　　　武汉市东湖新技术开发区华工科技园　　邮编：430223
录　　排：华中科技大学惠友文印中心
印　　刷：湖北新华印务有限公司
开　　本：710mm×1000mm　1/16
印　　张：41.25　插页：6
字　　数：778千字
版　　次：2025年5月第1版第2次印刷
定　　价：168.00元(上、下卷)

作者简介

朱九思　华中工学院1953年至1984年的主要领导人。1916年农历正月十八生于江苏扬州。1929年至1935年在扬州中学读书。1935年至1936年在浙江大学物理系任职员。1936年9月至1937年12月在武汉大学学习。1937年12月至1938年6月在延安抗日军政大学学习，1938年12月至1942年5月任"抗大"教员。1942年5月至1946年6月在晋察冀军区第三、第四军分区和冀晋纵队工作。1946年6月至1953年1月先后任《冀热辽日报》（《群众日报》的前身）、《天津日报》、《新湖南报》（今《湖南日报》）副总编辑、总编辑。1953年1月至6月任湖南省教育厅常务副厅长。1953年6月任华中工学院筹备委员会副主任兼党组负责人，1955年6月起历任华中工学院副院长、院长、党委书记、党委书记兼院长，一直到1984年12月26日退离领导岗位。其后，在华中工学院高等教育研究所（1980年10月由他亲自组织成立的高等教育研究室，现华中科技大学教育科学研究院的前身）从事高等教育研究、高等教育学专业的教学与研究生指导工作。先后出版《高等教育刍议》、《高等教育散论》、《竞争与转化》和《开拓与改革》著作，发表几十篇论文，指导了12名硕士研究生和9名博士研究生。

目录

高等教育管理

附　　录

下　卷
高等教育管理

高等学校管理的若干基本原则和方法*

谈到高等学校管理,似乎可以做两种考虑:一种是狭义的,就是我们经常所讲的那些具体的行政管理工作、规章制度等;另一种是从广义上理解的管理。譬如说,我们讲企业管理,就是讲如何把一个企业办好,提高经济效益,而绝不只是讲搞好吃饭、住房、交通等这些行政管理工作。讲高等学校管理,实际上要涉及高等学校的全部工作。今天我就打算讲得宽一些,在一定的程度上涉及对高等学校的领导问题。对高等教育,我没有专门研究。我只能讲一些自己在高等学校工作30多年的实际体会。虽然主观上想尽量讲得概括一点,但不一定能讲好,只能凭经验讲,讲些意见供人家研究时参考。我准备讲以下三个部分:第一,精神状态;第二,原则;第三,方法。主要讲第二和第三部分。

一、要有良好的精神状态

这一部分我要讲的是:从斗争中开创新局面是一个思想路线问题,必须有一个良好的精神状态或革命风格,要做一个"有为之人",而不要成为"平庸之辈",更不要成为"昏聩之徒"。这些意见也不是我凭空想出来的,而是由参加党的第十二次全国代表大会,学习十二大文件,以及从报刊上发表的社论、文章中所得到的启发。

我们都很熟悉,毛泽东同志在1930年写的《反对本本主义》,是一部战斗作品,思想内容十分深刻。它不仅提出了"没有调查,就没有发言权"这个后来

---

* 本文是作者1982年11月11日在中央教育行政学院的一次演讲,曾作为《高等学校管理》一书的"代序"发表。

在党内成为马克思主义的起码常识的口号，不仅阐明了提出这个口号的理由，而且提出了"共产党人从斗争中创造新局面的思想路线"。也就是说，毛主席在1952年前，在我们党的历史上就第一次提出了思想路线问题，而且把"从斗争中创造新局面"提到思想路线的高度。胡耀邦同志在党的十二大所做的报告，也提出要"全面开创社会主义现代化建设的新局面"。现在，大家都在学习十二大文件，我们每一个同志都要想一想，联系到我们的工作，怎样从斗争中创造新局面，并且把它提到思想路线的高度来认识。

今年10月25日，《人民日报》发表了一篇社论，题目叫做《开创新局面要有什么样的精神状态？》，我觉得这篇社论很重要。它提出了这样一个重要问题：开创新局面，没有一个良好的精神状态是不行的。社论中讲，"开创新局面，要做的事情很多。重要的一条，是使广大干部群众，首先是领导干部，有一个好的精神状态，或者说有一种革命风格"。这种精神状态，或者说革命风格，"概括地说，就是十二大报告中提到的'振奋精神，开拓前进，坚韧不拔，奋斗不息'。"这篇社论在强调了这4句话之后，接着就讲："有了这样一种精神状态或革命风格，才能使十二大确定的方针任务得到很好的贯彻执行，在实践中取得更加明显的效果。"为了进一步来说明这个精神状态，这篇社论继续说："要继续解放思想，勇于改革，勇于创新"；"要不怕困难，不怕挫折"；"要有创大业、攀高峰的雄心壮志"。这篇社论在后面还讲了："要放开眼光，拿出魄力，以最佳的竞技状态，进行创造性的工作，在祖国的辽阔大地上，干出一番前人从来没有做过的伟大事业。我们的后代回顾二十世纪末叶这段历史时，将会对我们作出评价。无非是三种可能：说我们是'有为之人'，说我们是'平庸之辈'，说我们是'昏聩之徒'。同志，请认真想一想，自己究竟属于哪一种人？"非常明显，我们应该做"有为之人"，不能做"平庸之辈"，更不能做"昏聩之徒"。但是究竟属于哪一种人，第一，要我们每个人自己想一想；第二，要让历史来评价，让我们的后代来评价。

另外，10月22日新华社报道了胡耀邦同志在陕西省西安一个干部会议上讲话的摘要，其中最重要的两句话是："思想更加解放一点，改革更加大胆一点。"我觉得胡耀邦同志的这两句话也是提出了一个精神状态的问题，这和十二大精神完全一致。第一部分引言我就讲这么多。

二、高等学校管理的一些基本原则

关于高等学校管理的基本原则，我主要根据个人在学校工作30多年的体会提出以下5点。也可能不仅仅是这些内容，还有其他的原则，谈出来请大家讨论。

（一）必须坚决按照党的路线、方针、政策办事，就现阶段来说，就是必须坚决按照十二大的精神办事

我觉得这是高等学校管理要遵循的第一条基本原则。我们正在学习十二大文件，学习要和实际工作联系起来，要和我们如何把学校办好联系起来。十二大确定了翻两番这样一个非常宏伟的战略目标，我们的工作到底怎么办？这是一个极其严肃的问题。没有全党全国人民付出极大的努力，翻两番是不可能实现的。这不是没有信心的问题。我们大家都有信心，问题是怎样把信心变成事实。经济上实现翻两番的战略目标，需要大批人才。有的同志算了一笔账，需要2000万。我国今年招收大学生30万多一点，假定全部都是学工程的（事实上工科只占百分之六十几），4年以后学生毕业的时候，全民所有制企业（现在全国已有38万个）平均一个单位还分配不到一名大学毕业生。何况还有大批集体所有制企业更需要补充技术人员。很显然，依靠我们现有的普通高等学校是难以完成这一任务的，必须采取多种形式办学，这就要求全党重视教育，都按党的十二大的精神，真正把教育和科学作为战略重点之一。胡耀邦同志在十二大的报告中指出："过去由于'左'倾思想和小生产观念的束缚，在我们党内相当普遍、相当长期地存在着轻视教育科学文化和歧视知识分子的错误观念。它严重地妨碍我国物质文明和精神文明的建设。"过去确实是这样，孤立地搞经济，不重视教育，在经费安排上是"一生产，二财贸，凑凑合合搞文教"。党的十二大把教育和科学列为经济发展的战略重点，这在我们党的历史上是第一次。这是符合社会主义建设的客观规律的。现在国外流行着两句话："生产力的竞争主要依赖于科学技术的竞争；科学技术的竞争主要依赖于教育的竞争。"我认为这两句话是有道理的。它讲清楚了经济工作、科学技术和教育三者之间的关系。孤立地搞经济是不行的，经济的发展靠科学技术的进步，而科学技术的进步则靠教育为之培养人才。不培养人才，科学技术从何而来？所以十二大确定教育和科学作为战略重点之一，是把教育摆在前面的。前一段报刊上宣传湖北省襄樊市，说襄樊市的经济发展快，是由于重视科学技术。这当然是对的，但不全面。据了解，襄樊市委很重视人才，重视落实知识分子政策。这几年他们从外地调去了500多名科技人员，有了一批科学技术力量，才促进了生产的发展。

党的十二大已把教育和科学列为经济发展的战略重点，我们高等教育怎么办，从宏观上说，整个高等教育怎么办，我们要考虑。从微观上说，我们每一所高等学校怎么办，也要认真地研究。执行十二大的决议，我们教育战线，从上到下，从宏观到微观，都要很好地研究教育如何开创新局面的问题。这是我们每一个同志都必须认真考虑的问题。

党的一系列方针政策我们都要认真执行。例如知识分子政策，对我们高等学校来说就十分重要。党中央、毛泽东同志对知识分子历来十分重视。实践证明，没有知识分子的参加，革命不可能胜利。现在我们搞建设，更需要重视和培养大批知识分子。在高等学校执行知识分子政策，有许多问题要我们认真研究。例如评定和提升教师的职称，就是一项政策性很强的工作。到底怎样做好，现在是看法与做法都不尽一致。虽然不能说有什么根本的分歧，但我觉得有必要提高到执行知识分子政策的高度加以研究。对于教师评定和提升职称，教育部规定了具体的标准，很全面。既有政治思想方面的要求，又有业务能力方面，包括教学、科学研究和外语水平方面的要求。按照这个标准执行，有利于促进教师思想上和业务上的提高，促进教学工作和科学研究工作的开展。这个标准，也就是党的知识分子政策在这一方面的具体体现。据了解，现在许多学校对这个问题掌握得很好，符合党的政策，符合教育部规定的提升职称标准。但是也有的值得商榷。比如说，"副教授提到哪一年参加工作的人"？有的说提到 1954 年，有的说提到 1955 年，有的说提到 1956 年。我觉得这种提法值得商榷，既不见之于党的政策文件，也不见之于教育部的具体规定。我们可以找一找，哪里有这样的规定，说什么提升副教授职称只能到哪一年参加工作的人，晚于那一年说什么也不能提。党的政策哪有这一条？这叫做论资排辈。现在干部要"四化"，其中就有一个年轻化。我们的教师队伍现在也是老化得不得了。干部要"四化"，教师却要老化，这是很离奇的，但确有这样的事情。另外一种情况就是规定数字，分配具体指标。调整工资限于财力可以这么干，比如说有一次调整工资，规定只能调百分之四十。定编制更需要一个具体数字，几比几，多少人。但提职称完全是看他本人的条件是否合乎标准，事情非常清楚。但确有这样做的，层层分配提升指标，省里分到学校，学校分到系，系分到教研室。当然这样做的可能只是个别地方。这不仅值得商榷，而且可以说是错了。还有一些说法，什么提多了、少了。多了、少了不是一个政策，党的政策有明确规定。教育部有提升职称的具体标准，那是政策。凡合乎那个标准的都应该提，何况还要经过学术委员会评议，还有一个投票。因此你说多了、少了，怎么叫做多？怎么叫做不多？这是个什么政策？还有人讲这次提职称要"拔尖"。我们平时讲，在教师里面要拔尖，在学生里面要拔尖，在干部里面要拔尖，那是说要把最优秀的拔出来，加以特殊培养。但现在是按一定的标准来评定职称，你如果说"拔尖"，问题又来了，这是个什么政策？拔尖不是评定和提升教师职称的政策。毛主席讲过一句重要的话："政策和策略是党的生命"。我觉得这句话非常重要。中央现在非常重视如何进一步贯彻执行党的知识分子政策,今年春天还发布了一个文件,要求全国各地检查落实知识分子政策的情况。中央这个指示非常重要,我们上上下下都在这样做。我觉得评定教师职称也要认真执行中央的这个指示,按照党的知识分子政策办事。现在虽然有许多地方做得很好,但也有那么一些现象与个别的做法和说法,不符合党的政策。我在我们校内的一个会议上讲了,我们可是要严肃对待这个提升教师职称的问题,不要不知不觉地在那里犯错误。我们头脑要清醒一点,一定要按照党的政策办事,不要按照道听途说的那一套来办。我说很可能不知不觉犯错误,就是讲的最后回过头来检查,原来没有按中央的政策办事,没有执行党的知识分子政策。在这个问题上,在湖北、在武汉是有教训的。第一个教训是当年徐懋庸同志在武汉大学犯错误,虽然没有给他处分,但不得不调离武汉大学。那时犯错误也许是由于在新中国成立初期,没有经验。后来徐懋庸同志被错划右派,受到了不公正的待遇。现在他已经去世了,本来没有必要再提他犯的错误。我现在讲一讲,也是为了从中得到教训。因为就在前不久,我们武汉地区的一所高等学校又有一位负责同志,也是因为在知识分子政策上出了问题而不得不调整他的工作。我们谁也不愿意犯错误,但犯错误并不难,如果不按党的方针政策办事,你迟早得犯错误。当然工作中有缺点难免,现在有,将来也会有,问题是在大的方面要注意。说老实话,在教师提职称这个问题上,我感觉肩膀上担子的分量是很重的,因为这件事政策性太强了。不是讲不要在执行知识分子政策上犯错误吗?从徐懋庸同志一直到前不久这位高等学校负责同志的调动,一个是30年前,一个是前不久,但恰好都是在同一个问题上犯了错误。

以上这一条原则虽然是老生常谈,但政策和策略是党的生命,就具体工作来说,也是做好工作的关键,是极为重要的。

(二)必须认真总结新中国成立以来高等教育的经验,真正按照中国的情况办事,真正走中国的道路

新中国成立初期,由于种种原因,在那种历史条件下,我们只有学苏联,按苏联的模式办。问题是现在不是20世纪50年代,现在已进入20世纪80年代了。如果说开始我们没有经验,那现在我们已经有30年的经验了。我们应该认真总结一下30年来办高等教育的经验,中专也应这样,普通教育也应这样。

邓小平同志在十二大的开幕词中很强调我们中国人必须按照中国的情况办事,走中国的道路。这是很对的。如果我们不认真总结经验,走中国道路这

个问题就解决不了。最近几年，我们和西方国家的来往多了，对美、英、日、西德等西方国家高等教育的情况了解多一些，对苏联高等教育的情况比较生疏。30 年前的情况我们了解，我们办高等教育的许多做法就是那时从苏联学来的。但是现在苏联也有了很大变化。一个多月以前，我看到两份材料，一份是北京师范大学的研究生李春生同志写的论文《苏联高等教育的整体化》，一份是机械工业部所属的 8 所工科院校整理的《苏联与东欧工程教育综述》。这两份材料都很好，都具体地说明了几十年来苏联高等教育的变化发展情况。第二份材料，很坦率地指出，我国高等工科教育基本上还是 20 世纪 50 年代的苏联模式。这个话我是赞成的。文、理科高等学校的情况我了解不多，至少就我们工科学校来说是这个情况，大体上还是 20 世纪 50 年代从苏联学来的那种模式，在那个框框里还没有跳出来。文、理、农、医的情况可能比工科好一点，但是从全局来说，基本上也还是 20 世纪 50 年代初期从苏联学来的。问题是现在不是 20 世纪 50 年代了。现在苏联的高等教育根据 30 年来科学技术的进步和他们国家的情况，已经有了许多改变。更何况我们还有自己的国情，30 年来也有自己的实践经验，我们就更应该总结自己办学的经验和教训，真正按中国实际情况办事，完全没有理由抓住过去那一套老框框不放。过去 30 年，我们有许多好的经验要肯定，要总结，要继续发扬。但是也有不好的做法，或者过去虽然是可行的，但现在已经不能适应新情况了，不能适应科学技术的发展和现代化建设的要求了，那就应该改革。所以，教育部提出了要总结我们 30 年来的经验，这是很好的。否则，怎么谈得上走中国道路，怎么能够适应翻两番的战略目标的要求，我看是不行的。

认真总结经验，关键在于真正从实际出发，不带任何框框。也就是十二大文件里所说的"把马克思主义的普遍真理同我国的具体实际结合起来，走自己的道路"。如果只准在某种框框里总结，稍微跳出这个框框似乎就不合适了，那怎么总结呢？那就没法总结经验了。现在我们国家经济战线上这方面是最好的。有一个重要的客观原因，就是经济工作逼着我们赶快拿出办法来，否则就上不去，而且会出现赔钱、停工、物资匮乏、物价上涨等一连串的问题。经济工作是立即见效的，逼着我们非研究不可。现在国务院有一个经济研究中心，硬是集中了一批人研究经济工作。首先研究经济体制的改革问题，也就是说过去我们跟苏联学的那一套不行了，那是吃"大锅饭"，不讲究经济效益。我们现在再也不能吃"大锅饭"了。问题就来了，怎么改？世界上又没有另外一套现成的模式，要靠我们自己总结经验，按中国的情况办事，在经济工作上真正走出一条我们自己的道路。经济工作现在很活跃，虽然问题还没有完全解决，但是在认真研究，一边研究一边情况就在好转。十二大开了，我们相信其他战线包括我们教育战线也一定会这样做。

(三)必须具体研究高等教育的特点

研究高等教育的特点,也就是研究高等教育的特殊性,研究如何在高等学校具体地执行党的方针政策。如果不研究这些特点,我们的工作只能一般化。我试图提出一些(当然不是全部)特点,让我们共同来研究。

1. 教育工作的对象是人,培养人的周期比较长

不像经济工作或工业、农业那样能立刻见效。现在是调整时期,许多工厂生产情况正常,从厂长、书记一直到干部、工人日子就好过,奖金可以照发。有的工厂生产不正常,从厂长、书记一直到干部、工人日子就难过,有时靠借钱发工资,奖金就更没办法。工业生产产值多少,经济效益如何,是立即见效的。农业生产也是如此,雨下多了受灾,不下雨也受灾。现在农村实行生产责任制后,皆大欢喜,农村情况同前几年大不相同了。教育工作不能立刻见效。到底这个学校办得怎么样,到底学生的德、智、体表现怎么样,不能立刻表现在数字上,压力不大。在这种情况下,可能有两种态度:一种态度是因为教育的周期长而松懈,工作抓得不紧,大而化之,认为反正预算也定了,工资照发,不像有的工厂要借钱发工资。另一种态度是正因为周期长而更加兢兢业业,把工作做得更好一点。显然,我们应该采取第二种态度。如果是大而化之,工作抓得不够紧,天长日久,1年、2年、3年、5年变化不大,结果有的学校上去了,相形之下你就落后了。这是什么问题呢?这就成了"平庸之辈"。即使不是"昏聩之徒",至少是"平庸之辈",不管你愿意不愿意就成了"平庸之辈"。

正因为教育有周期长的特点,就要有预见、有预测。就整个国家来说,要做好人才预测。我国现在对于人才需要的预测,可以说是相当差的。不久之前,新华社的两位记者,在报上发表过一篇文章,谈了我国目前培养专门人才与需要脱节的情况。现在我们每年招生也都有一个计划,但都是各个高等学校根据自己的师资、房屋等条件提出的各专业招生数字,报到上面以后只是汇总了一下。到了毕业分配时,问题就暴露出来了。尽管从总的方面说,目前我国培养的大学生,远远满足不了经济和社会发展的需要,但在某些专业上却供过于求,分配不出去。这就暴露出我们计划工作上的缺陷,没有做好人才预测。教育工作周期长,做好人才预测十分重要。否则不仅造成供需脱节,影响现代化建设,而且造成严重浪费。

做好人才预测,虽然主要靠国家计委、经委、教育部等领导机关来抓,但就我们高等学校来说,也要考虑怎样才能更好地适应国家的需要。

正因为教育有周期长的特点,高等学校在考虑工作时就要有一个长远打算。十二大已经画出了宏伟的蓝图，不管上面要求不要求，我们自己应该考虑，我这个学校到 1985 年应该是个什么样子，到 1990 年、1995 年以至 2000 年是个什么样子。尽管从年龄来说，现在我们许多学校的领导人年岁大了，不知哪天去见马克思，就是还不会见马克思，也总要退居第二线，但那是另一回事。我们还是要想 1985 年、1990 年、1995 年、2000 年要把学校办成一个什么样子，因为这是党的事业。我在学校工作了 30 年，用最简单的体会来说，一个专业要办到具有初步基础，包括相应的师资队伍、实验室规模、教学经验、科学研究工作、图书资料等，一般说要 10 年。一个大学要打下初步基础，一般说得 20 年。如果要办好，办出水平，那就不是 10 年、20 年，而是 30 年、40 年、50 年，甚至上百年、百年以上。我们是社会主义国家，实行的是计划经济，而且十二大确定了今后 20 年经济发展的战略目标。教育是战略重点之一，培养专门人才也必须有一个与翻两番相适应的长远计划，这是一。第二，教育工作的对象是人，培养人的周期长。第三，教育的具体内容又是科学文化，而科学技术现在发展得非常快，跟得上，就办得好一点；跟不上，虽然你想办好，但实际上不是那么一回事。所以办教育必须看得远一些，要有科学的预见，既要做好当前的工作，又要考虑到今后。

2. 科学技术发展得非常快，必须重视知识的更新

工业需要这样，科研机关需要这样，学校更应该这样，因为学校的任务是培养人才，同时还要出科研成果。现在的科学技术是日新月异。过去从实验室试验成功到工厂批量生产，慢的要三四十年，后来缩短到 20 年、10 年。现在当然也有些长的，有些特殊的，现在外国有的企业就在研究 10 年后的产品。但一般说来，现在一个新产品，从实验室到工厂生产，周期大大缩短了，只要 3 到 5 年。在这种情况下，高等学校怎么办？一些新东西非讲不可。如普通物理，要大大地改，古典的部分在中学学了，我们要讲古典的部分就必须增加深度；更要增加近代的部分。至于说近代的占多少、古典的占多少，比例可以研究。总之，古典部分要压缩，近代部分要增加。重要的是要加强基础，才能适应现代科学技术发展很快、知识更新很快这个特点。不注意这个特点，我们的教学就要脱离实际。又如随着科学技术的发展，数学方法的运用特别广泛，不仅是工程方面，包括财经方面，也越来越多地运用数学方法。现在搞财经的不具备相当的数学知识，就搞不了财经工作。在经济学方面，现在世界上最热门的是数量经济学。马克思主义的经济学、资本论，当然很重要，当然要学，这没问题。但现在数量经济学很重要，而数量经济学就需要相当的数学基础。过去，我们的经济工作，定性研究多一些，定量研究做得不够。这也难怪，因为过去反正是吃"大锅饭",不大注意经济效益。现在不行了,要讲究经济效益,数量经济学就非常重要了。由于过去不重视这个学科,现在我们国家数量经济学方面的人才很少。今年二三月间,全国数量经济学研究会在西安召开学术讨论会,中国社会科学院的几位负责同志,马洪、于光远、许涤新等同志以及经济学家孙冶方同志都到会了。他们在大会上大声疾呼,说明我们国家非常需要数量经济学方面的专门人才,希望凡是有条件的高等学校都要设置这个专业,培养这方面的人才。经济学随着科学技术和生产建设的发展,就发生了这样大的变化,更何况理、工、农、医等科,近二三十年来的发展更快。特别是"文化大革命"耽误了10年,国外恰好在这十几年发展很快,我们大大地落后了。现在我们掌握国际学术资料还很不够。高等学校是培养人才的,应该走在生产建设的前面。如果不注意科学技术发展很快这个特点,不注意知识更新,怎么能够不断提高教师的水平? 教师的水平不提高,他们掌握的知识还很陈旧,又怎么能够培养出高质量的科学技术人才、创造出新的科学技术成果呢?

3. 教学工作必须着眼于培养学生的独立工作能力和创造精神

培养学生的独立工作能力,这个问题在我们各专业的教学计划中、在培养目标上都提到了,但在实际工作中做得并不好。现在我们的教学工作有一系列的问题要改革,我认为,核心的问题是如何培养学生的独立工作能力和创造精神。今年初,常州中学校长史绍熙同志提出要注意培养学生的创造精神,我认为是很对的。中学尚且提出这样的要求,更何况我们大学! 所以,今年5月,教育部在我们学校召开部属高等工业学校电力、电子类专业教学工作座谈会,我在会上有一个发言,就是讲的"培养大学生的创造能力"这个问题。作为大学,当然应该给学生传授知识,但是仅仅传授知识是不够的,还必须培养学生具有独立工作能力和创造精神,使学生毕业之后,在工作岗位上能够较好地适应工作需要,有能力自己去获取知识。学生在学校里学习的时间总是有限的,传授知识也只能使他具备一些最基本的东西。而且现在科学技术发展很快,在学校里学习的知识,毕业以后不久许多就陈旧过时了。只有使学生具有了自己去获得知识、进行独立工作的能力,培养了一种创造精神,这才是无价之宝。

要培养学生的独立工作能力和创造精神,首先有一个专业设置问题。50年代初学习苏联,设置的专业口径很窄。医学院可能好一点,医学院的医疗系是毕业以后才分科。我们工科院校大多数专业口径都很窄。一些学生毕业以后,专业稍微有点变化,就叫"专业不对口",适应性很差。专业口径窄,就带来一系列问题,包括课程设置、教学内容等;基础打得不厚,知识面很窄。这样就不利于培养学生的独立工作能力和创造精神。

培养学生的独立工作能力和创造精神，在我们教学工作上有一系列的问题要研究，其中包括教学方法。著名教育家朱光潜教授说，现在我们是用教小学生的方法教大学生。也就是说，基本上还是注入式的教学方法。这怎么能培养学生的独立工作能力和创造精神呢？根本不可能。我们的大学生，毕业以后到国外去读研究生，与外国人比，他们并不笨，很聪明，很勤奋，夜以继日地学习，考试成绩大都很好。但一到做研究工作，阅读广泛的资料，有些人独立工作能力就不如外国的学生。为什么呢？主要是国内的教育，从小学、中学到大学，教学方法都比较陈旧，学得比较死。现在教学方法陈旧，我主张坚决改。我提出我们学校能不能用 5 年时间来改变教学方法。一年不行，因为习惯势力很大，教师有习惯势力，学生也有习惯势力。

学生从小学、中学到大学已经习惯了那一套教学方法，只要稍微改变一下，他不习惯，就要反映意见，说教师的教学效果不好。所以教师即使愿意改革，也要担风险，怕学生反映他教学效果不好，"课堂上没有解决问题"，怕因此影响他提职称、加工资。一是有习惯势力，二是怕担风险，两个原因加在一起，所以要改革教学方法很不容易，阻力很大。当然这不能责怪我们的教师，也有不少教师教学方法是好的，有的也正在积极地改革。我们作为学校的领导，要积极支持教师进行改革。对敢于改革的教师要表扬、要支持、要鼓励。只要他改革的方向是对的，哪怕开始改会有一些缺点，也要支持和帮助。对学生反映的意见，要做分析。总的说要相信我们的教师是愿意把教学搞好的，要向学生解释，教育学生也支持教师改革。我在教师和学生中公开讲："课堂上解决问题"这句话有问题。对小学生来说可以这样要求，对大学生来说不能这样要求。对大学生，教师在教学中就要有意识地提出一些问题，或者是留下一些问题，让学生自己去钻研、去解决。我还在我们学校提出，在一定的前提下，在教学上要给教师自主权。所谓"在一定的前提下"，一是要服从教研室的安排，承担教学任务；二是要满足教学计划的要求。在这两条前提下，教师可以自编讲义，不一定要按通用教材讲；可以自行组织教学内容；可以讲自己的不同见解；在各个教学环节上，都可以进行改革。这样做，对搞好教学工作有利，对培养学生的独立工作能力和创造精神极为有利。

4. 知识分子在高等学校里很集中，主要是教师

要办好学校，没有一支强有力的师资队伍，一切都是空谈。当然不是说干部和工人不重要。但学校的任务是培养人才，培养学生主要依靠教师。培养学生，当然思想政治工作也很重要，教育部已明确了，学校里的政治工作队伍

也是教师队伍的一部分。在学校里，要发挥教师的主导作用，这是学校工作的特点。

做好教师的工作，首要的一条是要认真执行党的知识分子政策。政治上信任，工作上大胆使用，生活上关心。执行知识分子政策也包括对教师要加强思想政治教育，树立好的典型，表扬先进人物。表现好的，合乎党员标准的，本人有要求的，要发展入党。要特别注意在中年知识分子中发展党员。中年知识分子现在是各条战线的骨干力量，在我们高等学校更处于承上启下的重要地位。在中年教师中有许多表现很好的同志，发展这些同志入党，对加强学校工作会起很大作用。当然同时要重视在老年和青年教师中发展党员的工作。

第二是要关心教师业务上的提高，改善工作条件。师资培养工作是高等学校里的一项特别重要的工作。我们是把这项工作当成一项战略性的任务来抓的。而且要抓得很紧，要不断地抓下去。现在科学技术发展很快，怎么样使教师和一部分干部知识更新更快一点，跟上形势的发展，这就要做一系列的工作。都派出国去进修学习，那是不可能的，主要靠发动教师自己钻研，结合教学特别是科学研究来提高。不仅要做许多组织工作，而且要创造一些条件，例如，图书资料、必要的实验手段、计算机等。在国外，个人奋斗是很厉害的。如果你不行，就要另找门路，所以在资本主义国家教师都拼命地学，因为有个饭碗问题。我们国家生活有保障，这是社会主义的优越性。但另一方面，不努力可以照样拿工资，因此，虽然绝大多数教师都很努力，但也有的不够努力。一方面，他自己要负责任；但另一方面，也要想办法推动他们，要千方百计创造条件，使他们去钻研，掌握最新的科学知识。

第三是对知识分子生活上要关心。现在客观上的困难很大，比如工资低、住房紧等，特别是中年知识分子困难更大，已引起各方面的重视。中央很重视，下决心要解决。但要完全解决，也总要有一个过程。在目前条件下，学校自己能够做到的应该尽量去做。并不是什么事都要依靠教育部或其他部门的指示，我们可以发挥自己的能动性。例如，去年底，我们学校一些同志议论，快到春节了，市场物资很丰富，但不少教师口袋里没有多少钱，而且有相当多的中年教师健康状况不好。后来我们进行了讨论，决定对中年教师包括中年干部适当给予补助，从福利费里开支，尽量地多补助一点，让大家好好过一个春节。福利费不够怎么办？学校计划外总有一些钱，都可以利用。这样，我们总共补助了 47000 元。我们那里中年教师多，平均每人也不过补助 30 元左右，在具体评定时有多有少，按实际情况补助。我们管财务的同志也觉得这样做有好处。我们宁可从其他方面节约一点，到了过春节，看到这批同志生活上、经济上有困难，应当关心他们。

5.要关心青年学生的全面成长

在业务学习方面,前面讲了,要培养大学生的独立工作能力和创造精神。这里主要是讲思想方面。现在青年人思想的主流是好的,但也确有不少问题,思想情况很复杂,这是"文化大革命"的后遗症。因此不能责怪青年学生,关键在于我们要加强思想教育。对于大学生的德育,我们必须很好地进行研究。

研究德育也有两个方面:一是日常思想政治工作,这是我们党的传统,要加强,要总结经验,不断改进。搞好思想政治工作,无疑必须发扬党的优良传统,同时也要研究新时期的特点,研究现在青年人思想的特点,怎么使我们的思想政治工作更有针对性,更具有吸引力,更为青年人所接受。另一方面,是怎样通过课内课外的种种活动,扩大青年学生的知识面,增加青年学生的文化修养,包括历史知识、地理知识、文学艺术方面的知识等。中央一位领导同志在全国哲学社会科学规划座谈会上的讲话中指出:"为了进行共产主义思想教育,需要从历史教育、理想教育等方面着手。为什么先讲历史教育呢?因为我们的理想是从历史发展规律得到的,所以,不进行历史教育,就不能够进行精神文明的教育。"他还特别指出:"最近北京航空学院开了一门唐诗宋词的课程。航空学院本来跟唐诗宋词是没有关系的,可是开了这一门课程的结果,产生了原来意想不到的效果,激发了学生的爱国心。很多学生原来就不知道中国有什么文学,只知道外国有托尔斯泰、雨果或者是海明威这些人的作品,而不知在中国历史上早就有非常伟大的文学作品。这样,作为一个中国人就是不完全的中国人,他怎么能产生爱国心呢?他对于中国的民族文化根本不了解,对于我们民族有什么宝贵的遗产都不了解,对于我们民族的历史也不了解,这样的中国人不能算是完全的中国人,依靠这样的中国人就不能够建设社会主义现代化。为什么呢?他缺少爱国心。他为什么缺少爱国心?他对国家的历史就不了解,对中国的文化就不了解,他感觉不到中国有什么可爱的地方。"从以上讲话中应该得到启发,我们要十分重视将青年培养成为完全的中国人。也不仅北京航空学院,还有不少学校都在这样做。比如南京大学,最早决定在大学一年级开设语文课。现在有些青年人的语文程度低,增设语文课可以加强他们在语文方面的修养。又比如上海交通大学,建立了美学研究室、音乐研究室,在学生当中进行美学和音乐方面的教育活动。加强学生的知识和文化修养,包括的内容很多,都要排到教学计划以内去上课,也有困难,没有那么多学时。除了课内安排一些内容以外,大量的还是要靠课外活动。我们学校把这叫做"第二课堂",这是相对于教学计划安排的课程(第一课堂)来说的。譬如,今年上半年,我们订购了一万部胡绳同志著的《从鸦片战争到五四运动》,学校出一半钱,转卖给每个学生;另外,还发给学生每人一本《给儿子的信》(这本书的内容主要是讲青年应具有革命的理想)。要求学生利用暑假认真阅读这两本书,还要做读书笔记。秋季开学第一周就进行测验,还召开讨论会、学习心得交流会、报告会等,取得了一些效果。

这样做,也是符合马克思主义的。马克思主义有三个来源和三个组成部分,也是继承了前人的文化遗产。马克思、恩格斯都是知识非常渊博的。现在有些人把马克思主义理解得很狭窄。其实如果没有必要的文化知识和科学知识,对马克思主义的理解就要受限制,不可能理解得那么深。另外,现在为什么一些青年人老是向往外国的音乐艺术?这当然也是"文化大革命"10年文化禁锢带来的必然结果,也与前两年一些文艺刊物与电影上不好的宣传有关。但一个十分重要的原因,是青年人知识贫乏,文化素养差。对于什么是好的、什么是不好的,缺乏辨别能力,加上青年人有好奇心,所以往往猎奇,甚至错把丑当成了美。因此,对青年人进行教育,除了加强思想政治工作以外,还要注意从提高他们的知识素养着手,这样也适合青年求知欲强的特点。把思想教育寓于知识教育之中,往往能够取得更好的效果。

6. 尽可能注意国际交流

对办大学来说,国际交流很重要。国家实行开放政策,在科学技术方面实行开放政策的重要性绝不在经济工作之下。不通过国际交往,就根本学不到新的东西,连情况也不了解。到现在为止,我们在科学技术上的信息还相当不灵通,比之于国外差得很远。不是讲日新月异,知识要不断更新吗?信息很不灵通,就根本跟不上去。在这种情况下,我们的教师就很难提高。作为学校的领导人,对国外高等教育的情况不了解,思路不宽,对办好学校也受限制。这样要想提高培养人才的质量就很难。从这个意义上说,重视国际交流,也是办大学的一个特点。在这方面,现在各学校的情况是极不平衡的,思想上看法上也不完全一致。确有这样的情况,有人觉得这玩意儿第一要花钱,第二还有点"麻烦"。外国人来了之后,住啊,吃啊,这一套实在"麻烦",所以不重视。有的甚至还说,你这样重视外国人,是不是有点崇洋媚外。当然,如果真是崇洋媚外,什么都是外国的好,卑躬屈膝,那不对。但是我们高等学校进行国际交往,是为了进行学术交流,这怎么是崇洋媚外呢?不然的话,就还是闭关自守,那不行。我觉得凡是有条件的学校,都应该把国际交往这个局面打开。现在跟资本主义国家打交道,也容易,也不容易。过去,我们新中国成立初期和苏联打交道很容易,两个国家的政府开个会,定个协议,规定苏联派多少专家来,中国派多少留学生去,就解决了。现在跟资本主义国家打交道,虽然也有一些政府与政府之间打交道，但是就更多的情况来说，还得靠各个学校自己去活动，如果只靠政府打交道，很不够。正因为不是两国政府打交道，从这点来说，有些困难。但是，学校的用武之地也很大，只要你去钻，你愿意跟谁打交道都可以，反正不涉及政治，从这点来说，又比较容易。其实根据我们的经验，这个事情也不难。我们这个学校是新中国成立后新建的，不像北京大学、清华大学这些老校，历史长，在国外有许多校友，有影响。我们则没有。用我们外事处处长的话说，我们学校在国外是"举目无亲"。国外谁知道华中工学院？如果自己不想办法去活动，在家里等着，那是打不开局面的。当然这也要有个过程，确实还牵涉到钱的问题。但这个问题越往后越重要。今后，如果作为一所大学，在国际上没有一定的交往，不是说不可以办，但要把学校办好，我看有困难。到底国外是个什么局面，根本不知道，跟人家不来往，你能把学校办好吗？

以上讲了 6 个特点。就高等教育来说，可能还有一些特点，我没有讲到，请大家研究。总之，必须具体研究高等教育的特点，这是办好高等学校的一条重要原则。

（四）必须强调效益和效率

"效益"这个词，过去在我们教育战线用得很少。我们讲得比较多的是"质量"。现在经济工作非常强调效益，引申到教育工作上，我认为也应该强调效益，一切工作都应该强调效益。而且，"效益"这个词的含义比"质量"的含义要宽一些。我们常说"提高质量"，就教育工作来说，就是讲培养出来的学生，要在德智体各方面得到全面发展，合乎培养目标的要求。但就"效益"来说，就不只是包含着这些意思。例如，由于招生计划的问题，有少数专业的大学毕业生分配不出去。就这些毕业生来说，可能德智体几方面都是好的，讲质量，是合乎规格的。但是毕业后分配不出去，社会上一时还不需要，这就是个效益问题。所以，"效益"这个词比"质量"的含义要宽。

要提高高等教育的效益，涉及一系列问题。从人才预测到高等教育结构、学校和专业、系科的设置，以及各项具体工作，都要通盘研究，才能得到好的效益。就一所高等学校来说，同样也必须讲究效益。例如，要尽可能多招一些学生，而且要使培养的学生适应性强一些，等等，都是效益问题。现在我们高等学校里，也存在着办事拖拉的现象，效率和效益都不高。我们有些到国外去访问过的同志都有这个感觉，你别看它是资本主义，可具体办事的效率比较高。在这一点上，值得我们借鉴。不是说他们没有官僚主义。但是那些国家的一些学校、一些企业，不像其政府官僚主义那样严重，办事效率是高的。当然这也是社会制度决定的，因为其中有一个赚钱的问题，有一个生存的问题，要竞争,那是资本主义竞争。若不讲究效率就要关门,要垮台,大学也一样。公立大学好一点,特别是那些私立大学,一方面是想方法搞钱,另一方面也要把学校办好。学校办不好,没有人来,学费也收不到。我们干社会主义,应当比资本主义更加讲究效益与效率。社会主义的优越性不是在于吃"大锅饭",优越性是应该有更高的效益,有更高的效率。由于"文化大革命"遗留下来的问题,现在有的人还是多一事不如少一事,什么事都"研究研究",叫做"研究派",从年初研究到年底。这种现象现在要纠正,要解决。因此,效益与效率应该成为我们办学的一条基本原则。管理松松垮垮,不讲究工作的成效,既不讲效率,又不讲效益,算什么管理呀?根本谈不上管理!

(五)必须有敢于竞争、善于向好的方面转化的思想

前年在我们学校内部的一个百人左右的干部会上,我就说出了这样两句话。讲了以后,办公室的同志把稿子整理了出来,我把它摆在抽屉里,我说再看一段时间,看到底这个提法对不对。一年多以后,现在觉得这个提法还是对。而且我把敢于竞争、善于转化作为办好高等学校的一条原则提出来,是否恰当,请同志们讨论。

一谈到竞争,就有一种误解,好像竞争就是资本主义那一套。资本主义不是讲自由竞争吗?怎么在社会主义社会你也大谈竞争?!我们讲的是社会主义的竞争,是革命的竞争。不但不是资本主义的,而且是非常需要的一种有利于国家建设、有利于发展经济的革命的竞争。我们评先进、评劳动模范等,就是一种革命的竞赛嘛。这一套做法,我们党在延安时代就开始采用了。追溯得再早一点,斯大林在苏联提倡的斯达汉诺夫运动,也就是一种革命的竞赛,或者说也就是革命的竞争。吃"大锅饭"就是不讲竞争。正因为不讲竞争,因此就不讲效益,不讲究产品质量,不讲究劳动生产率,一系列的问题就出现了。我主张必须有革命的竞争。前不久,全国科学技术奖励大会在北京召开。会议只开了几天,时间不长,但影响很大。因为获奖的项目和单位都印出来了,并且在报上公布了。这就有个比较。通过给予奖励,促进大家你追我赶,从某种意义上说,这就是革命的竞争。这对于促进我国的科学技术进步、促进生产建设的发展,大有好处。现在我们高等学校有重点学校和非重点学校之分,重点学校都是指定的。不久前,教育部的有关负责同志在一个会议上说了,今后对重点高等学校要采取同行评议的办法。重点大学要有个标准,能不能成为重点大学,大家评议。我很赞成这个办法。重点是在竞争中形成的。经过评议合乎重点大学条件的,原来是重点的还是重点,原来不是重点的可以成为重点大学;不合乎条件的,就取消重点大学的资格。这样对工作有好处,可以促

进高等教育事业的提高和发展。有的学校就是落选了，也有好处，可以促使其振作精神，再奋发努力。我想，评议重点大学，这也就是一种革命的竞争。

通过竞争，就肯定会有转化。转化有两种：一种是从弱转化到强，从小转化到大，从非重点转化成重点；另一种是相反，从重点学校转化成非重点学校。一所学校是这样，在校内，各系各专业各学科之间也会是这样。所以，我们任何一个单位，都不能有丝毫的自卑思想。事物总是可以转化的，问题就在于你如何去转化。首先作为领导者，有没有敢于竞争、善于转化的思想。只要我们的方向对头，措施得当，思想积极，任何事物都是可以向好的方面转化的。反过来说，比如一所学校，如果自满了，马马虎虎，大而化之，不要多长时间，有那么三年五年就下去了。我认为敢于竞争、善于转化这个提法是合乎辩证法的。如果事物不是转化的，马克思主义就不灵了，也就无所谓客观真理了，也没有什么规律了。所以，尽管现在我们各个高等学校情况极不　样，就　所学校内部来说，各系各专业各学科的情况也不相同，但我们作为领导者，各级的领导者，都不要有任何的自卑或自满的心理。要下决心干，敢于竞争，善于向好的方面转化。为了事业，我们应该有这样一种精神。也只有有了这种精神，我们才能把一所学校一个系一个专业办好。

三、高等学校管理的一些基本方法

我在下面讲的高等学校管理方法，也是些老生常谈。虽然是老生常谈，但看起来还是重要的，所以我说是基本方法。

（一）要经常注意调查研究

这是马克思主义的起码常识、基本方法。没有调查研究，怎么能够从实际出发，把事情办好？怎么能够取得更大的效益？不进行调查研究，一种可能是没有多大改进；另一种可能，弄得不好是瞎指挥。我在前面讲的李春生的文章《苏联高等教育的整体化》，虽不是完美无缺，但他进行了很多调查，进行了认真的研究。从文章可以看出，他是看了有关苏联高等教育几十年来的许多材料才写出来的，所以有观点，有材料，很有参考价值。我们把它翻印了，发给全院所有教师和干部参考。1979年，我还看到西北工业大学教师胡沛泉同志写的一篇文章，题目是《麻省理工学院由工学院转化为理工学院的经验值得借鉴》。这篇文章也写得很好，当时我们也在院内印发了。从文章中也可以看出，他看了麻省理工学院历史上相当多的材料。比如麻省理工学院多年来一直办有一个校内刊物，名叫《技术评论》，上面记载了麻省理工学院大量的历史资料，实际上是这个学校的校刊。胡沛泉同志阅读了《技术评论》这个刊物上的和其他的大量资料,并且确实做了研究,才写出了他的这篇文章。我认为他这篇文章的观点也是正确的,贯穿了历史唯物主义的观点。麻省理工学院的发展,1930 年是一个转折点。当然,1930 年时,这所学校已经办得相当有水平了。但是在 1930 年以后,它向理工结合的方向发展,就办得更有水平了。胡沛泉同志的文章对 1930 年这个"转折点"很做了一番分析。麻省理工学院原名没有"理",只有"工"(technology)。1930 年,康普顿担任院长后,开始在麻省理工学院办理科。文章一方面写了康普顿这个人很有眼光,对麻省理工学院实现这个转变有功绩。更重要的是,文章做了历史唯物主义的分析,分析了美国资本主义社会的发展。到 1930 年前后,美国工业生产的水平和发展趋势对基础学科有需要。正因为这样,所以促使麻省理工学院实现了由工科向理工结合的发展和转折。历史的发展尽管是曲折的,但总有一个趋向。麻省理工学院的变化,既然是合乎历史潮流的,它就绝不会只是个别现象。再看一看美国的大学,类似麻省理工学院的情况有的是。例如,美国另一所有名的大学加州理工学院,在历史上也就是一所一般的技术学院,也是在 20 世纪二三十年代起了变化。加州理工学院是周培源同志的母校。据周培源同志说,加州理工学院当时也有一位院长类似麻省理工学院的康普顿,名叫基里安,也有一定的眼光。但更重要的,也是由于第一次世界大战以后,二三十年代,美国资本主义社会提出了加强理科的要求。在美国,类似这样的技术学院很有一些,像乔治亚理工学院,其实这个"理"也是我们加的,人家的原文没有"理",就只是 technology;纽约理工学院的原名也没有"理",不过它加了一个词头,叫做 polytechnic(多科性工学院)。在美国,一种叫 technology,一种叫 polytechnic,我所接触到的就有好几所,但是现在它们的内容实际上都超出了 technology 的范围。这说明不是个人意志决定的。当然和某些有眼光的个人有关,但更重要的是一个国家的需要,是资本主义社会发展的需要。因此,现在在美国,单纯 technology 学校不是没有,但总是逐渐地起一些变化。我讲这些的意思,绝不是说我们要按照美国的道路走。我的意思是说,我们要搞调查研究。"知彼知己,百战不殆。"我们总得既把自己的情况搞清楚(包括过去的和现在的),又把世界各国的情况搞清楚。这有什么不好呢? 不要一见谈外国如何如何,就认为是崇洋。如果那样,我们就根本不要办学校了。因为我国近代的大学都是从外国学来的。但是从清朝末年起,办北洋大学、南洋大学、京师大学堂等,那也不是决定于当时的什么个别人物,而是由于中国社会发展到清朝末期所处的那种衰败的状态,于是出了洋务派,提出什么振兴实业、坚甲利兵、办洋学堂等。洋学堂就是这样从外国学来的,我们必须用历史唯物主义的观点来分析。马克思主义不是狭隘的。我们的眼界要非常开阔,凡是对我们国家有利的东西我们都要参考。用鲁迅的话说叫"拿来主义"，用毛主席的话说叫"洋为中用"。不要一接触"洋"，就认为是走外国的道路。当然如果是不愿意走中国的道路，无条件地照搬外国的东西，那是根本错误的。只要我们的观点正确，搞调查研究，了解和借鉴外国办高等教育的情况，洋为中用，对社会主义事业是有利的。

对我们自己办学的情况，也要多做调查研究。就我来说，就我们华中工学院来说，做得很差。我们对过去毕业生的状况，只是零零星星地知道一些，还要认真地调查。哪怕不做全面详细的调查，也得有典型调查。不久前我在无锡参观了702所，很有点感想。无锡702所是中国船舶工业总公司所属的一个研究所，是我国搞船舶设计制造很有规模和很有水平的一个研究所。我去参观了半天，参观了全部实验室。所里的一位教育科长陪着我们参观，他是原哈尔滨军事工程学院毕业的，也是学工的。在参观的过程中，这位科长给我们提了些意见，最重要的意见是：工科院校要加强基础。他本人是学工的，在702所工作了20年左右。他说分配去他们所的大学毕业生，尽管也有学力学的等等，但是学工的多，学理的太少了。他很坦率地讲，他们现在的想法是希望多来一些学数学和学力学的。学工的毕业生"后劲不大"；学理的尽管开始来时对造船这一套有点生疏，这也是自然的，但经过1年、2年、3年之后，后劲就出来了，后劲比较大。因此他希望工科院校要加强基础，当然不是说专业课不要学。人家提的这些意见，听了以后觉得很有帮助。这样的问题对我们来说并不生疏，问题是多听一些外界的意见，特别是用人单位的意见，可以加深印象，可以促使我们进一步下决心把事情办好。至于调查研究的方法，可以选择一两个单位，典型调查，开座谈会；也可以派很少几个人，有计划地跑一些单位，征求用人单位的意见，征求毕业生本人的意见。应该说这是最起码的调查研究，对于我们一个高等学校来说，这样做是不难的，而且是非常必要的。

（二）要将上级的指示和本单位的情况相结合，然后确定自己怎么办

毛主席1930年的文章《反对本本主义》就是讲的这个，就是讲要把马克思主义的基本原理和中国革命的具体实践结合起来。毛主席说："盲目地表面上完全无异议地执行上级的指示……这是反对上级指示或者对上级指示怠工的最妙方法。"上级的指示当然要执行，问题是如何执行。也就是说，要开动脑筋，把上级的指示结合你这个单位的情况加以具体化，这是为了更好地执行上级的指示。这个道理很清楚，毛主席1930年就把这个问题讲清楚了。另外，1942年整风，清算王明路线，就是反对教条主义。党的十一届三中全会确立的思想路线，也就是要实事求是。没有三中全会，也没有这次十二大。在1978

年召开的全国教育工作会议上，邓小平同志代表中央所做的讲话中，非常通俗而深刻地指出，做工作不要当"收发室"。就是说，上级指示来了，不要原封不动照样往下转。那样多省事啊，但那是无法把工作搞好的。作为一个学校来说，对于中央的路线、方针、政策，对于教育部（有些学校还有上级主管部门）、省委的指示，我们都要坚决执行，问题是如何坚决执行。马克思主义要求我们必须把上级的指示和自己的情况相结合，这不是对上级指示有什么意见，而恰恰是对上级指示最好的执行、最坚决的执行。由于"文化大革命"的消极影响还没有完全消除，现在有的同志怕担风险，不大动脑筋，上级有什么指示都照转，不研究自己的情况，多一事不如少一事。这样怎么能把工作做好呢？工作方法很重要，这在我们党的历史上有痛苦的教训，也有宝贵的经验。

（三）要使本单位内部的信息畅通

几十年来我们说得比较多的是"情况"这个词，也就是说必须及时地掌握情况。我在这里有意用了"信息"这个词。用这个词也有一个好处，说明时代在前进，新东西层出不穷。我们要搞现代化，虽然现在许多东西我们还不可能用计算机来进行信息处理，但随着国家现代化建设的发展，运用计算机进行信息处理的事情总会越来越多，例如图书和情报资料的检索、学生的学籍管理、人事资料管理等。作为高等学校的负责人，我们必须学习一些有关计算机和有关信息管理方面的科学知识。用"信息"这个词，显出一种时代的迫切感，希望我们的管理工作也必须现代化，也要尽快地跟上时代。

要使本单位内部的信息畅通，也就是说，我们的领导意图要想方法及时告诉下面，下面的情形和意见我们必须尽快知道。这对于搞好管理工作十分重要。这是我们党的传统的工作方法，现代管理也把取得信息和信息的反馈作为管理的一个基本要素，或者说基本环节。要做到内部的信息畅通很不容易，现在我在工作中还是痛感对下面的情况了解不够。信息不通，就必然是官僚主义，工作效率也受影响。如何使内部的信息畅通，在这方面各校都有一些办法。我们采取的一个办法，是在校内办了一些简报，差不多各部处都办有简报。有些是把下面的好的经验加以转发。至于说有些同志不认真看，我说没有关系，就好像我们看报纸，谁也没有天天从头到尾看完一样，反正是各取所需。发下去有三分之一的人看也就不错了，教研室主任和党支部书记看了也就行了。我总觉得，不这么做的话，我们内部就很闭塞。一个单位内部信息不畅通，上下不大通气，互相之间不了解，怎么能把工作做好？

（四）要正确处理"谋"和"断"的关系，要敢于负责，敢于解决问题，敢于严格要求

这一点讲起来也是老话。但是我觉得对于各级领导人，特别是院校一级的领导人，乃至处一级的领导人来说，这是一个十分重要的问题。作为领导而不敢负责，碰到矛盾都是那么躲躲闪闪的，不敢解决问题；工作布置以后不督促不检查，听之任之，没有什么要求，更谈不上严格要求，你能把工作做好吗？

为什么把"谋"放在"断"的前面呢？确实要"多谋"才能"善断"。现在我们许多同志都是这样做的，这是大多数。如果不是这样，那我们各方面的工作就不可能取得这样大的成绩。应该说，对"多谋"这个"多"字，要求也不要太高。只要经过认真的考虑，或者经过集体研究，情况弄清了，就要做决定，解决问题。有些具体事情，各人按照分工，该决定的就决定了。能够做到这样，我看在一定程度上也就是"多谋善断"了。当然也可能还有不谋而武断的，没有经过认真研究，没有多方面听取意见，主观决定，把事情搞错了。但这只是个别的。就目前情况来说，由于"文化大革命"留下来的消极东西还存在，现在主要是有不少同志"多谋不断"。碰到问题，也不是看不出来，他头脑是清楚的，能够看出问题，但总是说要"研究研究"，就是"不断"。其实他也不是真正在那里"多谋"，而是回避矛盾，不敢去解决问题。对下面的干部不严格要求，工作布置了就算了，不督促，不检查；工作中出了问题也不敢批评。为什么会这样呢？主要是怕担风险，思想上有顾虑。也还有一种人，既不谋也不断，像这样那就糟糕了。党把一所高等学校交给你办，你既不谋也不断，那就有负于党的希望，有负于党的重托。

人们常常讲，某某人有魄力，某某人没有魄力。我看不要把"魄力"这两个字看得那样神秘，好像是天赋的。我觉得所谓有没有魄力，就在于敢不敢负责。又谋又断，敢于解决问题，这就是有魄力。从实质上说，有魄力和敢于负责是同义语。我常对我们学校一些处一级的负责同志讲，工作就是要敢抓，要敢讲话。可是有人说，我们讲话不像你讲话那样灵。这就涉及一个职位问题。工作中的权威（我说的是正确意义上的权威）固然和职位有关系，但这不是主要的。权威是在实践中形成的。有些人有职位，但不一定有权威，因为他怕负责，因此他讲话下面不一定听。作为一个领导人，不敢负责，你能叫下面的干部负责吗？所以就是有了职位，由于不敢负责，也谈不上权威。相反，职位虽然不高，但只要敢于负责，是正派人，兢兢业业地工作，采取的办法又不错，大家就信服他。有没有权威，归根结底是在实践中形成的；或者说，权威是在斗争中形成的。因此，作为领导人，必须敢于负责，敢于解决问题，敢于严格要

求。错了就改,不要怕。有什么可怕的呢？无非是得罪几个人,开党代会时多提几条意见,意见对的就接受嘛！无非是选举时少几张选票,少几张就少几张吧,没有什么了不得,归根结底是要把工作搞好。

(五)要反对因循守旧,敢于改革

这个问题应该说是一条重要的原则,同时也是一个重要方法。胡耀邦同志已经说了,"思想更加解放一点,改革更加大胆一点"。教育战线很不简单。当然,我们也要防止瞎指挥,乱改,但是现在主要不是这个问题。尽管 30 年来有几次大起大落,应该引以为戒,但我们毕竟正反两方面经验都有了,现在并没有哪一个人头脑发热到 40 度,在那里瞎胡闹。"文化大革命"的苦头大家吃够了,1958 年的教训记忆犹新,1978 年的新冒进也有教训。我们都有经验了,一般说不会瞎指挥。缺点总会有,但不会乱搞一气。当然,对瞎指挥、乱搞,我们还是要警惕,要防止,不要只抓一面,忽视另一面。但一般地说,现在的主要倾向不是那一面。现在的主要倾向是因循守旧、不敢改革。阻力从何而来？一是"文化大革命"的影响,这也是不以人们的意志为转移的,搞怕了。二是习惯势力。列宁讲过,千百万人的习惯势力是最可怕的。中国也有句老话:习惯成自然。主要是这两条。但是时代在发展,党的要求非常明确。因循守旧,不敢改革,能够实现那宏伟的战略目标吗?! 根本不可能。因此,《人民日报》10月 25 日的社论指出,"要继续解放思想,勇于改革,勇于创新"。党的十二大开过了,我相信在党中央的正确领导下,同整个形势一样,教育战线的改革总是会逐步搞好的。但如果我们自觉一点,可以好转得快一点;如果不自觉,好转就要慢一些。快一点总比慢一些好。

(六)要注意培养、提高干部素质

前面我们讲了,要创造条件,帮助教师提高思想,提高学术水平。同时,我们也千万不能忽视培养、提高干部素质。现在有这样一句话:没有干部的"四化",就没有国家的"四化"。这个话是对的。在高等学校里有一批党政干部,学校各方面的管理主要靠他们做工作。现在干部也相当不适应,既有革命化、年轻化的问题,也有知识化、专业化的问题。对工作不适应,不能批评我们的干部,主要还是我们学校领导的责任。现在,党中央、国务院已经发了指示,要抓干部教育。应该说,在我们高等学校,抓干部的知识化、专业化,抓干部教育,有很多有利条件。一般地说,是要教师有教师,要教室有教室,还有大量的图书和实验设备,问题就在于,要认真地抓这项工作。

今年 11 月 3 日,《人民日报》报道了钱伟长教授去新疆讲学、为新疆的建设出主意的消息。报道中说，钱伟长同志对新疆的建设提出了许多很好的意见。在这篇报道的最后有这么一段话："许多听课的同志反映，目前全党学习十二大文件的热情很高，正在深入。但是，在我们干部队伍中，有些同志视野不广，心胸不宽，知识不足，志气不壮。说起来就事论事，浅尝辄止。因此，很需要从理论上、从战略高度上，给他们以支持和力量，武装他们的思想，开阔他们的眼界。"这一段话，很好地说明了加强干部教育的重要性。当然，我们的干部绝大多数都是很努力的。许多同志通过自己的学习，在不断进步，对工作也是能够适应的。但是有许多同志，确实还处于这篇报道中所说的那种状况。一个重要的原因，是知识不足。应该说，这不是干部的责任，而是30多年来，我们没有认真抓干部的学习提高，没有采取有力的措施让一部分原来文化程度不高的同志学习文化科学知识。似乎是认为，从红军时代起，经过抗日战争、解放战争，干部都是在实践中成长的，是这样走过来的，不是蛮好吗？没有看到搞经济建设，特别是要搞现代化，对干部的要求不同了，更高了。这是"左"倾思想带来的后果。现在党中央、国务院已经做出了加强干部教育的决定，我们高等学校同样要认真地贯彻执行，要采取具体的有力的措施，用各种可行的办法，组织干部学习，提高科学文化知识。再不要像我们有的干部提意见时说的，"光使用，不培养"。加强高等学校的管理，注意抓干部的培养提高，这是一项十分重要的工作。

以上讲的这些意见，是否妥当，欢迎大家批评指正。

敢于竞争，善于转化*

这次会议是很有收获的。朱德培同志开始的讲话，我是同意的。同志们在大会小会上发表了很多很好的意见，介绍了许多好经验，对我们今后的工作很有帮助。这几年的科研工作也是很有成绩的。今后的任务，就是要进一步取得更好的成绩。我今天也发个言，对今后的科研工作谈几点意见。

一、敢于竞争，善于转化

两年前，我曾讲过关于"敢于竞争，善于转化"的问题。看来，我当时的讲话还是对的。最近，教育部为了准备今年冬天的调整工作会议，先召集了有各校教务处长参加的预备会。会上，教育部提出了重点学校要采取评选的办法来确定。这就是鼓励大家进行革命的竞赛、革命的竞争，把工作做得更好。两年前，上海交通大学的范绪箕教授曾在《人民日报》上发表了一篇题为《重点是在竞争中形成的》的短文。很多同志都同意他的观点。我们国家的重点学校，不管是重点大学，还是重点中学，都是由上面确定的，这种做法并不好。现在教育部正式表示：今后的重点学校要由评选来确定。这个办法好！既然教育部表示了态度，就更值得我们考虑。

两年前，我讲过这样两句话："发扬优势，防止从优势下降为劣势；敢于竞争，坚决将劣势转化为优势"。这就是说要发扬我们的优势，通过竞争，使处于劣势的专业和学科转化为优势。哪些是我们的优势和劣势呢？有必要对我院现有 41 个专业的情况，做一简要的分析。

（1）1953 年我们学校正式建立，有 8 个本科专业，4 个专修科。从中南地

---

* 本文是作者 1982 年 7 月 27 日在华中工学院科研工作会议上的讲话。

区几个大学来的,主要是机械、电机、动力和基础课、公共课方面的教师。不久,又调出去汽车和内燃机两个专业,建立了长春汽车拖拉机学院,也就是现在的吉林工业大学。我们办专修科的时间很短,有这样 4 个专修科:金属切削工艺、汽车维修、铸造和发配电。余下的 6 个本科专业是:机械制造、铸造、电机、发配电、水力发电、火力发电。现在,这 6 个本科专业都具有相当的优势。譬如说,去年评定学位,除铸造专业外,其他都取得了授予博士学位的资格。我们认为铸造专业还是够得上授予博士学位资格的,问题是去年初次进行评定学位工作,我们没有经验,对铸造专业申请授予博士学位的报告没有写好。20 多年来,铸造教研室的科研工作取得了很大成绩,可是报告写得太散,给人的印象是:科研成果不少,但重点、梯队不明确。因此,失去了一次机会。应该总结一下这方面的经验教训。6 个老专业都具有相当的优势,现在的问题是如何保持这个优势。光保持还不行,还要继续发扬。形势在不断发展,科学技术日新月异,如不继续提高,优势是保不住的。就拿授予博士学位的资格来说,也不是"世袭"的,每两年要重新审查一次。如果不继续发扬优势,那么就很难保持这个资格。

(2)从 1953 年到 1966 年"文化大革命"前,增设了一批专业。这十几年中,是有曲折的。1958 年"大跃进",我们增设了一大批专业,但到 1962 年调整时,又砍掉了不少。直至"文化大革命"前只剩下 18 个专业,其中新增的有 12 个专业。这 12 个新增的专业是什么情况呢?就目前的情况来看,这 12 个专业(其中已有 2 个专业合并到其他专业)都具有一定的优势,但不平衡。这种不平衡,表现在以下几个方面:

第一种情况:船舶内燃机、系统工程、信息工程和金属材料等 4 个专业已取得了授予博士学位的资格。

第二种情况:锻压、高压电器和水力机械 3 个专业,实际上已具备了培养博士研究生的条件。

第三种情况:有几个专业获得了授予硕士学位的资格。

第四种情况:有少数专业还没有取得授予硕士学位的资格。但是,其中有的还是具备了条件的。例如磁性材料和电介质材料 2 个专业,是有条件培养硕士研究生的。磁性材料专业的微波铁氧体研究工作进行了 10 多年的时间,取得了很大的成绩。这个专业在全国可以说是"稀有专业"。但是,去年没有取得授予硕士学位的资格。主要是上报时把门类搞错了,搞到物理学科去了。

从上述 4 种情况来看,尽管不平衡,但是这些专业还是在不同程度上具有优势。

(3)1971 年至 1979 年,增设了一些专业,也减少了一些专业。如电真空、电器 2 个专业就下了。低压电器没有了;高压电器的一部分同志调到了激光教研室,一部分同志调到了高压电教研室。这八九年中,我们增加了十二三个专业。这十二三个专业也有不同的情况:

第一种情况:制冷、压缩机和焊接 3 个专业是原武汉机械学院的老专业,也具有一定的优势。制冷和压缩机 2 个专业是 1958 年创办的,在全国也是"稀有专业"。

第二种情况:有的专业虽然是新设的,但教师的基础还是比较好的。譬如固体力学专业,原来就有理论力学和材料力学 2 个老教研室,很有基础。又如系统工程专业,教师是由自动控制专业调过来的,而且也有意识地从校外调入了一些教师。又如信息工程专业,虽然是新设的专业,但教师都是从无线电技术专业调过来的,而且中间经过了无线电通信和无线电测量 2 个专业的过渡阶段。所以,信息工程的力量比较强。还可以举激光专业为例。激光专业开始的力量是很弱的,在 1971 年和 1972 年,只有十来个年轻的同志。后来从校内外陆续调进去一批同志;电真空专业下马,也将其人员调至激光专业;又把高压电器的一部分同志充实进来,这样激光专业的情况就开始起了变化。专业是新的,但力量是强的,具有一定的优势。

第三种情况:完全是新设的专业。如红外技术、光学仪器和微波技术等专业,基本上是新建的。就是说,从其他专业适当调一些教师进来,再从外面调进一部分教师,合在一起组成的新专业。这里面包括计算机硬件、计算机软件和计算机外部设备 3 个专业在内。这些专业虽然有一些教师调进去了,但和前面两种情况相比,还是更新一点。因此,更加不平衡,处于劣势。我们应该老老实实地承认这一点。承认落后才能改变落后,才能奋发图强,把劣势转化为优势。

(4)1980 年至现在,建立的专业共有 6 个。这 6 个专业是:生物力学、应用数学、经济管理、科技英语、建筑学和建筑结构工程。

应用数学专业,是在数学教研室的基础上建立起来的。建筑学和建筑结构工程专业是今年建立的。建筑学系的同志很谦虚,说是 freshman(新手)。虽然在形式上是 freshman,但是建筑学的教师阵营是很强的。现在人手还不够,我们要争取在今年底前增加 10 个人,主要是中年教师。明年还要争取增加 20 个中年和青年教师,包括调进的和刚毕业的研究生和大学生。如果能抓紧,到明年这个时候,建筑学系的教师队伍可发展到四十来人,力量将进一步壮大。当然,并不是到此为止。建筑结构工程是和建筑学同时建立的专业。建筑结构工程系目前的状况似乎还比不上建筑学系。但是,可不要泄气啊!在我的印象中,力学系好像有 7 位同志是学土木的,但是现在不好再调了,再调力学系就要哇哇叫了。但是，我们还是可以想办法的。办法之一是从外面物色适当的人选。教育部对我们办建筑学和建筑结构工程很关心、很支持，可以进人。

建筑学和建筑结构工程虽然都有"建筑"二字，但是很不一样。建筑学是一门地地道道的综合性学科，是一门非常特殊的学科。世界上最早的建筑学系是巴黎美术学院办的，不是办在工科学校，而是办在美术学院。我们国家对建筑学虽然不像对社会学那样一棍子打死，但是相当不重视。现在回过头来看，还是吃亏了。我们国家基本建设每年投资那么大，而且是个长远的事情。我们办建筑学系，就是适应国家基本建设的需要。建筑结构工程是地地道道的工科性学科，属土木类，学生到三四年级也学结构、土木方面的课程，但是和建筑学不一样。建筑学专业的学生，一年级就有 3 门特殊的课程：建筑初步、建筑制图、美术。

生物力学专业，就人手来说还不够。从全面的情况来看，我院的这个专业比复旦大学、重庆大学晚办了 5 年，但差距不大，起步大体上差不多。现在的问题是如何上得更快一些。我们不仅搞生物力学，而且还要在生物工程的范围内做进一步的考虑。现在国际上有这样一种几乎共同的看法：21 世纪是生命科学的世纪。发达国家对于生物科学的研究都看得很重。美国加州大学的冯元桢教授原来是搞流体力学的，为什么十几年前就转到了生物力学呢？就是看到了这个苗头。我们现在也要看到这个苗头。因此，我们今后在生命科学的研究方面，不仅是生物力学，还要考虑其他方面。当然，这是今后一二十年的事情。

科技英语专业，在全国来说，彼此差不多。我们还是要老老实实地承认，我们的力量不算强，或者说不强。

在这两年所办的专业中，困难最大的是经济管理。现在教师有 50 多位。但是，任务重，而且新手较多。其中有的人虽然是学财经的，或者学统计的、学工业经济的，但是知识面不广，水平还较低。所以，经济管理专业还处于劣势。现在困难到什么程度呢？就以派人到加拿大学习来说吧。加拿大国际开发署通过我国政府想对我国高等教育有所支持。教育部研究之后，决定用这笔钱来支持经济管理专业的建设，并确定把 5 所学校的经济管理专业纳入加拿大援助的范围，我们学校是其中之一。加拿大先后两次派代表团来我国，都到了我们学校。加方要求我们学校的经济管理系在今后几年中先后派 10 至 20 人去加拿大学习。如果派六七个人去还可以，但要派 20 个人就有困难了。

（5）除上面 4 种情况外，还有其他。如：

图像识别，是从外面来的一个综合性研究课题。承接这个任务后，我们建立了一个跨系、跨学科的图像识别与人工智能研究所。据我所知，北京大学、清华大学、上海交通大学、复旦大学，这几年都搞了图像识别研究。我们的图像识别研究已取得了相当的成果，具有了一定的优势。

低温超导技术研究，全国也有好几个单位在搞，有比我们早的。我们只搞了3年，时间比较短。就目前的情况来说，低温教研室的条件比较差，但同志们的精神状态特别好。不论有多大的困难都能想方设法去克服。他们选题准，第一个课题的难度相当大，但任务完成得较好。关于低温技术方面，将来是要建立专业的。或者待将来哪一个专业口径放大了，或者制冷专业改造了，就和这些专业结合在一起。

化学，在我们学校还是个老教研室。这个教研室有个特点，就是在完成教学任务的同时，还搞一点科学研究，主要是金属腐蚀的研究。"文化大革命"以后，研究缓蚀剂，最近获得了国家发明奖四等奖。现在又开始了生物无机化学的研究。我们准备向教育部提出建立应用化学专业。我们始终缺少化学这条腿，虽然化学教研室多年来和有关专业合作得不错，但没有正式成立系，总有些欠缺。

还有文科方面的新情况：

中国语言方面，建立了研究所，招收了研究生，办了一个《语言研究》刊物，已引起各方面的重视。

哲学方面，这几年，师资力量有所加强。我们准备建立哲学专业，但不建立综合性大学那样的哲学专业，而是要建立科学哲学专业，把哲学和自然科学结合起来。我们已向教育部提出。

经济学方面，我们已向教育部提出要办专业。到底要办什么样的经济学专业？老经济系我们办不得，我们要办有自己特色的专业。国家物资总局准备办一个物资经济专业，这正合我们的意。我们已和国家物资总局联系上，估计会同意。物资经济学还可以同我们的物资管理结合起来。

计量经济学方面，这是新的学科。过去，我们国家的经济学者都是从定性的方面来研究经济学的，忽视量的研究。因此计量经济学方面的人才非常缺。国际上的发达国家如美国，计量经济学研究是个热门，热的程度绝不在计算机之下。今年2月，在西安召开了一个全国计量经济学学术会议，科学院几位经济学家都参加了。许涤新、于光远、孙冶方、马洪等几位同志在会上大声疾呼：在座的各个学校，有条件的都要办计量经济学专业。我们学校的计量经济学力量相比之下是较强的，所以我们办计量经济学专业还是具有一定优势的。我们要发扬这个优势。现已建立研究所，准备向教育部提出办专业。

日语方面，我们已做了一定的工作。现在实行开放政策，国际交往加强，第一外语当然是英语,第二外语应该首先是日语,因为我们和日本的国际交往很多。日本虽然是资本主义国家,但和其他资本主义国家比,它的许多做法更值得我们参考;另外,中国人学日语也容易一些。因此,我们准备向教育部提出设日语专业。

就我们学校的专业和学科来看,我们的优势和劣势,具体地讲就是这些情况。我们学校不仅有工科专业,而且有了理和管理方面的专业,有了科技英语专业,还准备进一步办文科专业。这是一个新的情况。科研生产处(当然不仅是科研生产处,因为这是个科研工作会议,所以主要说科研生产处)的科研管理工作,一定要看到学校的这个新的情况,把理、工、文和管理等各方面都要管起来。根据不同的专业、学科,采取不同的方法。每个学科都有它的个性和具体要求,这就增加了科研管理工作的复杂性。不同的对象有不同的做法,千万不能一刀切。

就我们整个学校来看,我个人的看法是这样:教育部所属的 27 所重点学校中,我们学校处于中等的地位。中国有句老话:"人贵有自知之明。"我们也应该有自知之明,千万不可以夸大。近两年,来自外界对我们评价的话中,好听的话多一点。在这种情况下,我们要特别清醒,千万不可以夸大,不可以把自己所处的位置估计过高。但是,我们不甘心于中等。因此,我们提出了"敢于竞争,善于转化"。我们学校之所以处于中等,有这样一些原因:

第一是历史原因。在我们国家过去几十年的历史中,一直是华北地区(主要是北京)和华东地区(上海和江浙)的大学要比内地强,而我们学校恰恰是中南地区几所大学的机械、电机、动力和基础课、公共课的教师合并成立的,因此,底子比较薄。我们应该老老实实地承认这一点。

第二是 1952 年的院系调整。对于院系调整,要用历史的观点来看。应该一分为二,成绩的一面是主要的,增加了一大批高等学校,培养了更多的人才,但是也有毛病,它把原来综合性大学的理、工、文分开了。有人说这是"乱点鸳鸯谱",虽然这个说法不一定合适,但至少应该承认是有些形而上学的。"理"和"工"分家的危害性,越来越明显,"工"所受到的限制要超过"理",因为"理"是"工"的基础,"理"和"工"分家,使"工"的基础削弱了,这就违背了客观规律。这是院系调整给我们带来的局限性。

第三是 1962 年调整专业下过了头。"大跃进"时,我们也有些头脑发热,增加了一大批专业。1962 年调整时要下,这也是必要的,但是下过了头。主要是两个专业不该下,一个是计算机,一个是半导体。当时提了好多意见要保留,但还是非下不可。当时总感到计算机非搞不可,1956 年还派了五六个人去北京学习从苏联引进的 103 型计算机。砍掉计算机专业后,我叫人事处设法把这几个人保存下来，可是到 1964 年，由于教育部限制编制，还是被搞散了。1958 年我们还办了少量理科性专业，如：工程物理系，是理工结合的；数学力学系，是在教育部组织的一个大型科研项目基础上办的；还有无线电物理系。但在 1962 年调整时，这几个理科系都被彻底砍掉了。这是造成工科院校落后的一个重要原因。1957 年 10 月 4 日，苏联第一颗人造地球卫星上天，大大震动了美国。美国大大增加了科研经费，投放到大学，使得高等教育很快上去了。而在这种情况下，我们工科院校办的一些理科性专业却被砍掉了，不能不说是一个历史性的错误。

我们承认处于中等地位，又认识了处于中等的原因；但是，我们不甘心于中等地位，要力争上游。因此，要"敢于竞争，善于转化"，这是每一个革命者必须具有的精神状态。只有这样，才符合国家和人民对我们的要求。根据上面情况的分析，我们在"敢于竞争，善于转化"的总要求下，还要具体地考虑以下 3 点。

（1）一定要名副其实地把我们学校办成两个中心，既是教学中心，又是科研中心。只有办成两个中心，才能真正培养出高质量的人才。

（2）要把我们学校逐步办成文、理、工、管理四个方面综合组成的大学。实际上，已经开了头。比如科技英语，虽然有"科技"二字，但根本上是个语言专业，而不是科技专业，所以它实际上是属于文科性质的专业。至于理科，已经有了应用数学、固体力学和生物力学等专业，还有固体电子学、激光等都属于应用物理范畴，也是理科性质的。管理，现在已经成立了经济管理系，只是困难还很大。

我们学校今后就朝这个方面去努力，逐步从单一的工变成文、理、工、管理相结合的综合大学。

（3）在培养好大学生的同时，把研究生的培养提到重要的位置。这不是指招生的数目，而是要在观念上、原则上同时重视起来。1979 年我在出国考察之前就知道，美国一些著名的大学研究生的数量都很大。当时，只认为这些学校力量强，办得好，所以培养的研究生就多。出去跑了一圈，才发现这里面有一个良性循环的问题：学校力量强，招的研究生就多；招的研究生多，从事科研项目多，取得的科研成果也多；取得的成果多，学校的水平提高就快。不仅研究生水平提高快，大学生水平也上去了。比如，研究生从事科研的实验装置多，就为大学生参加实验提供了更多的机会，无疑大学生的科研能力就提高得快。所以，这是一个良性循环。当然，我们要防止重视了研究生培养而放松大学生培养的片面性。

中国有一句老话："有志者，事竟成。"为了把我们国家建设得更好，我们应该立下实现四个现代化之志。有了这样的志,我们的事情就能办好。路是人走出来的,事情是人干出来的,一个美好的强盛的国家不会自然而然地产生,还得靠我们的双手和智慧来建设。我今天说的这些话,无非是想把我们大家的干劲进一步鼓起来,敢于竞争,善于转化。

二、总结经验,善于打开局面

"要善于打开局面。"这是一句很普通的话,但我今天在这里提出来,还有这样一个由来:1982年4月21日,胡耀邦同志有个讲话,其中有两句:"善于打开局面";"我们需要善于打开局面的干部"。今天我引用胡耀邦同志的这句话,是想研究我们的科研工作如何善于打开局面的问题。

要善于打开局面,是不是有这样一些具体的做法:

(1)要主动。科研课题一般不是自然而然地来的,虽然也有下达的,但在开始的时候要主动去争取。比如1972年无线电通信专业成立之后没有招生,无事可干,于是向四机部要求给任务。过了两三个月,来了长途电话,通知给我们一个散射通信的研究任务。如果我们不向四机部提出,这个任务就有可能给了人家。又如激光研究,也是找四机部何华生同志要的题目。因此,要经常向中央有关部委请示汇报科研工作,主动争取任务。现在正处于国民经济的调整时期,科研经费不多,我们更要主动争取任务。

(2)碰到骨头也要啃。科研课题有难有易,有些课题,难度是很大的。为了长远,就是碰到骨头也要啃。如潜艇规范,这是一个难度很大的课题。当时开会分配课题,我们去晚了,容易的题目都被别的单位拿走了,剩下的都是一些难度大的"骨头"。于是我们挑选了潜艇规范这个课题,组织力学系和造船系的同志啃。啃了5年,出了成果,并与六机部建立了关系。又如451科研,这是一个既有骨头又有肥肉的课题,我们也啃下来了。因此,要有啃骨头的精神。啃骨头,有利于打开局面。

(3)要敢于承担任务。红水河最优开发模型是水电部下达的一个大任务。开始承担这项任务,我们是费了一番考虑的。看来,我们的决心下对了。红水河过去不大出名,它发源于贵州,流经广西,从广东入海,全长600多公里,水力资源很丰富,不在黄河之下。现在,我们组织大系统、水电和电站自动化3个教研室的17名教师参加。这个课题的完成,不仅有利于带动系统工程、水电和发配电3个专业教师的提高,而且可以进一步加强我院与水电部的联系。

(4)要说话算数。搞科研,有个信誉问题,也就是说话要算数。你承担别人的项目,到时候就要拿出成果,否则就失去信用。说话不算数,失去信用,别人就不和你打交道了。因此，说话算数，守信用，是科研工作中的一个重要问题，也是科研道德问题。我院的科研工作之所以能够打开局面，主要的一条经验就是说话算数。

（5）要注意不能单纯向钱看。我们搞科研的目的是为国民经济建设服务、为培养人才服务，不在于钱。因此，我们承担科研任务，不能在钱的方面考虑太多。当然必要的经费是需要的，因为要购置设备、材料、图书资料和外出调查研究。只要不贴钱，就是条件苛刻一些，我们也要干。

（6）要注意开辟新的领域。在科学研究中，注意开辟新的领域，这不仅有利于新学科的发展，而且有利于我们打开新的局面。譬如生物力学研究的开展，已促使我们能够对整个生物工程领域做进一步的考虑。最近，力学系已与石油部联系，准备开展海底石油管道规范的研究。我们可以通过这个课题的研究，把更多的专业组织起来，和石油部建立关系，进一步开展海洋采油和海洋工程方面的研究工作。

（7）要善于处理近期与远期、大题目与小题目、理论研究与应用研究、教学与科研的关系。

第一个关系是近期与远期的关系。我还是以激光研究为例，开始没有任务，后来四机部给了我们一个课题，叫做激光在集成电路加工中的应用。有了任务，有了经费，就可以买设备，进行研究工作。开始研究激光微型焊接，研究氦氖激光器，一直到研究大功率二氧化碳激光器，使研究的范围逐步涉及了整个激光应用的范围。所以，暂时没有适合的题目不要紧，先找一个过渡性的题目干，总比"等"着"闲"着好一些。但是，只考虑近期，不注意远期是不行的。我想，这么处理是恰当的：我们不要眼高手低，这也不干，那也不干；但是只顾眼前，不注意远期课题的研究，到头来还是要吃亏的。合肥工业大学和上海机械学院，在这方面就做得较好。虽然是表现在请人讲学上，但他们有眼光，注意到了长远，注意到请人讲学的配套，硬是把微型计算机和系统工程这两个学科搞上去了。同志们不要以为我这样强调远期研究，就感到有压力。我的想法，就是希望同志们处理好近期与远期的关系，把研究工作搞上去。

第二个关系是小题目与大题目的关系。首先要重视大题目，争取大题目，像红水河最优开发模型这样的课题，对国民经济建设关系重大，必须敢于承担。但在暂时没有大题目的情况下，小题目也不要放弃。有些小题目也可能发展为大题目。与此同时，还是要寻找大题目，或比较大的题目。尤其需要纠正和防止的是：有的同志不考虑全局，置重要题目于不顾，而强调无关大局的小题目，致使力量分散，各自为政，影响到整个专业上不去。

第三个关系是理论研究与应用研究的关系。这个问题复杂一些，恐怕要多说几句。首先,就"理论研究与应用研究"这个提法来说,我不完全赞同。说得具体些,像我们这种类型的学校,还是提以技术科学研究为主较好。

我还是先谈谈怎样处理好应用研究与理论研究的关系。我先从一个具体事讲起。去年,方毅同志向杨振宁教授征求建立技术物理研究中心的意见。杨振宁回了一封信,着重谈了理论研究与应用研究的关系问题。杨振宁的这一封信,胡耀邦同志批转给了中国科学院,引起了不同的反响。今年2月,胡耀邦同志找李昌同志谈话,李昌同志整理成五点,中心意思是赞成杨振宁的看法,科学研究要为"四化"服务;基础科学研究要搞,可占十分之一。这是一个很重要的情况。首先是胡耀邦同志的意见,直接纠正了科学院的工作方针,使他们重视为国民经济建设服务。但基础科学研究也不容忽视,也要占一定的比例。

我们学校现在科研工作的实际情况是:从事于应用研究的课题已经占绝大部分,这在目前来说是可以的;但我认为很有必要对理论研究给予适当的注意。对我们来说,现在还根本谈不上有什么像样的理论研究。而不搞理论研究是要吃亏的。以日本为例,由于其基础科学研究落后,计算机软件一直落后于美国。日本从明治维新以来发展很快,但是主要弱点是忽视基础研究。1979年我访问日本时,曾问过京都大学一位有关的系主任:在计算机方面日本与美国比起来怎样?他说,日本计算机硬件已经赶上美国,但软件要比美国落后十年。我们要辩证地看问题,注意到两种情况:一方面,我们国家还很落后,要实现四个现代化,科学研究不能脱离当前的实际;另一方面,绝不能忽视理论性的研究。基础理论研究要占十分之一,这是指数、理、化、天、地、生而言的。但是,高等学校的理论研究不能这样来认识。我认为高等学校的理论研究应该包括三个方面的内容:一是基础理论研究,例如陈应天同志在英国剑桥大学卡文迪许实验室研究引力理论,就属于这个范围。又如固体物理方面的研究工作与我们不少专业关系非常密切,而在这方面,我们的工作还差得很远很远。二是专业理论研究,这应该成为我们理论研究的主要部分。而在这方面,我们的工作也差得很远,需要今后做出极大的努力。三是应用研究中的机理研究。这是要求在应用研究的过程中,将具体成果上升到理论上去。过去我们进行的一些应用研究,往往是样机或样品制造出来以后,写一两篇文章,研究工作就算告一段落了,而不去探讨它的内在规律。因此,说不出多少道理,或者道理说得很少,知其然而不知其所以然,或者知之不够。这是忽视机理研究的结果。上述理论研究三个方面的内容,在整个科研工作中,到底应占多大的比重呢?就目前来说,我冒昧讲一句,从全院来看,能不能占30%?也就是说,按目前情况,理论研究与应用研究之比为三七开。在一个具体单位,当然还要根据具体情况来定，不能一刀切。我们学校是培养人的，既要出人才，又要出成果，不重视理论研究，不搞相当的理论研究是不行的。只有这样，才能不断提高我们的学术水平，否则，我们只能停留在经验性的阶段。几年前，美国有一个固体物理团体访华，成员主要是大学的教授，他们参观了中国科学院的物理研究所、半导体研究所，看了一些综合大学，也看了与我院同类型的西安交通大学的材料强度研究室。西安交通大学的材料强度研究，可算是全国第一把交椅。让他们看的都是一些工作比较好的单位。回去后，他们写了一份考察报告，评价我国的科学研究尚处于实验性阶段，还没有上升到理论研究的阶段，还没有把理论搞清楚。人家的评价，对我们是一个帮助，使我们清醒地看到不足之处。我们的水平与国外的差距还较大，表现之一是理论研究不够。我的意思并不是目前要把理论研究的比例搞得很大，但必须重视，要占相当的比例。

关于科学研究工作的做法，我还是很赞成美国学者田长霖教授的意见：我们理工科院校要把技术科学的研究和发展放在主要地位。技术科学介于基础科学和应用科学之间，既以基础科学为基础，又联系到应用，它把两者有机地结合起来。这一点，请同志们予以足够的重视。

第四个关系是教学与科研的关系。现在教学与科研的矛盾，主要表现在安排上，特别是在骨干教师的安排上。在今后三至五年内，我们讲师以上的教师必须做到既搞教学，又搞科研。一定要朝这个方向努力。具体的安排，由各系和教研室自己去决定。

在这里，我要特别提一下物理教研室。这个教研室已办了两期师资班，又为全院开普通物理课。任务很重，大家也很辛苦，而且从去年暑假以后采用英文教材。物理英文教材的文字叙述比数学要深一些，这给英文程度参差不齐的物理教师带来一些困难。但物理教研室的同志很努力，任务完成得很好。至于没有搞科研，不能怪物理教研室的同志，这在根本上是理工分家造成的。再加上教学任务重，科研工作就排不上了。这不是哪一个人的责任，是历史的原因。因此，请李冬同志回去与物理教研室的同志商量，下一步如何搞。是否先开个头，组织三五个人开始做些研究工作，研究固体物理或者接外来任务，都可以。总之，一定要开个头，然后逐步扩大，但不要拖得太久。

三、需要合作，善于合作

这有两层意思，第一是需要合作，第二是善于合作。现在科学技术发展的趋势是：高度的分化和高度的综合。新的边缘学科不断出现，这叫做高度分化。另一方面又是高度的综合，各学科之间的相互渗透非常多，非常快。比如说机床，这是一个老行当。过去是机械部分加上一个马达，就可以运转起来。现在变了，尤其是控制部分的变化很大，已经发展到程序控制和微处理机控制。因此，要研究机床就需要搞机床的同志与搞自动化的同志相互合作。谁也离开不了谁，缺一就搞不成。前面所讲到的图像识别和红水河课题，更是综合性的课题，绝不是一个学科、专业所能承担得了的。从另一个方面来看，我们这种类型的学校是多科性的学校，有它的优越性。不是说要发挥学校的优势吗？多科性就是我们的一个很重要的优势。在这里，我们不妨看一看研究单位。我国的许多研究所都是各自独立的（虽然上面有一个口子，但下面是独立的），配合起来很不容易。另外，各研究所研究人员的构成比较单一。加上在"文化大革命"中，林彪搞"山、散、洞"，一部分过去在城市的研究所，现在分散到山沟里去了，问题很多。学校就不一样，虽然专业本身是相对独立的、单一的，但是学校整体是多科性的，配合起来就比研究单位方便得多。因此，我们要充分发挥学校这个多科性的优势，合作开展综合性课题的研究。这是科学技术发展的客观需要，不是可有可无。第二点意见是，要善于合作。我们的实际情况是有合作得好的，也有不好的。往往是一分为两个系，就不像一个系那样容易配合。影响合作的因素较多，但重要的问题无非是两个：一个是经费的分配，二是成果的上报，无非就是在这两个问题上引起矛盾，产生意见。因此，要把这两个问题解决好，关键在于合作的主导方面——牵头单位。锻压专业与工业自动化专业的合作就处理得比较好。锻压是牵头单位，不论是经费、奖金，还是上报成果，都主动照顾后者，因此没有什么矛盾。

大家都动起来了，要求合作，这是非常可喜的现象。如果大家都想当主角，不愿当配角，那么就可能合作不好。我很赞成俞玉森同志的说法，应用数学是一个"服务行业"。如果大家都甘当"服务行业"，那么各专业之间的合作就没有什么问题了。因此，善于合作是一个很重要的问题。需要合作是前提，但如果只讲需要合作，不讲善于合作，就搞不好。所以，需要合作和善于合作是一个问题的两个方面。这两方面都处理好了，就能充分发挥学校的整体优势。大家在合作的过程中，有些问题解决不了，可以提到科研生产处帮助解决。如果科研生产处解决不了，希望及时反映到我们这里来，由我们出面召集有关方面，二方、三方，甚至四方一起商量解决。从我院最近10年的情况来看，合作是好的，但也有些问题。比如有人把成果算在自己账上，抹杀别人的工作。需要别人合作时，说得很好听，一旦有了成果，就把别人一脚踢开。这样干，谁还愿意和你合作？尹家骥同志在发言中谈到，同校外单位合作，必须签订协议，这是必要的。但是校内合作就不需要订协议了，因为在校内彼此间都很熟悉,就不要订协议了。关键是在思想上真正解决问题,真正做到善于合作,把我们学校整个带动起来,提高水平。合作在球类比赛中表现得最明显。例如女排,只有孙晋芳,没有郎平和其他人,或者只有郎平,没有孙晋芳和其他人,都是不能取得胜利的。所以队员之间的相互配合是非常重要的,谁也离不开谁,必须形成一个整体。合唱队也是如此,大家都唱一个调,才好听。总之,要多为合作的对方着想,事情才能办好。

最近提出科研道德,这是一个很重要的问题。善于合作,就是科研道德的重要内容之一。

四、培养青年教师,后来者居上

要青出于蓝而胜于蓝,要后来者居上。这是用中国的老话来做题目。只有青出于蓝而胜于蓝,我们的事业才能发展,才有希望。这是一条重要规律。陈珠芳同志在发言中,引用了美国学者坎特罗维茨教授说的两段话,我觉得很好。坎特罗维茨教授的一段话是这么说的:"我的责任是通过各种办法,使我的成员富于创造精神和伟大的想象力。而一旦出现新的苗头,我自己则变成肥料,使得他们的伟大想象生根开花。"坎特罗维茨教授讲的另一段话是:"我的荣誉是我自己赢得的。希望你们超过我;否则,我们的事业就完了。"这两段话是坎特罗维茨教授和激光研究所的同志交谈时说的。这位老教授学术水平是很高的,思想也是比较好的,生长在资本主义社会能够说出这样的话,是很不简单的。我们教师的思想和风格应该比他更好。在我们的思想上应该明确,要青出于蓝而胜于蓝,要后来居上,这是客观规律。我们的中老年教师要很好地帮助青年教师成长,使他们超过自己,这就是伟大的成绩。后继有人,一代比一代水平高,那多好呀!我们对青年教师、对研究生和大学生,都要关心爱护。特别是对大学生中冒尖的人才更要爱护,帮助他们更好地成长。在冒尖的人才上花些精力,是值得的。不要怕负担重,招架不了。好招架得很,你就把文章指给青年人看,让他们去读;把外文文献交给他们,让他们译,然后要他们谈读后感。这样,不仅有利年轻人成长,而且教师本人实际上也有了"助手"。中老年教师当指挥,指导青年人去干。青年人的积极性可高了,你一指点,他们就会夜以继日地去干。我们不要觉得这是负担,恰恰是事业的需要。现在,培养出来的出类拔萃人才太少了。10亿人口的国家,出类拔萃的人才太少了,这是一个大问题。因此,会议之后,我们要向全院大力宣传:要青出于蓝而胜于蓝,要后来居上。

同时,也要向青年教师和研究生、大学生做工作,教育他们尊重中老年教师,尊重全体教师和全体工作人员。青年人中,确实有这种现象:学到一点本领,就自以为了不起,在那里指手画脚,认为某某教师不如我,甚至散布一些流言蜚语。我们应该大力宣传,使青年教师尊重中老年教师。有些数学分支,青年人学得比中老年教师多一些,这是很自然的。因为青年人生长在科学技术高度发展的 70 年代。而中老年教师则是在 30、40、50 年代出来的,学的东西少,这是历史造成的,并不是中老年人不如青年人。当然,中老年教师也有一个再学习的问题,他们正在"补课"。但是,年龄毕竟是不饶人的,学起来总要慢一些。因此,我们要向年轻人讲清楚,懂得一点东西不值得骄傲,应该尊重中老年教师。同时,中老年教师又要十分关心和培养青年教师,使他们后来居上。这是我们的一个中心思想。

我们的中老年教师要总结自己多年来的教学和科研经验,著书立说。现在已到了把这个问题提到日程上来的时候了。过去我在某些场合说过这个问题。这次又提,主要是周克定同志著书对我的触动。周克定同志正在总结他的教学和研究工作经验,正在写两本书。我想,我们的许多老教师和相当一部分中年教师也应这样做,著书立说。

当前,我们的老教师和相当一部分中年教师有 3 个任务:一是掌舵,把握学科方向;二是帮助和培养青年教师,给他们指点方向;三是著书立说。著书立说本身就是一项科研工作。写一本书要付出艰苦的劳动,新作本身就是一项很有价值的科研成果。千万不要认为写书不算成果,只有搞样机才是成果。一篇有独到见解的文章,也是一项很大的成果。在这次会议上,我就发现了很多人才,如白清玉、韩来香等同志,他们的会务工作搞得很好。"跑腿"工作是不简单的,这些同志干的就是"跑腿"的事情,跑得很好。人才,是在行动中发现的。要听其言,观其行。

再重复说一说,我们的老教师和相当一部分中年教师,要下决心,把下面的年轻人培养起来,使其超过自己。这一点,要非常明确,硬是要使培养起来的青年人超过自己。这就是伟大的成绩。这个话要向全校讲清楚,公开地讲。只有这样,青年人才能更加努力。另一方面,讲清楚了,青年人才不骄傲,才不在背后嘀嘀咕咕。

五、加强联系,扩大交往

与校外单位的协作,尹家骧同志的发言很好,就是建立联合体。我们要非常重视联合体。前面我讲的需要合作、善于合作,主要是指校内的合作,在这里要讲的是与校外单位的协作。我们进行的许多研究工作,都是与校外单位有联系的，都需要与校外单位打交道。因此，要搞好与校外单位的协作。跟校外单位打交道，比校内合作复杂得多。在这方面，同志们是有经验和体会的。希望各单位认真总结这方面的经验。同时，也希望各单位与校外进一步扩大联系。这种联系，不怕多，多了有好处。同志们对校内工厂加工比较慢，有些意见。但是，校内工厂也确有它的苦衷。所以，光靠校内工厂是很不够的，要进一步把与校外工厂的联系工作开展起来，委托校外工厂加工。近几年来，同志们想了许多办法，解决了不少加工的困难。看来，还要进一步想办法。我们与校外工厂的关系搞好了，就方便得多，甚至可以达到这种程度：有些加工它不赚你的钱，有些材料它可以帮助你解决，有些加工费可以低于成本。这多好！当然我不是说要占人家的便宜，但关系搞好了，确是方便得多。希望同志们加强与校外单位协作。在这方面，有一个信誉的问题，也有一个签订协议的问题。我赞成尹家骧同志谈的办法，"亲兄弟，明算账"，双方订一个协议，签字盖章，免得扯皮。

在与校外单位的协作方面，我们要特别注意到与湖北省及武汉市的单位协作。过去，我们在这方面做得不错，有成绩，如与二汽等单位的关系搞得很好。至于与孝感机床厂的关系，那就更不用说了。这样的关系好得很，我们出技术，工厂负责制造。如果每个系都有几个关系较好的协作单位，那就方便得多。因此，我们要为湖北省、武汉市多做些事，进一步扩大协作关系。

另外，与校外单位的协作，特别是与研究所的协作，最近出现了一个新的情况。具体地讲，就是合肥的等离子体研究所对我院很关心，北京的理论物理研究所与我院的关系也很好，愿意帮助我们把理论物理的研究搞上去。这种协作关系，都是人家帮助我们，"得"的比"出"的多。在这方面，我们还要进一步打开局面，扩大与其他研究所和其他大学的联系，建立较深的关系。因为我们在某些方面还比较弱，需要别人帮助。比如，在流体力学方面，我们的队伍扩大了，庄业高等同志也很努力，但是毕竟是工科的底子，基础还很弱。因此，需要与北京大学建立关系，请他们帮助。此外，还要与力学所建立关系，请他们帮助。我们要尊重别人，把关系搞得更密切些，争取在几年之内迅速把流体力学搞上去。在国内请人帮助我们，这比到国外请人方便得多。因此，我们要交朋友，要交一大批的朋友。为什么我们办刊物的积极性那么高呢？一方面是由于我们国家科学技术落后，需要提高。办科技刊物比办人文艺术刊物贴钱多，为了使我国的科学技术上得快些，贴几个钱是值得的。另一方面，通过办刊物，加强与校外单位的协作，可以交上很多学术朋友，得到人家的帮助。所以，我们贴几个钱是很有收获的。

六、面向世界，走向世界

在国际性交往方面，我们取得了一点成绩，但是千万不要因此而满足。应该看到还很不够，还要继续打开局面，联系越广泛越好。不管是请进来讲学、派出去学习，还是"以文会友"，都要想尽一切办法，继续打开局面，扩大交往。我们要经常与国外学者保持联系，包括来过我们学校的学者和指导过我们教师进修或研究生的教授，请他们帮助，向他们索取文章资料，甚至提出具体问题请他们指点，都是可以的。一定要这样做。但是，要注意不增加对方的负担。我想，平均两个月写一封信，总是可以的。有时还可以打电话。打电话很方便，不增加对方的负担。在这方面，多花几个钱是值得的。脸皮要厚一些，我主张厚脸皮政策，只要沾上边，你就大胆沾，加强联系。美籍学者田长霖是黄陂人，生长在武汉，他很关心我们学校。美籍学者邹诗凡是鄂城人，对我们非常热情，写信请他们帮助，是没有问题的。总之，我们要进一步加强联系，扩大交往。

七、锲而不舍，韧性战斗

科研工作一定要锲而不舍。我们要有像鲁迅所说的那种韧性的战斗精神，非常顽强地坚持下去。除非经过探索和调查研究，证明此路不通，此外都要坚持下去。如果不是这样，就不能取得成果。至于失败或曲折，那是正常的现象。我院的金属材料专业是属于教育部的，但从口子来说是属于冶金部范围。冶金部有北京钢铁学院、东北工学院，还有钢铁研究院等，他们无求于我们。我院的工模具钢研究之所以能够取得显著的成绩，能够成为培养博士研究生的学科点，主要是锲而不舍地坚持研究的结果。如果不是十几年持久顽强的工作，那是得不到冶金部重视的。图像识别课题在进行过程中，也有过曲折，曾一度似乎搞不下去，但是由于顽强战斗，终于坚持过来了。最近听到磁泡的研究在国外已纷纷下马，分析其原因，主要是成本高，经济上不合算。但我认为我们的磁泡研究不能下马，要坚持下去，可以在研究过程中同时探索如何降低成本。

已经讲得很长，如有讲得不妥的地方，请大家批评指正。

敢于竞争,善于竞争*

    1980年秋天,我在一次百人左右的干部会上,做了一次题为《敢于竞争,善于转化》的讲话,其中有这样两句:"发扬优势,防止从优势下降为劣势;敢于竞争,坚决将劣势转化为优势。"这里所讲的"优势"和"劣势",都是指专业或学科的水平而言的。

    后来又讲过4次。一次是1981年8月,在全校师资培养工作会议上,提出要"敢于竞争,发扬优势"①。第二次是1982年7月,在全校科研工作会议上的讲话,第一点意见就是"敢于竞争,善于转化"。② 第三次是1983年11月,在中央教育行政学院的一次演讲,题目是《高等学校管理的若干基本原则和方法》,其中又讲到"必须有敢于竞争,善于向好的方面转化的思想"③。我在领导岗位时最后一次谈竞争,是1984年2月11日上海《文汇报》发表了我对记者的谈话:要在竞争中成为重点,而不要使重点大学成为终身制。④

    今天在这里又谈竞争,比之于五六年前,形势已大有变化,竞争更为激烈。形势对我们是相当严峻的,重点学科的评议就是一个突出的事例。今年1月全国高教工作会议,又明确提出要把竞争机制引进到学校中来,这就更需要我们着重地加以思考。

    在"敢于竞争,善于竞争"的总题目之下,打算谈以下几点:

---

* 本文是作者1988年5月20日在华中理工大学业余党校党员教授研讨班上的发言。
① 朱九思:《高等教育刍议》,华中工学院出版社1984年版,第128页。
② 朱九思:《高等教育刍议》,华中工学院出版社1984年版,第111页。
③ 朱九思:《高等教育刍议》,华中工学院出版社1984年版,第52页。
④ 朱九思:《高等教育刍议》,华中工学院出版社1984年版,第74页。

（1）他山之石，可以攻玉；

（2）教书育人，天经地义；

（3）严重的问题在于认真培养青年教师；

（4）要大声疾呼：坚决反对内耗。

一、他山之石，可以攻玉

最近一年，接触到一些非常值得重视的情况，首先向同志们介绍一下。

今年第 1 期《高等工程教育研究》，登了一篇评述麻省理工学院的长文章，题目是《MIT 工程教育思想初探》，写得很好，建议同志们找来一读（MIT 是麻省理工学院的英文简称）。这篇文章通过对 MIT 的创立时期、20 世纪 30 年代、50 年代和最近几年来的一些重要代表人物的谈话、演讲、文章和回忆的述评，反映 MIT 在这几个重要发展时期的教育思想的成果，以及由这些成果所表现出来的某种 MIT 的精神。贯穿在过去 120 多年 MIT 历史中的精神，就是始终具有第一流意识、培养第一流人才，因此，就要拥有第一流的教师队伍和第一流的设备环境。正如此文作者所说：MIT 由 1861 年初创时一个只有 15 名学生、6 名教师的工学院，发展成今天这样一所世界上一流水平的大学，可谓工程教育史上一个突出的范例。

前几天，田长霖先生又来我们学校。他已决定离开伯克利分校，应聘到加州大学的另一个分校，就是欧文分校去担任常务副校长。在 5 月 16 日上午的座谈会上，他谈得较多的是去欧文以后，他提出的战略方针，总的方面必须具有特色，同时要把当地的特色摸清楚，与当地结合起来。主要措施是：第一，必须建立科学工业园；第二，必须抢教授，而且一定要有讲座教授（Chair Professor）；第三，马上开始制定全校的学术规划，要求各系各科研究，朝哪个方向走，在 10 年内可以达到全美第几名，需要解决什么问题。他说美国的大学有 3 个规划：①学术规划；②基建规划；③预算规划。他说学术规划最重要。大学不能以预算规划推动办学，而要以学术规划推动办学，根据学术规划去搞钱。美国大学的人头费占预算的 70％～80％，主要靠学术规划与科研去搞钱。

在座谈过程中，我特别注意田长霖先生考虑问题的思路。在加州大学的 9 个分校当中，伯克利是最好的。伯克利的各系科，都在美国的最前列，欧文是比较平平的一个。田长霖恰恰从伯克利到欧文，那他打算怎么办呢？我发现他决心很大，也很有信心，要在今后 10 年中，把欧文转化成为第一流大学。他今年 9 月 1 日上任，进行这个艰巨的转化工作。不错，欧文那里钱比较多，地理位置也很好，在洛杉矶与圣迭戈之间，但这些条件原来就有，为何办了 25

年,还是不怎么样呢?从这可以看到,田长霖的决心和他的主要措施是应该引起人们的思考的。

4月中旬,在南京工学院(现改称东南大学)参加国家教委直属高等工业学校教育研究协作组的第三次理论讨论会。王冀生同志在会议结束时,讲了一个多小时。他谈到苏联见闻,突出印象之一是:全苏联所有大学的专业目录,只有300种,而我们现有600多种。苏联对专业还打算下压。他们实行宏观控制,微观放开;专业需经批准,专门化由学校自定;专业保证基础,专门化保证针对性。

4月8日的《光明日报》,登了一篇《"火箭之父"的母校》,介绍苏联著名的包尔曼高等技术学校(我们通称包尔曼工学院)的一些情况,这里摘录一点供同志们参考:

这个学校副校长马努申教授向《光明日报》记者说:"我们有值得骄傲的历史,但这只能说明过去,今天的任务是培养新一代的图波列夫,培养21世纪的科罗廖夫。"(科罗廖夫即"火箭之父",他和图波列夫都曾在这里攻读)。

记者接着写道:1987年初,苏联政府曾做出专门决议,要求这个学校重振当年雄风,培养和输送能使苏联科技全面跃居世界前列的一流人才。因此,包尔曼毅然摒弃现在的专业划分,采取机动灵活的课程设置,实行综合性的专业教育:一是取消内容过时或划分过细的专业,合并内容相近的专业。原先设置的专业被淘汰的达30%,与此同时,又建立了新材料、灵活生产系统、综合自动化等一系列新专业,今后专业设置将根据科技最新发展情况而增减。二是加强基础理论教育,只有这样,学生毕业以后才能对新的学科和知识兼容并蓄,融会贯通,成为能力全面的专家。三是广泛开设人文学科课程,如文学、艺术、美学、社会学等,使学生具有合理的知识结构,在研制和开发新技术新产品时,不仅从技术方面,而且从社会、经济、环境等方面进行综合论证,得出科学合理的结论。四是实行教学、科研、生产一体化。学校建立了7个教学科研设计综合体,对全校的教学、科研和设计任务统筹安排。五是为了密切教学与生产的关系,学校各个系的所有教研室都在专业相应而又设备先进的企业中建立分支教研室,把一部分课程直接拿到工厂实地讲授,从而取得最佳效果。

4月中旬在南京工学院开会时,和院长韦钰同志交谈了一个多小时。经一两年来的积极活动,南京工学院取得了三项重大的进展。第一是与南京医学院合并,准备改名为东南大学。第二是与原电子工业部已经谈好,在无锡微电子技术基地办一分校,校舍由基地提供,分校由南工领导。第三是取得南京市与江苏省的同意与支持,在浦口征用土地3000亩,将学校大部分搬过去,同时在那里建设科学工业园。据她谈,南京大学亦如此。这3项重要措施,将使该校在今后 5 至 10 年中发生大的变化。

据了解,南京鼓楼医院也合并到南京大学,南京大学已经成立了"南京大学医学院"。

去年 9 月,我在成都科技大学。他们在联合办学方面取得了可观的成绩。第一次是得到水电部的支持,挂了"成都科技大学水电学院"的牌子。第二次是得到轻工业部的支持,挂了"成都科技大学轻工业学院"的牌子。以上两次挂牌,从这两个部都分别获得 1000 多万元的基建经费。另外,成都科大也在"抢教授"。因此,近两三年来,成都科大上得比较快。

上海工业大学是上海市 50 年代前期办的。1958 年,上海市在嘉定办上海科技大学,从上海工业大学调走一批教师,削弱了上海工大的力量。五六年前,当钱伟长同志去任校长时,上海工大只有两位教授,其他条件也很差。在修建了一批教学用房与家属宿舍,增加了一批教学设备以后,近两三年钱伟长着重从外面找教师。这几年他又着重抓了教学与科研,因此,上海工大的地位逐渐在上升。钱伟长同志就是这样在竞争中将上海工大从劣势向优势方面转化。

我再顺便提一提我的家乡的两所学校。一所是扬州工学院,1985 年我回扬州,那时还是扬州工专,土木工程是他们的优势,尽管是专科学校,也和国家建委挂上了钩,联合办学,为建委培养了许多人才,于是建委给他们一笔钱,正在兴建一座 10 层的教学主楼。今年 4 月再去扬州,大楼已经用上了,学校也改名了,一片兴旺气象。

另一所是扬州师范学院,是新中国成立后扬州新建 5 所大学中成立最早的一个。说来也很怪,它们竟然与商业部挂上了钩,办了一个商业经济专业,得钱数十万。

上面谈了国内外大学的一些情况,无非是"他山之石,可以攻玉"吧。回过头来谈谈我们学校怎么办,我想提出以下 7 点意见。

(一)正确估计自己

在 1982 年 7 月的全校科研工作会议上,我曾做了这样的估计:"就整个学校来看,我个人的看法是这样:在 27 所教育部直属重点学校中,我们学校处于中等地位。中国有句老话:'人贵有自知之明。'我们也应该有自知之明,千万不可夸大,不可以把自己所处的位置估计过高。但是,我们不甘居于中等。因此,提出了'敢于竞争,善于转化'。这是每一个革命者必须具有的精神状态。

只有这样，才符合国家和人民对我们的要求。"①

1983年10月18日，在建校三十周年庆祝大会上的讲话中，我说："30年来，我们学校的各项工作都是有成绩的。但是，从教育的'三个面向'的要求来看，我们工作的差距还是很大的。我们既要看到成绩，又要找出差距。从发展来说，找差距更有必要。"接着，我提出三个方面的差距：①学术水平还不够高；②思想政治工作还有不少薄弱环节；③管理工作还存在不少问题。

关于第一方面的差距，我说："一所大学学术水平的高低，是直接决定着它培养人才的质量的。……应当看到，我们学校的历史还不长，底子是比较薄弱的。近十几年来，我们虽然大抓了科学研究，鼓励教师著书立说，我们还派出了近300位教师和研究生到国外去学习和进行研究工作，而且也都取得了一定的成绩。但是，除个别同志外，一般说来，是在不太高的起点上所取得的成绩，同世界总的科学技术发展的水平相比，差距还是相当大的。再说，我们在这方面的工作还有不少的薄弱环节。例如，科学研究的开展还不平衡，少数教研室的研究工作至今仍未形成拳头，未能取得较显著的成果；不少教师还没有做到既搞教学，又搞科学研究；我们的学术气氛、争鸣气氛还不浓厚；高年级的大学生参加科学研究的还为数太少，还没有真正把科学研究引入教学过程，等等。我们还应该看到，我院多数教师是五六十年代的工科院校毕业的，当时是按苏联的模式培养的，加上十年动乱的耽误，使得这些同志的基础理论和知识面都有欠缺。而这些欠缺又导致在科学研究过程中，往往只停留在出物质成果的水平上，而未能从机理方面做深入的研究，总结出相应的科学理论来。我们应该敢于面对这些实际存在的问题，敞开讨论，采取积极措施，逐步加以解决。否则，我们学校的学术水平就很难很快提高，就不能很好地完成重点大学所肩负的任务。"②

时间已经过去了5年，我们学校的现状又该做何估计呢？我觉得这是我们研讨班需要探讨的问题，这是我们今后工作的出发点。

（二）要有危机感和紧迫感

我说危机感，绝不是否定我们工作的成绩，而是为了更好地前进；是积极的，而不是消极的；是鼓气，而不是泄气。和成绩一样，问题也是客观存在的。只有正视问题而不回避问题，才能解决问题，达到"上水平"的奋斗目标。

请同志们允许我将问题说得具体一点，我觉得这次重点学科的评议，对我

---

① 朱九思：《高等教育刍议》，华中工学院出版社1984年版，第112页。

② 朱九思：《高等教育刍议》，华中工学院出版社1984年版，第13～14页。

们的工作敲了极大的警钟，非常值得我们总结经验教训。是对事，而不是对人。如果追究责任的话，我也有一份。我才退下来不久嘛，而历史是无法割断的。

还请同志们能够原谅我说得更具体一点，例如：①发配电的正副教授是最多的，在全国同行中也少有，请仔细研究一下，问题在哪里？今后怎么办？②金属材料的研究工作，多次获奖，成绩显著，这次未能评上，我承认有客观原因，但我不赞成强调过分，还得想办法追上去。③我们的水电专业在全国是最早设置的，工作也很有成绩，同类专业也不多，但内部某些情况使我们不能取得更为显著的成绩，应引以为戒，团结起来往前赶。④无线电方面的专业，全国很多，竞争十分激烈，探讨一下今后怎么办。如果说很多的话，机械制造也很多。在强手如林的科技大海里去竞争，可以得到更多的锻炼。⑤系统工程对全国来说，都是1978年以后建立的新学科，教育部所属几个学校设置此专业也是同时起步的，而以我们的力量最强，一开始就集中了正、副教授和讲师13人，招收了20名研究生，毕业后留下12名，同行都很羡慕。然而西安交通大学和天津大学的同行，办法比我们多，抓得比我们快，曾几何时，超过了我们。我还是比较乐观的，只要下定决心，重振旗鼓，局面是有可能挽回的。⑥铸造虽是第三批博士点，但却是我们最早的6个本科专业之一，和发配电、水电一样，要力争在下一次评议重点学科时榜上有名。

当然，不仅是重点学科，我们的所有专业、学科和各项工作，在当前竞争形势下，既要有危机感，又要有紧迫感。

（三）制定学术规划，办出我们的特色

上面仅仅就这次重点学科的评议谈到几个专业的问题，其实，我们所有的专业与学科都应该像田长霖所谈的，迅速制定学术规划，朝哪个方向走？10年之内可以达到国内第几名？需要解决什么问题？如何解决？

对全校来说，还要研究我们的特色。

工科方面，我们非常熟悉，而且已经有了4个重点学科和2个重点实验室，毫无疑问，要继续提高，还要争取更多的博士点、重点学科和重点实验室。这是我们的老本钱，我们的特色首先应该从这里显示出来。

有人说要"出奇制胜"。问题是"奇"究竟在哪里？我看生物工程很可能是一个"奇"。生物工程是我们下的一着特殊的棋。这着"棋"现在虽然还比较弱，但毕竟有了一定的基础，特别是植物研究所与我们生物工程系的合作，实际上已成定局，准备组成生物科学与生物技术学院。既然如此，我看可以在行动上更快一些。

有人提出,希望研究经济战略方面的重大问题,我很赞同这个意见。我认为我们这里以张培刚同志为首的经济发展研究中心,只要给以应有的具体支持,是能够获得成果的。

直到现在,我们国家在总体上对软科学似乎还重视不够,这对决策是很不利的。如果我们真正有志于此,既不花多少钱,也不要多少房子,只是要人,要资料,而且要作为交叉学科来研究,加强团结与组织工作,也是很有可能出奇制胜的。

现在,我们化学系与湖北化学研究所关系很好,又同在关山地区,据说他们那里高分子方面力量较强。既然如此,我认为除现有研究课题外,很有必要开辟一个新的领域,就是向前途极其广阔而目前尚处于初期阶段的石油化工进军。总之,特色不会从天上掉下来,而要依靠我们多动脑筋和艰苦卓绝的奋斗。

科学工业园要不要考虑?按理说应该,但我很了解其艰巨性和复杂性。世界上的事情总是艰巨而复杂的,绝没有一蹴而就的事,我看还是要考虑。南京大学与南京工学院把科学工业园办起来以后,影响将是很大的。这是软科学方面的问题,可以论证。如考虑向学校的东面发展,那里至少还有300亩土地,如考虑武汉城建学院以东,那里的土地更是多得很。从武昌到黄石的高速公路已经动工,汽车仅仅一小时左右的路程。如果湖北省和武汉市同意的话,我们就在那一带开辟一个科学工业园区。美国东北部128号公路沿线不就是早就形成了一个在大学支持下的科技工业园区吗?

1985年冬,田长霖曾做过一次讲演,着重谈到大学与地方的关系。这次,他又谈了许多意见,其中包括科学工业园。看来这是于国于民于学校都是十分有利的事,可以下决心去搞。

(四)加强对外活动

从南京工学院的经验看,很明显,对外活动很重要。4月6日到南工时,韦钰同志在北京开会,与几位副院长见了面。从常务副院长朱万福同志的谈话中,可以觉察到韦钰同志主要是对外。校内的日常工作,主要由几位副院长负责。韦钰同志还和钱学森、张维等同志,共同研究钱学森所倡导的思维科学,研究我们的教育如何才能培养出出类拔萃的人才。

田长霖也谈到,美国的一些有影响的大学,都有执行副校长,校长的精力80%用之于对外,联系联邦政府、州议会和州政府,联系工商界的领袖,还要联系校友,校友工作也是重要的。执行副校长主要对内。

据说浙大的路甬祥同志当了校长以后,对外活动也很活跃。我想我们也应该如此。

当然,更多的要靠我们的教授以及其他同志去活动。教授毕竟是教授,教授出马,大不一样。肖景容与余俊同志经常往外跑。马毓义同志为争取重点学科与重点实验室,也不顾年事已高往外跑。张培刚同志今年初在北京,也不顾年老体弱,去拜访有影响的同行。我了解情况很少,相信还有不少类似的情况。教授出去,可以多带一两个人,既可以有所照应,又可以使中青年教师闯出来。

这里我想专门讲一下校友联络工作。校友联络工作很重要,许多大学包括国外的一些著名大学,都很重视联络校友。我们的校友为母校做了很多事,在招生、科技协作等方面都是出了力的。如电子与信息工程系跟华北油田的科技合作项目,就是通过校友解决的。这一项研究经费是 140 万元。类似的情况,还有不少。加强对外联系,校友可以起很好的桥梁作用。最近一年多来,我把联络校友作为我的"副业",就是想加强这方面的工作。我们办学校,"培养"这一段当然重要,但实际上入学前的招生工作、毕业离校后的校友工作,都很重要。有人说联络校友是无本万利的事情,我认为讲得对。

(五)科研要走在教学的前面,要着重于开拓交叉学科的研究

科研要走在教学的前面,这是我们提交 1978 年全国科学大会发言稿的题目。当时,某些同志不赞成这个提法,但国家科委那里通过了。我至今仍然坚持这个提法。这绝不是重科研,轻教学,而是说明客观事物的规律,说明在高等学校中科研和教学的根本关系。我们激光专业的迅速成长,就是一个很好的证明,可以说,这是一条真正的捷径。

交叉学科的重要性,在座的同志们比我熟悉得多。从某种意义上说,一部科学发展史就是交叉学科发展史,今后将尤为明显。1978 年,我们得到一本 MIT 的自我介绍小册子,当时 MIT 只有 15 个跨学科的研究中心;而 1983 年已经达到 46 个。MIT 教授的提升,很重要的因素是看他在交叉学科实验室或研究计划中的工作成绩,许多重要的学术成果都出自这些实验室和中心。

我们的问题是不容易捏到一起,这是一种非科学的、小生产者的保守思想的表现,非冲破不可。为此,一靠各级领导敢于抓,二靠教授带头冲。

(六)教学工作怎么办

我们工科方面的专业很多,也是我们的基础,需要首先研究,我在 1985 年 12 月国家教委在我院召开的教改座谈会上发言时说,要进一步从 50 年代初期由苏联学来的框框里跳出来。事实上,苏联也在改,包尔曼工学院的情况就

是证明。让我们研究一番，专业该扩大的扩大，该合并的合并，该取消的取消。在教学内容上，我看要抓两点：一是通才教育与专业教育相结合，二是加强基础与加强实践相结合。

《MIT 工程教育思想初探》一文中，有几处引文很值得在这里介绍：

关于通才教育与专业教育相结合，MIT 院长基里安在他 1949 年上任后的第一份报告中，阐述了知识的整体性对现代工程教育的重要意义。他说："如果我们实现了知识的结合和整体化，通才教育与专业教育之间矛盾的基础就不存在了。……只有通才教育会导致肤浅，只有专业教育则导致狭隘和缺乏远见。而要实现这两者的合作关系，就要在教育过程中缩小两者各自管辖的领域之间的差别。美国西部威廉姆斯学院院长巴克斯特去年 6 月在我院毕业典礼仪式上雄辩地说明了在人文学科和自然科学之间建立更多的双轨桥梁的需求的急迫感。高等学校如果要培养能够把专业知识应用于我们社会的广泛需求上去的专业人才，就必须建立这种双轨教育模式。"①

基里安院长 1984 年在自己的回忆录中又写了这样一段话："很显然，MIT 一开始就给自己定下了一个教育水准，一个标准大学的水准；它意识到用多学科教育培养管理者和其他专业人才——决不仅是'手艺工匠'——的重要性。MIT 为什么能在进入本世纪以前就培养出这么多重要的工业界领导人，这也许是一个说明。"②

在 MIT 的历史上，除去它的创立者、罗杰斯外，以康普顿和基里安贡献较大。这里需要说明的是，康普顿是一位物理学家，而基里安却是一位工程学家，是 MIT 自己培养出来的第一个院长。这就是说，他不是物理学家，更不是学人文学科的，而是道道地地学工的出身。他是一个工程教育的实践家，同时又是一个教育思想家。为何在资本主义社会里，产生了康普顿、基里安以及许许多多具有类似办学思想的教育家？说到底，是社会发展的需要，这些杰出的校长认识到这种需要，并付之于实践。

一个非常有趣的现象是，当前大学生课外读书的面很广，几乎有点饥不择食，有的书好，有的也不一定好。既然如此，在我们教育工作中又为何不加以郑重对待呢？

关于加强基础与加强实践相结合，MIT 教授会主席莫斯在赞扬康普顿院长的一段话中写道："纯科学家们接受了工程课题，他们被鼓励到工业实验室中去。结果，毕业出去的工程师能进行科学研究工作，学纯科学的毕业生能胜

---

① 张成林、曾晓萱：《高等工程教育研究》1988 年第 1 期，第 24 页。
② 张成林、曾晓萱：《高等工程教育研究》1988 年第 1 期，第 18 页。

任工业科研工作。"①我想这一段话虽短,却应该引起我们很多的思考。

我们的文科和理科怎么办?首先是要不要继续支持办下去?

最近有人讲了这样一段话:理科的发展存在一定的盲目性,不是从国家的需要出发,而是从自我完善出发的。在全国范围内大办理科有两次盲目性,一次是新办了一些综合大学,如有些师范学院改为综合大学,还有青岛大学、烟台大学、五邑大学、汕头大学等,现共有45所;另一次是工科大学办理科,共有57所。

这一段话如果用于文科,文科的情况也大致如此,甚至还超过理科。这几年,职业大学办了100多所,设置的文科专业最多。

对此,我认为要做具体分析。我们办文科和理科,时间持续将近10年之久。特别是教育部领导曾经议论过,作为试点,允许我们学校向综合的方向发展。如果说是"自我完善"的话,根据前面的论述,我们追求这种自我完善,应该说是有根据的,不可一概而论。因此,我认为我们的文科和理科应该坚持办下去。

现在文科和理科需要解决的,我看有4个问题:

其一,朝什么方向走?也就是进一步解决和明确各个专业的应用性问题,要办出各自的特色。

其二,认真解决教师的数量与质量问题,既有本专业的需要,更有全校的需要,现在还差得相当远。解决的办法是:①充分发挥现有老教师的作用。②有这样3位兼职教授:严学宭、黄康宇、蔡德庄,名为兼职,实际是专职,他们3位都以全部精力为我们学校工作,要十分重视。③返聘退休的老教师,校内校外都有,潜力很大,我们应该有这样的气魄,广为聘请。④到外面去"抢"教授,虽然难度很大,但还是要像钱伟长那样,坚决去"抢",一般是不会送上门的。对文科教师的年龄要放宽一些,这也是文科的一个特点。谁去"抢"?主要靠系,但上面要重视,不要轻易否决掉(伯克利分校为了抢朱经武,特地要田长霖去抢,虽然未抢到,但说明人家是多么重视)。⑤要认真提高与培养现有的中青年教师,教学的锻炼固然重要,但从学术水平看,不搞科研也不行,研究工作非大力发展不可。⑥继续补充青年教师,而且要设法稳住。

其三,要在外面广交朋友,取得各方面的支持。我们曾经采取2个重要的办法:

(1)办刊物,主要是理科办得多,数学办了3个,现在都彻底消灭了。现在还存在的是《理论物理》、《固体力学学报》、《语言研究》等。办刊物是要贴钱

---

① 张成林、曾晓萱:《高等工程教育研究》1998年第1期,第20页。

的，一年贴 30 万元，但无形当中的影响和效果是很大的。这次到南昌，江西工业大学原来的校长调到汕头大学去了，现在主持工作的副校长李嗣垦同志是搞建筑学的，他一再对我说：你们的《新建筑》办得不错，在建筑界很有影响。我告诉他《新建筑》在编辑人员与经济方面，都存在危机，不知那一天就要停刊。他说，千万停不得，如果停了，你们建筑学系的影响就要大为下降。这话听起来很怪，但出自这位建筑学教授之口，总不能说是夸张之词吧。

听说我们有一个新学科，这个学科的全国性学会曾经要把它的刊物放在我们这里，但有关负责人没有接受，也没有带回来研究，于是另一个学校的同行接了过去，成为超过我们的原因之一。

(2)聘请兼职教授。我们曾经聘请了不少兼职教授。数学系就是聘请徐利治同志兼任系主任办起来的。由于他的建议，先后办了 2 个刊物；通过他的活动，再加上《模糊数学》的影响，我们在国内外数学界交了很多朋友，使一个新生的数学系逐步向上发展。

现在既然要把文科与理科继续办下去，而且逐渐办好，就得重新研究一下。广交朋友，这也可以说是开放，关起门来是不行的。我们的工科由于历史较长，在外面的联系已经很广，而文科、理科历史短，关起门来无论如何是不行的，必须广交朋友，参加广泛的外界活动。

1982 年美国教育理事会(ACE)出版的全美研究生教育质量评估报告中，MIT 有 7 个学科领域被评为第一，这就是电机工程、机械工程、生物化学、细胞与分子生物学、微生物学、语言学和经济学，数量为全美之首。这说明 MIT 的工、理、文都不错。

其四，要有丰富的图书资料。过去有数、理、化基础课，这方面的图书有一些，但高水平的很少。现在办专业，情况变了，必须增加。

文科的政治理论和外语，过去也是公共课，高水平的图书不多，现在的情况变了，而且又增加了新的专业，没有丰富的图书资料，只能是无米之炊。

(七)在提高教育质量与学术水平的同时，还必须提高管理水平

这是指广泛的管理，也就是领导。所谓广泛意义上的管理，内容很多，我今天要谈的只是决策、用人、效率和质量。

首先，要有正确的决策：

有这样一种思想很值得商榷，说要把我们现在的地位维持住就已经很不容易。如果出于谦虚，这话很好；但如作为决策的指导思想，我觉得不能这样。作为决策特别是重大决策的指导思想，应该是我必须干好，必须超过人家。逆水行舟，不进则退。没有赶超的思想和勇气，现状也是保持不住的。

重大的决策往往带有一定的风险，这是正常现象，要敢于承担风险。即使是重大的决策，只要有70%的把握，就完全可以下决心。

为了使决策准确，要注意决策的科学化与民主化。这次办这个研讨班，就有助于做到这一点，建议以后至少每年办一次。

要善于用人。我曾经用错过人，犯了错误，教训是很大的。

当然，我们绝大多数工作人员是好的，或者是比较好的。但有一个善于用人的问题。例如，现在有个别系主任，作为教师，他是一个好教师，但作为系主任，却很困难。而且本人也不想干，既然如此，那就要调整。还有个别处、科级干部，做别的工作也许不错，但负责现在的工作不行，那也要调整。特别是现在一切都和职务挂钩，提拔任用更要慎重。

要讲效率。有两种效率，一是我们整个学校的效率，也就是进展的速度；另一是指我们具体工作的效率，下面对我们的效率议论较多。

军队在行军时流行一句话："不怕慢，只怕站。"我们在若干方面的步子是不是应该放快点？

1984年12月调整领导班子时，全校教职工共计5900人，其中教师2600人。现在全校教职工增加到6300人，但教师仍然只有2600人，增加了三四百非教学人员；相应的，机构（主要是科）也增加了，这是造成效率不高的重要原因之一。

另外，人浮于事，特别对一些青年人有害而无利，使他们锻炼不出来。

今年4月17日的《中国青年报》，登了一篇《倾斜的金字塔》，文章的开头是这么说的："金字塔，一向以它的宏伟、坚固、对称、精确著称于世。它又是古今中外一切权力系统的象征。当我们走进中国人民大学的'金字塔'，探寻中国高等教育管理体制的奥秘后发现：它——倾斜了！"文内的第一部分，小标题是"飞速膨胀的行政机构"。想一想，我们的行政机构和人员是不是也有些类似。

关于质量，我们经常谈到的是教育质量。

近两年来，从国家教委到不少学校，对这几年的毕业生进行了大量的调查，发现教育质量问题很多，于是提出了提高本科教育质量的要求，而且一度提得很高。

正因为如此，当今年初全国高教会议强调有偿服务以后，许多教育工作者是担心的，担心已有的教育质量将会受到进一步的冲击。可以说，这是一道关。钱是要搞的，但如果因为搞钱，而降低了教育质量和学术水平，那就付出了太大的代价，学校就要滑下去。

开展有偿服务的根本目的，应该是保证教育质量的提高与科学研究的完成。必须有组织有计划地进行，决不能放任自流。无论如何学生不能做买卖。

我们学校党委常委决定，拿出 60 多万元，保证基础课教师的奖金，这个决定非常之好，有利于保证教育质量。

以上所谈，就是我发言的第一部分：他山之石，可以攻玉。

二、教书育人，天经地义

教育是培养人的一种社会活动。简单地说，教育就是培养人。

古今中外，教育的基本职能，从来都具有两个不可分割的方面，一是思想品德教育，二是业务技能教育。这是由于任何一个社会的统治者，都要培养为这个社会服务的人。这种人既要具有忠于这个社会的思想品德，又要具有巩固与发展这个社会的业务技能，二者不可缺一。

因此，作为教师，必须既教书，又育人，将两者紧密结合在一起。这是天经地义，是教师的天职，是教育的基本职能所决定的。换言之，这就是教师必须教书育人的理论根据。

大约 1200 年前，韩愈就懂得这个道理。他说："师者，所以传道授业解惑也。"那是封建时代，作为 20 世纪 80 年代社会主义中国的教师，更应该懂得这个道理。

实行开放政策以后的近 10 年来，我国大学与资本主义国家大学之间的交往大为增加。随着时间的推移，人们也逐渐考虑社会主义教育与资本主义教育之间的异同。

今年 4 月，国家教委直属工科大学协作组在南京召开了第三次理论讨论会，内容之一是讨论教育与社会的关系，特邀研究教育社会学的北师大教授厉以贤同志做了一次专题学术讲演。在谈到社会主义教育与资本主义教育的联系与区别的时候，他说：过去认为两者没有联系，是截然不同的。随着开放，看法有变化，认识到两者有许多共同的地方，具体体现：①表现在教育与生产的关系上。②表现在教育普及与教育程度的提高上。③表现在科学教育与技术教育的发展上。④表现在教育都要注重培养人的劳动能力上。⑤表现在教育与生产劳动的联系与结合上。总之，侧重点在教育与生产、生产力的联系上。但两者之间有区别，有些还是本质的区别，具体说：①表现在教育为谁占有和为谁服务。五六十年代，我国对这个问题解决得比较好；现在问题多了，如不解决，就是教育的失败。与这个问题有联系的，又有另一个大问题：是主人，还是雇佣者（一切为了钱），这在青年人中间没有解决。②教育的目的不同：是培养人的全面发展，还是把人培养成工具？这也是"异化"问题之所以提出的由来。

我们教育的出发点是人的发展，而不是为了谋生，尽管客观上有其职业。③在传递意识形态方面根本不同。教育在传授知识之外，还有文化观点也就是意识形态的传递，这就涉及人的灵魂。当前的情况是：对两者之间的联系很重视，而对两者之间的区别则逐渐模糊。我认为厉以贤同志讲得很好，应该引起我们的深思，也充分说明在当前情况下，认真做好教书育人何等重要！因此，为做好教书育人而必须解决的首要问题，就是要提高思想认识。

在大学生、研究生中之所以产生种种问题，毋庸讳言，首先是来自外部的原因。《人民日报》今年5月21日第1版登了一篇"记者来信"，题目是《社会不正之风吹进校园，严重侵蚀中小学生思想》。其实，社会不正之风吹进大学校园已有数年之久，侵蚀大学生、研究生思想的严重程度，当然也非常明显地超过中小学生。

但应该承认，也有我们教育内部的原因，责任首先在领导。严格说来，教书育人还是一般号召多，具体措施少。这就是中央所指出的，只重视智育，忽视德育。什么"德智体全面发展"、"德才兼备"等，基本上流于空谈。因此，中央要求，党委书记和校长要努力成为社会主义教育家，正是指出了问题的要害。我看不仅是学校的负责人，各级教育主管部门的负责人也应该如此。只有端正领导上的教育思想，解决领导上的认识问题，并见之于行动，才能上行下效。我深知当前工作难做，但职责所在，非做好不可。只要认真去做，总会取得效果。现状是维持不住的，无能为力更是懒汉思想。

关于教师，应该看到，已有部分教师做到了既教书，又育人。这说明并非无能为力，而是能有所为。当然，在不少教师中也存在一些认识问题。有人认为教师的唯一任务就是教书，别无其他；有人认为要"育人"，但那是政工干部的事，教师不必要去管；还有人认为工作难做，多一事不如少一事，何必去管，弄得不好，还会引起学生的不满，等等。现在需要在教师中来一个广泛的讨论：教育是干什么的？教育的基本职能是什么？教师的职责是什么？以提高广大教师的认识。

《中国教育报》今年5月5日登了由新华社记者曹永安、张坚持、李德润3位同志写的一篇稿子，题目是《教师：职业？事业？》，内容非常好，索性转录如下：

3月15日是个普通的日子。

然而，每年这一天，教育家王企贤却能收到海内外发来的信函和电报，他家里也挤满了人。一种特有的幸福感、自豪感会溢满王企贤的心田："我这个教员当得值，这是千金难买的精神享受啊！"

这一天是王企贤的生日。

今年82岁的王企贤，1929年从教，在小学校里度过了50多个春秋，如今桃李满天下。他的学生中有国家部长、教授、工程师、工人、农民、军人，当然也有跟他一样的小学教员……

他的生辰没有寿宴，没有美酒，但却有师生间叙不尽的家常与思念。对于那些白了头的学生，这种思念编织了半个多世纪，而且愈是时间久远，愈是强烈。似乎一触及这思念便是童年！

王企贤和他的37级学生永远忘不了51年前——

当年在旧北平做小学教员的王企贤，生活拮据，难以为继。友人曾两次为他另谋了薪水较丰富的差事，但他每一次去干了两三天就辞退了。因为他一回到家里，等着他的一大群小学生便围上来："老师，你不教我们了？我们想你……"那一双双天真的眸子像钩子钩住了王企贤的心："老师还回来教你们！"

一天，生活困迫、捉襟见肘的王企贤无意打开《世界日报》，上面竟登有一则百十字为他募捐的广告：……王企贤老师面有菜色，非病也，是贫也，望受教育者资助我师……

泪水模糊了王企贤的眼睛：难为学生一片心！温饱何求？黄金何价？

从此，王企贤挨饿也罢，受冻也罢，他撇不下求知的孩子们。甚至在他妻小饥寒交迫染疾，一家病死5口的严酷日子里，他也没有丢下手中的粉笔：教师，不是职业，是事业啊！

学高为师，身正为范。王企贤以他的学识和品行，以他诲人不倦的精神，在一批又一批的学生心中留下了不可磨灭的记忆。

解放后，王企贤成了特级教师、人民教育家，任北京实验一小的校长，他的心永远和孩子们在一起跳动。年逾花甲的人了，脖子上却常年系着一条鲜艳的红领巾，他的青春乃至生命，都是属于孩子们的。

春日载阳的3月，记者敲开了王企贤的家门。老人对我们中小学教育目前存在的问题深感忧虑，切中时弊的肺腑之言掷地有声。这里仅摘一段寄语同行的知心话，与教师共勉：天下最大的过错，莫过于误人子弟。兴邦必兴教育，为人师者光荣啊！国家今天尚有困难，当好一名老师就更不易，"安步当车，晚食当肉"的精神值得提倡。切记，不被学生怀念的学校不是好学校，不被学生怀念的老师不是好老师。

请注意：这是一位小学教师，不是中学教师，更不是大学教师。

请注意最后一段，特别是这几句话："天下最大的过错，莫过于误人子弟。""不被学生怀念的学校不是好学校，不被学生怀念的老师不是好老师。"

我之所以围绕认识问题谈这么多，就是由于这个问题太重要了。真正提高了认识以后，就会自觉地积极行动，就会有办法有经验有体会，越做就会越有兴趣，就会取得意想不到的效果。

下面谈几点具体意见。

第一，从全局看，确实要把第一个过渡抓好。几年前，作为当时的副院长，马毓义同志提出了"两个过渡"：第一个过渡是学生从中学到大学的过渡，就是要把一年级抓好；第二个过渡是从大学到社会的过渡，就是要把四年级抓好。现在看来，首先要把第一个过渡抓好，这就可以为以后3年打下较好的基础。在部分学生中，流传着这样两句话：中学是拼出来的，大学是混出来的。如果不把第一个过渡抓好，对一部分学生来说，就可能真的会"混"过4年。

但是如何才能将第一个过渡抓好，其中存在着一个中学与大学如何衔接的问题。带着这个问题，今年4月我去扬州、江都、泰州、姜堰、泰兴等地几个主要中学，向他们请教。一位中学负责人对此很有点意见。他说：在中学，整个教育过程抓得比较紧，特别到高中三年级，安排的班主任和任课教师，可以说都是全校最好的。但到大学一年级，固然安排有好的任课教师和强的政治辅导员、班主任，但比较多的情况只做一般的安排。他的意见是应该尽可能安排好一些，才能与中学衔接好，才能抓好这第一个过渡，才能为大学教育的全过程打下较好的基础。这位中学负责人还谈了一种似乎微小但却很能说明问题的现象，他们学校有一个已经形成传统的惯例：寒假期间，每年阴历正月初三，凡是刚刚考进大学的本校毕业生，都在这一天返回母校，师生聚会一堂。今年聚会，一个最为突出的现象是不仅有学会吸烟的，而且为数不少。他发现以后，很有感慨。这叫以小见大，可见大学之一斑。因此，要做好教书育人，首先就得把大学一年级的任课教师安排强一些，特别要把辅导员和班主任安排得更强一些。否则，所谓抓好第一个过渡就会成为空谈，势必影响整个4年。

第二，严格要求必须贯穿在整个教育的全过程。当前的情况是，固然有不少学生学习认真，或者比较认真，但确有相当一部分学生学习动力较差，甚至很差，在那里"混"。听课不认真，课后不复习，把过多的宝贵时光浪费在下棋、打扑克、打麻将等上面。为了能"混"个"六十分万岁"，作业不好好做，抄别人的，特别是考试时采取种种办法舞弊。现在舞弊之风较盛，而且舞弊者不以为耻，反以为荣。教师严格评分，就对教师不满，甚至威胁教师。

因此，是否严格要求，绝不是技术问题，而是原则问题；也不是单纯业务问题，而是极其重要的思想问题。严格要求本身就是一种很好的教育。在全部教育过程中实行严格要求，可以培养大学生、研究生具有严谨的学风，学会做人，使学生一生受用不尽。否则，实际上就是进行另一种教育，或者叫做反面教育，后果当然不好。一个学生在学校期间学习马虎，惯于考试舞弊，终于被"混"了过去，尝到"甜头"，毕业以后，就会在工作中"混"，不负责任，投机取巧，弄虚作假，甚至犯罪。"教不严，师之惰"，仍然是至理名言。

在当前风气不正的情况下，实行严格要求，很不容易，必须有各级领导的全力支持，否则，教师很为难。我在位时，曾经规定学年终了，学生评议老师。但现在出现了反常现象，不严格的教师可以得到高分，严格的教师往往只能得到低分。个别学生威胁教师："嘿！你考我，我还考你呢！"我建议在风气不正的坏现象没有得到克服以前，停止实行。总之，要在全校范围内，形成很好的校风和学风，这是无形的，但作用很大。

第三，尽可能多联系学生。在中学，教师与学生的关系很密切；由于人多及其他客观原因，对大学教师不应如此要求，但也绝不能因此而不联系，应该尽可能地联系。只有这样，才能了解学生，也才能更好地教育学生。不少学生学习动力不足，这是当前教育工作中的一大问题，要解决。除去关系全局的政策性措施以外，许多思想上、业务上的问题，最好的教育者就是教师。青年毕竟是青年，可塑性较大，尽管已具有相当的自我意识，但终究需要我们的教师加以引导。教师毕竟是教师，对学生的影响终究是大的。

我这样说，绝不是各级党政干部可以不联系学生。现在党政干部联系学生的情况，尽管有分工的不同，但从全局看，恐怕也是不够的，必须加强，可以到课堂上去听听课，到宿舍去看看学生从早到晚的种种活动。针对不少宿舍又脏又乱，今年初，我同高教研究所的研究生个别交谈，问到宿舍的情况，有一位说："我不理解，为什么知识越多越自私？为什么知识越多越不讲文明？"他指的是晚自习时间有人把录音机打开，声响很大，或者打扑克等，大声喧哗，极不安静；厕所便后不冲，剩饭菜不倒入专用桶中，随手乱泼，遍地是水。这位研究生的两句话很尖锐，我为了研究教育，邀请几位有关的同志座谈，学生工作部的同志竟感觉无能为力，可见问题之严重。宿舍环境如此之不文明，不是小事。4月在江苏，我看了两个中学的学生宿舍，比我们的文明得多。

干部联系学生也有不可避免的局限性，就是他们一般地不担任具体的教学工作。对学生来说，多数时间处于教学过程中（当然包括自习）。从这点看，教师应负的实际责任是比较重的。老实说，当前学生工作比过去复杂多了，如果只靠干部去做，而没有广大教师参加，要培养好学生，是困难的。

第四，要为人师表。这是一句老话，几乎尽人皆知。在当前形势下，能否为人师表，更有其现实意义。例如，作为教师的主要工作，教学工作有两个方面：一方面教师认真备课，讲好每一堂课，掌握好每一个教学环节；另一方面，又必须同时对学生严格要求，才能保证质量。教师一般是认真备课的，问题在于敢不敢严格要求，敢不敢指出学生的缺点与错误，这对某些教师不能不是一个严峻的考验。据说，对学生考试舞弊，个别教师也是睁一眼闭一眼，评分则尽量高抬贵手，以免学生不满。看到学生的缺点与错误，更是不说为佳。如此等等，当然不是爱护学生，而是害了学生；不是为人师表，请允许我说句很重的话，实际上成了"反面教员"。还是王企贤说得好，"天下最大的过错，莫过于误人子弟。"

现在批评与自我批评的空气很淡，特别在学生中，更是如此，据说，在部分学生中流传着这样类似于"文革"中的狂言乱语："东风吹，战鼓擂，现在是谁也管不了谁，谁也不怕谁。"对这些学生，"以自我为中心"的思想倾向已经发展得够严重了。如继续听之任之，轻则误人子弟，重则误国误民。

谈到这里，有人要问：到底还要不要批评呢？还能不能批评呢？

为此，我要介绍一件真实的事，就是李政道教授在纽约尖锐批评一些中国留学生的事情。1986 年 11 月 25 日，是李政道教授 60 寿辰，也是他与杨振宁教授推翻"宇称守恒定律"30 周年。23 日下午，在纽约哥伦比亚大学的物理楼，纽约地区攻读物理学博士学位的 120 多名中国留学生举行学术讨论会，庆祝李政道 60 寿辰，前来参加活动的中国科学院主席团执行主席严济慈首先讲话，李政道向学生介绍中国设立博士后基金的情况。他们两人的讲话充满了老一代科学家对中国青年一代的爱护和殷切期望，博得了学生的阵阵掌声。但是，在李政道讲话时，坐在后面的学生，有的不认真听讲，互相讲话。李政道顿时变得严肃起来，声色俱厉，整个会场变得鸦雀无声。

李政道说："请各位听，你们有这个机会再不听的话，你们是没有前途的。在今年初第二届'中国-美国联合招考物理学研究生'同学开会的时候，有一个同学在做学术报告，在后面有几个同学吃东西、聊天，这是我从来没有看见过的。这样不尊重自己的年轻人，是没有前途的。中国这两年，我们发现年轻人，完全没有自尊心。我在中国科技大学演讲的时候，大家在听讲，可是，当科技大学校长起来讲话时，大家就走了，这表示自己对自己没有自尊心，自己觉得自己没有文化，就跟人不是人差不多。前几年，没有这种情况，最近一两年才产生。中国人不尊重自己，不尊重科学家，不尊重自己的人，没有前途。看看你们的行为，今天我在演讲的时候，后面还有人讲话，这是我到全世界各地去演讲的时候没有遇到过的，即使听众 1000 人，都没有这种情况，都在注意听。昨天，全世界、全美国 200 多位物理学界有成就的人都来了，今天就回去，为什么他们都尊重我呢？你要自己尊重自己！你们考上'中国-美国联合招考物理学研究生'算得了什么？你们考第一名又算得了什么？没有我们的帮忙，就没有你们的今天；没有你们自己的帮忙，也就没有你们的将来。难道中国人就是这样没有文化吗？难道中国青年就是这样吗？难道你们就是一盘散沙吗？难道你们连一篇'中国-美国联合招考物理学研究生'的通讯都不会写吗？我们费了九牛二虎之力，你们都没有反应，你们谁写了多少东西，请举手，你们对得起自己吗？你们对得起下一代吗？你们对得起上一代吗？对下对不起，对自己对不起，对上对不起！你们必须努力，200年来，中国人是受压的，黄帝的子孙是要抬头的。你们是精华，你们必须尊重自己，你们必须向前面看，你们必须告诉自己你们是优秀的，你们是要负责任的。"

李政道这一尖锐批评的导因是学生听讲时说话，实际上不仅仅如此，还反映了他对留学生中存在着不团结、向钱看等不良倾向的深切忧虑。他还说："这几年来，你们的学习成绩非常好，这是不简单的，是中华民族的光荣，可是你们的前面，还是很艰苦的。建立一个大业，要与全世界竞争的话，绝不是简单的事，你们的目标应该远大一点。""一个大国，不能靠一两个人，要靠几百、几千人。最近一两年来，年轻的学生，不互相帮助，这是大大的错误。你们不互相帮助的话，你们就没有前途。大家把中国人与日本人相比，一人比一人，中国人不比日本人差；两人比两人，差不多；三人比三人，就不行了。中国人不团结，三人就互相攻击，所以你们应该团结。"

他认为，20年以后，科技界领袖大多是华裔，因为今天在美国最好的研究院内，前四分之一好的研究生都是华裔，这是事实。20年后，在座的人中，会有出色的物理学家。所以，"你们要看到这不是一块钱、两块钱的事情，你们要把建立国家的责任放在自己的肩上。"他说，人和狗的区别在于人有文化，有远大目标。如果人只谈金钱，就像狗只知道"吃肉"一样了。李政道还告诫中国留学生，"你们是中华民族的精华，你们代表了五千年的文化，你们必须要有远大目标"。

李政道教授于1987年6月来华，曾到复旦大学与部分同学座谈。他在谈及我国派赴美国的留学生时说："总的说来，这些学生的质量是高的。"但也明确指出了我国留美学生中存在的问题，其主要表现是：太注重金钱，显得很自私。李政道说："人与动物的差异之一就是，人具有基本的道德观念，但某些同学为了几个小钱，就丧失了最基本的道德观念，他们对钱的价值观比资本主义还厉害。""我们主张自信、自尊，但绝不能'自私'、'自我'，同样带有一个'自'字，但内容截然不同。日本人成功的秘诀之一是比较团结，我们中国人也应加强团结，为了国家的明天而努力学习。"

我之所以引用如此之多，是由于李政道的这一批评虽然是针对中国留学生的，要求他们不尊重自己，要求他们不要太注重金钱，必须有远大目标，也指出他们不善于与人合作的不团结现象，但毫无疑问，如果将其引用到当前中国大学生的思想状况中来，可以说更为恰当。因为这些留学生毕竟是经过又一次挑选的，一般说，比之国内大学生的情况要更好一些。

再说一件与我们有直接关系的真事。去年10月，我去重庆大学开会。趁此机会，接触了一些校友。重庆电机厂总工程师徐君如是50年代毕业的校友，他告诉我，在他们厂里原来只有3个校友，都是50年代毕业的，表现都很好，现在都负有重要的责任，在厂里影响很好。因此，厂长去年初要他回母校来要几个毕业生。他来了，与学生面谈以后，要了5个，其中2个是电机专业毕业的，都订有协议。不料，去年9月，报到以后不久，有1个毕业生忽然不安心，要求回武汉。为达到目的，采取各种办法闹，又把他父亲从武汉搞去，帮助他闹，影响极坏，也败坏了我们学校的声誉。这个厂去年从各大学共要去25个毕业生，我们学校的最多，占1/5。由于实在闹得不像话，最后厂长下决心，告诉他："你是自愿来的，走不了。如果要走，只有两个办法。一个是你逃跑，我们宣布开除；另一个是你再闹下去，我们只好开除你。"这样一来，反而解决了问题。厂里决定25个毕业生都下去，他也下去了。

正气与邪气都是客观存在，如果正不压邪，必然是邪必压正。

已经说过，当前工作难度大，这是客观事实。但我看主观上也有问题，主要是有人怕，怕学生闹事。因为怕，就少说为佳，不说为佳，或者说几句不痛不痒的原则性的套话，比较空。不求有功，但求无过。对这种人来说，恐怕还是个人的得失在作怪。严格说，这也是一种不正之风，是自由主义之风，不过比较隐蔽而已。

这就是我发言的第二部分：教书育人，天经地义。

三、严重的问题在于认真培养青年教师

全校现有教师2600人，青年教师占2/5，比重较大，很宝贵。这是我们的未来，5年到10年之后有没有后劲，在某种意义上决定于他们。到那时，他们当中大多数都是中年教师了。

韦钰同志任南京工学院院长以后，去年春，她对《光明日报》的记者说：我要着重培养青年教师，要在他们中间培养学术带头人。现在许多工作靠中年教师。我也是中年教师，我们要认真干，但毕竟已到中年，必须认真对待青年教师。她这番话很有远见，我非常赞同。历史是铁面无私的，将来的历史会证明这一点。其实，中国女排的现状就是一面镜子，"五连冠"，确实了不起，但当前缺乏后起之秀，不能说没有教训。

根据人事处1987年10月前后的调查，青年教师的主流是好的，多数能胜

任工作。部分青年教师已崭露头角,显示出自己的才华。

但在部分青年教师和我们的工作中,也确实存在一些不容忽视的问题,主要表现在以下几个方面:

(1)思想不稳定,工作不安心,一心想出国留学,思想情绪低落,工作不积极。公共课、基础课和技术基础课教研室的问题更突出一些。

(2)不重视教学,工作责任心差。对教学工作没有兴趣,不愿多搞教学工作,更不愿搞基础课教学和教学辅导工作,工作中只求完成任务,缺乏一个教师应有的责任感。还有的青年教师在指导学生实习时,手里拿着外语书,坐在旁边。学生来提问,他就三言两语把学生打发走继续看外语书,弄得学生不敢再提问题。

(3)工科类青年教师一部分人只想搞些理论研究,多发表论文,缺乏工程的观念,实际动手能力较差。在科研工作中,他们对使用计算机很感兴趣,热衷于理论研究,喜欢搞数学推导,而不愿下到实验室和车间亲自动手实践。他们认为作为教师主要是搞研究工作,实际动手操作应由其他人去做。因此,他们往往在做实际工作时,一是没有兴趣,二是动手能力较差。

(4)青年教师和中老年教师之间缺乏一种较和谐的关系,表现在两个方面:一是有些中老年教师不愿与青年教师合作。他们感到现在有些青年教师眼高手低,主动性差,和他们在一起,工作上出了纰漏影响了自己声誉。二是有些青年教师对某些老年教师有意见,碍于面子不好当面提,背后议论得多。特别是对个别资历较老,业务水平不怎么样,而又评上了高级技术职务的老教师,青年教师的意见更大。

(5)青年教师的补充在人员结构上有拥挤现象,知识结构单一。也就是说,有的教研室补充的青年教师中,某一年龄档次的人较集中;有的专业,某一方向的青年教师人数较多,而其他方向没有或基本上没有青年教师。

(6)在青年教师的培养问题上,只注重出国留学或脱产进修等单一的提高方式,对如何在教学和科研工作实践中提高青年教师的业务水平没有引起足够的重视。对不少青年教师来说,参加工作后总希望有脱产学习的机会,最好是出国留学。对于教研室来说,因教学科研任务很重,人员紧张,希望新来的教师尽快承担起一个教师的工作任务,因此青年教师到教研室后,有的被再分配到某学科组,有的被安排搞教学辅导工作或直接从事教学工作,一干就是好几年,讲基础课或技术基础课的老是重复讲授一门课,他们感到枯燥乏味,业务上没有多大提高;搞专业课的,干了几年,只知道自己干的这一个方向,对本专业其他方向知之甚少或几乎不知,知识面越来越窄,想尽快脱产去学习。而教研室方面只考虑工作实践本身就是一个学习提高的机会,对如何通过工作实践使青年教师在某一方面有所提高,考虑不周,对青年教师的培养没有一个长远的具体的规划。

为什么会出现这种状况呢？人事处认为：

(1)一部分青年教师受"出国热"的影响,不能正确处理工作与学习的矛盾。

(2)青年教师在精神上有一种压力,对前途有一种忧虑感。用青年教师自己的话说,现在他们在教研室里顶着干,工作量超"负荷",在知识上只有"吐出"的,"吸进"的很少,再过几年,他们的知识"吐出"得差不多了,留学生、博士生也多起来了,提职提薪的重点又转移到留学生和博士生,他们就靠边站了。

(3)担心国家政策和学校"土政策"的变化,因而认为学历高一点好,取得"洋博士"学位更好。

(4)教学和科研任务太重,在国内进修提高的机会太少。他们中很多人已工作4年了,还没有一次脱产提高的机会,再不更新知识,水平很难进一步提高了。

文科和基础教研室经费不足,他们认为有些资料(主要是国外资料)很需要,对工作很有帮助,但因没有经费,而不能购买;有的教研室参加国内学术会议的差旅费都比较困难。

(5)认为学校在职务晋升工作中,存在着论资排辈的现象,公共课、基础课和技术基础课教研室这类情况更明显,大多数青年教师都有这样的反映。他们说：领导在大小会议上都讲要改变论资排辈的现象,但实际上这种现象仍然存在,青年教师只能等着熬年头。学校在这方面缺乏一种让青年教师脱颖而出的环境。

(6)有的教研室在选留毕业生补充师资时,从目前的利益考虑较多,从长远利益考虑少;从人员结构和知识结构等方面考虑较少,听导师的意见多了些,而导师往往倾向于选留听话的研究生做教师。因此,有些教研室出现了青年教师知识结构单一、人员过分集中的矛盾,以及有些毕业生留校后,实际工作能力并不理想的状况。

根据上述问题,人事处提出了一些看法和建议,我认为很好,其要点是：

(1)一定要加强出国人员的计划管理,切实做到按需要派遣,不能再盲目追求出国留学人数,这是稳定青年教师思想情绪,使他们把主要精力转移到教学和科研工作上来的重要措施。

(2)要加强教师队伍的思想政治工作,鼓励中老年教师多与青年教师交流思想,使老、中、青教师之间建立一种和谐的关系。

(3)对青年教师要立足国内培养,要指定学术水平较高、教学经验丰富的教师专门负责指导青年教师，让他们在工作实践中逐步提高学术水平和实际动手能力。要敢于给青年教师压担子，多给他们单独承担任务的机会，让他们有机会单独参加学术竞争，培养他们的竞争意识和竞争实力，让他们有机会脱颖而出。这种机会越多，青年教师在国内、国际上活动的范围就越广，活动能力就越强，出成果的可能性就越大。

（4）在职务晋升工作中，要下决心打破论资排辈的状况。只有按照学术水平和工作实绩来考核，而不是仅凭资历，才能使青年教师不因年轻而失去晋升的机会，从而进一步激发青年教师的聪明才智，使他们脱颖而出。

（5）从现在起，在现有青年教师中选出一批（先定为 200 人，根据实际情况再做调整）思想素质好、基础理论扎实、思维敏捷、身体健康并已在教学科研工作中做出了成绩的被认为是有培养前途的青年教师，由学术水平较高的教师进行重点培养，学校对他们进行跟踪调查。在工作实践中，每隔一段时间调整一次，让总人数始终保持在一个常数范围内。

（6）要遴选好教研室或学科组的学术带头人。事实证明，一个好的学术带头人，将对他所在单位的教师产生一种吸引力。学术带头人要产生这种吸引力，关键在于自身的条件——学术水平、思想品德和组织管理能力。青年教师比较稳定的教研室，其学术带头人都有这种吸引力。而有些系或教研室青年教师不稳定或流出过多，正好从另一个侧面说明了这个问题。

（7）在师资补充工作中，应重视和加强人才的交流。近 7 年来，我校补充的青年教师中，外校毕业的占 21.6%，这个比例略高于国家教委要求交流的比例，但全校各单位交流情况不均衡，这几年接收外校的毕业生，多数是文科、理科和工科新建专业，有些老专业总认为自己培养的毕业生水平高，担心外校来的质量上得不到保证（在调查中，情况并非如此），因此，总希望留自己的毕业生。还有的教研室，所有青年教师都是本专业留校的。很多青年教师和中年、老年教师一再呼吁，希望在补充青年教师时，增加外校毕业生的比例，这既有利于学术上的交流，又有利于教师之间关系的和谐以及青年教师的成长。

人事处的这份调查报告写的日期是去年 11 月 14 日，我是从"情况反映"上看到的，内容甚好，因而在这里摘录较多。不知这份报告印发以后，后续工作如何。例如建议的第五点，从那时到现在，已有 5 个多月，不知办得怎样。这仅是一例，还有其他。这个调查是好的，但如后续工作跟不上去，恐怕也是枉然。

因此，在摘录人事处的建议以后，我还想谈以下几点意见：

（1）正如这一部分题目所表达的，严重的问题在于认真培养青年教师，要见之于行动，要持久地抓下去，要有真正的远见。

（2）要有吸引力和凝聚力。为此，必须千方百计把学校办好，把每一个专业办好，把每一个教研室办好，把每一个课题组办好，使人们有荣誉感，愿意在这里工作。要对每一个青年教师有恰当的对待与安排，使他感觉有奔头，能发挥作用，能够不断地提高；同时，又为他们解决一些实际困难，特别是住房问题。只有这样，才能真正安下心来，好好工作。

（3）对于在外留学的青年教师，更应予以特别关心。现在有 3 种情况：①多数在学成之后能按时回来；②有些在学成之后能按时回国，但不一定回到我们学校；③学成之后暂不回来，在外工作。不论是何种情况，都应予以关怀。特别对后两种情况，要热情相待，多做工作。今年初，春节之前，在出国人员家属座谈会上，要我说几句话，我就是谈这一点。要了解出国人员的情况，与他们保持经常的联系。吸引力与凝聚力不是凭空可以产生的，必须采取多种切合实际的办法，才能奏效。退一步讲，即使有个别人长期不归，但保持联系又有什么不好呢？我们与国外不少学者保持有各种各样的关系，为何对于某些出去的同志只是由于暂时未归就冷淡了呢？未免有些短视！

（4）人事处报告中说：青年教师认为口头上说不论资排辈，但实际上有。到底有没有，可以另行研究。不管怎样，论资排辈总是消极的东西，只能使我们落后，而绝不能使我们提高，对青年教师的消极影响尤为严重。不少青年教师在那里议论：现在教授、副教授都有限额，如果再搞论资排辈，那就不知哪年哪月才能提上去！如不注意的话，不仅不能产生吸引力和凝聚力，还可能产生离心力，后果恐怕是不妙的。工资又低，何必在这里干呢？

四、要大声疾呼：坚决反对内耗

我们的任务是极其艰巨的，应该同心同德，团结一致，在激烈的竞争中办好我们学校，办好每一个专业或学科，办好每一个教研室。

但现在存在着种种内耗，如不注意，有可能还要发展。

产生内耗的原因，无非是：①"文革"的后遗症；②工作上有不同意见；③权、名、利在作怪。当然还有其他。如：只顾自己，不关心别人；无为而治，不大负责任；成绩是自己的，缺点是别人的，等等。

内耗有两种：一是公开的，占多数；另一种是隐蔽的，占少数。

公开的内耗固然不好，但隐蔽的内耗更为可怕。现在提职有限额，职务又和一切挂钩。这样一来，实际上使人际关系趋于紧张。

解决的办法不外 4 条：

（1）各级党政领导要重视，要了解，要分清是非，心中有数，然后要敢于解决，闹下去影响工作总是不能允许的。特别对党员要严格要求，这也就是从严治党。

（2）在各级领导班子年轻化以后，年龄较老的学术带头人有不可避的道义上的责任。"无官"并不"一身轻"，遇有内耗决不可不闻不问。内耗的消极作用大，不过问无论如何是不行的。自由主义要不得。但是要注意，不要把自己也卷到内耗里面去而不能自拔。

（3）如是公开的内耗，作为内耗的当事人，要提高自觉性，要照顾大局。各自多做自我批评，言归于好。

（4）但隐蔽的内耗最可怕，往往是所谓"武大郎开店"，容不得比自己"高"的人，于是想方设法排挤人家，打击人家，搞小动作，使人有苦难言。对于这种不择手段的人，就要识破他，揭穿他。

今年 4 月在苏州，在去唐寅（即唐伯虎）墓的途中，苏州校友会会长蒋志强同志告诉我，唐伯虎曾经有这样四句话：

> 有德有才者惜才，
> 有德无才者容才，
> 有才无德者嫉才，
> 无德无才者毁才。

这种来自单方面闹隐蔽内耗的人，就是属于唐伯虎所说的第三种和第四种。这种人嫉才、毁才，实在可怕得很，更须严加制止。

高等学校领导干部素质的几个问题*

　　在列宁逝世后,苏联处于转折时期,斯大林曾经讲过"干部决定一切"。后来斯大林也讲过"技术决定一切",但这也是从培养干部队伍的角度上讲的。我认为,改革工作、思想工作,还有其他工作,确确实实,关键在于各级领导。因此,在新的历史时期,要提高我们负有大大小小领导责任的干部的素质。党的十二大后,1982 年 10 月 25 日,《人民日报》发表了一篇社论,题目叫做《开创新局面要有什么样的精神状态?》,我觉得这篇社论很重要。它提出了一个十分重要的观点:开创新局面,没有一个良好的精神状态是不行的。

　　这篇社论,为提高领导干部的素质指明了方向。具体地说,就是立志做"有为之人",而不可做"平庸之辈",更不可做"昏聩之徒"。我们高等学校,培养人才是我们的首要任务。成为"有为之人",对我们学校各级领导有更特殊的重要性。我们要把我们的大学生、研究生培养成"有为之人",如果我们各级领导自己不是"有为之人",我们怎么去做大学生、研究生的工作呢?不能设想,我们领导不是"有为之人",而要求大学生、研究生是"有为之人"。"名师出高徒",我们学校各级领导干部,从广义上讲也是老师,我们要为人师表。具体说,提高高等学校领导干部素质,下列五点是重要的。

一、议大事,懂全局,管本行

　　这几句话是胡耀邦同志在一次谈整党工作时讲的,不仅是对当前整党的要求,也是对我们广大领导干部长期的基本的要求。我们负有一定责任的领导干部,要注意长期地议大事,长期地懂全局,在这种情况下才能管好本行。

　　　* 本文原载《高等教育研究》1984 年第 4 期。

管本行的前提是议大事,懂全局。议大事,可以使我们有比较远大的眼光,不然,就会鼠目寸光。有人认为自己的工作范围不大,似乎没有必要有远大的眼光。这是一种片面的观点。领导干部能不能做好工作,与他的思想境界很有关系。思想境界很开阔,看问题比较深,比较远,对于做好本职工作非常有好处。如果只看到自己眼面前的具体事,即使辛辛苦苦地干,但思想总是受到限制,干不好工作,更不用说开创新局面。议大事,懂全局,说起来容易,做起来不简单。它要求我们领导干部有强烈的事业心,感到不议大事,不懂全局,就做不好工作。我们常常讲创业和守成,要创业,就要有强烈的事业心,否则,就是守成,就是维持现状,满足于现状,平平庸庸地过日子。要创业,还要求我们认真钻研问题,勤于用脑。从医学和心理学的观点看,脑子要用,越用越灵;不动脑子,思想就会迟钝,就会僵化。

二、重视矛盾,万万不可回避矛盾

矛盾存在于一切事物之中,这是客观规律。在我们的工作中,没有矛盾是不可设想的。矛盾是回避不了的。我们常常讲工作中出现的问题,这个问题,那个问题,问题就是矛盾。对问题,对矛盾,我们要重视,要研究,要解决。旧的矛盾解决了,新的矛盾又产生了。我们就是去不断发现矛盾,不断研究矛盾,不断解决矛盾。在这个过程中,我们的工作也就不断前进。我们也常常说找差距,差距也是问题,是矛盾。注重找差距,找问题,找矛盾,就是我们领导干部的工作。

矛盾、问题既然是客观存在,我们就不能回避。这是个老生常谈的问题,但今天来看更要十分重视。"文化大革命"的创伤之一,是领导干部中存在的讳疾忌医、报喜不报忧的状况更为严重了,这是提高领导干部素质迫切需要解决的一个问题。我们当领导干部的同志,不要听到好话就高兴,不好听的就不高兴。由于这样,下面就不想向我们反映问题,或者反映时打点折扣。更有甚者,有些人对反映问题的同志讽刺挖苦,谁反映问题就受到攻击,使得这些同志不敢反映问题。这是"文化大革命"的恶劣影响。对这种歪风邪气,领导干部要有点勇气,要敢于挺身而出,而切不可一事当前先替自己打算,把自己的余地留得大大的,这是"文化大革命"给我们的创伤。

三、要真

真,就是实事求是,襟怀坦白。真,应该是我们各级领导干部很重要的素质。要做到真,就要求对我们的工作,既报喜,又报忧。不要别人反映了问题,揭露了矛盾,就不满意,更不要耿耿于怀。在工作中,千万不要护短,要分清是非,按原则办事。

要做到真,重要的是不要隐瞒自己的观点。共产党人从来不隐瞒自己的观点,这是马克思讲的。赞成什么,反对什么,态度要鲜明。还有,千万不可以当面一套,背后一套,对同志要真诚,这是一个品质问题,也是我们中国人的美德。当然不只是这一些,还有,切不可装腔作势,要实事求是,要还事物的本来面目,是什么样子就是什么样子。做工作,要注意方法,但不能离开原则,过多地考虑方法,是没办法工作的。对领导,对上级,更不可阿谀奉承,这样做,是假的。总之,对同志要真,对工作要真。

四、要有一定的工作魄力

负有大大小小责任的领导干部,要有一定的工作魄力,否则就不可能开创新局面。什么是魄力?所谓魄力,实质上是良好精神状态的一种表现,或者说是一种革命风格。这样讲,似乎有点抽象。我认为,可以用最简单的话来讲,魄力就是敢于负责,勇于负责。中央的领导同志,在粉碎“四人帮”后,拨乱反正,否定“两个凡是”,在“坚持原则担风险”的情况下,平反大量冤假错案,表现出很大的魄力。魄力,就是这样一种高度负责的革命风格。具体到我们工作中,我们办事一定要认真,要抓紧。只要负责任,工作就可以做好。

做工作,要有紧迫感,千万不要踢皮球,不要推来推去。最近有一篇报道河北省委第一书记高扬同志事迹的文章,其中写到高扬同志对“四化”建设的紧迫感。他看到对一些准备提拔的中青年干部的考察报告中,常常写有“急躁情绪”这一条。他说,开创河北省新局面的任务这么重,应兴应革的事这么多,怎么能像老牛拉破车慢慢吞吞呢?于是,他挥笔撰写了一篇杂文《急躁情绪辩》,发表在《人民日报》上。文章说:对年轻干部的“急躁情绪”要做具体分析。有的是他们奋发向上、只争朝夕的精神,这不是什么缺点,而是应该大大发扬的优点。高扬同志的这篇文章讲得很好。我认为,一些讲中青年干部有“急躁情绪”的人,很可能自己就是习惯于慢慢吞吞。

总之,工作要认真负责,要抓得很紧,要讲求效率,集中起来就是要敢于负责,勇于负责,这就是我们常说的魄力。

五、要养成学习的习惯

领导干部要搞好工作,就应该多读点书,养成学习的习惯,丰富自己的知识,扩大视野。这是尽人皆知的道理。问题是学什么?从对领导干部素质的

培养角度上看,要着重学习以下内容:

首先还是学习马克思主义的基本理论,这是我们各项工作的指导方针。不掌握马克思主义的基本理论,就不是一个清醒的领导者,甚至会被某些现象搞糊涂。所以,不了解马克思主义的基本理论,就不是一个好的领导者,和共产党员的称号也不相称。现在形势发展很快,改革中出现的新鲜事物,例如联产承包责任制,对马克思主义是一个发展,我们要学习。又如今年的"一号文件"非常强调发展商品经济,这对我们来讲也是一个新问题,但却是马克思主义的基本理论,要学习。

要学习时事。报纸,是上级机关用以指导工作的,要重视。报纸从头看到尾有困难,何况报纸那么多。但是要坚持看,有的看看标题也好,可以知道动向。除去了解全局外,还要注意和我们工作有关的文章。而且我们的脑子,就是通过看报纸,耳濡目染,在这个过程中把思路搞得开阔一点,不要局限于眼前的工作。

通过学习,要注意搞清楚教育方面特别是高等教育方面的一些基本问题。例如高等教育的性质和任务、高等教育的结构、高等学校教学的特点等,如不了解,怎么工作? 更何况,我国高等教育正处在改革之中,一些妨碍前进的老框框、老套套将被破除,一些新经验、新做法正在探索中,因此,我们更要注意学习,要研究新情况、新问题。这方面的学习材料不多,为此,我们自己尝试,编写了一本《高等学校管理》,还向全国发行《高等教育研究》杂志,为大家学习、研究问题提供一个园地。

要学习新技术革命的有关情况。新技术革命不仅改变人们的生产方式、生活方式,而且将改变人们的思维方式。我们正面临新技术革命的严峻挑战,加快智力开发,改革包括高等教育在内的整个教育,是最重要的对策。新技术革命的内容很多,我们没有可能也没有必要去钻到具体内容中去。但是在大的方面,要熟悉,要了解。不然的话,政治和业务怎么结合? 另外,我们办学校、课程改革,都不能脱离新技术革命的趋势,否则,怎么改? 从何改起? 就会毫无发言权,或者意见说不到点子上。

学点历史。我总觉得,现在的年轻人,历史知识贫乏是件可悲的事情,当然这也不能怪他们。不懂得历史,怎样激发爱国主义思想? 现在实行开放政策,没有这种爱国主义思想的基础,就会认为"还是外国比中国好,资本主义比社会主义好"。所以我们把学点历史知识,作为我们学校第二课堂的重要内容。无论从领导的素质,还是从做好工作来说,都要求我们学点历史知识。可以从自己的情况出发,例如,少年儿童出版社出版的《上下五千年》,是一本运用史籍中的丰富材料整理的一套浅近的、比较有系统的历史故事书,选择的篇目都是比较重大和著名的事件,不仅有连贯性,而且语言通俗,读来饶有兴味,是一本学习历史很好的辅助读物,很适合没有学过历史的同志阅读。

要学国际知识。随着实行开放政策,高等学校的外事活动会越来越多,缺乏有关国际方面的知识,就无法应付。一方面要在工作中学习国际知识,另一方面也要从书本上学习国际知识。

要有选择地看点小说。领导干部可以利用一些空余时间,如出差坐车看点小说。特别是像《大学春秋》、《青春万岁》这些描写学校生活的小说,更应该看,还可以推荐给学生看。这两部小说都提到了《钢铁是怎样炼成的》作者奥斯特洛夫斯基的名言:"人最宝贵的东西是生命。生命每个人只有一次。人的一生应当这样度过:当回忆往事的时候,他不会因为虚度年华而悔恨,也不会因为碌碌无为而羞愧;在临死的时候,他能够说,我的整个生命和全部精力,都已经献给了世界上最壮丽的事业——为人类的解放而斗争。"这段名言曾经鼓舞着一代青年的成长,也和我们所说做"有为之人"联系上了。

一个领导者所具有的素质是多方面的,我以为,对于高等学校的领导干部来说,以上几点是很重要的,当然还有其他。

还历史的本来面目[*]

我 1936 年暑期考进武汉大学,迄今已 62 年多,可以称得上是武大的老校友了。我很热爱我的母校。正由于此,这里我要提起一件事。最近我从武大北京老校友会办的《北京珞嘉^①》1998 年第 2 期上,看到一篇文章,题为《实行强强联合,把武大办成多学科综合性大学》,署名为"武大武汉校友会",其中有这样一段话:"我们呼吁:武汉大学和在武汉地区原来从武大分出组建的华中理工大学、武汉水利电力大学、华中农业大学、同济医科大学,按李岚清副总理指明的'共建、联合、调整、合并'的方针,实行强强联合,把新建立的武大办成一个多学科的综合性武汉大学。"正好从武大台湾校友会办的《珞珈》第 138 期(今年 1 月 1 日)上,看到《武汉校友聚会为母校献计献策》一文中,谈到去年 5 月 23 日武汉校友会开会的情况。会上有一位校友说:"这几十年母校的确有了很大发展,但地位下滑。她就像一位母亲,生多了儿女,自己虚了亏了,伤了元气,身体再没有恢复到以前的健壮。这个俗气的比喻,形象地道出了华工大、华农大、水利电大、同济医大等一个个从母体分离时,从教师到学生,从设施到土地,挑选什么就割爱什么,母校无私奉献的现实。"最后,会议决定写一呼吁书,将分出去的上述 4 所大学,与现在的武大合并,实行"强强联合",建立新的武汉大学。

说来也很凑巧。我是 1953 年华中工学院(20 世纪 80 年代改名为华中理工大学)成立时调来工作的。当时正处于院系调整期间,所以对上引的两段话

---

[*] 本文写作于 1999 年 2 月 1 日。

① "珞嘉"中的这个"嘉"字,指抗战时期武大搬迁到四川的乐山,而乐山又名嘉定,大概那时主要叫嘉定。武大老校友中有两种情况,一种是在武昌珞珈山毕业的;另一种是在嘉定毕业的,故称"珞嘉"。

中所说的这几个学校的形成，我是很清楚的。为了恢复历史的本来面目，我认为有必要说明当时的具体情况。

华中理工大学（原华中工学院）是这样组成的：原武汉大学、湖南大学、南昌大学、广西大学等4校的机械系全部和电机系的电力部分，华南工学院机械系的动力部分和电机系的电力部分，以及这些学校的部分基础课教师。后面4个学校来的教师，在人数上远超过武大来的。

武汉水利电力大学（最初名武汉水利学院）是这样组成的：1950年5月将原湖南大学水利系与武汉大学土木系水利组合并为武汉大学工学院水利系；1952年4月至1953年10月，又将广西大学、南昌大学、河南大学、华南工学院、湖南农学院、江西农学院、武昌中华大学等校的水利系、科先后并入，成立了武汉大学水利学院。这时有一个重要的情况，就是1952年国家已经决定，按苏联模式实行全国性大规模院系调整；1952年冬，在中南行政委员会教育部直接领导下，已决定成立"三院"建校规划委员会，所谓"三院"，就是华中工学院、中南动力学院、武汉水利学院，地址预定在武昌关山地区，即现在华中理工大学一带，所以这时武汉大学水利学院已经是过渡性的，在武大内部尽人皆知。1954年12月，天津大学、华东水利学院、沈阳农学院及河北农学院等校的水利土壤改良专业与武汉大学水利学院合并，并从武汉大学正式分离出来，成立武汉水利学院。1959年夏，又增设了电的方面的专业，改名为"武汉水利电力学院"。

同济医科大学是这样组成的：1951年，上海同济大学医学院与武汉大学医学院合并成为中南同济医学院。但两个医学院的历史大不相同。原上海同济大学医学院成立于1907年，由德国医生宝隆博士创建，校名为上海德文医学堂，附属医院叫宝隆医院，很有名。原武汉大学医学院及其附属医院创建于1947年，学院与医院的院址均在现在阅马场附近的湖北教育学院内。上海解放时，同济大学医学院在校学生有381人，教职工653人。武汉大学医学院在校学生仅有94人，教职工仅有49人。所以1951年两院合并时，从历史和当时的状况来说，原同济大学医学院显然是主体。

华中农业大学（原名华中农学院）是这样组成的：1952年，由湖北农学院全部系科和武汉大学农学院以及湖南大学、河南大学、南昌大学、广西大学、中山大学农学院部分系科合并而成。湖北农学院与武汉大学农学院的历史，也很有悬殊。湖北农学院是由张之洞创建于1898年的湖北农务学堂演变而来，所以去年（1998年）华中农业大学举行一百周年校庆纪念会。1903年，湖北农务学堂扩充为湖北高等农务学堂，是我国最早的近代农科大学之一。1937年改为湖北省立农业专科学校。1940年在恩施改名为湖北省立农学院。1950年定名为湖北农学院。1906年,校址在武昌宝积庵,抗战胜利后仍回原址。1952年合并前,有学生731人。武汉大学农学院成立于1936年秋,抗战爆发后迁四川,于1938年并入中央大学农学院。抗战胜利后,武大迁回珞珈山,恢复农学院,合并前有本科生450人,专科生近200人。由此可见,不论从哪方面来看,合并前的湖北农学院不能不是华中农业大学的主体。

我毫无贬低我的母校的意思,正是作为一个老校友,有责任实事求是地还历史的本来面目,以免时间越久,后来者越发搞不清楚。希望母校的同志们和现在武汉市的校友们以及各地的校友们,不要产生任何误解。

历史的回顾

——关于华中工学院的办学历程[*]

  Ruth Hayhoe(女,中文名许美德)是加拿大多伦多大学安大略教育研究院资深教授,专门研究中国的高等教育。1992 年 5 月,Hayhoe 教授来我校做学术访问,作者应她的请求,与她进行了长达 7 个小时的谈话。主要谈"文革"后期到 1984 年底我国高等教育的情况,但也涉及"文革"前"十七年"的主要问题,从这一点上说,这篇谈话基本上是作者对 1953 年以后华中工学院办学历程的总回顾。

  Hayhoe 教授请我谈一谈在华中工学院办学的一些情况。今天就着重谈从"文化大革命"后期到 1984 年底我从学校领导岗位上退下来之前这一段时间内的一些想法和做法。

  先声明两点:一是既然要谈想法和做法,就要用第一人称,较多地谈到自己,但这绝不是夸耀自己。在长期的革命斗争中,很多人,包括我过去熟识的一些战友,在革命战争中牺牲了。我们这些人不过是革命战争中的幸存者,没有什么值得夸耀的。还要特别说明的是,我在 20 世纪 70 年代办学的一些做法,当时在学校主持工作的军代表一把手主要负责人刘崑山同志都是赞成和支持的。如果得不到他的支持,那什么事情也办不成。就这一点说,应该肯定刘崑山同志对于那一时期我们学校的工作是有功劳的。二是我们现在来研究历史,总要谈到过去工作中的一些问题。我们不应该离开过去的历史条件,用现在的观点来苛求于过去,甚至否定过去。过去高等教育成绩很大,培养了千百万人才。如果不是这样,我国几十年来成绩的取得是不可想象的。

---

  * 本文原载《高等教育研究》1992 年第 4 期。

下面就开始谈当时我是怎么想的和怎么做的。

一、我的一些想法

"文革"后期按照毛泽东主席的指示,解放干部。我于 1970 年 6 月被"解放",从当时搞"斗批改"的咸宁县马桥镇回到学校。当时没有多少工作,非常清闲,校园也非常安静,很自然就想得很多。当时想的也并不系统,现在归纳起来,有下面一些内容。

(一)毛泽东的两句话引起的思考

当时毛主席有一个指示:"大学还是要办的,我这里主要说的是理工科大学还要办……"(见 1968 年 7 月 21 日《人民日报》)我想毛主席说这话是有针对性的,看来是有人认为不要办大学了。1969 年底,我们学校的绝大多数师生职工都搬到咸宁县去搞"斗、批、改",就有人猜测,今后这所大学可能不办了。据说当时国家某一个部的一个单位,就曾打算搬到我们学校来。武汉市的一个工厂(武汉市半导体厂)就已经搬到学校里来了。搬来的时候还说由学校和武汉市共管,是为了便于教学实习。搬进来以后,并不是那么一回事,就是来学校占了一栋大楼、一栋宿舍,还有食堂等。在这种情况下,毛主席讲这两句话,我当然感到很重要,使我们看到了曙光。

1971 年 3 月,国务院科教组召开全国教育工作会议,到会的主要是一些大学的负责人。我们学校,当时刘崑山确定我和赵旭(军宣队的一位副指挥长)两人去参加会议,并且指定我负责。这个会议的规模较大,大约有 600 人,中央各个业务部门都有人参加。会议拖拖拉拉开了 3 个月。会上,四机部等部门的人来找我,希望我们学校设置一些新专业,当时提出来的有激光、无线电通信等七八个专业,还有一机部提出要设置光学仪器专业。总共提出要我们设置 10 个新专业。这就说明,大学还是有用的。我们是来者不拒,当场就决定办。当时接受办这么多新专业的,只有我们学校。回到学校以后,刘崑山同志很支持。他只提出办雷达专业不容易,需要军用设备,对其他专业,他都同意。所以,除去雷达专业未办,其余 9 个专业我们都办了。当时也不像现在,办专业上面没有怎么管,不要报请审批。

(二)院系调整引起的思考

"文革"中对学习苏联破除了迷信,开始是有所怀疑,后来,怀疑的成分增加了。

我想,1949 年以后,特别是 1952 年以后,为什么要学习苏联?有多方面的原因,但我认为最主要的是政治上的原因。从教育科学来看,找不出原因。在当时情况下,政治上的原因是主要的,但这又是完全可以理解的。

我又想,1952年实行院系调整对不对?我认为,一部分对,一部分不对。说一部分对,是因为当时全国205所大学中,私立大学不少,办得好的只有极少数,如南开大学,是张伯苓办的,办得很好。在抗日时期,与北京大学、清华大学一起,在昆明组成了西南联大,培养了一批高质量的人才。但是多数私立大学办得不怎么好,少数办得很差。如中华大学,就在武昌粮道街,当时人们是瞧不起的。另外,有相当一部分各省办的大学,有些办得还好,有些办得也不怎么样。还有21所教会大学,教学质量一般还比较好。例如武汉有一个华中大学,规模很小,在外面也没有什么名气,但是办得不错,后来调整到华中师范学院,成为华中师范学院前身的一部分。还有燕京大学、金陵大学、岭南大学、湘雅医学院、圣约翰大学等,都是办得比较好的。但是这些大学毕竟是教会办的。因此,这3类学校在当时情况下须要调整。说一部分不对,是当时的国立大学,如能冷静考虑,是可以不调整的。当时国立大学很少,全国不过十几所,而且都办得不错。1952年调整时,这些大学本身都应该保留。例如北京大学,在蔡元培主持以后,办得很有生气,很有影响。院系调整时,为什么要把北京大学的农学院、医学院分开独立出去,以至于把生物系和农学、医学分开呢?我看这样做没有什么科学依据,大可不必。又如,清华大学在梅贻琦主持下,办得也很好,但在1952年的院系调整中却被肢解了,理科、文科调整到了北大,清华变成了一所工科院校,这有什么理由?直到现在,清华许多老校友和在校的许多老教师,对此意见很大。据说,清华的校史现在只写到1949年,以后的尚未写,因为很难写。前几年,清华已开始重新办理科和文科,但是要办到过去那样的水平,谈何容易?梅贻琦主持清华大学,办得很好。抗战时期,西南联大由北大的蒋梦麟、清华的梅贻琦、南开的张伯苓三位校长组成联大常务委员会。蒋梦麟、张伯苓经常不在学校,日常校务工作主要靠梅贻琦主持,在当时艰苦情况下,很不容易。再如浙江大学,竺可桢当校长,办得很有特色。原来浙大的校长是郭任远,因为"一二·九"时镇压学生运动,被学生轰得待不下去了。浙江是蒋介石的家乡,他很重视浙大,特邀竺可桢出任校长。竺可桢原在当时中央研究院气象研究所任主任(所长),蒋介石要他当浙大校长,他向蒋介石提出要拨足经费,要允许他自主地聘请教员,蒋介石都答应了。竺可桢主持浙大工作后的第二年,抗战爆发。由于敌人进犯,在竺可桢带领下,浙大硬是搬迁四次,师生上千人长途跋涉,最后到了贵州才安顿下来,十分艰苦。就大学说,这是抗战期间绝无仅有的。有个电影《流亡大学》,就是描写浙大搬迁的故事。在那样困难的条件下,竺可桢团结了一批教师,保存了浙大的元气,而且越办越好。像浙大这样的大学,本来应该保留下来,但在1952年院系调整,理科和文科的主要部分调整到复旦大学。所以前几年复旦得到重点投资,浙大没得到,浙大的同志们有意见。除去北大、清华、浙大,当时的国立大学还有交通大学、武汉大学、中山大学、天津大学(北洋大学)、南京大学(即国民党时期的中央大学)、厦门大学、山东大学、四川大学、重庆大学等,总共不过十几所。院系调整时一刀切,以致全国没有一所真正的名副其实的综合性大学,这是没有多少道理的。

关于专业的口径太窄,当时还没有想到。还有学习苏联的集中统一管理的体制,学校没有自主权,教学计划就是法律,过分集中,在"文革"后期也还未考虑到。至于我们当时办那么多新专业,是由于"文革"中的混乱状态,上面没有人管。

1952年院系调整后,高校的地区布局有了一些好的变化,我是认同的。但是如果不经过院系调整,而通过行政办法也是可以解决的。1956年中央决定交通大学迁到西安,就是一个例子。

50年代前期,教育工作特别是高等教育工作正是强调学习苏联经验的时候。当时中央文委和高教部负责人有一句很重要的话,叫做"学习苏联先进经验要与中国实际相结合"。意思是要学习苏联的先进经验,不是不先进的经验,还要与中国的实际相结合。这句话完全正确,讲得也比较多。但是,话虽这样讲,而在实际工作上几乎是全部照搬。特别是我们工科院校,是百分之百地照搬。通过院系调整,学校的专业设置、教学计划、教学大纲,乃至于教材等,文科、理科我不清楚,工科可以说是完全照搬。到1958年,我们国家提出了"大跃进",虽然主要是指经济工作,但也波及各个方面,包括教育工作,特别是高等教育工作,实行"教育革命"。当时提出"大跃进",毛泽东同志的意图是要在社会主义建设中摸索出一条中国自己的道路。但在"大跃进"过程中,很多事情做得很不对头,造成的恶果很快就暴露出来,事与愿违,因此1961年、1962年进行调整。尽管"大跃进"做得不对头,这一点中国共产党中央已经在《建国以来党的若干历史问题的决议》中做了明确的结论,但是就破除苏联的框框、走中国自己的道路这一个愿望来说,却是好的。例如当时有一部分高教部直属的工科院校,包括我们学校在内,办了一些理科专业,用历史的观点来看,用教育科学的观点来看,都是对的,因为理和工的关系太密切了。但是到1961年、1962年调整时,把新设的专业包含理科专业停办了。当然办过了头的应该停办,但是也要区别对待,已经办起来的非常少的理科专业就不一定停办。而当时却一律停办,说到底还是受全盘学习苏联的思想所支配。在高教部原来所属学校中,只有一个学校没有停办,就是浙江大学。浙大和我们一样,原来都是高教部直属学校。到 1958 年,在"大跃进"气氛下,把很多原来高教部直接管的院校下放到省管。但到 1961 年、1962 年调整时,又收回去,还是由高教部直接管。当时浙江大学的校长是浙江省副省长周荣鑫兼任,于是由省出面,坚持浙大仍由省里直接管。在这种情况下,浙大办的 6 个理科专业没有停办。因此在我们这种类型的工科院校中,现在理科专业办得最强的算浙江大学,因为它时间长。这虽是历史上的个别事件,但很能说明问题。

　　杨秀峰同志 1983 年去世,就在两三年前,不知谁编了一本《杨秀峰教育文集》正式出版,是他当部长时的一些讲话。我从报上看到对这个文集的介绍,其中突出了这样一点,说杨秀峰在 1949 年之后,特别在 1952 年之后,他的教育思想,最主要的是主张学习苏联的先进经验要与中国的实际相结合。我觉得这篇介绍说过了头。不错,那些话是他讲的,而且一再地讲,但表现在实际工作上却不是那么一回事。在他生前,包括我在内,大家对他都非常尊重,身后出这样一本教育文集当然很好。但是作为我们了解历史情况的人看了以后,觉得不一定要这样介绍。当然这绝不能责怪杨秀峰以及其他有关的负责人,前面已经讲了,当时之所以全面学习苏联,我认为主要是政治上的原因。而在那样的一种历史条件下,又是完全可以理解的,如果不出现那种情况,也许是奇怪的。

　　这件事使我联想到北京大学有位老教授,1987 年以九十高龄去世的曹靖华。他 20 年代初期与末期,两次去苏联留学,所以不但俄语很好,而且对苏联文学造诣很深,对苏联国情也很了解。他与鲁迅有非常密切的交往。正是他,1936 年通过鲁迅转告上海有关的共产党员,将著名共产党员女作家丁玲,从南京国民党政府监视控制的苦海里拯救出来。他 50 年代担任北大俄语系主任期间,针对当时照搬苏联教学计划与教学大纲的情况,他说:"我们是中国人,是北京大学,不是苏联人,不是莫斯科大学,也不是基辅大学,应该考虑中国的需要与实际。"这些话讲得多好啊!这是一种科学态度,对就对,有问题就有问题,不那么含含糊糊的。当然苏联的高等教育也有某些优点,例如对实践性环节就很重视,问题是不应全盘照抄。

　　值得重视的是,毛泽东在 1956 年有个讲话。这时正是我国在共产党领导下从社会主义改造转入社会主义建设时期,1956 年开了党的第八次全国代表大会,提出了要进行社会主义建设,确定的方针、路线都是正确的。当时毛主席听取了国务院所属、与经济建设有关的几十个部的工作汇报,然后在 1956 年 4 月 25 日做了一次讲话,后来给加上题目,叫《论十大关系》。这十大关系中的最后一个就是讲中国和外国的关系,他说:"我们的方针是,一切民族、一切国家的长处都要学,政治、经济、科学、技术、文学、艺术的一切真正好的东西都要学。但是,必须有分析有批判地学,不能盲目地学,不能一切照抄,机械搬运。他们的短处、缺点,当然不要学。"紧接着他又说:"对于苏联和其他社会主义国家的经验,也应当采取这样的态度。过去我们一些人不清楚,人家的短处也去学。当学到以为了不起的时候,人家那里已经不要了,结果栽了个斤斗,像孙悟空一样,翻过来了。比如,过去有人因为苏联是设电影部、文化局,我们是设文化部、电影局,就说我们犯了原则的错误。他们没有料到,苏联不久也改设文化部,和我们一样。有些人对任何事物都不加分析,完全以'风'为准。今天刮北风,他是北风派,明天刮西风,他是西风派,后来又刮北风,他又是北风派。自己毫无主见,往往由一个极端走到另一个极端。"这些话不用解释,非常清楚。但是我们在1952年,不仅高等教育照搬照抄苏联的,连中小学也是如此。苏联规定小学生7周岁才能入学,本来我国传统,不说是6周岁,5周岁就可以入学。这是中国流传下来的,习惯叫"虚岁数",5岁就算6岁。苏联小学是5年一贯制,我们也把6年改成5年。诸如此类照搬,后来特别是"文革"后,7周岁入学才打破了。说来也很有意思,戈尔巴乔夫1985年上台后不久,他倒是做了个决定,把7岁入学改成6岁入学。

(三)出国之方向引起的思考

对我影响较大的是1979年教育部根据联合国教科文组织的安排,由教科文出钱,我们国家派两个高等教育考察团出国访问,一个到美国、加拿大、日本,一个到西欧的西德、英国可能还有法国。我参加的是访问美、加、日3国的团,指定由我负责,一共5人。3月16日从北京起飞,5月底回到北京,一共是两个半月。其中在美国待的时间最长,37天;在加拿大17天;日本19天。

到3个国家访问之后,对我思想上影响最大的是两件事:

第一件是大学的教学工作和科学研究工作并重,结合得很好。当然还有个社会服务,但特别是教学与科研结合得很好,结果是教学质量与学术水平都高,甚至很高,这个印象很突出。当然,就我国来说,1958年的"大跃进"中已开始重视科研。苏联的大学以教学为主,因此我们学苏联也是以教学为主,50年代前期对科研几乎是不闻不问,但1958年突破了这一点。一些学校,特别是我们这类学校觉得很有必要搞科研。这时高教部也觉得大学应该搞科研。1959年,当时副部长蒋南翔同志在上海召开了一次小型科学研究方面的会,说不搞不对,但毕竟还是刚刚起步。1977年邓小平同志恢复工作以后,8月上旬在北京饭店召开会议,到会的是教育界的15名教授、科学院系统的15名研究员,开了几天座谈会,最后邓小平同志讲话。其中有一点讲到,像我们这样的重点大学,必须是两个中心,既是办教育的中心,又是办科研的中心,非常明确。同时,1972 年以后,我们也大抓了科研工作。尽管如此,出去一看,感受就大不一样。这些发达国家的大学,教学和科研结合得很紧,不仅对大学的提高好处很大,更重要的是对国家有很大贡献。特别是这些国家有个共同点,就是不像我国学习苏联建设了一个庞大的科学院。

现在,中国科学院下面研究机构有一百几十个,遍布全国。

在这些国家中,尽管国防部门和其他某些部门以及少数大的企业里有些研究机构,但国家的基础研究和若干尖端科学技术研究还是放在大学。特别像美国,设立了国家科学基金会,把大量经费给一些办得好的大学,从事高水平的基础研究和高科技的研究,作用非常之大。还有一些非常重要的实验室,也是国家给钱,由大学管。像麻省理工学院的林肯实验室,规模很大,全部是国家的有关部门投资,由学校负责。又如伯克利分校的劳伦斯实验室,规模也很大,全部是国家有关部门投资,交给学校管,像这样的例子还有一些。这样做的结果是学校水平提高了,培养出的人的水平也高了,也解决了国家需要解决的重大课题,集中起来使整个国家的国力强大了,形成良性循环。但是,我国学苏联分成两个体系,既办了许多大学,又建立了一个庞大的科学院,分散了大量的人力、物力和财力,很不合理。这就是访问以后第一个突出的感受。

另一个突出的感受是,几乎所有的著名大学都是综合性的。出访之前,对美国少数著名大学的历史已有所了解。访问 37 天,又有了进一步的了解。它们开始建立时,一般都不是综合性的,而且规模很小,学科很少。像麻省理工学院,1861 年建立时,办的是机械学科,只有 15 个学生,后来逐步发展,增加学科。1930 年学校董事会聘请物理学家康普顿担任院长以后,开始办理科,也重视文科。他任院长将近 20 年,把学校办得大有名气。基里安原任副院长,是学工的出身,1948 年接任院长,又进一步加强文科,把学校办得更好。又如美国的许多州立大学,特别是 1862 年《赠地法案》通过以后的土地赠予大学,开始创办时一般都是两个内容,一是农业,二是机械。

有一所大学,就是得克萨斯大学,尽管现在已是规模很大的综合性大学,但还是用 100 多年前古老的名字,叫"得克萨斯农业与工程大学"。包括哈佛大学在内,美国一般知名大学这种从小到大、从单科或者学科门类很少到综合性大学的发展过程,归根结底,反映了美国整个国家在过去 200 多年当中不断发展的需要。也可以说,这是一种不以人们意志为转移的客观规律。这是给我的第二个突出的印象。

特别是在日本期间,我们访问了东京工业大学,这是一所水平很高的工业大学,也是国立的。访问时校长介绍说,第二次世界大战以前,东京工业大学完全是工科,但二战结束以后,开始办理科。为什么?因为需要,感觉到只办工科不办理科,不论是对国家的需要还是对学校的发展,都不适应。他介绍以后,我说我们的情况跟他们相反,原来理科和工科结合在一起,现在倒是起了变化,1952 年以后理和工分家了。因为我们是工科院校,所以这件事给我的印象非常深,也可以说受了一种刺激。这就是在我思想上发生影响的第三点。

(四)中学教育给我的影响

这个说起来似乎很有点奇怪,但我反复考虑后觉得并不奇怪。尽管在大学工作了 30 多年,但青少年时代所受的中学教育对我的一生都有影响,对我"文革"结束前后办大学的思想影响更大。

我很幸运,青少年时所在的中学是当时很好的一所中学。我是江苏扬州人,学校叫江苏省立扬州中学。这个学校好到什么程度呢? 当时的社会舆论是"北有南开,南有扬中"。就是说,北方办得最好的中学是张伯苓办的南开中学,南方就是我的母校。我在这个学校受了 6 年教育。这个学校也有不少扬州以外的学生,主要是江苏省内的。但我有一个同班同学叫谢义炳,湖南人,他竟来扬州中学读高中。他还健在,是北大的教授,也是科学院学部委员。

这个学校好在什么地方呢? 第一,教师水平高,教书教得好。学校的校长叫周厚枢,美国留学,在麻省理工学院取得了硕士学位,是学化工的。他最大的功劳就在于聘请了一批好教师,不但聘本地的,还从江苏的南部聘请,因为不论是经济上、文化上,长江以南比江北要好,比较发达。第二,课程设置有特点,首先是文理并重。现在中学重理轻文,使学生容易形成偏废,很不好。尽管我们那时考大学报工科的比较多,因为有个饭碗问题,扬州中学毕业生也不例外,但在课程设置上还是文理并重。语文(那时叫国文)和英语当然重视,但中外历史和中外地理也同样重视,内容很充实。相比之下,现在中学史地课的内容相当单薄,学生又偏科,从长远看,实在令人担忧,因为史地教育实质上是爱国主义教育。课程设置的另一个特点,概括地讲,就是比较丰富。例如英语,各校都一样,但校长请了一位英语教师,叫叶长青,苏州人,燕京大学毕业,除教普通英语外,他又提出要开"英语修辞学",校长同意,讲得非常好。其实这是大学英语系的课,但是我们中学竟然安排了。又如,植物学、动物学、矿物学,开出这 3 门独立的课程,在一般中学很少,因为既要增加课时,又要有教师讲。但我们这个中学每门课讲一个学期。虽然学时很少,每周只讲两堂课,但硬是 3 门课独立。此外,生理卫生课学 1 年,讲的还要多。我们都是青年人,生理方面很多知识不懂,学 1 年,对我们帮助非常大,懂得很多生理上的基本知识。这位教师叫朱白吾,也是我们的班主任,课也讲得好,连男女生殖器官都讲,有点接近于现在人们倡导的性教育。他严肃地讲,同学们也严肃地听,绝不在课后借此开玩笑。这也说明学校的风气很好。再如，在高三，数理化除去基本课以外，还设选修科。这在中学也不能说是绝无仅有，但很少很少。另外，用英文教材，从初中三年级就开始用英文教材。我们中学不是教会学校，但在初三时就用英文原版教材《立体几何》，高中数理化就更不用说了，完全是英文版教材。这对于英语的巩固和提高好处极大。另外，学校走廊上张贴报纸给大家看，除中文报纸，还有一份英文报纸，是当时上海出版的《大陆报》，下课后我们在那里看看，哪怕看看标题也好，总能增加一些有关词汇嘛。学校很重视实验，这在中学是应该的，但当时限于财力，不少中学是困难的。不仅要房子，更要有基本的设备，于是就难了。我们开始在大楼里做物理、化学实验，后来专门盖了一幢房子，前面是科学馆，和后面的礼堂连在一起，叫"树人堂"。中国有句古话，叫"十年树木，百年树人"。那时盖那种钢筋混凝土结构的房子很不简单，很有点气魄。前面的科学馆是四层楼，除去物理、化学实验室，又增加了生物实验室。学校也重视图书馆。当然用大学的眼光来要求中学是不现实的，但相对而言，学校还是重视图书馆的。因为我很喜欢看课外的书，喜欢看中外小说，自己买没那么多钱，图书馆有。还有其他的书，特别是商务印书馆出版了一套"万有文库"丛书，包含的内容很丰富。买来也很花钱，但学校有。现在我的母校还是办得不错，七八年前又盖了新的实验楼。

今年是我的母校建校九十周年，正在盖图书馆，政府给100万元，学校还想再好一点，要花120万，差的20万元向校友募捐。学校也很重视体育，体育教师在扬州聘请不到好的，就到外地聘请，初中、高中的体育老师都是外地的。美术老师是从上海附近某县请来的，叫吴人文，颇有造诣，大礼堂主席台上方的浮雕就是他的作品。音乐老师李崇祐是20年代从事中等教育的著名教育家李更生的女儿。正因为有如此种种情况，1930年从扬州中学毕业的胡乔木同志（那时名叫胡鼎新）去年11月的题词是："扬州中学，我亲爱的母校，我青春的摇篮，愿你永葆美妙的青春，在社会主义大道上，发扬光荣的传统。"

我们的校长还很有些想法，1931年，他又办了土木工程科。一个普通中学办土木工程科，现在并不奇怪，类似职业高中的做法。但那时中学办土木工程科，恐怕是全国唯一的。而且教师也请得好，办得不错。现在我的家乡有个扬州工学院，机、电、土木都有，但办得最好的是土木工程系，因为它的老底子就是当年扬中的土木工程科。现在我们的总书记江泽民同志是扬州人，他高中时代就是这个土木工程科的学生，1991年12月，他为扬州中学的题词是："怀念前贤，激励后昆，继往开来，团结奋进。"此外，我的母校1935年接受国立同济大学的委托，办了普通科德语班，毕业后可直升同济。1937年，又办了机电工程科。

那时我们学那么多课程,但负担并不感到重,还看了很多课外的书,照样参加体育活动。考试前当然要准备,但并不很紧张,原因就在于教师教得好,加上实验等措施,教学质量是高的。每年高中毕业3个班150人左右,少数人跟我一样,因家庭经济状况不好,没有考大学,找工作做。大多数都考大学,全部是国立大学。报考私立大学只有一家,就是南开大学,对其他大学根本看不起。教会大学因收费很高,一般不去。我1935年在扬中毕业后,通过熟人在浙江大学找了个工作,当职员。到1936年春,哥哥来信,说你当小职员不是办法,还是考大学,哪怕家里喝稀饭也供给你读大学。于是这年6月,我把铺盖一卷,离开了浙大,就是说不准备再回到浙江大学干了,丝毫没想到万一考不取怎么办。当时找工作也并不那么容易,但无形中认为这不成其为问题,考大学一定会成功。这在我们学校形成了一种风气,只要考大学没有不成功的,就是这么一种程度。那时考武汉大学也并不简单,各科考试科目与考题完全一样,平均是5个取1个。这不是讲我个人如何如何,而是讲我很幸运地进了那么一所中学,学校的学风和教学质量就是那样好。正由于我有那么一段难忘的中学时代,这就不能不使我回忆起往事,并且联想到现在的工作。我想:那时是国民党统治,现在是共产党领导;那是一所中学,现在办大学,而大学的条件,要比中学优越得多,几十年前,可以把一所中学办得那样好,现在为什么不可以把一所大学办好呢?我在"文革"后期特别是"文革"之后,提出一些办学的做法,无疑受到某些大学的影响,受到去国外访问的影响,但确实也有当年扬州中学的影响。可以说,长期潜伏在我思想深处的扬州中学是我的第一个榜样。

二、我的一些做法

下面谈一谈做法,主要是"文革"后期特别是"文革"之后,一直到1984年底离开校长岗位之前,这段时间内的一些做法。

(一)扩大与加强教师队伍

一个学校要办好,教师队伍很重要。一个中学或是一个大学的负责人,如果不懂得教师的重要性,就等于不懂得办学校,当然也办不好学校。历史的事实充分证明了这一点。蔡元培1917年到北大当校长,为什么能在短短的7年当中把一个相当腐败的旧北大改造过来呢?有多方面原因,譬如说教育方针很重要,但他最重要的一项措施是聘请了一批好的教师。同样,张伯苓办南开中学、办南开大学,私立学校要聘请比较好的教师,是很困难的。但是他想尽一切办法解决经费问题,聘请好教师。竺可桢也是如此。至于说清华大学,有其独特的历史，是用美国退回的一部分"庚子赔款"办起来的，因此，第一钱多，第二清华早年就是留美预备学校，在美国的留学生多，回来后有些就在清华教书。这一点在我国是独一无二的，哪一个学校也无法与之相比。但是，蔡元培、张伯苓、竺可桢，当年的处境并不如清华，他们之所以能把学校办好，尽管有各种原因，但最重要的就是聘请了一批好教师。

从"文革"后期开始，在当时具体情况下，我们尽可能地充实教师队伍，我采取的第一个措施是从 1973 年开始，特别是"文革"之后，从外面引进教师。当时知识分子不被重视，因此从校外找教师比较容易。

第二个措施是"文革"一结束，就办了一个"回炉班"，将"文革"中没有学满 5 年毕业的一批学生，特别是 1968—1970 年毕业的，5 年只学了两三年，甚至只学了 1 年，仍然发了大学文凭，但实际业务知识并没有达到毕业的程度，让他们回校再读 2 年，好像把一个烧饼再放到炉子里重新加一加温，所以叫"回炉班"。这倒不是来自上面的通知，是我们自己定的。那时上面不管，我们就自己干。来这个班学习的大约有 200 人，我们的目的是想从中留一批教师。其他学校是否有这个做法，我没调查，可能有也不多。后来我们留下来其中大约一半的人。那一时期，"文革"中没有读完 5 年的学生，在毕业时，留了 200 多人当教师，后来也集中补课 2 年多，再加上留下"回炉班"的一批人，这就有利于教师在年龄上有了连续性。

第三个办法是"文革"后期，按全国统一规定，招收工农兵学员，办了 5 届。也是为了年龄的衔接，工农兵学员每届毕业都留了一定的数量，既注意政治条件，确实也壮着胆子注意业务条件。留下的这批工农兵学员，现在有不少人已在搞党政工作，仍在教研室搞业务的也不错。这批人中，过去 10 年有些到外国去学习，也很不错。我们留下的一批工农兵学员虽然比较好，但在"文革"中所受教育很不够。这不是学生的问题，而是特定情况下出现的问题。"文革"后就将他们集中起来补课，进一步培养提高。

1977 年恢复高中毕业生报考大学的招生制度，77、78 级这两届学生很不错，毕业时我们下决心多留了一些。这批人有的下过乡、当过工人、当过兵等等，经受了锻炼，学习也不错。79、80 级这两届又继续留了一些，这样我们的教师队伍就不断扩大了。究竟从外面调进来多少人，我没有要人事部门统计过，只能这样估计，"文革"开始全校教师是 1100 人左右，到 1984 年教师已达 2600 人。除了从 1968—1970 年毕业生、工农兵学员、77 级以后留校的和原有教师中调走和去世的，大约从四面八方调进 600 多人。从全国来看，可能只有我们一个学校这样做。

在扩大教师队伍的同时，大力抓教师的培养提高，要求教师补外语、补数学。"文革"后,很多教师到图书馆看外文期刊有困难,一是外语差,二是人家用了大量的数学方法,看不懂。所以号召大家尽可能参加补课。同时,把留校的 1968—1970 年毕业生、工农兵学员集中起来,主要加强基础,补数学、物理,进行了 2 年。从 1980 年开始,每年暑假期间,聘请十几名外籍语言教师(大多数是英语,还有两三名日、德语教师),集中办教师外语学习班。教师的外语有了提高,就想办法派出国学习。从 1979 年开始尽量往外派,派教授、副教授出去当访问学者,讲师、助教也可以出去短期进修,或者去读学位。我在位那几年,从教育部外事局了解到我校派出的人数在各高校中是较多的。为了提高英语教师的教学水平,还给些特殊照顾,给资料室多拨点钱,多买点外文书刊。英文的《中国日报》我看很不错,词汇很丰富,特别是有些新出现的单词字典上找不到,报上经常出现,光靠教材是无法知道的,于是给每个英语教师订一份《中国日报》。那时财务部门有点意见,觉得有些浪费,我装着没有听见,花这点钱非常有限,但对教师帮助很大。

第三个措施是职称的评议。国外叫学衔,"文革"前就停了,说这是修正主义的,要不得。"文革"后恢复,但是怎样评呢?我觉得胆子要大一点。"文革"后有些同志心有余悸,因为"文革"很厉害,心里很怕,一个活生生的人没有思想顾虑不可能。比如,1977 年开班让中老年教师补外语、数学,当时我们党委有一位副书记就说这件事是不是晚一点,做早了目标太大。职称评议我主张胆子大一点,因为中断了十几年,积压了很多问题,如果不在原则范围内多提一点就不可能解决问题。这样做校内没有什么意见,但来自主管部门的压力很大,同全国各地一比就议论,说我们把副教授提多了(教授要经过全省评定)。他们打电话问北京、上海,你那里教授、副教授提了多少,问得很具体。又说武汉这里,哪怕是重点大学,也不能超过北京、上海。我觉得,武汉为什么要看别人的脸色而不按自己的情况办事呢?我认为不能让步。事实证明,当时我们这样做是对的。最近杨叔子当选为学部委员,他在很多场合都讲,他之所以能成为学部委员,当然最主要的是学术水平要高,但职称也很有关系,"文革"后 1978 年,第一批就将他从讲师提为副教授,1980 年(他 47 岁)紧接着就提为教授(按一般规定,要隔 5 年才能提教授),这对他成为学部委员也是起作用的,因为提升教授以后,在外面参加学术活动所起的影响就大不一样。

上面这些做法得到以下几点好处:第一,适应了学校发展的需要。那几年,学校发展相当快,专业增加很多,学生人数也增加了,特别是还有些新的学科,如不增加教师怎么能适应需要呢?第二,基本上解决了"断层"问题,补充了一批 30 到 40 岁的教师,这在有些学校很严重。第三,对避免近亲繁殖起了点微弱的影响。特别是我国的重点大学,都是留自己培养的人,近亲繁殖现象很严重，多少年来都是这样。影响虽然微弱，事实证明有些好处，有些中年教师很不错，是从外面调进来的。去年评职称，年龄在 45 岁以下破格提为教授的有 10 人，其中有几人就是当年从校外调进来的。如计算机系研究数据库的冯玉才，现在在国内已处于第一流地位，他是哈尔滨军事工程学院毕业的；又如图像识别研究所的李德华，是武大数学系毕业的；低温工程的带头人郭方中，现在是教授，当年是哈工大本科毕业，后在清华大学研究生毕业，就是过去调进来的，现已 50 多岁；计算机科学教研室主任黄文奇，现在 54 岁，北大毕业的，研究成果水平高，我鼓励他申请博士点。像这样的例子还有不少。"文革"后期，武汉机械学院的一部分与我校合并，大约来了六七十位教师。

（二）增加新专业，改造学科结构，使学校转变为理、工、文、管相结合的综合性大学

"文革"开始，1966 年学校共设有 18 个专业。从"文革"后期到 80 年代初，先后三次增设新专业。第一次是 1971 年全国教育工作会议期间，增设了 9 个专业；到"文革"结束以前，又陆续增加了一些专业，其中包括从武汉机械学院合并过来的制冷、压缩机和焊接 3 个专业。第二次是 1978 年到 1980 年，增设了系统工程、生物工程、建筑学、建筑结构、物资管理、工业管理等专业。第三次是 1980 年以后陆续增设的文、理科，因不是工程性专业，很费周折，大约延续了四五年之久，来之不易。另一方面，"文革"结束不久，停办了 2 个专业，即电真空专业和电器专业。原因是电真空已落后，已经到了集成电路时代，电子管只有范围很窄的特殊用途；电器专业面太窄。这 2 个专业的教师大部分转到激光。现在激光专业的李再光、丘军林原是电器专业的，李适民原是电真空专业的。加上那几年调进的教师特别是物理教师有少数人安排在激光，这就使激光专业的力量大大增强。另一个变化是将自控专业和工业企业电气化专业合并，这 2 个专业有很多共同点。后来因教师之间有意见，1986 年又分开了，这种做法不一定好，也是积习难改。到 1984 年 12 月我不任校长时，全校有 51 个专业，比"文革"开始时增加了 183%。专业数增加了，结构上呈现综合化。

办文科和理科难度较大，除去调进一些教师，还采取其他办法。如数学系，当时请吉林大学的徐利治教授来兼任系主任，作为学术带头人。又如中文系，带头人严学宭，是中南民族学院的副院长，1980 年主动找我谈办中国语言学科，我很赞成，建立了中国语言研究所，后来发展成汉语言文学专业，建立了中文系。如没有严学宭教授带头，那比办数学系还难。数学系原来还有一批中老年教师，中文系是一点底子也没有。严教授已于去年底以 81 岁的高龄去

世了。建筑学是一个既古老又特殊的学科,我国历来把它划在工科类,很不恰当。我看它是一个艺术与技术相结合的综合性学科,很不好办。为办好建筑学系,除调进黄兰谷和其他一些教师,又请清华的周卜颐教授来兼任系主任,请黄康宇、蔡德庄、童鹤龄、张良皋等几位老先生和清华的美术老教师华宜玉来兼职。为办好文科和理科,第二个办法是 80 年代初期办了一些文、理科方面的刊物,想借此与学术界建立关系,一共办了 9 种刊物,包括《新建筑》和《高等教育研究》在内,得到外界的许多帮助。

（三）在困难情况下尽可能改善办学条件

当时是"文革"结束前后的几年,最大的困难是经费紧张,但还得想办法改善办学条件。首先是实验室,值得谈的有这么几点:一是船舶与海洋工程系,船舶设计与制造是基本专业,需做船模试验,要建一个船模试验水池。我们在"文革"前就想建船池,到"文革"后期感到不建不行了,于是下决心建。我们的船池 175 米长、6 米宽、5 米深,终于建成,比较实用。再一个是计算机,我们一直没有。买进口的没外汇,又很贵。当时国内只有一种型号叫做"121"的过了关,是贵州凯里某厂生产的,售价 40 多万元。但用的不是集成电路,而是晶体管,很快就要过时。尽管如此,老等着也不行,还是咬紧牙关买。有了这台机子,我们的教师就有了用武之地。大约到 1982、1983 年,大家都不愿用这台机子了,因为速度太慢。我建议保留下来,让后人了解历史,知道是怎么过来的。后因房子不够,拆了,很遗憾。另外,花了 18 万元买了一台上海产的电子显微镜,还是没有外汇,买不起国外的,只好买这台唯一的国产试制品。还有一件事,前面说了,1979 年出国访问,在美国访问快结束以前,住在纽约我国驻联合国代表团总部。一算账,教科文给我们的 25000 美元只花了不到 10000 美元,估计到加拿大和日本也不会超过 10000 美元。大家商量,用节余的钱,买 3 台微处理机,每个学校 1 台,很高兴,总算有了微型计算机。我生怕放在箱子里压坏了,就提在手上,从美国一直提到加拿大、日本和北京。回来给有关教师一看,才知道不是正规的微型计算机,是简单的单板机。回过头来看这是笑话,但当时就是如此困窘。现在大不一样了,全校已有微型计算机将近 1000 台,大多数是用科研经费买的。另外 1980 年有一个新的机遇,我们与国家物资总局建立了协作关系,建立物资管理专业,为他们培养学生,纳入国家计划;同时为他们培训在职干部,作为专修科学 3 年,都不收费,条件是希望物资总局给一笔钱,我们从国外买一台性能较好的小型计算机。他们同意,问要多少钱。一天晚上,我特地挂国际长途电话,向美国麻省理工学院从事计算机研究的李凡教授请教,因为他父亲在武汉大学是我的老师。他很内行,建议买美国有名的数字设备公司（简称 DEC）的 PDP-11 小型计算机，35 万美元一台。物资总局给了 100 万元人民币，我们请省里支持，将这笔钱换成 35 万美元，买了一台 PDP-11 小型计算机，真是如获至宝。

第二个办学条件是图书馆。如果办大学只懂得找教师、建实验室，而不懂得图书馆的重要性，还是有很大的缺陷。我看湖南教育出版社出版的《斯坦福大学》一书，有一件事使我很感动。1884 年斯坦福未满 16 岁的儿子去世了，为了怀念他的儿子，斯坦福办了以他儿子名字命名的大学，我国习惯上称之为斯坦福大学。不久，斯坦福本人也去世了。尽管有一大片土地，斯坦福生前说过不准卖，那时也没有想到将土地出租，经费困难。为解决图书馆买书的经费，斯坦福夫人将自己的首饰变卖，真了不起。尽管"文革"以后那几年，经费紧张，但为了办好图书馆，图书经费还是逐年增加。到 1984 年，图书馆经费占学校总预算的 5% 左右，特别注意购买外文杂志和外文科技书，因为经"文革"10 年，对国外的情况很生疏。国家规定，买国外书刊都要经北京中国图书进出口总公司，国家给它一笔外汇，各单位只需付给总公司人民币，所以经费有一大半给了总公司，买外文书刊。1980 年成立湖北省外文书店，开幕时，中国图书进出口总公司来了一位副总经理，他在会上讲话，说全国大学买外文书刊最多的，一是北京大学，二是华中工学院。我们感到这样做对教师帮助很大。我们新办的数量经济学专业，是一个新兴的学科，我问林少宫有何要求，他说要订 5 种国外刊物。国家规定，订国外刊物每年只能递增 3%，这时我们的递增数已经满了，正好中国图书进出口总公司来了 2 位工作人员，我跟他们说明新办专业的需要。他们很帮忙，不经过省里这道关，直接由总公司给我们增加 5 种。中国有句老话："巧妇难为无米之炊"，没有充分的信息就等于"无米之炊"。另一个例子是王君健，原来教材料力学，后来教流体力学，1979 年开始改行搞生物工程，头几年是生物力学，最近几年彻底改行搞生物技术。他很用功，天天到图书馆看这方面的书，我问他怎么样，他说很满意，想看的书图书馆都买来了。他这种刻苦钻研精神却很少为人所知。生物工程系也是全校最小的系，只有 100 名左右大学生、十几名研究生、20 多位教师。他是名副其实的学术带头人。他是非常认真地在那里干，看得很远。由于生产力发展水平的限制，他说他从事的学科再过几年才能有所冒尖，对国家建设事业真正起作用。所以，目光短浅、急功近利的人，对他就毫无兴趣了。

第三个办学条件是盖房子。那几年，盖房子经费很困难。但人员增加了，总得有地方住。现在我校东区有一批房子是两层楼平顶房，很不好看，因为是平房改建的。那时基建计划控制很严，但改建房屋可以不算计划，这是没有办法的办法。大概是 1979 年，盖房子差 50 万元，只好找湖北省财政局局长韩鸿儒,请他帮助向银行说句话,借 50 万元。现在看 50 万元不在话下,但当时却是一道难关,而且不解决不行。

(四)大搞科学研究

1971 年,学校的大批教师干部还在咸宁的向阳湖边办农场。1972 年 99％的人回校了,开始招工农兵学员,但教学任务不多,许多教师没有具体工作,有时间搞科研。我们也认为应该搞科研。另一方面,从外界情况看,机械工业部、电子工业部原来直属研究机构的研究人员,"文革"期间都下放到五七干校,全部处于停顿状态。但生产中有些技术问题要解决,找到我们,要我们承担研究任务,他们给经费。因此,那时我们与电子工业部、机械部、水电部的关系很密切,1972 年后学校研究工作出现了一个新局面。1976 年"文革"结束,进一步开展研究工作。1977 年暑假,组织一批教师查阅国外资料,了解世界学术动态。本校图书馆查不到的,就到北京、上海的情报所去查,要求每一个学科按专题写出调查报告,编印《国外科技动态》,每期一个专题,一共出了七八十期。这就叫调查研究嘛,不了解情况怎么干事?1978 年下半年进一步出铅印本,每一期包含好几个专题,出了十几期。同时恢复出版全校性的学报。还办了《科技译报》,发动教师把国外各种期刊上与我校专业有关的好文章翻译出来,跟学报一样一期一期地出。《科技译报》共出了 10 期以上,给中国科技情报研究所(北京)寄了一份,他们很高兴,认为做得很好。《科技译报》在 1979 年下半年停办了,因为多数教师经过学习外语,可以直接看外文书刊了。

由于从 1972 年到 1978 年开科学大会以前,我们的科研工作发展较快,工作做得较好,解决了不少问题,发表了不少文章。1978 年国家召开科学大会,我们受到表扬。大学只有我们和浙大受到奖励,得到奖状,写的是"科学研究先进集体"。会前要我准备在会上发言,我准备的发言稿题目是《科学研究要走在教学的前面》,这是比较新的观点。这篇发言稿送到教育部,引起教育部内部的不同意见,比较多的是不赞成,认为这把教学放到了次要地位。其实这是误解。科学大会主要是国家科委筹备,他们看了赞成这个观点,作为大会发言稿在会上印发了。这篇文章并不是轻视教学工作,而是说明教学和科研的关系,说明科研工作是"源"(起源、发源),教学工作是"流"。就是说,教学工作总是传授在科研工作中取得成果进而总结出的间接知识,因而是"流"。教学与科研是密切相关的,而科研必须走在前面,是说明两者之间的关系,不是降低教学的地位。科研水平高,就会使教学水平也高。

正因为那几年科研工作做得较快较好,到了 1980 年国家颁发《学位条例》以后,1981 年第一次和 1983 年第二次评议硕士、博士学位点,我校评上了 13

个博士点、37 个硕士点。因此 1984 年我国首次在大学设立研究生院,我校是第一批设立的 22 个研究生院之一。当时设立研究生院的条件之一,就是博士点要超过 10 个。我们也有不足之处,就是在学科方面,在研究工作方面,属于高科技范畴的少了一点。在这一点上,我还要说几句我们的生物工程,它属于高科技。最初是生物力学,王君健在 1986 年逐渐感到生物力学虽是较新的学科,国际上也不超过 30 年,但继续搞下去发展前途不大,于是下决心改为生物技术,属高科技范畴。他今年 60 岁,但钻研精神很好,已从其他学科转过来 6 年了,情况不错,他很有信心。这学科涉及农业比较多,我国的农业总要出现新局面,要用到它。我认为办生物工程是我们下的一步特殊的棋,要有点眼光。邓小平同志今年视察南方时有个讲话,全世界都知道,其中有这么两句,一定要搞高科技,越高越好。这是国家的需要,我们学校怎么办? 一定要重视高科技,生物工程已办了 10 年,还应办其他高科技学科。国际上高科技发展很快。发达国家不仅看到 10 年、20 年之后,甚至看到 50 年之后,所以我们既要看得高,也要看得远。事在人为。

(五)开展国际交流

今天我们在这里交谈,也是国际交流。我校从 1978 年起就开始起步,1979 年和外国有关大学建立正式关系。建立关系最早的是美国南加州的圣迭哥加州大学,我们送去一批访问学者。我们很重视派送访问学者,派读学位的研究生已被校内外所公认。另外请外国学者讲学,其中水平高的聘为名誉教授。我当校长时,对我们帮助很大的一位是田长霖,现在是加州大学伯克利分校校长。他是我校名誉教授,1989 年以前,先后回来四五次。从办大学来说,我们很谈得来,他提的一些意见,对我们很有帮助。例如,他说近亲繁殖很不好。他知道我国越是重点大学就越是近亲繁殖,希望我们国家有那么一天下个决心规定,自己培养的博士生也好、硕士生也好,一个不准留,以免引起互相间的戒心,因都怕各校自己把好的留下了。从长远说,近亲繁殖害处太大。田长霖说伯克利分校还有个规定,凡是新来的青年教师选科研题目,不准和系里的任何一个教师相同,要另定新的科研课题。尽管我国现在还办不到,但这是经验之谈。另外,我们激光学科最初搞二氧化碳激光器,技术上被一个问题卡住了。我们请来一位美国教授,叫坎特罗维茨,是美国工程科学院的院士。他实践经验也很丰富,反复和我们教师讨论,最后解决了。其他来的教授对我们也有帮助。

再谈谈教学方面。当时对教学的日常工作很重视,加强了教务处,特别是将教学研究科的干部配备好,要求他们深入了解情况,及时反映上来,加以研究。曾经发现电类学生不重视制图课,有些学生课外作业潦草,少数学生考试舞弊,个别教师评卷不够认真等等,都一一严加解决。

那几年还着重抓了两件事。

一是试验用英文版教材,先从高等数学开始,其次是普通物理,再次是个别技术基础课。教材是英文的,但教师讲授还是用中文,可以用英文讲一些名词术语。而且原来的中文本教材照样参考。这样做的目的,显然是使学生既学了课程内容,又提高了英文程度。据了解,开始几周,学生很吃力,要查英汉词典,但几周以后就正常了,这些课程的英文语句一般不复杂,词汇翻来覆去就是那么一些,几周以后就熟悉了。当时,刘颖、陈挺、马毓义几位副院长都赞成,因为我们都是过来人。1988年夏天我在北京访问航空航天部下属某研究所,遇到一位年轻的校友,他很高兴地告诉我,由于在校时用了3门英文版教材,再加上基础英语课,他的英文水平大为提高,因此所里办科技人员英语学习班,他成为一个"小教员"。我问他是否在中学时英语学得特别好。他说他是青岛某中学毕业,英语程度属中等。当然,某些教师对此是有意见的,这在预料之中,因为他们自己的英语就不大行,特别是习惯势力很厉害,人们总是希望驾轻就熟,省力嘛。但是世界上难道就有这样的事,可以不费多少力气而能轻而易举地获得成功吗?

二是着重抓教师的教学法,克服对学生"抱着走"的现象,以利于培养学生的思维能力。这一点道理很清楚,不多说了。

尽管如此,我认为最大的憾事,是离开校长岗位以前,没有来得及做好调整、改造专业这件有关学科建设的大事。50年代初期,照搬苏联的做法,专业数量很多,口径很窄,这在苏联的高等教育历史上,主要是与高度集中的计划经济相适应的产物。其实苏联50年代后期已发现这样做有问题,逐步有所改进,开始放宽专业口径。我们50年代那样依样画葫芦,与我们实行的计划经济还可以勉强适应。但严重的问题就在于"文革"以后,特别是进入改革开放的80年代,还是抓住50年代初期学来的那一套不放,在那个已经过时的老框框里跳不出来,这就非常不对头,很不适应经济体制改革与经济发展的新形势。本来1977年,教育部已经调集了一批人进行专业调查,我校的王嘉霖去了一年,准备调整。遗憾的是直到1984年底,还是"只听楼板响,不见人下来"。专业建设是学科建设的前提,不调整、不改造,学科建设是困难的,就好像生产关系束缚了生产力的发展一样。所以,直到今天,我还引以为这是我离开校长岗位以前极大的憾事。

怎样办好大学[*]

关于如何办好大学,我想谈以下三个问题。

一、说说心里话

要讨论怎样才能把大学办好,我认为,首先决定于中央政府能否制定和执行正确的政策,能否正确指导各高校与地方政府办学。在改革开放之后直到大约 10 年前的 1997 年、1998 年,我国大学在办学过程中虽然也存在着一些问题,但是从总体上看,大学的办学工作还没有出格,存在的这些问题对大学的损害和影响并不是很大。但从 1998 年起到现在差不多 10 年了,我认为在这 10 年中,大学的发展不尽如人意,主要原因是如下两件事:第一是大学合并;第二是高校扩招。

先谈第一件事情:大学的合并。据我所知,大学合并起源于 1998 年 5 月 4 日,那一天在人民大会堂召开纪念北京大学成立一百周年庆祝大会。江泽民同志在大会的讲话中提出:"为了实现现代化,我国要有若干所具有世界先进水平的一流大学。"江泽民同志讲话以后,当时分管教育的主要领导同志就开始考虑在中国如何建立世界一流大学的问题。看来他考虑后认为大学合并是一条很好的道路,1+1>2。他有一句话,叫"强强合并",估计他也把这个意思向江泽民同志谈了,大概江泽民同志也同意他的看法。从 1999 年起,由于有了尚方宝剑,这位领导同志就开始采取合并重点大学的做法。当然,详细情况我也不可能知道,我估计我国高校的合并大体就是这么一个过程。

重点大学的合并工作首先从浙江大学开始,要求以原浙江大学为主体,合

本文写作于 2007 年 11 月。

并杭州大学、浙江医科大学、浙江农业大学,组建新的浙江大学,并且许诺如果这4所学校合并,国家将拨付专项资金加大投入。据我所知,当时就有各种不同的反映。例如,原浙江大学校长就曾向别人表示,4所大学合并,校区分散在4个地方,相距较远,我这个校长怎么当?据说,不少教授表示了怀疑和不赞成的态度。但是,这位领导同志的态度很坚决,反复强调,高校合并是政府行为,就这么办。所以,在新组建的浙江大学举行挂牌仪式时,他亲自参加,并通过浙江大学邀请全国许多高水平大学和较高水平大学的领导参加成立大会。其实,在合并的这4所学校中,杭州大学很不赞成。浙江医科大学和浙江农业大学倒是很赞成,因为它们从此可以由省属高校变成部属高校,学校规格升了一级。虽然杭州大学不赞成合并,但是也不得不照办。

除一般性号召外,这位领导同志抓的另一个典型就是准备把天津大学和南开大学合并起来,但是这两所大学的大多数领导都不赞成。然而,他的态度也很坚决,重申这是政府行为,你们不要提意见了。于是,这2所大学的校领导找到李瑞环同志,希望他出面解决这个问题。因为李瑞环同志不仅是天津宝坻人,而且在天津市做过多年的领导工作,对学校的情况也非常了解。这2所大学向李瑞环同志表达了不赞成合并的态度,李瑞环同志本人实际上也不赞成合并,于是他向这位领导人提出不要合并,这才挽救了这2所大学被强行合并的命运。

另外,据我所知,在教育部最初下达关于大学合并的文件中,是将我们学校(指华中理工大学,下文同)和同济医科大学合并到武汉大学,但由于多年来武汉大学内部矛盾特别多,也很难得到根治。因此,我作为华中理工大学的老人带头反对与武汉大学合并。与此同时,原同济医科大学校长裘法祖教授也带头反对把同济医科大学合并到武汉大学。当时的教育部长到达武汉时,裘法祖教授亲自找到她,向她当面表示反对同济医科大学与武汉大学合并。因此,后来教育部调整了武汉地区的合并方案。此外,需要指出的是,在武汉大学的合并中,将武汉测绘科技大学合并了。武汉测绘科技大学是全国唯一的测绘学科专业的大学,测绘学科水平很高,在国际上也有很高的学术地位,在国防和国民经济发展中具有特殊作用,理应独立发展。所以,将这所学校合并掉是非常错误的决策。

我认为,大学不是绝对不可以合并,但是大学合并绝对不能采取行政命令的强制手段,而必须双方自愿,"自由恋爱",绝对不能"媒妁之言"或拉郎配。1924年哈佛大学和它的近邻麻省理工学院曾经谈过合并的事宜,但是最终没有谈成。直到现在,这两所学校虽然紧靠在一起,但还是各自独立,都办得很好,成为世界一流大学中的佼佼者,这说明大学不合并并非不能办好。据说澳大利亚也曾采取用行政命令的办法合并大学。其实澳大利亚人口很少，只有1000多万，大学也只有二三十所。澳大利亚中央政府采取行政命令的办法合并大学，估计是因为大学规模都不大、学生少，希望通过合并学校的手段提高高等学校的办学效率。但是这个做法不仅遭到所有学校的反对，而且也遭到广大民众的强烈反对，合并工作不得不中止。因为这则信息是听来的，所以更详细的情况我也说不清楚。关于大学合并不成功，我就知道这两个例子。可能还有其他高校合并未果的情况，但是我不知道。

大学合并也有成功的，我就知道这样一个事例，就是美国加州大学伯克利分校在其早期曾经与当地的一所高校合并，双方自愿，结果合并成功了，后来发展成为加州大学的第一所分校，称为加州大学伯克利分校。至于说现在加州大学有9所分校，是不是合并形成的呢？我看不是。关于"分校"这个词是我们中国人将其翻译成"分校"的，实际上它的英文单词是"campus"，意思是"校园"，就是说加州大学有9个校园。从名称上看似乎是一个整体，但实际上各个"分校"除经费由加州大学总校统一计划之外，其他一切工作全部独立。各个校园都有各自的董事会，校长由各自的董事会选举或聘请产生。我所知道的情况很窄，关于学校合并成功的只有美国加州大学伯克利分校这个例子，其他我就不知道了，也许还有一些高校合并成功的例子。

我国这一次的大学合并已经成为事实，从表面上看似乎没有多少问题，可是大学合并之后，是不是就达到了1+1＞2的目的呢？据我所知，事实并非如此。听说合并之后过了几年，连中央领导同志也讲，现在大学合并了，看来并不怎么样，意思是并没有达到最初的目的。

第二件事是大学扩招。大学扩招起源于1999年暑假。当时教育部准备召开全国教育工作大会，在向中央有关领导同志汇报大会筹备情况时，某位中央领导人提出大学要扩大招生规模。由于当时大学的招生录取工作已经开始，所以教育部提出是否可以暂缓到第二年，以便做更好的准备，但是他的态度很坚决，要求在当年再招一次。教育部提出当年的教育经费已经下拨了，扩招后的经费怎么解决？这位领导人说，家长自己掏腰包，学生自己缴费。

他的态度为什么这么坚决呢？因为当时全国正面临经济紧缩，群众消费水平下降，他想借大学扩招来解决面临的经济紧缩问题，让学生家长把钱都拿出来拉动消费，促进经济的发展。因此，他的决定实质上是从经济出发，而不是从教育出发的。但是，这一决定之后，高等学校的扩招便一发而不可收。紧接着2000年之后，很多高校都大规模招生，盲目的大规模招生因此有了政策依据，于是大学在校生的规模一年比一年大。大学的领导人也愿意这样做，因为扩招可以增加学校的收入。实际上，这是把学生看成"摇钱树"，这就使教育走上了真正产业化的道路。学生规模不断扩大很快就带来了一连串的问题，以致最近 10 年把大学的风气也带坏了，大家都向"钱"看。

大学扩招和大学合并，特别是扩招，必然带来一连串不好的结果。

首先，高等学校的扩招直接或间接地导致了高等教育人才培养质量下降。

事实上，当时绝大多数高等学校尚不具备相应的培养能力，随着学生数量的迅速膨胀，学校的教室、实验室、图书馆、计算机房等基础教学设施实际上无法满足正常的教学需要，整个大学校园变得拥挤不堪，人满为患。我认为，大学特别是高水平的大学规模，以本科生和研究生的总规模 2 万人左右为宜。而现在的规模使得我们的教师队伍逐渐出现不足，很多专业的小班教学已不再可能，实验课被逐渐削减，教学质量受到严重挑战。

随着高校连年扩大招生，研究生的招生数量也急剧攀升，学校的培养条件无法满足规模发展的需要。从研究生的培养目标和过程来讲，导师的作用无疑是不可替代的，他们要对学生的治学态度、道德修养、实践能力，以及学位论文的开题、答辩等整个培养过程负有主要责任。自扩招以来，原来一个导师指导几个博士、硕士生的情况已不复存在，取而代之的是十几个甚至几十个学生跟随一位导师。

其次，大学的盲目扩招使得大学生就业困难。

自 1999 年高校开始扩招以来，大学生就业问题日趋严峻，大学毕业生初次就业率日趋下降，供需矛盾不断加大，就业形势不容乐观，受到了社会各界的普遍关注。"十五"期间，全国普通高校毕业生累计 1090 万人，年均增幅 27%，面临着社会就业形势严峻和扩招带来毕业生人数激增的双重挑战。大学生就业压力前所未有，而且越来越成为困扰学生、家长、学校、社会的一道难题。人事部的一组调查数据显示：2005 年全国高校毕业生 338 万，2006 年达到 413 万，比前一年增加了 75 万，增长率为 22%，而全国对高校毕业生的需求预计约为 166.5 万人，比 2005 年实际就业减少 22%。这意味着将有六成应届毕业生面临岗位缺口。而 2007 年，全国高校毕业生更是接近 500 万人，这无疑预示着高校毕业生就业压力日趋严峻。

很明显，高校扩招的指导思想和决策并非是理性的。随之而来的更为严重的后果是，高等教育领域的改革没有跟上扩招的步伐，仍旧带有浓重的计划体制的色彩，不能有效地调整教育体制和专业结构，不能加强对学生的能力培养，在很大程度上造成了大学生的结构性过剩。对劳动力市场快速反应能力的欠缺，导致高等学校的人才培养结构与社会人才需求结构不相适应。上海市一位从事大学生就业工作的人士认为："高校招生规模的急剧膨胀，打乱了既有的金字塔形的人才需求结构。由此带来的后果是：一方面，在社会还无法提供足够的合适岗位的条件下，大量大学毕业生的涌入，势必造成人才暂时的相对的过剩；另一方面，高校扩招，把许多原本作为技术工人培养的学生纳入普通高等教育的培养范围，从而导致技术工人的短缺。"①

正因为大学合并特别是扩招带来了这些严重后果，现在开始受到历史的惩罚。到目前为止，学校的扩招和合并已经致使那些合并高校负债累累，入不敷出。

2007年初，一则"吉林大学关于召开征集解决学校财务困难建议座谈会的通知"的消息被各路媒体争相报道。通知中坦言："学校规模大，各方面的资金需求也非常大，增收节支的成效很难体现，学校资金入不敷出的情况日趋严峻。"②此前，关于大学负债运行的报道虽然时常见诸报端，但并未引起如此广泛的关注。据国家审计署发布的2006年第1号审计公告，包括吉林大学在内的18所高校，至2003年末债务总额为72.75亿元，其中基本建设形成的债务占82％。事实上，吉林大学的这些贷款较为密集地发生在2000—2004年，正与高校大扩招、大合并的步伐相一致。在财政拨款增长相对有限而自筹收入又不能满足发展要求的情况下，举债办学便成为高校加速发展的必然选择。高校举债办学，虽然在一定程度上改善了学校的基本办学条件，但由此所带来的巨额债务压力和教育经费紧缺的问题也日益突出。

国家审计署官员在接受记者采访时指出，2007年各个大学城的财务审计已经完成，在这两年的审计中发现，由于不断扩招，不少高校都进行了巨额贷款，并因此负债累累。一般高校的贷款都在4亿~8亿元，一些规模大的院校更是高达10亿元以上。其原因就在于国家近年停止给高校增加拨款，着重于补贴基础教育，而各个高校又在不断扩招，因此，高校都想方设法自己捞钱并加大贷款额度。国家将从2007年起开始控制高校扩招，着重于提高高校办学质量。③而与此同时，令高校不能不警醒的是，随着国家扩招步伐的放缓和未来适龄大学生数目将有所下降，今后若干年内，大学城还可能面临闲置的危机，造成巨大的资源浪费。

为了解决这些问题，现在可以说中央政府简直是手忙脚乱：忙于解决大学毕业生的就业问题，忙于解决提高高等教育的质量的问题，忙于解决高校的还贷和利息问题。例如，为了解决部分高校负债太多，已经完全丧失了偿还能力

---

①　丁锡国等：《"精英教育"转向大众化教育　解大学生失业之惑》，《新华每日电讯》2006年10月18日。

②　徐笛：《吉林大学自曝欠巨款入不敷出》，《北京青年报》2007年3月23日。

③　夏令、薛冰、朱小勇：《国家审计署称今年起控制高校招生》，《信息时报》2007年3月9日。

的问题,中央政府不得不变相增加教育经费。总之,如果高等教育的发展违背了科学发展观,则必然会受到历史的惩罚,这是不以人的意志为转移的。

二、大学主要领导人应当具备的基本素质

今后,为了把大学办好,首要的问题是中央政府必须下达正确的政策。毫无疑问,大学要办好,要有好的学校领导班子、好的校长、好的党委书记。关于如何做好一个好的学校领导,这方面的文章可以说是连篇累牍,我就不打算在这里多说了。根据我在学校领导岗位几十年的体会,觉得做一个好的校领导需要注意以下几点。

第一,要具备一定的业务知识和学术水平。所谓具备一定的业务知识,就是说作为学校主要领导人,要对所在学校各个学科专业的基本知识以及这些学科专业之间的关系要有所了解,否则,作为学校领导就难以与这些学科的教师进行沟通,也缺乏学科发展的敏锐意识。这样的校领导在学校就不会有威信,学校的领导就不会得到师生的大力支持。而具备一定的学术水平是指作为学校主要领导人,应当在至少一个学科领域有较强的研究能力,掌握学科的最新发展动态,对学科发展有自己的独到见解。当然,对于大学主要领导提出要具备一定的业务知识和学术水平,并不是要求他们都是某个学科的顶尖专家,所以并不是说只要是院士就一定可以当好校长。就有这样的院士,他们在自己学科领域的研究中做出了杰出的贡献,但是却当不好校长。如果让他们治理一所大学,不仅会有害于大学的发展,而且也荒废了这些院士的业务,实际上也造成了对这些学科的科研工作的损失。

反过来说,如果已经做了学校领导,也可以在工作中边学习边提高,对于那些自己还不懂的事情可以通过工作来学习和提高。一个人不是天生就会当校长、当书记,只要肯学习、不骄傲,他就会在这些岗位上做出卓越的成就来。近代以来的许多著名的大学校长,也不是一走上校长这个岗位就可以达到得心应手的水平,但是他们之所以能够成为著名的校长,有一个共同的特点,那就是虚心学习。能够做到这一点,成为著名的大学校长就已经成功了一半。

第二,要具备正确的观念和正确追求。我在做华中工学院院长时,经历了新中国历史上政治形势变化多端的时期。"文革"之前全国学习苏联,苏联怎么办,我们就怎么办,高等学校的办学完全是苏联模式,大学主要领导人没有自己的理念和追求,或者是有想法但缺乏将想法付诸实践行动的条件。"文革"之后,政治形势发生了变化,需要我们探索高等学校的办学模式。这就要求大学的主要领导应具备正确的理念,要有自己的办学追求。我们学校是在

1952 年院系调整之后建立的，建校初期是一所多科性的工学院。在"文革"后期和"文革"之后，我经过反复考虑，感到必须把我们学校办成综合性、研究型大学。

"文革"之后，教育部派我率领一个代表团到美国、加拿大和日本去考察，历经两个半月。我们看了许多高水平大学或较高水平的大学。我获得一个总体印象：那些高水平大学都是综合性的，而且在这些大学里实行"教学"与"研究"两个中心，在这方面，美国最为突出。美国的高水平大学几乎都是综合性和研究型大学，如哈佛大学、哥伦比亚大学，等等。这些学校非常重视教师的科研工作。由于有了科研，学校的教学质量不断提高，培养了大量的高水平的学者，快速促进了美国的科技发展。

为了把我们学校办成综合性、研究型大学，我提出了要加强教师科研工作的要求，要把科研放在学校工作的突出地位，并采取有效措施，鼓励和帮助教师参加科研工作。1978 年全国科学大会上，我应邀在大会上做了书面发言，发言的题目就是《科学研究要走在教学的前面》，到目前为止，还没有人说这个提法不对。因为科学研究是源，教学则是流。没有科学研究，大学的教学就成了无源之水，就失去了活力，就没有了新鲜的教学内容，也就无法提高教学质量。所有这些设想和措施就形成了我的办学理念和追求，正是在这样的理念和追求的驱使下，我率领华中工学院逐步由一个名不见经传的单一学科大学转变成一所综合性大学，进而发展为今天的在国内有一定影响的研究型大学。

第三，提倡学术自由。大学的主要领导一定要执行学术自由的政策，千万不能扼杀学术自由。特别是在人文社科方面，由于意识形态往往对学术自由有很大的干扰，所以必须更加坚决实施学术自由的办学方针，杜绝学术问题政治化和行政化。

1980 年前后，我们学校造船系有一位青年教师发表了一篇文章，当时在系里有一位 50 多岁的教授认为这位青年教师的见解不对，于是他采取写告状信的办法到处告状，其中有一封信被转到了当时分管科学的副总理那里。该副总理在信上批签意见，要求教育部一定要解决这个问题。于是教育部准备组织一个专家小组来学校，试图采用批判的办法来裁决这个问题，而不是采用学术自由式的研讨办法来解决这个问题。当时我校科研处的一位干部借调到教育部科技司工作，得知这个消息之后打电话告诉了我。接到这个电话以后，我觉得这个做法不对，于是给教育部科技司发了一个电报，说这是一个学术问题，有不同意见是正常现象，建议教育部科技司给那位教授写一封信，希望他在有关报刊上发表文章对那位青年教师的观点开展讨论，而派调查组用裁判员式的批判的办法来解决这个问题不妥。教育部采纳了我的意见，自此，这位教授再也没有写告状信了。如何维护学术自由,这是一个很典型的例子。学术问题只能用讨论和研究的办法来解决,真理越辩越清晰,千万不能采取裁判员来裁判的办法,也不能用投票的办法来解决学术问题。

中国著名历史学家、原华中师范大学校长章开沅教授对于学术自由有很好的见解。1990年前后,他经常对教师们说:学术自由问题是个很重要的问题,没有学术自由,只能培养庸才,培养不了具有高度创造力的人才。人们常说要培养创造性思维,如何培养创造性思维?如何给创造性思维以良好的环境?这就需要学术自由,不能堵塞创造性思维的空间。他还说:"在学术自由上,政治责任,我负责;学术水平,你们负责"。总之,在大学应该是校长有自己的追求,学校有自己的追求,教师有自己的追求,学生有自己的追求。

第四,要有一定的行政管理能力,书呆子不行。大学是一个复杂的学术组织机构,其中成员大都是社会精英,因此,对于大学校长的管理水平就有更高的要求,这就是要有较强的行政管理能力。光有学问不会管理也不能当校长,不能当书记。同时,无论是大学校长还是党委书记,都要懂得高等学校的管理艺术。既要学术自由、民主管理,也要严格要求、适当集中。现在的大学中有一个不好的倾向,把大学当成行政机关,在实际管理中学校少数主要领导人集权、独断,民主气氛不够,职能部门官僚气十足,教师戏称为"衙门"。这些现象对于大学的学科建设、学术发展、人才培养产生了消极作用,不利于大学的进步和发展。

第五,取消校长任期制。校长不是行政干部,而是学术领导,是学者的带头人。因此,只要身体健康状况允许,不应当有年龄和任职年限的限制,70岁的人做学校主要领导也未尝不可。这些是我在实际工作中的一些体会。纵观国内外著名大学的发展过程,几乎这些著名大学在其成长过程中都与一些著名的校长的名字是紧密联系在一起的,而这些校长又都有一个较长的任期。表1的数据也许可以说明,不固定的大学校长任期对于大学的发展是必需的。

表1　世界著名大学校长任期一览表

学 校 名 称	创始时间	任期最长校长姓名	最长任期/年	该校校长平均任期/年
哥伦比亚大学	1754	Nicholas Murray Butler	43	13.2
麻省理工学院	1861	Karl Taylor Compton	18	9.5
耶鲁大学	1701	Jeremiah Day	29	13.7
哈佛大学	1636	Charles William Eliot	40	13.6
斯坦福大学	1891	Wilbur	27	11.3

续表

学 校 名 称	创始时间	任期最长校长姓名	最长任期/年	该校校长 平均任期/年
约翰·霍普金斯大学	1876	D. C. Gillman	26	9.8
波士顿大学	1839	William Fairfield Warren	30	16.4
西北大学	1851	Henry Wade Rogers	49	15.4
普林斯顿大学	1746	John Witherspoon	26	13.6
康涅狄格大学	1881	Albert N. Jorgensen	27	9.5
休斯敦大学	1927	Edison E. Oberholtzer	23	7
早稻田大学	1882	大隈重信	15	8.1
牛津大学	1167	Elyas de Daneis	40	2.8

三、教师队伍中要有大师级教授

要办好大学，必须根据教授治校的指导思想，依靠大师级教授组织教学和科研。没有一流的学者以及他们之间的紧密协作，要想办好大学是不可能的。为了建设大师级教师队伍，作为学校主要领导应当从以下几个方面着手。

第一，引进人才。"文革"后期，特别是"文革"之后，我在学校引进了600多人，把一些"牛鬼蛇神"都引进来了，结果证明，他们中没有一个是"草包"，没有一个有严重的政治问题。后来的事实证明，他们中好的和比较好的占多数，少数是一般的，没有一个是不行的。高水平的大约占 2/5，比较高水平的占3/5。我们也曾引进过大师级人才，但是这位教师后来离开了学校。这位年轻教师是安徽天长人，名字叫陈应天，毕业于中国科技大学，在学校学习期间，学习成绩十分优秀，尤其是在物理学方面表现出特别的天赋，中国科技大学的一位从事物理学研究的副校长十分器重他。在"文革"当中，他从中国科技大学毕业以后被分配到山东聊城的一个机械厂，业务并不对口，工作不开心。我们得知这个情况后，立即指派人事处前往山东商调此人，调动手续很顺利。这位青年到校后不久，亲自找到我，希望能够给他一次出国进修的机会。我答应了他的要求，派他去英国剑桥大学著名的卡文迪许实验室攻读博士学位。在学习期间，导师库克教授交给他关于"引力"的课题，他不负所望，只用了一年多的时间，自己设计实验器材和设备，解决了物理学中 100 多年未能解决的难题，并由此获得了博士学位。回国时，征得库克教授的同意，将他在卡文迪许实验室工作时自己设计的那套实验设备全部带回到学校。后来他离开学校到美国加州理工学院去工作，解决了激光领域的一个重要难题。

第二,立足学校,自主培养。要培养高水平教师,办法其实很多,一个办法就是送出去,到国外高水平大学去培养。但是从长远的观点看,还是要立足学校,自主培养。自主培养的方法也是多种多样的。如采取措施,为教师提供科研工作的机会,使他们在科研实际工作中得到锻炼;敢于"啃硬骨头",在攻关中获得项目单位的信任,为教师提供更多的科研机会;举办新专业,在专业建设中锻炼和培养高水平教师。这里以我校举办新专业为例来说明自主培养高水平教师的过程。

我们举办了许多新专业,如激光专业、生物力学专业、系统工程专业。激光是在 20 世纪 60 年代发现的,在这十几年后我校就开始办这个专业。生物力学、系统工程也大致如此,我们的教师都经历了从不懂到懂的过程,在举办这些新专业的过程中,一大批教师得到了锻炼和提高,许多教师成为该领域的知名教授,从而提高了教师的水平。

在举办新专业的过程中,我们是按照对象的不同采取不同的办法。如我们举办激光专业时,头两年不招本科生,也不招研究生。经过两年的艰苦研究,把问题弄清楚了,我们才开始招本科生。对于生物力学专业,我们采取请人来讲学的办法。我们邀请了一位华裔的美国教授来学校讲了两个月,与北京的中国科学院理论物理研究所联合办杂志,请那里的专家来讲学,这些专家水平很高。系统工程专业完全是依靠我们自己创办的,因为当时请不到外面的人来讲学,于是我们要教师们到图书馆查阅资料,学习研究,就这样慢慢地把这个专业办起来了。

第三,创办学术刊物。学术刊物是学术成果的集中体现形式之一,通过办刊物可以团结一大批国内外的学者。更为重要的是,通过办学术刊物,可以促进学术交流,了解学科的发展前沿,快速提高我校教师的科研水平。当时,学校办了 9 种刊物,主要是数学与物理学方面的刊物。通过这些刊物,我们的教师有了表达自己学术思想、展示成果的机会。很多教师因此提高了自己的学术水平,逐步成为在国内外有一定影响的人才。

九十忆往
——在九十岁生日祝贺会上的讲话*

    同志们,今天非常高兴来参加这个会。首先要感谢武汉校友会举办这个会,其次,要向楚天激光集团公司表示感谢!另外,要感谢香港校友会专门来了四位校友,向你们表示感谢!另外,我的家乡扬州校友会也来了校友,向你表示感谢!向全体到会的同志们表示深深的感谢!

    刚才几位同志讲了对我赞扬的话,实在不敢当。不错,我的确做了我应该做的事情,我以高度的责任心,把我应该做的事情尽最大的可能做好。"文革"之后,当时的思想状况,特别是处于领导地位的同志们的思想状况怎样呢?怕!心有余悸!那个时候,在教育部开会,碰到兄弟学校的负责人,我们都说了一句非常感慨的话:劫后重逢!这句话非常感慨啊!毛泽东曾经公开讲过:"文化大革命"七八年再来一次。因此,更加心有余悸,怕这怕那,东张西望,不敢迈步子。我怕不怕?我也怕,说不怕那是假话。但是,老怕也不行啊!责任在身,除非我辞职不干,但是那个时候没有辞职的规定,不能够提出辞职。考虑的结果还是干,以后的问题以后再说,现在就是要把工作干好。

    但是,除去我自己应该尽我的责任尽量把学校的事情办好之外,还有另外三个情况,我必须今天在这里讲。一个情况,那时候全校的同志们精神状态都很好,都希望把学校办好,因此,我提出一些改革的措施,都能实行。所谓改革的措施,刚才同志们已经讲到了。2002 年校庆以前,我写了一篇文章,题目是《"文革"后中国第一所实行改革的大学》,有好几千字,稍微长一点。我自己也考虑了,用这句话做标题,会不会引起议论,说朱九思好不谦虚,自己说自己工作的学校是全国"文革"之后第一所实行改革的大学。我反复考虑,这是事实,

---

    * 本文写作于 2006 年 2 月 15 日。

全国高等教育界所公认,我就是用的这个标题。开始,是在我们学校的校友刊物《校友之窗》上发表。在五十周年的时候,校刊的特刊把这篇文章放在第一版,因此全校的同志们都看到了。同时又在《高等教育研究》上发表,外界也看到了。作为第一所实行改革的大学,改什么呢?突破苏联模式。新中国成立之后,我们国家各个方面都学习苏联,教育也不例外。高等学校实行大规模的全国性的院系调整,"文革"后对此很有争议。有人说好,有人说还可以,有人说不大好,还有人意见更大,说当时院系调整是"乔太守乱点鸳鸯谱",这句话特别尖锐,当然这是个别同志。现在大家都避而不谈,我也赞成不谈,这是历史。当时,我们国家是那样一个处境,你说不学习苏联,不依靠苏联怎么办?所以,我们分析问题,回过头来看,不能离开当时的历史。不过,我个人感觉到,高等学校的院系调整,一方面有一定的必要性。当时全国共有205所高等学校,私立大学有70多所,办得好的只占很少数,中等的有一部分,还有一些确实办得不大好,所以私立大学当时调整是必要的。教会大学有21所,也全部调整了,现在来看,有点绝对了。这21所教会大学,应该实事求是地承认,办得还比较好。应该怎么办呢?从教会办改成国家办,这样改革多好!即使当中某些学科要砍掉,那是个别问题,当时的确做得有点绝对化。另外,所有的国立综合性大学,如北大、清华,一直到我们武汉的武汉大学,全国大概有15所左右,结果只把文和理留下来,其他的学科全部调整了,也有点绝对化。在世界高等教育历史上,洪堡1810年在德国创办柏林大学,具有划时代的意义,影响到西欧各国高等学校。美国的约翰·霍普金斯大学创办于1876年,第一任校长吉尔曼是从德国留学回去的,基本上按德国的一套办,在美国也影响到其他学校。蔡元培是在德国留过学的,1917年出任北京大学校长。当时北京大学总的情况不大好,是一所比较腐败的大学。总的方面,他改革得很好,但是学科方面,当时北大除去文和理之外,其他的也有一些。可蔡元培只把文和理留下来,其他的都调出去了。为什么这么做?他也是学德国的做法。作为"文革"后全国第一所实行改革的大学,改革什么呢?我就觉得院系调整时有一些事情做绝对了,或者说有些片面性,特别是新中国成立后。到了20世纪下半叶,世界科学技术发展那么快,学科的交叉那么多,把学校的学科搞得那么单纯,对高等学校的发展提高非常不利,所以综合大学的优点就是在这个地方,多学科。我们学校要搞好,今后要发展得更好,怎么办呢?单纯的工科,可以办下去,但是要办好,必须突破苏联模式,把一个工科大学逐渐改革成为综合性大学。1979年3月,教育部派我到美国、加拿大和日本去考察高等教育,访问了几十所高水平大学,了解到这些学校90%以上都是综合性的,而且都是从最初学科很少而发展起来的。尽管现在我们的文和理由于办得比较晚,弱一点，这没有什么奇怪，总有一个发展的过程。希望现在的领导和今后的领导，能够在文和理方面加强师资的力量，情况就会进一步变好。所以当时，从工作来说，集中起来我感觉到最主要的是做了一件事情，就是改革，我们学校于是成了"文革"后全国第一所实行改革的大学。据我所知，这篇文章发表之后，在我们高校的同行当中，我还没听到什么议论，因为这是事实，这是历史的事实，我一点也没有夸张，一点没有自我吹嘘。但是，我认为我这样做是应该的，我既然在这个地方负这个责任，我就应该想方法把这个大学进一步办好，这是我应该尽的责任，是我应该做的。

继续谈这三个情况，第一个情况，刚才讲了，事情是大家干的。当时学校实行改革，大家都有这个愿望，要把学校进一步办好，所以当时广大教职工的精神状态起了变化，从"文革"之后不同程度的心有余悸、逍遥派的味道，以及少得罪人等思想逐渐改变过来了。我只有一个人，没有大家的行动怎么行呢？这是一个情况。

第二个情况，1969年，全国驻校军宣队、工宣队到学校来，我们学校的军代表一把手刘崑山，是当时武汉空军司令部来的，非常好。在那种情况下，他掌握政策很稳，很不容易！"文化大革命""左"得厉害，但是刘崑山很稳。不能说一点缺点没有，但总的来说很好。他进来之后，除去掌握全校的所谓"斗批改"之外，他着重了解我的情况，到底朱九思是个什么人？是不是个"走资派"？是不是还有什么其他的问题？了解之后，朱九思没有问题。他们是1969年来的，我是1970年6月第一个"解放"的，把我"解放"了，我就可以开始做点工作，所以刘崑山是非常了不起的。在"文化大革命"当中，我们学校受的损失很小很小，刘崑山是有很大功劳的。他离开学校之后，我们两个人之间的个人关系非常好，在那种情况下建立了深厚的革命友谊，每年春节之前，我必须到他家里去看他一次。今年春节之前，打电话家里没人接，我去了，门锁着，我就想办法问到他住在陆军总医院，我于是去陆军总医院看他。刘崑山就是这样一个很好的军代表，他是有功劳的，我们学校的校史上，凡是与他有关的我都写上了，希望以后永远记住这个人。

第三个情况，当时具有一定的自主权。"文化大革命"当中，教育部已不存在，省里面教育厅也不存在，上面经费照给，但是没有人管，这就有了自主权。1971年全国教育工作会议期间，四机部要我们办几个新专业，一机部也要我们办两三个新专业。我和军代表赵旭去参加会议，由我负责。我们两个人的思想都是这样，来者不拒，共计带回来十个专业，向刘崑山汇报。只有一个专业，刘崑山说暂时不要考虑，就是雷达专业。他说雷达完全是军用品，设备都是军队管着，你办这个专业没有设备怎么行啊。除去雷达专业，其他的专业他全部同意。当时不要经过谁批准,学校自己就定了。我提出了引进人才,"文化大革命"后期就已开始,更进一步的引进人才是在"文化大革命"结束之后,刘崑山完全同意。所以,刘崑山在我们学校这段特殊的历史时期有很大很大的功劳,我们永远不能忘记,他今年 84 岁,很好的一位老同志。"文化大革命"结束之后,虽然教育部恢复了,教育厅也恢复了,但是还处于过渡状态,对学校管得不多,原来的机构散了,重新建立有个过程。因此,那个时候军代表走了,我负责,又担任原来的职务。当时有一定的自主权,这就可以进一步引进人才,要办的新专业进一步办。要走向综合化,要办文科和理科,教育部这道关是不大好过的。但是,我采取的办法是跟教育部磨,终于磨通了,办了文科和理科。美国著名华裔大学校长田长霖,他曾经在西北工业大学讲话,说朱九思行,他敢于和教育部顶。这是传话的人传错了,我从来没跟教育部顶过,相反,在协商过程中我尽说好话。

就这么三个情况。没有这三个情况,怎么能够把事情办好呢?第一个是大家积极性起来了;第二个,军代表一把手刘崑山很好;第三个,有一定的自主权。附带讲一句,自主权是把双刃剑,用得好,就会对工作非常有利,假如有了自主权乱干,对不起,事情就要办坏。所以自主权是一把双刃剑,小心一点,不要乱用。

同志们说了赞扬的话,我不得不把经过的情况告诉大家。赞扬的话,我表示感谢,但是,事情不是靠我一个人,而且我是应该这么干的,这是我的责任。更重要的是后面讲的三点,没有后面三个情况,也是一事无成。最后,我再一次向这次到会的同志们,特别是香港校友会的四位,扬州校友会的一位,我们武汉校友会与本地各方面的同志,我们学校与武昌分校、文华学院的同志,还有我的亲属、我曾经指导过的博士生们都来了,我向你们表示深深的感谢!谢谢!

要千方百计把教育问题解决好[*]

　　我们教育事业当前面临的问题很多,集中起来,主要是两大问题:第一,从宏观方面看,如何将教育的战略地位落到实处? 第二,从微观方面看,在当前情况下,学校怎么办?

一、如何将教育的战略地位落到实处

　　1982 年,党的十二大将教育列为经济发展战略的重点之一;1985 年,中央做出关于教育体制改革的决定;1986 年,国家颁布了《义务教育法》;1987 年,党的十三大进一步将教育摆到突出的战略位置。尽管如此,教育依然落后。邓小平同志 1988 年 9 月 12 日指出:"从长远看,要注意教育和科学技术。否则,我们已经耽误了二十年,影响了发展,还要再耽误二十年,后果不堪设想。"因此,必须将教育的战略地位落到实处,既要解决认识问题,又要解决实际问题。

　　(一)教育必须先行

　　在过去很长历史时期中,教育的发展一般是在经济增长之后发展的。现在,在人类历史上第一次发生这样的现象,现代化经济建设要求教育必须先行。这是由于两方面的原因,一是科学技术现在发展很快,新技术革命已经到来,从实验室获得成果到正式投入生产,周期越来越短;另一方面,是由教育本身的特点决定的,教育的特点之一是它的未来性,周期比较长,是面向未来的事业。

---

　　* 本文是作者 1989 年 3 月 27 日在江汉石油学院的演讲。原载《高等教育研究》1990 年第 2 期。

请看,一个是周期越来越短,一个是周期比较长,因此,教育必须适当超前于经济的发展。

但是,从我国当前的情况看,问题异常突出。据1982年全国人口普查统计资料的测算,25岁以上人口的平均受教育程度还不到5年,平均只有小学五年级的文化程度,落后于韩国(7.5年),当然更落后于苏联(9年)、日本(11年)和美国(12.5年)。其中达到初中以上文化程度的只占21.8%,落后于韩国(44.7%)和菲律宾(28.3%)。再以25岁以上人口中的大学文化程度的比例来看,我国只有1%,比韩国(8.9%)、埃及(3.9%)、墨西哥(2.6%)都低得多,甚至低于印度和泰国(均为1.1%)。特别是我国文盲、半文盲的比率比韩国、泰国、巴西、菲律宾都高。

另据全国职工教育管理委员会的统计,在我国最发达的经济部门——工业系统职工中,大学文化程度仅占1.6%,高中文化程度占20.4%,初中和小学文化程度的有70%,还有8%是基本不识字的文盲。这种状况与经济发展的要求是极不适应的。

关于生产力标准,党的十三大提出以后,人们谈论很多。要掌握生产力标准,首先就得弄清楚什么是生产力。生产力就是人们改造自然的能力,包括三个要素:①劳动者;②生产工具;③劳动对象(也有人认为不包括劳动对象)。其中,劳动者是首要的最为活跃的因素,因为只有劳动者才能制造和改进生产工具,掌握和使用劳动资料。列宁曾经说过:"全人类的首要的生产力就是工人,劳动者。"因此,劳动者的素质对于发展生产的能力关系极大。而现在当人们谈到生产力标准的时候,似乎对这个最为重要的因素注意不够,甚至有所忽视,口头上讲生产力标准,实际上对生产力的含义不大了解。

特别是我国人口众多,资源相对不足,资金严重短缺,在这种情况下,依靠什么发展生产力?依靠什么实现社会主义现代化?党的十三大已经明确提出,必须把经济建设转到依靠科技进步和提高劳动者素质的轨道上来。这个方针是在实行党和国家工作重点的伟大转移之后,我们党在经济建设指导思想上的一个重大发展,是在总结我国社会主义建设的历史经验和借鉴世界各国发展经验的基础上得出的科学结论。

众所周知,日本之所以发展很快,重视教育是一个十分重要的原因。曾经担任过日本首相的吉田茂,1967年为《大英百科全书》写了一篇《激荡的百年史——我们的果断措施和奇迹般的转变》。吉田茂是一位资产阶级政治家,是从事政治活动的,并不是专门从事教育的,但他在这篇长文中,一再谈到教育对日本明治维新以后奇迹般的发展所起的重大作用。举两个例子:

(1)明治维新以后的第五年,1872年就正式规定学制,实行六年义务教育制。所谓义务教育,就是强迫教育。电视剧《阿信》里就有这样的情节,那时被雇用当小保姆的阿信,也得背起小娃娃去上学,否则,会严厉处罚她的雇主。因此,吉田茂在他的文章中说:"国民教育迅速普及,到了明治末年(1912年),就学率就已超过95%。直到今天,人们到乡村旅行时仍可以看到小学校的校舍大多是村中最好的建筑物,这也表明日本人对教育的尊重。"

(2)1945年日本战败,除京都和奈良以外,几乎所有的主要城市都因遭到轰炸而成为一片废墟,困难大极了。但就在这种情况下,在美国占领军的督促之下,1946年11月,颁布了九年义务教育法;正因为非常困难,又规定为小学生免费提供一顿午餐,以保证小孩子的营养。

这仅仅是许多事例中的两个例证。所以吉田茂说:"为了实现近代化而如此重视教育事业,这是日本近代化的一大特点。"在文中另一处,他又说:"教育在现代化中发挥了主要作用,这大概可以说是日本现代化的最大特点。正是由于教育制度的优越,明治时代的日本人才能学到西方的新技术,而且教育给予人们的锻炼,使日本人能够应付他们所遇到的危机。同样,高超的教育程度成了战后复兴的巨大力量。日本人由于战争而损失了许多财产,可是最为重要的能力——人的能力却没有丧失。"

特别值得注意的是,吉田茂还说了这样几句话:"日本拥有大量的人口,只要他们是优秀的劳动力,人口多也没有问题。作为经济单位来说,1亿人口反而是极其合适的。"

我们现在的基本国情是人口多,底子薄。看了吉田茂的这些话以后,我估算了一下,日本的面积是37.78万平方公里,我们的面积是960万平方公里,相当于日本面积的25倍多。除去沙漠、戈壁以及青藏高原(这些多算一点,占整个面积的一半),我们还有相当于日本13倍并与其气候条件差不多的国土,只要11亿乃至12亿的人口素质提高了,我们还是可以把我国建设得很好。就是那些戈壁、沙漠和高原地带,地下也还蕴藏着很多宝贵的资源。

当前,世界上不少国家都在新的形势下进一步重视教育。例如,与我们同样处于发展中国家地位的印度,总理拉吉夫·甘地最近在讨论21世纪教育的一次会议上致词说,教育是印度摆脱不发达状态的关键,全国都要把教师看成是建立一个繁荣印度的奠基者。

尤其值得注意的是发达国家,它们的教育事业一般都很有基础,但现在仍纷纷采取新的措施,加强教育。

日本前首相中曾根上台以后,1984年8月建立由他直接领导的临时教育审议会,由25名委员组成。从1985年到1987年,先后提出4次咨询报告,最后归纳教育改革的3个基本指导思想,即重视个性,向终身学习体系过渡,适应国际化和信息化的变化。

美国总统乔治·布什于 1989 年 1 月 18 日会见全美教师代表时,公开宣布他要当一位"教育总统",并说:"教育是提高我们民族竞争力的关键,是增强我国人民精神的关键。"同年 3 月 16 日在休斯敦的一次涉及美国 21 世纪战略的讲话中,他反驳有人指责他要当"教育总统"是"注意次要问题"时说:"不要错误地认为在我们国家的日程表上,教育是个次要的问题。""在经济和教育方面投资",是"对付 21 世纪国内外面临的挑战"。布什是从战略高度来考虑和对待教育问题的。

法国政府为了使其国力能够应付未来世界的挑战,总统密特朗把教育作为他第二任期的优先问题来抓。总理罗卡尔给予教育部长若斯潘以超过财长和外长权限的重要地位。今年 1 月若斯潘拿出了今后 10 年教改方针法草案,他说,法国今后的国力、竞争力取决于学校的水平,学校应树立培养明天人才的目标。

总之,教育先行可以说已是当代社会发展的一条带有规律性的重要趋势,不能等经济发展了再来发展教育。特别是在我国温饱问题已基本解决的情况下,教育更应优先发展。通过提高人的素质,把沉重的人口负担转化为智力资源的优势,推动经济发展和社会进步,这是我国实现四个现代化的一条必由之路。

(二)教育经费必须增加

办教育,办科学,是每个现代国家的责任。对于社会主义国家来说,更是无可旁贷的责任。至于在国家财政拨款和教育税以外的多渠道筹集资金,那是不稳定的,也是不平衡的,为数也有限,只能起一点锦上添花的辅助作用。

世界上发达国家(人均国民生产总值 5000 美元以上的国家),教育投资平均水平约占国民生产总值的 5.8%。

世界上发展中国家以及与我国同等经济发展程度国家(人均国民生产总值将近 300 美元的国家),教育投资平均水平约占国民生产总值的 3.3%。

至于我国,根据《中国统计年鉴》公布的数字估算,我国 1980—1982 年间的教育投资水平,约占国民生产总值的 2.6%。不仅远远低于发达国家,而且也远远低于发展中国家以及与我国同等经济发展程度国家的平均水平。这种情况如不改进,很难缩小同其他发展中国家的差距,当然更谈不上 2050 年达到中等发达国家的水平,这是关系到国家命运的大问题。

至于有人说,不是不重视教育投资,而是由于财力有限,实在拿不出来。这种说法是站不住脚的。不是财力方面多与少的问题,而是财力的分配问题。

每个国家的财政收入好比是一个圆形蛋糕，有大有小，但不论大小，总可以按一定比例切开。现在的问题是在切开这块蛋糕时，也就是在国家分配财政经费时，要在逐年增长的基础上，保证教育经费占国民生产总值的比例，比发达国家的平均水平（5.8%）还要略高一点。这是可以做到的。因为我们是社会主义国家，又要赶上去，完全可以从国家与人民的根本利益出发，合理分配资金，这正是社会主义优越性的表现。所以不是做不到，关键在于要有正确的认识，要有观念的更新。

列宁在 1923 年 1 月曾经说过这样的话："使整个国家预算首先去满足初级国民教育的需要，这个工作我们还作得太少，少得简直不像话。"而 1923 年那时苏联经济是很困难的，财力十分有限。但即使如此，列宁仍然说："首先应当缩减的，不是教育人民委员部的开支，而是其他部门的开支，以便把缩减出来的款项，转作教育人民委员部的经费。"

我们现在的经济情况比 1923 年初的苏联要好得多，列宁上述关于国家预算分配的意见，更值得我们深思。

1988 年 9 月 12 日，邓小平同志也说："我们要千方百计，在别的地方忍耐一些，甚至于牺牲一点速度，把教育问题解决好。"

（三）教师的工资待遇和社会地位必须提高

大家都很清楚，当前的情况是教师的社会地位不高，工资待遇很低，脑体报酬倒挂，分配不公，这就首先挫伤了教师的积极性，同时又对大批青少年影响很深，多年来不愿受师范教育，又是产生新的读书无用论的主要原因。不仅学生厌学，而且相当一部分青年教师在不同程度上厌教。

因此，人们议论纷纷，要求在增加教育经费的同时，提高教师的工资待遇。有人已经建议，分步骤地提高教育系统的工资水平。随着教师工资待遇的提高，教师的社会地位也将随之而提高，这是不言而喻的。

还是列宁在 1923 年说得好："我们没有注意到或很少注意到提高人民教师地位的问题，而不提高人民教师的地位，就谈不上任何文化，既谈不上无产阶级文化，甚至也谈不上资产阶级文化。问题就在于我们直到今天还没有摆脱半亚洲式的不文明状态，如果我们不作重大的努力，是不能摆脱的，虽然我们有可能摆脱……"

列宁当时又说："应当把我国人民教师提高到从未有过的，在资产阶级社会里没有也不可能有的崇高的地位。这是用不着证明的真理。为此，就必须进行有步骤的、坚持不懈的工作，来提高他们的思想意识，使他们具有真正符合他们的崇高称号的各方面的修养，而最最重要的是提高他们的物质生活条件。"

在我国,也有人说过,要使教师成为令人羡慕的职业,这话说得很对。振兴民族的希望在教育,振兴教育的希望在教师。

二、在当前情况下,学校怎么办

准备谈 4 点意见。

(一)要有危机感和紧迫感

就高等教育来说,首先要承认,从整体来看,不是指哪个学校,这几年的教育质量在滑坡、在下降。对这个问题的看法不完全一致,我个人的看法是在滑坡,在下降。这不是随便讲的,1985 年、1986 年一直到 1987 年,从国家教委有关的司,一直到不少高等学校,都进行了调查,调查在校生的情况,特别是调查那几年毕业生的情况。学生到工作岗位以后,用人单位的意见就成为对我们工作的一个很好的检验。根据 1985 到 1987 这两三年的调查,事实说明教育质量在滑坡、在下降,而且现在还在继续下降。1985 年还没有出现厌学情绪,即使有也是个别的。现在可不是个别的,而且这种厌学情绪还在继续发展。有人不承认,这是一种鸵鸟式的表现,说得严重一点是不负责的态度。我们承认有危机,承认教育质量在滑坡、在下降,丝毫不是否定我们过去工作的成绩。工作成绩是一个客观的存在,谁也否定不了。我们承认教育质量在滑坡、在下降,承认有危机,正是实事求是的态度。也只有这样,才能引起我们高度的警惕,想办法做好工作。根据那两三年的调查,更不用说这两年,教育质量的下降大体表现在这样一些方面。

第一个表现是缺乏精神支柱,思想空虚,品德下降。这是一般地说,或者是就相当数量的学生来说,不是说没有好好学习的学生,好好学习的学生现在还是有的,大体上占 1/3 到 1/4。现在我们说动力说得比较多,不管是从事教育研究的,或是从事教育工作的,即使没有进行调研,总感觉现在有相当数量的学生在不同程度上表现出厌学,表现出动力相当不足,根本原因就在于缺乏精神支柱。年轻的一代现在是如此地缺乏精神支柱,如此地在不同程度上表现出思想空虚、品德下降,我们能不忧虑?他们是我们的未来呀!他们有多大责任?他们毕竟是青少年!

第二个表现是新的读书无用论空前泛滥。为什么叫新的读书无用论?因为在"文化大革命"当中有第一次读书无用论,那是来源于"文化大革命",叫做"知识越多越反动"。新的读书无用论是什么呢?是"知识越多越不值钱"。我们很熟悉,不需要多解释。我这里引用一所著名的重点大学数学系一个副教授的来信,最后有这么一段话:"读书无用论空前泛滥,大学院校快变成游乐园了,怎不令人忧心如焚? 每念及此,夜难成寐,我们这个民族还要经历多少苦难!"这是他的原话,多么沉重的心情!

第三个表现是不良倾向日益发展。第一个不良倾向是考试舞弊,这在全国不同程度上带有普遍性,这不单纯是一个业务问题,更重要的是一个思想品德问题。学生在学校由于考试舞弊而侥幸过了关,及格了,最后毕业了,这给他思想上种下了一个非常坏的根子,将来到工作岗位上去,也可以采取种种取巧的办法。除去考试舞弊,还有赌博、偷窃、打架斗殴等。

第四是毕业分配时的种种表现。我想石油学院情况是好的,来到这里目标就明确了,将来要到油田去工作。我主要是讲像我们这样的学校到毕业分配的时候,有不少学生不愿做艰苦的工作。

第五个表现是到工作岗位之后,据用人单位反映,表现好的大体上占 1/3 到 1/4,其他在不同程度上表现出这样那样的问题。其中最主要的就是主要精力不是用于工作,没有强烈的事业心和责任心,准备跳个槽,或者准备考研究生,想方设法出国等。

我说这些表现,丝毫没有想把责任推到学生身上,青年毕竟是青年。为什么产生这些现象? 我认为有两方面的原因,一个是大气候的影响,10 年来我们取得了伟大的成就,但是也存在种种问题,确实对我们影响很大,我们在学校工作的同志们感触很深。另一方面,也应该承认有我们学校本身的问题。这方面有种种情况,比如说,就有这样的学校,也是重点大学,领导上就说对学生不要管,"都大学生了,还管他干什么","如果要管,那就妨碍大学生的个性发展"。另外一种是不敢管,就怕出问题,不敢管。还有一种是不大会管,也就是不善于领导。

为什么要有紧迫感呢? 再拖下去,教育质量(全面的教育质量)还要继续下降,回过头来再加以扭转就非常费劲了。中国有句老话,"学如逆水行舟,不进则退",它用一个自然的现象来比方,这个比方是对的。实事求是地承认危机感和紧迫感,没有坏处,只有好处,就好像李鹏同志这次在全国人民代表大会上做了许多自我批评,是不是我们国家就要垮台了? 恰恰相反,是为了把我们国家搞得更好。

(二)创造一个优良的育人小环境

大环境,如分配不公,看来一两天还解决不了。正因为这样,我们在学校工作的同志就要下决心,尽一切可能,创造一个优良的育人小环境。为什么呢? 因为需要,我们是培养人的,要把大学生、研究生培养好,使他们在思想品德方面打好基础,另外也学到一定的业务技能,为国家的社会主义建设服务。也许有人会说,需要是需要,有没有可能?问题就在这儿。这就有两种不同的态度。一种是想尽一切办法把小环境治理好,使学生能够成长得更好,这种态度当然是对的。但是,也确实存在另外一种态度,认为这个要求是对的,可惜现在办不到,不可能,不管这个意见是否有人公开说,实际上是存在的。还是说点具体例子吧。南京航空学院我去过两次,由于不是一个系统,我以前毫无了解,去年在那里住了两次,就感觉他们学校的气氛很不错。讲件很简单的事,当然也不简单,每天早晨学生做早操,就在操场或操场附近,大体上每个班在一起,跟广播做早操,这就很不简单。虽然这不是件了不起的事,但从这可以看出整个学校的气氛。因为我对这个学校了解很少,今年 2 月,原南京工学院副院长王荣年同志来开会,我特地向他请教,问南京航空学院办得怎么样,他说办得不错,南京各大学都公认,他们的教学、科研、工厂生产、思想政治工作,都不错。

像这样的例子,我想在全国还有。譬如江汉石油学院,来这里之前,我看到你们书记牟杰同志的一篇文章和几篇讲话,我觉得不错。他说石油学院的学生毕业后要到油田去工作,油田是比较艰苦的,因此,学校平时很强调艰苦奋斗,强调要有奉献精神。从牟杰同志的文章和讲话可以看出,你们学校方向对头,就是要强调艰苦奋斗,强调奉献。我们办学校连这样的话都不敢讲,连这样的工作都不敢做,那算什么?尽管其他学校不是石油学院,学生不是到油田去工作,但是强调艰苦奋斗都很有必要。最近邓小平同志也讲,在经济发展和生活水平提高之后,没有强调艰苦奋斗的传统,是重大失误。因此,我认为创造一个优良的育人环境是需要的,也是可能的,当然工作是艰巨的。

(三)教育改革要有重大突破

"文化大革命"以后,在教育改革方面,在全国范围内做了很多工作,也有成绩。但是有人讲,到现在为止,还没有重大突破。我个人同意这个看法,曾经在 1985 年 12 月朱开轩同志主持的国家教委召开的一个座谈会上,发表过这样的意见。在困难重重之下,要把我们学校的工作做好,除了要有危机感与紧迫感,下决心优化我们学校的环境之外,教育改革要有重大突破。为此,提供以下意见:

第一,要像 1987 年中央 18 号文件所讲的,我们的学校工作要把坚定正确的政治方向放在首位,加以重申。教育改革要得到重大突破,第一点还是要抓思想、抓政治。现在不少大学生和研究生首先就是缺乏精神支柱,思想空虚,品德下降,因此学习动力不足。既然如此,就要解决动力问题,就要把思想品德和政治教育放在教育工作的首位。这是不是说要重犯历史上"左"的错误？不存在这个问题，这是真正从实际出发。过去有"左"的东西，但过去也有许多正确的东西，应该继承。现在不讲继承，这是在新的情况下片面性的表现。

中央已经指出，学校的思想政治工作薄弱，管理也差，在不同程度上也带有普遍性。事实正是如此，现在就要加强。现在用人单位的意见已经尖锐到这种程度，说哪怕你们培养的学生，业务是中等水平都可以，我们所希望的是他们的工作态度能好一些；只要他们工作态度好，到我们这个地方来好好工作，有那么三五年，他的业务水平就上去了。用人单位已经谈到这种程度，我们再不下决心抓，应该说太脱离实际了。现在不是讲适应吗？在发展有计划的商品经济这么一个社会主义初级阶段，如何相适应，这个问题很复杂，我们把学生的思想品德方面培养好了，这就是一个非常重要的适应。这是教育改革的第一个任务，否则，改革就会失去正确的方向。

第二，坚决从50年代初期全面学习苏联的框子里跳出来。我认为直到现在，譬如就我们工科大学来说，尽管做了若干改革，或者是改变，但是，基本上还是在50年代初期从苏联那里学来的一套模式里修修补补。专业口径还是窄，比苏联还窄，真是"青出于蓝而胜于蓝"。而苏联50年代初期的那一套，恰好是20年代后期沿袭下来的。那时为了第一个五年计划的需要，急于培养大批人才，因此专业口径比较窄。但是苏联从50年代后期一直到现在，已有若干改变，从培养"处方式"的专家转变为培养知识面比较宽的专家，这是一个非常重要的转变。由于我们和苏联的关系发生了问题，特别是"文化大革命"开始以后，更完全隔绝，我们现在所熟悉的还是50年代初期的那一套，不跳出来怎么行呢？在这一点上，我今天可以很坦率地讲这样一个意见，在"文化大革命"之后不是有一个重要的真理标准问题讨论吗？当时教育战线某主要负责人却按兵不动。他的指导思想是"十七年"完全正确，学习苏联完全对；如果说有问题，只有一个，就是学俄文走了一点弯路，其他没有问题。对1958年的教育革命他也认为对，反正"十七年"都是对的。因此，对真理标准问题，他认为在教育战线不需要讨论，后来只是在主管部门机关关起门来讨论了一下。但是在整个教育战线，没有做任何布置。所以，为什么现在教育战线上的改革是如此的沉闷，如此不尽如人意，这位同志要负责任。这一点我在他生前就明确提了意见，而不是在他死后说他的"坏话"。我们教育战线的改革不是没有成绩，但是没有取得重大突破，根子就在这里。因此，要下决心从那个模式里面跳出来。

第三，就是教师要坚决做到教书育人，这话在每个学校已提了好多年，包括我在位的时候，问题也没有解决。经过反复思考，我觉得这个提法还是完全对的,教育学生,党政干部有责任,但党政干部跟学生接触的机会总不如教师多,如果教师真正做到教书育人,这个力量就大了。教师也要在实践中提高,除去教学之外,很好地育人,对他来说也是一个很好的锻炼和提高。

第四,要研究教育科学。看来要把自己的情况稍微联系几句,我 1936 年进武汉大学,读的是哲学教育系,副系是外语系,第一年"教育概论"和"心理学"都学了,另外还学了一些哲学课程。第二年干脆转到外语系。抗日战争爆发,跑到延安去了。1953 年以前那一段工作期间,当年学的那点"教育概论"和"心理学"已忘得干干净净。1953 年到华中工学院工作以后,应该可以联想到"教育概论"和"心理学"了,但并没有联想,觉得也一样工作,也没有想到教育科学方面的研究。我之所以感觉到教育科学的重要性,是在"文化大革命"之后。一方面是思想有所解放,另一方面是回顾在高等学校工作了二三十年,做对了许多事情,也做错了许多事情。比如 1958 年所谓的教育革命,"拔白旗"是大错特错。另外,学生上讲台,学生编教材,劳动过多,尽管 1961 年纠正了,但是教训甚多。1971 年开始招收工农兵学员,什么"以典型产品组织教学"、"火烧三层楼"、"基础课部解散"等,虽然"文化大革命"中有当时的具体情况,但是就教育来说,教训很大。直到 1979 年,从自己二三十年的实际工作中,深深地感到教育科学的重要性。所以,我并不是因为历史上有那么一段经历,曾经读过哲学教育系而联想到教育科学,和那一点关系都没有,完完全全是在"文化大革命"之后,感觉到懂与不懂教育科学很不一样。这样才在我们学校建立高教研究室,出版刊物《高等教育研究》。

另外,我要讲一件现在的事。1988 年 5 月初,我到南昌,住在江西工业大学。当天下午,现在的代理校长李嗣垦(搞建筑学的)去招待所看我。见面谈话不多,李嗣垦同志就开门见山地说:"我希望现在研究教育的人,研究研究有偿服务的理论根据是什么。"话说得很婉转,实际上就是问我有什么意见。我说,理论根据是有的,高等教育有三大职能:第一是教育,培养人,第二是科研,第三是服务,全世界都如此。而且我们大学已经在做,比如我们的许多科研就是有偿服务;我们的工厂生产的东西也有相当部分是有偿服务;我们代培学生,用人单位给钱,也是有偿服务。这是我们高等学校的职能之一。问题是最近提出来的有偿服务有问题。抽象地讲,有理论根据;具体地讲,把教育质量下降这样一个致命的问题甩在一边,大谈其有偿服务,回过头来就要影响教育质量,这就是另外一回事情了。我就很坦率地把意见讲了。说实在话,我之所以能够讲这么一点意见,和我在"文革"之后从实际工作中感觉到有研究教育科学的必要是有关系的。假如我对教育科学根本不沾边,还像"文革"之前那样,我想江西工业大学这位李校长向我提问的话,也许我也不知道该怎样答复。我之所以能够这样答复，就是过去 10 年中，多多少少学了一点教育科学，考虑了一些问题。我不反对有偿服务，问题是把有偿服务摆在一个什么位置，有偿服务应该怎样做。特别是去年还提出一个错误的口号，叫做"第二职业"。现在第一职业还没有搞好，又来一个第二职业，那不是莫名其妙吗？任何一个问题都不是抽象的，总要放在一定的时间、地点与条件下面来对待。抽象地讲第二职业不一定错，资本主义国家有第二职业的人有的是，抽象地讲没有问题，问题就是在当前这个情况下来谈第二职业，回过头来必然会冲击第一职业。抽象地讲有偿服务是有依据的，但在当前情况下，不强调教育质量问题而强调有偿服务和第二职业，这就成了把高等教育引向何方，把大学生、研究生培养成什么样的人这样一个性质的问题。

因此，我希望我们大家都共同来研究教育科学，哪怕只懂得一点基本的东西，只有好处，没有坏处。南斯拉夫有一位学者叫纳伊曼，此人是专门研究高等教育的，在联合国教科文组织工作。他写了一本书叫做《世界高等教育的探讨》，书里有两句话很有意思，他说："全世界的大学研究一切学问，就是不研究自己。"这话讲得很深刻，文、法、理、工、农、医都研究，就是不研究自己。说办学不需要懂教育科学，只要有学问就行，这是一个很大的误解。如果在几十年前，这样也许还可以，因为那时的工作节奏比较慢，现在工作节奏快了，也复杂多了。在目前和今后的情况下，教育科学的一些基本东西都不懂，当然不能说不可以办大学，但办起来实在是有困难的。我们既然在高等学校工作，就要研究教育怎么办，教育科学就是研究教育的规律。

抓好师资培养工作是办好学校的一个关键*

这次会议,主要是结合实行学位制度,研究如何提高师资水平的问题。大家谈了不少看法,现在我讲以下几点意见。

一、看得重,抓得狠

师资培养工作,对我们来说,是一项特别重要的工作。这是因为:第一,由于十年"文化大革命"的耽误,我国的科学技术水平大大落后了。要提高我国的科学技术水平,培养出大批高水平的科技人才,首先就要有高水平的大学师资。第二,在十年动乱中,我们的广大教师在业务上荒废得很厉害,如不下狠功夫提高,就远远不能适应实现"四化"的要求。第三,我们现在是"铁饭碗",人员也不流动,这当然不是个好办法,但要彻底改变这种状况,还不是短期能够做到的。当前有效的办法还是提高现有师资的水平。所以,要把学校办好,就必须有高水平的师资。抓好师资培养工作,是办好学校的一个关键,非大抓特抓不可。

近几年,我院狠抓师资培养工作,取得了较明显的成效,但还很不够。形势在不断发展,要求在不断提高。我们的教师也必须不断提高自己的思想和业务水平,适应形势的要求。

去年春天,我们在总结师资培养三年规划的执行情况时,曾经说过:"在师资培养工作方面,我们体会得最深刻的有两点:一是要看得重,二是要抓得狠。看得重,就是要始终站在战略的高度,把它看成是一项仅次于领导班子建设的极其重要的工作,经常去考虑它,下大决心去抓它。抓得狠,就是要始终抓住

---

* 本文是作者 1981 年 8 月 4 日在华中工学院师资培养工作会议上的讲话。

不放,锲而不舍,坚持不懈,一定要抓出效果来。"今天,我们再一次重申,关于师资队伍的建设,就是要看得重,抓得狠,锲而不舍,力争上游。

二、敢于竞争,发扬优势

实行学位制度以后,要求很严,实际上对学校和每个教师的要求更高了。现在的初步情况是,我院第一批将有 9 个专业点、12 位教授可以培养博士研究生,多数专业可以授予硕士学位。这个情况不久正式公布以后,必然对今后的工作带来影响。因此,我们一定要看到这种要求,坚决把工作抓上去。有可能授予博士学位的专业和导师,要努力做到培养出博士来,不要到时候带不出来;批准可以授予硕士的,不仅要把带硕士研究生的工作切实做好,而且要努力争取达到能够授予博士学位的水平;现在还不能授予硕士学位的极少数专业更要努力。

今后授予学位的评议工作每两年进行一次。因此,各系(部、所)都要好好研究一下,努力争取更多专业和导师达到可以授予博士学位的水平。从现在起到 1985 年,是关键的 5 年。连同今年已有可能授予的一共 3 批,都要好好地布置一下。不仅要明确谁是指导教师,而且要把"梯队"非常明确地组织起来。现在已经批准授予博士学位的专业,也要有二、三把手。当然前提是搞什么研究工作,把科研方向和课题选好,要能比较长期地坚持下去。从"梯队"的组成、课题的选择,一直到实验手段和图书资料等,都要好好地抓。再就是要保证业务工作时间,把一批指导教师基本上从行政工作中解脱出来。很多行政事务要由系办公室和其他行政人员来搞。

我想,我们应该提出这样的要求:现在还不能授予硕士学位的专业(学科)力争在 1983 年,最迟到 1985 年,都要达到能够授予硕士学位的水平。到 1989 年或 1991 年,即从现在起,经过 10 年的努力,都要达到授予博士学位的水平。

当然,对大学生的教学质量还要大大提高,不应该重视了培养博士、硕士研究生,就放松大学本科的教学工作。我们主张培养大学生和培养研究生并重。这就要求所有的教授、副教授和一部分讲师都要既能搞教学,也能搞科研。这里讲的教学,也包括教研究生。有的教师现在做不到,但要逐步做到。今后我们的教授、副教授要做到既对大学生开课,也对研究生开课,甚至同时对大学生和研究生开课。

一年之前,我曾提出过这样两句话:"发扬优势,防止从优势下降为劣势;敢于竞争,坚决将劣势转化为优势。"我想我们应该敢于竞争。事物总是变化的,我们现在有些专业虽然还处于劣势,但是我们要有信心有决心,使它逐步转化为优势。

三、德才兼优，为人师表

高等学校的主要任务，是要为实现社会主义的四个现代化输送又红又专的高质量的人才。教师是人类灵魂的工程师，是培养人才的主要力量。因此，我们要求教师在思想觉悟、道德品质、教学和科学研究能力等各个方面，都要达到较高的水平，真正做到德才兼优，为人师表。

具体如何抓呢？我想对今后一段时间内师资队伍的建设提出10点要求：

（1）首先是教师要革命化。鲁迅说过，做一个革命作家，首先应是一个"革命人"。邓颖超同志最近也一再强调，不论这个"家"、那个"家"，首先要做革命家。我们的教师应该努力学习马列主义、毛泽东思想，不断提高政治觉悟，拥护党的领导，拥护社会主义制度，为社会主义建设服务，为人民服务。教师的职责是既教书又教人，在立场观点、思想修养、革命情操、道德品质诸方面，都要给予学生以良好的教育和影响。

（2）在学术方面，希望经过10年的努力，使我们全校绝大多数教师，特别是大批的中青年教师，都能达到博士的水平。这个要求并不高。在美国是得到博士学位以后，比较好的才能当大学教师。我们也不采取大家都去攻读学位的办法，但作为大学教师，总要在实际上达到博士的水平。希望今后10年中，绝大多数同志能够达到博士水平。少数人达不到，那就只好去做别的工作。平时就要加强考核，实在不称职的，要调做别的工作。这不是言过其实，而是社会主义事业发展的要求。

（3）在职教师的提高，还是要"缺什么，补什么"。到底每个人缺什么，各系和各教研室一定要调查研究，把情况搞得很清楚。过去也都说"缺什么，补什么"，但没有把情况搞清楚，要求不明确，安排也不具体，再怎么说也是空话。现在看，我们许多教师，缺少与专业有关的工程数学知识；缺少有关的物理知识；化学对有些专业来说也很重要，有关的近代化学知识也要补；还有力学方面的内容等。对有些教师来说，实验能力也需要提高。电力系为了帮助教师补"工程数学"，已决定由系里办一个"种子班"，各教研室派人参加学习，学完以后再回教研室去推广。他们还提出，争取逐步做到由专业教研室教师给学生开一部分"数学Ⅱ"，使数学课能更好地结合专业。这个办法很好，应该大力提倡。如果全校各个专业都能这样，我们的师资水平和教学质量肯定会大大提高。

"缺什么，补什么"的具体内容是不断变化的。随着教师水平的提高和学科的发展,会不断有新的内容要补。因此要注意不断地阅读最新的图书、期刊和情报资料。现在的情况很不平衡,不少教师看得较少,主要是外语不过关。所以一定要抓紧补外语,否则局限性很大。

（4）不论采取什么办法,都要首先强调自学。对于大学教师来说,应该要有自学的习惯,要在全院大大提倡自学钻研的风气,这有特殊的重要性。有的同志就是通过自学钻研得到显著提高的,现在能在新的学科带研究生,开出一些新的课程,研究生反映都很好。我们希望所有的教师都能刻苦地坚持自学钻研。

（5）把师资培养工作和具体的教学工作结合起来。刚才谈到专业课教师承担一部分"数学Ⅱ"的教学任务,这种做法不但能提高教师的业务水平,而且有利于提高教学质量。推而广之,专业课教师要能教一些与专业有关的基础课和技术基础课,这必须逐步突破。这样会使教师的知识结构起变化,对于提高师资水平和提高教学质量很有好处,是一箭双雕的好事情,应该大力提倡。另外,使用外文教材也是同一个道理,对巩固提高教师和学生的外语水平都有好处。要把使用外文教材的好处给我们的教师和学生进一步讲清楚,鼓励大家往这方面使劲,克服困难,坚持下去,并且注意总结和推广这方面的经验。

（6）把师资培养工作和具体的科学研究工作结合起来。这里主要是指中老年教师。一般来说,中老年教师不能只搞教学不搞科研,否则,现在还可以,过几年就不行了。对于青年教师来说,则首先要熟悉和掌握教学工作的各个环节,从辅导、指导实验和实习等做起,练好基本功。当然,这并不是说所有的青年教师都不搞科研,但从整个说来,从长远看,青年教师应首先把教学这个基本功搞好。

（7）要充分发挥兼职教师的作用。我院现在已经聘请了一批兼职正副教授,其中大多数是文、理和一些新学科方面的学者,他们乐意帮助我们,我们就要充分发挥他们的作用。除了请他们帮助培养研究生外,还要请他们给我们的教师讲课,帮助提高师资水平。由于他们的工作都很忙,不可能拿出更多的时间来讲,可以采取一次用十天半个月的较短时间,只讲一个专题,讲他最专长的方面。

（8）对于出国学习的教师和研究生,一定要选派恰当。我们国家的经济还很困难,教育部对派出的人员要求很严,派一个人出去学两年,大体要花一两万美金,所以送出去培养的人一定要选择好,要上下意见一致。对于计划外的出国学习的人员,要着重抓。总的精神是:在取得对方资助的情况下,尽量多派人出去学习。目前特别是向西欧一些国家派出,要多方想办法联系。

另外,各系和教研室要经常和出国学习的同志联系,大体上每个月都要和他们通一次信,及时了解他们在国外的学习情况,和他们交换很多业务方面的意见和问题,乃至于如何取得资助派教师出国学习等。现在,已有一部分同志从国外学习回来。花了很大的代价送他们出去学习,回来后,各系和教研室一定要好好安排他们的工作,充分发挥他们的作用。

(9)教师在校外兼课,既是满足兄弟单位的工作需要,又是学习兄弟单位的长处的好机会,因此,也是提高我院教师业务水平的一种方式。校外单位请我们给他们讲课,在可能的情况下,我们应该积极支持,我们不但愿意派人去,而且还要派水平较高的人去。当然,前提是一定要保证校内任务的完成,而且要经过系和教务处批准。我们反对无组织无纪律地干。各级领导都要掌握情况。对个别不顾大局的人,该管就得管。

(10)建立教师的业务档案,是一件很重要的事情。现在虽然已开始做了,但还没有很好地开展起来。以人事处为主,教务处和科研生产处共同参加研究,要把它认真抓好。这是新工作,要不断摸索经验,不断改进提高,做出成效。

四、充分发挥实验室的潜力

实验室的建设与整个师资队伍的建设有着非常密切的关系。对于理工科的教师、技术人员来说,离开了科学实验,要想在理论上有所发展、技术上有所创新,那是很困难的。我们的教师,不仅要有坚实的理论基础、广博的专业知识,还应当具有较强的实验研究能力。

高等学校特别是重点高等学校的实验室,应当成为新产品、新材料、新工艺的实验中心。我院船舶工程系内燃机实验室正在朝这个方向努力。省主管部门规定,我省任何单位的柴油机生产或革新,必须由该实验室检测鉴定合格并签字通过后,方得投产。从前年起,我院试行实验室对外开放。去年,有45个实验室对外开放,为培养建设人才、解决技术问题、支援"四化"建设做出了一定的贡献;同时,增加了收入32万元,对仪器设备的保养维护也起到了有利的作用。而这一切,对于我院教师、技术人员业务水平的提高和专业设置的发展,都起了很好的促进作用。

由上可见,发挥实验室的潜力、加强实验室的建设,是整个师资队伍建设不可缺少的组成部分。

如何发挥实验室的潜力呢?不外乎从人和物两个方面来努力。也就是做到人尽其才,物尽其用。其中,人是主要的。这不仅是因为物的使用和维护需要人,而且是因为人和物的合理安排、有效结合,需要科学管理,这也是要由人来实现的。

管理科学是一门重要学科，是文、理、工结合的一个突出例子。目前，在我国，科学技术还比较落后，而管理科学更落后；科学技术人才缺乏，而科学管理人才更缺乏。对于管理科学的知识，管理干部要认真学习和掌握，全院的教师和学生也应该尽可能地学习和掌握。下面，仅就发挥实验室的人和物两个方面的潜力问题，从科学管理的角度，谈一些原则意见。

一是发挥人的潜力问题。

首先，实验室的人员结构、配备要合理。由于每个实验室的性质和任务不同（有的主要承担基础理论的教学实验任务，有的是为专业实验和专业建设服务，有的主要从事科学研究），人员的多少和比例，当然也不尽相同。但是，应当通过探索、实践、调整，找出一个最佳结构。还应该和教学、科研一样，形成一个高效率的、团结的、在某个方面具有特色的"梯队"。有些加工任务，要尽可能由校办工厂完成。物资供应工作，要尽可能由技术后勤人员完成。

其次，要求每个人一专多能。现在，各门学科互相渗透、互相结合的趋势日益发展。这就要求我们的教师和技术人员，对于机、电、光等知识，对于绘图、加工、装配、检测、调试等技术，尽可能多方面掌握，充分发挥每个人的工作能力，获得最好的工作效果。各级组织的负责人，也要提供一些有利条件，有计划地使实验室工作人员得到提高。

再次，要加强实验室人员的责任心。我院力学系固体力学实验室副主任熊守良同志，对工作一贯认真负责、精益求精。实验室有台材料试验机是美国1927年生产的第一代产品，至今已有50多年的历史了。由于熊守良同志努力学习修理技术，精心维修保养，其精度仍保持在1‰以内，达到国家标准，在科学实验中发挥了良好的作用。许多单位的一些重大项目，如跨江电缆，矿山、工厂用的钢丝绳等，都是在这台机器上做的强度实验。去年，美国圣迭亚戈加州大学校长率代表团来访，以及美国著名力学家冯元桢教授来我院讲学，看到这台机器保养得如此之好，非常惊讶，倍加称赞。他们说："只要提出申请，美国一定会用价值昂贵的材料试验机来换取这台机器，把它送到美国试验机博物展览馆去展览。"类似的例子还有。如果实验室工作人员都能像熊守良同志那样，对工作有高度的责任心，那么，我们的实验室就可以发挥更大的作用。

最后，为了鼓励教师从事实验教学和研究工作，希望有一部分教师能固定岗位，在实验室工作中发挥聪明才智。他们的工作成果，将和教学、科研的工作成绩同样予以重视，并作为提职提薪的依据之一。

二是发挥物的潜力问题。

首先，要尽可能按学科建立实验室。它的好处是使人力和物力相对集中，避免或减少不必要的浪费。

其次,实验室对外开放。它的好处很多,前面已经讲过了。

最后,仪器、设备要尽量做到"通用",就是说,要有更多的人会用。关于某些稀有、贵重的仪器和设备的使用,要有计划地举办一些短训班,培训"种子",经考核合格,发给"使用执照"。"种子"回各单位后,可以"发芽开花",继续扩大成果。例如,关于电子计算机的使用,我们已经这样做了,希望有更多的学科也这样做。

周恩来同志一再教育我们:一个人,要活到老,学到老。每个教师,都应该学而不厌,不断提高;整个师资队伍的建设,应该锲而不舍,力争上游。

关于加强学生工作的几个问题[*]

这次我们开的是学生思想政治工作研究会。既然是研究会,大家都发表意见,我也来讲一些意见。

分析现在学生的情况,首先要看到主流,我认为主流是好的,或者说是相当好的。学生中多数人学习努力,遵守学校的规章制度,不少学生善于思考问题,这是主流,应该充分肯定。同时,也应该看到,学生中确实存在不少值得我们重视的问题,这些问题大体上有5点。

第一点是所谓"信仰危机"。"信仰危机"这个说法,并不确切,实质上是忽视政治。邓小平同志说:"现在有一部分青年有忽视政治的倾向,全党必须看到这个问题的严重性,一定要分析原因,找出办法,认真有效地加以解决。"这个问题我们应该十分重视。现在有不少学生很不重视政治理论课,对思想政治工作很轻视,甚至把这些都说成是"政治说教",忽视政治已经到了这样严重的程度。

第二点是知识贫乏。应该说,现在的青年学生,许多方面的知识都是贫乏的,应该在中学期间掌握的许多知识都没有学或者学得极少。

第三点是不遵守纪律。一种表现是随意旷课;另一种是课堂纪律不好,有的人不尊重老师,老师的话他根本不听;此外,不遵守作息时间的情况也相当普遍。

第四点是道德品质方面的问题。比如,有些人浪费粮食,损坏公物,就是道德品质不好的一种表现。更严重的是,学生中有个别人很下流,如有的在桌椅上乱写乱画,不堪入目。

---

* 本文是作者 1980 年 10 月 17 日在华中工学院学生思想政治工作研究会上的讲话。

第五点是健康情况下降。学生身体情况不好，非常值得重视。现在中学生课程压力太大，健康情况不好，今年我院新生入学后复查，健康问题不少，尤其是视力问题大。这是教育战线存在的一个大问题。

讲这些问题，是为了做好工作，这是我们的责任。产生这些问题的原因，我想主要有以下几个方面：

第一，我们党犯了错误，十年浩劫，使得大批青年人既不能读书，又不能工作，这对学生的影响很深，他们思想上难免产生许多问题。我们不要简单地去责怪青年人。

第二，我们学校本身的工作存在不少问题。同学们对于教学工作、后勤工作以及其他工作有不少意见，这里都有我们工作上的问题。

第三，有不少学生对一些问题的是非界限划不清楚，主要是对思想认识问题和组织纪律问题划不清界限。

上面分析了学生当前的基本情况。今后怎么办？说9点意见：

一、要加强思想政治工作，并努力做好各项工作

看到青年学生中存在的问题，我们就要多做工作，热情耐心地解决他们的问题。

思想政治工作必须加强，而不是可有可无。学生中出现一些思想问题，往往同我们的一些工作没有做好有联系。例如，确有少数课程没有教好，引不起学生的兴趣。应该承认，我们的教学工作是存在问题的，教学方法还要认真地改。另外，总务后勤工作、治安保卫工作也要大大改进。我们的工作做好了，就可以堵塞漏洞，避免出问题，或者少出问题。

要加强思想政治工作，同时要努力做好各项工作。我今天在这里把学生的情况和要做的事情告诉大家，就是请大家共同来做思想政治工作。我们这么大的摊子，只有靠大家的力量，共同努力，才能把事情办好。

二、表扬好人好事，树立正气，发扬积极因素

要在学生中树立一种光荣感，要造成一种积极上进、争取光荣的好风气。搞思想政治工作，我想首先要抓的，就应该是大力表扬好人好事。今年上半年举行76级师资班毕业典礼，我发现有一个班来开会时，队伍整齐，准时到会，开会时个个精神饱满。后来一问，这个班是全院表扬过的，他们为这个集体感到光荣，所以一直保持好的作风，直到毕业。我们从这里可以看到表扬的作用，也可体会到这项工作的重要。青年人是有上进心的。哪怕是落后的学生，

也总有他的长处,我们不能总是指着鼻子批评,那不是好办法。应该看到他们的优点,看到他们的进步,哪怕是很小的进步,也要重视,也要鼓励,这样做会促进转变,会使他们很快地进步。当然,并不是说不要批评了,而是说要注意方式方法,要有利于调动积极因素。这点,今后院里要做,系里也要做,班级和党、团支部更要做。不光思想政治工作方面,其他工作也都要注意表扬好人好事。如教学工作,既要表扬教得好的教师,也要表扬学得好的学生,这就是思想政治工作。同样,后勤工作以及其他工作,也要运用这个办法。这个办法非常有效,榜样的力量是无穷的。当然,要把榜样搞准确,表扬也要实事求是,不要把三分说成七分。榜样树立起来后,被表扬的会有一种光荣感,从而更加努力做好工作,对其他的人也会产生影响。抓典型,首先要抓好的典型。要认真地运用这样一个好方法,来推动我们的工作。

三、要划清思想认识问题和非思想认识问题的界限

现在青年中许多问题的产生,都和划不清这一界限有关。比如所谓"信仰危机",或者叫忽视政治,这个问题是要重视的,但这一般还是思想认识问题。对于这一类问题,是绝不能用行政的手段去对待的,因为那样做,不仅不能解决问题,反而会有很多害处。但是,另有一类问题,比如不遵守纪律、打架闹事、道德品质不好,甚至出现反动的言论和行为等,就不仅是思想认识问题了。虽然,一些人在干这种事的时候,会有各自的具体思想动机,但这种行为已经超出思想认识问题的范围。对这类问题,我们就要运用行政手段去解决,甚至运用法律制裁的办法去解决。当然,运用行政手段,主要还是为了达到教育的目的。前一段,我们一些同志不太敢抓组织纪律问题,也是由于划不清这个界限。我们的干部、我们的教师,首先要划清这个界限。同时,还要向学生讲清楚,让他们也划清这个界限,提高自觉性,这样我们的工作就好做多了。

四、对待思想认识问题,必须加以引导,加以教育

对思想认识问题,不能采取行政的办法,确实是要"导"不要"堵","堵"是堵不了的。现在的问题是,我们的同志注意到了不要"堵",但对如何去"导",没有给予极大的注意。当前比较薄弱的还是引导工作和教育工作做得不够,因此需要强调敢于引导,敢于教育。

我们各个部门(包括党委部门、教学部门、后勤部门)以及我们的教师,天天都在做工作,天天都和学生接触,大家都负有教育和引导的责任。

五、对于不遵守纪律和道德品质不好的学生决不能听之任之,放任不管

除要进行耐心的教育外,还有必要采取适当的行政措施,要敢于管,这是没有什么可辩论的。不好的典型,我们也是应该抓的。当然,要敢于管,并不是说可以简单化。对学生中发生的问题,要很好地进行调查研究,做出适当的处理,并从中吸取教训,改进我们的工作。

六、谁来管? 总的来说,全院上上下下都有责任管

具体来讲,第一,我们的教师要管,因为教师和学生接触最多,希望教师要关心青年学生,爱护青年学生,帮助青年学生,使他们成为很好的合格人才。第二,除教师外,全院所有其他人员也应该管,特别是辅导员、班主任以及办公室的同志、团的干部等,都应该管,这也是我们的工作和我们的责任。第三,要发挥学生干部的作用。学生干部天天和学生在一起,他们最了解学生,这是教职工同志所不可比的。发挥他们的作用,很多问题就好解决得多。我们还要通过有效的工作,培养学生自治的能力,学会自己管理自己。自己管理自己,班干部要起重要的作用。第四,还要把课堂考勤抓起来,这是一件重要的事,希望自下而上抓。考勤这件事应该由班长或其他班干部去做,由系办公室负责抓。

七、要充分发挥团组织和学生会的作用,开展好课外活动

现在开展了一些课外活动,但还不够,还要大大加强。这件事,学生会要抓,团的组织也要抓。团的工作,既要管思想,也要管课外活动,要根据青年的特点开展工作,搞得朝气蓬勃、生动活泼。团和学生会有院、系、班三级组织,各级都要管这件事,最经常的工作当然是在系和班级。如可以开展人生观问题的专题讨论,自己教育自己,自愿参加,畅所欲言,通过讨论提高认识。可以举办各种知识性的讲座。讲相对论,讲音乐、美术,讲形式逻辑等,都很受欢迎。学生的学习积极性是高的,我们要通过适合青年要求的方式来教育他们,丰富他们的知识。还可以举办各种比赛或展览。我们已举行过数学竞赛、英语竞赛等,还准备举行作文、绘画和书法比赛,这是好办法。青年学生有才能,也有广泛的兴趣,我们要通过各种途径、各种方式,去培养合格人才。只要我们注意根据青年的特点和爱好去组织活动,是一定会受到欢迎、收到好的效

果的。

八、开展体育锻炼，增强学生的体质

有两个方面的内容：一是体育课，但时间很有限；二是课外体育活动，这是经常的、大量的。上体育课时，建议体育老师多给学生讲些体育锻炼的好处，并联系体育锻炼多讲些生理卫生知识。让同学们了解和掌握这方面的知识，是十分必要的。我们一定要想方设法提高学生的身体素质，要加强体育锻炼的组织工作。全院都要重视这项工作，并从各自的工作中为搞好体育活动提供一些条件。

九、稳定和加强学生工作干部队伍

要尽可能增设专职辅导员，减少兼职辅导员，这样有利于稳定队伍。对辅导员要进行培养提高，由党委宣传部、学生工作组和团委把他们组织起来系统学习理论，制订5年的学习计划，请人讲课或开讲座，要学习教育学、心理学、人才学、社会发展史、科学技术发展史和近现代史等，结合学生教育工作的需要，鼓励和帮助大家掌握思想政治工作这门科学的专业知识，做到又红又专。在这种情况下，准备建议上级根据各人的业务水平和工作表现，评定相应的职称。

关于班主任，"文化大革命"前实行了一段，后来中断了，现在又重新配备。为什么要设班主任呢？有以下3个原因：

(1)现在学生一般要比"文革"前小2岁。

(2)从中学到大学有一个转变过程。从教学来说，大学的教学法与中学教学法有所不同，有一个转变；对于刚从中学到大学来的学生，在学习方法上更有一个转变和适应的过程。设了班主任，可以帮助学生解决好这个问题。

(3)大学人多，在管理上存在的矛盾和困难都较多。

考虑到上述几个因素，决定先在低年级设班主任，这样做好处很多。总的说来，是为了把学生培养成为德才兼备、身体健康的人才。

班主任的工作，由党政共同领导，在系一级，就是系党总支和系主任共同抓，这也是从实际出发，从工作需要出发，因为班主任工作不单纯是教学业务问题，也要做思想工作，加强生活管理。为了推动班主任工作的提高和发展，我建议今后每学期或每学年都评选一次模范班主任，以资鼓励和总结经验。

开创教学工作的新局面 [*]

这次会议有 30 多位同志发了言，我觉得都谈得很好。刚才马毓义同志虽然只讲了 2 个问题，但讲得非常精彩，我是完全同意的。现在我讲以下 7 点意见：

(1)开创新局面是下学年工作的总要求；

(2)要做教师的思想工作；

(3)对学生既要做思想工作，又要有具体的指导；

(4)百花齐放，各显神通；

(5)严格要求；

(6)继续用好英文版教材；

(7)其他问题。

一、开创新局面是下学年工作的总要求

关于开创新局面，我们大家都很熟悉，是去年党的十二大胡耀邦同志的报告中提出的十分重要的要求。最近我们讨论下学年工作的时候，感到应该遵照党的十二大的精神，把开创新局面作为我们下学年工作的奋斗目标。我们整个学校工作就是要不断开创新局面。

在教学工作方面开创新局面，就是要大力进行教学改革，要提高质量。关于这一点，我在最近一些会议上的讲话中都讲了，特别是在全院毕业设计工作会议上所做的"坚决克服抱着走的错误方法"讲话中讲了 3 点：第一，解放思想，敢于改革；第二，坚决克服抱着走的错误方法；第三，严格要求。

＊ 本文是作者 1983 年 8 月 25 日在华中工学院教学工作会议上的讲话。

开创新局面,必须要有良好的精神状态。去年 10 月 25 日《人民日报》社论《开创新局面要有什么样的精神状态?》一文中,最后一段有这样几句话:"时不我待,我们要放开眼光,拿出魄力,以最佳的竞技状态,进行创造性的工作,在祖国的辽阔大地上,干出一番前人从来没有做过的伟大事业。"

我想这篇社论对于我们来说,也是在进行启发式教学。刚才马毓义同志说,教师讲课要做到天衣有缝,余音袅袅。这篇社论中的这段话也是余音袅袅。它使我们每一个人都要动一动脑筋,想一想自己要做哪一种人。而且是我们的后代对我们要做出评价,究竟你是"有为之人",还是"平庸之辈",还是"昏聩之徒"。我想我们都要做"有为之人",不要做"平庸之辈",更不要做"昏聩之徒"。

二、要做好教师的思想工作

对教学工作的改革,许多教师是重视的,工作也是积极的。但是也有部分教师不够重视,因而工作也不够积极。其原因是由于习惯势力,也有思想问题。有哪些思想问题呢? 例如:有的认为,改革还不是那一套,没什么意思。有的看法是,教学改革好是好,不大容易,算了吧,以后再说。第三种看法是,你要我改,我只好改,但并不积极,叫做奉命行事。最严重的是,认为我们现在这一套就很好,不需要改了。可能还有其他思想问题。这些问题,也要提到全院同志面前,特别是提到全院教师面前,让大家好好想一想。对部分不大重视、不大积极的教师,就自己去对号入座吧,但还是要改。

我们希望通过这次会议之后,大家都考虑这个问题。另一方面,作为各级领导来说,我们有责任要做这部分教师的思想工作,各级领导要敢于指出存在的问题,更重要的是帮助他们改。教学改革能不能搞好,关键在教师。教学工作很复杂,必须通过教师去做才能改得好。所以,这次会议之后,我们要做大家的思想工作。

三、对学生既要做思想工作,又要有具体的指导

现在的学生,从中学进入大学,带来了两大问题。一是松一口气的思想。尽管不是百分之百的学生都有这种思想,但是有相当多的学生在不同程度上有松一口气的思想。好不容易过了高考这一关,进了大学,不同程度上松一口气,也就是说学习不是那么很积极。二是带来了根深蒂固的不好的学习方法。就是刚才马毓义同志讲的,这种不好的学习方法,不仅是我们国家多年来注入式的教学法造成的,更突出的是由于这几年进大学很不容易(有人讲,是在羊

肠小道上竞争），于是就搞题海战术，现在最"高明"的教师是能出各色各样的题目，让学生死记硬背。如这些题目与考题一下子碰对了，就认为这个教师"高明"。今天上午到我院参观的武汉一所中学的高三班主任就谈到，现在有些学生是"高分低能"。

来自中学的学生存在这两大问题，如何解决？要靠我们做工作，要靠我们各级领导、党政干部，更重要的是靠我们的教师来做工作。因为只有教师才能够把思想工作与具体的学习指导结合起来。我们的各级领导当然要做工作，但最直接、最有效的是我们的教师做工作，他们与学生接触最多。另外，思想工作与业务是很难分开的，通过我们教师的教学工作，既指导学生学会正确的学习方法，特别是培养他们的自学能力，同时也做了思想工作。这也就是既教书又教人。

四、百花齐放，各显神通

我们这 3 天会，有 30 多位同志发言，也就是百花齐放，各显神通。我和马毓义同志都感到，听了会议上的发言，很受启发。我们所以要开这个会，就是希望从我们教师的实践和工作经验中吸取好的东西，我觉得这次会议的目的达到了。可能有的同志感到有些发言的内容与自己关系不大，感到枯燥无味，这种看法不对。杨振宁是搞高能物理的，他就很注意其他的方面，他不是把自己约束在高能物理这个范围内。国外许多教授、学者都很重视开阔视野，了解多方面的知识。新中国成立后照搬苏联的一套，专业口径搞得很狭窄，实践证明这样对我们发展科学和教育、提高学术水平，都很不利。

这次会议，理工科的同志讲得多，文科的同志讲得少。搞理工科的同志谈的对文科的同志有启发，反过来搞文科的同志发表的意见对搞工程的人同样很有启发。

我们进行改革要靠大家。具体办法靠大家去摸索，靠大家去创造。这里我只讲几点意见供大家参考。

（一）要有利于培养学生的能力

笼统地说，能力就是独立工作的能力。具体地说，就是发现问题的能力、分析问题的能力和解决问题的能力。再具体地说，还有画图的能力、动手的能力等。总之，在传授知识的过程中，应该注重培养学生的能力。学生要能够运用学过的知识，能够继续进行自学，能够不断地吸收和运用新的东西，并且还能进一步有所创造。

要有利于培养学生的能力，这里不仅包括各个教学环节，还包括指导学生进行课外科技活动。我在全院毕业设计工作会议上说要把指导学生进行课外科技活动作为一个特殊的教学环节。之所以说是"特殊的"，是因为在教学计划中没有规定这个环节。据了解，苏联在最近十几年已把教师有责任指导学生课外科技活动正式写进了教学文件。

凡是有利于培养学生能力的做法，我们都赞成，这就是百花齐放，各显神通。

（二）要注意"水涨船高"

科学技术在不断发展，我们的教学内容要跟上，要不断提出一些新的要求。如果我们抓住老框框不放，就要落后。全院各个专业各门课程以至于各个环节都有"水涨船高"的问题，不然的话就要掉队。例如现在进校的学生，英语程度不高。要把高中毕业生的英语程度提高到我们当年在中学读书时的那个水平，恐怕还需要 10 年时间。这两年入学新生的英语程度就比前两年有所提高。因此，我们的英语教学内容也要水涨船高。同样其他课程也要不断地水涨船高。

（三）教学计划、教学大纲以及其他各种有关教学的规定，都要和我们的实际情况结合起来，绝不能照搬照抄

这几年反复修订教学计划，教育部开了会，业务部门开了会，紧接着又修订大纲、讨论统编教材等，这些工作都是必要的。但我们要注意，绝不能照搬照抄。我们必须把这些文件同我们的实际情况结合起来。我们已经这样做了。我们用了几门英文版教材，就是这个做法。樊映川的《高等数学》有不可抹杀的历史功绩，但是直到现在还是抓住樊映川的这本书不放，这恰恰说明我们国家的高等教育存在问题。

我们党批判过王明教条主义，王明就是照搬照套，结果导致中国革命的严重失败。毛主席之所以伟大，就是他把马克思主义的普遍真理同中国革命的实际相结合。最近学《邓小平文选》，邓小平同志也是这样，他是反对照搬，非常强调要把上级的指示和自己的实际情况结合起来的。他在全军政治工作会议上的讲话中提出，不要当"收发室"。当"收发室"很容易，上级来的东西我都照搬。这一点现在对我们来说很重要。有的系或教研室讨论问题时，就说这是某某编审委员会定的，那是某年某月开某次会议定的。这确实是会议上定的，但更重要的是把那些会议的内容同我们的实际情况结合起来，何况那些会是三年前开的或两年前开的！就是一年前开的，我们也得考虑当前的实际。科学技术发展这样快，真是日新月异，照搬照套怎么行呢！刚才马毓义同志就

引用了一个同志的发言，叫做"源于大纲，高于大纲"，这话讲得好。

（四）总学时不能膨胀

经过一年多的工作，我们总学时终于降下来了，这是正确的。至于是不是完善，还不能肯定，一切事物都在发展变化。但是既然降下来了，我们就不要随便膨胀，即使是确有道理，也得有增有减。新东西要放进去，学时不能增加，就得把陈旧的东西去掉。同样，我们的教学计划制订出来了，这也不是一成不变的，今后还需要"水涨船高"，经常研究，加以修改，但是总学时不能膨胀。

我想主要就是这4点。不是对大家有所约束，还是百花齐放，各显神通，但总还要有一个方向。百花齐放，各显神通，是不是系和教研室的领导责任就减轻了呢？没有减轻，你们还得经常了解情况。你们的责任就是怎么样发扬积极因素，把工作不断向前推进。因此，从现在起，各系每学期都要召开一次教学工作会议，开的方法大体上像我们这次会议，但希望开得更好。我们现在有40多个专业，有十几个系，院里也不能经常开会，一年只能开一次。但是一年的时间够长的了，所以我想各系要一个学期开一次。至于说马列主义理论课，我赞成也要一个学期开一次教学工作会，哲学、政治经济学、中共党史课是面向全院的，大家都希望把马列主义理论课搞得更好一点。英语的教学工作会，肯定是每个学期要开一次，不断地"水涨船高"。

五、严格要求

在全院毕业设计工作会议上，我讲的第三个问题就是严格要求。有两层意思：一是对我们的工作，教师、干部对自己要严格要求；二是严格要求学生。既然我们办学校，就应该严格，绝不能放松。现在存在两种办学思想：一种认为对大学生不要怎么管理，他想怎么干就怎么干，愿意上课就上课，不愿上课就不上课，作业等问题可以马虎，晚上愿意上自习就上自习，不愿意上自习也就拉倒，大学生嘛，管那么多干什么！这是一种办学思想。另外一种办学思想是觉得这样不行，在对学生进行思想政治工作的同时，必须严格要求，加强管理。我们是属于第二种。办事绝不能脱离当前的实际。以考试来说，在"文化大革命"之前，没有提出过防止学生舞弊的问题。当时学生的学习自觉性是比较高的，因此我们从来没有谈过这个事。"文化大革命"之后，发现分数贬值，有的学生考试舞弊，于是前年我们就大抓了一下，不抓不行。这就说明"文化大革命"之后和"文化大革命"之前有明显的区别。我们现在考试就是要严格要求。不仅考试，其他环节也是这样。我认为如果不这么做，就是脱离实际，说得更严重一点，叫做不负责任，误人子弟，也是对国家不负责任。

严格要求,重点在一年级,就是刚才马毓义同志讲的,从一年级抓起,但是也绝不放松二、三、四年级。

昨天有的同志谈到到外面生产实习,工厂要钱多,费用大。这个问题我们要向教育部反映意见。因为别的环节在校内搞,我们有主动权,生产实习到校外进行,我们没有主动权。这是全国性的问题。我主张向上级反映,我们有责任向上级反映。

学生出去实习,绝大多数表现是好的,但也有个别学生有问题。今年暑假我们经管系的一部分学生在常州实习,有个学生同工人打架,影响极坏。尽管我们大多数学生出去实习表现是好的,但到外面去更容易发生问题,这就要对学生严格要求。要求不严,出了问题就难以挽回不好的影响。

我们讲严格要求,首先是思想上的严格要求。我们说考试要严格,禁止舞弊,首先是从思想这个角度出发的,成绩是第二位的。这样的学生形成了一种投机取巧的思想,就给他将来到工作岗位上去留下了一个不好的根子。反正他当学生的时候就是这么过来的,到工作岗位上去,也会弄虚作假。

各个教学环节都要严格。前不久开制图会的时候发现,由于过去我们学校规定,如果所交作业不到三分之二,就不让参加考试。就有那么一部分学生抓住这个"三分之二",老师布置的作业刚刚做到三分之二就不做了,因为他们知道已经取得了参加考试的资格。因此从现在起我们宣布:原来的规定作废!作业要全交,一定要全交,所有作业都应该这样。诸兴华同志发言讲,在美国大学里,有些学生不好好念书,但教师对作业要求很严;学生尽管可以不上课,学习马马虎虎,但一定要交作业,不交不行。现在看来,我们原来的规定对学生没有好处,既然要做作业,就是要全交。

关于考试,物理教研室汤钧民同志谈到物理实验课时,他主张考试,不主张考查。我听了他的意见,有个想法:凡是列入教学计划的课程,不管是哪一门课程,都有它的必要性,否则,不需要列入计划。既然如此,对于所有列入计划的课程应该一视同仁,都进行考试。也就是说,不分考试和考查。这件事事先没有来得及商量,这是我个人的意见,还可以讨论。但如无不同意见,就这么办。

对于"主干课"和"非主干课",我建议从现在起不要再这样说了。因为这样说没有什么好处,还有坏处。特别是传到学生当中更有坏处,因为有些学生对于"非主干课"就可以马马虎虎。任何一门课程,只要列入教学计划,就有它的必要性和重要性,不然,就没有必要列入计划。

作业要严格,考试要严格。学生几门课不及格,该留级就留级,该退学就退学。不这样,那还不是"铁饭碗"!适当的淘汰是客观规律,学生在学校学习期间,有留级的,个别还有退学的,这是正常现象。一切课程,各个教学环节都应该要求严格。一方面,各个环节要改革,不能抱着走,要引导学生自学;另一方面,又要严格要求。这就是我们的基本做法。

从现在起,要增加一个新规定:各个系对于本系学生的各科作业,每个月要检查、评比一次,方法自定。最简单的办法就是展览。可事先将本系学生作业的情况摸清楚,哪些好哪些不好,哪些介于中间,然后一起展出,让全系干部、教师、学生都去看,成为群众性的评比。一、二、三年级都学公共课、基础课和技术基础课,特别是一、二年级的课程,一般又都是外系教师讲授,系里往往对学生的学习情况了解不够,因此更要经常检查。我们不要到四年级毕业设计时才进行一次总的检查,应该在整个 4 年中都进行检查。应该进行经常的检查,形成一个长期的制度。检查评比展览时,通知教务处和我们,也可以出海报,让大家都去看看。这样做有两点好处:一是各级领导(尤其是系领导)对情况可以了解得更清楚,二是同学之间可以互相学习,取长补短。

中国有句古话:"教不严,师之惰。"就是说,对学生要求不严格,是教师没有尽到责任。严师出高徒,我希望我们的教师都成为严师。

六、继续用好英文版教材

要做好这一点,首先要进行动员。生物工程系王君健同志就亲自给学生动员。原来这个系有一部分学生不重视英文版教材,动员之后,学生重视了。因此,生物工程系的学生后来使用英文版教材情况有较大变化,不但课程学得好,英文也提高得比较快。所以,动员与否,做不做思想工作,大不一样。

凡是能用英文版教材的专业,至少用 3 门,以保证其连续性。最近看到教研科邹勇同志写的一个报告,讲到无线电技术专业 79 级学生,由于只用过《电工基础》1 门英文版教材,毕业时学生的英文程度提高不大。因此,为了使学生的学习有连续性,除去至少用 3 门英文版教材外,对三、四年级学生还需要指导他们阅读外文文献资料。一些使用英文版教材目前还有困难的系,如建筑学、经济管理、生物工程、固体力学等系,有的专业还很难找到合用的外文版教材,或者只能用 1 门,怎么办?为了保证其连续性,更需要有计划地不断地给学生发英文的活页文选。应该保证学生从一年级的公共英语课起,到四年级毕业,学习英文不间断。

钟声洤同志介绍自己在课堂上掺杂着讲一些英语,板书写一些英文。这个办法,我们前几年已经提出了,但在全校范围内做得很不够。还是要下决心做。首先是从国外学习回来的同志做起,讲课时应掺杂用一些英语。没有出国的同志,也应该尽量用一用,这样对自己、对学生都有好处。我们能否从新的学年起,全院任课教师都先先后后,从少到多地掺杂着用一些英语。万发贯同志提出,让研究生搞一些翻译。这个办法很好。不仅研究生,本科三年级特别是四年级的学生,也可以鼓励他们搞翻译。一方面印发英文的活页文选,另一方面就要求学生将其译成中文。张太行同志提出学生在毕业前进行英语阅读测验,我很赞成。教务处研究一下。对四年级学生再进行一次英语测验,并说明这种测验的成绩好坏不影响毕业,测验的目的只是对学生入学时的英语水平和毕业时英语水平有什么变化做个比较。现在要对所有学生宣布:毕业之前要进行英语测验。

学外语,就是要有一个"环境"。在这方面,外语系的同志对我们有些意见,我们要做自我批评,的确重视得不够。对外语系的学生来说,"环境"非常重要。当然,对其他系,不能同外语系一样要求。但是,各宿舍张贴一份《中国日报》让学生看,总比没有强。它用的是现代英语,我经常看,很有好处。每个系还要不断地宣传,动员学生经常看,更要动员教师经常看,每个教研室都有一份《中国日报》。经常看就知道现在常用的一些英语词汇。

七、其他问题

第一,最大的问题是管理问题。我们要承认,尽管我们主观上想管好,但距离应该达到的要求还相差很远。首先,我们要认识到这一点,才能不断加强我们的管理。例如教材,要铅印,打字、印刷,这些是印刷厂的事。但教材内容好不好,某种教材该不该印、印多少等,完全是教务处的事。教务处决定后,由出版社的印刷厂执行。我们院的教材问题,教务处要负责。今后,凡是教材问题都要教务处负责审查,才能印刷。排课是由教务科负责的。各学期的课程到底怎么排,什么课要先开,什么课后开,应由教研科来考虑。教研科是一个综合的科。

关于实验室,不要以为都是实验室管理科的事,教研科也要管。因为教学实验是教学研究工作的重要组成部分。今后,有关教学工作的所有问题,教务处都要管。教务处是我们教学工作的参谋处。

第二,77、78级留下来的青年教师半天工作半天学习的问题,是我们院里规定的。为什么这样做? 最重要的原因是,现在教育部规定,今后新补充的青年教师,要尽快过渡到都是取得学位的研究生。我院77、78级留校共有三四百人,需要把他们培养提高到研究生毕业的水平。这是我们的责任,应该在全校统一认识。在留校的这一批青年教师中,有一部分同志希望报考研究生,由于工作需要,经各单位做思想工作,这些同志们顾全大局,同意不报考研究生,仍在坚持工作。既然这样,我们就应该尽量安排他们边工作边学习,把他们培养到研究生毕业的水平。至于其中有不认真负责工作的,有关单位要做工作,也要敢于严格要求,特别是青年教师本人,更应该严格要求自己,提高自觉性,认真做好应做的工作。

第三,实验设备问题。今年下半年还要开实验室工作会议,再做研究,这个问题比较复杂,但确实是一个重要问题。

第四,教研室的实验室工作人员问题。这个问题大家没有谈,但问题很多,特别是有的实验员提了工程师以后,架子很大,教研室感到难以指挥。系总支要做工作。现在,工厂的工人都愿意到实验室工作。为什么呢?就是有些实验室很"清闲",又没有人管,可以晚上班,早下班,打毛线。有的还分工很细,不是这个"员",就是那个"员",别的事情不想干。我们今天在这里宣布一条:所有教研室工作人员、所有实验室工作人员,完全归系和教研室指挥,其他任何人不得干涉。至于说工作需要有什么变动,要经人事处同意。具体工作完全由系和教研室负责安排。现在全院已有实验室工作人员600多人,人已经不少了,但管理工作还是问题一大堆,那怎么行呢?系和教研室的党政领导要负责做好这些同志的思想工作。表现好的,要表扬;表现特别好的,要大大表扬;表现不好的要批评教育,不能放任不管。

第五,排课问题。许多学校第一学年上学期的后半学期就开物理课,现在我们是第二学期开。我主张跟其他学校一样,一年级第一学期的后半学期就开物理课,从即将进校的新生开始实行。同志们有什么意见可以提。另外,工程数学的排课要适当排后一点,有利于与专业结合。教务处还要准备晚间排课。

第六,机械厂和电子设备厂的工作是有成绩的,也为教学和科研做了许多工作。现在进一步明确一下,要把为教学和科研服务放在第一位,保质保量保时间,生产放在第二位,同样要搞好。从现在起,原来技工班的那一部分人、房子和设备,全部转为电类专业的教学实习车间的人和设备。至于谁来管理,由教务处和科研生产处商量。

这次会议之后,希望各系各教研室很好地贯彻下去,认真执行。

校办产业与成果产业化[*]

　　高等学校办产业是一个新生事物,但是,这个新生事物的产生过程却有点蹊跷。1988年初,原中央某负责人做出了个并不正确的决策。当时,这位负责人为了尽可能集中国家的有限资金,增加对经济建设方面固定资产的投入,主张要限制对军队和教育的投入,控制军费和教育经费的开支。为此,他提出军队要自我发展,创办各种企业,高等学校要实行所谓"有偿服务",也就是"创收"。在他的这个思想指导下,原国家教委立即召集各直属学校负责人开会,传达进行"有偿服务"的精神。很快原国家教委有关部门的负责人又召开直属高等学校的附属中学校长开会,布置搞"创收"的工作。这位负责人在会上大张旗鼓地说,你们回去把学校的围墙推倒,盖房子做买卖。这样,除军队可以"创收"之外,全国上下的各级各类学校也轰轰烈烈地搞起了"创收"。

　　江泽民同志担任党的总书记以后,曾经在青海视察工作时向当地军队高级干部讲,古今中外都是养兵千日用兵一时,怎么能要军队自己去搞钱呢?又说,要学校搞创收不是我决定的,当时我还在上海工作。可见,江泽民同志也不赞成军队和学校搞创收。很明显,这种不分青红皂白地全军、全学经商的思想和做法,将危及军队和学校的发展。

　　就高等学校来说,1988年初,原国家教委负责人在那个会上将"创收"的精神正式布置下来以后,各高等学校大搞创收,不少学校出现了公司多如牛毛的现象,大学生中也出现了弃学经商的现象。高等学校第一次出现了新中国成立以来教师在教学工作中精力投入不足和学生在学习中精力投入不足的现

---

*　原文是作者为《中国高校高新技术产业的发展研究》(张珏著,华中科技大学出版社2003年版)一书所作的序。

象,引起了社会的广泛关注。

但不久,这种情况逐渐有了变化,高等学校内部公司多如牛毛的现象开始改变,大多数技术含量特别是高新技术含量不高的公司纷纷下马,少数办得好的公司在竞争中生存下来。最有代表性的如北京大学的方正公司、东北大学的阿尔派公司,至今这些企业仍然具有很强的活力。

目前,从全国范围看,高等学校的校办产业逐渐走上正轨,产生了最初意想不到的效果,这就是把重要的、比较好的高新技术科研成果转化成为产品。直到现在,这种势头还在发展过程当中。

1949 年以前,我国的工业不太发达。新中国成立以后,在苏联的援助和我们自己的努力下,兴办了许许多多重要的产业,特别是重工业。但是,产品的生产都是用来自苏联的现成图纸,因而我们许许多多的工厂缺乏自己的研究与开发能力。另一方面,高等学校在开展科研以后获得了许多成果,但是,遗憾的是由于计划经济体制等方面的原因,学校和工厂之间缺乏紧密的联系,这些成果在通过鉴定以后就大多被束之高阁,而不能将其及时转化为产品。这样,一方面工厂自身没有进行产品开发的力量,而高等学校却将科研成果闲置不用,出现了高等学校科研和企业产品开发脱节的怪现象,当然会影响我国经济的发展水平。

当然,目前我国的许多工厂,特别是那些新兴的高科技企业的情况也开始发生变化,但这毕竟是少数,而且也需要有一个发展过程。从总体上看,我国大多数工厂的开发能力还没有达到发达资本主义国家工厂那样的科研开发水平。在这种过渡的情况下,在一些高级复杂的科技领域,高等学校不得不将其科研成果继续开发而转化成产品,这就是我们今天所谓的高等学校的校办产业,它的出现客观上锻炼了教师和研究生联系实际的本领。

有位著名的经济学家发表文章,表示不赞成高等学校举办产业,主要意思是说教育和产业有各自不同的发展规律,高等学校不适宜办产业。应该承认,这位经济学家的观点是有道理的。但是,近年来的事实证明,只要处理得好,高等学校举办产业对于学校的正常教学工作并没有什么不好的影响,甚至还有利于提高高等学校的教学质量和科学研究的水平。

现在在国内计算机市场上赫赫有名的联想公司的产品约占国内计算机市场的 40%。但是,联想最初就是由中国科学院的有关研究所办起来的。当然,高等学校也不能办很多的产业,把所有的成果都转化成产品,那不可能,也没有必要。高等学校的科研成果还是需要交给工业企业转化成产品,这就要求高等学校采取各种办法,加强与工业企业的密切联系。

现在联想公司与中国科学院在管理体制上已经分开了。联想已经变成了一个独立的企业，中国科学院占据着主要的股份数额。这就是所谓的"改制"问题。高等学校所办的企业也在逐渐沿着这条道路前进，使高等学校所办的企业逐步与学校分开，逐步实现高等学校校办产业的改制，这就解决了那位经济学家的顾虑，也可以使高等学校集中精力从事教学和科研活动，提高学校的办学质量和科研水平。这是我们这个时代永恒的主题。

冒尖要靠抓人才*

我们学校要不要冒尖？这是关系学校前途的大问题,回答是肯定的。这是我们应尽的责任,是四化建设的需要。

我们学校能不能冒尖？回答也是肯定的。我们华中工学院有 32 年历史了。中国有句老话,叫三十而立。我院正是年轻力壮,精力充沛,干一番事业的时候;我们有一支力量较雄厚的师资队伍。事实证明我们也可以冒尖,我们的激光专业就是一个很好的例子。这个专业 1972 年设立,开始只有一个小组,教师队伍真正扩充建设是 1975 年。那时到现在不过 10 年,10 年来激光专业发展非常快,现在在全国处于领先地位。最近,国家"七五"重点科研项目中,有一项就是由我院负主要责任的激光。激光专业冒尖了,其他专业也可以冒尖。其他专业都冒尖了,我们学校还不冒尖吗？

学院怎样才能冒尖？人才是根本。所谓人才,学院主要是教师。我们需要好的干部和好的职工,缺少他们是不行的,但教师总是直接进行教学和研究工作的,所以教师是根本。钱、房子、实验设备也很重要,但人才更重要。有了人才,就能创造一切。因此,抓不抓人才,是学院能否冒尖的根本。

学院的各级领导要把教师工作,特别是留学人员(他们是教师队伍的重要组成部分)的工作认真抓起来,忽视教师(包括为数相当多的留学人员)的领导者,是缺乏远见的、不成熟的领导者,也就领导不了学校。因为我院能否冒尖、今后发展后劲大小,越来越取决于全体教职工的素质,越来越取决于教师的数量和质量。像我们这样一个已有各类学生 14000 人的大学,有了教师的优势,再加上做好各项工作,我们冒尖的目的就有把握达到。

---

* 本文是作者 1985 年 12 月 27 日在华中工学院出国留学人员工作会议上的讲话。

这里我想着重谈谈争取出国留学人员回校工作的问题。目前,我院在国外学习进修的研究生和教师有 320 多人,他们是一批重要人才,是我院冒尖的一支重要力量。

现在国际国内人才竞争很激烈,各方面都在抓人才,都在挖人才。这些留学人员很容易被挖走。在国外,特别是美国,别人就和我们争夺人才,况且我们派到美国去的人数又最多。国内亦如此,特别是最近一年,出现了很多新情况,某学校硬是给很多留学人员发表格,欢迎到他们学校去做工作;某学校专门派人到美国和其他国家去做工作,向留学人员许愿,回来之后,给多少待遇,这样那样。还有一个最新消息,某学校有一位副校长,住在美国已有几个月,专门做这件事。

相当一部分留学人员,有不同程度的思想动荡,某些同志还非常厉害。去年下半年,有关部门又普遍给国外留学人员发了表,非常明确地提出:你回国之后,想到什么地方工作? 这也是动荡的原因之一。

我院师资办公室对出国留学人员做了一些分析,这些人可分为 3 种情况:第一种是会回学校来的,有相当一部分;第二种是处于动荡之中的,只要我们做工作还是会回学院来;第三种回学院来困难比较大。

这就需要我们做大量的工作,力争尽可能多的留学人员回学院工作,充实我们的教师队伍,把我们学校搞上去。

首先要在目前条件下尽可能把学院办好,把工作做活,使学院显出生气。这是最根本的。留学人员中不管是愿意回学院来的还是思想上有些动荡的同志,特别关心的是华中工学院今后办得怎么样,前途如何。因此,只有把学院办好,才能吸引更多的人才;只有聚集了很多的人才,才能使学院真正冒尖。事物的辩证法就是这样。

第二要求贤若渴,特别是学院领导。爱国教育家李更生曾在扬州江苏省立第八中学当校长,当时理化教员董伯度,教课好,后因家中老母无人侍奉,力辞八中课务。李更生固留未果,便亲去董的家乡,向其老母求情,竟至长跪不起。董母大为感动,立即促儿就道。李更生求贤若渴,礼贤下士,仅三四年时间,就使一个落后的八中跃居全省前茅。我国著名科学家、教育家竺可桢教授出任浙江大学校长时就认为,校长最重要之任务在能请得良好之教员。他在旧中国办大学,就确认师资队伍建设是办好大学的根本,今天看仍是至理名言。

第三要切实了解关心、研究解决留学人员的一些具体问题。如他们在国外研究什么课题,论文内容是什么,回学院后其研究课题能否继续下去等。如果忽视这些问题。我看很大可能他就会飞。还要关心他们的婚姻、家庭、子女、房子、煤气等。此外，要注意学院教师中一种潜伏着的嫉妒心理。"他的研究课题不错，恐怕回来就会超过我。"结果武大郎开店，超过自己身高的不要，给留学人员回来设置障碍。这种人虽然不是多数，但看来也不一定是个别的，应注意防止。

第四要重视发挥已经回国的留学人员的作用。如果现在在国外的同志想了解某某同志回国以后干得怎么样，一打听，原来回去以后什么也没干，那就影响很坏。我听到有的同志反映，回来 9 个月了，课是教了一门，但研究工作到现在还没有着落，他感到非常着急。我们学院回来的出国人员已有 200 多人，应该一一检查，是不是还有此类情况。特别是有的同志在国外的研究工作有相当的价值，现在国内也很需要，这种情况我们千万不能置之不顾。当然不可能没有困难，要下决心去解决。否则，他就去找其他单位，而其他单位也确实需要，而且挖得很厉害，我们千万要注意。

当然，抓人才、抓师资队伍建设，有很多工作要做。在这里，我着重谈了抓好留学人员工作的问题，供同志们研究。只要我们具有战略眼光，具有很大气魄，抓住事情的关键，工作又很扎实，就一定能够使我院跻身于高等学校的前列。

开创师资培养工作的新局面[*]

蒋筑英、罗健夫两位同志的光辉事迹在报上发表后,胡乔木同志非常重视。11 月 29 日《人民日报》刊登了胡乔木同志的文章《痛惜之余的愿望》。今天我就从这篇文章谈起。

一、胡乔木同志的文章给我们的启发

首先就是启发我们所有的同志都应该认真向蒋筑英、罗健夫同志学习。胡乔木同志说:"首先当然是希望大家(不限于知识分子,而是一切党员、团员,一切觉悟的青年和觉悟的劳动者)都向他们学习,特别是希望那些至今对知识分子还有某种不信任感、不敢推心置腹的人们,以及那些一味争名夺利,甚至对社会主义祖国至今还有三心二意,羡慕资本主义'天堂'的人们,多读读他们的事迹。"我们每一个同志都应该争取成为活着的蒋筑英、罗健夫,特别是党的十二大召开了,要全面开创社会主义现代化建设的新局面,非常需要我们活着的人们都成为活着的蒋筑英、罗健夫。能够做到这一点,我们国家在本世纪末肯定可以实现党所设定的战略目标。

这篇文章在某种意义上更重要的启发,是对各级领导而言的。对我们院领导来说,一是要关心人,关心知识分子,要非常关心。政治上关心,工作上关心,生活上关心,各方面都要关心。蒋筑英和罗健夫同志都是由于得了病,不幸过早地去世了。这就引起我们对学校所有的人,特别是对现在工作负担和家庭负担都很重的中年教师与中年干部要给予更多的关心。大家很清楚,不仅是我们学校,其他学校也有类似的情况,这几年不幸去世的中年人占的比重

---

* 本文是作者 1982 年 12 月 9 日在华中工学院师资培养工作会议上的讲话。

要大一些。我们已经注意到了,如今年初,曾经给中年教师与中年干部总共补助了 4.7 万元,目的就在这里。今后更要进一步关心大家,这是我们领导的责任。

对于我们领导来说,二是要经常注意如何发现先进人物,发现人才。在实际工作中,不论是教师、干部、工人,也不论是研究生和大学生,事实说明是有先进人物的,是有很多积极分子的,是有人才的。问题在于我们领导如何认真对待,及时发现,发现之后如何进一步加以培养,把他们的事迹加以介绍推广。这是积极因素,把这样的积极因素发扬光大,对于整个工作和事业好处极大。我们这几年虽然做过一些,但做得很不够。

这是读了胡乔木同志文章后受到的启发,要把这些启发变成我们的行动。

二、两种不同的精神状态

一种叫做等工作,走过场,这是一种不好的精神状态。我们要检查一下,在实际工作中,有没有这样一种精神状态呢? 所谓等工作,就是有人找来了,说两句;不找来,拉倒,没有事。上面布置的工作,原封不动地往下布置,很少考虑效果。这就叫做工作一般化,甚至是很一般化,比一般化还要差。上面不布置工作,他就没有事嘛。在这种精神状态下办事,就是走过场。开个什么会,不管是一天两天或三天,往往是走过场。既然是走过场,那就很简单,不需要动什么脑子。这样一种作风、这样一种精神状态,是很不好的。用党的十二大精神来衡量,就差得太远了,要下决心防止和克服。

另一种精神状态是找工作,抓效果。不是等工作,而是主动地考虑我要抓什么,主动去找工作。经常动脑筋,考虑问题,调查研究;根据实际情况,提出问题,解决问题;同时注意到效果。这是很好的精神状态。我们需要这种精神状态。

从精神状态来检查,对待先进人物,在我们这里有 3 种情况。一种是不重视发现先进人物,主要是讲我们领导。第二种是发现了有先进人物、有人才、有积极分子,但是当一提出要表扬、要介绍、要推广的时候,就有点顾虑:万一这个同志又出了问题,我们领导就被动了。犹豫不决,有时候做一点,有时候就可能不太想做了。第三种是这几年我们表扬了一些好人好事之后,固然有不少同志得到好的影响,受到鼓舞,这一面占的比重是大的,是主要的。但是有的好人好事表扬之后,就听到某些闲言闲语,或者叫做冷言冷语,或者叫做讽刺挖苦。以致一些先进的同志与积极分子一听说要表扬,就害怕:"哎呀! 可不要表扬我。"意思就是说:一表扬我,弄得不好,我反而被孤立了。当然实际上是不会孤立的。

闲言闲语、冷言冷语、讽刺挖苦是个别人干的,但是却起作用。同志们处在一个普通教师的地位,或者是处于一个普通干部的地位,有时候听到几句闲言闲语、冷言冷语,情绪上是很难不受影响的。我们这些人大概也不能说不受一点影响,但一般地说,我们对冷言冷语心中有数。

为了我们的工作,当然还是要表扬,但是也要指出这种不好的现象。从精神状态来说,极少数人,他自己不努力,不提高,别人努力、提高,他还说些闲言闲语、冷言冷语,甚至于讽刺挖苦,应该感到羞耻。对于这样的人,第一要敢于教育;第二他越是那样讽刺挖苦、冷言冷语,我们越是要表扬好人好事。我们相信,只要我们这样做下去,那种歪风邪气总有那么一天会基本消灭的,甚至于完全消灭。

以上 3 种情况都要解决,谁来解决呢? 首先是我们领导来解决。其次,全院的同志们共同努力,对这种不健康的精神状态要敢于做斗争,对不正确的话要敢于指出。我们共同努力,要和那种反对表扬先进的现象做斗争。如果不和这种现象做斗争,我们的工作就难以前进。

三、如何打开师资培养工作的新局面

为了打开师资培养工作的新局面,提出以下一些措施:

(一)著书立说

我们提倡教师以及干部和其他的同志著书立说,要敢于著书立说。就主要内容来说,第一种是教材和教学参考书;第二种就是专著。

关于教材,这几年一直有统一的安排,第一轮统编教材已经过去了,现在正在进行第二轮。最近各系、各教研室都陆陆续续地承担了若干任务,希望能够做得更好一点。对于已经确定的编写教材的任务,一定要认真做好。有些教材没有确定我们主编,但是我们认为自己的教材或者讲义还不错,就可以进一步修订,搞得更好一些,继续使用,可以出版。教育部并没有规定安排教材编写任务后,其他学校不允许另外再自编教材。因此,我们可以另编教材,这也是一种革命竞赛。

这两天同志们的发言已经初步地提出了若干选题,我觉得很好,会后要进一步发动大家写专著。水平够不够,质量高不高,可以写出来后再征求意见。只要确实写得不错,够水平,要想出版,我们学校的出版社一定支持。

对于著书立说的同志们,我们要给予应有的帮助和支持。有些老教授准备写书,如果需要别人帮助,可以提出来。因为写书的时候要查阅一些资料,若是靠一个人，精力就受限制了，老同志没有那么多的时间。因此，有关的系要负责配备助手，协助老教师查阅文献资料。我想，我们对于所有的同志，凡是要著书立说的，都要给予帮助，给予支持。

（二）要不断扩大硕士和博士学位的授予权

现在我院还有1/3的专业和学科没有硕士学位的授予权。怎么办？要力争在三五年内全部通过。如果不争取早一点得到硕士学位的授予权，招研究生困难。有不少人就不愿意报考没有授予权的专业或学科。而且，即使招了研究生，到了学位论文答辩的时候，没有授予权，就要请人家来帮我们答辩，麻烦得很。因此，有没有学位的授予权关系到我们今后的研究生工作。而研究生工作是我们学校今后工作的重要部分之一。

我院今后的发展规模，到1990年大学生是12000人，研究生是2000人。1990年以后研究生可能还要增加。这既参考了国外大学的经验，又有我们最近几年的经验，多招研究生是提高质量的重要办法之一。如美国麻省理工学院，大学生和研究生是1∶1，4000大学生，4000研究生。加州理工学院也是一比一，1000大学生，1000研究生。我们尽可能多招些研究生，这样做是符合十二大精神的，对我们学校今后的发展和提高也大有好处。

关于博士学位的授予权，现在我们是9个专业学科点、12位教授有博士学位的授予权。在今后的8年中，还有大约5/6的专业和学科要争取逐步得到博士学位的授予权。能不能实现，有待于今后的工作，要凭我们的真本领。

（三）大搞科学研究

不大搞科学研究，以上两点，特别是第二点，扩大学位授予权，难以做到，学校的提高就困难了。从"文化大革命"后期一直到这几年，我们的科学研究是很有成绩的，这是大家努力的结果。现在，需要进一步大搞。

为了大搞科研，第一要重视学术带头人。现在已经有一些学术带头人，能够授予学位的，特别是能授予博士学位的，自然是我们的学术带头人。但是，学术带头人不限于老教师，还特别要重视中年教师。中年教师中已有一些是学术带头人，但是现在看来不够，除在老教师中要进一步出现更多的学术带头人外，要把一批中年教师学术带头人带出来，冲上去。我们要非常重视这一点。在中年当中培养学术带头人，我们要下功夫。

对青年教师也必须给予应有的注意。尽管他们还是助教或讲师，还应该承担助教和讲师的任务，做好他们职责范围内的工作，但是我们已经发现青年教师中确有人才。个别同志在对待这些人才的态度上，存在着一些不健康的现象,这是很遗憾的事,也是需要加以纠正的。在青年人当中发现了人才,我们应该非常高兴,而不应该有其他的想法。应该培养他们,发挥他们的作用。即使他们有某些缺点,也应该帮助他们,要把这些同志培养成为我们的学术带头人。在国外,这种情况是很多的。我希望在我们学校中能出现 40 岁以下或 40 岁左右的学术带头人,这是非常可喜的事情,这对我们党和国家的事业也是非常有利的事情。

第二要重视选题。现在的题目来自四面八方,其中有相当部分是小题目和不大的题目。这也是人家提出来的,我们承担不承担?一般来说,只要对大题目与重点题目没有什么妨碍,在人力安排上能排得过来,可以接。但是我们总得注意大题目,总要想法承担国家的重点题目,这对国家有好处,对于我们学校的成长有好处,对教师的提高有好处。

重视选题,题日是有的。学科或专业的负责同志或者有影响的同志要亲自出马去找题目。

第三,组织梯队。这个问题我们抓了相当一段时间,大家也做了许多工作,现在看来大多数是好的。也有少数的梯队,不是那么落实,实际上根本不成其为梯队。当然,这是极少数的现象。我们希望这个问题要彻底解决,名副其实地把梯队组织起来,这里面有老、中、青,有学术带头人,有一把手、二把手,最好还有三把手。

(四)压缩必修的专业课,增加选修课

不是不重视专业课,专业课有其重要性。但是根据多年来的经验,专业课很有必要压缩。当然学生还是要买教材,全部都要看,但在课堂上的讲授要压缩。不要动不动 40 个学时、50 个学时,就是要有重点地讲,其他的内容学生自己看。对四年级学生还那样头头是道地讲,是浪费,不能培养学生的自学能力。所以,坚决压缩必修的专业课,要将学时空出来增加选修课。

选修课的内容,一种是与专业有关的科学前沿性的内容,就是国际上新的成果,包含着新的动向,都应该讲。四年级的学生,可以和研究生在一起听,青年教师也参加听。第二种是讲跨学科的东西。我们现在从苏联学来的专业设置,把知识面搞得相当窄。而科学技术的发展,很多东西要扩大知识面,有些跨学科性质的东西要讲,就要采用选修课的形式。第三种是专题,讲科学研究的成果和心得。我们有那么多的成果,为什么不向学生讲?正因为是这些内容,选修课就会是年年在变化。必修课的教学内容也应该是变的,更何况选修课呢?选修课变化应更多一些,应该是百花齐放。当然,教务处大的方面要掌握,系和教研室要具体掌握。增加选修课,对教师是个提高,对大学生、研究生好处极大。

(五)发挥出国人员的作用

我院这几年到国外去学习的已有220余人,到现在为止,已学成回国的60多人。我们要很好地发挥这些人的作用。

对于在国外的同志们,不管是教师,还是研究生,我们有关的系与教研室都要和他们保持非常密切的联系,要让他们了解校内的工作情况。尤其是要向他们提出要求,利用在国外的有利条件,请他们帮助收集资料。有些问题解决不了,请他们去向别人请教。这是一个非常好的机会,很大一批力量。这一点现在还没有引起全校的注意,主要是过去我们强调不够。事实证明,出国的同志是很热心的。但我们没有提出具体要求,太可惜了。

已经回来的同志,要充分发挥他们的作用。现在总的来说,他们回来后都向教研室、向系做了汇报,但是据我看只是做了一般性的汇报,这是不够的。应该像听讲学回来后那样,向教研室做详细汇报,把在国外学的比较新的东西,以及校内同志们不太熟悉的东西,像讲学一样安排时间详细地讲。大家都很忙,天天讲办不到,可以安排一个星期只讲一次或者两次,讲了以后,大家要议论,要提出问题。因为讲的时候不可能面面俱到,听的人可以提出来。如果一时回答不了,可以写信去向国外的熟人请教。回国的同志们讲的时候,还可以不局限于一个教研室、一个系,有些内容要向全校开班。跟教务处、科研生产处研究后正式下通知,要大家报名参加。我们要看到,现代科学的互相渗透越来越明显,再加上我们的教师知识面比较窄,所以要扩大听讲课的范围,这样整个学术空气就活跃了。

(六)继续有目的有计划地派教师出国

一种是计划内的,就是教育部分配计划指标的。对于计划内的,我们下一步向国外派的时候要注意两条:一是选什么样的人出去,二是到哪儿去。这几年我们派出去的同志绝大多数是恰当的,但是看来也有百分之一二不是那么太恰当。另外,前几年我们对国外的情况不熟悉,反正只要有地方去就行了。现在对情况比较了解了,我们以后派出去的,要把学校选好,要把对方是哪一个教授选好。一种是著名大学,一种虽然不是著名大学,但是它某一个系、某一个学科或某一个教授很有水平。因此,选点、选指导教师很重要。现在我们到著名大学去的人太少了。我们要想办法挤进去,要尽可能多挤一点进去。能不能挤得进去呢?事在人为。你根本没有下决心去挤,当然人家也不会来请我们。但是根据这几年的经验,真正下功夫往里面钻,还是可以钻进去的。

当然,与我们派去的人的水平很有关系。既然是著名大学,它的水平是高一些,要求也更高一点,我们派去的人水平也要高一些。我们有个研究生最近到美国麻省理工学院去了。麻省理工学院要求很高,就是对美国的一些学校授予的硕士学位一般也是不承认的,自然也不承认这个研究生在我院取得的硕士学位。但是,后来指导教授一看他的硕士学位论文,认为有水平,承认了,而且马上要给钱。因此,我们派去的人要是水平高的,不然影响学校名誉。选人、选点、选教授这一条特别重要,可不要认为反正能出去就行,这已是前几年的事了,再不能这么干。国家一年花那么多的钱,而且现在派出去的数字比过去减少了不少,我们更要把事情办好。

除了计划内的以外,计划外的还要大大发动。具体做法主要是,到国外去和人家一起搞研究工作,而不是一般的访问学者。首先建立个人关系,把你的文章寄去征求他的意见,"以文会友",也写信去要他的文章,你对他的文章也提意见。有那么半年、一年,互相之间了解了,他感到你有水平,他手里有课题有经费,就会愿意要你同他合作搞研究,还会给你报酬。这条路子很宽,也是国际上通行的做法。另外,今后有一些年轻的或比较年轻的同志出去,就在那里读学位,也是可以的。反正是要多种形式,争取更多的人到国外去学习。

（七）有计划地请国内外学者讲学

国外的学者当然还是要请,但是总有一个计划的限制。至于说有请过的,请来了,也只是三五天,座谈一两次,讲一两次课。不是说这没有好处,但看来好处不是太大。当然也有一个好处,可以建立关系,交个朋友。

为了提高,更需要在国内多请一些学者来讲学。事实证明,完全办得到,也很方便,又不花外汇。我们请来的同志们,他们都非常认真,力求把课讲好。我们语言研究所办的语言学习班,请来的国内的学者都讲得很认真,结果那些来自一些大学中文系的在学习班学习的教师非常满意。我院是多年的工科学校,在数学和物理方面的知识还有许多不足之处。这个问题怎么解决?看来对中老年教师来说还是缺啥补啥。就是青年教师,总的来说基础要打好,但也不是盲目打基础。问题在于,究竟缺什么,要补什么。我们应老实承认,还搞得不太清楚。我们在国内请一些学者,特别是理科或者工科方面有造诣的同志来讲一讲,就明白了。国内的学者,过去尽管我们请了一些人,看来还要进一步放手。这样坚持几年,我们会得到很大好处。

（八）搞好讨论班

这件事,一般地说,已经引起重视,也见之于行动了。现在的问题是应该做得更好一点。我觉得讨论班还是固定时间好。至于说内容如何,这是加强领导的问题,要做好准备工作。只要把工作做好了,讨论班一定会有内容,每星期搞一次,大家不但愿意参加,而且会有收获。今天我在这里介绍一件非常好的事情:教五舍有 9 个青年教师,从今年 9 月以来,自动地组织了一个讨论会,每周星期一、星期三晚饭后的 6 点半到 7 点半,9 个人聚会到一起讨论问题。这 9 个人属于 8 个专业,讨论什么业务呢?他们认为,了解相近专业尤其是相近专业的基础理论是十分重要的。因此,决定第一轮分别介绍自己专业的有关知识,如果大家对某一个问题特别感兴趣,以后再找时间重点介绍。9 个人 8 个专业,一讲起来真可以称之为百花齐放。这可是一个非常重要的好的做法。我们要大大提倡这个做法。我们没有框框,还是自愿嘛,你愿意做就做,不愿意做就不做。但是这个例子给我们这样一个启发,就是前面讲的讨论班更应该做好。因为那是 1 个专业或是 1 个学科、1 个教研室或是 1 个教研室内的 1 个组,应该说那样的讨论班就更好办了。讨论班究竟如何讨论法,完全由你们自己定,我们没有任何框框。可以读 1 本书,也可以大家分头去看刊物和文献,看了之后拿到会上来报告,做介绍。把这件事情做好,做它一个学期、一年,应该说就有很大收获。假定你这个讨论班有 10 个人,10 个人分头看,每个人两个星期看 1 篇吧,每个星期就有 5 篇,恐怕一次讨论会上还没有那么多时间来介绍哩!办法由你们自己定,要说没有内容,我就不相信。现在我们教师到图书馆阅读外文期刊的人数还是不多。是不是大家都不愿去看呢?不能那么说,我说大家都愿意看。一是因为工作多,二是由于现在阅读能力还受限制。能阅读,但是慢。我觉得教研室可以出钱多复印一些资料,放在教研室保存起来,大家好好地消化,把国外的最新动态吸收过来,说实在话,"最新动态"也许不怎么新了,人家在国外两年之前的文章我们都不注意,不很好地加以阅读、考虑,那就只有落后,只有爬行!

(九)继续学好外语

我们还是提这么一个要求:到 1985 年,凡是国外的学者来讲学,是用英语讲的,都不能用翻译了。到 1985 年可能还有百分之二三十的人直接听有困难,但这恰恰是对他们起一个促进作用,使他们赶快把这个问题解决好。决定不用翻译,会使有些同志不再有依赖性。不然,有的人就会认为反正有翻译,讲英语时他就不注意听。我看困难虽有,但事情总是逼出来的。至于用其他语种讲学的,业务翻译全部由有关教研室负责解决。也就是说,教研室要做到语种配套。讲法语的也好,讲日语的也好,讲德语的也好,讲俄语的也好,各个教研室都要解决本教研室的语种配套问题。

为了实现这个要求，要继续采用一切可能的办法把外语促上去。暑期外语班不但还要办，而且要办得更多一些。暑期英语班还要像这几年一样，想办法请10个人来讲课。再加上德语、法语、日语、俄语，暑期也要开班。我想到暑期开班的时候，不单纯是请外籍教师，国内其他外语学院的教师，我们也请来讲。毕竟是放了暑假，不像平时参加学习矛盾那么多。这是一个办法。

第二个办法，是假期以外办各式各样的业余班，因为在平时办脱产班矛盾太多。

第三，要造成一种学习外语的环境和气氛。也就是说要提倡多用外语。讲课可以用外语讲，特别是给研究生讲课，更要多用外语，或者是用汉语加英语来讲。讨论班更方便一点，可以用英语发言。都是有关的教师，讲本行的事情，可以自愿讲英语，也可以汉语加英语。另外，我们现在就有一些外语科教片子和录像，可多放几遍。每个教研室都有1份英文的《中国日报》，全校共100多份。我们为什么要这样做？就是要促进大家学英文。请各个教研室、各个单位检查一下，那份英文的《中国日报》起了作用没有？如果起了作用，希望起更大的作用；如果说摆在那个地方根本没有人看，就太可惜了。《中国日报》好处在哪里呢？是真正的现代英语。语言总是发展变化的，有些新的词，你只有看报纸才能够发现。外语这个东西，学了之后要巩固就必须用，不用总不行。据说在这个问题上有时会遇到一些阻力，比如某某教师在开会发言时夹杂了几个英文名词，有人就背后议论，说他想出风头。这怎么行呢？我说，我们是搞学术研究的，在我们的发言和讲课中掺杂一些英语，不但可以，而且完全必要，是应该提倡的。这一点要大讲特讲。我赞成日本的做法，所有的外来名词术语不另外译意，而是译它的声音。采取这个办法对看外文杂志就会方便多了。

（十）关心双肩挑的同志的业务提高

现在做党政工作的，不管在机关里也好，在各系也好，特别是教研室的支部书记，绝大多数都是很忙的。越到教研室越是双肩挑，名副其实的双肩挑。由于这些同志是双肩挑，就带来一些困难，主要是业务上受到一些影响。这件事要确定一条原则：凡是双肩挑的同志，或者说相当一部分双肩挑的同志（主要是指系以下，系和教研室），既担任教学科研工作又担任党政工作的同志，要给他一定的时间去进修。比如说工作三四年左右，要给他一年左右的时间去搞业务。脱产一年，在这一年中，他的工作由别人来负担。

以上10点措施，是说的业务上培养提高。与此同时，为开创师资培养工作的新局面，思想工作要进一步大抓。我们要在教师当中，在实验室工作人员当中,乃至于全体人员中,深入学习蒋筑英、罗健夫的光辉事迹。知识分子是工人阶级的一部分,这一点已经非常明确了,党做了结论,把过去那些"左"的东西彻底地加以肃清。正因为是工人阶级的一部分,要求也就更高了,责任也大大地加重了,我们应该增强责任感和提高自觉性。千万不能这样:等着别人来做我们的思想工作。不错,我们的思想政治工作是要加强,但是另一方面,每一个同志也要大大地提高自觉性,自己要做自己的思想工作。现在绝大多数同志是自觉的或比较自觉的,工作是积极努力的,精神状态也是好的。但是今天在这里要指出来,也有些现象非常值得我们注意。一个是科研道德问题,比如说,有个什么资料,就据为己有。我们国家还这么落后,你那个资料也未见得先进,你据为己有又能解决多大问题呢?科研道德不单纯是这个问题,我是举这么一个例子。当然,有这个问题的只是个别人,但很值得注意,我们要帮助他加以解决。第二个是有些同志互相捏不到一起去。有两种情况,一种硬是有矛盾,这当然严重些,是团结问题;还有一种呢,没有什么矛盾,但是都想各干各的,不愿意合在一起干。特别是教授、副教授比较多的教研室有这种情况,很值得我们警惕。有的同志总是想,我现在是副教授了,不愿意和另外一个副教授合作,想自己单干。同志们比我了解,现在的科学技术,不是凭个人的本领啊,现在的科研工作是要靠集体,要打"团体赛"。特别是有些重点项目,你要把它攻破是很不简单的。所以一定要照顾大局,不能各干各的。至于说互相之间硬是在那里闹矛盾,应该说那是不允许的。当然,要谈思想问题,绝不限于科研道德,也不限于人与人之间的关系,还有其他。我们要把学习蒋筑英、学习罗健夫的自觉性大大地提高一步,拿蒋筑英、罗健夫的光辉事迹对照一下自己,找到差距,阔步前进。

略谈思想政治工作作风[*]

　　中共中央宣传部理论局和中共中央书记处研究室理论组编印的《调查和研究》第 161 期,刊登了武汉建筑材料工业学院院长塞风同志的文章《当前我国高等教育存在的问题和改革的意见》。文章指出学生在思想上存在的主要问题是:①进取精神较差,真正刻苦钻研的少;②劳动态度较差;③组织纪律较松弛。塞风同志提出的 3 点,非常值得我们考虑,我个人是同意的。这是"文化大革命"的后遗症,有待于我们加强思想政治工作和其他各项工作加以解决。

　　根据当前的情况,我想着重从转变工作作风方面,谈谈如何加强思想政治工作,尽可能谈具体点,不泛泛而谈。

一、工作要主动

　　听起来也是老生常谈,但今天提出来,有其特殊的用意,因为我们的思想政治工作和教学工作、科学研究工作、后勤工作有区别。教学工作首先有教学计划,有一整套内容,大家也很熟悉。科学研究工作虽然和教学工作情况不一样,但是一旦有了科学研究任务,工作就很具体,特别是承担了外面的任务,到一定的时候必须完成。后勤工作更具体,学生食堂、学生宿舍、学校医院,只要稍有问题,意见就随时反映上来。

　　思想政治工作弹性非常大,多做一点,少做一点,好像一下子看不出来;工作主动一点,被动一点,似乎出入也不大。正因为思想政治工作有不同于教学

---

　　* 本文是作者 1983 年 6 月 30 日在华中工学院优秀政治辅导员和模范班主任表彰会上的讲话摘要。

工作、科学研究工作和后勤工作的这一特点，思想政治工作更需要主动。否则，就很难说了，偷点懒也无所谓，日子照样地过。当然，我们做思想政治工作的同志们还是很努力的，我只是说和教学工作、后勤工作比起来，思想政治工作弹性比较大。因此，要加强思想政治工作，就要主动去工作。思想政治工作用武之地非常大，问题就在于我们主动不主动，是否能在这个舞台上大干一番。例如中央一位负责同志提出来要把青年培养成为完全的中国人，我们就主动提出要进行历史和地理教育。希望院党委宣传部和院团委赶快组织不脱产的教师队伍，发动干部自愿参加，暑假中开始备课，暑假后就干。这就靠我们的主动性。反之，我们不干这些事，省里不会批评我们，教育部不会批评我们，中宣部也不会批评我们。但我们下决心主动去干，就会取得一定的效果。我们以负责的态度去干，这就表现出我们的自觉性。我们做思想工作的人应该有更好的思想觉悟，要有更高的自觉性。这样的例子很多，干与不干大不一样。这就是思想政治工作在作风上一个很大的特点，我们要养成主动的作风。

二、政治上要敏感，千万不要迟钝

我们多年来的习惯是，上级有了指示、通知，我们照办，这当然是对的。但如上级没有指示，没有通知，就往往容易放松，不一定干。现在看来，上级也不可能什么事都下通知、指示，尤其是属于思想政治工作方面的事情就是靠我们政治上敏感，主动地去做。报纸上发表了蒋筑英、罗健夫的事迹，当时，中央领导同志也没有发表什么讲话，中央更没有发什么文件，报纸上登了材料之后，怎么办？我们是等文件、指示，消极等待或置之不理，还是主动地抓全院师生员工学习蒋筑英、罗健夫的事迹？很明显，我们不能等待，更不能置之不理，要及时用蒋筑英、罗健夫的事迹把大家进一步动员起来，这就是政治上的敏感。又如张海迪的事迹，开始只是报纸、广播、电视中宣传，我们也不必等指示、通知，而应及时地去抓。院内各基层也不必等院党委的通知。就我来说，有时候也有点迟钝，你们不要等。如果感到没有把握，不妨跟我们通个气，打个电话，告诉我们想开展一个什么样的活动，问题也就解决了。院内各总支、支部，直至政治辅导员和班主任，有这样的自主权，相信你们会很好地利用这个自主权。有些同志已经这样做了，很好。许多事情都是通过报纸、广播、电视来推动工作的，我们不要把看报纸仅看做是看看新闻而已。看报时，就要联系我们的工作。

三、要有具体的计划

我们的思想政治工作每年都制订计划,今后的计划是不是要尽可能具体一点。思想政治工作似乎没有一个客观的标准可以衡量,不像教学工作可以量化,往往容易走到哪儿算哪儿,因此必须有计划。我最近特别强调第二课堂,希望院党委宣传部和院团委落实于具体计划。我们把课外活动改称为第二课堂,并不是因为这个名字有点新鲜,而是在认识上有所提高。第二课堂显然是相对于第一课堂而言。第一课堂有一套教学计划,第二课堂尽管不能够做到像第一课堂那样具体,但也得通过我们的摸索尽可能具体一点。计划制订之后,我们就得努力去实现,而不是做到哪儿算哪儿。第二课堂的一个重点是进行历史和地理教育,在制订计划时,当然要实事求是,不能一下子定得太高,但是经过研究,计划制订以后,就要下决心实现。第二课堂的另一个重点,是推动学生课外的科技活动,也要制订计划。既然是课外的活动,当然是自愿参加,但也不能放任自流,要通过我们的工作吸引学生参加,这都需要有一个具体的计划。

四、不要一阵风,走过场,要有顽强的精神

做工作要有顽强的精神,持久地干下去。要有连续性,一件事情要干好,确实非一日之功。我们这两年规定每星期日晚上,学生必须开会,两周一次班会,两周一次团的小组会。但是据我所知,多数班执行得是比较好的,少数班执行得比较差,这件事不要我们总提醒,要长期坚持下去。这就是我们思想工作的老传统,是宝贵的。这也是培养组织性的办法之一。团的小组会还有它特殊的重要意义。

现在在中学中团的工作开展得很多,存在的问题也很多,以至于入学的新生 90% 以上都是团员。当然不少同志思想认识还比较好,但是确有相当一部分团员觉悟太低。如果团的小组会不能每两周开一次并长期坚持下去的话,这个团组织就什么活动也谈不上了,一盘散沙。很明显,连个最起码的组织生活都没有了,还有什么团组织呢?对团员和团组织的要求,都将是空话。

我们的各项工作都应该这样,只要这个工作是对的,是必要的,我们就得坚持下去,才有效果。在做的过程中,发现了问题,就加以改进,但要坚持,办事情就怕一阵风,走过场。

五、要抓典型,万万不可一般化

我们今天开这个会就是抓典型,叫做表彰优秀政治辅导员、模范班主任。另外还有一大批同志受表扬,包括我们机关中和马列主义教研室联系学生班的同志,这就是抓典型。在一个班里也有典型,还是以表扬为主,通过这样的工作方法,培养骨干,正气就逐渐地树立起来。在班上,也做个别的较差学生的思想工作,慢慢地,歪风邪气就下降了。

要树立好的典型,否则就叫做一般化。我们的各项工作都应如此。教务处同志们说,现在教师还是搞教学的不搞科研,搞科研的不搞教学。确实有这种情况,改变要有个过程。但是已经有这样的教师,既搞教学,也搞科研,还搞得不错,我们就应该把这样的教师经常地加以介绍,一个、两个、三个、若干个,有多少算多少。久而久之,这个面就扩大了,靠下命令不那么简单,何况其中还包含着许多实际问题。

又如教书教人,现在有不少教师在这方面做得不错,我们要进一步表扬,使得更多的教师受影响,往这方面去做。但是要注意,表扬的时候要实事求是,千万不要浮夸,一就是一,二就是二,要准确。

六、要严格要求

我们的校风是团结、求实、严谨、进取。严格要求就是严谨。做工作严格与否是大有出入的。例如考试舞弊,原因就是我们领导没有严格要求,没有过问这事,加之"文化大革命"带来的不好影响,以致造成了分数贬值的现象。于是,我们负责抓,一抓就起了变化。以后凡是考试的时候,我们都要严格。我们也相信百分之九十几的学生是守纪律的,但是就有那么一个、两个、三个不守纪律,在手上或在草稿纸上写个什么东西,再就是在口袋里面带个什么东西,在教师不注意的时候就交头接耳等。这不单单是个分数问题,更重要的是思想问题。如果不注意的话,个别的学生久而久之就养成了一种投机取巧的坏思想,不好好学习,到时候舞弊。

第二课堂活动定了,也要严格要求。"文化大革命"带来的影响,一个叫"多一事不如少一事",一个叫"算了吧,何必那么认真呢"。我们要逐渐改变这种情况。当然,许多同志在这方面做得是不错的。

上星期一,我到教室去听教师上"高等数学"课,绝大部分学生认真听课,但有两个学生在睡觉。那一天是早上第一堂课,天气很正常,我当时把他们叫醒了,也问了他们的名字,转到有关的系,把这两个学生全面的情况了解一下。

我们的责任就在于要教育，上课睡觉，当然不是大问题，但是同他们谈一次话进行教育也是应该的。

过去为什么要求系里的同志，在每天上午要尽可能到课堂上去看看，也是这个意思。当然说了之后，那一阵还做了，现在看来，恐怕也很差。其实，系主任、总支书记、副书记、分团委书记，还有系办公室的同志，一般讲，上午的事情比较少，很可以到教室里面去转一转，到实验室里去看一看，哪怕就是花一个钟头转一转也好，这个教室看看，那个教室看看，这样积累起来，就可以了解许多情况。这也靠我们主动，经常化。

将正气进一步树起来[*]

　　从粉碎"四人帮"到现在，已经 5 年半了。我们学校同全国一样，正气已基本上树立起来。这是主流，必须首先肯定。但是，我们也必须看到，正气还不足。就是说，在有些单位，在一部分人中，还有一些不好的东西、不良的风气。现在的任务是要进一步克服不好的风气，将正气进一步树起来。

　　不好的风气，在教职工中、在学生中都有。

　　在教职工中，主要表现在：

　　工作不服从调动，不服从组织安排，自己却不以为不对；

　　对不服从组织调动和安排的人，有些同志不但不帮助，反而表示"同情"，做"好人"，也不以为不对；

　　不积极工作，马马虎虎，得过且过，不遵守劳动纪律，迟到早退，不以为不对，反而心安理得，特别严重的是个别人借故不上班，甚至胡作非为；

　　不仅自己不好好工作，而且对积极工作的人进行挖苦、讽刺，也不以为不对；

　　自己不如实汇报情况，反而对反映情况的同志不满，说是人家"告了我的状"，也不以为不对；

　　对自己的缺点、错误不做自我批评，别人提了意见，反而非常不满，怀恨在心；

　　抱自由主义的态度，遇有不良现象，不批评，不斗争，怕得罪人；

　　公开伸手要名要利，也不以为羞耻；

---

　　* 本文是作者 1982 年 6 月 3 日在华中工学院传达湖北省"五讲四美"积极分子、先进单位代表会精神的大会上的讲话。

还有极少数人散布流言蜚语,拨弄是非,甚至制造谣言……

还可以举出一些,主要的有以上几种。

在学生中,主要表现在:

进了大学就认为进了"保险柜",有了"铁饭碗",因而松了一口气,不好好学习;

自己不好好学习,但又想得到虚假的好成绩,因而采取种种不正当的手段(如考试时设法舞弊)来骗取分数,以便毕业分配时对自己有利;

自由散漫,无组织无纪律,例如不遵守作息时间、旷课等;

自己不自觉,别人提了意见又不满意,怀恨在心,以致同学之间很难开展批评;

对工作负责的学生干部,进行挖苦、讽刺、打击,使得有些学生干部不能大胆工作;

对积极要求进步和申请入党的同学讽刺、打击,致使一些同学不敢公开申请入党;

在操行评定中,有些同学表现出严重的中游思想,比上不足,比下有余,不前不后,好过日子;

浪费粮食,不爱护公物。

省委领导同志在全省"五讲四美"积极分子、先进单位代表会上讲话时指出:"现在有一些青年人,学习外国,不是学习对我们有用的先进科学技术,而是把垃圾当宝贝,学那些连外国的正派人士也反对和鄙视的低级颓废的生活作风。这看起来似乎是小事,实际上反映了一种精神状态,这也是资本主义腐朽文化渗透和侵袭的一种表现。对这些青年人,我们要进行教育,把他们引导到正确的方向来。"我们学校也有少数青年(包括教工中的青年),追求这种低级颓废的生活作风。

当然也不只这些,这里不一一列举了。

今天,我讲正气基本上树立起来了,但又着重讲了正气不足,就是为了解决这个"不足"。解决了"不足",就会更好。因此,必须进一步扶正祛邪。只有祛邪,才能扶正。否则,正气就不能进一步树起来。怎样进一步树正气?当前要着重抓好以下几件事:

(一)把"五讲四美"活动深入持久地开展下去

党中央要求我们,在建设高度的社会主义物质文明的同时建设高度的社会主义精神文明。"五讲四美"活动是建设精神文明的重要内容。"五讲四美"的核心是用共产主义思想和道德教育人民,特别是教育青少年,使全国人民都成为有理想、有道德、有文化、守纪律的人。

我们要把这种教育具体化，把提高思想觉悟和道德水平同解决存在的实际问题结合起来，使全院师生员工真正地自觉地树立共产主义的理想、高尚的情操和全心全意为人民服务的思想，为实现"四化"多做贡献。院刊、广播和各系、各年级办的黑板报，都要根据这一总的精神，运用具体事例进行宣传教育。

最近，我们印发了两份材料：《要注意培养社会主义科研道德》和南京工学院讲师韦钰同志的文章《振兴中华，责无旁贷》。全院同志特别是教师要认真学习、讨论。学生中要认真学习、贯彻执行教育部颁发的《高等学校学生守则》。

（二）表扬好人好事

近两年我们注意抓这方面的工作，但是还做得不够。好人好事本身就是正气的具体表现，一定要表扬。表扬好人好事越多越好，不受限制，但是要实事求是，不能夸张。

（三）支持积极分子和学生干部的工作

现在学生干部和积极分子不大好当，往往遭到一些人的讽刺和打击。我们要做工作，要给以支持。凡自己申请入党而又够党员条件的就吸收到党内来。

（四）做工作绝不能满足大多数

我们有个毛病，往往满足于大多数是好的或比较好的。大多数好或比较好，当然是成绩，应该肯定。但是，毕竟还有一小部分不大好。我们要重视和抓紧这个"小部分"，抓紧这个"少数"。满足于大多数，工作就必定流于一般化。对"少数"不抓，它们就会蔓延，就会发展。

（五）要把操行评定搞好，长期坚持下去

这是执行大学生守则的好办法之一。我们是学校，第一个任务就是培养人。我们培养的人应该德智体全面发展。搞好操行评定正是做好这一点的一种好办法。

（六）改进马列主义理论课的教学

马列主义理论既是革命经验的总结，是极其重要的革命知识，又特别有助于引导青年学生树立共产主义的世界观和人生观。我们的教师是努力的，但看来教学方法还要改进。要开展课堂讨论，甚至可以试一试以课堂讨论为主。教师认真出好讨论题，引导学生开展讨论，然后解答讨论中的问题，同时系统

地讲一讲某些重要的问题。

（七）发挥共青团组织的战斗作用

要求团员带头树正气，发挥模范作用，祛邪气，对一些不良倾向开展批评。

让我们积极行动起来，坚决将邪气压下去，一定将正气进一步树起来。

引导群众自己教育自己[*]

参加这次会议,带来一篇稿子。但是,今天不打算念它,因为已经在会上发了,前几天也在《光明日报》上登了。这里只想着重谈一谈其中的第二点,即如何引导群众自己教育自己,或者提高一点说,谈谈思想政治教育中的群众路线。

一、为什么要引导群众自己教育自己

引导群众自己教育自己,至少有 3 个好处:

(一)有助于改变我们的工作习惯

就我们学校来说,思想教育工作还比较习惯于老一套,就是自上而下布置。当然,这也是必要的。但是,这个方面太多了。而另一个方面,怎样发动群众开展讨论、提出建议,再由领导考虑研究,就很不够。这一方面,也不能说完全没有做,但是太少了。另外,在处理问题的时候,也是习惯于自上而下地进行。对学生中存在的问题,要不要处理呢?当然要处理。但是,在处理之前,让学生发表意见,交给他们去议论,这样的工作也做得很少。我们做工作,不大习惯于发动群众去议论,这对思想工作不利。

为什么对于发动群众去议论还不太习惯呢?我想主要有两个原因:首先,从思想认识上来说,对群众、对青年学生还不够信任。虽然这是不自觉的,但确实存在。似乎工作只要我们布置就行了,没有多大必要让他们去发表意见。

---

　　* 本文是作者 1981 年 10 月 22 日在中国社会科学院青少年研究所召开的大学生思想政治教育科学研究规划会议上的发言。

学生是我们的工作对象，如果对他们不信任，怎么能做好工作呢？其次，群众中思想问题的解决，归根结底，要通过群众自己，对于这一点，我们也认识不够。现在学生思想问题比较多，为了解决思想问题，帮助学生树立正确的世界观、开设马列主义理论课是必要的；一定的时期，我们要跟学生讲一讲，同样是必要的。但是，群众思想问题的解决，最终还要靠他们自己，要通过学生思想内部矛盾的斗争。过去，在工作中对此重视不够，没有努力设法让群众自己教育自己。现在，我们注意到这一点，就有助于改变过去那种不太好的工作习惯。

（二）有助于逐步克服所谓"抗药性"

由于"文化大革命"的影响，思想政治工作的威信降低了，有些学生对政治学习不感兴趣，存在所谓"抗药性"，这是大家都了解的。现在，马列主义理论课学生不大爱听；传达中央文件时，有重视的，有不重视的，会场上总有一部分人在那里讲话、开小会或者做他自己的事。我们开会对学生讲话，不管是学校的负责人也好，系里的负责人也好，究竟有多大的效果，也值得进一步去了解。尽管我们所讲的内容是对的，但就是有一部分学生不愿听，存在所谓"抗药性"。克服这种现象，首先要改进马列主义理论课的教学。不但要改进课堂教学方法，更要让马列主义课教师去接触实际、了解社会，使他们上课的时候，确实能做到理论联系实际。我们传达中央文件的方法，也需要改进。不能简单地照稿子念一遍。有些地方加以必要的说明，还是应该的。特别是青年学生，对于许多过去的事情不了解，更应该加以说明，使他们逐步了解，正确领会文件精神。我们自己讲话，那就更应该讲得实际一点，尽量联系学生的思想，拨动学生的心弦。这些方面的工作都需要大大改进。与此同时，要注意想办法让学生自己教育自己。我相信，青年学生的思想是能够转化的。只要我们既自上而下地做好工作，又引导群众自己教育自己，久而久之，这种"抗药性"是会逐渐被克服的。

（三）有助于我们了解学生、培养学生

现在学生是爱议论的，遇到事情，往往先要评论一番。特别是在宿舍里，熄了灯，睡在铺上议论得更厉害。不久之前，我们学校青年工作部的一位同志问一位团支部书记："你在工作中最大的困难是什么？"这位团支部书记回答了两个字："偏见。"意思是最大的困难是学生对政治干部、政治工作的"偏见"。上面布置的工作，一些学生总要议论一番、反对一通。你说他不做嘛，他议论了之后还是做了，但是，他要议论。在这个议论当中，有正确的意见，也有不正

确的意见。这位团支部书记说，难就难在这个地方。当然，他用"偏见"两个字，用得并不准确。但是，这种现象是存在的，这也是经过十年动乱之后学生的特点之一。我看这种爱议论的现象好嘛。他不讲出来，在他脑子里还是存在的嘛。他讲出来比不讲出来要好。好就好在我们可以了解学生的思想。既然了解了，就可以引导他们。因此，想办法让群众自己教育自己，有助于我们了解学生、培养学生。在我们引导之下，就可以进一步提高他们的自觉性，培养他们的民主精神。只要坚持这样做，他们的思想问题，总可逐步得到解决，思想觉悟肯定会逐步提高。

二、如何引导群众自己教育自己

如何引导群众自己教育自己，我在带来的稿子里，已经写了 3 条，先补充谈谈这 3 条。

（一）要有固定的会议生活

现在学生中的党员很少，特别是低年级学生中，几乎没有党员，90％以上是团员。团的工作搞好了，全体学生的工作也就基本上做好了。加强团的工作十分重要。但是，团员的状况怎么样呢？现在叫做大家彼此彼此，发挥作用差。团的工作质量不高怎么办？重要的办法之一，就是要把团的组织生活固定下来，开好小组会。我们党有党的小组会，如果党的小组会都没有了，党员与党员之间思想不见面，更谈不上批评与自我批评，那党的战斗力、党的水平怎么提高？很难提高。同样，要做好团的工作，发挥团员的作用，团的小组会是重要的。

我们已经开始这样做了，有一部分班的班会和团小组会开得比较好，初步看出了一些成效。但是有些开得不大好，不大发言。特别是刚进来的一年级学生，在中学很少开会，他不习惯于发言，开会 10 分钟就完了。没有人发言也没有关系，还是要开。我们可以采取这样的办法，要求人人发言。这个办法尽管不好，但是可以提出来，只要求你开口嘛，并没有规定你必须讲什么。你愿意讲什么就讲什么。我看这也是一个引导，这个引导是必要的，如果说有点勉强，这个勉强也没有什么坏处，应该说还有好处。这次会 10 分钟开完了，下次20 分钟，进了一步，再下次可以开到 40 分钟，那就大大地进了一步。星期日的晚上能开上 40 分钟到 60 分钟的会，就不错了。谈谈这，谈谈那，长此以往，就可以做一些自我批评，也给别人提某些意见。学生中经常会产生这样那样的问题，我们总不可能天天守在那个地方，找他谈话，天天教育他。当然，该教育的还是要教育。但是最后解决问题，还是要依靠学生自己，班上开例会，相互之间提意见，自己教育自己，这是最好的办法。如果说，这两个会都没有了，或者是很松散，偶尔开那么一次会，学生中的问题如何解决呢？现在，青年中个人主义还是不少的，如果连会也不开，听之任之，一盘散沙，班长、团支部书记也就难当。有个会，自己教育自己，就可以逐步形成一个比较好的气氛。

现在，还有一部分学生对开会有反感。但对这点，我们不让步。这是发动群众自己教育自己的十分重要的组织措施，也是我们党的好传统。在经过十年动乱后，尤其需要恢复这个传统，坚持固定的会议生活。

（二）要运用群众中的典型事例，进行表扬和批评，以表扬为主

青年人善于模仿，好胜，希望上进。因此，在学生中表扬先进、树立典型，是群众自己教育自己的一个好办法。特别是，"三好"学生都在学生之中，也是大家公认的，很具体，并非高不可攀，而是人人可以学习。表扬先进班级，也很具体。其实，这也是我们党历史上的老办法。抗战时期，树立了不少战斗英雄、劳动模范。那时候，要流血牺牲，困难得很，为什么我们的军队也好、地方也好，精神面貌那么好？原因之一，就是树立了好的榜样。

（三）大唱革命歌曲

现在学生中录音机不少，有磁带的更多，社会上的一些不健康的流行歌曲，对青年学生影响很大。对此，我们不能采取简单化的办法：你把磁带给我洗掉！你叫他洗掉，他还可以录，他还是偷偷地听。今年上半年，我们想来想去，还是采用党的老办法，唱革命歌曲。胡乔木同志去年在"左联"五十周年纪念会上的讲话中就曾经提出这一条。我们号召和推动大唱革命歌曲，上上下下都唱。七一前，开了一个全校的唱革命歌曲的晚会。我们党委书记、院长都上台，机关来个大合唱，各个系也唱，学生也唱。我们也知道，有极少数学生不大关心，但也不好反对，在这个问题上评头论足太没有什么道理了，站不住脚。我们从历史上30年代的革命歌曲唱起。而现在的青年学生不要说30年代不了解，连"十七年"也不了解。通过唱革命歌曲，不但振奋精神，也有助于熟悉革命斗争史。回顾我们当学生的时候，在30年代，特别是在"一二·九"运动之后，抗日战争前后这一段，唱抗日救亡歌曲，起了很大的作用。我们唱，一些思想处于中间状态的人也跟着唱，国难当头，革命歌曲使很多思想处于中间状态的人受到感染。有些人就是唱革命歌曲，唱得痛哭流涕，唱呀唱，参加了革命；当然，还有其他的因素。通过唱革命歌曲来熟悉革命斗争的历史，这不是一般的办法，应该说是政治思想工作中的一个相当重要的办法。特别是青年人爱唱歌，唱歌可以丰富生活。现在我们唱起来，可能有少数人不习惯，唱多

了就习惯了。我联想起过去,在延安也好,在敌后根据地也好,当时一没有电影,二没有电视,看戏也是一年看不到几场;纪念五一、七一,有个晚会。当时娱乐生活靠什么呢?大量地靠唱歌,我们就是这样过来的。也可以开一个大会,互相对唱,很热烈。唱歌的办法很简单,个人可以唱,集体也可以唱,什么时候都可以唱。我们当年在抗大晚上点名的时候,要唱首歌才解散。上课时老师还没有到课堂之前先唱歌,吃饭之前也先唱歌。要说适合青年特点,这最适合青年特点。这些办法都是老办法,大家都很熟悉,只要我们坚持下去,就能振奋青年学生的革命精神,转变精神状态,起到群众自己教育自己的作用。

如何引导群众自己教育自己,上面讲了 3 个办法。当然远远不止这 3 个办法,还有很多的办法,需要我们大家去摸索。办法总是在实践中产生的。中央负责同志批示,要利用墙报、黑板报、座谈会、讨论会、学术研究会等群众自愿、自办的活动,党委加以引导,使学生在自由讨论中提高觉悟,改造世界观。这使我很受启发。引导学生开展多种活动,这是群众自己教育自己的一个很好的办法,确实有百利而无一害。现在,文艺、电影、新闻对学生影响很大,有好的影响,也有不好的影响。我们要设法使学生提高鉴别能力,从好的电影与文艺作品中受到教育,抵制不好的作品的影响。办法之一,就是要发动学生讨论,否则收不到应有的效果。例如,今年为纪念七一的一部片子叫做《先驱者之歌》,拍得很好,搜集了那么多的珍贵历史资料,解说词也写得很教育人。像我们这样年龄的人看了之后,很受感动。但在我们学院放映之后,我局部地了解了一下,青年学生却反映不大。这也不能怪他们,主要是他们对历史不熟悉,很不了解,因而觉得感染力不强。怎么办呢?看来在放了这个片子之后,我们的工作要跟上去,最好的办法就是发动群众讨论。大家议论一下,看了《先驱者之歌》之后,有些什么感受,从内容到表现形式,都可以发表意见。这就能进一步发挥这部片子的作用。同样,一些好的文艺作品、报纸上好的文章,也要让大家议论一番。另一方面,少数不好的、不大好的作品,也需要通过群众自己去讨论,进一步提高鉴赏能力,这点非常必要。对于一些不好的电影和作品,我们要敢于组织群众讨论,消除影响。

文艺对青年学生的影响是很大的。第一是量大,全国那么多文艺刊物。第二是形象具体,文艺讲形象思维,写得很具体。第三,符合青年人的特点。现在有一部分推理小说,情节搞得非常离奇,青年人爱看这个东西,当然也不单是推理小说。第四,我们中老年干部一般很少看文艺刊物和文艺作品,因此不了解究竟有些什么内容。我这个人爱好一点文艺,多少还知道一点情况。但我观察,许多中老年干部对此不了解。第五,现在文艺批评太差了,对真正不好的作品，没有像样的批评，甚至无原则地吹捧。因此，使得学生无法鉴别哪些是好作品、哪些是有缺点的作品、哪些是很不好的作品。怎么办呢？今后要有计划地引导青年学生发表意见，培养学生的鉴别能力。这也是自己教育自己的好办法。

研究新情况，解决新问题*

要我讲一讲"高等学校管理科学化的问题"，我只能联系自己在华中工学院工作多年的一些实际情况讲些意见。除此之外，我没有什么发言权。从时间来说，自然主要是联系最近几年的实际，因此，我讲的总题目，也可以叫做"研究新情况，解决新问题"。

一、重要的问题首先在于良好的精神状态

关于管理工作，通常的习惯首先总是研究领导体制问题、组织机构问题、规章制度问题等。这些问题都重要，都有研究的必要。但就当前情况来看，我认为，重要的问题首先在于要有良好的精神状态。这是由于现在在干部中间，精神状态上有好的一面，要看到这一面，要首先加以肯定。但是与"文化大革命"前比较起来，最值得注意的是存在着某些不好的一面。之所以如此，当然有客观原因，笼统地说，叫做"文化大革命"留下的后遗症。但是，只讲客观原因不行，必须检查主观原因。只有这样，才能克服这种不好的状态，才有利于我们的工作，才能使我们的工作取得更好的效益。

关于精神状态上不好的一面，大家都很熟悉。例如，怕犯错误，左顾右盼，遇事不大表示态度。又如，工作松懈，有些暮气，多一事不如少一事。又如，不求有功，但求无过，遇着矛盾绕道走。又如，遇事推诿，特别是遇到复杂的比较困难的问题，更是"踢皮球"，宁可让工作受损失，也不愿挺身而出解决问题。特别严重的是自由主义，对于一些不良现象，听之任之，不纠正，不斗争，怕得

---

　　* 本文是作者 1982 年 4 月 15 日在教育部委托华中师范学院举办的高等学校干部进修班上的演讲。

罪人等。当然，还有其他一些表现，不一一列举了。对于精神状态上这些不好的表现，邓小平同志概括得非常好，叫做"涣散软弱"。去年夏天，邓小平同志有一次找几位负责同志谈话，郑重指出必须克服这种涣散软弱的状态。当时小平同志主要是指思想战线。因此，后来中央决定召开思想战线问题座谈会。小平同志的意思当然不限于思想战线，其他战线也一样存在着涣散软弱的现象。后来中央正式发了一个文件，文件要求全党坚决克服这种涣散软弱的现象，而且主要是指领导。

精神上处于涣散软弱状态的人，通常有两种借口。一种是老说下面不行，工作中遇到问题或产生什么问题，总说下面如何如何不好。下面当然有下面的问题，有下面的责任，而且经过十年动乱，也不可能没有问题，这一点也不奇怪。如果没有问题的话，那才奇怪。但是作为一个领导人，如果只指责下面，而不去加以过问、不去解决的话，那倒是奇怪的事情。另一种借口是，说什么工作难做，阻力很大。"文化大革命"之后，比之以前工作确实难做一些。但问题在于如何对待这些困难和阻力，而不能只是在那里空谈。我们应该去克服困难，想方设法去消除阻力，这就是我们的责任。

作为一个共产党员，作为一个领导人，应该具有什么样的精神状态呢？

第一要有朝气。就是要有高度的责任感和强烈的事业心，说得更简单一些，就是要敢于负责，敢于解决问题。是不是可以这样说，不解决问题的领导，就是失职，就不成其为领导。

第二要善于开动脑筋。如果不动脑筋，不想办法，即使工作辛辛苦苦，效果也不会好。作为一个领导人，毫无疑问必须坚决执行上级的指示，问题在于如何去执行。邓小平同志用最通俗的语言讲不要当"收发室"。就是说，不要简单地将上级的指示原封不动地往下照转，而要结合自己工作的具体情况去执行。陈云同志也讲过三句话："不唯上，不唯书，要唯实。"

第三要敢于竞争。这里所讲的竞争，当然是革命的竞争、社会主义的竞争。社会主义不但不排除竞争，而且非常需要革命的竞争。否则，就会是吃"大锅饭"。当然这样做也必须在中央统一领导、统一计划之下去做。现在也存在一些互相保密、互相封锁、互相限制的现象，那是错误的，与社会主义原则毫无共同之点。过去、现在和今后都要开展评先进、学先进、赶先进的活动，就是为了鼓励革命的进取心，也可以认为是鼓励革命的竞争。如果吃"大锅饭"，无所谓先进不先进，对我们的事业是非常有害的。我们的教育工作也应该敢于竞争。

第四要敢于严格要求。工作布置以后，必须督促检查，如发生不良现象，要敢于纠正，乃至于斗争，也就是陈云同志讲的，"要讲真理，不要讲面子"。

我是把问题提出来，一个领导人的精神状态是不是应该具备这么几条？现在要问，怎样才能具备这几条？这就有必要分析一下主观上产生涣散软弱现象的原因。在这方面，我认为有3点：第一，从消极方面接受了"文化大革命"的教训，因此在处理问题时考虑个人的利害得失多了一些。第二，对实现四个现代化的信心不那么足。当然口头上还是赞成，但内心里却有点将信将疑，因而影响工作的劲头。第三，知识不够。一方面是马克思主义理论修养不够；另一方面，一些有关的文化科学知识也不够。当然，知识不够也有其客观原因，特别是"文化大革命"中，把一些理论问题搞乱了，曾经坚信不疑是对的，被批判成错的，但现在又对了，诸如此类，思想上糊涂了。现在摆在我们面前确有一个理论上再学习的任务。另外，其他有关的一些知识也不够。首先是中国的历史知识不够，特别是近代史、现代史知识不够。对于资本主义国家的历史，我们的知识也不够。

要树立良好的精神状态，我认为要分析这些产生涣散软弱现象的原因，并且加以认真的解决。否则，那是困难的。现在青年人中间问题比较多，其症结在于青年人精神空虚，或者说叫做精神贫困，也就是缺少精神支柱。这也是"文化大革命"带来的严重后遗症之一。从这我就联想到，如果精神状态是涣散软弱的话，是不是也可以说，在我们自己身上，在某种程度上，也有那么一点精神空虚，精神上的支柱也不是那么有力，因此反映在我们的思想和行动上，不是那么敏锐、有朝气，而是有那么一点暮气。

夸大精神的作用当然是错误的，但不重视精神的作用也是不对的。还是毛泽东同志说得好，"人是要有一点精神的"。

二、研究新情况，解决新问题

一切事物总是在发展变化中。特别是经过"文化大革命"，产生了极其复杂的新情况和新问题。因此邓小平同志着重提出来，要研究新情况，解决新问题。

在打倒"四人帮"之后，首要的任务当然是揭批"四人帮"、拨乱反正、落实政策等，我们大家都这么做了。我想在这里说以下几件事。

第一，在打倒"四人帮"之后，敢不敢抓业务。这个问题现在来看根本不成其为问题，既然是学校，当然要抓业务。问题是打倒"四人帮"后不久，敢不敢抓业务。具体地说：教学计划敢不敢恢复"三层楼"；基础课教师基本上分散下去了，敢不敢很快地集中；在十年动乱中，教师在业务上也确实是耽误了，敢不敢抓师资业务上的培养；还有教材，特别是当时，新的统编教材还没有出来，到底怎么办。所有这些,都是摆在我们面前必须解决的问题。而且要决定是早一点解决好还是晚一点解决好。我想现在容易回答这些问题,不仅要解决,而且早解决比晚解决好。就我们的工作来说,还是解决得比较早一些。但当时是有些议论的,诸如"走回头路"、"比十七年还要十七年"等。当时也有这么一句话:敢不敢甩开膀子干。如果敢于甩开膀子干,那就早一点做;如果不敢的话,那就等着。我们觉得还是应该甩开膀子干,不要等,有什么可等的?有议论就让它议论吧,也是难以避免的,只要我们做得对,过一段时间议论就会减少了。

第二,1980年一些歪风邪气开始影响到学校,敢不敢顶住。如当时有的学校在选举人民代表、改选学生会时,有些学生搞"竞选"。面对这样的情况,我们思想上是有顾虑的,有些怕闹事。如果说不害怕的话,那是吹牛、说假话,是言不由衷。后来,我们几个负责人议论,觉得怕也没有用,越怕越坏事。因为越怕越软弱,越软弱就越容易引起闹事。因此不能怕,而且首先要在政工干部中解决怕的问题。此外,要有办法,就是要做工作,特别是要讲道理,既对政工干部讲道理,也对学生讲道理,都要分清是非界限。当时我们公开地讲,作为一个学生也好,一个干部也好,对我们的工作有什么意见都可以提,对当前的局势也可以发表意见,即使讲得不对,也是认识问题。但是,对党和国家的规定,对学校的规定,必须执行。该上课的上课,该怎么办就怎么办,这是一个大的界限。不能说你有意见就按你的意见办,那不行。你的意见可以发表,但是规定你必须执行。我们当时首先从上到下把这个杠杠划清楚,否则,大家不敢工作。

对当时报刊上的一些错误的宣传,我们顶得不够,但是有些实在不能不讲。特别是1980年,思想战线很混乱,包括文艺界、新闻界、理论界。当然不是所有的人。1980年,我们大家都感觉工作最难做。你做了半天工作,不知报刊上来个什么宣传,就一下子给你吹掉了。作为一个基层单位,作为个人来说,很不愿意在群众场合对一些公开出版物或电影发表批评性的意见,但实在逼得没办法,也只好讲。前年底,有的报纸发表文章说,政治辅导员制度要不得,"三好"影响学生成长。这在学生中的影响是很大的。对这些比较突出的问题,我不得不在全院党员大会上说几句,明确指出这些说法是错误的。

第三,关于思想政治工作。这几年工作很难做,特别是不少学生轻视思想政治工作。从前年暑假开始,我们注意抓这个问题。首先是自上而下地讲加强思想政治工作的重要性,讲了几次,情况好一些。有些学生把政治工作看成是"空洞的说教"。青年人有这个思想没有什么奇怪,问题是要跟他讲道理,指出这种说法是错误的。敢于对学生讲这些,也是对学生的信任。尽管学生中有这样那样的议论，但总还是少数，多数是随大流。只要明确跟他们讲，虽然不可能一下子收到很好的效果，但会逐步有些变化。其次，要有一套办法。比如说，前几年我们没有规定学生开班会。这两年规定星期日晚上要开会，每两周开一次班会，每两周开一次团的小组会。这些本来是我们共产党的老传统、老办法。我们当年到了延安，在抗大，都是知识青年，每个星期日都要开生活会，进行批评与自我批评。我们就是这么过来的。现在比较起来，部队里面对这种老传统、老办法，保持得比较好一些。教育部门当然不能按军队那样要求，但根据现在的新情况，要做这样的规定。我们都有这个感觉，有些问题在"文化大革命"前没有怎么出现，而现在却出现了。怎么办？我们不能天天把大家集合起来讲话，也不能天天处分人、发通报。一个非常重要的办法，就是把学生的会议生活要求严一点，做明确的规定。这个办法也就是自己教育自己的办法。

青年人，也是"文化大革命"的受害者，好多事情他们不懂，我们的责任就是教育他们，让他们懂。对青年人不但要有自上而下的教育，还必须自下而上，让群众自己教育自己，办法之一是星期日晚上开会。究竟开得怎么样？说实在话，开始质量并不高，但开一段就有经验了，那个主持会议的人就有办法了，大家也慢慢习惯了，会议的内容就会逐渐充实。从某种意义上说，这也是使学生除了完成他们的主要任务学习以外，还要慢慢习惯这种会议生活。有那么几年，他们就会增长这方面的才干。

这两年我们的思想政治工作出现了很多新情况和新问题，从另一方面来说，这也是对我们党的领导、对我们的思想政治工作的严重考验。

第四，关于分数贬值。去年暑期考试以前我们狠狠地抓了一下这个问题。在这以前，分数普遍偏高，有的课程考试以后，80分、90分的相当多，但并不反映实际情况，所以叫做分数贬值。这也是"文化大革命"带来的后遗症。出现这种情况，既反映一些教师的思想，也有学生的问题。就教师来说，怕分数低了说自己教学效果不好，特别是怕说是用分数卡学生，因此不敢严格要求学生，往往考试题目出得较容易，考前还划范围、指重点、出复习题。有一部分学生也要求教师这样做，甚至在答疑辅导的时候，千方百计找教师套考题。更严重的是考试时舞弊，这虽然是极少数学生，但不是个别的。这个问题不抓，不可能培养出好的学习风气，也不可能培养出好学生。所以我们抓了一下，事先分别在教师、学生中动员，说明考试一定要严格要求。考试时除主考教师外，还要由院、系派人监考。如果发现有考试舞弊的，坚决处理。有1门课程不及格，4年学完后就只能算结业，不发毕业证书。教师评分也要严格要求。为了防止有个别教师评分偏宽偏严，教务处要检查。补考也不能马虎。去年暑假前这样抓了,寒假前又这样抓了一次,坚决按规定办,严格要求。现在学生学习风气有了好转,旷课者大大减少,课堂秩序也好多了。看来关键还是在于我们领导要抓。教师和学生中绝大多数人对学校这样抓是赞成的。当然也不是说抓这么一两次就能完全解决问题,还得连续抓几年,才能转变那种不好的风气。

第五,严格管理。学生中有些不遵守纪律的情况,这并不奇怪,问题是领导要管。如果我们不管,班干部实在难当。领导态度明确,抓得紧,班干部就好当一点。一般来说,我们是管得比较严的。这学期我们听到两种反映:一种来自少数学生,认为学校管得太严了;第二种来自部分干部和教师,认为我们已经管得很好了。对这两种反映,我都不同意。我的看法是:第一,我们是做了我们应该做的事;第二,我们有些地方还管得不够。当然,我们欢迎教师和学生给我们的工作提意见,意见对的我们改正,不对的我们解释。如果认为已经管得不错了,事实并不是这样,这种思想也容易麻痹我们自己。

第六,关于培养目标,就是学校培养什么样的人。这是个老问题,总的说就是要使学生在德、智、体几方面都得到发展。我这里只谈德育方面究竟应该怎么要求。去年底,77级学生毕业之前,有一个毕业班的学生找我题词,我想这是找上门的做工作的好机会,就郑重其事地给他们提了这么几句话:"青年人应该具有远大的理想和高尚的情操,要全心全意为人民服务,同时,要具有分析问题和解决问题的业务能力。"同时我给这个班的学生写了一封信,信中说,可能有人会说我这个题词是"空洞的说教"。如果有人这样说的话,希望你们理直气壮地驳斥。尽管写了这么一封信,当然还会有一部分学生认为我这是"空洞的说教"。但我们总得把问题提出来:学生必须有远大的理想、高尚的情操,必须全心全意为人民服务。

青少年中的问题不能怪青少年,关键在我们领导。

三、树立优良的校风

要把学校办好,要注意培养优良的校风。这不是一句空话,需要在实践中解决。

前几年,有的同志就提出我们要研究研究校风问题。在党的历史上,抗大就有个校风,是"团结、紧张、严肃、活泼"。中央党校的校风是四个字:"实事求是"。树立一个优良的校风,确实对学校的管理很有好处,对学校如何办好也很有好处。因此今年初,我们发动大家来研究学校的校风。确定校风,首先要有根据。这个根据就是要把建校以来的经验加以适当的总结,看哪些方面已形成了好的风气，还存在什么问题。经过我们院负责人的反复研究，把大家的意见集中起来，最后归纳成这样8个字：团结，求实，严谨，进取。

我们学校在1953年经过院系调整建校时，教师来自5个学校。正因为人员来自几个不同的地方，我们从建校开始就强调团结。现在回过头来看，情况比较好：可以说来自几个学校的痕迹已经很淡很淡了，在这方面没有产生什么问题。1971年，原来武汉机械学院的一部分与华工合并，过来了二三百位教师、干部和工人。在"文化大革命"那样的情况下合并过来，到现在也有10年了。现在来看，团结也是比较好的。团结比较好，其中最重要的一条就是在干部的安排和使用方面，一定要一视同仁。否则的话，就可能出现不团结的现象。对于领导来说，这个问题很大。如果不团结，互相抵消力量，再来挽回，那是非常费劲的。所以我们认为，应该把团结作为我们的校风。

求实，就是从实际出发、实事求是的意思，也包括做工作要扎扎实实的意思。回顾30年来，我们工作中的问题还是很多的，但我们一直比较注意实事求是，特别是打倒"四人帮"之后。这几年我们的工作也还有问题，但是对一些事情经过研究以后，如果认为是应该做的，我们就甩开膀子干，不是左顾右盼、等待观望。按照实际情况，该怎样办就怎样办，这也就是实事求是的精神。这一点很重要。因为求实的问题，归根结底也就是按照客观规律办事，也就是我在前面讲的，要注意不断研究新情况，解决新问题。

严谨，严就是严格，谨就是谨慎。严谨也是一个科学态度问题。在工作上要严格要求，在治学上要严谨。我们是高等学校，一天到晚与科学打交道，没有一个严谨的作风，马马虎虎怎么行呢？工作上不严格要求，拖拖拉拉、松松垮垮怎么行呢？前一段时间有些同志说我们太严了。最近我接触了一些校外的同志，有些是教育行政部门的，有的是学生家长，一谈到严格要求、严格管理，大家都赞成。觉得现在社会风气没有根本好转，对青少年的教育大家都十分关心，要把青年教育好，就有一个严格要求、严格管理的问题。在教学工作上敢不敢提倡严谨的作风，如前面讲的分数贬值，如果我们没有发现，是官僚主义；已经发现了，听之任之，就更不应该。怎么办？要抓，要严格要求。这不单是一个分数问题，最主要的是反映了思想上的问题。由于要求严格了，这两年有的学生留级，有的因为四五门功课不及格而被勒令退学。这种做法是对的，也是符合客观规律的。这不是与某一个学生过不去，而恰恰是对学生的爱护。

进取，也就是前面讲的要有竞争精神，要敢于争当先进。我们干社会主义，争当先进有什么不好？否则就是自甘落后。我们的国家现在还这样落后，非进取不行！非竞争不行！我们培养干部、培养学生，就要培养他们发扬这种进取精神。敢于竞争，他们在工作岗位上就朝气勃勃。有了这样的思想作风，学生毕业出去才能很好地发挥作用，更好地为国家做出贡献，从教育效益上来说，就是取得了很好的效益。到底我们培养的学生好不好，最终要到毕业后的工作实践中去检验。

关于树立优良的校风，以上是结合我们学校的情况谈的；对于不同的学校，各自强调的重点自然不同。

我对大学合并的意见[*]

　　有人说，抗战初期，北大、清华、南开组成了西南联合大学，这不是"强强联合"吗？其实，这 3 所大学当时不是完全的合并，只是一个临时的联合。即使在临时联合时，其研究生教育，包括研究生教育经费的筹措与使用，也都是由 3 校分管的。因此，抗战胜利之后，这 3 个学校又回到了北平和天津，各自仍然单独存在。这是历史的事实。总之，大学合并是一个十分复杂的问题，需要慎重对待，认真研究。本文仅是一家之言。

　　两三年前，正式提出大学的联合、合并时，据说有同志认为，"这是第二次院系调整"，这种看法是否对，值得商榷。50 年代全面学苏联模式，进行我国史无前例的院系调整，现在回过头来看，固然有成绩，但问题与教训很多，迄今已几乎暴露无遗。可以说，现在做的许多工作，正是在极其艰难地解决当年留下的后遗症。这绝不是说，新中国成立以后，我国大学无须调整。我认为必须进行既符合我国国情又符合办大学的一般规律的必要的调整。例如，现在已为大家所公认，当时把所有国立综合性大学毫无例外地加以"肢解"，使之成为"文理学院"，这就完全搞错了。现在要把这些大学重新恢复成为名副其实的综合大学，谈何容易，绝非短时期所能实现的。

　　根据过去的经验教训，我想对今后的大学合并和如何办世界一流大学问题，提出以下建议。

　　（1）几个月前，一位负责同志在给国家教育行政学院学习的同志们讲话时说："我国要办若干所世界一流大学，目前，若干所就是两所：北大与清华。其

＊　本文原载《竞争与转化》，华中科技大学出版社 2001 年版。

他学校不要争了。"我完全赞同这个说法。办世界一流大学需要有多方面的条件，而必须投入大量资金是基本条件之一。就目前看，国家的财力只允许办这两所，这叫实事求是。

（2）从长远看，我们这么大一个国家，当然还要继续办世界一流大学。但在做法上，我认为不能单纯靠"合并"，特别是不能"强强合并"，某某联合大学的教训应该吸取。如果说得极端一点，北大与清华合并，这两校仅一路之隔，在学科结构上，可以得到非常理想的互补，在想象当中，不是更可以迅速成为世界一流大学吗？可惜这只是想象，实际上是不行的。为今后继续办世界一流大学，我认为现在排在前十几名的"强"校，除非完全出于自愿才可以合并。它们好比是乒乓球竞赛中的种子选手一样是"种子学校"，要爱护它们，给以较好的条件，鼓励它们继续向前闯。否则，有可能事与愿违，欲速则不达，影响今后的大局。我们这么大的国家，只有两所世界一流大学当然是不行的，而且绝不能再走弯路，想快反慢，贻误时机。

（3）谈谈规模效益。现在凡是"强"校，有些已超过万人，不少也是万人左右，更多的是五六千人以上，而且这些学校各自还要有所发展。在美国，前一二十名一流大学为何私立的多，州立的排在其后？重要原因之一是，前者规模比后者小，甚至小得多。在私立大学中，现在哈佛大学的大学生与研究生最多，17000多人，其中研究生多于大学生。斯坦福大学现有学生13000多人，大学生与研究生各占一半。麻省理工学院多年来保持8000人左右，大学生与研究生各占一半。钱学森教授曾工作多年的加州理工学院很小，多年来保持2000人左右，也是大学生与研究生各占一半。但州立大学一般学生人数很多。其中一流的如伯克利加州大学（我国通称加州大学伯克利分校）现有学生3万多人，大学生约占三分之二弱，研究生约占三分之一强。又如洛杉矶加州大学（我国通称加州大学洛杉矶分校）现有学生也是3万多人，大学生与研究生之比与伯克利相同。学生人数为何如此之多？这是由于州立大学的经费主要来自州政府，也就是来自本州纳税人的钱，因此，必须在本州多招学生，学费也远低于一流的私立大学，否则纳税人反对。这些州立大学为保持自己的声誉，学生的淘汰率也高。尽管如此，这几年《美国新闻与世界报道》的最佳大学评比，这些一流的州立大学还是排在一流的私立大学之后，这是由于前者学生人数过多而导致某些评比指标的下降。由此可见，要办成世界一流大学，学校规模必须控制在一定的人数范围之内，绝非越多越好。更何况美国大学一般没有足够的学生宿舍，有些学校的少量宿舍供研究生轮流住，学校在这方面没有负担。

因此，谈到规模效益，现在问题不在"强"校，而在"弱"校，特别是"文革"以后新办的"弱校"。联系到"合并",我建议:①"强强合并",不仅牵涉到要保留"种子学校",而且特别复杂,很困难,一般不宜进行,除非完全出于自愿。②"强弱合并"一般可行,但必须有利于提高,而不是相反。③"弱弱合并"更可行。解决规模效益主要靠后面两点。

(4)任何学校的合并,都必须走群众路线,多听取下面的意见,兼听则明,集思广益。不仅到校一级,还有校以下。一定要自愿,只有这样,"合并"才能取得最佳效果。规模效益只是效果之一,提高积极性尤为重要。否则,很可能是貌合神离,同床异梦,后患很多。

毛泽东同志曾经说过:"我们共产党人无论进行何项工作,有两个方法是必须采取的,一是一般和个别相结合,二是领导与群众相结合。"又说:"只有领导骨干的积极性,而无广大群众的积极性相结合,便将成为少数人的空忙。"

总之,"合并"是一件很复杂的事,来日方长,以瓜熟蒂落、水到渠成为好。合并也不必文、法、理、工、农、医求全。

还要把"钱"摆到恰当的位置上。现在经费严重短缺,各校很看重"钱"。要谨防有人不顾其他,不顾后果,就是奔着"钱"来的。

还有人盲目攀比,浙江4个学校合并,我们要五六个学校合并,已经完全陷入了主观主义的泥潭。

在去年9月合并之后的新浙江大学成立的时候,一位中央领导同志说,等新浙江大学运行一段时间以后,看看有什么情况,再考虑其他学校的问题。

重复说一句,大学合并是一个很复杂的问题,须慎重行事,要总结过去的经验教训。恩格斯说得好:"伟大的阶级,正如伟大的民族一样,无论从哪方面学习都不如从自己所犯错误的后果中学习来得快。"

他山之石，可以攻玉[*]

美国公众与各大学已公认，《美国新闻与世界报道》周刊每年对美国大学的评估是具有权威性的。今年的评估结果已于 8 月第 4 周公布，其中最突出的变化，是位于美国西部的加州理工学院跃居首位。

加州理工学院如按其原名直译，应为加州工学院，"理"字是我们中国人加上去的。这和麻省理工学院一样，如按其原名直译，应为麻省工学院，"理"字也是我们加上去的。加州理工学院自定的英文简称是 Caltech。Cal 是 California（加利福尼亚）的前三个字母，tech 是 technology（工程技术）的前 4 个字母。有人以为麻省理工学院的英文简称是 MIT，因而也以为加州理工学院的英文简称是 CIT，这是误解，加州理工学院是不会承认的。

从 1991 年以来，《美国新闻与世界报道》对美国最佳大学的评估，加州理工学院历年的名次是：1991 年并列第 4，1992 年与 1993 年均名列第 5，1994 年名列第 9，1995 年并列第 7，1996 年与 1997 年均并列第 9，1998 年名列第 9，但今年跃居榜首，因此不能不认为是一个突出的变化。特别是考虑到以下两个情况，就更加令人深思。就学科说，加州理工学院并不齐全，全部是理与工，至于人文与社会科学，主要是为理工科学生开课，占该校大学生全部学分的 40％，这一点很值得我们重视。就规模说，学生人数很少，在《2000 年美国"最佳大学排行榜"出炉》一文中说，总共只有 900 多名学生，这是指大学生，美国最佳大学评估也只围绕大学生评估，至于研究生，《美国新闻与世界报道》则另有评估——"美国最佳研究生院排行榜"。笔者于 1979 年 3 月访问该校，主人介绍说：我们规模很小，学生只有 2000 人左右，大学生、研究生大体上各占一

---

[*] 本文写作于 1999 年 10 月 11 日。

半,是一所袖珍学校,但我们水平很高,我们的学士学位相当于 MIT 的硕士学位。这话并不夸张,该校声誉很好,每年申请入学者很多,但录取人数只相当于 MIT 的四分之一,这就把入学者的成绩大大提高了。

从以上情况中,我们可以得到哪些启示呢?

第一,高水平大学并不在于文、法、理、工、农、医学科齐全。大名鼎鼎的哈佛大学学科也并不齐全。像这样的情况还很有一些。

第二,高水平大学的规模不宜太大。加州理工学院规模如此之小,也竟然成为一流大学。就以哈佛大学而论,也只有 17000 多人,其中研究生多于大学生。至于美国的州立大学,因为是公立,不得不多录取学生,规模相当大;也正因为这样,在最佳大学排行榜上,最好的州立大学也落在 20 名以后。

第三,高水平大学的历史并不在于长短。哈佛大学是 1636 年建立的,迄今已 350 多年。耶鲁大学与普林斯顿大学也都建立较早,都建在美国独立以前。而加州理工学院与斯坦福大学迄今只有 110 年左右,但已名列前茅。《2000 年美国"最佳大学排行榜"出炉》一文中提到"常春藤盟校"。所谓常春藤盟校就是指当年英国移民最初到达现在的美国东北部地区,当时称之为"新英格兰",在美国独立以前,移民们在那里先后建立的 8 所高等学校,除前面提到的哈佛等 3 所以外,还有宾夕法尼亚大学、哥伦比亚大学、达特茅斯学院等。由于历史较长,这些学校的墙上长了常春藤,它们建立了一个松散的组织,于是定名为"常春藤联盟"(The Ivy League,亦可译为常春藤联合会)。这 8 所学校并不因历史长,直到现在水平都很高,其中有少数几所水平并不高。英国现在有一所大学,名叫 Warwick 大学,有人把它译为华威大学,迄今只有 34 年历史,但在英国现在已名列第 5 至 7 位。我们现任校长周济去年访问过这所大学,确实名不虚传。如论资排辈,显然是不妥当的。宇宙间一切事物都在不停地转化,优势可以转化为劣势,劣势也可以转化为优势。

办中学的一面镜子*

"北有南开，南有扬中"，这是 1930 年前后社会上开始流传很广的两句话，是对两所中学很高的赞誉。

"北有南开"，是指天津私立南开中学；"南有扬中"，是指扬州的江苏省立扬州中学，也是我的母校，我在那里学习 6 年。

当年社会上对这两所中学之所以如此赞誉，是由于它们办得确实非常好。究竟好到什么程度？考虑再三，现在我敢于毫不夸张地说，它们实施的就是素质教育。当时并没有"素质教育"的说法，但现在回过头来看，它们的办学思想和所作所为，就是近一二十年来号召实施的素质教育。我是过来人，70 年的岁月虽然过去了，但往事并不如烟，记忆犹新，将前后联系起来看，当时在这两所中学以及其他办得好的中学里，我们所受的是实实在在的素质教育。

2002 年 10 月，扬州中学成立一百周年，出了一本《扬中往事》，都是校友写的回忆文章，内容很好。我也写了一篇，题为《我很幸运》，意思是我在扬中当了 6 年学生是一件很幸运的事。可惜这本回忆录是内部赠送，没有公开出版，只有个别文章由学校推荐给《光明日报》发表，我写的那篇是其中之一。

但令人高兴的是，抗日战争时期曾就读于重庆南开中学的将近 200 位校友写了许多回忆文章，由刘鹤守编了一本回忆录，书名《沙坪岁月——重庆南开校园回忆录》，由中国文联出版社公开出版。我看了，非常好。而且在了解了当年南开中学的很多具体情况以后，我认为南开中学在某些方面办得比扬州中学还要好。如南开中学的课外活动真是丰富多彩，比扬州中学只有体育活动而无其他内容好得多，这对学生的全面发展极为有利。

---

* 本文原载《中国教育报》2004 年 9 月 16 日。

南开中学究竟好在哪里呢？我曾经想通过将近 200 位校友的回忆文章加以概括，但在仔细阅读《沙坪岁月——重庆南开校园回忆录》以后，我觉得还是编者刘鹤守发表于《博览群书》今年第 5 期的《那不是一群小"精神贵族"么?》一文概括得最好，我将该文中的有关部分摘录于此（个别地方有删减）。这绝非"偷懒"，而是实事求是，并力求最佳效果。他是南开中学老校友，是过来人，有亲身的体验，又是此书的编者，当然写得很全面、很准确。这就好像我回忆扬州中学，要比非扬中校友熟悉很多一样。刘鹤守是这样写的：

精专敬业的教师。个个都是饱学之士，又能循循善诱。他们立志终生从教，安贫乐道。有的本来可以在大学教书，却宁愿到中学来，认为中学阶段对青年至关重要。学生上课听得津津有味，"下课铃响，才如梦初醒，回到现实"。由于师生的投入，在课堂上学生把课业听懂记住，以至不须课后更多的复习。

高升学率。学生学习认真勤奋。当然，报考南开者众，只有几十分之一的录取率。入校后，考试升级制度严格，不管是谁（达官贵人子弟也不例外），考试及补考成绩不及格者或留级或退学。故顺利读到毕业者只占六年入读的四分之一至五分之一（高淘汰率）。故毕业生升大学率接近百分之百，同时考三个大学者大多都被录取。

体育、美育、技艺活动多姿多彩。校长常说："不会玩的是傻孩子。"学生下午三点半后离开课堂，参加球类、体操、话剧、京戏、歌咏、器乐、壁报、绘画、摄影、劳作、无线电等等各种课外活动，培养学生十八般"武艺"，校园一片欢乐声。各项活动成绩斐然。篮球、足球比赛战胜大学队，垒球比赛与美军对阵。音乐演出不亚专业团体，校际比赛，迭居榜首。话剧演出过《北京人》、《少年游》、《娜拉》、《风雪夜归人》等多幕剧，京戏演出过《西施》、《坐宫》、《女起解》等传统和新编剧。

寓乐于教，陶冶情操。体育贯穿 sportsmanship（运动家精神），内涵包括 fair play（公平比赛，光明磊落）原则和 teamwork（团队精神，合作协办）的要求。戏剧演出活动使人获得艺术的享受，也使人受教育。演员自咏："捧出心演戏，演戏需入戏。人生欲何求，追求真善美。"校园的歌声净化心灵。"月儿高高挂在天上，光明照耀四方……在这个静静的深夜里，记起了我的故乡……"家国之悲在青年学子心中烙下永不能磨灭的刻痕。

抗战时生活的艰辛和良好教育。敌机轰炸频仍。学生穿划一的校服，男生光头。素食，菜有不足。住校，回家交通不便。学校执行严格的作息、请假制度。宿舍整洁，床上铺得像豆腐一样方方正正。设有"镜箴自鉴"，在校门穿衣镜旁刻有箴言："面必净，发必理，衣必整，纽必结。头容正，肩容直。气象：

勿傲、勿暴、勿怠。颜色：宜和、宜静、宜庄。"让学生按此养成卫生习惯和文明举止。

同窗情深。同学来往从不论对方的家庭背景，甚至不知道、不探问。大家生活在同一个环境里，平等和睦相处。……

以天下为己任。南开校训是"允公允能日新月异"。公的教育处处体现在学校各项活动之中。学校最有特色的一项活动是每周邀请不同政治派别、不同观点的名人来校演讲。他们讲国际大局、抗战形势、时政财经以迄天文地理、文化教育、科学技术、修身养性、立志报国等，无所不包，大大开阔学生的视野。有一次马寅初演讲指名道姓抨击财政部长孔祥熙贪婪，给同学们留下了深刻的印象。……

如上所述，无甚高论，无非办学外则不攀权贵，不牟金钱则择徒从优，择师从优，教育从严，得天下英才而教之。种瓜得瓜，种豆得豆。所培养出的学生（外界）称之为"精神贵族"，其实就是具有独立意志、独立人格，尊重社会，有责任感的公民，具有远大目标、高尚情操、丰富学识、平常心态的精英分子。他们有异于没有头脑的工具，追逐享受的宝贝。

南开中学为何能办得如此之好？根本原因就是有一个非常好的校长张伯苓（1876—1951）。

张伯苓原来是北洋水师学堂的学生，1895 年毕业时适逢甲午中日战争我国战败。他痛感丧权辱国，转向教育救国。1904 年，在前贵州学政严修（范孙）的帮助下，在天津创办私立学堂，初名敬业中学，1907 年迁入南开新校舍，改称南开中学。1919 年他办南开大学，1923 年又办南开女中，1928 年又办南开小学，形成了一个完整的教育体系。张伯苓似乎预见到形势的严峻，1936 年又在重庆办重庆南开中学。今年 10 月，南开要纪念"南开百年"，就是从 1904 年他办私立学堂算起的。

张伯苓曾自述："我既无天才，又无特长，我终生努力小小的成就，无非因为我对教育有信仰有兴趣而已。"他还常常引用一位朝鲜朋友的评语："张伯苓是一个极其简单的人，不能跟同时代的杰出人物争一日之短长；但他脚踏实地的苦干，在他的工作范围里，成就非凡。"①

我曾在另一篇文章里写过，对我国 20 世纪上半叶的老一辈大学校长，我最钦佩的是蔡元培、张伯苓、竺可桢。比之于公立大学，而且是国立，私立大学要难办得多。而张伯苓却克服困难，办了一系列私立学校，都办得很好。这在

---

① 转引自刘鹤守未发表的论文《张伯苓之路》。

中国近代教育史上是唯一的一位,应该获得人们应有的尊敬。遗憾的是近50年来,张伯苓却被冷落了。有鉴于此,我不得不多费点笔墨。

1951年2月23日张伯苓逝世,周恩来获悉以后,立即赶到天津前往张府吊唁,并对在场的南开校友讲话:"人民政府对张校长很关心,对他寄予希望。""张校长办教育这么多年,确实是有贡献的。"并由周恩来领衔,组成有傅作义等参加的治丧委员会。举行追悼会,周恩来送了花圈,绸带上写道:"伯苓师千古,学生周恩来敬挽。"1979年10月,为了永远怀念爱国教育家张伯苓,天津市人民政府隆重举行仪式,将其骨灰安放于天津烈士陵园。毫无疑问,这就是对张伯苓的盖棺论定。

写到这里,需要再回到前面去。已经说过,当年除南开中学与扬州中学,全国还有一些办得好的中学。

"文化大革命"后,钱学森曾经发表过一篇关于教育的文章(可惜没有找到原文,题目也忘记了),主要谈他自己的感受。他高中是在北京师范大学附属中学读的,3年当中学得很好,也很愉快。主要原因是教师水平高,教学方法也很好。每逢考试,无须临时特别准备,一般都能取得好的成绩。

1936年,我考进武汉大学,听老同学说,每年录取的新生来自湖南的总比湖北本省的多,省教育厅觉得不大光彩,特地办了一所高级中学,调集最好的教师,目标对着武汉大学。1949年8月长沙解放,我南下去湖南工作了将近4年,了解到湖南的中等教育是比湖北办得好,尤其是长沙,有的中学确实办得很好。

我是江苏人,当年除扬州中学,其他城市几所省立中学也都办得不错。

南开中学与扬州中学之所以受到特殊赞誉,我估计与升学率有关。这两所中学的升学率都接近100%。那时虽然由于各国立大学招生人数不多,都是5个以上取1个,但中学毕竟没有片面追求升学率的问题,施行的一般都是比较合理的办法,特别注重师资水平。所以我敢于毫不夸张地说,以南开中学与扬州中学为代表,当年实施的一套实际上就是素质教育。

作为《沙坪岁月——重庆南开校园回忆录》的编者,刘鹤守在书中慨叹:"当年学府的冰清玉洁,是否可作为时下的一面镜子呢?"

回答是肯定的,应作为时下的一面难得的镜子。当年能够做到,现在有关条件比过去好得多,为什么不能做到呢?!

与李楠谈高等教育

李楠同志：

　　你好！

　　非常高兴收到你的来信，也请代我向你的家人特别是你父亲问好！非常感谢你们到医院看望我，你们的到来既让我感到十分欣慰，也让我感到吃惊，我没有想到这么多年的老同事们还在记挂着我的健康。同时，我也衷心希望你的父亲身体健康，全家幸福，共享天伦之乐。由于本人年事已高，特别是视力下降得比较厉害，看书写字都非常吃力。本该亲自动手给你回信，非常抱歉，现在只能改请我的博士生、武汉大学教育科学学院的黄明东教授代为了，由我口述如下：

　　你在来信中提到很多我当年在华工（即华中科技大学，下同）工作的事情，其中的大多数我已经记忆模糊了，有些事情只是当时的日常工作的一部分，也没有在意，因而更加记不住了。不过你的来信确实让我浮想联翩，往事历历在目，今天利用给你回信的机会再次谈谈本人治理华工和举办高等教育的一些感受。

　　首先，在高等学校发展的初期，作为管理者一定要有集权意识。你在来信中提到："虽然他的霸道和一言堂也是他突出的特点，虽然他常常毫不留情地把干部们训得下不来台甚至当众流泪，但是，老爸说，大家还是愿意在他手下干活。"你说的这个是事实，批评得非常正确。说实在的，当时我在治理华工的过程中确实比较霸道，也搞过一言堂，那时候也有一些干部和教师对此很有意见，我在位的时候就有人跟我提出过这样的意见。我很乐意接受这样的批评，也在逐步改正。但是，话说回来，在一所大学创办的初期，有时候也是需要一定的集权手段，这也许是教育发展的一个规律。因为在学校创办时期，国家和社会都希望能够及早建成并开学招生,时间紧、任务重,所能使用的资源十分有限,如果不能及时果断决策,搞一点一言堂的话,学校基本建设的进展就会被延迟,最终受到损害的是国家和人民的利益。

学校开始招生以后,一所高等学校要走向规范化发展之路,工作中心便由基本建设转向学科建设。这个时候还需不需要集权呢?我也曾经面临这样的困惑,因为我深知,学科建设应该是民主的、科学的,"学术自由、追求真理"是大学的真谛。可是,那时的华工还缺乏学科建设所需要的民主环境,如果不加以集权,学科建设反而无法进行。我这样说主要有两点理由:一是当时的民主制度不够健全,难以通过民主手段实施学科建设。当时的国家实行的就是高度计划经济体制,政治上也是中央集权的管理体制,高等学校作为国家政治体制的一部分,很难特立独行,你不可能在一所高等学校里创办一套与国家政治体制不一致的民主体制和机制,也不符合当时的政治气候。同时我也知道,虽然集权在学科建设过程中并不符合教育规律,但是在当时的管理体制下,无论是师生还是管理干部,大多数人仍然比较习惯于集权式的管理手段,集权式管理在当时还是可以促进学科建设工作的。二是当时的工作面临着众多困难,必须要采取集权手段方可提高决策效率。一方面国家给予的各种支持有限,如果按照那样的支持力度而不敢于创新和竞争,那学校只能采用"等、靠、要"的手段,其结果自然就是学科建设速度的滞后。另一方面,华工当时只是办学校的开始,可谓是百废待兴,各项工作头绪纷杂,很多工作需要快速决策,不可能都要等到开会走民主程序再去推动。在这种情况下,为了提高决策效率,我只能搞一言堂了。当然,很多一言堂我也是经过了深思熟虑和深入调研的,如华工早期的专业建设、人才引进等事关学科建设的战略性决策,我也是做了不少调研工作的,其中主要是阅读相关文献,对于当时西方国家的办学经验进行了一定的研究。

其次,尊重知识分子是高等教育发展的一个基本规律。非常高兴你在信中也提及这件事情。在来信中你说:"尊重老知识分子。盖老图书馆,快要完工时,他亲自在门口楼梯上上上下下地体验,最后对设计和施工人员说,高了一点,这样老教授们不太方便啊。亲自指导他们把楼梯的每一级高度降低下来,这才有了后来老图书馆那宽大气派的门前楼梯。"其实,在我的心目中教师是高等学校生存和发展的根本性力量,他们都是知识分子,我对他们都十分敬重。在我治理华工期间形成了一个不成文的要求,凡是教师和管理干部发生冲突时,我首先要批评干部,凡是教师和学生发生矛盾时,我首先要问责教师。我对于高校教师历来十分尊重,更不用说那些年长的老教授了,因为我知道高校教师的发展水平决定着一所大学的发展水平。所以,尊重知识分子也就是尊重高等学校发展的规律,我岂敢与规律对着干?

在这样的思想指导下,我主持引进了一大批著名的学者来华工工作,并为他们尽量提供最好的工作条件,我觉得既然把人家请来就应该善待他们,不能辜负了他们对华工的进步的期望。与此同时,我还送出了一大批青年教师到国内外高等学校和科研机构学习,他们中大多数人回到学校以后都做出了许多杰出的贡献,这令我倍感欣慰。大学生也是知识分子,他们在学校学习期间也应该得到尊重,我经常嘱咐学校的相关管理机构和负责人,一定要关心学生的学习和生活,及时解决学生们在学习和生活方面的困难,尽一切可能创设良好的学习环境,帮助他们完成学业,以优秀的成绩报答国家和家人对他们的期望。我也经常到学生中间去了解他们的学习和生活情况,发现问题及时解决;我也时常给学生开设讲座,对他们进行世界观和人生观的教育,在当时还是起到了一定的积极作用,学生们的反响还比较好。

最后,我想谈谈对于高等学校开展科学研究的看法。新中国成立以后的很长时间内,高等学校并不很重视科学研究,也很少参与国家的科研,学校主要从事教学工作。我认为这样做不利于高等学校自身的发展,高等学校仅仅开展教学工作是不够的,西方发达国家的高等学校都承担着大量的科研任务特别是基础性科研。在这样的思想指导下,华工在"文革"之前就主动与国家的有关部委建立协作关系,为这些部门提供科研服务。正因为华工在科学研究方面表现得较为突出,在当年的全国科学技术大会上,华工作为代表参加并在大会上发言。当时我们发言的题目就是《科学研究要走在教学的前面》。这个发言在全国学术界引起了不大不小的争论,有人误以为是高等学校不重视教学,对我们的做法提出了批评。其实,我们并不是否定高等学校的教学功能,而是说为了使得高等学校的教学内容能够为学生提供最新最前沿的知识,必须要将教师的科研成果转化为教学内容,让学生掌握学科的最前的、动态性的知识,这是在更高层面上对教学内容的重视,是为了更好地提高高等学校的教学质量。

几十年来,华工的发展得到了海内外学术界的肯定,我个人认为上述三个方面的工作应该是高等学校生存和发展不可或缺的,应该大力加强,都是具有规律性的工作,希望能够引起高等教育学术界的讨论。长期以来,我一直在思考一个问题,那就是高等教育的理论问题。高等教育有没有理论?这些理论是从哪里得到的?高等学校的发展有没有规律?这些规律来自哪里?我认为,这些问题可以归结为理论和实践的关系问题。可以说,高等教育有自己的理论,高等学校有自己的发展规律,但这些理论还不够成熟,规律的表现还不够明显,我们只能通过实践去探索和总结。我们在华工的办学过程中对于高等教育的理论和高等学校的发展规律做了一定的探索,有些是正确和基本正确的,但是还需要我们继续通过自己的实践活动深入探索下去。我相信只要我们不断实践,高等教育的理论和高等学校的发展规律就会显现得越来越清晰。

好了,已经说得不少了,由于时间关系,本次在信中就谈这些内容。其实这些观点我已经在很多场合、很多文章中谈到过,今天算是温故而知新地再重复一遍,也不知道你是否有兴趣。

李楠同志,春节将至,在此祝愿你们阖家幸福、新春愉快!

此致

敬礼

朱九思

2013 年 2 月 6 日星期三

口述于武汉协和医院保健楼 804 室

附：和偶像面对面

李　楠

英雄创造历史，这句话我是认同的。一个单位的兴衰，绝对和一个主要领导人有直接关系。

华中科技大学的创始人朱九思一直是我很崇拜的老前辈，我称他为伟大的教育行政家或者教育管理学家。他把一个大学从无到有、从小到大、从专科到全科，做成了全国一流，这是需要多强的能力和气魄啊。

小时候由于老爸的工作关系，我常常听他回家说到九思，老爸是1953年来到华工的，当时的喻家山还是一片荒芜坟山，就在那样的条件下，老爸成了九思的下属，开始为华工的兴建没日没夜地工作。

回武汉这几天，我没事就在华工校园里转悠，老的电影场、南一楼、老图书馆、我小时候住的东一区6号、我姐姐住过的教二舍、鸳鸯楼、我长大后住的东一区59号、青年园……最喜欢在那些被两边法国梧桐遮盖的老马路上散步，这时我才发现，九思一辈子的心血，已经凝结成华工的一砖一瓦、一草一木，并作为了见证。如果不是因为九思的热爱和执着，还有他的精益求精，哪里能有这么完美的建筑和校园。以前听前辈们说的那些故事一幕幕好像就在眼前。

华工无数建筑中我最欣赏的是学校主楼即南一楼和老图书馆，大气庄重，堪称经典，经历了这么多年的风侵雨蚀后，风采依然不减当年。老爸说，之所以它们能如此完美其中还有故事。当时修建南一楼时，是两边的副楼最先建成，分别都是5层，规划设计中的主楼是楼高8层，可是当时的教育部只批准建5层，如果这样，整个大楼就只能是一个一字形的平楼了。为了坚持原方案，保证大楼的气派和整体风格，九思宁缺毋滥，硬是等了10年之久，最后才磨成了如今这个错落有致的标志性大楼，使它当之无愧地有了矗立在学校大门口的资格。建成之后引来很多人参观，空军某单位硬是把华工设计师请去，将他们的办公楼建成了南一楼的翻版。老图书馆风格雅致，麻石外墙又让它不失质朴，门前修建了漂亮的花台，整个大楼半掩在绿树丛中，夏秋季金桂飘香，寒冬时节腊梅怒放，实在是学者们读书的好去处。可是这在当时也是引起很大争议的，有人认为过于浪费，《长江日报》当时还以《怪异的花坛》为题发了文章加以指责。可见当时的领导人要具备怎样的真知灼见和坚持才能顶住压力啊。

华工很早就以绿树成荫闻名，这全因了九思的功劳。华工大路两边一定是法国梧桐，小路两边则是冬青树或冬青篱笆，大门口是舒展挺拔的雪松，图书馆门口是腊梅，家属区到处是金桂。相传凡是种下的树，每一颗九思都知道。若是哪里有人挖树，他会大发雷霆，追查到底。一个干部因为把自行车靠在路边的冬青篱笆上被他看见了，大会小会他都要拿出来批评，不依不饶。他的儿子调皮跳起来抓树叶，被他当众骂得不敢吭气。如今，武汉市的人都知道，华工校园里面夏天温度比市里低几度，这都是因为有树，真是应了"前人栽树后人乘凉"这句老话。

尊重老知识分子。盖老图书馆，快要完工时，他亲自在门口楼梯上上上下下地体验，最后对设计和施工人员说，高了一点，这样老教授们不太方便啊。亲自指导他们把楼梯的每一级高度降低下来，这才有了后来老图书馆那宽大气派的门前楼梯。80年代中期，华工建了40套在当时来说面积最大的家属宿舍，九思下令，在职干部无论职位多高一律没份，使得当时最德高望重的一批老教授得以改善了住房条件。学校一把手用自己的动作和行为直接诠释了党的知识分子政策，这比任何指示命令更人性和温情，他的下属们能不动容和效仿吗？

一心扑在工作上不谋私。他家子女加上亲戚朋友，没有一个被他徇私安排在华工工作，这是罕见的。在华工不要说领导干部，就是一个普通职工，只要提出有需要，都可以照顾一个子女留在身边。作为第一把手，只要他一句话，好工作任他挑，而他就是不开口，也反对别人帮他安排。他自己以身作则，同时又严格管理，在这种强大的气场下，自然没人敢假公济私，贪赃枉法。老爸说，在九思"统治"的几十年中，华工几乎没有发生大的贪腐事件。老爸说了一件小事：当时设备处买来的设备都是用木头箱子装的，那个年代钉那个箱子的木料可是好东西，于是有人就把拆下来的木料拿回家打家具用，九思知道之后大发雷霆，下令不论干部职工凡是拿了木料的一律全部交回，一块也不能少，在当时引起极大震撼。

爸爸说，九思一生都不爱钱，所以不贪。是不是他不缺钱呢？其实不是的。他的生活极为简朴，没几件好衣服，饮食也很简单，青菜豆腐足矣。他的家庭也不富裕,孩子也多。他爱书是有名的,家里用樟木箱子存放图书,可是在家里生活发生困难时,他不惜变卖珍藏解困,也不会以权谋私向国家伸手。老爸说,记得他卖书时不舍地长叹:文人卖书,穷途末路啊。他和属下一起出差开会,闲暇时间都是他掏钱请客吃饭和看电影,老爸就是经常有此待遇。

注重招生工作。要提高学校办学质量,就要能引进好的生源,九思为此花了大气力。他常常把各地重点中学的校长请到学校参观,以强化他们对学校的印象,同时还把学校闲置的图书和实验设备捐给这些学校,帮助他们提高办学质量。他自己也亲自给这些中学校长们讲话,宣传学校办学理念和专业优势。我的一个朋友给我讲了一个故事:她在华工招待所款待外地来的招生干部,看到九思路过,就对他介绍了客人,九思看了看桌上的菜,二话不说走到点菜处加一个菜并且付了款就走了,客人很感动以为九思和我的朋友很熟,我的朋友很自豪地说:华工没有谁不认识九思的,但他肯定不认识我,他看重的是你们能给他带来好学生。

老爸说,九思很关爱教职工。下属有病了,哪怕是工人求到他,他也会找医院关系鼎力相助。有时候和下属一起有急事加班,只要他没事了,他会为正在干活的下属扇扇子、倒水,没事也会和大家打打牌。华工资格老点的人一定都会记得,80年代初,为了不让教职工因炎热备课和洗衣而烦心,校领导决定让机械厂自己制作洗衣机和电风扇,发给每位教职工,在当时那个物资匮乏的年代,这简直是一个天大的福利! 大家奔走相告,高兴得就像过节一样。那台电扇如今还在我家服役,转得可欢了。

我听说如今就是在病房,以他90多岁高龄,他也还在研究高等教育,还在思考教育科研,在我等后生看来,这简直是不可思议。冰心说,人生从八十开始,可是在九思这里成了人生从九十开始。如果不是对自己一生事业的痴迷追求,如果不是对高等教育事业的无比热爱,人何以能做到如此执着又如此精彩! 老爸说,后来九思有很多机会离开华工高升,他都坚决不为所动,也许他就是为华工而生的!

虽然他的霸道和一言堂也是他突出的特点,虽然他常常毫不留情地把干部们训得下不来台甚至当众流泪,但是,老爸说,大家还是愿意在他手下干活。尽管矛盾摩擦、爱爱恨恨几十年,晚年的老爸还是很思念九思,甚至后悔当年为什么常常要和他硬顶呢? 他是一个多么好的人啊,不贪不腐,一生只为华工,这样的人,如今有几个?

在深圳家里的时候,老爸没事就讲九思,我知道他想他了,这次一回汉,我就打听九思的下落,知道他在协和医院住院,已经是95岁高龄了。我买了扬州的富春汤包,和老爸来到了医院,见到了我的偶像。

　　老人家脸色红润，皮肤保养极好，就是在病中，也能看出他当年的风采和修养。他先是躺着，后来执意要穿好衣服下床，坐在我们对面。谈话中，一举手一投足都显现出大家的风度，这种学者和大家的风度是骨子里透出来的，丝毫不会受生病和年老的影响而走样。老爸曾说，九思口才极好，不要讲稿，不说官话，不说废话，不说重复话，一次讲话下来就是一篇非常漂亮的文章。我仿佛看到他在华工的电影场，面对上万的师生，没有发言稿却侃侃而谈，在他身后是那些为记录他讲话而汗流浃背的秘书们。

　　九思和他夫人王静阿姨住的是医院的标准病房，房间狭小，吃住、会客都不方便。我问阿姨为什么不住高干病房，她说，九思说的，不用那么大，不能浪费。我几乎眼泪要流下来了，我对阿姨说，一定要住高干病房，他这样的人不住，谁有资格住？我对九思说，您太牛了，您给华工留下了太多的经典。老人只是淡淡地笑。他对我们慢慢地说：人老了呢，有两重性，一是能活这么大岁数，看到了很多事情，可喜可贺，可是另一面呢，又有病痛难忍。我们能理解他的心思，英雄迟暮，谁能奈何？我请阿姨经常扶九思到华工的林荫道下散步，一定会唤起他的生命活力的。

　　临走的时候，老爸握着九思的手久久不放，真心祝愿老领导能保重身体，明年还相见。

　　回到家，我发现忘了一件重要事情，就是没有问问他为什么叫九思，是不是家有九子？这是我一直很好奇的，如此近距离却忘了，真是遗憾。

对高华著作的几点补充

高华同志：

大作看完了，很好很好！你不可能有那个时期的经历，也不可能看到内部历史档案，竟能写得如此之好，实在难能可贵。

我的经历是，1936 年考进武汉大学之后，即参加抗日救亡运动，1937 年 10 月参加共产党，同年 12 月去延安进抗大，先学习，后留校工作。1938 年 12 月随抗大二分校去敌后晋察冀根据地。1942 年 5 月调晋察冀军区三分区任政治部宣传科长，正逢全党整风运动开始。1945 年日本投降后，随部队去绥远（内蒙古）与傅作义打仗。1946 年初调北平与承德之间的古北口，仍在部队。1946 年五六月间去承德，偶遇武大老同学李锐，他在负责办报，于是通过组织调动，我也就从此离开了部队，与李锐一起办报。我之所以写此经历，是为了说明我比较熟悉那一时期的主要情况，对大作中极少数几个问题，提供一点意见，供你参考。

一、关于"矛盾论"与"实践论"的由来与发表

1935 年冬长征到陕北以后，与张学良的关系从"敌"成为"友"，毛泽东于是要人到西安买书，特别要买李达著的《社会学大纲》。20 世纪 20 年代末到 30 年代，上海进步文化界非常活跃，书刊较多。艾思奇的《大众哲学》很受欢迎，但那是通俗读物，真正具有较高学术性的先有一本陈唯实写的《辩证唯物论》，后有一本李达写的《社会学大纲》，后者比前者水平高。李达为了此书不被查禁，用了这个灰色的书名，去延安之前，我看过这本书。

1937 年春夏之交，抗大二期开始，学员绝大部分是红军干部，其余是国民党地区的地下党员。毛泽东决定向学员讲哲学课。尚未讲完，七七卢沟桥事

变发生,形势大变,毛泽东中断讲课。我到抗大以后,看到过毛泽东尚未写完的哲学讲义,油印本,给我的印象是受李达《社会学大纲》的影响较大,60多年过去了,现在还记得李达的书中有一个部分的小标题是"两种发展观",而毛泽东的讲稿中也有一个部分的小标题是"两种发展观"。当然,毛泽东有新的发挥,特别是"实践论",他自己也很欣赏。

1953年朝鲜战争停止,毛泽东向苏联提出,希望派一个研究哲学的人任驻华大使,于是苏方派尤金来华。他来以后,要看毛泽东的著作,特别是哲学著作,发现"矛盾论"与"实践论"写得很好,于是公开发表,并临时编入《毛泽东选集》。

二、关于《反对自由主义》一文的由来

1937年下半年,胡耀邦任抗大政治部副主任,请毛泽东为抗大校刊写篇文章,于是毛泽东写了《反对自由主义》一文,9月在校刊发表。

当时的背景是,1937年3月,徐向前与陈昌浩率领的西路军已完全失败,此事与张国焘完全无关。但张国焘在历史上特别是1936年的错误确实严重,应予批判,问题是当时在延安的一部分原四方面军干部过去受张国焘的蒙蔽很深,对批张国焘很不理解,因此要做艰苦的工作。毛泽东提出反对自由主义,可能与此背景相关,并在1937年9月形成文字发表。我到抗大以后,看到的第一篇文章,就是学校政治部单独印发的《反对自由主义》。

三、关于"杯水主义"

1938年我在延安,没有听到十月革命后在俄罗斯流传的这句话,也无此印象。1939年秋冬之交,抗大总校与华北联合大学(陕北公学、鲁艺等校合并而成,成仿吾任校长)也来到晋察冀(原定去太行区,中途因故受阻,改道来晋察冀,大约一年后,抗大总校南下到太行区,当时通称晋东南;华北联大留晋察冀未去),与我们抗大二分校为邻,熟人不少,从未谈起"杯水主义"。但1940年后的一些背景情况值得提及。

(1)1937年10月,延安发生过一个有名的黄克功事件。据《毛泽东书信选集》(人民出版社1983年版)第110页《致雷经天》(当时任陕甘宁边区高等法院院长)的注释,黄克功少年时加入红军,参加过井冈山的斗争和长征;当时是抗大第6队队长;1937年10月,对陕北公学女学生刘茜逼婚未遂,开枪把刘茜打死,经高等法院判决,黄克功被处以极刑。但从毛泽东致雷经天的信来看,黄克功本人与雷经天均向毛泽东求情,希望不处以极刑,但毛泽东不同意,仍

处以极刑，并说"一切共产党员，一切红军指战员，一切革命分子，都要以黄克功为前车之鉴。请你在公审大会上，当着黄克功及到会群众，除宣布法庭判决外，并宣布我这封信"。判决后立即将黄克功带到会场外枪决，到会者都听到枪声。这件事给延安震动极大，也流传很广。

（2）当年延安可以用四句话来概括：①政治气氛是浓厚的；②形势是紧张的（1937年11月下旬，日本飞机轰炸延安，敌人有可能从山西过黄河进攻延安）；③生活是艰苦的；④精神是愉快的。

最突出的是政治气氛很浓。20世纪50年代初期，曾经担任过抗大领导工作的李志民撰写了抗大校史，书名叫《革命熔炉》。其实，不仅是抗大，当时整个延安也是一个革命大熔炉。并没有人说什么"政治挂帅"、"突出政治"之类的话，而是很自然地形成一个很好的政治环境，人们的自觉性都比较高。抗大的学生每逢星期六晚上都要开生活会，进行认真的批评与自我批评，大家觉得这是应该的，丝毫不觉得勉强，人们之间的关系也是和谐的。抗大如此，其他学校也如此，各机关单位共产党员多，更是如此，而且常年如此。

（3）环境很分散。1937年11月日本飞机轰炸延安之前，城虽很小，但外来人员也少，主要集中在城内和城的周围。如抗大是城内城外都有，城外往北门外是自己挖的窑洞。陕北公学住东门外延河对面自己盖的房子。人员不多的机关住城内，新华社与出版单位人员较多，住城外窑洞。但日机轰炸以后，延安成为一座空城，加之1938年外来人员增加很多，那就很分散了，距离也比较远，人们之间的相互来往也大为减少。

1940与1941年，由于种种原因，男女之间的问题增多了一些，成为盛行一时的"小广播"的内容之一，丁玲写的《三八节有感》即由此而来。

（4）1942年开始整风，特别是1943年的审干，接着又是"抢救运动"，情况随之而大变。

四、关于晋察冀的整风

我在晋察冀，又当分区宣传科长，对这里的情况很了解。我认为晋察冀的情况接近于山东。学整风文件很认真，但就是学习，开开讨论会，别无其他。从面上看，根本没有审干，没有任何从上到下的布置。至于"抢救"，那就更没有，一般干部完全不知道。当时我看过康生《抢救失足者》的讲话，那是很偶然从南边太行区传来的本子，不是上面发的，具体过程已经忘记了。至于"肃托"，我知道曾秘密进行，一个来自上海的同事失踪了，回过头来看，那是冤案。至于党校在进行审干，我未听说，即使有，涉及的干部恐怕也很少。至少我所在的三分区没有。当时地委、军分区领导机关、专员公署和群众团体,总人数也不多,靠拢在一处,如果有,我这个中层干部会知道的。

晋察冀为何如此?主要原因是从 1942 年 5 月起,日军对冀中地区进行全面的可以说是地毯式的大"扫荡",使这个地区的党组织、政权、军队与群众遭受非常严重的损失。冀中区与北岳区以平汉铁路为界,当时简称前者为"路东",是一片大平原;简称后者为"路西",绝大部分是山区,属恒山山脉,只是靠近平汉铁路的一小部分是平原。我们三分区恰好在平汉线上的定县以西那一带,与冀中区仅一路之隔,对冀中的情况最容易了解。冀中一些领导机关被迫撤到"路西"来了,也有被迫往南撤退到晋冀鲁豫根据地的"冀南"地区,这是过去从未发生过的严重情况,而冀中是很富的地区,必须全力以赴,尽快恢复。加之当时路西北岳区在敌人"扫荡"蚕食情况之下,根据地缩小,也增加了许多困难。因此,我估计以程子华为首的北方分局不得不向中央反映,并获得批准,不搞"审干",更不能搞"抢救"。

五、关于晋冀鲁豫与晋察冀

当时华北有两大块根据地,一是晋冀鲁豫,另一是晋察冀,两者从西往东,以太原、石家庄、德州这一条东西线为界,前者在南,后者在北。

晋冀鲁豫根据地又分太行区(当时通称晋东南)、太岳区(在太行区以西)、冀鲁豫区(在太行区以东)和山东。至于"冀南"与"冀鲁豫"是一个区还是两个区,我不在那里,不清楚。

晋察冀根据地又分为北岳区(名称来源于"北岳恒山"这句老话)、冀中区、冀东区。晋察冀西边,从太原往北到大同,以当时名叫同蒲铁路为界,铁路西是晋绥地区,当时通称晋西北,是陕甘宁边区的"前方"。

这就是当时整个华北的情况。因此,晋察冀根据地从未称华北根据地。后者仅是一个泛称,说得很少,用得更少。

当时根据地的正式名称,一般都叫"边区",与陕甘宁边区一样。

六、关于抗大的分校

1938 年 12 月初,中共中央军委决定,派出两个分校到敌后根据地。一分校到晋东南,即太行区,那里是北方局与八路军前方总部所在地。二分校到晋察冀的政治中心北岳区,那里有北方分局(受北方局领导)与晋察冀军区首脑机关。我被分到二分校,担任一个队的指导员,在路上走了整整 1 个月。

这两个分校,从领导到学生,都是从总校分出来的。为何这样?

第一个原因是形势紧张。1937年11月,日机轰炸延安,也有可能渡黄河进攻延安。

第二个原因是延安人多,吃住都有问题。

第三个原因是敌后根据地需要培养干部,更需要知识分子干部。在这方面,华北不如华中。在华中,除本地有不少知识分子外,不断有各类知识分子从江苏南部特别是上海来,长江是封锁不住的。

附带在这里说一说,1939年秋,抗大总校与华北联合大学之所以全部到敌后,主要原因也是这三条:①这时延安人更多;②又加上国民党封锁包围陕甘宁;③敌后根据地扩大了,更需要人。

特别是第一、第二两个原因。陕甘宁边区号称有22个县,但全部人口仅仅150万人,地瘠民贫,加之国民党封锁又使外面的物资进不来,不减少人是绝对不行的。

在抗大总校到达太行区之前,一分校已随一一五师到山东去了。

至于抗大其他的分校,除去七分校是总校离开延安时留下一部分人组成以外(也因人多,这个分校不在延安,而在远远的庆阳,是甘肃最东边的一个县),其他所有分校,特别是华中地区,都是当地自行建立的,其主要干部一般也是抗大总校早几期毕业的。

以上就是我的一些意见,已经是60多年前的往事,仅凭记忆,也可能不一定完全准确,仅供参考。

如果你要出修订本,需要了解更多的情况,建议你找李锐。他本人也是"抢救运动"的受害者,在保安处关了1年多。他对你的书也有很好的评价。

朱九思

二○○四年六月三日　武汉

新闻媒体贵在正确导向
——在华中理工大学新闻系十周年纪念会上的讲话

就学校工作来说,本文所谈与两大问题有关:第一,怎样进行新闻学科建设? 第二,怎样培养合格的新闻工作者?

今天是我们新闻系成立十周年的日子,首先表示我衷心的祝贺。刚才好几位同志发言中提到我,我承认我是我们学校新闻系的创办人之一。但是我在这里要说,新闻系之所以能够诞生,还要感谢有关的好几位同志和好几个部门及单位。一位是雷行同志,他原是《湖北日报》的负责人,后来是湖北省委宣传部副部长。1982 年上半年有　天,是他第一个向我提出来,希望我们办新闻系。第二位,是当时中宣部新闻局局长钟沛璋同志,1982 年 9 月,党的十二大开会期间,他是秘书处专管宣传报道的负责人,在人民大会堂大厅里遇见他,他说:"老朱,你办新闻系怎么样?"我说:"办是可以,但是有一个要求,请你转告中宣部的领导,要向教育部讲这事,我自己不大好讲;因为我们有好几个文科专业都在准备办,提多了,事情就难办。"后来果然如此,中宣部跟教育部讲过以后获得批准,我始终没跟教育部提。接着我向省委宣传部管人事的副部长余英同志提出要人,首先是新闻系的负责人,希望湖北日报社和省广播电视厅各来一位,担任我们的系主任和副系主任,因为这样好配合,《湖北日报》是报纸,广播电视厅则是广播和电视。要感谢湖北日报社和省广播电视厅的大力支持,第一任系主任汪新源同志就是从湖北日报社来的,第一任副主任、后来的系党总支书记程道才同志就是从省广播电视厅来的。今天在这里谈谈这个过程很重要,否则,我们新闻系的创办是困难的。不仅如此,还应该感谢省内、省外许多单位都对我们大力支持。例如今天到会的我们党委办公室主任曹承容同志,他们夫妇当年就是从湖南衡阳日报社来的。省内调来的更多一些,例如长江日报社以及襄樊、沙市等地的报社。正因为这样,我们新闻系成立之时,在教师方面有一个很突出的特点,可以说"文革"之后,全国不少大学创办的新闻系当中,我们的教师科班出身的、从事新闻工作多年的占了统治地位,几乎是百分之百。我觉得要把新闻系办好,必须有一批行家,要有一个很好的教师队伍。直到现在,我们新闻系还保持着这样一个特点。这个做法是对的,只有行家来办,才能办好。

我今天作为一个读者、一个观众,想给现在的新闻工作(或者说新闻媒体),提一点个人的也许是一些值得进一步商榷的意见。尽管在40多年前,我做过7年的报纸工作,经历过3个报社,但那毕竟是40多年前的往事。今天我们省新闻界现任的负责人都在这里,我的意见很可能是班门弄斧。但是我这个人是够坦率的,有意见就发表,对不对可以讨论。今天我们新闻系的教师、大学生、研究生都来了,同时还邀请校刊的全体同志和我们学校闭路电视部门的同志来参加这个会议,由于我谈的另一目的,是要把我们新闻系和我们学校的新闻报道工作能办得更好,请你们考虑。

一、新闻媒体需要发表言论

我想说的第一点意见,就是新闻媒体需要发表言论。不管是报纸,还是广播和电视,都需要发表言论。这一点有特殊的重要性。

1937年抗日战争爆发之后,第二次国共合作正式形成。当时,毛主席除集中主要的精力在政治和军事方面之外,他又着重提出来,还要办两件重要的事。第一要办报纸;第二要办学校,吸收大批知识青年,培养大批革命干部。办报纸首先要在国民党统治区办。经过谈判,《新华日报》原定在南京出版,由于敌人的进攻,1938年1月11日在汉口创刊。毛主席的意图是在国统区办报纸,可以把我们共产党的主张宣传出去,让全国广大人民知道,因此《新华日报》非常注意发表言论。我现在也没有时间和精力去翻当年《新华日报》的影印本,只是1938年二三月间,在延安看到过很少几份,有这样一个印象,《新华日报》创刊之后,几乎每天都有社论。宣传我们的主张,这是一个情况。

这里要着重回顾1941年1月震惊中外的"皖南事变"发生之后,周恩来同志在重庆怎样发挥《新华日报》的舆论导向作用,与国民党进行斗争的史无前例的经过。为准确起见,我将1989年2月人民出版社与中央文献出版社出版、中共中央文献研究室编的《周恩来传(1898—1949)》第483～486页的有关部分,转录如下:

(一九四一年)一月十七日晚,国民党中央通讯社发布了国民党的军事委员会的通令和发言人谈话,反诬新四军"叛变",悍然宣布撤销新四军番号,声称要把叶挺交付军法审判。这就把国民党的第二次反共高潮推到了顶点。

周恩来得知后,立刻义愤填膺地打电话给何应钦,痛斥他:"你们的行为,使亲者痛,仇者快。你们做了日寇想做而做不到的事。你何应钦是中华民族的千古罪人。"随即驱车到国民党谈判代表张冲处,当面提出质问和抗议,再返回红岩。

当晚,南方局在红岩八路军办事处召开会议,仔细估计国民党命令公布后的局势,研究如何向国民党统治区人民和全世界揭露国民党顽固派这一破坏团结抗战、破坏国共合作的阴谋,决定在《新华日报》上刊登周恩来为皖南事变所写的题词。

那时国民党有着严格的新闻检查制度。报纸稿件都需事先经过审查,有关皖南事变的记载全部被扣。他们还不放心,那天晚上十点多钟,新闻检查所派人来到新华日报社,坐等审查第二天《新华日报》的大样。报社准备了两种不同版面:一种是给新闻检查所派来的人看的,上面没有周恩来的题词;另一种刊登有周恩来的题词手迹。周恩来在红岩办事处把题词写好后,派副官立刻送往报社,并且指示:要报社加快编排和制版力量,组织好发行力量,务必抢在第二天各大报发行以前,将报纸送到广大读者手中。题词共两条。在第二版占六栏地位的是:"为江南死国难者志哀。"在第三版占五栏地位的是一首诗:"千古奇冤,江南一叶,同室操戈,相煎何急。"

这满含悲愤的二十五个字,产生了震撼人心的强大力量,一下揭穿了皖南事变的实质,表达了对国民党顽固派最强烈的抗议。报社将题词刻成木版后,立即拼版,加速印刷。黎明前就把印好的报纸包在铺盖卷里,装在箩筐里,从红岩后山偷运进城,送到读者手中。当国民党顽固派发现市面上出现印有周恩来题词手迹的报纸时,大批报纸早已冲破山城的浓雾传遍了全城,轰动了整个重庆。这天的报纸,上午就在市内销完,每份后来增卖到五角,在社会上产生巨大的反响。二月二日,毛泽东从延安致电周恩来说:"收到来示,欣慰之至,报纸题字亦看到,为之神王。"

这件大事,本来预定要在那天纪念会上讲的,《周恩来传》也已带去。但临时忘记了,现补充如上,使同志们可以看到,通过《新华日报》,周恩来同志的题词发挥了多大的威力。当然,不仅是新闻工作者,而是所有共产党员与广大工作人员,更应牢记惨痛的"皖南事变",学习周恩来同志大义凛然、置生死于不顾的斗争精神。

第二个情况,在延安,原来有个报纸叫《新中华报》,四开四版,我1937年

12 月 20 日左右到延安，就看到这个报纸。1941 年 5 月 16 日，中央决定《新中华报》与《今日新闻》合并，创办《解放日报》，扩大版面出对开四大版，不过，当时我在敌后根据地晋察冀边区，一直没机会看到。但从我们的广播电台每天播放的新闻当中可以知道，《解放日报》的社论是较多的。1947 年 3 月，由于国民党胡宗南军队的进攻，党中央撤离延安，《解放日报》办不成了，就改用新华社的名义照样发表社论，叫"新华社社论"。当时新华社总社已经转移至太行山，由范长江率领一个叫"四大队"的小分队，跟着党中央转战陕北。因为战争环境所限，当时中央的机关要大大缩小，刘少奇同志、朱德同志两位中央书记处的书记就带领中央机关的一批人到了敌后，在晋察冀边区成立了"中央后工委"，住在后来的中央所在地河北省平山县的西柏坡。当时中央还在陕甘宁，但是人员很精干，毛主席、周总理、任弼时同志是当时中央书记处的三位书记，同时把陆定一、胡乔木同志也留在陕甘宁边区，因为要加强宣传，发表言论。

　　1939 年 1 月，我到了晋察冀边区，就看到那里的报纸《抗敌报》，后来很快改名为《晋察冀日报》，版面虽然很小（四开四小版），但是每天的头版上面都有社论。《晋察冀日报》的负责人是谁呢？邓拓，当时的社论都是他写的，针对当时晋察冀边区的各方面情况讲话。《晋察冀日报》每天发表一篇社论，直到1945 年冬我离开晋察冀边区的时候，一直保持着，这一点很了不起。我认为邓拓同志是我们党的新闻史上一位非常好的新闻工作者，有思想，文笔也非常好。我听过他一次讲话，当时我在抗大第二分校工作，校长请他来讲晋察冀边区的各项政策，讲得非常漂亮。

　　这就是在我们党的新闻史上我所知道的一点情况。至于更早一点在江西的情况，我不了解。我认为 1937 年以后我们党办报纸的一个重要传统，就是要重视发表言论。当然言论不是随便发表的，是在党委领导下，按照党的路线、方针、政策来发表意见。党委不可能天天做决定、发指示，做了决定、发了指示之后，就依靠新闻媒体发表具体的言论，加以宣传。从这一点说，我觉得1949 年全国解放之后，报纸的言论大大减少了，是否妥当，很值得探讨。这并非只讲现在，包括 1949 年上半年我进天津办《天津日报》，后来在长沙和平解放之后在湖南办报，报上的言论就少了。但是我总觉得这个问题值得探讨。从我个人的体会来说，我认为报纸要在党的领导之下多发表一点意见。只有好处，没有坏处。我向我们学校校刊的同志也说过，校刊一个星期 1 期，一个月 4 期，一个突出的感觉是大家虽很努力，就是缺少言论。其实学校的事相当多，党政工作布置之后，校刊就得联系实际讲话；当然不是乱讲，但是应该讲话。而且在我们党的历史上就有这样一个传统，社论要经过党委有关的负责人事先审阅。反过来说，如果一个学期、一年、两年，不发表什么言论，这个刊物的影响必然降低,引不起人们的注意。不仅是报纸,我觉得广播、电视、通讯社,都应该发表言论。

我想再回到过去,谈谈 1937 年以前,我当学生时知道的情况。当时上海有《新闻报》、《申报》、《时事新报》,我是江苏人,看得比较多。当时的报纸,99％完全是广告、新闻,没什么言论,完全是营利性的;尽管有的报纸有一定的背景,总的方面还是营利性的。但是有一份报纸例外,那就是天津出版的《大公报》。我所看到的《大公报》,第一个特点就是天天有社论,而且是报社的主要负责人亲自执笔,就是张季鸾和后来的王芸生,因此《大公报》的地位在旧中国的新闻界就不断上升,特别引起知识界的重视。《大公报》一直到现在都还存在,是因为《大公报》有它自身值得重视的历史。

在这里我觉得有必要再谈一谈上海的《申报》。在 30 年代前期,曾经有一段时间,史量才办的《申报》请了一个人专门写过署名社论。《申报》的副刊叫"自由谈",本来这个副刊是乱弹琴,办了多少年,完全是趣味性的,没有什么内容。1932 年 12 月,史量才聘请了一位新主编,叫黎烈文。此人是研究文学的,刚从法国留学回国,他一当主编,"自由谈"的面貌可以说焕然一新,因为他约请了一些进步文化人写稿子。首先是鲁迅,还有其他人,例如研究鲁迅最好的唐弢(他去年去世以前,是中国社会科学院中国文学研究所研究员)。他们都在"自由谈"上写文章。最突出的是鲁迅,当然"鲁迅"这个名字不好公开用,那就用笔名,我到现在还记得,他用得最多的是"何家干"。当时一看就觉得这些文章来头不简单,不是一般的作者写的,继续看卜去就看出来了,鲁迅写的。这里还有个插曲,黎烈文主编"自由谈"开始大概也是受《申报》历史上的影响吧,发表张资平的连载长篇小说。张资平这个人当年是创造社的成员之一,但是他写的小说和郭沫若、成仿吾完全不同,专门写三角恋爱,因此他出的小说销路很好。张资平在"自由谈"登的连载小说,还是写三角恋爱,这与整个"自由谈"的风格,显得非常不协调,大家意见很多。后来黎烈文不客气,硬是腰斩了张资平的连载小说,这也是中国新闻史上的一件趣事。张资平后来当了汉奸,正好说明他的本质很坏。张资平的小说被腰斩之后,"自由谈"的新风貌更为突出。"自由谈"发表的虽然不是社论,而是针砭时弊的杂文、散文,但是对于当时社会上的进步活动却起了意想不到的推动作用,引起了国民党的注意。1933 年底或 1934 年初,国民党施加压力,史量才被迫解聘黎烈文。(1934 年11 月 13 日,史量才也终于不幸在杭州到上海的"国道"上,被暗杀身亡,凶手乘的汽车牌照是"京字 72"号,是南京开来的。)这一解聘,"自由谈"又倒退了。1933 年下半年,鲁迅把他 1933 年上半年发表的杂文汇集起来出书的时候,定名为《伪自由书》。因为那里边的文章都是在"自由谈"上发表的,因此鲁迅带有讽刺性地把书名叫做《伪自由书》。后来他又将 1933 年下半年发表在"自由谈"上的杂文汇集起来出另一本书，也是很有讽刺意味地起了一个书名叫《准风月谈》，实际上是一句反话，在这本书的"前记"里说得很清楚。鲁迅发表的杂文也是一种言论，是用另外一种方式发表的言论。我们现在的报纸也有这样做的，可惜太少了。

关于鲁迅先生，毛泽东同志对他的评价是非常之高的。尽管同志们可能知道，我想还是有必要将毛泽东同志 1940 年 1 月写的《新民主主义论》里面的原话，转录在下面：

第三个时期是一九二七年至一九三七年的新的革命时期。……这一时期，是一方面反革命的"围剿"，又一方面革命深入的时期。这时有两种反革命的"围剿"：军事"围剿"和文化"围剿"。也有两种革命深入：农村革命深入和文化革命深入。这两种"围剿"，在帝国主义策动之下，曾经动员了全中国和全世界的反革命力量，其时间延长至十年之久，其残酷是举世未有的，杀戮了几十万共产党员和青年学生，摧残了几百万工人农民。从当事者看来，似乎以为共产主义和共产党是一定可以"剿尽杀绝"的了。但结果却相反，两种"围剿"都惨败了。作为军事"围剿"的结果的东西，是红军的北上抗日；作为文化"围剿"的结果的东西，是一九三五年"一二九"青年革命运动的爆发。而作为这两种"围剿"之共同结果的东西，则是全国人民的觉悟。这三者都是积极的结果。其中最奇怪的，是共产党在国民党统治区域内的一切文化机关中处于毫无抵抗力的地位，为什么文化"围剿"也一败涂地了？这还不可以深长思之吗？而共产主义者的鲁迅，却正在这一"围剿"中成了中国文化革命的伟人。

二十年来，这个文化新军的锋芒所向，从思想到形式（文字等），无不起了极大的革命。其声势之浩大，威力之猛烈，简直是所向无敌的。其动员之广大，超过中国任何历史时代。而鲁迅，就是这个文化新军的最伟大和最英勇的旗手。鲁迅是中国文化革命的主将，他不但是伟大的文学家，而且是伟大的思想家和伟大的革命家。鲁迅的骨头是最硬的，他没有丝毫的奴颜和媚骨，这是殖民地半殖民地人民最可宝贵的性格。鲁迅是在文化战线上，代表全民族的大多数，向着敌人冲锋陷阵的最正确、最勇敢、最坚决、最忠实、最热忱的空前的民族英雄。鲁迅的方向，就是中华民族新文化的方向。

鲁迅在 1936 年 10 月 19 日逝世以前，又将 1934 和 1935 年发表的杂文，编为两本杂文集，书名分别为《且介亭杂文》和《且介亭杂文二集》。鲁迅逝世以后，他夫人许广平又将他 1936 年发表的杂文，汇编成《且介亭杂文末编》。为何叫"且介亭"呢？这是由于正像毛泽东同志所说，鲁迅在国民党统治区"处于毫无抵抗力的地位"，为以防万一，他在上海租住的房子，只好被迫选择既有前门，又有后门，而且正好介于所谓"租界"和"华界"之交，以便一旦发生险情，可以迅速脱险；因而他用了"租"字的一半"且"字和《界》的下一半"介"字，名曰"且介亭"，这既具有深刻的讽刺意味，又正好说明鲁迅当时的处境何等艰险；同时，还从一个侧面说明他的"骨头是最硬的"。而鲁迅当时的杂文主要发表在报纸上，发挥了报纸的舆论导向作用，确如毛泽东同志所说，其"威力之猛烈，简直是所向无敌。其动员之广大，超过中国任何历史时代"。正因为如此，当鲁迅逝世以后，以宋庆龄、蔡元培为首，多少人前去吊唁！多少人随灵送丧！在全国，多少人沉痛悼念！当噩耗传来，武汉大学的进步学生召开了鲁迅追悼会，悼歌是：你的笔尖是枪尖，刺透了旧中国的脸。你的声音是晨钟，惊醒了奴隶们的迷梦。在民族解放的斗争里，你从不退后，举着光芒的大旗，走在前头。

二、新闻媒体要注意导向作用

第二点意见，新闻媒体也要注意言论以外其他各种形式的导向作用。发表言论，当然是一个非常直接的重要的导向，但是其他各种形式也是重要的导向。40多年来，虽然言论少了一点，但是大量的新闻通讯及其他形式起了很好的导向作用。不过目前还有值得改进的地方。我觉得当前最突出的是两手硬的问题远远没有解决。两手硬，就是抓两个文明建设都要硬。而最近这几年却是"一手硬，一手软"，中央一再提出来要解决。到现在为止，我看还没有解决。甚至在某些方面还越来越软，这就是我们现在经常说的风气不好。不正之风、拜金主义、享乐主义、极端个人主义，还在蔓延。这说明我们的工作还要大大加强，要真正硬起来。前面说过，领导机关从中央到地方做了决定，它不可能天天在那儿发指示。对报纸说，特别是现在言论比较少的情况下，怎样通过其他形式真正起到有力的舆论导向作用，是非常重要的。

《人民日报》的读者来信版，我很感兴趣。当然我看的报纸有限，也许其他的报纸读者来信版也编得很好。但是我经常注意《人民日报》的读者来信版，编得不错，对工作非常有利。天津解放之初我们办《天津日报》的时候，广大市民最关心的是共产党的政策，尽管言论很少，通过新闻通讯还是着重宣传共产党的政策。即使如此，很多市民还是写信来，问这个政策那个政策、这个问题那个问题，我们回答的方式，就是"读者来信"。据了解，读者对于《天津日报》给予的答复非常重视，因为他们太关心了。当然现在的情况跟过去不完全一样，但是我看了《人民日报》的读者来信版之后，觉得这个版是很有水平的，对工作是非常有帮助的。通过读者来信版,加强了党和群众的联系,它起了其他各版所难以起到的作用。

尽管从整体上说,近几年新闻媒体的舆论导向是好的,但是否有并非正确的导向呢? 有,确实有。

曾经出现过"教授卖馅饼"的报导,简直把我们国家的形象丑化到极点。

曾经出现过长篇报导,说什么高等学校的"创收"如何如何的多,企图说明教育经费短缺的严重问题似乎不成其为问题。其实,报导的数字完全是毛收入,而毛收入与净收入之间的差距是很大的,文中却含糊其辞,造成一种使人难以捉摸的印象。

去年,北京某大报曾经登载过一篇《南行忆语》,标题很大,篇幅较长,作者是辽宁省某大学校长。此文大部分内容是好的,但最后谈到腐败现象,却发表了错误的论调,说什么随着物质文明的发展,精神文明也会自然而然地提高,腐败现象也会随之而克服。堂堂的大学校长竟然发表如此谬论,我不能不发表意见,于是给该报总编辑写一信。他回信说,同意我的意见,已转告该文作者,要他再写一文,准备与我的信同时发表。一看就知道是敷衍我的。不久,原作者果然给我写了一封不着边际的信,不了了之。

更早一些,1988 年 6 月,北京另一大报曾经在第一版非常醒目地登过一篇关于所谓"蛇口风波"的综合报导,把李燕杰、曲啸、彭清一三位同志挖苦了一顿,把当时蛇口地区某些狂妄无知的青年工作干部与《蛇口青年报》吹捧了一番,最后,又把蛇口招商局董事长袁庚抬出来以仗声势。1989 年 6 月以后不久,《中国教育报》针对某大报上述文章,发表了一篇长文,加以批驳,我觉得很好,随即给某大报社社长与总编辑写一信,并将那份《中国教育报》附去,希望他们对 1988 年的错误报导加以澄清。最后接到的也是一封不着边际的回信,不了了之。

这几年,最令人担忧的是通过广播、电视以及录音带和录像带的导向作用,来自香港和台湾的流行文化对大陆的冲击,来势甚猛,以致连台湾的《中时晚报》10 月 23 日也发表署名文章,指出"台港流行文化毕竟主要是商业文化,缺少力度与深度,不利于青年一代的人格建构"。又说:"一个健全社会的文化,构成断不能只有流行一体,而且流行文化也不能代替精英文化那种支柱作用。"该文最后着重说:"当前大陆的精英文化受到台港流行文化的冲击而日益陷入危机,这不能不引起担忧。应看到流行文化,只是快餐,量大却吃不饱,营养也不全面。在当前拜金主义和享乐主义兴起、人文精神衰落的形势下,在社会变革极其需要发愤图强的形势下,还是提倡那些有力度的深刻的精英文化更显得重要。"①看了这一段话,我们应该作何感想?

不仅是港台文化的冲击,还有其他一些格调低下的节目,其趋势似乎有增无减。连"祝贺生日"也上了荧屏,又大搞什么"点歌"赚钱,实在低级庸俗得很。说穿了,无非是见利忘义。如此等等,能不走偏方向?!

以上所谈,仅略举数例而已。

三、关于广告

第三点意见,我想谈谈广告。

发展社会主义市场经济,广告是需要的。新闻媒体播放和刊登广告,是正当的。这几年,新闻媒体在这方面是重视的,也是一笔很大的收入。我认为现在的新闻媒体要进一步重视广告的质量。新闻系培养学生,要把广告质量这个方面当成教学内容之一。切不要认为这反正是广告科的事情,谁拿钱登广告,就替谁登,这就未免不是那么很合适。我觉得广告既然在报纸上登了,在电视和广播上放了,就是你那个媒体的组成部分,千万不可忽视。要像认真对待言论和新闻报道一样,也要认真对待广告。我观察这几年报纸和电视台的广告(主要是中央电视台),多数是好的。但是我也感觉到少数广告很有问题。如中央电视一台,曾经在新闻联播前后有那么一个广告,我到现在还说不清究竟是什么内容,电视上出现一个半身的人像,脸孔忽闪忽闪地变,大概变三到四次,我一看到就感觉很丑,是一种丑化。登广告虽然要搞点花样,但是不能出格,要有一个度。因此那个广告一出现,我就把头扭过去不看。别看这只是一个广告,实际上有损于中央电视一台的形象。另外,有些广告一看就觉得太夸张;有些广告不大健康,画面和内容连不上,为了吸引观众,搞得过分花花草草的,使人莫明其妙。最为严重的,是个别骗钱的广告,已经被人揭发,难道有关的报纸就没有责任吗?

汉阳龟山电视塔上有一个很大的广告:KENT——一个外国香烟的牌子,非常醒目。从一开始我就有意见,一直没有机会谈。今天为了研究工作,我就来谈一下。在世界上,特别在发达国家,已经形成一个通例:香烟不准做广告。不论是报纸,还是电视台,乃至所有的公共场所,都不准出现香烟广告,这是一条。第二条,有些发达国家规定,每一个纸烟盒子上必须印上"吸烟有害健康"。这很有讽刺意味。但是既然政府规定了,必须印上去,否则纸烟公司就要受罚。在我们国家,虽然目前还没有规定,但是实际上我们已经这样做。我

---

① 参见《参考消息》1993 年 11 月 6 日第 8 版。

们的报纸从来不登香烟广告,电视从来不放香烟广告,公共场所也没有香烟广告。这是对的,是一种文明的表现,对广大人民健康有利。因此我感觉龟山电视塔上那个广告太出格了。

还有一种情况,直接地来说,不是广告;但是有一些电视台为了吸引更多的广告,拥有更多的观众(观众越多,电视台越有影响,广告收入越多),就不惜把电视的某些内容很明显地降低水平,超出了一定的度。这虽不是很多,但也并非很少,起了不好的导向作用,而且似乎已成风气,熟视无睹,见怪不怪,其实这正是"一手软"的重要表现之一,非常令人担忧。对于我们学校的校刊,原来中缝有广告,其中也有不健康的内容,我也提了意见。我们学校有闭路电视,我住在校外,没有看过,最近到鄂城去,在路上汽车司机跟我讲,说我们闭路电视经常出现这样的内容:某些教职工,向他的家庭成员过生日表示祝贺,在闭路电视上点歌,一首歌多少钱。我这个人可能有点不讨人喜欢,给我们党委宣传部长打了个电话,建议他抓一抓这件事。尽管现在在全国范围内实行社会主义市场经济,但是我们是学校,不是汉正街。这是一个原则性问题。堂堂的大学,怎么能够让广告在那里泛滥?几个月之前,一天我们南二门门口树了一个广告牌子,是个什么内容不记得了。我就到我们校长办公室,请办公室主任处理一下这件事。首先,要把牌子拿掉,太不像话;其次,请查查是谁放的。后来他们发现,不但南二门有,南一门也有。如果不去掉第一个牌子,第二个、第三个就要跟着来,现在人们学得可快啦。我们是培养人的学校,必须紧紧抓住这一条。离开了这一条,我们会走偏方向。也就是今天我们校长杨叔子同志讲的,不管我们面临多大的困难,我们必须掌握正确方向。我非常赞成这个意见。那种充耳不闻、熟视无睹、松松垮垮、过得去就行的自由主义态度,对领导人来说,是极端不负责任的表现,是犯错误,虽然党不会处分你。

四、反对"有偿新闻"

第四,最后一点意见,要大声疾呼:坚决反对"有偿新闻"。为什么要大声疾呼?因为它的影响太坏了。其实这件事由来已有几年之久,在我的印象里,至少也有五六年了。不过开始时非常隐蔽,也很少,后来就逐渐增加。由于没人管,以致发展到现在,已经是完全公开的了。长此以往,后果不堪设想。现在,中宣部、国家出版局发布指示、开会,各省的省委宣传部、省新闻出版局也在抓这件事情,非常对,太好了。这和出版社卖书号是一样的很坏。卖书号,什么乌七八糟的出版物都可以出,那怎么行呢?可惜的是抓晚了,应该防微杜渐,见微知著。我觉得我们新闻系的教育内容应该把这件事放在十分重要的位置。要教育我们的学生,将来到工作岗位上去,无论如何不但自己不搞有偿新闻,发现了搞有偿新闻的事情要向领导反映,希望领导认真地加以处理。千万不要害怕,不要随波逐流,而要敢于当中流砥柱。希望我们新闻系的学生,将来到工作岗位上去,要做个正直的、革命的新闻工作者。新闻事业(特别是革命的新闻事业)是一个崇高的事业。马克思、恩格斯 1848 年办了《新莱茵报》,后来《新莱茵报》停刊,马、恩就通过《纽约论坛报》和维也纳的《新闻报》发表文章。列宁在他革命的初期,在本世纪初,他办过《火星报》(《火星报》有前后两个时期,他办的是旧《火星报》)。十月革命之后,每个人都要填一张干部登记表,列宁也填。当填到职业栏的时候,列宁毫不犹豫地写道:新闻记者。毛主席年轻时在湖南长沙办了《湘江评论》,他几十年来对新闻工作一直是非常重视的。从《毛泽东选集》里面我们可以看得很清楚,有些文章,当年就是以《解放日报》和新华社的社论形式,或者是中央指示的形式发表的。现在都知道了,是毛主席亲自写的。

在讲话结束以前,我还想讲一点,就是在中国的新闻史上,有许多人值得我们怀念,其中一个是邵飘萍。他 1918 年在北京办《京报》,第二年因得罪了北洋军阀段祺瑞而流亡日本,报纸被封。不久,段祺瑞失势,他返回北京,恢复《京报》。他 1925 年由李大钊、罗章龙介绍秘密加入中国共产党,1926 年被奉系军阀以"宣传赤化"为由杀害了,是个了不起的新闻记者。他的最突出之点在于他很有骨气,很有正义感,在他的办公室挂着一个横幅,上写"铁肩辣手"四个字。李大钊据此写了一副对联送给他:铁肩担道义,妙手著文章。这是李大钊对邵飘萍的崇高评价,也是李大钊对广大的革命新闻工作者的希望。我希望我们新闻系的学生很好地领会李大钊这副对联的深刻含义,向邵飘萍学习,做一个既能担道义,又能著文章的德才兼备的新闻工作者。

要做到以上各点,作为一个合格的新闻工作者,需要具有相当的思想觉悟、理论水平、政治水平、文化水平和写作能力,并且不断提高。特别在当前风气不正的情况下,更应具有高尚的职业道德。

"文革"后中国第一所实行改革的大学[*]

一、从纯工科大学转变为综合性大学

"文化大革命"结束后，我国第一所实行改革的大学，就是我工作多年的华中工学院（1988 年改称华中理工大学）。这所大学完全是 20 世纪 50 年代初期全盘学习苏联模式进行大规模院系调整的产物，1952 年开始筹备，1953 年 10 月正式成立，迄今整整 50 年了。在这 50 年中，最为重大的事件之一，是 1980 年前后学校实行了影响深远的改革，开始把一所纯粹工科大学改变为一所综合性大学。这在华工历史上，是一个重大的转折；在全国高教界，则开风气之先，到 20 世纪 90 年代至世纪之交，许多纯工科大学，包括一些历史悠久的名校老校，也都纷纷向综合性大学转变。

当时，我担任华中工学院的党委书记和院长，我和我的同事们，特别是刘颖、马毓义和陈挺 3 位副院长（也是 3 位老教授）在一起，是实行改革的主要决策者和推行者。现在来看，在培养高素质的精英人才上，综合性大学远远优于单科性大学这一观点，已成为教育界的共识；像华中工学院这样的教育部重点大学做出改纯粹工科大学为综合性大学的决策，可说是顺理成章、显而易见的事情。然而，在 20 世纪七八十年代，做出这样的决策，却有很大的困难，也有很大的风险，绝非易事。在"文革"之后的头几年，许多人都心有余悸，只是程度不同而已。就高等学校来说，在"文革"中，教育部直属的西安交通大学校长彭康同志（长我 10 岁左右）与重庆大学校长郑思群同志，均被迫害致死。"文革"后，遇见高教界熟人，如南京大学校长匡亚明同志（长我 10 岁）、天津大学

———————————
* 本文原载《高等教育研究》2003 年第 5 期。

校长李曙森同志等,都互道"劫后余生"、"劫后重逢",颇有恍如隔世之感,由衷的高兴夹杂着苦涩的滋味。特别是毛泽东同志在"文革"末期还说过:"文化大革命"七八年再来一次。如果说不怕,那是假话。但在这种情况之下,我们为什么能做出这样的决策呢?话要从"文革"说起。

就我个人来说,1966年"文化大革命"开始,我很快被戴上"走资本主义道路的当权派"帽子,被抄家批斗,先后在学校苗圃和咸宁县马桥镇"劳动"。1970年6月,当时在学校主持工作的军代表按照党中央关于解放干部的指示,把我"解放"出来,让我负责校内的工作。学校当时没有招生,大多数教职工在咸宁劳动,校内除附属中小学和实习工厂以外,工作人员所剩无几,校园空荡荡的。我回校后,可做的工作很少。由于家中所有书籍在"文革"开始"抄家"时都被"抄"走了,也无书可读。但这反而使得我有幸获得充裕的时间进行回忆与思考。当时,思考了哪些问题呢?

一是大学还要不要办?1968年7月21日《人民日报》刊登了毛泽东的一段话:"大学还是要办的,我这里主要说的是理工科大学还要办……"我当时结合实际情况思考这段话,觉得是很有针对性的,针对的就是有些人认为不要办大学了。1969年底,我们学校绝大多数师生员工都搬到咸宁县去搞"斗批改",就有人猜测,今后这所大学可能不办了。据说当时国家某一个部的一个单位,就打算搬到我们学校来。武汉市的一个工厂(武汉市半导体厂)就已经搬到学校里来了,占了一栋大楼、一栋宿舍,还有食堂等。搬来的时候还说由学校与武汉市共管,以便于教学实习,可是搬进来以后,并不是那么一回事。在这种情况下,我感到这段话很重要,使我们看到了希望,坚定了办学的信念。

二是怎样把大学办好?这是我当时思考得最多的一个问题。

本文开始就提到,我们学校是全盘学习苏联模式进行大规模院系调整的产物。我的思考就从大规模院系调整开始。实行院系调整对不对?我对当时全国大学的情况做了一番分析。当时全国有205所大学,其中私立大学不少,水平参差不齐;另外,有相当数量的省办大学,其中有些办得好,有些办得不怎么样;还有21所教会大学,教学质量一般比较好,但毕竟是外国教会办的。这3类学校在当时是可以调整的。当时国立大学很少,全国不过十几所,都办得不错。例如北京大学,在蔡元培主持以后,办得很有生气,很有影响。院系调整时,为什么要把北京大学的农学院、医学院分开独立出去,以至于把生物系、化学系和农学、医学分开呢?又如清华大学,在梅贻琦主持下也办得很好,但在院系调整中却被肢解了,理科、文科调整到了北大,使清华大学变成了一所纯工科大学,这有什么理由?再如浙江大学,竺可桢当校长,办得很有特色,本来也应该保留下来,但在1952年院系调整中,理科和文科的主要部分调整到复旦大学,这又是为什么?当时的国立大学还有交通大学、武汉大学、中山大学、天津大学(北洋大学)、南京大学(即国民党时期的中央大学)、厦门大学、山东大学、四川大学、重庆大学等。院系调整时一刀切,以致全国没有一所真正的名副其实的综合性大学。对这些办得好、影响大的大学切割调整,动"大手术",有什么科学依据呢?符合教育规律吗?经过以上分析,我当时的认识是,1952年的院系调整,只能说一部分还可以,另一部分是不对的。

接着我进一步思考,为什么当时不对的事也要做呢?我想到了毛泽东在《论十大关系》中的有关论述。《论十大关系》是毛泽东1956年4月25日在中共中央政治局扩大会议上的讲话。20世纪60年代初期以党内文件形式下发,我才看到。我注意到这个讲话第十部分"中国和外国的关系"中有以下两段话:

"我们的方针是,一切民族、一切国家的长处都要学……但是,必须有分析有批判地学,不能盲目地学,不能一切照抄,机械搬用。他们的短处、缺点,当然不要学。"

"斯大林对中国作了一些错事。……解放战争时期,先是不准革命,说是如果打内战,中华民族有毁灭的危险。仗打起来,对我们半信半疑。仗打胜了,又怀疑我们是铁托式的胜利,一九四九、一九五〇两年对我们的压力很大。"

回想起这两段话,我心里豁然开朗了:1952年"一刀切"式的院系调整,是全盘照抄苏联模式,把它的短处、缺点也学来了,干了许多割裂学科联系、违背教育规律的错事。当时为什么要那么干呢?是由于政治上的原因,就是斯大林"对我们的压力很大",而不是教育科学的原因。因此,院系调整、把综合性大学分解成单科性大学在教育科学上是没有根据的。经过一番思考,这思想就放开了,或者说,思想上获得了一次解放。

顺着综合性大学的思路,我又回忆了青少年时代求学过程中对学校教育的了解和体验。我很幸运,青少年时上的中学是当时很好的一所中学——江苏省立扬州中学。当时的社会舆论是"北有南开,南有扬中"。我在扬州中学接受了6年教育。这所学校一个突出的优点,就是文理并重。当时扬州中学的高中毕业生和其他学校一样,在考大学时考虑到将来的"饭碗"问题,报考工科的比较多,但学校并没有因此重理轻文。学校对语文(那时叫国文)和英语当然重视,对中国历史和中外地理也同样重视,课程内容很充实,因为史地教育实质上是爱国主义教育,是人文素质教育。课程设置也很丰富,如除普通英语课程外,还开了"英语修辞学",这本是大学英语系的课。又如植物学、动物学、矿物学,在一般的中学是1门课,扬州中学分别开了3门课,内容就充实多了。另外,高中数理化用英文版教材;建了当时很有气派的实验楼,还有一台很小的教学用 X 光机,可以表演给学生看;舍得花钱买书,图书馆馆藏比较丰富等等,都是当时中学少有的。那时我们学那么多课程,由于教师教得好,学生的质量也不错,负担并不感到重,还读了很多课外书,照样参加体育活动。由于教学质量高,我们学校高中毕业生只要考大学,没有考不取的,而且考的都是报考人数远远多于录取人数、竞争激烈的国立大学,私立大学只报考南开大学一所学校,对其他私立大学都看不上(教会大学因收费高,一般不去报考)。我中学时代母校的办学模式,给了我终生难忘的印象,成了我思想深处办学的一个重要榜样。

1935 年,我高中毕业后,因为家庭经济状况不好,没有考大学,通过熟人在浙江大学找了个工作,当职员,加上一些高中同学考上了浙江大学,我直接间接了解到浙大的许多情况。当时浙大是一所文、理、工、农均有的综合性大学,办得很有生气。1936 年春,我哥哥来信说,当小职员不是办法,哪怕家里喝稀饭也供你上大学。这年 6 月,我把铺盖一卷,离开了浙大,根本没考虑万一考不取怎么办,因为扬州中学的教育给了我信心:考取不成问题。那年我报考武汉大学,5 个人取 1 个,我考取了。那时武汉大学有文、法、理、工、农 5 科,是一所在全国也有影响的综合性大学。到 1937 年底去延安为止,我在武大学习、生活了一年半,对综合性大学那种有利于人才成长的学术氛围深有感受。从中学到大学,我都是在文、理、工综合的环境中接受教育,亲身体验到这种教育的好处。于是,我脑子里萌动了把华中工学院办成综合性大学的念头。

1979 年,教育部派我出国考察高等教育后,改革华中工学院的办学模式、把华中工学院办成综合性大学的想法,就更明晰、坚定了。1979 年,在联合国教科文组织支持下,教育部派了两个高等教育考察组出国访问,一个到美国、加拿大、日本,一个到西欧。到美、加、日的考察组由我负责,在这三国考察了两个半月。我从这次考察中得到的突出感受之一,就是这几个国家几乎所有的著名大学都是综合性的。美国的一些著名大学,开始建立时,一般都不是综合性的,而且规模很小,学科很少。如麻省理工学院,1861 年建立时,办的是机械学科,只有 15 名学生,后来逐步发展,增加学科。1930 年物理学家康普顿担任院长后,开始办理科,也重视文科。他任院长 18 年,把学校办得大有名气。1948 年,学工科出身的副院长基利安接任院长,又进一步加强文科,把学校办得更好。得克萨斯州立大学,我们去访问时已是综合性大学,但校名还是 100 多年前老名字——得克萨斯农业与工程大学。原来美国的许多州立大学,特别是 1862 年林肯任总统期间《赠地法案》通过以后的土地赠予大学,一般都是州立大学,开始创办时一般都是两个学科:一是农业;二是机械。这也正是美国机械化大农业遍布全国的主要原因。总之,包括哈佛大学在内,美国一般知名大学这种从小到大、从单科或者学科门类很少到综合性大学的发展过程,归根结底,反映了美国这个国家在过去 200 多年中不断发展的需要。也可以说,这是一种不以人的意志为转移的客观规律。

在日本,东京工业大学是我们访问的学校之一,这是一所水平很高的国立工业大学。访问时校长介绍说,第二次世界大战以前,东京工业大学完全是工科,二战结束后,开始办理科。为什么?因为需要,认识到只办工科不办理科,不论对国家的发展还是对学校的发展,都不适应。他介绍以后,我说我们的情况跟他们相反,原来理科和工科结合在一起,1952 年以后理和工分家了。因为华中工学院与东京工业大学是类似的学校,所以这件事给我的印象非常深,也可以说受了一种刺激。

对 1952 年院系调整的反思,对青少年时代求学经历和见闻的回忆,加上赴美、加、日等考察高等教育的感受,促使我和 3 位老教授副院长下定了决心:为了适应四个现代化建设的需要,为了提高华中工学院的办学水平,改革华中工学院原来的办学模式,增办理科、文科、管理学科,把单纯工科的华中工学院变为多学科的综合性大学。我们几个负责人 1949 年以前都在老大学呆过,都是过来人,也了解国外发达国家大学的情况,因此,尽管有很大困难与风险,但重任在肩,只能且又必须义无反顾,下定决心,不论遇到什么样的阻力和障碍,不计个人得失,都要坚持这样做。

思想上明确了,就开始行动。当时开设新专业要经过教育部批准。我们第一个上报拟开设的是应用数学专业,教育部压着不批。1979 年教育部召开高教会议,一天分组讨论,当时的部长蒋南翔来参加,我抓住这个机会发言,大意是:现在科学技术发展很快,计算机已经发明并投入运用,工程学科对数学的运用要求比过去高得多,工科院校必须加强数学教学。蒋南翔听进了这个意见。过了不久,教育部批准了我们设应用数学专业。这样,我们就建立了数学系。接着,我们又上报设立应用化学、应用物理专业,相继建立了化学系、物理系。

综合性大学必须有文科。但当时要教育部批准办文科,难度更大,我们就采取了迂回办法。例如中文系的建立,我们是先办中国语言研究所(研究所不用批),招收研究生,办《语言研究》刊物,接下来发展成汉语言文学专业。在师资力量和教学条件具备后,上报教育部,最终获得批准,建立了中文系。

由于文科、理科不是工程性专业,报教育部批准的难度大,建立过程中要克服许多障碍和困难,颇费周折。但经过我们持续四五年的不懈努力,1980 年之后先后建立了理科的数学系、物理系和化学系。生物工程系由于有"工程"

二字,1979 年就批准了。文科方面的中文系、新闻系、社会学系、社会科学系、外语系也相继建立,使原来只有工科的华中工学院、开始改变为一所综合性大学,进入了一个新的发展阶段。

从"文革"后期开始,特别是 1980 年前后,由于专业的增加,学科结构的重大改革,由单纯工科转化成为文、理、工、管相结合,也就相应地引进教师,截至 1983 年底,共引进 600 多人。这样做,也就同时解决了因"文革"而形成的教师"断层"现象,初步改变了"近亲繁殖"的弊病。

二、从仅注重本科生教学到科学研究、本科生和研究生教育齐发展

一所高水平的大学,必须有科学研究,否则就算不上高水平。把华中工学院的科研抓上去,是我和我的同事们在办好学校的努力中着力抓的又一重要方面。

20 世纪,苏联的体制是高等教育与科学研究分离,高等学校以教学为主,科研由科学院系统承担,下辖很多研究所。这一点与美国不同,美国科学院下面没有实体,主要工作是评选科学院院士等,研究工作交给大学特别是高水平的大学。20 世纪 50 年代,我们全盘照搬苏联模式,建立了科学院系统,从事科研,大学从事教学,所有大学(包括北大、清华)都不搞科研。1956 年,国家制定科学工作 12 年规划时,开始把高校开展科研纳入规划,虽然只居于次要地位,但毕竟突破了科研与教学完全分离的格局。我们也开始进行一些科学研究。1958 年"大跃进",教育也"大跃进"。这里不全面评价教育"大跃进"的得失,只说一点:"大跃进"中大学的科研有了新的进展。后来是三年困难时期,实行"调整、巩固、充实、提高"的八字方针。关于高等教育,1961 年 9 月制定了《中华人民共和国教育部直属高等学校暂行工作条例(草案)》,多年来简称"高教六十条",基本上又恢复到苏联模式,但对科研工作还是有明确改变,其第五章完全是关于科学研究工作的,只是某些措词还有所限制。当时我们领导班子对科研的认识是一致的:要抓上去。20 世纪 60 年代初,全校教师已有 1/3 左右具有科研工作能力,全校 80% 以上教研室进行过科研,副教授以上的教师大多承担了科研任务,取得了一批有影响的研究成果。"文化大革命"中,高校的教学和科研都受到极大冲击,教学停课,科研停止,就是在这种非常情况下,在 1966 年至 1970 年,我校仍有 2 个重要研究课题组没有下马,人员没有下乡搞"斗批改",并取得了重要研究成果。

1970 年我被"解放"出来,负责校内的工作。不久,在咸宁搞"斗批改"的学

生毕业了，教职工回来了。在驻校军宣队、工宣队的积极支持下，采取创造条件调动教师从事科研的积极性、鼓励在科研中"啃硬骨头"、组织协作攻关、发挥多学科优势等措施，科研工作有了新的发展。从1971年到1976年底，在"文化大革命"那样动乱的年代里，我们进行研究的项目达到393项，其中完成并用于生产有146项，取得阶段性成果有105项，有25项填补了国家的空白，这是很不容易的。

1976年"四人帮"被粉碎后，广大教职工的积极性空前高涨。校党委综合教职工的意见和建议，于1977年6月提出了"在科学技术水平上，瞄准美国著名的理工大学，经过坚持不懈的努力，使我院跨入先进的行列，对国家做出较大的贡献"的奋斗目标。1977年8月开始，学校组织部分教师对国内外一些著名大学的教学、科研情况进行广泛、深入的调查研究。这次调查研究先后有720多名教师参加，历时半年多，共查阅了校内外的24000多份科技文献资料和数百种教材，写出了数十份共60万字的调查报告。这次调查研究，大大开阔了教师、干部的眼界，为进一步办好学校，特别是进一步开展科学研究打开了思路。就是依据这次调查研究的成果，校党委给邓小平同志写了一封汇报信，对如何办好重点大学提出了3点建议。这3点建议是：①在实现科学技术现代化的斗争中，高等学校特别是重点高等学校，能够发挥与科学院同样重要的作用，应该受到同样的重视；②要加强基础理论，实行理工结合；③发展研究生教育。这封汇报信，实际上也是实现我校跨入先进行列这一目标的基本办学思路。

正是由于我们对科学研究的重视和科学研究取得的显著成果，在1978年举行的全国科学大会上，我校被授予"科学研究先进集体"的称号。那次会上只有两所高等学校获得这一荣誉，另一所学校是浙江大学。我校为这次大会准备了一个发言（后改为书面发言），题目是《科学研究要走在教学的前面》，内容主要是阐述科研与教学之间的关系——是"源"与"流"的关系：教学是指教师给学生传授书本上的理论知识，而理论知识来源于人们对实践经验的综合、分析、概括和抽象，即来源于科学研究；只有人类的实践不断发展，科学研究不断有所发现、有所发明，书本上的理论知识才能不断充实、不断提高，教师水平与教学质量才能不断提高。所以说，科学研究是"源"，教学是"流"。认识了科研与教学的这种内在联系，才能对科研给予足够的重视，才能恰当地处理科研与教学的关系，真正把重点大学办成既是教学中心，又是科研中心。当时，由于学习苏联模式形成的重教学轻科研的观念还有相当影响，提出"科学研究要走在教学前面"的口号，是有一定风险、需要胆识的。但我们认为，这是高等学校特别是重点高校实现培养高级专门人才和发展科学技术双重任务的必由之路,所以我们有勇气,旗帜鲜明地提出了这个口号。当然,在具体落实这个口号时,我们强调,不能简单地理解为具体工作安排上都要先搞科研再搞教学,也不是在人力、时间的分配上要使科研多于教学,更不是以科学研究为主,把教学放在次要地位。

1979年我率团赴美、加、日考察教育,一个突出的印象是这些国家著名的大学都是综合性的,另一个突出的印象就是这些国家的大学对教学和科研并重,二者结合得很好。这些国家没有庞大的科学院系统,国家的基础研究和若干尖端科学技术研究放在大学。特别像美国,设立了国家科学基金会,把大量经费给一些办得好的大学,从事高水平的基础研究和高科技的研究,作用非常大。还有一些非常重要的实验室,也是国家给钱,由大学管。像麻省理工学院的林肯实验室,规模很大,全部是国家的有关部门投资,由学校负责。又如伯克利分校的劳伦斯实验室,规模也很大,也是国家投资学校管。这样的例子还有一些。这样做的结果是学校水平提高了,培养出的人水平也高了,也解决了国家需要解决的重大课题,形成了良性循环。从国外考察回来以后,我与我的同事们抓科学研究的劲头更大了。

为促进我校的科学研究,我提出科研要敢于竞争,善于转化,就是强调在发扬优势、防止从优势下降为劣势的同时,要敢于竞争,坚决将劣势转化为优势。1982年学校召开科研工作会议,对如何进行竞争、促进转化进行了热烈的讨论,对处理好科研中长期与近期、大题目与小题目、理论研究与应用研究的关系取得了一致认识,就是科研中必须要有长远目标,又要脚踏实地,要重视大题目,在暂时没有大题目时不放弃小题目,有些小题目也能发展成大题目,以应用研究为主,同时又要十分重视理论研究。对于如何在竞争中打开局面,经过讨论也总结出一些行之有效的做法:要主动,要敢于啃硬骨头,要说话算数,要注意开辟新的领域,要搞好合作,要锲而不舍。

由于学校领导重视,广大教师积极性高涨,上下认识一致,齐心协力,"六五"期间(1981—1985)科研工作又有长足发展,科研项目中国家重点课题比重增加,在高新技术的研究和应用上有所突破,取得了一批有重大经济效益的成果。1983年,全院参加科研的教师超过1000人,科研经费突破了1000万元,这在当时可不是小数字,1984年科研经费增长到1278万元。到1985年底,学校共完成科研课题294项,有100多个项目获奖。其中:国家发明奖10项,国家"六五"攻关奖5项,国家科技进步奖5项,国防科技成果奖12项,国家部委级科技成果奖50项。

我1979年出国考察之前就知道,美国一些著名大学的研究生的数量都很大。当时,只认为这些学校力量强,办得好,所以培养的研究生就多。出去跑了一圈,才发现除力量强,这里面还有一个良性循环的关系:学校力量强,招的研究生就多,招的研究生多,从事科研项目多,取得的科研成果也多,取得的成果多,学校的水平提高就快,学校的力量就更强,就能招收更多、更好的研究生……所以,粉碎"四人帮"以后,我们在狠抓科学研究的同时,很重视发展我校的研究生教育。

我校早在 1961 年就开始招收研究生,但招生数量很少,从 1961 年到 1965 年只招收了 68 名研究生。1978 年,教育部决定少数重点高等学校恢复招收研究生,当年我校招收研究生 181 人。1980 年,国务院颁布了《学位条例》,1981 年开始实行学位制度,研究生教育进入了新阶段。在 1981 年国务院批准的第一批硕士、博士授予点中,我校有 27 个专业有权授予硕士学位,9 个专业有权授予博士学位,有 12 名教授担任博士生导师。1983 年,又批准我校 10 个硕士点、4 个博士点。这样,全校就有了 37 个硕士点、13 个博士点。相应的,在校研究生人数也大幅度增加,到 1983 年底,在校研究生已达到 636 人。1984 年,经国务院批准,教育部决定在北京大学、清华大学等 22 所全国重点大学试办研究生院。能够试办研究生院的大学的一个重要条件,是要有 10 个以上的博士点。当时我们学校已有 13 个博士点,所以被批准为 22 所大学之一。1984 年 7 月,正式成立研究生院。从此,我校研究生的培养教育工作进入一个新时期。

从上述科学研究和研究生教育发展的事实可以看出,从 20 世纪 80 年代开始,我们学校已走上科研与研究生教育良性循环的轨道。正是由于科学研究开展得好,课题多,经费较充足,才能招收较多的研究生,较多的研究生又促进了科研的发展。科研的发展,使我校较早就拥有 13 个博士点,由此能够成为全国第一批拥有研究生院的学校,而这又使我校能招收更多质量更高的研究生,由此又能进一步提高我校的科研水平,提高我校的整体实力。联系到 20 世纪全盘学习苏联模式来看,又进一步突破了高校"以教学为主"的框框,敢于提出"科学研究要走在教学的前面"的指导思想,并付之于实施,这也就成为改革的一个组成部分。

2000 年 5 月,原华中理工大学已与原同济医科大学及原武汉城建学院合成一校。3 年来,华中科技大学情况是好的,相信今后会越办越好。

在华中工学院建校三十周年庆祝大会上的讲话

华中工学院成立已经整整 30 年了。在这 30 年中,我们伟大的社会主义国家发生了巨大的变化,我们华中工学院也发生了很大的变化。

华中工学院是 1953 年为适应我国社会主义经济建设对培养科学技术人才的要求而创建的。当时根据中央关于全国高等学校进行院系调整的指示,集中了原武汉大学、湖南大学、南昌大学、广西大学等四校的机械系全部和电机系的电力部分,华南工学院机械系的动力部分和电机系的电力部分,以及这些院校的部分基础课教师和设备,作为建校的基础。1971 年冬,武汉机械学院又与华中工学院合并。

1953 年 10 月 15 日举行建校开学典礼时,全院只有 8 个专业;30 年后的今天,已经发展到 45 个专业。

30 年来,华中工学院已由一所只设有机械、电机、动力 3 类专业的工学院发展成为包括机械、电力、动力、无线电、自动控制、计算机、船舶与海洋工程、建筑等类专业的名副其实的多科性工业大学。近年来,为了适应现代科学技术发展的整体化趋势和现代化建设的要求,我们创办了数学、物理、化学、力学等理科方面的专业,创办了外语、经济、新闻等人文科学方面的专业,还创办了经济管理方面的专业。华中工学院正在由多科性的工业大学向文、理、工、管相结合的综合性大学发展。

过去,华中工学院主要是搞教学,科研工作较少。从 20 世纪 70 年代初以来,为了从根本上提高培养人才的质量,我们大力开展了科学研究工作。到目前为止,全院共完成了 498 项研究课题,其中有 30 项在 1978 年全国科学大会上获奖,后来又先后有 6 项成果获得国家发明奖。全国科学大会授予华中工学院"科学研究先进集体"的称号。我院出版社出版的学术刊物有 11 种。现在，华中工学院正在发展成为教学和科学研究并重的大学。

华中工学院是从1961年开始招收研究生的，那一年招了13名。今年，我们招收了硕士研究生270多人。现在，在校攻读硕士学位和博士学位的研究生达700人。经国务院学位委员会批准，我院有13个学科、专业有权授予博士学位，有37个学科、专业有权授予硕士学位。华中工学院正在发展成为培养大学生和研究生并重的大学。

30年前的喻家山南麓，是一片田野和荒丘，其间错杂着3座村庄；今天，这里已建起近300栋大小楼房，全院建筑面积已达42万平方米。1953年，全院只有教职工300人，学生2600多人；今天，已有教职工5700多人，其中教师2400多人，包括教授、副教授507人。现在在校学生已达1万人，还有函授和夜大学生1400多人。

30年来，华中工学院为国家培养了近3万名大学毕业生和研究生。他们当中的大多数都已经成为我国四个现代化建设的骨干力量。

华中工学院30年来的巨大变化和发展，是在教育部和中共湖北省委的领导下，全院各级组织和广大干部、教师、职工贯彻执行党的路线、方针、政策的结果。同时，也生动说明了我们的党和政府是重视教育事业的。正如一些外国朋友说：华中工学院的发展是新中国高等教育事业发展的一个缩影。

回顾过去，30年来我们华中工学院确实是取得了很大的成绩。但是，瞩目今天，放眼世界，我们的工作还远远不能适应四个现代化建设的要求；展望未来，更加感到任重道远。30年的成绩，只是今后继续前进的起点。

党的第十二次全国代表大会已经确定了我国经济建设的战略目标，并把教育列为战略重点之一。我们学校是教育部直属的重点大学之一。我们应该怎样团结奋斗，来完成自己肩负的任务，以不辜负党和人民的重托呢？在这里，我提出3点意见，供大家研究、讨论。

一、要明确我们前进的总方向

今年国庆节，邓小平同志为北京景山学校题词："教育要面向现代化，面向世界，面向未来。"这"三个面向"，就是我们进一步办好学校的总方向。

"教育要面向现代化，面向世界，面向未来。"这是由教育的本质和它的社会职能所决定的，是教育赖以生存和发展的根本动力。教育的这"三个面向"，是一个相互联系的有机的统一体。实现四个现代化，是我们全党工作的着重点，是我们国家、民族的根本利益所在，是全国人民的迫切愿望，也是人类社会发展的总潮流。世界各国发展的历史又告诉我们，任何一个国家要实现现代化,都不能闭关锁国,都必须面向世界。因为实现现代化的关键——科学技术是没有国界的。现代科学技术发展的一个突出特点,就是知识更新非常之快,信息量迅猛增加。而教育的一个重要特点又是周期长。综合这种种情况,我们办大学、培养人才,就既要考虑为实现战略目标在 80 年代准备时期的需要,又要考虑 90 年代经济振兴时期的需要,还要考虑 21 世纪生产和科学技术发展的需要。我们国家的工农业产品,要在国际市场上具有竞争能力,我们高等学校培养的人才就要具有国际水平。因为国际市场的竞争,归根结底是科学技术的竞争,是人才的竞争。所以我们办教育必须认真考虑"面向现代化"、"面向世界"、"面向未来"这个总的方向。

教育的"三个面向",集中起来讲,就是要求我们全面提高培养人才的质量。近年来,特别是党的十二大以来,我们明确提出了以全面提高质量为学校各项工作的中心,大力推进教学改革。一年来,我们先后召开了两次教学工作会议,召开了教学研究成果报告会、毕业设计工作会议、师资培养工作会议和思想政治工作会议。根据邓小平同志在党的十二大开幕词中关于"走自己的道路,建设有中国特色的社会主义"的指示和胡耀邦同志去年 12 月关于"搞四化建设必须进行一系列改革"的指示,着重强调了要提高质量必须解放思想,敢于改革。我们具体部署了四个方面的改革:一是改革培养人才的模式;二是改变教师的知识结构;三是改变传统的教学思想,着重培养学生的能力;四是大力开展第二课堂的活动,加强和改善思想政治工作,并弥补第一课堂的不足,促进学生德、智、体全面发展。在总结经验的基础上,我们又进一步提出了培养全面发展、又红又专的高质量学生的 5 个具体标志:①思想要好;②业务基础要好;③要善于分析问题和解决问题,并且有一定的创造能力;④要有较好的中、英文表达和阅读能力;⑤身体要健康。这些措施和要求,都是我们总结自己的实践经验提出来的,是为了实现教育的"三个面向"这个总目标的。

二、要发动全院师生员工找差距

30 年来,我们学校的各项工作都是有成绩的。但是,从教育的"三个面向"的要求来看,我们工作的差距还是很大的。我们既要看到成绩,又要找出差距。从发展来说,找差距更有必要。因此,为了做好今后的工作,我们要广泛发动全院师生员工找差距。在这里,我先提出三个方面的差距。

(一)学术水平还不够高

一所大学学术水平的高低,是直接决定着它培养人才的质量的。对现代大学来讲,更是如此。第二次世界大战之后,由于生产和科学技术的迅速发展,引起高等教育的一系列改革,出现了一些新的教育观点。其中的一个观点认为,大学的任务不仅是接纳新学生,而且要接纳和争取新的科研投资,就是既要出人才又要出成果,两者对大学之所以成为大学是并重的。大学的教育者本身必须是创造者,教师应具备教学和研究两种能力,既要从事教学工作,又要从事研究工作。

应当看到,我们学校的历史还不长,底子是比较薄的。近十几年来,我们虽然大抓了科学研究,鼓励教师著书立说,我们还派出了近300位教师和研究生到国外去学习和进行研究工作,而且也都取得了一定的成绩。但是,除个别同志外,一般说来,是在不太高的起点上所取得的成绩,同世界总的科学技术发展的水平相比,差距还是相当大的。再说,我们在这方面的工作还有不少的薄弱环节。例如,科学研究的开展还不平衡,少数教研室的研究工作至今仍未形成拳头,未能取得较显著的成果;不少教师还没有做到既搞教学,又搞科学研究;我们的学术气氛、争鸣气氛还不浓厚;高年级的大学生参加科学研究的还为数太少,还没有真正把科学研究引入教学过程,等等。我们还应该看到,我院多数教师是五六十年代工科院校毕业的,当时是按苏联的模式培养的,加上十年动乱的耽误,使得这些同志的基础理论和知识面都有欠缺。而这些欠缺又导致在科学研究过程中,往往只停留在出物质成果的水平上,而未能从机理方面做深入的研究,总结出相应的科学理论来。我们应该敢于面对这些实际存在的问题,敞开讨论,采取积极措施,逐步加以解决。否则,我们学校的学术水平就很难较快提高,就不能很好地完成重点大学所肩负的任务。

(二)思想政治工作还有不少薄弱环节

我们的大学应该成为建设社会主义精神文明的基地,培养德、智、体几个方面都得到发展的人才。多年来,我们学校是比较重视思想政治工作的。特别是近年来,我们加强了爱国主义和共产主义的思想教育,积极提倡和组织第二课堂活动,利用课余时间和节假日开展读书活动和课外科技活动,举办各种讲座,组织参观访问和社会调查,把思想教育和知识教育结合起来,寓教育于知识之中、娱乐之中,努力把青年培养成为完全的中国人。这种第二课堂活动,受到普遍的欢迎,收到较好的效果。但是,也要清醒地看到,我们思想政治工作还有不少薄弱环节。例如,缺乏应有的敏感性;教育的连续性不够;教育的方法还有待于改进;作风不够深入,不够过细;政治理论学习的效率不高;第二课堂活动的计划性不强;政治工作队伍不健全,水平也有待提高,等等。在少数学生中,也还存在一些不良现象,必须引起我们充分的重视。因为它不是孤立的,社会上一些不好的风气正在通过种种渠道毒害我们广大学生的心灵。

外来的资产阶级腐朽思想和生活方式潜移默化地腐蚀青年。我们要旗帜鲜明地进行爱国主义和共产主义思想教育,积极采取各种有效方式,通过多种渠道(包括第一课堂、第二课堂和经常的思想政治工作、党团组织生活、班会生活等),提高学生的思想和理论水平,使他们有辨别和抵制各种错误思想的能力。

(三)管理工作还存在不少问题

高等学校管理的水平直接关系到工作的效益和效率。应当说,我们是比较重视研究和改进管理工作的。我们对各项工作的要求是比较严格的。但是也要看到,我们的管理水平、工作的效益和效率,还是不高的,在某些方面存在的问题还是比较突出的。例如,我们全院实验室的设备仪器的种类很多,如何真正管理好这些设备,既要保证它的精度,又要提高它的利用率,使之更好地为教学和科学研究服务,这里面就大有文章可做。又如图书资料的管理,我们是敢于买书的,但怎样充分发挥其作用,有待解决的问题还不少。

上面讲的这些差距,首先是我们领导的问题。我们把它提出来,发动大家讨论,其目的是希望全院师生员工同我们一起,把各方面的差距都找出来,并分析原因,制定措施,改进工作,以便使我们学校越办越好。

三、要有锐气

要开创学校工作的新局面,必须有锐气。所谓锐气,就是要有理想,有目标,有开创新局面的雄心壮志;就是议事多谋善断,办事雷厉风行,讲求效率;就是处理问题时敢于硬碰硬,有知难而进的胆略和气魄。

我们全院师生员工,都要按照党的十二大的要求,振奋精神,开拓前进,坚韧不拔,奋斗不息。要进一步增强革命斗志,敢于解决存在的问题,都要做"有为之人",不做"平庸之辈",更不能成为"昏聩之徒"。

让我们在党的领导下,团结奋斗,不断改变我院面貌,结合高等学校的实际情况和学科发展,为振兴中华做出更多贡献!

在华中理工大学建校三十五周年庆祝大会上的讲话

我开门见山地谈几点意见。

第一,当我们今天在这里庆祝建校三十五周年的时候,我们不能不怀念那些已经去世的同志。其中有负领导责任的,有老年教师与中年教师,有老年干部与中年干部,有老年工人与中年工人。这些同志对学校建设都有过不可磨灭的贡献。

就曾经担负过领导责任的,按去世的时间顺序,有文斗、朱民亲、查谦、彭天琦、熊小村、黄礼、刘颖、张鸿卿、刘昂等同志。

就老年教师来说,已经去世的有刘正经、朱木美、万泉生、赵师梅、李子祥、周绪暄、潘景安、路亚衡等同志。

我建议我们的人事部门,在最近时期内对 35 年来已经去世的同志,列出一个详细的名单,永垂我们学校的史册。

第二,关于学校当前的工作,也想谈点意见。我们开庆祝大会,一方面回顾过去,另一方面瞻望将来。我只就当前工作谈点意见。

最近,党的十三届三中全会做出了十分重要的决定:治理经济环境,整顿经济秩序,全面深化改革,从严治党,克服与纠正某些腐败现象。

在这种情况之下,我们学校怎么办?毫无疑问,首先应该坚决执行三中全会的决定。根据这一精神,在学校范围内,我想是不是也应该治理学校环境,整顿学校秩序,进行教育改革,从严治党,克服与纠正某些不正之风。

例如,学风问题虽然不断在抓,也取得某些成效,但看来还有不少问题,绝不可以似乎已经习以为常,见怪不怪。

又如,治安方面也有不少问题,特别是盗窃案件不少,非进一步大抓不可。

还有学生宿舍相当脏、相当乱,秩序不大好,非整顿不可。最近报上登了上海华东化工学院学生宿舍的情况比较好,人家能做到,为什么我们不能做到呢?

特别是一定要按中央精神,从严治党。现在就有这样的党员,负有一定的行政领导责任,年龄满了 60 岁,还没有正式免掉他的职务,他就向学校写封信,说退休时间到了,可以不上班了。也有这样的党员,也担负一定的行政领导责任,闹着要走,没有同意,于是进一步闹,说再上一个月课,就不上了。这都是不正之风,非纠正不可。

现在还有不少内耗,其中很有一些就是党员与党员之间在那里带头闹不团结。这也是不正之风,非纠正不可。

我恳切建议我们现在的领导要敢抓敢管,敢于治理学校环境,整顿学校秩序;敢于从严治党,克服和纠正某些不正之风;敢于碰硬,哪怕是老虎屁股也敢摸。权威不是从天上掉下来的,而是在正确的强有力的实践中形成的。

第三,谈谈校友工作。

我现在的正业是研究教育,培养研究生。我自告奋勇为自己安排了一个副业,就是参加校友工作。

我为何这样做?一是由于历史的原因,在退居二线以前,我在这个学校一直担负领导工作。二是由于我现在工作头绪很少,比较主动。三是研究教育不仅把本校作为基地,还要出去了解情况,这恰好可以与校友工作相结合,一举两得。

除此以外,还有一个更重要的原因,就是校友工作有其特殊的重要性。

教育的基本规律之一是,教育必须与社会发展相适应。教育既受各种社会条件的制约,又为社会发展服务。这是一。

二是李铁映同志兼任国家教委主任以后,强调要把教育从过去植根于计划经济、产品经济转移到植根于社会主义商品经济方面来。因此,教育与社会之间的关系,就必须更加密切。

三是学校与外界社会之间可以通过多种渠道取得联系,但校友毕竟是校友,母校毕竟是他的母校,因此校友是学校与社会之间天然的桥梁和纽带,可以起其他方面难以代替的很大作用。

我们学校现有校友估计不少于 5 万人,各地先后建立的校友会已有 30 多个,这是一批巨大的力量,必须加以重视。比之有些历史较长的学校,我们缺少它们所具有的某种优势。现在我这样想,是否可以通过有力的校友工作,摸出一条路子，来弥补这种不足之处。我看完全可以试一试。

广大校友对母校的感情是非常之深的。他们渴望了解母校发展的情况，渴望母校办得更好，愿意为办好母校贡献自己力所能及的力量。现在的问题就在于我们的各级领导是否予以应有的重视。

对《华中科技大学中长期发展战略规划》的初步意见[*]

一、彻底克服又大又高的思想

1999 年，全国开始了高等教育的"扩招"，学校的人数很快地膨胀了起来。学生人数的急剧膨胀给学校带来了一系列的问题。在大学扩招的第二年，我遇到物理系总支书记，向他了解大学物理的教学，特别是物理教学实验的情况。发现物理实验被大大地削弱了，实验小组人数增加，实验时数减少，使物理教学效果迅速下滑。我们都知道，大学物理对于工科学生来说非常重要，是一门重要的基础课。物理学教学的质量有了如此的变化，其他课程的情况可想而知。

我们的本科生招生很多，总数很大，怎样才能够保证他们的质量呢？这是我们需要考虑的一个大问题。学生当中当然也有优秀的，但是由于人数太多，中等和中等以下的数量很大，使教育质量整体下降。

现在的局面有了些改变。教育部很强调本科教学的质量，要提高质量，学校也做了努力，这几年李培根同志对本科教学质量抓得很紧。但由于学生人数太多，事情变得不那么简单了。因为"大"了不可能做到"高"。这是一个规律。不降低规模，要办成世界知名大学是空谈。我认为，办大学是为了教育，不是为了钱。办大学是需要钱的，但是要有一个度，要适当。不是为了追求钱而不顾质量。

美国的情况也类似如此。美国大学历史是从 1636 年哈佛大学创立开始的。目前美国约有 4000 所大学，其中约 1600 所社区学院，剩下的大学中绝大

---

* 本文写作于 2010 年 12 月 22 日。

部分是私立的，约1900多所。在1862年之前，美国只有几所州立大学。林肯总统执政期间出台了《赠地法案》，把土地按照一定的条件赠予大学，这样基本上每个州都有了1所州立大学。

其中加州的州立大学比较多，加州的部分大学在《赠地法案》出台前是私立的，之后变为了公立。比较公认的是伯克利大学。我去过，比较好。20年前，伯克利在《美国新闻与世界报道》上排名前10，最近20年排在20名左右，为什么会掉队？就是规模问题。伯克利办得比较好，申请入学的学生比较多。按照法令规定：州立大学必须无条件招收本州公民（因为他们是纳税人）。因此相对来说，伯克利招收的人比较多。伯克利其实也知道这一点，但没有办法，是有苦难言。它采取的措施是宽进严出，高淘汰率。但大学排名重要指标之一是看学生的入学成绩，因此它的高淘汰率对大学排名仍无改善。

在中国，一谈到大学的规模，人们都提到美国，说是几万人。其实，美国大学人数计算是本科生与研究生相加的，而不是光计算本科生的。我们国家派出去的研究生都在公立大学里学习，因为公立大学学费低，私立大学学费高。为什么教育部现在要求提高生均拨款标准，因为有些学校的贷款无力还上。还有，若中央另外筹钱则预算不好列支。

美国的好大学往往规模较小，如麻省理工学院在校生8000人（4000名本科生，4000名研究生），加州理工学院2000名在校生（1000名本科生，1000名研究生，被称为"袖珍大学"，加州理工学院的火箭非常著名，钱学森、钱伟长都到那里去过）。在美国，即使办的差的私立大学规模也不大。

数量多了，质量降低，数量少了，质量提高，全世界都如此。看国内大学办得怎么样，我首先看规模，人数多了，办得就不怎么样了；人数少了，一般质量好一点。

21世纪的头十年过去了，必须从现在起下定决心，彻底克服又大又高的思想。

二、肃清重工轻文的历史影响

实际上，工科与医科中都是有"理"的，在重"工"的同时，也应该重理，重理是对的，但轻文是不对的。由于历史原因，现在我们学校不可能像老的综合性大学那样，拥有强壮的文科，这有一个发展过程，不能一蹴而就。然而，尽管我们的文科很弱，但我们学校的文科中还是有少量突出的。第一是中文系的中国语言研究所，在学校中只是一个很小的单位，许多人不知道，但在国内语言学界以至外国的语言学界，都知道华中科技大学有一个语言研究所。特别是它一年 2 期的《语言研究》刊物,就是得到国外一个单位资助的。这也说明该研究所和该期刊受国外重视的程度。这是全国大学所办的唯一的一个语言研究所,虽然中国社科院有一个,但规模很小,国际影响也不如我们。第二是陈佛松教授的《世界文化史》,发行量很大,在文科中很突出。他是 20 世纪 50 年代中山大学历史系毕业的,听过著名的陈寅恪教授的课程。退休后被返聘到我校的历史系,进一步研究世界文化史。第三是我们学校图书馆对文科资料的重视。"文革"以后,我曾让学校图书馆买了一套时需 30 多万元的《社会科学百科全书》,这一做法在理工科院校是很少见的。当时的图书馆馆长是梁家新同志。

1949 年之后,全国的一切工作都学习苏联,教育也学习苏联。当时的国情是百废俱新,要开展国家建设,需要大量的工程人才。在学习苏联的背景下,我们培养的工程人才占压倒多数,这在当时来说是必要的。然而,现在已经过去 60 年了,工业建设已经取得了很大的成绩,教育系统再不能像新中国成立初期那样"重理轻文"了。

从大学发展的传统来看,在中世纪的欧洲,大学首先是从办文学、法学、神学、医学开始的。德国柏林大学的改革,使大学发生了变化,但传统的影响仍然很大。近代中国受德国大学影响较大,1917 年蔡元培到北京大学当校长,把工科和农科分了出去,一直到 1927 年之后,清华大学、武汉大学等才陆续建立工科。但是 1949 年新中国成立之后,特别是"文革"中的破"四旧",中国优秀的文化传统受到严重的冲击,也给大学的文科以很大的影响。尽管改革开放之后有了些变化,但"文革"的影响仍然存在。现在,全国大学中的文科在不同程度上都有所削弱。这当然是不好的,我们学校该清醒了。

通过我校《语言研究》这个刊物,我发现全国研究中国语言的大学教授并不少,但是比较优秀的研究人员很分散,并且普遍得不到重视。我建议我们学校可以从中选择优秀者来我校工作。另外,历史系也可以继续组织人员研究世界文化史。

三、办好我校的同济医学院和附属医院

1907 年德国的宝隆博士在上海创办了宝隆医院,然后在医院的基础上办医科,成就了今天的同济医学院,到现在已经超过 100 年的历史了。宝隆医院是中国历史上很好的医院之一,同济医学院在国内历史上也是少数最好的医学院之一。十年前,由于特殊的历史原因,后来的同济医科大学没有和武汉大学合并而和我们合并了,使我们学校的历史发生了重大的变化。但是,合并后

的大学办好医科的困难很大。因为办很好的医科大学需要有很强的基础课程，尤其是数学、物理、化学、生物等基础课。这些条件，武汉大学是有的，我们学校却很弱，这就是我们的困难。大概六七年前，我因事到同济医学院，到曾任同济医科大学校长的吴在德教授的家，向他请教，两校合并后怎么抓医学。吴教授说，为了把合并之后的华中科技大学办好，必须大大加强数学、物理、化学、生物等与医科有密切关系的基础课程，把基础课搞好，把同济医学院的基础搞好。而这些课程我们以前很弱，合并之后有所加强，但是距离要求还差得很远。吴教授还说，武汉大学的两个附属医院虽然不如同济医院和协和医院，但是由于武汉大学有强有力的相关基础学科，他估计武汉大学的附属医院会大大提高。要不了很久，武汉大学的医科和附属医院就有可能赶上来，甚至超过我们。我们学校的医学专业课是不错的，因为有两个高水平的医院，专业教师很多，麻烦在于基础课的薄弱。为了把合并之后的华中科技大学办好，必须考虑这个情况，大大加强数学、物理、化学、生物等基础学科。

据裘法祖院士说，两个原因给合并之前的同济医科大学带来了发展中的不利。第一是老医科大学的领导对待知识分子实行了错误的"左"的政策，第二是同济医科大学由卫生部直接领导，而卫生部给予的经费很不充足。因此合并之前的同济医科大学面临种种困难，工资待遇较低，教学设备和研究设备陈旧。合并之后，情况有所改变，工资待遇提高了，教学设备得到了补充，但是据我的观察，情况并不尽如人意。当然，整体上看，同济医科大学的水平还是高的，可列入全国医科大学的前10名之内。但我认为还没有达到应该达到的水平。例如，合并之后到现在还没有一位称职的同济医学院院长，只得仍由冯友梅书记兼任。

大家都知道，同济医学院的历史有100多年，不仅在国内享有很高的声誉，还由于是宝隆博士创办的，因此与德国医学界的关系非常密切，在国外也有影响。同济医院以宝隆医院为基础，1955年随同济医学院来到武汉。协和医院也有着100多年的历史。正是它们的存在，使现在的武汉拥有两所高水平的现代化医院，这是武汉市政府和人民乃至华中地区人民的幸福。但是，现在这两所医院仍需大大提高。怎么办好？我对同济医院是比较熟悉的，我在协和医院也住了较长时间了，尽管如此，我也提不出多少意见，希望现任学校领导找两个医院的领导谈谈。

总的来看，这两所医院有基础，有历史，现在是需要提高水平，要办成世界水平的医院。

从学科的角度来看，某些学科与医学的关系很密切，要让这些学科在同济医学院、同济医院、协和医院快速提高的过程中发挥特殊的作用。我们拥有的不是武汉大学拥有的那些传统的生物学专业和领域,我们学校的某些学科或者说领域非常的新,如地处东校区的生命科学与技术学院的一些新学科、新领域,可以说具有世界水平,要让这些新的学科和领域,在学校建设中,在与学校的其他学科的结合中发挥特殊的作用。

再来看看梨园医院。梨园医院的简单历史过程是:"文革"之后,湖北省委组织部为了照顾年老的干部,经省委同意,办了一个梨园医院。它是从无到有,作为干部疗养院来办的,选在东湖边上,环境很好,现任院长是同济医学院的毕业生。由于该医院的医疗水平很低,不能自负盈亏,省委组织部每年都要贴钱。10 多年前,省委组织部向同济医学院提出,将梨园医院无代价地交给同济医学院,并一次性划拨 500 万元,医院的全体人员也全部转过来。对这些具体情况我本人不是很了解,上述情况是听吴在德教授介绍的。

现在,梨园医院可能勉强可以自负盈亏。但这是不够的。现在全国的医疗条件很缺乏,看病难,武汉市的医院也并不能满足人民群众对医院的需要。前面说过,梨园医院有很好的基础条件:环境很好(东湖边上),交通位置很好(到汉口、二桥、省直机关都比较近);地方也不小(可能有 100~200 亩)。所以,该医院需要发展,在现在全国医疗机构不足、医护人员不能满足社会需求的前提下更需要加快建设。

所以我主张,梨园医院不但要办,而且要办好。当然,医院办好是不容易的,在 10 年内要办成一个较好的普通医院,这个要求也还是比较高的。由于武汉市还没有一个条件好的疗养院,因此该医院要继续兼顾疗养的功能来办。

四、搞好校区建设

学校的校区建设现在成为大问题。1952 年底校址建在喻家山,当时中南动力学院在西边,华中工学院在东边,各有 1500 亩,分开办学,共用同一个机械厂。1955 年,教育部决定两校合并,机械厂的归属很清楚了。这个机械厂在鼎盛时期有 1000 多名工人,听说目前人很少了,自负盈亏,不景气。本来我认为,机械学院大楼应建在机械厂的厂址处(但现在已经建在老电影院地址上了,无法改变)。南一楼目前有 6~7 个系,房子不够用。可以在机械厂厂址处建大楼,把南一楼的院系分散,最多留下 3 个系,其他系都可搬到机械厂厂址建立的新大楼去。机械厂分南、北两个部分,可以先使用南面的部分。南一楼的北面、机械厂的南面,有一块绿化地带,是规划时确定的,千万不能改变,要永久地加以保存。

1979 年我访问了美国、加拿大和日本。其中,在美国待了 37 天,访问了近

20 所大学。在加拿大呆了 17 天,访问了 12 所大学。它们绝大部分学校的校园都是草地成片,非常整洁,特别是加拿大最西部的温哥华的英属哥伦比亚大学,可以说是建在一个花园城市的花园大学,其学术声望在加拿大大学居于第三名。有一年,英国女王驾临加拿大,还特别从温哥华离境,在大学内的一处不大的建筑里下榻。我一直认为,大学校园是一个学者做学问、学生学习的地方,环境搞得好一点、更好一点是完全必要的。我们不仅要铺草地,还要栽树,包括栽一些开花的树。

附　　录

朱九思——有远见的大学校长[*]

（加拿大）Ruth Hayhoe（许美德）

　　朱九思，1916 年出生于江苏中部扬州市的一个普通家庭。他的早期教育是在如火如荼的政治变革中进行的，尽管这种变革影响到他后来的一次次选择乃至整个生涯，但当时的进步环境使他受益匪浅，这一点与王承绪先生是相似的。朱九思的一生还与 3 所著名大学有着不解之缘，每一所大学都代表着中国不同的传统特色，也印证着中国现代化发展的不同阶段。武汉大学是一所国立综合性大学，他在那里读了 3 个学期的本科；抗大是中国共产党在延安建立的学校，革命斗争时期，他在那里进修并留校教书；最后是地处武汉的华中科技大学（原华中工学院，简称华工，后曾更名华中理工大学），1953 至 1984 年，他作为学校的主要领导人之一带领华工前进，创造了一个在全国具有一定影响力的卓越大学。

　　我第一次见到朱九思是在 1992 年 5 月，当时我正在做一项关于中南地区区域高等教育改革的研究，正好与华中理工大学高等教育研究所的一位同事合作。我发现，华中理工大学在"文化大革命"后的全国高等教育改革中起着领头作用，它所创办的《高等教育研究》杂志也非常具有影响力。于是，我很想找机会亲自向这位已经离开领导岗位的老校长问个究竟。朱校长慷慨地答应了我的请求，并同意给我一下午的时间面谈。我当时就感觉到这是多大的荣幸啊！高等教育研究所的 2 位教师参与旁听并录音，对他们来说，能够亲耳聆听朱校长讲述自己的经历也是难得的机会！最后，会谈用了 3 个下午总共 7 小时进行。我们听他讲述在"文化大革命"的艰难岁月中，他如何勾画华中工

---

　　* 本文译自 Ruth Hayhoe：《Portraits of Influential Chinese Educators》（CERC, Hong Kong University：Springer, 2006）的第四章《朱九思——有远见的大学校长》（中文翻译：沈红、魏黎）。

学院的发展蓝图,又如何一步步地使蓝图变成现实。在讲述中,他的经历和华中工学院的故事一同展开,深深地吸引着我们。

我与朱九思的这次谈话记录后来被整理并发表在《高等教育研究》杂志上[①],并且非常荣幸地成为他的《竞争与转化》[②]一书的开篇章,我的英文版译文以《中国大学与社会科学》为题在《Minerva》[③]上发表了,我的后续研究在很大程度上都得益于这7小时的会谈。与朱校长的交流给我留下了非常深刻的印象,并直接促使我在1997年做出决定:找时间倾听并记录下中国当代几位杰出教育家的人生经历,将这些经历编纂成书。

1994年,我很荣幸地被邀请到华中理工大学高等教育研究所授课,用中文为研究生讲授"国际学术关系"课程。7天的教学让我深受感动,因为朱老校长以及一些教师和许多研究生一起,每天到教室听课。后来,朱校长带领30名师生参加了在湖南大学岳麓书院召开的"本土知识与文化交流:对大学理想的挑战"的国际会议。[④] 华中理工大学高等教育研究所与多伦多大学/安大略省教育研究院联合举办了这次会议,继续了"跨文化知识"会议的有关讨论。高教所安排一辆大交通车前往湖南大学,朱校长不乘小车,也和师生一起乘坐交通车前往。

在后来对华中理工大学的几次访问中,我和朱校长又有过几次会面,不仅我本人,我丈夫沃尔特也对朱校长产生了深深的敬意。2002年春天,在香港教育学院担任了几年院长后,我们准备离开香港回加拿大,但是我们特意优先安排了对武汉的再次访问,以便专程向朱校长告辞。我们见到了朱校长以及华中科技大学高等教育研究所的同事们,访问时间延续1周,从2001年圣诞到2002年元旦。让我们倍感欣喜的是,85岁高龄的朱校长身体康健,并仍在积极地进行研究生的课程教学和写作。

一、三所大学的故事:武大、抗大和华中大

武汉大学(武大)是中国知名的"老牌"综合性大学之一,其发展与浙江大学有着某些相似之处。20世纪30年代,朱校长曾在那里读过3个学期的本

---

① 朱九思:《历史的回顾》,《高等教育研究》1992年第4期。最初的访谈在1992年5月23、26和27日三天进行。

② 朱九思:《竞争与转化》,华中科技大学出版社2001年版,第1~25页。

③ Ruth Hayhoe:《Chinese Universities and the Social Sciences》,《Minerva》1993年第4期。

④ Ruth Hayhoe:《Introduction:The Context of the Dialogue》,载 R. Hayhoe,J. Pan 编:《East West Dialogue in Knowledge and Higher Education》,M. E. Sharpe 出版社1996年版,第3~14页。

科。学校所在地武汉市位于长江中游,自 20 世纪早期以来就是重要的工业中心。[①] 它不仅是南北(从广州到北京)铁路干线的必经之地,还是东西水运的关键港口,是重要的交通枢纽。

《武汉大学校史(1893—1993)》开篇介绍了湖北自强学堂。[②] 1893 年,著名士大夫张之洞创办了这所中国早期的新式学堂,并且开设了 4 门专业:方言(即外国语言)、算学、格致、商务。[③] 他希望学生在扎实掌握中国古典学科的基础上,也学习一些西方知识,从而达到当时洋务派所主张的“师夷长技以制夷”的目的。在后来的 10 年里,湖北自强学堂发展成一所方言学堂,教授英、法、德、俄、日 5 种语言。[④] 它所培养的许多学生都积极投身于当时的各种革命运动,其中就包括 1911 年在末代皇朝的瓦解中达到高潮的武昌起义。[⑤]

国立武昌高等师范学校创办于 1913 年,它以原方言学堂的校舍、图书、师资为基础,任务是为当时国内的新式学堂培养师资。[⑥] 从 1923 年起,它升格为大学,并在 1926 年 12 月至 1927 年 11 月改名为国立武昌中山大学。当时与之齐名的还有位于杭州的浙江大学和位于开封的河南大学。[⑦]

1928 年南京国民政府成立后,国民党越来越重视高等教育规划,新政府决定在国立武昌中山大学的基础上建造一所新的国立大学。他们在美丽的东湖边为国立武汉大学选择了新校址,并且投入大量资金建造校舍和基础设施。[⑧] 从 1928 年到 1937 年,武汉大学拥有文、理、工、法 4 个学院,[⑨]并先后增加了农学院和医学院,[⑩]从而逐渐发展成为当时为数不多的综合性大学之一。截至 1938 年,武汉大学共招生 2200 人,并有 871 人从新校区毕业。[⑪]

截至 1937 年,武汉大学共有教师 154 人,其中包括作家闻一多和叶圣陶在内的一大批杰出学者。[⑫] 校长王世杰毕业于伦敦政治经济学院,并在巴黎大

---

① 武汉由三镇组成,分别是武昌、汉口和汉阳,位于长江与汉江的交汇处。

② 吴贻谷:《武汉大学校史(1893—1993)》,武汉大学出版社 1993 年版,第 1～17 页。

③ William Ayers:《Chang Chih-tung and Educational Reform in China》,Harvard University 出版社 1971 年版,第 124～130 页。

④ 吴贻谷:《武汉大学校史(1893—1993)》,武汉大学出版社 1993 年版,第 18～57 页。

⑤ 湖北自强学堂是否就是武汉大学的前身还存在争议,但可以肯定的是,下面的国立武昌高等师范学校后来发展成为武大。

⑥ 吴贻谷:《武汉大学校史(1893—1993)》,武汉大学出版社 1993 年版,第 58～71 页。

⑦ 吴贻谷:《武汉大学校史(1893—1993)》,武汉大学出版社 1993 年版,第 91～96 页。

⑧ 吴贻谷:《武汉大学校史(1893—1993)》,武汉大学出版社 1993 年版,第 102～106 页。

⑨ 吴贻谷:《武汉大学校史(1893—1993)》,武汉大学出版社 1993 年版,第 108～111 页。

⑩ 吴贻谷:《武汉大学校史(1893—1993)》,武汉大学出版社 1993 年版,第 111 页。

⑪ 吴贻谷:《武汉大学校史(1893—1993)》,武汉大学出版社 1993 年版,第 112 页。

⑫ 吴贻谷:《武汉大学校史(1893—1993)》,武汉大学出版社 1993 年版,第 115 页。

学获得法律专业博士学位。回国后他曾担任北大法律系主任,同时也在国民党政府担任高级法律职务。1929 年到 1933 年他出任武大校长,之后在南京被任命为教育部部长。①

抗日战争期间,武汉大学不得不向内地转移以躲避日军袭击。1938 年夏,师生集体转移到四川乐山,并想尽一切办法携带了大量书籍和其他所需财务来组建战时校园。在多年的战地教育中,学校增加了一批教授,使得教师数量保持在 100 人以上。尽管入学新生不到 2000 人,但毕业生达到 2767 人,在那样艰苦的岁月里,这的确是一个惊人的成就!②

1945 年抗日战争过后,武大迁回武汉原东湖校址。战后校长周鲠生是位杰出的法律学者,他在治校时着重强调提高学术质量。他顶住了国民政府施加的校园政治化的压力,继续支持进步运动。1949 年后他一直留在国内,1956 年加入中国共产党,任外交部顾问。③

最后一个描述 1949 年前武汉大学学术氛围的人是刘佛年教授。与朱九思一样,刘佛年也是 20 世纪 30 年代武大的学生。他曾为《武汉大学校史(1893—1993)》作序,文中批评了令他记忆犹新的传统沉闷的学术理念与说教式的教学方法,也回忆起当时的学生是如何互相鼓励传播进步思想的。④ 由于同处一时代,朱九思关于武大那段岁月的描述与刘佛年的这段回忆刚好吻合。

在国民党统治初期,3 所国立大学(武大、浙大、河南大学)拥有同样的声望,但 1949 年以后,浙大被迫按照"苏联道路"⑤重组为一所工科大学,而此时的河南大学也降格为一所只有文科与教育专业的中等师范学校。⑥ 相比之下,武汉大学的运气显然要好得多。在 1952 年的高等教育重组过程中,武大被指定为中南地区的重点综合性大学。按照当时采纳的苏联模式,它保留了基础的文理科,其他学科如工程、医学和农学,则转移到其他学校。在包括河南、湖北、湖南、广东和广西在内的广大地区中,唯一能和武大抗衡的只有位于南部广州市的中山大学。

然而对于朱九思来说,在武大和其他几所大学工科专业的基础上建立一所新的工科大学是他的工作重点。他从武大的一名学生到最后成为一所大学

---

① 吴贻谷:《武汉大学校史(1893—1993)》,武汉大学出版社 1993 年版,第 123 页。(译者注:王世杰曾任南京国民政府中央法制委员会首任立法委员,随后又担任国民政府法制局局长兼海牙国际仲裁所裁判官。国民政府在成立初期所颁布的条例、法规,几乎都出自王世杰之手。)

② 吴贻谷:《武汉大学校史(1893—1993)》,武汉大学出版社 1993 年版,第 152 页。

③ 吴贻谷:《武汉大学校史(1893—1993)》,武汉大学出版社 1993 年版,第 195~199 页。

④ 吴贻谷:《武汉大学校史(1893—1993)》,武汉大学出版社 1993 年版,第 1 页。

⑤ 吴贻谷:《武汉大学校史(1893—1993)》,武汉大学出版社 1993 年版,第 30 页。

⑥ 吴贻谷:《武汉大学校史(1893—1993)》,武汉大学出版社 1993 年版,第 30 页。

的校长,中间还经历了几十年的革命斗争,其中就包括在中国人民抗日军事政治大学(抗大)的一段极为重要的人生经历,因为他在那里既做过学生也当过教师。抗大由中国共产党在延安创建,其分校散布于其他几个革命根据地,前身是红军长征前位于江西的红军大学。

抗大可被视为与传统大学相悖的一种类型。它以一种短期培训的形式,为抗日战争培养军事政治干部。它由军队主管,许多革命领导人,包括毛泽东本人,都曾在抗大授课。与延安大学不同,抗大不提供理学、社科及人文等一系列课程,也没有四年制的完整培养方案,而只用 6 个月的时间重点讲授政治与军事课程。

这种革新的大学理念多来源于毛泽东,他在一篇描述 20 年代湖南自修学堂的文章中反思了中国的传统学院(或称书院),体现出这种教育思想。"回看书院,形式上的坏处虽然也有,但上面所举学校的坏处(指师生间没有感情,用一种划一的机械的教授去残戕人性,钟点过多,课程过繁,学生全不能用他们的新思维自动自发地研究)则都没有。一来是师生的感情笃。二来,没有教授管理,但为精神往来,自由研究。三来,课程简而研究周。可以悠游瑕瑜,玩索有得。"①抗大的校训就是团结、紧张、严肃、活泼,这八个字也写在了它的校旗上面。八字校训组成一弯新月,照亮一颗星星,下面一匹飞马驰骋而过。

作为新生事物,这种高等教育管理模式有其可取的一面,但也存在问题。特别是在 40 年代的整风运动中。共产党党内日益强调把毛泽东作为党内绝对领导的思想,取代了以往得到高度提倡的自由讨论,这也暴露了在抗大这样的机构中进行学习的局限性。抗大也在某些方面和中国传统的学术机构一样,为了达到统治的目的而强制学习古典知识。尽管抗大被当作"文化大革命"期间高等教育改革的典型,但其影响却微乎其微。换句话说,尽管这种大学的改革思想迎合了当时解放运动的需要,但它对于中国现代化建设所需要的人才培养以及科学研究并没有起到多大作用。

3 所大学中的最后一所就是朱九思作为一位教育家倾注毕生心血建立起来的华中工学院,现为华中科技大学(华中大)。学校始建于 1953 年,最初定名为华中工学院,任务是为中南地区培养四大领域的工程专家:机械工程和柴油机、自动化工程、电机工程和电力工程。华工并非传统意义上的综合大学,也不是培养领导人的革命机构,而是建立在 4 所大学工程专业基础上的新大学。这 4 所学校中,如上文提到过的武汉大学,以及位于南方的国立湖南大学,都是 1949 年前享有盛誉的学校,另外 2 所分别是位于西南的广西大学和

① 张柳泉:《中国书院史话》,教育科学出版社 1981 年版,第 135 页。

江西省的南昌大学。① 华工建校之初的使命之一就是在新学院营造一种良好的风气,吸引多样化的人才。

"文化大革命"动乱过后,学校党委花了很多时间和精力来重新组织教学。20世纪80年代初,华工的校训是:团结、求实、严谨、进取。这八个字与抗大的校训有些形似,读起来也朗朗上口,但实际上二者区别很大。华工的校训强调通过应用科学来服务实践,从而达到严谨治学、进步与创新的目的。②

新大学建在离东湖不远的市郊,面积广大,依山傍水,景色宜人。最初,偌大的校园是没有围墙的,为了防止附近农民乱占校园用地耕种,学校在20世纪70年代建起了第一堵墙来划分边界,明晰政府所授予的土地所有权。这在"文化大革命"的动乱时期是必要的防范措施,因为在那时,任何破坏活动都可以打着革命运动的旗号肆意进行。③

进门是一个大广场,从"文化大革命"到现在,毛泽东塑像就一直矗立在这个广场中央。虽然当时这样的塑像在很多大学都能见到,但后来大部分都被撤掉了,华工的依然存在。广场的前方是两个不锈钢框架,上面镶着八字校训。后面是整个校园中最大的建筑物——实验大楼。楼的入口处悬挂着华工的校徽:外围是五角星轮廓,五条边象征着1952年合并过程中涉及的5所院校;里面一个字母S代表了华工本身;S的上方画着卢瑟福原子模型。④

整个学校的建筑风格取自中国传统样式。它坐北朝南,背靠喻家山,从山顶可以望到学校大门以至远处天水相接的地方。整体建筑为轴对称样式,中国传统宫殿如紫禁城就是这样的典型。实验大楼建在校园中部,后面是教学大楼,与喻家山遥遥相对。学生宿舍、食堂及相关建筑分列两翼,主要位于校园后部。一条商业街横贯校园中心,把学校一分为二:前面是教学、科研与管理区,后面是教工和学生的生活区。⑤

值得一提的是,整个校园的建筑非常坚固,说明国家对工程领域相当重视,在某种意义上也反映出苏联的高等教育模式。在这种模式下,重点工科技术学院的学生很容易在党的机构和政府部门求得职位。"社会主义建设"一词

---

① 校史编写组:《缩影——华中理工大学的四十年》,华中理工大学出版社1993年版,第5~7页。

② 校史编写组:《缩影——华中理工大学的四十年》,华中理工大学出版社1993年版,第227~228页。Zhao Junming:《The Making of a Chinese University:An Insider's View of an Educational Danwei》,McGill University 博士学位论文,1998年,第41页。

③ Zhao Junming:《The Making of a Chinese University:An Insider's View of an Educational Danwei》,McGill University 博士学位论文,1998年,第40页。

④ 校史编写组:《缩影——华中理工大学的四十年》,华中理工大学出版社1993年版,第42页。

⑤ 校史编写组:《缩影——华中理工大学的四十年》,华中理工大学出版社1993年版,第42~44页。

比"现代化"使用得更频繁,因为它寄托了中国在新体制下快速发展的希望与蓝图,也表明了一种将工程师的智慧融入国家建设的艰巨任务中去的深远意义。

作为一所国家级重点工科院校,华工在整个中南地区的地位相当稳固,但在 20 世纪五六十年代,它也和其他大学一样面临着改革的挑战。在 1958 年的"大跃进"运动中,华工从一所国家教育部所属院校转变成湖北省省属院校。在当时院系扩张、学生扩招的精神指导下,华工从 4 系 9 专业扩增到了 8 系 37 个专业,而学生人数也在 1959 年达到最多 10000 人。[1] 新增加的系有冶金、化学工程、工程物理学和造船等,并陆续建立一些新专业,如数学、物理和化学等专业。

两种主旨导致了这场变革。一是革命的主旨。强调大学要向工农阶级子弟敞开大门,并且所有的学习都要和飞速的社会发展相结合。为此,学生都花很长时间到工厂实践他们所学的专业知识,同时也协助学校在相关领域办工厂。这其中有成功的例子,可一旦失败就浪费了他们大量宝贵的学习时间。[2] 另一主旨是努力加强自然科学领域的学用结合,扭转苏联模式中理论脱离实际的倾向。于是课程中新增加了数学、物理和化学科目。遗憾的是,在 1961 年进行的教育调整过程中,这些课程又被搁置一边,最后还是被删掉了。

随着院系的重新调整,国家在 1961 年制定了"高教六十条",决定重新强调高等教育的学术质量,于是高校的专业和学生数都被大幅削减。华工的专业从 37 个降到了 18 个,本科生数也减少到了 6000 人。[3] 1960 年,华工被列为全国 98 所国家级重点大学之一。20 世纪 80 年代,邓小平改革开放的新政策为华工发展带来了契机,1988 年,华工从华中工学院改名为华中理工大学。

虽然 1958 年的教育改革缺乏持续性,但它使得院系、科研项目和学生数量都有了不同程度的增加,并且带来了一系列积极的变革。而 1966 年开始的"文化大革命"所起的作用则完全相反。"文化大革命"期间,激进的动乱分子把 1961 至 1966 年的运动戏称为"两条路线"以掩人耳目,其中的一条就是 1964 年 5 月的社会主义教育运动。这次运动在教育界则意在重演 1961 至 1962 年的院系删减,号称要从教育中根除封建主义和资本主义的言行。此时

---

① 校史编写组:《缩影——华中理工大学的四十年》,华中理工大学出版社 1993 年版,第 68 页。

② 校史编写组:《缩影——华中理工大学的四十年》,华中理工大学出版社 1993 年版,第 77～78 页。Zhao Junming:《The Making of a Chinese University: An Insider's View of an Educational Danwei》,McGill University 博士学位论文,1998 年,第 24 页。

③ Zhao Junming:《The Making of a Chinese University: An Insider's View of an Educational Danwei》,McGill University 博士学位论文,1998 年,第 25 页。

的朱九思正在北大半导体电子系①领导一个小组。

1965 年 5 月,朱九思回到华工,正是"文化大革命"的前夕。他强烈反对激进派神化毛泽东形象、在校园到处张贴毛主席肖像和语录,②在接下来的日子里,这一反对遭到了红卫兵和其他激进革命分子的猛烈攻击。一连几年的时间里,学生被派到工厂和乡下,教员们也被下放到农村,通过劳动体验生活,被进行"再教育",华工几乎被闲置下来。直到 20 世纪 70 年代早期,形势发生扭转,华工才一跃成为举国上下教育改革的典范。

接下来的一系列的问题引起了我们的注意:华工是怎样成为中国首批 22 所准许开设研究生教育的大学的呢?它是怎样从一所高度专业化的工科院校发展成为理工科并得到世界认可的综合性大学的呢?它是如何成为高等教育研究领域的先驱的呢?这些都与朱九思的人生经历密切相关。我将把华工发展的这段历史作为朱九思人生经历的主要方面,稍后予以介绍。

20 世纪 90 年代中期,中国的大学面临着一系列新的改革。国家鼓励学校合并以便形成少数世界级大学来引领中国的发展。起初,北京有人担心,若华工和武大合并,会成为本地区的一所举足轻重的大学,从而强烈反对。然而,作为一所新型的综合性大学,华工却在努力保持自己在 20 世纪七八十年代发展起来的特色。于是,后来另外有 2 所院校相继合并进来,补充并发扬了华工的特色:一所是 1951 年从上海迁至武汉的同济医科大学,它是 1907 年由德国人创建的;另一所是原隶属于建设部(北京)的武汉城市建设学院。

武汉大学则吸收了武汉水利电力大学、武汉测绘科技大学和湖北医科大学而合并成为新的武汉大学。于是,这两所重点综合性大学在同一地区发挥着重要作用,在发展特点上各有千秋。

下面我们就来回顾一下朱九思的个人经历。首先从他的家庭和早期教育谈起,然后是求学、教书和"文化大革命"时期担任学校领导的经历,最后是在社会主义社会里个人事业的新发展。与王承绪、李秉德等"先理论而后实践"的早期教育家不同,朱九思一开始就是一位实践家,他所有的教育思想与高等教育理论都建立在实践经验的基础上。

二、1916—1934:在扬州成长

朱九思,1916 年出生于江苏省中部的扬州市,时间上仅比武昌起义晚 5 年。扬州市位于大运河畔,是一座历史文化名城,早在唐朝时经济就很发达,

---

① 作者注:这就是汪永铨做主任的那个系。
② 姚启和、许晓东:《朱九思》,载忻福良主编:《当代中国高等教育家》,上海交通大学出版社 1995 年版,第 222~223 页。

国民党早期进步教育的开展又使它拥有了一大批现代化新式学校所需要的杰出教员。扬州市当时总人口为 14 万,属于中等城市。

朱九思有两个哥哥和一个姐姐。父亲最初在一家布店做店员,后来自己经营布店。母亲只认识少数汉字,会讲小故事。长兄在 18 岁时早逝。二哥在私塾(或称中国传统民办学校)读了几年书,就跟随父亲在布店做店员。二哥认为自己受教育太少,就希望让朱九思接受全面良好的教育,并不断地鼓励和支持他念书。

和那个时代的其他孩子一样,朱九思一开始也在私塾学习。在没有任何字句释义和内容探讨的情况下,他熟读了儒家的四书典籍。他认为这段记忆古文经典的过程对他影响至深,因为有古人的智慧储存于思想中,以备日后的参考和反思。早期学习的儒家思想果真对他的后来发展产生了深远影响,用他的话讲,"正是这种早期的学习经历教会了我怎样做人"。相比之下,他对佛教和道教感触不深,在他的印象里,只觉得寺庙还算得上是个可供小孩子玩耍的好地方。

朱九思 10 岁那年,父亲决定送他去读一所现代小学。当时朱九思有位表兄在北京著名的清华留美预备学堂上学,每年夏天都去朱九思家做客。他准备到美国继续深造,并试图说服朱九思的父亲也送孩子出国念书。那时,父亲便给朱九思起了这个新名字——"九思",直译就是"九件需要认真思考的事"。这个词来自"四书"中的《论语》,据说孔子鼓励门徒多思,包括敏锐地观察和倾心听取别人言论等。[①] 对于朱九思而言,这个新名字预示着他的生命中一个崭新的开始。在私塾中他已经学到了一些英语和数学知识,证明他可以越过学校教育中初级 4 年的学习而直接进入高年级,并且 2 年后就可以小学毕业。

1928 年,朱九思高小毕业后,进入扬州中学学习。这是他自己的选择,家人不仅让他自主择校,而且让他自由选择学习的科目。而现在他觉得国内许多家长都为孩子包办一切,学生自己反而没有自由权利。事实上,在当时的扬州市也只有 3 所学校可供选择,而朱九思打心底里喜欢扬州中学。这所学校由省政府资助兴办,因而学费较低,家庭也可以承受。而且它的教学水平在国内享有盛誉。作为一所南方的学校,它在某种程度上可以和北方天津的南开中学相媲美。

---

① "孔子曰:'君子有九思:视思明,听思聪,色思温,貌思恭,言思忠,事思敬,疑思问,忿思难,见得思义。'"意思是,君子要思考九件事情:看时要清楚;听时要机敏;脸色要温和;容貌要谦恭;言谈要真诚;举止要谨慎严肃;有疑问要向别人请教;愤怒时要考虑后果;获取财利时,要思考是否取之有道。参见詹姆士·里格注《四书》(中文本,带英文对照),模范图书再版公司 1966 年版,第 248 页。

回忆起当时的扬州中学,朱九思认为它的办学成功在很大程度上归功于一个有远见卓识的校长。这位校长姓周,在美国麻省理工学院获得硕士学位,回国后就把整个身心投入到办学中去。虽然身为国民党人士,但他并不希望这种政治倾向影响到学生,而是注重在学术上追求卓越。正因为如此,他认为招聘教师最重要的是质量,因而在省内广募人才。他还尽可能努力为学校创造最好设施,包括装备精良的理科实验室以及专用的实验大楼,还建起了藏书丰富的图书馆等。他利用自己与国民党的关系得到许多财政资助,顺利实现了这些设想。

在课程设置上,扬州中学把自然科学和人文学科摆在同等重要的位置上,尤其注重英语学习。周先生想办法从北京著名的美国传教士学院——燕京大学聘到一位优秀的英语教师;他还专门从上海订阅了一份英文报纸——《大陆报》,整齐地贴在学校的公告牌上,鼓励学生们阅读英文。朱九思至今仍能回忆起关于周先生卓越治校的点点滴滴,这些记忆都成为他的宝贵财富并激励着他后来的教育工作。他还记得,周先生在抗日战争期间转去了重庆,并在那里创办了另一所优秀的中学,1947年他去台湾后又成功开办了一家化工厂。

三、1935—1953:在革命实践中学习

6年之后,朱九思圆满毕业。当时,大部分毕业生都进入国内的好大学继续学习,但此时朱九思家里已没有足够的资金供他念书。于是,他不得不暂时放弃深造,联系到浙大物理系的一个小职位。一个月20元的薪水,使他获得许多大学生活经验。

朱九思为当时没能继续读大学而沮丧,但同时也感受到,在这个小职位上默默工作的时间,给了他更多的思考。1935至1936年朱九思在浙大工作的这段时间正是学校发展的重要时期。那时的学生运动使郭任远校长被迫辞职,另一位有远见的新校长竺可桢取而代之。竺可桢观察到了学生们推翻专制领导的方法、国民党主席蒋介石来学校视察的用意,以及郭校长在前几个月里对学校的管理方式。[①] 竺可桢上任前提出要拨足经费,还要允许他自主地聘请教员,蒋介石都答应了。

1936年,朱九思的兄长说服家人资助他读大学。仅此一举,朱九思就对兄长怀有无限感激之情。当时南京是首府,离扬州又不远,沿长江和大运河坐船仅仅6个小时的路程,因此父亲建议他去南京就读国立中央大学。但朱九思

---

① 姚启和、许晓东:《朱九思》,载忻福良主编:《当代中国高等教育家》,上海交通大学出版社1995年版,第20页。

不同意,一想到会生活在由蒋介石统治的首府,他就觉得压抑。他对家人让他自主选择中学的做法一直心怀赞赏,于是决定在国内其他地方读大学。这一次,他选择了武汉大学,并且申请了一个主修哲学教育、辅修英语科目的学习计划。

朱九思1936年入学,由于战争的原因他在武大只能学习3个学期。第一年,他学习了5门课程,涵盖了哲学观、道德论、教育心理及教育原理、英语等科目。总的来说,他觉得主修课的大部分内容太过时,主要是从英文版的西方课本中提炼出的一些思想,教学方法也枯燥乏味。他现在能记起的唯一一门课是范寿康老师所讲授的哲学原理。范老师介绍了辩证唯物主义,并适当结合了国情,朱九思很喜欢。外语系的课程总的来说要好些,所以朱九思在第二年转到了英语专业。他觉得自己当年学得不错的几门课程,如语音学等,使他在60多年后的今天仍受益匪浅!

抗日战争临近是国家的命运所系。朱九思的忧虑始于1931年,其标志是日军侵华开始的九一八事变。他阅读了大量西方的进步文学和有关社会思想的中译本,同时也意识到中国为争取自由解放的斗争正在一步步展开。以前在浙大做文书工作的日子里,他目睹了学生运动,却也深深遗憾自己当时不是学生而不能参加。这次在武汉大学,他终于可以参加学生运动了!这就是事情的起因。

大学一年级时,教中文的老师是一个极度保守和传统的学究,朱九思上交的文章由于表现出进步思想而受到批评。这位老师名叫苏雪林,是一位小说家。她极其尖锐地批评朱九思的这篇文章是"普罗八股",也就是说是一篇无产阶级的"八股文"。朱九思极度灰心,就把这篇文章拿给同班的学友看。这个同学转而把他介绍给了一个进步学生团体,这个组织总是秘密会面商讨国家大事,同时考虑如何拯救国家于危难之中。尽管当时这个地下组织与共产党没有联系,但它与国内其他进步组织联络密切。朱九思发现自己越来越离不开这里。

与此同时,国内形势急剧恶化。1937年11月,正是朱九思读大学二年级的第一学期,他收到了家里寄来的最后一封信,还汇来了70元钱。信是哥哥写的,告诉他日本已经攻到上海,不久就会打到扬州。尽管灾难逼近,哥哥还是鼓励他安心继续完成学业,一旦需要转移就听从学校的安排。对朱九思而言,收到这封信就预示着他的大学生涯的结束,因为他几乎再也不能专心上课、阅读和学习了。就在1个月前,他加入了中国共产党,于是现在决定申请到延安革命根据地继续学习。而他的2个同学也打算这么做。对于这个计划,组织上要求朱九思严守秘密,连家人也不能透露。他明白家人得知后一定不会同意,但同时又强烈感到他们会理解与支持的。日本军队于同年 12 月 13 日侵入南京,几天后就进驻扬州。而朱九思已于 12 月 12 号离开武汉奔赴延安。

接下来的几年里,许多亲密的朋友和同事都牺牲了,这些令他至今都难以忘怀。一想到自己能够在抗日战争和国内战争的艰苦条件下生存下来,他就感到特别幸运! 他认为现在的年轻人是无法体会当年"国将不国"、活在日军侵略的阴影之下的生活的。在朱九思原来所参与的"武大青年救国团"中,有些同学已经离开了学校,有的跟随该社团转移到了四川,还有的人在战争中牺牲了,他的一位挚友就是在 1942 年带军队打仗时英勇牺牲的。

朱九思在 1937 年 12 月末到达延安,在那里待了 1 年。其中在抗大学习了 6 个月,然后留在抗大执教 3 个月。1938 年 12 月,也就是他离开武汉整整 1 年的时候,共产党决定在敌后根据地建 2 所抗大分校,一所建在邻近的山西省东南部,另一所位于河北省山区一个叫晋察冀的地方。晋察冀根据地离北京南部只有几百公里,从北京南到河北、从天津西到大同,许多革命的路线都必经此地。他清楚地记得当时抗大副校长罗瑞卿一一念出名字,把大家分配到不同的地方时的情景。每个人都服从分配,朱九思被分到了晋察冀。

由于山路异常崎岖,他花了整整 1 个月时间才到达晋察冀。前 3 年他在抗大的晋察冀分校工作,学校所在地是一个有着 100 户人家的小村庄。开始是做指导员,负责指导 1 个队的学生。后来讲授政治教育课,2 门课程分别是中国革命史和社会发展史。这里的班级规模大,村里没有足够大的房子供他们学习,100 多名学生就在村里的空地上席地而坐。更没有教科书,因此所有的备课都要花精力凭记忆完成。

1942 年,朱九思接到新任务,到晋察冀根据地三军分区当宣传科长。这里离著名的定县不远,晏阳初就曾在这里进行过著名的农村平民教育实验,因此,这个地区农民的文化水平普遍较高。[1] 这时他离开武汉到延安已有 4 年多了,也直到这个时候他才稍稍觉得有点稳定,给家里写了封信,告诉哥哥自己在河北的一所农村学校当老师,并问及家人的情况。不久他就收到回音,得知那年父母已经双亡。

1945 年日本战败以后,朱九思离开部队在热河担任《冀热辽日报》副主编(后任主编)。在当时的主编李锐聘请他来工作之初,他还犹豫不决,认为自己要忠于部队。于是李锐找到领导,说宣传工作和打仗是同样重要的,部队这才

---

[1]　Charles Hayford:《To the People:James Yen and Village China》,Columbia University 出版社 1990 年版,第 117～142 页。

肯让朱九思转业。第二年,他被派到哈尔滨采购纸张,在那里遇到了自己未来的妻子王静。两人在 1947 年秋天回到热河,并于次年 1 月结婚。

1949 年,人民解放军进驻北京。那年 1 月到 5 月间朱九思在《天津日报》任总编辑。在从热河到天津的路上,多亏一位领导干部为他们找到一个可以住的地方,使他们的第一个女儿得以顺利降生。

1949 年 8 月,朱九思和家人迅速搬迁到湖南长沙,在由党领导下的《新湖南报》先后担任副主编和主编。他感到这份工作的任务是要确保一切消息、地方新闻和党政指示都准确无误地传播出去。这几年中,他自己很少写什么分析性的文章,但新闻工作使他大开眼界,让他用全新的方式来观察和理解世界。新闻工作的要求是广泛的,包括政治、经济、文化、军事和农业热点,当然也包括国内和国际的视角。他从事这个职位的工作总共 6 年多,直到 1953 年 1 月被调到湖南省教育厅任常务副厅长。

1953 年 6 月,他接到上级通知要调到武汉去,中南地区教育部门希望他在那里参与领导组建一所新型工科院校。这使他喜出望外,因为他对高等教育怀有浓厚的兴趣。同时查谦被任命为新学校的第一任校长。

接下来,朱九思全身心投入到新的事业中去,过去的革命经历为他准备了重要的政治条件,而他在扬州中学和武汉大学的求学经历也对他的教育思想产生了深远影响。作为一位无私奉献的共产党员和政治教育家,他亲身体验各种经历,并对国民党时期几位教育家身上所体现的卓越的学术素养和富有远见的领导才能怀有崇高的敬意。31 年来的严格要求和全身心投入证实了他对一所新大学的领导能力,而他欣然接受这样一份属于他的事业![1]

四、高等教育发展中一位具有远见卓识的领导人

1953 年 6 月,朱九思从湖南长沙来到武汉,担任华中工学院筹备委员会副主任。华工在同年 10 月正式建立起来。1955 年,朱九思担任副院长,1956 年任党委副书记。1960 年底当选为党委书记,"文化大革命"中被中断了一切职务,但从 1972 年到 1984 年离开领导岗位之前,他一直担任学校的党委书记。当原校长查谦于 1975 年 1 月病逝后,上级任命朱九思兼任校长,一直到 1984 年。

因为全力建设新学校,朱九思关注着中国高等教育领域发生的每一个微小的变化。正如我们前面提到的,这所新学校是在 1952 年院系重组过程中形

---

[1] 此处用到的大部分细节来自作者于 1999 年 11 月 18 日在武汉与朱校长进行的一次更长时间的会谈。

成的。当时依照苏联模式，全国范围内的高等教育都发生了一系列变化并最终得以重构。朱九思认为我们必须选择苏联模式的原因，除了当时政治环境所迫之外，也与这种模式在改革中的优越性有关。比如它实行院校与专业大扩张，比如学校在地理上遍布全国，使得更多年轻人受到教育，能为国家培养出更多的社会主义建设者等，这些措施在当时都是积极而必要的。

朱九思认为，私立大学并入公立大学系统这种方式在很大程度上应该归功于它们的高质量和过去的贡献。比如南开大学很早就是一所优秀的私立大学，转为公立后，它仍然是一所综合性大学并且在北方享有盛誉。一些基督教办的教会大学具有很高的学术水平，虽然它们的意识形态与社会主义体系不相适应，但它们的课程设置与校园得到了大家的认可，因而最终顺利归并。甚至在有的情况下，领导阶层也是可以延续的。例如陈垣是原辅仁天主教会大学（北京）的校长，后来调整到北京师范大学时，他又被任命为新学校的校长。[1]同样在武汉，章开沅本是任教于基督教会华中大学的著名的历史学家，调整之后，他继而出任华中师范大学的校长。还有始建于 1952 年的杭州大学，其主体就是杭州基督教会的之江大学。[2]

在他看来，这些改革中最大的错误就是对 1949 年前建立的重点综合大学的拆分，致使它们放弃原先特有的专业设置，被迫全盘接受苏联模式。其中北京的清华大学和杭州的浙江大学遭受的损失最大，它们不得不取消原有设置中的理科、文科，仅仅集中精力办工科，范围大大变窄了。而另一些综合性大学则要求模仿苏联模式，取消应用性和专业性学科领域，比如北京大学、南开大学、武汉大学等 18 所院校。国民党时期那些著名校长的光辉业绩曾引起朱九思的关注和思考，如浙大的竺可桢、北大的蔡元培、清华大学的梅贻琦以及南开大学的张伯苓。要知道，他们建立起这样高水平的大学谈何容易？但遭遇专断的拆分之后，这些学校可以引以为荣的东西就所剩无几了。

随着时间的流逝，他越来越意识到 1952 年的高等教育改革模式存在着很多缺陷。第一是大学科研与教学制度的分离。新成立的中国科学院承担了大部分重要的科研项目，也得到大量资金，而大学则只要求专注于教学。第二是大学课程设置中狭窄的专业特征。它们并非根据知识基础结构特点的变化而变化，而是按照国家不同部门对人力资源的需求来计划制定。第三，他意识到

---

[1] 姚启和、许晓东：《朱九思》，载忻福良主编：《当代中国高等教育家》，上海交通大学出版社 1995 年版，第 20 页。

[2] 姚启和、许晓东：《朱九思》，载忻福良主编：《当代中国高等教育家》，上海交通大学出版社 1995 年版，第 20 页。

这是一种自上而下的行政监控模式,尤其针对那些由教育部(北京)直接管辖的院校更是如此。事实上,学校领导没有自主权,也无法根据自己的眼光和对学校需要的判断来主动采取措施。考虑到这些局限性,他有了新的想法。过去的很多经验使他想要以一种独特的方式来进行下一步的学校领导工作。1956 至 1978 年的动荡时期为他提供了机遇,从而使他的设想变为现实。在此期间,他的领导能力也大大提高了。

1958 年的"大跃进"为朱九思提供了第一个契机,用他的话来讲就是"突破"了苏联模式的限制。4 个新的院系和一大批新的学科专业建立起来,其中包括一些基础学科。1961 年专业削减之前,他尝试了两种理念。第一,科研要与教学相结合。师生热情投身于研究项目的实践满足了当地的工业需求,而从事科学研究也使大家学到了新知识,产生了新思想。第二,基础科学作为各种专业工程学科的基础发挥着重要作用。但令他痛心的是,1958 年开设的数学、物理和化学等新学科在 1961 年的专业削减中又被删掉了,没有了这些学科,应用领域的再思考与创新就成了无本之木。

在反思第一次"走出苏联模式"的经历时,他想到了毛泽东 1956 年的著名讲话《论十大关系》。他清楚地记得最后一条是论中国和外国的关系。毛泽东指出,要努力与外国建立互利友好关系从而学习别人的优点,但重要的是,要有分析有批判地学,避免一切照抄或机械搬运整个外国体系。在《论十大关系》1978 年再版的时候,他注意到毛泽东对以前的某些讲话做了补充,如对苏联和其他社会主义国家进行了专门注解,并强调了批判改造的原则,不能盲目地简单照抄。[①]

20 世纪 60 年代前半期是中国大学的整顿时期。1961 年院校的专业削减使得华工的学科和学生数都大为减少,但是华工依然注重提高学术质量。同时意识形态的斗争开始影响到学校生活,并在 1966 年"文化大革命"开始后达到顶峰。1964 年社会主义教育运动期间,朱九思来到北京大学半导体电子系,担任一个小组的组长,并于 1965 年 5 月回到武汉。接下来的这段时间是他不愿谈及的,但同事们都在称赞他当年过人的胆识。在北京目睹了激进的革命分子把毛泽东思想庸俗化的行径之后,他禁止在校园内到处张贴毛主席语录,并将悬挂在学校中心行政楼上的有关高举毛泽东思想大旗的标语撤下来。结果,1966 年他在一次大会上受到师生们的公开批判,家里也遭到了红卫兵的洗劫。[②]

---

① 朱九思:《历史的回顾》,《高等教育研究》1992 年第 4 期。

② 姚启和、许晓东:《朱九思》,载忻福良主编:《当代中国高等教育家》,上海交通大学出版社 1995 年版,第 222～223 页。

　　1970年，他第一个重回学校。几年"文化大革命"运动的浩劫使这座校园几乎被废弃。1969年11月，所有教师都被下放到农村"向农民兄弟学习"，在他回来之后，教师们才陆续返校。独自漫步这座凄凉的校园，他看到除了几个菜园和新搬进来的工厂外，没有一点生气，于是开始思考华工的过去和未来。毛主席在1968年的一句广为流传的话鼓舞了他："大学还是要办的，我这里主要说的是理工科大学还要办……"其实他当时已经做了最坏的打算，要么这所学校关门，要么把学校的拨款挪作他用。现在看来，这些忧虑都是多余的。

　　但他如何在"革命"废墟上重建一所新大学呢？家里所有的书都被红卫兵洗劫一空，他只能靠记忆来工作。这时他想起了在抗大教课时也遇到过的类似情况，还想到了1949年前在扬州中学、浙江大学以及武汉大学的受教育经历，想起了那些令他敬仰的新中国成立前的大学校长，这些回忆都和他日后建校的新设想有着密切的关系。

　　首先，他深深体会到人是最重要的，好的教师是一所大学最宝贵的资源。他想起扬州中学校长在省内外招募名士的做法，也想到历史上有名的大学校长，如北大的蔡元培、南开大学的张伯苓以及浙江大学的竺可桢，他们都将吸引和扶持优秀学者放在最重要的地位。朱九思还注意到这几所大学不得不与清华大学竞争，而当时的清华大学与美国有着密切的联系，从庚子赔款得到的资金可使清华大学教师得到较高的工资。[①] 他认为上述的几所大学在当年资金受限的情况下能够取得成功，关键在于它们重视人才。

　　当国家开始从"革命"的废墟中复苏时，一些大学的优秀学者却被迫离开正常的学术工作，流离失所。朱九思试图把那些尚能找到的优秀人才招募回来，只要他们愿意来教书就可以。他决定先把华工在"文革"前就已领先的工程专业建起来，同时重建基础学科和数学等重要学科，还要逐步引入新学科，扩大专业设置。他意识到，一支学术卓越的教师队伍是实现其设想的关键。

　　从1973年到70年代末，朱九思设法从全国范围内吸引人才600多人。其中很多学者在农村接受了长时间的"改造"，因而非常珍惜这次重返教学与科研岗位的机会。这次有创意的行动把具有不同背景的学者召集起来，尤其有利于华工教师队伍的多元化。20世纪50年代以来，大多数学校都把本校的优秀毕业生留下来补充师资，结果造成了严重的"近亲繁殖"。然而华工却开始改变这种情况。

　　朱九思在吸引成熟的优秀学者的同时，也为一些有潜力的年轻人提供发

---

　　① 姚启和、许晓东：《朱九思》，载忻福良主编：《当代中国高等教育家》，上海交通大学出版社1995年版，第20页。

展机会。看到一群年轻人在校园表演"样板戏"时,他被他们的才能与活力深深感染,于是挑选了一些人留下当教师。他也为那些已经来到学校的教师提供发展项目。他认为对于学术队伍中的每位教师,无论他们从事什么专业,学好英语都很重要。于是他启动了一个重点项目来提升教师们的英语水平。而对那些英语专业的教师,他为每个人订阅了一份英文报纸——《中国日报》,这个灵感直接来源于他记忆深处的扬州中学的周校长。除英语外,他认为另一个需要重视的领域就是数学,他鼓励所有的教师都加强数学,从而巩固他们的学识。

对于那些在"文化大革命"期间以工农兵学生身份来到华工求学的年轻人,他都给以特殊照顾,并不以正规的高等教育学术标准来衡量他们;对那些毕业后有志于当教师或具备学术潜力的人,则提供特殊培训,这样他们才有可能达到所需的学术标准。他在师资发展上的另一重要举措是在教师的晋升上。"文化大革命"前几年,国家停止了教师职称评议系统,说这是修正主义的做法。直到"文化大革命"以后,才恢复这种教师晋升制度。朱九思不顾外界的种种议论,充分用好并发挥了这种激励机制的作用,以调动广大教师的积极性。

他在"文化大革命"后早期所关注的第二件事是把研究融入到大学中来。他认为教学不但要与科研结合,而且科研应该走在教学的前面。随着对科研认识的逐渐深化,学生会被吸引到探究过程中来,因而教学也会变得生气勃勃。这和受苏联影响的教学模式完全不同。

为了进行研究,学校需要装备精良的实验室和其他设备。这时他又想到了原先就读的扬州中学,那里有优良的理科实验室。于是他花大力气重建了"文化大革命"中被毁坏的科研设施。1974年,他获得100万元得以建造一个船池实验室,这在当时可真是一个"天文数字"。华工1959年就有了造船系。如果没有当时这些实验设备,一切研究都将是不可能的。

1975年,他决定为计算机系购置一台计算机。但当时没有外汇,他无法从国外进口,最后只好斥资40万元从贵州买回一台国产大型计算机。他知道这台机器不久就会过时,但它满足了当时计算机系的迫切需求。几年后换代的时候,他建议系里考虑把这台旧机器留作纪念,这样日后的师生就可以知道旧式计算机的内部构造,以及它如何笨重以致占用了一个大房间。不幸的是,当时系里并没有意识到这一点,最后这台旧电脑被拆除了。听他讲起这段往事,我们可以深深体会到,在那样一个"文革"政治斗争刚刚过去的艰苦年代,百废待兴,而朱校长重建学校的热情却是多么高涨!

此外,研究资金也很重要。但在当时的苏联模式下,国家的项目资金主要流向了中科院以及一些重要部门下属的研究机构，大学本身能得到的资助少之又少，于是他开始向校外寻求财政支持。1971 年，他得到一个机会，和湖北省其他高校的 9 位领导人一起到北京开会。这是"文革"期间的第一次全国教育工作会议，由国务院教育科学小组主持召开。朱九思在北京待了 3 个月，参会并与国家几个部门积极联络，其中包括一机部和四机部。

这些部门的很多骨干和研究人员都曾被下放到农村并被改造多年，因而缺乏有才能和受到过良好教育的年轻职员，于是朱九思答应为这些部门培养专门的教学与科研人员，因此他也得到了开辟这些新专业的财政资助。从此，激光与电子领域的 9 个新专业建立起来了，许多新的研究项目也开始进行。当描述到这些经历时，朱九思也提到，当时他本人对这些领域并没有专业知识的指导，但他坚信华工的学术队伍一定可以克服这些难题。他尤其看好当时的激光技术专业，原因是 1964 年在北大半导体电子系工作时，他已经了解到激光技术的早期发展。

他认为要进行好的科学研究还有一个更加重要而更难创造的条件，就是世界科研发展的最新信息。1976 年，朱九思主持了一个重要的研究项目，要求科研人员查找他们各自研究领域的国外发展状况。他安排人员到北京和上海，在国内最好的图书馆寻找相关材料。在此基础上，他领导华工创办了一份科学时事通讯——《国外科技动态》，这份杂志仅在 1977 至 1978 年就报道了80 条国外最新的发展专题。后来他还创办了一份姊妹报——《科技译报》，专门把国外重要的科学文章翻译过来，介绍给国内读者。

除了努力传播国际最新的科学动态，他还为学校图书馆的建设呕心沥血。他清晰地记得从 1981 年直到 1984 年他离开领导岗位时，政府每年划拨给华工的款项中有 5% 用于图书馆建设。除此之外，他还特地订购了大量国际刊物和图书。由于需要外汇购买，他只有通过北京有关机构来办理。从这个机构得知，当时全国只有 2 所大学大规模订购国外图书和刊物，一个是北大，另一个就是华工。朱校长 1979 年访问美国时，斯坦福大学的一则故事吸引了他：在大学困难时期，斯坦福夫人曾经变卖自己的首饰来资助大学图书馆。斯坦福大学的这种精神令他久久不能忘怀。

朱校长把科研发展作为大学的中心使命来抓，倾注了大量心血并取得了成功。1977 年，他应邀到北京，为 1978 年 4 月将在这里召开的全国科学大会帮助起草文件工作。此间他最大的贡献就是提交了一篇文章，名为《科学研究要走在教学的前面》。在这篇文章里，他列举了很多生动的例子来说明科研对教学的促进作用。令他感到欣慰的是，一份政策决定在会后立即出台，要求

"大学应该是研究与教学的中心"①，从而完全推翻了1952年后一直支配中国高等教育的苏联模式。同样令朱校长高兴的是，作为做出突出研究贡献的2所学校之一，华工也得到了国家奖励。

在20世纪70年代早期的艰苦岁月里，朱九思在勾画华工蓝图时所关心的第三件大事就是课程。我们曾经提到过，1961年的专业削减把华工新建立的基础学科及数学等学科都删减掉了，这令朱校长痛心不已。他现在决定重建这些学科，并且扩大科学技术领域以外的专业设置。这也是政府的要求。我们也提到过在1971年他从北京回来以后，华工增添了9个新学科，而且在1978年又增加了3个，分别是系统工程、生物工程和管理。

自1981年开始，他积极奔走，在人文与社会科学领域又开设了一系列课程，他认为这些包括汉语言文学、新闻工作、哲学、科学史和高等教育在内的新学科，都是工程学科的有益补充。如果没有他在20世纪70年代想方设法组成的教师队伍，新专业是不可能建成的。而且，想要通过教育部的批准来多招学生也是极其困难的事情。朱九思利用自己1980年去北京参加全国高等教育会议的机会，说服了当时的教育部长蒋南翔批准开设数学专业，不久以后他的许多其他建议也被陆续批准。

在别人看来，朱九思的领导才能主要来自他对于高级人才的吸引以及对研究和专业扩张所给予的源源不断的支持，这些似乎都是意料之中的。然而，这些做法必须与中国当时的国情结合起来考察。经历了"文革"的重创，当时的许多大学只是在努力恢复20世纪50年代初建立的苏联模式。而在这样的背景下，朱九思所做的就完全称得上是一场革命了。他的学术远见在20世纪70年代末和80年代初的两次大发展中都可以体现出来。

1979年在联合国教科文组织的资助下，朱九思和其他4位著名的大学教师一同前往美国、加拿大和日本做长期访问。他走访了这3个国家的著名大学，特别对那些高度重视科学技术的学校情有独钟，比如麻省理工学院和加州理工学院。其中有几件事情给他留下了深刻的印象。第一，教学与科研相结合，并且大学所进行的国家级大规模研究项目都由政府资助，比如麻省理工学院和伯克利劳伦斯实验室。第二，几乎所有的大学都是综合性的。即使很多院校的专业是从职业领域开始的，但发展到今天学科门类很多，例如得克萨斯农业与工程大学最早只是一所赠地学院。

朱九思采取的改革措施在1983年再一次得到了证实。当时，要建立硕士

---

① 朱九思：《科学研究要走在教学的前面》，《高等教育散论》，华中理工大学出版社1990年版，第1~5页。

和博士学位点都必须经过严格的审批程序。朱九思从 20 世纪 70 年代早期就提出了研究的重要基础性作用,因此华工在那时能拥有 37 个硕士学位授予点和 13 个博士学位授予点,并且顺利通过国务院学位委员会的严格审批,确实很了不起。国家要求只有拥有至少 10 个博士学位点的大学才能成立研究生院,而华工在当年就成为国内准许设立研究生院的 22 所大学之一。这对于一所相对较新的学院而言,已经是一个创举了!

五、结论:追求卓越的大学领导才能

当我们回顾朱九思对中国高等教育的贡献的时候,或者更概括地说,反思他对中国大学理念的影响的时候,每个人都会为他所能实践的高度自治而感到惊讶,因为这种自治完全是在挣脱当时两种束缚的情况下才能实现的:一是 20 世纪 50 年代学习苏联高等教育模式的领导决策的束缚;二是 1957 年到 20 世纪 70 年代早期的"文革"混乱。这两点构成了当时中国大学发展的重要背景。然而我们也看到了朱校长在这样的困境中寻找出路的独到眼光和卓有成效的领导才能。在他实施三个方面的改革措施,即积极从全国引进优秀人才、把研究作为引导良好教学的主要因素和设置综合性课程时,高等教育管理部门并没有给他任何建议,在某种程度上还不能够理解他的工作。但是,他在"夹缝"中还为这些设想找到了实现的空间,并且最终赢得了政府的信任和赞同。

在谈到当时的情况时,朱九思转而归功于刘崑山。20 世纪 60 年代末到 70 年代早期,刘崑山是在学校主持工作的解放军宣传队的主要负责人。[①] 他尊重知识,也尊重专业人士所做的判断,因此他给朱九思以完全的自由,并积极支持和认可朱九思为了大学发展所做的一切努力。在朱九思 1971 年去北京的 3 个月里,他与中央的有关领导有些接触,并与几个行业及部委负责人探讨了新专业的设置,朱九思并没有向刘崑山予以电话请示。回到学校后,刘崑山对 10 个新专业中的 9 个都表示支持,只是对于雷达专业有质疑,因为他认为目前学校还没有足够的军用设备来办这样的专业。刘崑山在部队对这个专业领域比较熟悉,朱校长也觉得他的建议是很明智的。

当我们回顾朱九思的领导才能,反思他在 20 世纪 70 年代所创造的大学发展"典范"所产生的巨大影响时,不妨深入思考一下"自治"一词本身的含义,看它是否在东西方学术传统的环境下具有不同的意义。"自治"与"学术自由"

---

① 朱九思:《卷首语》,载《竞争与转化》,华中科技大学出版社 2001 年版,第 II 页。

一起,构成了欧洲大学传统中的核心价值观,可以被理解为大学应该能够把握自己的命运,或者不受国家、教会等外界的干扰而自行做出决策。我曾经与一位中国博士生合写过一篇文章,是关于中国大学历史发展中的"自治"概念的。文中我们提到"自治"一词在英译汉的过程中产生了多种含义,其中使用最多的有两种。一种是"自治权"或独立。这种含义带有浓厚的政治色彩,用于描述主要由少数民族聚居的自治区、自治县等。另外一个就是"自主权"。在中国 20 世纪 80 年代早期进行改革的文件和政策文本中比较常见,多用于描述大学的一种更深程度的自由。其实它也可以表达"自由"的含义,强调"敢想敢做",或者说是在宽泛的政府政策框架下的一种思想解放。①

在西方概念中,大学自治强调大学领导人与国家之间的界限,主张大学应在理论层面增进知识,而不受实践中任何政治行为的干扰。这是一种界定,它允许大学拥有相对的高度自治权。而在中国的认识论里,理论与实践认识间的界限并不明确,而且在实践中检验理论的传统太强,这样就不可能有上述界定。中国知识分子长久以来习惯于和政策制定者共享权力,于是对国家和社会的治理怀有高度的责任感。所以以"自治"这个概念用于"自由"的意思时更符合它的社会意义。朱九思的学术领导方式为我们提供了一个光辉的榜样,告诉我们他对知识分子的领导方式是卓有成效的。他在《竞争与转化》一书中提到了 20 世纪 90 年代中期鼓励大学间进行合并的运动。他的主要观点是,一次成功的合并应基于各个学校的自愿而非强加。② 在面对近期中国高等教育改革所带来的机遇与挑战时,华工与武汉大学选择了不同的道路,这是因为它们坚定地恪守和履行了"自治"。

自 1984 年离开领导岗位之后,朱九思就在高等教育研究所积极开展教学与研究工作,并从 1996 年开始开办博士点。他多年的积极领导和他对高等教育发展敏锐的洞察力逐渐发展成一种学者典范,并得到了全国的一致认可。其有效性与价值不仅在理论上得到考察与验证,也通过了改革实践的检验,反映出中国学术传统的精深造诣,也反映了用实践来检验理论的"求是"态度。

1999 年,当问到如何看待中国高等教育未来最重要的问题时,朱九思提到了进步作家鲁迅在其《狂人日记》中所呼吁的"救救孩子",而现在他认为是"救救教育"的时候了。他指出,随着市场经济改革的推进,人们的商业化观念越

---

① Zhong Ningsha、Ruth Hayhoe:《University Autonomy in Twentieth Century China》,载 Glen Peterson、Ruth Hayhoe、Yongling Lu 编:《Education,Culture and Identity in Twentieth Century China》,University of Michigan 出版社 2001 年版,第 265～267 页。

② 朱九思:《我对大学合并的意见》,载《竞争与转化》,华中科技大学出版社 2001 年版,第 177～180 页。

来越强,这时就要格外警惕大学受诱惑、为追求商业利益而片面发展知识,他深深地忧虑这样会颠覆 20 世纪 80 年代和 90 年代早期所取得的教育业绩。在经济环境变化和全球化的压力下,中国大学校长要特别注意保持大学自治,这是现时期极为重要的原则。①

朱九思辉煌的一生的灵感来自哪里呢？这可以有很多答案,对国民党时期杰出教育家的敬仰、对进步著作的学习、全身心投身革命运动的方式以及对一系列人生经验的汲取等,都对他有启发。最后我们还可以上溯到 1927 年,当时他父亲为了送他到新式学校读书而给他起了新名字——"九思"。这是孔子在告诫弟子"多思"。需要思考的方面很多,他清楚地记得首先要做的两件事就是"倾听"与"悉心体察"。这也很好地概括出这位极具影响力的教育家的一生:虚心听取,明察身边的一切,然后做出最有利于事物向更好的方面发展的决策。他所深爱着的华中科技大学以及整个中国的高等教育事业都会永远受益于他的经验,因为中国正处在一个觉醒、改革和向新的方向迈进的时代。

---

① 见作者于 1999 年 11 月 18 日在武汉与朱校长的访谈。

朱九思的教育思想和办学实践[*]

姚启和　　许晓东

　　新中国成立以来的几十年,我国高等教育处在一个大变革时期,经历了曲折的发展过程。大变革时期是人才辈出的时期。几十年来我国的高等教育事业在曲折发展中取得了很大的成绩,为国家建设培养了一大批人才,同时也造就了一批著名的教育家。朱九思就是其中之一。

　　朱九思从 1953 年起参与创建华中工学院,由一个长期从事新闻工作的职业革命者转为高等教育工作者,领导、主持华中工学院的工作 30 多年。历任华中工学院副院长、党委书记、院长,把一所一般的工学院办成了有一定知名度的综合性理工大学。1984 年 12 月他从学校领导岗位退下来以后,任华中理工大学高等教育研究所研究员,继续从事高等教育研究和指导研究生的工作。朱九思在高等学校长达 30 余年的办学实践中,特别是在 70 年代中期以后,颇具胆识地采用的一些做法、提出的一些教育思想,在我国高教界为许多同行所称道,并为许多高等学校仿效,对推动我国高等教育的发展和改革做出了重要贡献,在国外也有一定的影响。美国、日本、加拿大的一些高教研究学者慕名前来访问,与朱九思进行学术交流。1984 年 9 月,设有日本著名的大学教育研究中心的广岛大学,以朱九思在教育实践和教育理论方面做出的突出贡献,授予他名誉博士学位。

　　朱九思不是一位教育理论家,而是一位教育实践家。实事求是地说,他的教育思想并未突破前人为高等教育定下的范畴,也没有提出高等教育学上新的理论。可贵的是,他完全是在这个特定的历史时代下,在我国高等教育发展

　　* 本文原载《高等教育研究》1995 年第 4 期。
　　　姚启和,原华中理工大学高等教育研究所教授;许晓东,华中科技大学政策法规处处长。

和曲折的丰富实践中,在自己的教育实践和富有成效的探索中,发现了高等教育的一些客观规律,在国内比人们更早更及时地提了出来。并且不等不靠,冲破来自各方面的阻力,义无反顾地按照这些规律去做。这就不能不让人们耳目一新,并投以赞许敬佩的目光。

归纳起来,朱九思的教育思想,主要是以下几点:

一、"全面提高质量是我们的中心任务"

朱九思在长期的办学实践中,一直十分重视提高教育质量。他认为,高等学校的工作,尽管头绪很多,但总得围绕着提高质量这个中心来进行。"全面提高质量是我们的中心任务。"①在改革开放时期,全面提高培养人才的质量,仍然是高等学校的"重大的历史责任"。②1988年2月,他在一次会议上说:"我们的学校教育工作一定要深化改革。但改革毕竟是手段,而不是目的。在进行改革的时候,一定要牢牢把握所要达到的目的。教育改革所要达到的目的,说到底,必须是提高教育质量,培养更多更好的人才。"③后来,他进一步说,在教育体制改革和教学改革的关系中,体制改革只不过是手段,核心是教学改革,目的是提高教育质量。例如,"在高等学校运用竞争机制,说到底,是教育质量和学术水平的竞争,脱离了教育质量与学术水平的提高,就脱离了学校的实际,也就违背了教育规律"④。关于高等学校的第三职能"为社会服务",朱九思认为,其出发点本来是高校为地方经济建设服务,加强高等学校与社会的密切联系,促进高等学校的科技成果的应用和推广。但是1988年提出了"创收"的口号,主要是从国家没有钱由学校自己解决经费的基点上提出的,这就给学校带来巨大的压力。一时间形成各学校"创收"之风盛行,大大转移了学校领导乃至广大教师从事教学、科研的精力,以致人心涣散,教师队伍不稳,直接冲击了第一线的教学,在一定程度上降低了教学质量与学术水平。对于这种情况,朱九思感到十分忧虑,因而他一再呼吁:"决不能要钱不要命。意思是钱是要搞的,没有钱不好办事,但决不能以牺牲教育质量和学术水平这个命根子作为代价。"⑤

提高教育质量用什么标准来衡量?朱九思把德智体全面发展的教育目的

---

① 朱九思:《高等教育散论》,华中理工大学出版社1990年版,第15页。
② 朱九思:《高等教育散论》,华中理工大学出版社1990年版,第163页。
③ 朱九思:《高等教育散论》,华中理工大学出版社1990年版,第163页。
④ 朱九思:《高等教育散论》,华中理工大学出版社1990年版,第163页。
⑤ 朱九思:《高等教育散论》,华中理工大学出版社1990年版,第163页。

具体化为以下 5 点：①思想要好；②业务基础要好；③要善于分析问题和解决问题，并且有一定的创造能力；④要具有较好的中、英文表达和阅读能力；⑤身体要健康。① 朱九思在其办学实践中，对这 5 点都提出了明确具体的要求和实现的措施。在这 5 点中，他特别重视培养大学生的创造能力。朱九思说，"文革"前的十七年，高等学校学生学习负担过重的问题一直没有得到很好的解决。现代科学技术的发展日新月异，确有必要很好地考虑如何培养大学生的创造能力的问题。在实际工作中，朱九思引用校内校外、国内国外（包括派出的留学生）的许多事例，向教师和学生反复说明培养大学生的创造能力的重要性，要求在教学中坚决克服对学生"抱着走"的错误方法，要让学生懂得"为什么"和"怎么办"，而不只是"是什么"和"这样办"。他还多次引用叶圣陶先生的一句名言"教是为了不需要教"②，把它作为教学改革的指导思想。

他说，一提创造能力，有人可能说要求太高，以为是要求学生一毕业就能创造什么或发明什么，因而总有点怀疑。要是这样，我们不妨换一种说法，就是不能把学生培养成书呆子。所谓创造能力，具体地说：①学生要善于运用和发展已经获得的知识，要能举一反三；②要有很强的自学能力，不断而又及时地吸收新的知识；③更重要的是要具有 new idea，就是要具有产生新的思想、新的观念、新的见解的能力，要具有一种科学的想象力。③

联系到工程教育本科的培养目标，究竟是要受到工程师的基本训练，还是培养开拓型的人才呢？朱九思认为，两者并无矛盾，完全可以并提。他说："培养开拓型的工程技术人才，当然包括工程师的基本训练。反过来说，如果只有工程师的基本训练，而不具有开拓能力，不适应现代科学文化发展和新技术革命的要求，那就没有完全达到'出好人才'的目的。"④

为了培养分析问题、解决问题的能力和创造能力，就必须要求学生"业务基础要好"。说到加强基础知识，朱九思一直认为，我国高等教育在 50 年代初期照搬苏联的做法，设置专业的数量很多，专业的口径很窄，严重影响学生的基础和知识面，是一个很大的问题。"可以说，这是我们学习苏联模式的一个主要表现。从此以后，设置专业所带来的一整套体系，特别对我们工科教育，在一定程度上几乎起了决定性的作用。"⑤朱九思认为，我们在 50 年代那样依样画葫芦，与当时的计划经济、产品经济是相适应的。"但严重的问题在于'文

---

① 朱九思：《高等教育刍议》，华中工学院出版社 1984 年版，第 90 页。
② 朱九思：《高等教育刍议》，华中工学院出版社 1984 年版，第 98 页。
③ 朱九思：《高等教育刍议》，华中工学院出版社 1984 年版，第 99 页。
④ 朱九思：《高等教育散论》，华中理工大学出版社 1990 年版，第 58 页。
⑤ 朱九思：《高等教育散论》，华中理工大学出版社 1990 年版，第 59 页。

革'以后，特别是进入改革开放的 80 年代，直到现在，还是抓住 50 年代初期学来的那一套不放，在那个已经过时的老框框里跳不出来，这就非常不对头，很不适应经济体制改革与经济发展的新形势。本来 1977 年，教育部已经调集了一批人进行专业调查，准备调整。遗憾的是直到 1984 年底，还是'只听楼板响，不见人下来'。这是学科建设的前提，不调整、不改造，学科建设是困难的，就好像生产关系束缚了生产力的发展一样。"①朱九思在追忆他在华中工学院办学的历史时，还一直为他 1984 年底以前在任期间没有来得及做调整、改造专业这件有关学科建设的大事，引为"最大的憾事"。

在我国高等教育界，对本科层次的培养规格，究竟是借鉴西方国家的做法，培养"通才"，还是应该坚持新中国成立以来实行的专业教育，培养"专才"，一直有不同看法。对这个问题，朱九思比较深入地研究了美国麻省理工学院的经验，还研究了苏联包尔曼高等技术学校的经验，分析了我国的国情，特别是回顾总结了新中国成立以来我国高等工科教育的经验教训。他认为："在社会主义初级阶段，从我国生产力的现有水平出发，实现现代化，无疑需要大量的应用型人才。那么所谓应用型是不是只要学得很专很窄，而不需要较强的理论基础和较宽的知识面呢？现代化需要的人才究竟要具备什么样的知识和能力结构呢？"②"我们的结论是：通才教育和专业教育相结合，理论和实践相结合。"③

二、"科学研究要走在教学的前面"

在大学里，教学和科学研究的关系，曾是一个争论很多的问题。这是由于，在实际工作中，教学和科学研究的确有一些具体矛盾，如果处理不好，就会影响教学工作。但是，朱九思总结他在华中工学院办学的实际经验后却认为，从办学指导思想上说，"科学研究要走在教学的前面"。这是他在 1978 年准备参加全国科学大会的发言稿时提出来的。对于他的这一主张，当时有一些同志，包括教育主管部门的一些同志有不同看法。现在，尽管科学研究在大学里的重要地位已经得到我国高教界基本一致的认识，却仍有一些同志不完全同意朱九思的这一提法。但是直到现在，朱九思仍然坚持这一提法，他说："我至今仍然坚持这个提法。这决不是重科研，轻教学，而是说明客观事物的规律，

---

① 朱九思、文辅相：《论学科建设》，《高等教育研究》1993 年第 2 期。
② 朱九思：《高等教育散论》，华中理工大学出版社 1990 年版，第 179 页。
③ 朱九思：《高等教育散论》，华中理工大学出版社 1990 年版，第 185 页。

说明在高等学校中科研和教学的根本关系。"①

朱九思认为,我们一般说的教学,主要是指教师给学生传授书本上的理论知识和实践经验。从认识规律上讲,"只有有了科学研究,即有了科学实验的实践,并把实践经验总结成为理论体系,才有可能进行教学,从这个意义说,科学研究是'源',教学则是'流'。科学研究总是走在教学的前面"②。这是其一。其二,从时代要求上讲,现代科学技术的发展日新月异。"理工科大学如果不开展基础理论和新兴技术的研究,创造具有先进水平的研究成果,用以不断提高师资水平,丰富教学内容,革新教学手段,又怎么能够适应科学技术飞速发展的形势,培养出具有世界先进水平的科技人才?""所以,高等学校只有真正办成科学的中心,才能培养出高水平的人才,真正成为教学的中心。在科学史上,凡是科学的中心,都是聚集人才、造就大师的科学基地。"③其三,"高等学校的教学,如果是从培养人才这个意义上来理解,它本来就应该包含科学研究在内,因为科学研究也是培养人才的一种重要手段。实践证明,学生通过参加科学研究活动,不仅掌握了最新科学技术成就,获得创造能力,而且培养了刻苦钻研、一丝不苟、实事求是的好学风和热爱科学、热爱集体的好思想。所以广义地讲,高等学校以教学为中心,或者说以教学为主,就应该既包括教学,也包括科研,即包括培养人才的全部工作在内"④。

针对一些人的误解,朱九思解释说:科学研究要走在教学的前面,"这不是说,科学研究工作比教学工作重要,正如我们说科学研究要走在生产建设的前面,并不是说科学研究就比生产建设重要一样。因为科学研究不搞好,生产的提高受限制;科学研究不搞好,教学质量的提高也要受限制。在科学技术比较发达的国家里,科学研究工作主要在大学里进行。他们这样做,是有道理的,是经过几百年摸索出来的"⑤。正因为这样,朱九思认为我国照搬苏联模式,建立一个庞大的科学院,把科学研究和大学培养人才分割开,很不合理。1978 年参加全国科学大会时,朱九思还曾写信给邓小平同志,建议改变这种不合理的状况。

当然他也承认,在高等学校的实际工作中如果处理不好,把科学研究和教学人为地分成两块,也会相互影响。因此他说:"这就要求我们统筹兼顾,全面安排,妥善解决可能出现的矛盾。"

---

① 朱九思:《高等教育散论》,华中理工大学出版社 1990 年版,第 139 页。
② 朱九思:《高等教育散论》,华中理工大学出版社 1990 年版,第 1 页。
③ 朱九思:《高等教育散论》,华中理工大学出版社 1990 年版,第 2 页。
④ 朱九思:《高等教育散论》,华中理工大学出版社 1990 年版,第 4~5 页。
⑤ 朱九思:《高等教育刍议》,华中工学院出版社 1984 年版,第 3 页。

1978 年之后，朱九思坚持自己的观点，一直致力于要把华中工学院办成既是教学的中心，又是科学研究的中心。在华中工学院组织和管理科研工作中，朱九思还总结提出了一系列具体经验。例如关于科研工作的精神状态，他强调要"敢于竞争，敢于转化"。早在 1980 年，他就向华中工学院的教师干部提出过这样两句话："发扬优势，防止从优势变为劣势；敢于竞争，力争将劣势转化为优势。"①鼓励大家努力进取，打开科研工作新的局面。从那时起，他就积极支持教师们去争取国家发展建设中的重大研究课题，在这方面"要主动"，"要敢于承担任务"，"要敢于啃硬骨头"，"要注意开辟新的领域"，"要处理好近期和远期、理论研究和应用研究的关系"等。在科学研究工作中，他要求教师们重视学科之间的交叉和渗透，"需要合作，善于合作"。他反复对教师们讲："从某种意义上说，一部科学发展史就是交叉学科发展史，今后将尤为明显。""我们的问题是不容易捏到一起，这是一种非科学的、小生产者的保守思想的表现，非冲破不可。为此，一靠各级领导敢于抓，二靠教授带头冲。"正是由于朱九思如此重视开展科学研究工作，使华中工学院在"文革"后比较早地显示出自己的科研实力，得到一些业务主管部门的信任。

三、"大学的学科结构要综合化"

朱九思对华中工学院最大的贡献是改变了它的学科结构，使其由一所单纯的工科院校向理、工、文、管相结合的综合性大学发展。新中国成立以后，我国高等教育的结构，照搬了苏联的一套做法，经过 50 年代的全国院系调整，把文、理科搞在一起，叫做"综合大学"，而把工、农、医、师范则分开设立学院。大学的学科要综合化的思想，在新中国的高等教育史上是朱九思最早提出来的。这种思想开始提出时，有一些人包括教育主管部门的一些同志曾有过不同意见，但很快为高教界的许多同行所赞同，一部分全国重点大学也开始向综合化的方向发展。

朱九思认为："自然科学是人对自然现象及其规律的认识；技术是以自然科学理论为基础的，为了使技术得到进一步发展，就必须有科学理论的指导。因此，高等教育把理与工、农、医几乎完全分开，是不符合客观规律的。"②朱九思从自己的办学实践中深切地感到，无论从培养人才、提高分析问题和解决问题的能力，还是从开展科学研究来看，由于理工分家，造成工科院校理科方面的知识不够，极大地限制了学校教学质量和学术水平的提高。

---

① 朱九思：《高等教育刍议》，华中工学院出版社 1984 年版，第 111 页。
② 朱九思：《高等教育刍议》，华中工学院出版社 1984 年版，第 1 页。

朱九思还指出:"文科与理、工科分家,也是很不合理的。例如经济管理工程专业,综合性很强,既需要学经济学,也需要学较多的数学和计算机应用知识。为了使科学技术发展得更快,就要把思想方法搞对头,这就必须学哲学。"①

因此,朱九思建议,对我国高等教育的结构,"有重点地、有步骤地在现有基础上进行改革,经过十年、二十年,把我国的高等教育结构改得更合理。这样,才能使我国的高等教育提高得更快一些,发展得更好一些"②。

朱九思关于"大学的学科结构要综合化"的思想,是他从总结学习苏联的经验教训中逐步形成的。早在 1970 年,还是在"文革"中期,他就曾思考:1949年以后,特别是 1952 年以后,为什么要学习苏联? 他认为,当时学习苏联有多方面的原因,"最主要的是政治上的原因,从教育科学来看找不出原因"。高等教育方面学习苏联,集中表现在 1952 年的全国院系调整和在高等学校设置专业上。对院系调整,朱九思认为"一部分对,一部分不对"。说"一部分对",是指对当时相当数量的私立大学、教会办的大学和部分省立大学应该调整;说"一部分不对",是当时全国不过十几所国立大学,都办得不错,都应该保留,不应该调整。他说:"院系调整时,为什么要把北京大学的农学院、医学院分开独立出去,以至于把生物系和农学、医学分开呢? 我看这样做没有什么科学根据,大可不必。"再如清华大学、浙江大学等全国十几所国立大学,"院系调整时一刀切,都经过了调整,以致全国没有一所真正的名副其实的综合性大学,这是没有多少道理的"。直到现在,清华等大学的许多老校友和老教师对此意见很大。前几年,清华已开始重新办理科和文科,但现在要办到过去那样的水平,谈何容易?

到 1979 年,朱九思到美国、加拿大、日本三国考察访问,发现这三国几乎所有的知名大学都是综合性的。特别是美国的一些知名大学,包括哈佛大学、麻省理工学院在内,都有一个从单科或者学科门类很少到综合性大学的发展过程,归根结底,反映了美国整个国家在过去 200 多年当中不断发展的需要。朱九思认为,"也可以说,这是一种不以人们意志为转移的客观规律"。他在日本访问东京工业大学时,该校校长介绍说,在第二次世界大战以前,东京工业大学完全是工科,但是在第二次世界大战结束以后,开始办理科。为什么要办理科呢? 因为需要,感觉到只办工科不办理科,不论对国家的需要还是学校的发展,都不适应。朱九思听到这样的介绍,感觉到"受了一种刺激",因为我们

① 朱九思:《高等教育刍议》,华中工学院出版社 1984 年版,第 2 页。
② 朱九思:《高等教育刍议》,华中工学院出版社 1984 年版,第 2 页。

的情况恰恰跟他们相反,原来是理科和工科结合在一起的,1952年以后,反而理和工分了家。因此,更加坚定了朱九思关于"大学的学科结构要综合化"的思想。1979年6月,朱九思在向教育部汇报赴美国、加拿大、日本三国考察的情况时,谈到我国高等教育把文、理和工、农、医、师截然分开,不符合教育发展的客观规律,提出"大学的学科结构要综合化,要办一些理、工、文、管相结合的综合性大学"。1980年4月,朱九思正式提出要把华中工学院办成以工科为基础,理、工、文、管相结合的综合性大学。他认为这样做好处很多:第一,符合客观教育规律,有利于学校的发展和提高;第二,符合国家的需要;第三,符合扩大国际交往的需要。

朱九思在华中工学院办理科和文科,克服了许多困难和阻力。首先碰到的,是在校内校外都有不少人囿于实行了多年的苏联高等教育模式的框框,不理解;认为理科、文科只应该由现在的综合大学去办,工科大学只要办好工科专业就行了。而最大的困难则是缺乏理科和文科师资力量。

为此,早在1977年,朱九思在发动全校教师大搞调查研究的基础上,就组织教师翻译了《麻省理工学院史话》和《一个实在的轮廓——麻省理工学院》两本资料,印发给全院人员每人一册,向全院人员宣传麻省理工学院由单纯工科发展成综合性大学的道路。

1980年以后,华中工学院在原来几个公共基础课教研室的基础上,先后组建了数学系、化学系、物理系。师资力量不够,除了调进一些教师以外,就大量聘请兄弟院校和中国科学院有关研究所的知名学者做兼职教授,来校帮助培养提高师资和带研究生。数学系还聘请了当时吉林大学数学系徐利治教授来校担任兼职系主任,对华中工学院数学系的创建帮助很大。

与此同时,朱九思从加强华中工学院文科的科学研究工作入手,有计划地创办文科。从1980年以后,先后建立了中国语言研究所、哲学研究所、经济学研究所、社会学研究所,并开始招收研究生;同时建立了外语系和新闻系。为了推动文科的科学研究,培养提高文科师资,在此期间,华中工学院在有关学会的支持下,以非凡的气魄,主办了一系列全国性的或地区性的学术活动。1979年主办了全国性的现代工业技术史学术讨论会;1980年主办了中南地区的自然辩证法教师进修班、湖北省的政治经济学教师进修班和中南地区高校外语教师进修班;1981年主办了全国性的汉语音韵学研究班;1982年主办了全国性的社会学研究班;1984年举办了全国性的"史沫特莱在中国"学术讨论会。举办这些学术活动,不仅为华中工学院的有关教师和研究生创造了极难得的学习机会,而且吸引和团结了这些学科的大批学者,向学术界直接地宣传了华中工学院创办文科的指导思想和措施,扩大了影响,取得了学术界的支持和帮助。在此期间,就有许多知名学者应邀到华中工学院来访问讲学,如著名社会学家费孝通,著名作家丁玲、爱泼斯坦、国际著名的美国经济学家、诺贝尔经济学奖获得者赫伯特·西蒙,著名新闻记者徐铸成、黄钢等。著名语言学家严学窘还被聘为中国语言研究所的所长,长期主持语言研究所的工作。

为办好理科和文科,朱九思还在 80 年代初期办了一些文、理科方面的学术刊物,包括数学 3 种、力学 1 种、物理 1 种、化学 1 种及《语言研究》、《新建筑》、《高等教育研究》共 9 种刊物。通过办刊物加强了与学术界的联系,得到了外界的许多帮助。

到 1984 年底朱九思从学校领导岗位退下来时,华中工学院已经基本上具有了理、工、文、管理相结合的新型综合性大学的雏形。

四、"教师队伍的建设对办好学校具有战略意义"

师资队伍的建设,是朱九思在 30 余年的办学实践中始终看得很重和抓住不放的问题。朱九思认为:"抓好师资培养工作是办学校的一个关键。"[1]"一个学校教师队伍的强弱关系到一个学校的水平,这是一条千古不移的规律。"[2]"教师队伍的建设对办好学校具有战略意义。"[3]

朱九思多次谈到,他在办学中如此重视师资队伍的建设,把它提到战略的高度,是受到中学时代的潜移默化的影响。他 1929 年到 1935 年在扬州中学读书,这所中学教学质量很高,办得很有名气,主要原因是师资水平高。当时扬州中学的校长重视人才,求贤若渴,想尽各种办法从外地聘请好教师来任教,至今仍使朱九思记忆深刻。

朱九思还曾谈到,在我国老一辈的教育家中,他最钦佩的是蔡元培、张伯苓和竺可桢三人。他说,蔡元培任北京大学校长后,除了提出进步的办学方针,还聘请了一批具有革新思想的、学术造诣很深的教师,一下子就把原来比较腐败的北京大学改造过来了。张伯苓 1919 年创办南开大学,也是聘请了一批好教师,使南开大学办得很好。竺可桢 1936 年去浙江大学任校长后,也很重视聘请好教师。竺可桢认为"校长之最重要在能聘请得良好的教员"。浙大在抗日战争时期辗转搬家 4 次,长途跋涉,十分艰苦。在这中间,竺可桢失去了夫人和 14 岁的儿子,但他却想方设法保存了浙大的教师队伍,使浙大的教师力量当时在全国是第一流的,很了不起。

---

① 朱九思:《高等教育刍议》,华中工学院出版社 1984 年版,第 127 页。

② 朱九思:《高等教育散论》,华中理工大学出版社 1990 年版,第 106 页。

③ 朱九思:《高等教育散论》,华中理工大学出版社 1990 年版,第 104 页。

因此，朱九思认为："作为学校的领导，要把教师队伍的建设作为办好学校的战略问题来抓。如果忙忙碌碌而抓不住要害，就是事务主义，就是不懂得办教育的规律。"①

朱九思1980年在总结华中工学院的师资培养工作时谈到，"在师资培养工作方面，我们体会最深刻的有两点：一是要看得重，二是要抓得狠。看得重，就是要始终站在战略的高度，把它看成是一项仅次于领导班子建设的极其重要的工作，经常去考虑它，下大决心去抓它。抓得狠，就是要始终抓住不放，锲而不舍，坚持不懈，一定要抓出效果来"②。

在实际工作中，朱九思也就是这样做的。他总是从华中工学院的实际出发，又能高瞻远瞩，每到学校发展的关键时刻，都要着力抓师资队伍建设问题。

例如在"文革"后期那个被认为"知识越多越反动"的动乱年代，知识分子还处于"臭老九"的地位，被"解放"不久的朱九思就顶住巨大压力，冒着被再次打倒的危险，大胆地从各地罗致人才，想方设法调进了一批在原单位被闲置的无用武之地的知识分子。这是因为当时他已经意识到，动乱终将结束，国家还要发展，学校今后要进一步提高，没有大批优秀教师是不行的。当时他就曾对学校人事部门的干部说："我们中国不是知识分子多了，而是太少。我们大学要办下去，要培养出一批又一批的知识分子来，就要扩大教师队伍。"他还指出："要看远些，再过几年，想要人也调不来了！"③正因为华中工学院从1972年到1979年有这样一次被中国高教界广泛赞誉的"广积人"活动，大大加强了华工师资队伍的力量。当时调进的600多人中，后来有的成了博士生导师，有的成为一些学科的学术带头人，为华工的发展做出了重要的贡献。

十年动乱刚结束，当不少人还心有余悸，在等待观望的时候，面对百废待兴、千头万绪的工作，朱九思首先想到的就是抓培养提高师资，而且不是一般的号召，而是大张旗鼓地抓，狠狠地抓。他要学校有关部门制定了一个三年规划，要求所有中老年教师在搞好教学、科研工作的同时，都要补课，主要是补理论基础（现代数学、理论物理），补外语，补计算机及其他新兴科技知识，补自然辩证法；让所有毕业留校任教的曾为工农兵学员的青年教师（共340人）都脱产学习两年半到三年，也是补数理基础、补外语、学计算机；让所有68、69、70级这三届毕业的青年教师（近200人）也脱产一年补学"文革"中未学完的课程。同时办了一个"回炉班"，让这几届毕业已分配出去的学生再回校学一两

---

① 朱九思：《高等教育散论》，华中理工大学出版社1990年版，第107页。
② 朱九思：《高等教育刍议》，华中工学院出版社1984年版，第128页。
③ 姚启和、蔡克勇：《华中工学院三十年》，第59页。

年;在76级和77级办了两届师资班,主要是培养数学、物理和外语等课的师资。"回炉班"和两届师资班毕业时,留下了几百人,扩大了师资队伍,在一定程度上解决了因"文革"耽误而造成的师资队伍"断层"问题。

1978年,朱九思就提出华中工学院要"面向世界,进入世界"的口号,着手大抓开展国际学术交流的工作。1979年朱九思曾说:"其实,外事工作大都与师资培养工作有关;外事工作搞好了,我们就可以请到高水平的外国教授到我们学校来讲学、来工作,就可以选派我院的优秀教师出国留学,就可以较快地提高我院教师的水平。"华中工学院是新中国成立后才创办的,在国外没有新中国成立前毕业的校友,可以说是"举目无亲",当时要打开对外联系的渠道是很困难的。但是朱九思动员全院教师解除顾虑,与国外的亲友联系,或者是向学院提供线索。学院千方百计地与国外的高校和学者建立联系,邀请他们前来访问讲学,同时大批选派教师出国进修或考察访问。经过几年的努力,到1983年底,华中工学院已与一批外国大学建立了友好交流的关系,与之有联系的学者及外国朋友已近500人,学院派到外国各大学去进修和攻读学位的人员,到1984年4月已有316人,这在当时是高等学校派出留学人员最多的。后来,朱九思还总结说,重视国际交流,也是办大学的一个特点。因为教师"不通过国际交往,就根本学不到新的东西,连情况也不了解","作为学校的领导人,对国外高等学校的情况不了解,思路不宽,对办好学校也受限制。这样要想提高培养人才的质量就很难"。①

朱九思抓师资队伍的建设,还十分重视合理评定和提升教师的职称。1978年恢复职称评定以后,朱九思就主张胆子要大一点,要多提一点。他认为,职称评定中断了十几年,积压了很多问题,如果不在原则范围内多提一点,就不可能解决问题。另外,他认为这也是从实际出发,因为教育部规定了具体的标准,教师中有许多人达到了规定的标准,就应该提;不应该用毕业年限或规定多少指标来限制,那样就是"论资排辈",不利于教师队伍的年轻化,也不符合党的政策。朱九思把这个问题提高到执行党的知识分子政策的高度来认识。如果处理不好,我们就会在政策上犯错误。当时华中工学院提升高级职称相对多一些,受到很大的压力。事实证明,当时朱九思坚持这样做是对的,对华中工学院教师队伍的建设,特别是一批学术带头人的形成,和后来实行学位制度比较快地建立一批博士学位和硕士学位授予点,都起了很好的作用。1991年,被选为中国科学院学部委员的杨叔子教授,就是1978年被提升为副教授、两年多以后即1980年又被提升为教授的,时年47岁。被提升为教授以

---

① 朱九思:《高等教育刍议》,华中工学院出版社1984年版,第49页。

后,他在外面参加学术活动所产生的影响就不一样。

朱九思一贯主张,除选送少数人出国或到外校去进修以外,要把师资培养工作和具体的教学、科学研究工作结合起来,要大力开展学术活动;强调教师在参与教学、科研和学术活动中"缺什么,补什么",首先强调自学,提倡著书立说。1988年,朱九思说:"一个大学要把教师队伍建设好,要做好以下三项工作。第一,要注意教师队伍是否优化。具体说,包括三个方面:年龄结构是否适当,职称结构是否适当,知识结构是否适当。……第二,要重视学术带头人。一个学科没有学术带头人,是很难提高的。……第三,要着重培养青年教师。一个学校有没有后劲,决定于青年教师的成长是否迅速。"[①]这一段话,是朱九思对如何抓好师资队伍建设的概括性的总结。

五、"必须从严治校,加强管理"

对大学生要不要加强管理,在我国高教界曾经有过两种不同的主张。一种主张对大学生不要多管,反对从严治校,认为已经是大学生了,应该让他们自由发展,不必像中学、小学那样去管理,管多了会妨碍学生个性的自由发展,不利于人才培养。另一种主张必须从严治校,加强管理。朱九思在他30多年的办学实践中一直主张对大学生要严格要求,加强管理;治校从严也一直是华中工学院的传统。尽管这种传统得到绝大多数学生及学生家长的赞同,有时也招致校内特别是校外某些人的非议。但朱九思一直坚持他的主张,逐渐形成了华中工学院严谨的校风。

朱九思认为,学校是培养人的。培养什么样的人?在思想觉悟方面、组织纪律方面都应有一定的要求。朱九思说:管理也是教育,这在教育学上是一个早有定论的问题。但是,有人就公开反对。例如,有人曾在报刊上发表文章,反对学校有必要的思想政治工作和组织管理。认为大学设置辅导员是对学生的"管制";对学生中的不健康的思想生活方式进行批评教育,是把"思想政治工作庸俗化"。……主张把学生会和学生社团办成"自由乐园"。无疑这些观点是完全错误的。[②]

朱九思认为,分析现在学生的情况,首先当然要看到主流是好的,或者说是相当好的。但同时也应该看到存在的问题。因为学生毕竟都是青年人,他们阅历少,知识不够,而且还有十年动乱带来的很深的影响,以及我们教育工作本身的问题。指出这些问题,不是要责怪青年人,而是为了做好工作。我们

---

① 朱九思:《高等教育散论》,华中理工大学出版社1990年版,第107页。

② 朱九思:《高等教育刍议》,华中工学院出版社1984年版,第177页。

应该关心青年学生的全面成长，不能放任不管，放任不管就是没有尽到我们应尽的责任。

针对一个时期在学校里一些干部教师不敢抓对学生的教育和管理，特别是不敢批评错误倾向、怕说是极"左"，朱九思指出："要划清两个界限：一是要划清'导'和'堵'的界限。疏导就是要在疏通中引导，既不能'堵'，也不能放任自流。对于错误的思想，要敢于批评教育。批评教育也是引导，而不是'堵'。当然批评教育要实事求是、以理服人，要注意方法，但要敢于抓，不能因为怕说是'堵'，就不敢批评教育。二是要划清思想认识问题和非思想认识问题的界限。对待思想认识问题，要发扬民主，允许说话，通过讨论，提高认识，一时思想不通，还可以等待，决不能用行政手段去处理认识问题。但是，对于不遵守纪律、打架闹事、破坏公物、道德品质败坏等违反校规校纪的事，就不仅要进行思想教育，必要时还要运用行政手段、法律手段，该处理的要处理。这就是说，疏导要保证各项规章制度的执行，否则学校就无法管理。"①

朱九思认为，"在从严治校的同时，需要实行校园民主"。他还主张，"除在管理工作中实行校园民主以外，还可以在意识形态方面实行有领导的校园民主"。例如，1988 年 10 月他提出，中央电视台播放的《河殇》电视系列片，在对待历史文化传统方面，犯了历史虚无主义的错误。问题在于恐怕不少青年人都弄不清楚，受到不好的教育，而且恰恰是影响很大的教育。怎么办呢？他认为，第一有机会要讲，指出它的错误所在；第二可以组织讨论，然后加以引导和澄清，提高他们的认识。这样做，也是校园民主。

他说："既敢于从严治校，又敢于实行校园民主，将两者结合起来，这就有可能在我们的管理工作上，开辟出一条新的路子。"②

朱九思从学校领导岗位退下来以后，致力于从事教育研究工作。他研究的主要课题，是"如何逐步建立和完善具有中国特色的社会主义教育"。这是一个非常大的课题。他自己也说，"如此重大的研究任务，又必须结合教育改革持续进行，绝非少数人所能解决"。但是他认为这个问题十分重要，"教育要治本"就必须研究这个问题。

朱九思研究问题从来就不是从理论概念出发，而是紧密联系实际，从现实问题出发的。朱九思从多年的教育实践中体会到，从实际出发，实事求是，就是要按教育的客观规律办事。"文化大革命"之后，朱九思特别重视研究教育科学，也一再提倡干部、教师要学习教育科学，研究教育规律。他说，在"文化

---

① 朱九思：《高等教育刍议》，华中工学院出版社 1984 年版，第 159～160 页。
② 朱九思：《高等教育散论》，华中理工大学出版社 1990 年版，第 174 页。

大革命"之后,回顾在高等学校工作的二三十年,做对了许多事情,也做错了许多事情,违背了教育规律,教训很大。直到 1979 年,从总结自己二三十年的实际工作中,深深地感到教育科学的重要性,感到懂与不懂教育科学很不一样。这样才在华中工学院建立高等教育研究室(1985 年扩大为高等教育研究所),创办《高等教育研究》刊物。总结"文革"后期直到"文革"以后朱九思在华中工学院办学中提出的一些主张、进行的一系列改革、所取得的成效,一言以蔽之,也都是由于注意了按照教育的客观规律办事。朱九思认为,"目前,我国的普通教育和高等教育还存在许多问题,原因固然很多,但从根本上说,就是搞教育的不懂教育科学,或者懂得不多,因而在某些方面未能按教育规律办事,只凭经验办事,而经验并不都是符合客观规律的。"[1]1988 年,朱九思总结说:"从严格的意义上讲,作为学校的领导人,如果不懂教育科学和教师的重要性,就很难办好学校。"朱九思认为,说办大学不需要懂得教育科学,只要有学问就行,这是一个很大的误解。"我们既然在高等学校工作,就要研究教育怎么办,教育科学就是研究教育的规律。"[2]这可以说是朱九思对他自己几十年办学实践的最精辟的概括和总结。

---

[1]　朱九思:《高等教育散论》,华中理工大学出版社 1990 年版,第 101 页。

[2]　朱九思:《要千方百计把教育问题解决好》,《高等教育研究》1990 年第 2 期。

华中工学院师资队伍建设和朱九思[*]

梅世炎　　胡伏秋

一、相关背景

"文革"中"斗批改",全国有些高校被整散整垮,有些学校领导人被整残整死。高校早已万马齐喑,大乱不死者,夫复何求!

当年的华中工学院(以下简称华工,1988 年改名华中理工大学,2000 年与原同济医科大学、武汉城建学院合并,改名华中科技大学)算是历史的幸运儿,"文革"之后,居然出现了三个"没有"——学校主要领导人没有变,师资队伍没有散,科研教学设备没有流失(有些学校的设备都转用于生产)。何以得天独幸? 多亏当时学校军宣队一把手刘崑山同志执行政策较稳,教师、干部受伤害较少。像朱九思同志,早在 20 世纪 70 年代初就得到"解放",后来恢复了党委书记兼院长职务。

1976 年冬天,我们学校面临一个天时地利人和的条件。讲天时,"文革"已结束,由于我们受的内伤较小,就有可能充分占有 1977 年以后的一段时间来谋求学校的提高和发展。讲地利,我们学校的校区条件在全国是少有的,处在武汉之郊、东湖之滨,有山有水,校域辽阔,虽处郊区而不偏,静而不僻,历经二十几个春秋的建设,已被装扮成园林式的学府,而且仍留有发展的余地。当年选择校址的领导真是有远见! 讲人和,我们 1953 年建校,集中南地区五校工科方面的机械、电机、动力和基础课教师 200 余人,以后逐步发展,教师人数已 10 倍于当年,但从来就以团结而著称。1971 年 11 月又与武汉机械学院合并,

---

*　本文原载《高等教育研究》2003 年第 5 期。
　　梅世炎,原华中理工大学党委副书记;胡伏秋,华中科技大学材料学院原副系主任、副研究员。

仍然是东西南北浑然一体，没有派别，这都是极为难得的人和条件。

但问题的另一方面是，在 1976 年，我们的实力比较弱，是一个先天不足、后天失调的封闭躯体。这时的教师虽号称有 1800 人，但出过国、留过学的仅 50 多人，且多数是留苏的，有研究生学历的只是区区 30 余人，能阅读英语书刊的人极少。"新五届"毕业学员 300 多人留校，他们当时叫"工农兵学员"，上面要求"以典型产品组织教学"，完全打乱了原来的教学计划，学得很差。为了防止"断层"，又办了一个当时俗称的"回炉班"，就是将"文革"当中毕业的所谓 69、70 级的学生再次招回校近 200 人，他们原来在校只学了一年或两年，当然不够。至于原有的 1000 名左右的专业课教师，释卷多年，"文革"后到图书馆看外文期刊，有些文章看不懂了。因为在十年浩劫期间，人家的科学技术进展很快，新的数学方法用得较多，我们教师的业务落后了。上述各种情况说明必须补课，加强师资培养。

在一定条件下，事在人为。当时的校领导及时地抓住时机，狠抓师资培养，把师资队伍建设摆在"四大建设"（教师队伍建设、学科建设、实验室建设、校园建设）之首位，作为学校发展中一项具有战略意义的任务。

二、师资队伍建设的过程与结果

凡事预则立，不预则废。为了有效地引导和指导师资队伍建设工作，学校于 1977 年开始制定和实施第一个师资培养规划，1979 年底开始制定并实施第二个师资培养规划，1982 年又开始制定和实施第三个师资培养规划……师资培养工作一步一步地走向高潮。

一谈到规划，当时有些教师持怀疑态度，认为是"鬼话"，根本不可能实现。然而以朱九思同志为首的学校党委却令出如山，不允许打丝毫折扣。朱九思同志在 1977 年连续三个月详细听取各个系的汇报，然后又和教务处、教师办的负责同志反复研究，确定师资培养的方向和实施方案，并责成有关处、办深入基层调查研究和督促检查，一有情况及时汇报。在以后的几年中，学校党委每年要研究 8～10 次师资培养工作，一两年开一次全校性的师资工作会议，加上院刊、简报经常介绍经验，批评后进单位，使学习、读书、学术交流的风气日盛一日。

现将学校从 1977 年到 1984 年底实施师资队伍建设的情况和结果，概述如下。

（一）首先对中青年教师进行脱产补课

学校党委抓住"文革"后在校学生人数不多、教学任务不重、科研任务不急的有利时机,大抓现有教师的脱产进修。

有近 300 名"新五届"的青年教师脱产三年补习大学课程,而且首先从 3000 道初等数学题做起。大约 180 名"回炉班"的青年教师脱产学习一年半。

举办以补习英语为主的英、日、德、法、俄五个语种配套的外语学习班(包括从 1980 年开始的两个月的暑期外语班)共 230 多个,培训人数达 5600 多人次。

对中年教师则补基础理论(主要是指八九门数学课、理论物理的四大力学课、计算技术的 3 门课,加上自然辩证法等共 16 门课),人均需要补习课内学时约 1000 学时,相当于脱产学习一年的时间。

培养结果,绝大多数教师当然有了很大提高。这是真正的业务素质培养。抓好了理论基础的培养,更为今后教师的能力培养、自我拓展专业、转创新专业打下了良好基础。

(二)狠抓师资队伍的扩大与结构改造

学校的英语和基础课教师一段时间极度紧张,校党委决定从 1976 到 1979 年连续 4 年举办基础课和外语师资班共 30 个,招生 800 多人,毕业后择优留了 300 多人当教师,较大程度上补充了教师数量,改善了教师队伍的结构。学校党委还动员 131 名基础理论较好的专业课教师支援基础课,并向社会招聘和向兄弟院校借调外语教师,大大缓解了基础课教师和英语教师严重不足的矛盾。

1977 年恢复了高考制度,一批未因"文革"而沉沦的学子通过全国统一考试进了大学。1978 年又恢复了研究生教育,当时报考我校的 600 多名考生中多是"老三届"的。我们按"种瓜得瓜,种豆得豆"、"多多益善"的精神,超计划招了 178 名研究生。从此,研究生和本科生就成了我们师资队伍的重要来源。1981 年和 1982 年我们自留了 190 名研究生和 280 名本科生,共 470 名。这 280 名本科生后来又在职读硕士。从此教师队伍的学历结构逐步得到改善。

为了实现办综合性大学的目标,在师资队伍建设方面,我们除了注意自我培养提高外,还着力于引进人才,以改变教师队伍的学科结构。从"文革"后到 1981 年学校共引进外来人才 600 多人,他们为拓展新学科、建设新专业,起到了重要的作用。

(三)狠抓骨干教师的培养

1980 年前后,全校各系、各专业结合教学、科研任务,聘请国内外有关专家、学者来校讲学，或派出教师到外校去听讲学，在此基础上大办读书班、讨论班，作为师资进一步培养提高的主要形式，以拓宽基础理论和掌握新兴科学技术的主要内容。这也是在素质培养的基础上向能力培养的转变。全校共办150多个读书班、讨论班，广大教师受益极大。全校逐步开出的400多门研究生课程中的大多数就是读书班、讨论班的成果展示（其中只有110多门课程是出国人员带回来的）。例如船舶系的曾广武老师根据其科研方向——优化理论，读了《工程设计中的优化问题》、《优化非线性规划》、《最优化基础》、《弹力变分原理》、《计算几何》等20多本书，写了一本《工程优化设计方法》。许多教师采取系统阅读以加深理论基础、跟踪阅读以紧跟世界先进水平、收集资料为科研张目的良好读书方法，不断提高自己的学术水平。如孙杨声系统读过上十本书，他的体会是："外语和数学使我的理论知识带上数学翅膀，接触世界先进水平。带研究生逼着自己钻前沿。"又如自控系的陈舆教授从教电工基础转行到搞计算机控制，又转到做系统工程的学科带头人，读了很多书，带领梯队人员编写了8门研究生教材。机械系的杨叔子教授，酷爱读书，读了10门数学课的书（几十本）、12本控制理论方面的书，听过系统工程研究生的全部课程，学过5本力学和3本数据处理方面的书。因此，他能给教师讲授积分变换、线性代数、控制理论基础、变分法等多门非机械类的课程。凡此种种，不胜枚举。

在这期间学校共派出200多人次到外校听讲学，回校后组织传达讨论，使大家受益；还派了200多人到外校进修半年以上；共请了160多名学术界的名人做兼职教授，讲学和指导研究生；请了200多名外国专家来校讲学，大大活跃了我校的学术空气。国内外的许多名家，如国内的苟清泉、郝柏林、于录、霍裕平、钱伟长、徐利治、张锦文、王力、嵇康、周卜颐、严学窘等，海外的如冯元桢、坎特罗维茨、王孔启、叶祖尧、帕布里斯、柯律格、彭松村等，对我们建立新专业、发展新学科，起到了重要的作用。

1979年至1984年，学校共派了450名留学人员和访问学者出国，其中先出去已回来的有180多人，他们在教学、科研上引进了许多新种子、新思路。像王君健、周济、熊有伦、陈应天、杨叔子、李佐宜、李再光、徐重阳、丘军林、叶鲁卿、徐辉碧、黄文奇等，通过几年的出国学习，加上回国后的科研实践，都成了出色的学科带头人，为华工的学科建设做出过重要贡献。

值得一提的是华工的一些老教授，他们过去或出过国，或读过名校，根基比较深厚，又通过读书班、讨论班和自己刻苦自学，从而在科研上具有很强的探索能力，为新学科的建设和老学科的改造立下了汗马功劳。如张培刚、陈舆、马毓义、刘颖、余俊、路亚衡、陈日曜、黄树槐、肖景荣、林少宫、崔崑、张江陵、郭方中、林金铭、周克定、许实章、万发贯、程天柱等带领一班人,把学科推到全国领先水平。我们应永远铭记他们励精图治的开创性功劳。

（四）认真落实党的知识分子政策,全面关心教师的生活

这是师资队伍建设的重要组成部分,学校党委也突出地抓了此项工作。比如校党委在"文革"后的几年中组织审查历史案件,纠正了53人的冤假错案,清理了567人的档案材料,修改了133人的政治结论,改正了13人错划的右派,使广大教师深受感动。与此同时,学校在教师中发展新党员200多人,其中有一、二、三级教授和副院长多人,推荐了13位知名人士担任省里和全国的人大代表、政协委员,53人担任各种学术组织的理事长和理事。至于校内各级行政组织的领导,则全由教师担任。这种对知识分子政策和态度的巨变,在教师中产生了强烈的震撼和激励作用。

教师是脑力劳动者,他们最关心的事情莫过于职称。从1962年以后,来自上面的决定,冻结了职称,说它会产生修正主义,直到邓小平同志说了话才解决。因此,从1978年到1982年不得不"还账",我校共提升教授60人、副教授362人、讲师1288人。1978年还有2位讲师直接晋升教授。这样做是正确的。然而,当时"上面"颇有微词,甚至公然反对。学校党委,特别是朱九思同志,以巨大的魄力和实事求是的精神,顶住压力,保护了教师的切身利益。

华工教职工住房条件的改善在全国高校中是最早的,而且是向教师倾斜的,因此才有哪些房是"贡献楼"、"招贤楼",哪些房是"教授楼"的口碑。当北京的许多名大学的教授、副教授们还是"三代五口,单间双层加阁楼"的时候,我校的三室一厅、二室一厅已经很普遍了,家家户户较早地改变了传统的生活方式,从煤炉、吹烟、搓洗、竹床、露宿消夏的生活方式向电风扇、洗衣机、煤气炉的现代家庭生活过渡,使教师从"紧张的早晨、战斗的白天、疲惫的夜晚"的困境中解脱出来。朱九思同志还一再要求把幼儿园、附小、附中办好,认为这是解决教师后顾之忧的重要环节。我们身在华工的教职工,真有"风景这边独好"的感觉,为引进人才增加了引力。

三、朱九思的作用

1981年初,中央最高领导人事变动的消息传达到了高校。此前,"两个凡是"还是在紧紧地束缚着人们的思想。因此,朱九思同志在"文革"后能立即放手抓师资队伍建设,比大多数高校的领导整整早抓了4年以上,而且一抓到底,抓得很紧,在扩大队伍、改善结构、提高水平三个方面环环相扣,成效卓著。因此又可以说狠抓了8年(朱九思同志1984年12月26日卸任)。这个"4年"

和"8年"，就使我们华工出现了日新月异的变化。后来有些上层人士往往说我们"自我感觉良好"，言下之意是说我们自不量力。但实际上是他们在用老眼光看事物，不知道这"4年"、"8年"所引起的量变到质变何等显著。

人们不禁要问，为什么华工的师资培养工作在短期内能取得如此显著的成绩和效果呢？一些学者为什么很乐意调到我校来工作呢？笔者认为在很大程度上是与朱九思同志先进的办学思想、高超的管理能力和优秀的人格魅力密不可分的。下面就笔者依稀的记忆略举几例。

"文革"中，知识分子成了"臭老九"，10年里基本上没有搞教学科研。常言道，用则贵，不用则贱。许多有才华的知识分子成了可有可无之人，有的被下放，有的被流放。但此时华工的党委书记朱九思同志却以其"爱才如命"、"高筑墙，广积人，深挖塘"的口碑广泛传闻于教育界和知识分子阶层。那时，在学校党委下面有3个处级单位分工合作管师资工作，教务处主管培养工作，教师办主管调查研究和思想工作，人事处则分管调配，其中有几位同志年年月月到处去发现和发掘人才。

例如，陈应天是我国著名物理学家严济慈的得意门生，很有才华，夫妇二人在中国科技大学毕业后被分配到山东聊城一个普通机械厂工作，真是埋没人才。朱九思同志知道后，即派人事处副处长去把人挖了过来。后来学校又公派他到英国剑桥大学闻名世界的卡文迪许实验室读博士学位，室主任库克教授交给他的研究课题是引力方面的一个难题，过去有些学者与博士生未能解决，但陈应天终于解决了，库克教授当然很高兴，并同意将实验装置全部无代价地送给我们学校。因引力实验室必须具备恒温与防震的条件，于是朱九思同志决定将实验室建在校区后方的喻家山下已经修好的防空洞中。20多年来，该实验室一直发挥了很好的作用。一个纯工科大学，建立这样一个理科最基础的实验室，这在全国文理科名牌大学中也只有一所。从这里可见其决策的远见卓识和魄力。

著名经济学家张培刚教授曾患严重疾病，朱九思同志经常去医院与医生商量，千方百计将其从病危状态中抢救过来。

有一位教授因吃鱼胆而中毒，生命攸关之际，也是朱九思同志运用自己的影响为其联系医院，寻找名医进行抢救。

有一位女教师，因其丈夫出走、儿子重病，精神处于崩溃的边缘。朱九思同志在电影场全校大会上做报告时得知这一消息，立即在报告中途向大会公开了这一不幸遭遇，要求有关系、室应尽最大努力关心和帮助这位女教师免遭厄运的打击，同时号召全校教职工互相关心和帮助。

朱九思同志尊重知识、尊重人才，礼贤下士也是远近闻名的。那几年来访问的国内外学者专家数以百计，朱九思同志几乎都要亲自会见和宴请每一个人，还要垂询每个人讲学的具体安排，重要的客人还亲自到车站码头迎接。那几年出国回国人员也是数以百计，他总要亲自接见每一个留学人员，对出国人员总是千叮咛，万嘱咐，诸如不要询问女性的年龄、不要打听外国人的工资等习俗问题都要交代到。有一年的春节初一、初二、初三雨雪交加，朱九思同志率有关负责人挨家挨户给出国人员家属拜年。又有一年的春节，也是初一、初二、初三，朱九思同志还挨户向前一年去世的教职工家属慰问。这些行动非常凝聚人心。为了筹办建筑系，朱九思同志真是操碎了心，请来了几位建筑学界知名学者，如周卜颐、黄康宇、蔡德庄等。周卜颐全家在招待所住了较长一段时间，朱九思同志往往亲自过问其生活状况，有的学者，朱九思同志还与他们结为终生挚友。

朱九思同志在学校财政困难的情况下，每年贴补 30 万元创办了《数学研究与评论》、《语言研究》等多种学术刊物，其目的是借以吸引学者们以文会友，开展学术争鸣。谁都知道，全国性的学术刊物办在华工，无论如何，华工总是最大的受益者。

朱九思同志当然不懂得每门学科的具体内容，但是他好像对新兴学科有一种无形的亲和力。为了办好激光专业，朱九思同志断然决定撤销某些专业，将教师调来加强激光，并派几位学科带头人到国外学习。计算机外部设备专业，在专业创办初期，人们并不知道它的详细专业内涵（此专业是上面委托我们学校办的全国唯一的一个专业），但朱九思同志能独具慧眼，坚决从机械系将搞精密机械的学科带头人抽到计算机外部设备专业来边干边学。管理学科开始也是从机械系转来的教师创办的，他们只不过在机械系学过或教过一点工厂管理方面的课。系统工程研究所则是要年近花甲且转过一次行的陈挺教授挂帅组班子，他们没有暑假，坚持全班人马在图书馆博览世界有关书刊的800 篇文章以后才开始起步。图像识别研究所的经历和系统工程所类似，从科研起步开始自己的长征。建生物工程系是调数学力学功底深厚的王君健前去搭架子，艰苦创业，以后又多次转变研究方向，增强适应性。文科专业可以说全是新的，是朱九思同志比较着力抓的，其教师大部分靠从外面引进。例如，为了办语言学专业，除了请中国语言学会秘书长严学窘来主持语言研究所的工作以外，还将语言学家吕叔湘的第一届 3 名研究生全部吸纳进来。学校还将社会学起死回生以后的第一次年会专门请到我们学校来举行，我校社会学系也是在费孝通老教授指导下建立的。

朱九思同志把新学科创办和师资队伍建设紧紧扣在一起，"逼"着教师改变知识结构，在干中学，在学中干，使教师迅速得到提高，同时也使学科得到改造和创新，为今天的学科结构定下了基调。有的学校得到上面的两次大投资，但由于学科结构不好，影响到今天的发展。在全国以工科为主的大学中，我校算是创办文科最早的学校之一，这无疑对培养人才、文理渗透交融是非常有益的。更重要的是，朱九思同志对办综合性大学的呼吁和实践在全国具有历史性的贡献。

朱九思同志自己曾说过：我用 1/3 的精力抓师资，用 1/3 的精力抓外事，再用 1/3 的精力抓教学质量。实际上外事工作说到底也是师资工作。因此，在 1980 年前后的几年间，笔者在对外介绍我校师资工作的经验时曾多次这样说过：把我们的经验集中到一点，那就是学校的主要领导人，用主要精力抓这项主要工作。笔者还说过：我们认为朱九思同志的工作作风可以借稳、准、狠三个字来加以概括。所谓稳，就是办学的方向把握得稳，要办综合性、研究型的大学；所谓准，就是重点抓得准，这个重点就是师资队伍建设，不抓住这个重点，其他都是空谈；所谓狠，就是对干部特别是处长、科长抓得狠，态度非常严肃，要求非常严格，批评非常严厉，令出必行，不能打折扣，拖时间，敷衍塞责。因此，朱九思同志那时在我们学校是很有权威的。而这个权威是在实践中形成的，同时对"乱"后治校又是非常必要的。

朱九思：1978 年的前前后后[*]

陈海春

近日，我校老校长、现任教育部部长周济同志对我校的工作做了指示。他说："要认真学习和发扬 20 世纪 80 年代初朱九思同志带领全校师生谋划发展的经验，解放思想、高瞻远瞩、深谋远虑、精心设计。"周济部长说的这段历史，我是知道的。20 多年前，我曾经师从老校长朱九思先生，他以《中国高等教育的今天和明天》为题详尽讲述过这段历史；10 多年前，我曾经参与原华中理工大学的校史工作，也曾经仔细研究过学校这段历史上最亮丽的一笔；这几年，我在公共管理学院从事领导科学与领导艺术的研究，也经常以朱九思主政华中工学院的业绩为例，告诉学生一个领导者如何在历史上留下痕迹。同时，今年是改革开放 30 周年，我们国家是从 1978 年进入"新时期"的。党的十七大政治报告指出：新时期最鲜明的特点是改革开放。新时期最显著的成就是快速发展。新时期最突出的标志是与时俱进。的确，我们学校在这 30 年里，也发生了翻天覆地的变化。作为学校发展规划研究室的工作人员，在这样一个特殊的日子里，应该写点什么。写什么呢？写朱九思在 1978 年前后主政华中工学院的一段历史，就能将国家发展、学校发展、个人发展有机结合起来。

朱九思，男，江苏扬州人，1916 年生。我国著名教育家，日本国立广岛大学名誉博士。1936 年入武汉大学学习，1937 年加入中国共产党，1937 年 12 月赴延安抗日军政大学学习与执教。1953 至 1984 年任原华中工学院副院长、院长、院长兼党委书记等职，为华中科技大学的建设与发展做出了特别重大的贡

---

* 本文转载于华中科技大学校友总会网站。

陈海春，华中科技大学公共管理学院教授、现代领导科学与艺术研究中心主任。

献,其教育思想和办学实践对我国高等教育改革与发展产生了重要影响。本文重点研究在"文革"后期到 20 世纪 80 年代初期,朱九思主政华中工学院的一些想法和做法。需要说明的是,华中工学院的发展当然得益于党和国家正确的领导,得益于广大师生员工的团结奋进,绝不是朱九思一个人的事情。在这点上,朱九思自己也是这样认为的。但一校之长的历史功绩和痕迹,从来就是高等教育研究最重要的范畴,本文就是对这种功绩和痕迹的初步分析。

——朱九思高明就高明在,他能审时度势,调整办学思路。1978 年前后,天下思变,无论向何处变,变就是好事,就是硬道理。领导者要有自己独立的东西,这个东西就是思路。有思才有路,有路必有思。思路体现理想,思路体现斗志,思路体现内涵。朱九思是一个勤于思考、善于思考、敢于思考的人。1992 年,朱九思在与加拿大多伦多大学比较高等教育学教授 Ruth Hayhoe 长达 7 个小时的谈话中,主要谈到了"文革"后期到 1984 年底他离职时我国高等教育,特别是华中工学院办学的一些情况,后来他将这次谈话整理以《历史的回顾》为题发表。

闲人出思想,出访长见识。1970 年 6 月,朱九思从农村回到学校,当时没有多少工作,非常清闲,校园也非常安静,很自然就想得很多。他想到了毛主席的一句话:"大学还是要办的,我这里主要说的是理工科大学还要办……"他想到了学习苏联带来的种种问题,开始是有所怀疑,后来,怀疑的成分增加了。作为 20 世纪 50 年代"全面学苏"的执行者,他深刻地分析了其中的弊端。这段时间的"冷"思考,为他日后的"热"工作奠定了基础。1979 年,联合国教科文组织出钱,教育部组团,朱九思带队,到美国、加拿大和日本,一去就是两个半月。到这三个国家的访问,对他思想影响最大的是两件事:一是大学的教学工作和科学研究工作并重,结合得很好;二是几乎所有的著名大学都是综合性的。此外,他还认为中学教育(他的母校是著名的扬州中学)对他的影响也不小,办学水平高,课程设置丰富。

在原华中工学院有两个故事非常经典:一是 1977 年暑假不放假大搞调查研究;二是给邓小平的一封信。当人们还沉醉于粉碎"四人帮"的喜悦之中时,当人们还怨恨于"文革"期间的恩怨之中时,朱九思已经开始新的动作。1977 年 7 月 19 日,华中工学院党政联合发出教师职工当年暑假不放假的通知,学院组织部分教师利用暑假对国外一些著名大学的教学、科学研究的情况进行了一次广泛、深入的调查研究。这次调研工作,从 1977 年 8 月开始,延续了半年多的时间,参加调研工作的先后有 720 多名教师。调查的方式主要是查阅外文资料,其中重点是了解、分析美国麻省理工学院和加州大学伯克利分校的情况。总共查阅了 24000 余份国内外科技文献资料和数百种教材,写出了数十份近 60 万字的调查报告。这次调查研究,大开了教师干部的眼界,使大家对国外科学技术发展的状况和著名大学的教学、科研动向有了大致的了解,从而为进一步办好学校打开了思路。

1977 年 10 月 24 日,学院党委在学习讨论邓小平在科学和教育工作座谈会上的讲话时,结合本次调查研究的结果,给小平同志写了一封汇报信,对如何办好重点大学提出了以下 3 点建议:第一,在实现科学技术现代化的斗争中,高等学校特别是重点高等学校,能够发挥与科学院同样重要的作用,应该受到同样的重视。第二,要加强基础理论,实现理工结合。理是工的基础,工是理的应用。把理工结合起来就能相互促进,使两方面都得到提高。因此,除了综合大学仍应侧重于办好理科,并逐步增设一些新的理科专业外,特别是在一部分有条件的重点工科院校,应该有计划地增设一批理科专业,经过若干年的努力,真正办成名副其实的理工科大学。第三,发展研究生教育。据了解,外国一些著名的大学,培养研究生的人数都是很多的。我们建议,今后一部分重点高等学校应该逐步减少普通班的招生人数,尽量增加研究生的招生人数,一部分有较好条件的重点学校,应迅速增设各种科研所,也要创办研究生院。

——朱九思高明就高明在,他能根据新的办学思路整合资源。最近我读了耶鲁大学校长莱文的一本文集《大学工作》,该校长在描述大学校长的职能时说:"其实当好校长很简单,只需做到两点:选贤任能、确定当务之急。"朱九思也是如此,不过他更善于从差距中看到当务之急,在当务之急中缩小差距。1978 年 4 月,朱九思又主持制定了更加具有可操作性的方案《我院同世界著名理工科大学的差距和赶超的主要措施》,对下印发全院讨论,对上报教育部。同世界著名理工科大学相比较,我校一是在教学质量方面有差距,可以概括为"三差一窄",即基础理论差、基本技能差、外文水平差,知识面窄。二是在科学研究方面有差距,主要表现在:对基础理论和技术科学的研究很不够;对新兴学科注意不够,对边缘学科还没有动手;对综合性课题的研究注意不够;科学情报工作非常薄弱。三是在师资水平方面的差距。四是在实验手段方面的差距。经过全院讨论,学院党委提出了"统筹规划,远近结合,突出重点,全面提高"的指导方针,制定了《1978 年至 1985 年的规划》。

在人、财、物、信息四大资源中,人是第一位的。朱九思认为:一个学校要办好,教师队伍很重要。一个中学或者是一个大学的负责人,如果不懂得教师的重要性,就等于不懂得办学校。当然也办不好学校。在"文革"后期特别是"文革"以后,一直到 1984 年底离开校长岗位之前,他做的第一件事,就是扩大与加强教师队伍。一方面他充分利用了"文革"期间人才流失的"历史性契机"，大量从外面调入教师。当时被社会上称为"高筑墙、广积人、深挖塘"。另一方面加紧对现有教师的培养和选拔。他有针对性地对"文革"中耽误学业的"红卫兵大学生"开办"回炉班"，对"文革"中留校参差不齐的"工农兵学员"开办"提高班"，对"文革"后入学的"参加高考大学生"毕业时下决心多留了一些。他还通过教师补外语、补数学、提职称等一系列做法，改善了教师的知识结构，提高了教师的实际水平。这件事情也是他后面所有事情的基础。

他做的第二件事，就是增加新专业，改造学校的学科结构，使得学校演变为理、工、文、管相结合的综合性大学。从"文革"后期到 20 世纪 80 年代初期，先后三次增设新专业。第一次是在工科中增加了弱电类（也就是现在的信息类）专业，改变了学校以"机电"为主的格局；第二次是增加系统工程、生物工程、建筑学和建筑结构、物资管理和工业管理，拓宽了学校专业面；第三次是陆续增设文、理科。朱九思说："因不是工程性专业，很费周折，大约延续了四五年之久，来之不易。"

第三件事是在困难情况下尽可能改善办学条件。当时是"文革"结束前后的几年，最大的困难是经费紧张，但还得想办法改善办学条件。买设备、扩充图书馆、盖房子，颇费周折。

第四件事是大搞科学研究。科学研究是朱九思的"杀手锏"，要说的话很多，挂一漏万，只说一个观点："科学研究要走在教学的前面。"1978 年召开的全国科学大会，只有两所大学受到了国家的表彰：一是浙江大学，二就是华中工学院。朱九思在这篇文章中阐述了这样的观点：科研工作是"源"，教学工作是"流"，教学与科研是密切相关的，而科研必须走在前面，科研水平高，就会使教学水平也高。

第五件事是开展国际交流，从举目无亲到朋友遍天下，朱九思也没少用功夫。

当然，也不是说朱九思什么事情都能办成，他认为最大的憾事，是离开校长岗位以前，没有来得及做好调整、改造专业这件有关学科建设的大事。他认为：20 世纪 50 年代初期，照搬苏联的做法，专业数量太多、口径很窄的弊端，在计划经济时代还较适应，但在市场经济条件下就不适应了。如果我们还在那个已经过时的老框框里跳不出来，就非常不对头。不调整、不改造，学科建设是困难的，就好像生产关系约束了生产力的发展一样。所以，他将其引以为是他离开校长岗位以前极大的憾事。

——朱九思高明就高明在，他能扫除一切阻力推进事业。学者探讨规律在于更好地认识世界,官员探讨规律在于更好地改造世界。朱九思是一个从职业革命者转到教育战线的老兵,他有着独特的优势:比官员更懂得教育,比学者更懂得管理。他真正做到了顺天时、依地利、求人和。纵观他的办学实践,主要有 3 点给人以深刻印象:一是在思想观念上敢于提出高的标准;二是在关键问题上敢于突破条条框框;三是在日常管理上敢于下手严格要求。

从思想观念上,朱九思时代最突出和标志性的特点就是"敢于竞争,善于转化",他时年 84 岁出的一本文集就是以《竞争与转化》为题。1980 年,他提出这句口号,并说"发扬优势,防止从优势下降为劣势;敢于竞争,坚决将劣势转化为优势"。从那以后他若干次谈到"竞争"和"转化"问题。其基本观点概括起来有如下几点:第一,要正确估计自己,人贵有自知之明,我们不要把自己的位置估计太高,但不要甘居中游;第二,要有危机感和紧迫感,只有正视问题而不回避问题,才能解决问题;第三,要制定学术规划,办出自己的特色,摸清自己的发展方向;第四,要加强对外活动,教授要多往外跑,教授出马,大不一样;第五,科学研究要走在教学的前面,要着重于开拓交叉学科的研究,要克服小生产者的保守思想;第六,教学工作要做到通才教育与专业教育相结合,加强基础与加强实践相结合;第七,在提高教育质量和学术水平的同时,还必须提高管理水平,要在决策、用人、效率和质量上下功夫。

一般说来,领导者事业发展的动力和阻力都来自于三个方面:从上而来;从平而来;从下而来。朱九思在推进学校办学结构调整上做到了上不怕抗,中不怕烦,下不怕怨。在与教育部的关系上,总的说来,下级还是要服从上级的,但也有抗上的时候。在全国科学大会上报材料问题上,以《科学研究要走在教学的前面》为标题的发言稿送到教育部,引起了教育部内部的不同意见,比较多的是不赞成,认为这把教学放到了次要地位。而国家科委赞成,由于会议是他们筹备的,这个材料作为大会材料印发了。在办文科问题上,教育部更是表示不同意,由于本科专业要上报批复,朱九思就采取了先办专科以招收学生,再办研究所以汇集教师,最后把架子搭起来后,木已成舟再上报。从内部管理体制上看,1978 年前后,朱九思有着比前人和后人更多的自主权。体制是对管理者行为的制度性约束,包括一定的领导关系、一定的机构设置、一定的运行机制和一定的人事安排。1978 年前后,邓小平同志一出来工作,主管教育和科技,对高等学校做的第一件好事,就是将"文革"中进驻学校的军宣队和工宣队"礼送"出局。新的校级领导班子更加团结,更加懂行,更加敬业。就是在少数问题上,班子成员有不同的意见,朱九思一般在坚持己见的前提下也善于沟通。在学校调整办学结构上,由于战线比较长,带来的一些紧张状况和院系抱怨，朱九思也善于做工作。

朱九思的严是出了名的，他认为管理也是教育。他从严治校主要体现在两个方面：一是对学生要求较为严格；二是对管理者要求较为严格。他始终认为，一个学校需要有个好的校风，而好的校风是在实践中形成养成的。优良校风的形成，既要依靠强有力的思想教育进行引导，又必须有严格的管理措施来保证。只有把教育和管理结合起来，才能培育出好的校风来。他还大声疾呼：坚决反对内耗。他认为内耗有公开的、有隐蔽的，公开的内耗固然不好，但隐蔽的内耗更为可怕。他借用唐伯虎的四句话"有德有才者惜才，有德无才者容才，有才无德者嫉才，无德无才者毁才"说明问题。他认为隐蔽的内耗最大的坏处是嫉才、毁才。实在可怕得很，更须严加制止。

有好的办学思路，又努力整合各种资源，还善于冲破阻力不断推进，这就是朱九思先生的成功之道！

尊重科学规律，尊重知识分子
——朱九思高等教育思想述评[*]

黄明东

朱先生从学校管理岗位上退下来之后，始终关注学校和高等教育的发展，并在原高等教育研究所（即现在的教育科学研究院）从事教学和科研，直到2003年将最后一位博士生送出校门。虽然不再从事教学工作，但他对我国教育事业特别是高等教育事业的思考和研究却从未停止，发表了一系列学术论文，并于2008年出版了第二本学术专著《开拓与改革》（华中科技大学出版社）。

朱九思先生的高等教育思想十分丰富，既有教育理念也有办学思想，华中工学院由一所名不见经传的新组建的学院发展成为今天在海内外具有较大影响的高水平研究型大学的历史事实，证明了他的睿智和高瞻远瞩。值此华中科技大学教育科学研究院三十周年院庆之际，本文试图从几个视角来介绍朱九思先生几十年来对高等教育的主要思想，抛砖引玉，期待有更多的学者能够更加深入开展对朱九思高等教育理论的研究。

一、我国高等教育研究的拓荒者

1953年10月15日，华中工学院在武昌建校。当时新中国开始执行第一个五年计划，进行大规模、有计划的建设。为适应大规模经济建设，特别是工业发展对建设人才的需要，根据中央人民政府政务院的指示精神，中南行政委员会决定在武汉建立华中工学院。朱先生是当时授命组建成立华中工学院的主要负责人之一，从此，朱先生便与华中工学院的发展紧密联系在一起，也可

---

* 本文原载《高等教育研究》2010年第9期。
黄明东，武汉大学教育科学学院教授，副院长，博士生导师。朱九思曾指导的九位博士之一。

以说从此把朱先生的生命与中国高等教育的发展联系在一起。在华中工学院几十年的办学实践中,通过出访考察美国、加拿大、日本等国高等教育的发展,朱先生的办学思路逐步完善,同时也使他深感高等教育是一门科学,必须加强高等教育研究,才能把高等学校办好。虽然"文革"期间无法组织学校开展高等教育研究,然而开展高等教育研究的思想在朱先生的脑子里已经早有设想,所以,改革开放的春风一吹起,他便于1980年10月组织成立了当时的华中工学院高等教育研究室,这是当时全国早期的几所高等教育研究室之一。

高等教育研究室成立之后,朱先生十分重视研究室的建设,积极参加高等教育研究,并于1983年与蔡克勇教授、姚启和教授等合作编写出版了我国第一部《高等学校管理》;同时,朱先生也十分热心于国内高等教育研究的交流与合作,多次组织国内的高等教育研讨会,支持并参与新中国成立后的第一本《高等教育学》著作的研讨。在依托华中工学院高等教育研究室的基础上,朱先生还积极组织湖北地区部分高等学校开展高等教育研究,担任湖北省高等教育学会首任会长,为湖北省的高等教育研究工作奠定了坚实的基础。在湖北省高等教育学会的倡导和推动下,武汉地区一大批高等学校纷纷组建成立了高等教育研究室,掀起了高等教育研究的热潮。

朱先生对高等教育研究的热情以及对高等教育研究的丰硕成果,表明了他是我国高等教育研究的拓荒者之一,在我国高等教育研究机构建设、高等教育学科发展和高等教育研究工作深入发展等方面做出了杰出的贡献。加拿大著名比较教育专家 Ruth Hayhoe 对于朱先生的杰出贡献给予了高度评价,在其著作《Portraits of Influential Chinese Educators》中将朱先生列为中国最有影响的教育家之一。

二、大学发展必须符合高等教育的内在逻辑

2007年12月,国务院总理温家宝委托杨福家教授召集国内部分高等教育界专家,希望讨论我国高等教育发展问题。杨福家教授托人邀请朱九思先生到广州的华南理工大学参加这个小型研讨会。由于先生年事已高,出行不便,便向会议提交了一份题为《怎样办好大学》的建议书并请会议转交温家宝总理。在这份建议书中,朱九思先生坚持认为,办大学一定要符合高等教育发展的逻辑,尊重高等教育发展的科学规律。在这份建议书中,朱先生谈到了对高等学校合并和高等学校扩招的看法。

大学合并的目的是想尽快在中国建立一批具有世界先进水平的一流大学,实现我国高等教育的跨越式发展。朱先生认为,大学不是绝对不可以合

并，但是大学合并必须双方自愿，最好是采用"自由恋爱"的方式，不能有过多的行政色彩。他举例说，1924年哈佛大学和它的近邻麻省理工学院曾经谈过合并的事宜，但是最终没有谈成。直到现在，这两所学校虽然紧靠在一起，但还是各自独立，都办得很好，成为世界一流大学中的佼佼者，这说明大学不合并并非不能办好。大学合并也有成功的，为此朱先生又举了一个例证，那就是美国加州伯克利大学在其早期曾经与当地的一所大学合并，双方自愿，结果合并成功了，后来发展成为加州的第一所大学，称为加州大学伯克利分校。关于"分校"这个词是我们中国人将其翻译成"分校"的，实际上它的英文单词是"campus"，意思是"校园"，就是说加州大学有9个校园。从名称上看似乎是一个整体，但实际上各个"分校"除经费由加州大学统一计划之外，其他一切培养和科研等活动全部独立。各个校园都有各自的董事会，校长由各自的董事会选举产生。所以，高校合并的形式可以多种多样，目的就是要促进学校的发展，提高学校的办学水平，不能一味地追求体积的大小。

关于大学的扩招，朱先生坚持认为要适时适度，根据国情和高等学校的实际情况稳步推进，保证高等学校在规模不断增加的同时，高等学校的教学水平也可以相应地得到提高。有鉴于此，朱先生对于大学合并和大学扩招甚为忧虑，他感到在大学合并和高校扩招过程中可能会出现部分高等学校教育质量下滑和片面追求经济效益的倾向。此外，朱先生认为，高等学校特别是那些研究型重点高校应该严格控制招生规模，保证教学质量。他认为，尽管我国高等教育在总体上已经进入大众化阶段，但是大众化阶段的高等教育中仍然包含着精英高等教育，大众化高等教育与精英高等教育并不矛盾，更不是非此即彼的关系，而是相互并存和相互促进的关系。在高等教育大众化的今天，承担精英高等教育的任务主要由那些研究型重点大学来完成，而精英高等教育是不可能大规模培养出来的，是要通过精雕细刻养成的。为此，朱先生对北京大学、清华大学和中国科技大学等部分高校没有大规模扩招表示赞赏和支持，并经常呼吁那些研究型重点大学适度控制规模，避免出现大学生就业困难。

三、高等学校的学科综合化

经过20世纪50年代的重要变革以后，我国的综合性高等学校一律成为文理性高等学校，综合性已经无从体现。对此，朱先生并不以为然，他认为这样的综合性大学并不是真正意义上的综合性大学。他说："自然科学是人对自然现象及其规律的认识；技术是以自然科学理论为基础的，所以为了使技术得到进一步发展，就必须有科学理论的指导。因此，高等教育把理与工、农、医几乎完全分开,是不符合客观规律的。"①从科学研究的角度看,工科原有的数、理知识更感不够。特别是从今后发展的需要看,理、工分家的教育结构,必然使科学技术的发展和教育质量的提高受到限制。文科与理、工分家也是很不合理的。他认为,当时的华工在人文学科方面很薄弱,必须设法改变这种现状。他曾经说过,英语、法语、德语、日语、中文等都是文科,如果华工能有这些学科和专业,学校的日子就好过了。

在这种教育思想的指导下,他着手对华工的学科结构进行调整,开始加强理科和人文社会科学的学科建设,提出把华中工学院办成以理工为基础的综合性大学,孤零零的"工"是难以搞好国际交往的。1977年10月朱九思先生在给邓小平同志的信中指出:"现在越来越清楚地看出这种理工分家的体制,与迅速发展我国科学技术、赶超世界先进水平的要求严重不相适应,必须加以改变。"经过一段时间的努力,在20世纪70年代末80年代初,华中工学院很快就发展成为一所包含理、工、文、管等多学科共同发展的综合性大学,不仅受到国内高等学校和中央政府的关注和肯定,而且在国际上也产生了较大的影响。这与先生的高瞻远瞩和开拓进取的创新精神是分不开的。正如浙江师范大学教育评论研究所所长刘尧教授在《简评朱九思高教实践与大学校长素质》一文中所说的:"作为一个杰出的管理者,朱九思充分行使治校决策权,在办学实践上方向明确,使华中理工大学的发展避免了大起大落,少走了许多弯路。"

四、科学研究要走在教学的前面

高等学校从事科学研究在今天看来似乎理所当然,然而新中国成立以后的相当长的一段时间,国家并没有提出这个要求,只对少数办学条件较好的高等学校提出过这样的要求,但并没有严格规定,且由于受政治运动的影响,高等学校的科学研究工作长期不受重视。科研水平难以提高,为国家经济建设所做的贡献十分有限,培养的学生质量不甚理想。朱先生一直十分重视高等学校的科研工作,还在"文革"期间,朱先生就要求华工积极参加国家有关部委的科研项目,提高教师的科研水平。"文革"结束以后,他率先在我国高等学校提出"科学研究要走在教学的前面"。② 他认为,把高等学校办成既是教学中心,又是科学研究中心,并且科学研究要走在教学的前面,这不仅是由科学研究和教学两者固有的联系决定的,同时也是加快实现社会主义现代化的必然要求。1978年国家召开全国科学大会,朱先生被作为高教战线上的代表,以

---

① 朱九思:《竞争与转化》,华中科技大学出版社2002年版,第99页。
② 朱九思:《竞争与转化》,华中科技大学出版社2002年版,第430页。

《科学研究要走在教学的前面》为题在大会上做书面发言。

科学研究走在教学的前面，并不意味着要在高等学校里否认教学工作的重要性。对此，朱先生多次解释说，科学研究走在教学的前面，当然不能简单地理解为在具体工作的安排上，都要先搞科研然后才能教学，也不是在时间分配上要使科研多于教学。我们是说，高等学校里科学研究要占重要地位。有人担心，科学研究要走在教学的前面，是不是要以科研为主，把教学放在次要地位。其实这是一种误解。科学研究和教学是辩证统一的关系，它们之间既有联系的一面，也有矛盾的一面，如果处理不好，也会相互影响。这就要求我们要统筹兼顾，全面安排，妥善解决可能出现的矛盾。在上述思想指导下，华工的科研工作大踏步前进，学术水平稳步提高，如今，华中科技大学的科研水平已经在国内外得到公认，学校的教学质量也受到社会的广泛肯定。

五、学术自由，追求真理

"学术自由，追求真理"被朱先生认为是大学的真谛。朱先生尽管是一个从革命战争年代走过来的老革命家，但是他的思想并不保守，相反，他始终与时代发展保持着相同的节奏，在思想上真正做到与时俱进。在他几十年的办学实践中，他深深感到，一所大学要得到快速持久的发展，必须在教师的教学和科研工作中贯彻"学术自由，追求真理"办学理念。

朱先生说过，大学是研究高深学问和培育高级人才的场所。大学的根本性可以概括为两个字：学术。这里所谓学术的含义是广义的，包括教育、研究与开发。学术自由问题，是个很重要的问题。没有学术自由，只能培养庸才，培养不了具有高度创造力的人才。人们常说，要培养创造性思维。如何培养创造性思维？如何给创造性思维以良好的环境？这就是需要学术自由，不能堵塞创造性思维的空间。朱先生在对待自己学生科研方向的选择和学术观点上，十分注意学术自由和追求真理的问题。我们在撰写毕业论文期间，朱先生总是让我们大胆思考，平等讨论问题，即便碰到一些在政治上比较敏感的问题，朱先生也鼓励我们勇于探索，不设禁区，并设法给我们提供相关的资料，帮助我们进行探索和研究。三年的学习，在朱先生身旁，我们总能深感自由、求真的空气，影响着我们的学术风格。也许这是我们人生中最大的收获和不可多得的人生财富。

六、重视大学生人文素质的养成

大学生的人文素质问题也是朱先生长期关注的问题。在向朱先生求学的几年以及其后的交往中，我发现，朱先生对这个问题的关注并非简单地因为 20 世纪 90 年代开始的大学生文化素质教育问题被重视，而是朱先生自己切身感受的反思。朱先生常向我们讲，他年轻时候就读的扬州中学是一个非常重视培养学生全面发展的学校，为他今后人生的成长奠定了坚实的基础。而现在的大学生之所以缺乏必要的人文素质，很大程度上是其基础教育阶段的人文学科的知识偏废所造成的。因此，他早在 20 世纪 90 年代就提出要关注大学生的人文精神的养成问题。他说："当前与今后，如何培养大学生的人文精神，是一篇很大的文章，关系到一个根本问题：教育青少年一代如何做人。从学前教育到研究生教育，都要培养学生的人文精神。"[①]

七、尊重知识，尊重知识分子

朱先生认为，知识经济时代就应该尊重知识，而尊重知识的重要体现就是尊重知识分子，在高等学校就是要尊重教师，因为他们是我国知识分子的主体之一。对于大学校长来说，只有尊重自己的教师，才能说是尊重知识分子。朱先生在执掌华中工学院期间，就是在这样的理念下，始终将教师的利益视为学校的最重要和最高的利益。

第一，要正确认识和评价知识分子的作用。朱先生认为，高校教师的作用仅次于学校领导，就我们国家来说，仅次于学校的校长和党委书记，教师在高校中的地位和作用实在是太重要了。朱先生在给博士生授课时，反复强调中国知识分子具有强烈的爱国心。为此，他还专门回顾了我国近代史，认为中国知识分子具有强烈的爱国心完全是由我们的国情决定的。从 1840 年鸦片战争以后，中国逐渐沦落为半殖民地半封建社会。绝大多数知识分子对这种状况极不满意，满怀爱国激情，纷纷要求奋起救国。在 1840 以来的 100 年中，这样的知识分子实在是太多了，他们中包括李公朴、闻一多、朱自清、钱学森、梅贻琦等。

20 世纪 50 年代开始，在极"左"路线的指导下，我党的反右派斗争错划了大量的知识分子，在摘掉帽子之后，这些知识分子仍然勤奋工作，态度很好。新中国成立以来，知识分子的待遇是不高的，有相当一些知识分子遇到了许多不幸遭遇，但是，一旦问题解决后，还是一如既往地认真工作，这就是中国知识分子的特点，也是极大的优点，具有强烈的爱国心。

第二，要关心教师，关心知识分子。朱先生十分关心和爱护教师的发展，

---

① 朱九思：《竞争与转化》，华中科技大学出版社 2002 年版，第 404 页。

他曾经为此引进了许多人才，并支持他们在学术上的发展。华中工学院曾经引进一位年轻教师陈应天，他从中国科技大学毕业以后被分配到山东聊城的一个机械厂，业务并不对口，工作不开心。朱先生得知这个情况后，立即指派人事处前往山东商调此人，调动手续很顺利。这位青年到校后不久，希望能够给他一次出国进修的机会。朱先生爽快地答应了他的要求，派他去英国剑桥大学著名的卡文迪许实验室攻读博士学位。他在学习期间，不负导师库克教授所望，只用了一年半的时间，自己设计实验器材和设备，解决了物理学中100多年未能解决的一个难题，并为此获得了博士学位。回国时，征得库克教授的同意，将他在卡文迪许实验室工作时自己设计的那套实验设备全部带回到学校。后来他离开学校到美国去工作，解决了美国激光领域的一个重大难题，并获得了很高的奖励。

"文革"以后一段时间，"左"的做法仍然存在，对一些知识分子不够尊重，甚至有意为难知识分子，让他们感到十分痛苦。朱先生认为，这样对待知识分子对国家的发展和高等教育的进步都十分有害，因此，他经常尽自己的努力来帮助部分知识分子解决工作上的困难。朱先生在给博士生授课时告诉了我们一个鲜为人知的故事：钱伟长教授在1957年被错划为右派，1978年党的十一届三中全会召开后，曾大规模地平反冤假错案。但由于种种原因，钱伟长的冤案很长时间不能平反，最后由中央组织部直接为钱伟长平反。"文革"刚结束那段时间，钱伟长生活处境仍很艰难。只要有可能，朱先生就尽力支持他：一是支持钱伟长办刊物（《应用数学和力学》）；二是支持钱伟长夏天住到庐山去写书，全部费用由华中工学院负担。钱老夫妇在庐山将近待了两个月，终于完成了一本力学专著，大约17万字。

大学校长应当具备的素质
——评作为大学校长的朱九思[*]

刘　尧

朱九思作为一位富有思想和改革魄力的大学校长,在 10 多年前把一个单科性的华中工学院改造成综合性的华中理工大学,创造了改革开放后大学的一个楷模。透过朱九思的言论和办学实践,我们可以看到一个社会主义大学校长的高大形象。我认为,世纪之交的中国大学校长,应从当代中国社会主义大学校长的楷模——朱九思的高教实践中汲取思想精华,把一个充满生机和活力的高等教育带入 21 世纪。

一、大学校长要有教育理想

朱九思在大学领导岗位上奋斗了 30 余年,1984 年从领导岗位上退下来后,依然任华中理工大学高等教育研究所研究员,带研究生。他研究的主要课题是《如何逐步建立和完善具有中国特色的社会主义教育》。他说:"如此重大的研究任务,又必须结合教育改革持续进行,决非少数人所能解决","教育要治本"就必须研究这个问题。[①] "教育要治本"这是朱九思一生追求的教育理想。1987 年朱九思指出:"当前以及今后一个相当时期内,高等教育最突出的问题是如何进一步明确办学指导思想,坚持社会主义方向,深化改革,提高大学生研究生的全面素质"。[②]

---

* 本文原载《吉林教育科学·高教研究》1998 年第 5 期。
　　刘尧,研究员,浙江师范大学教育评论研究所所长。
① 姚启和、许晓东:《朱九思的教育思想和办学实践》,《高等教育研究》1995 年第 4 期。
② 朱九思:《学校的一切工作都是为了转变学生的思想》,《高等教育研究》1991 年第 1 期。

二、大学校长要有教育思想

朱九思在长达 30 余年的高教实践和 10 余年的高教研究中，逐步形成和完善了他的富有中国特色的教育思想。他曾谈到他"文革"之后一直到 1984 年离开校长岗位这段时间所做的五件大事：第一是抓教师队伍建设。他说："一个中学或是一个大学的负责人，如果不懂得教师的重要性，就等于不懂得办学校，当然也办不好学校。"第二是增加新专业，改造学校的学科结构，使学校演变成理、工、文、管相结合的综合大学。第三是在困难的情况下尽可能改善办学条件。第四是大搞科学研究，提出"科学研究要走在教学的前面"的新观点（在当时）。第五是开展国际交流。① 这五件大事是朱九思教育思想在高教实践中的运用。实践的结果是成功的，使华中工学院这五方面走在了全国高校的前列，学院的综合实力增强，为全国高校的改革树立了榜样。

对朱九思的教育思想，姚启和教授已做了系统的总结。即第一，"全面提高质量是我们的中心任务"；第二，"科学研究要走在教学的前面"；第三，"大学的学科结构要综合化"；第四，"教师队伍的建设对办好学校具有战略意义"；第五，"必须从严治校，加强管理"。② 朱九思在他退下领导岗位后的 10 余年，通过科研和教学更加完善和传播了他的教育思想。除上述之外，我认为还有：高等教育要勇于创新的思想；教育要治本的思想。朱九思讲："办大学若不进行教育思想研究是很难办好学校的，在当前更有其迫切性。""毫无疑问，作为社会主义大学应该培养有理想、有道德、有文化、有纪律的大学生和研究生。首先应该有理想，否则就没有正确的方向。因此，痛定思痛，必须将坚定正确的政治方向放在第一位。这是社会主义教育思想的首要问题。"③"办学思想是学校的灵魄，没有明确的办学指导思想，不可能办好一所高等学校。"④

三、大学校长要有实事求是的科学态度

朱九思分析和处理问题总是从实际情况出发，而不是从书本上的理论和原则出发。在这里重点谈谈朱九思辩证地看问题和处理问题的科学态度。他与许美德的谈话中说："我们现在来研究历史，总要谈到过去工作中的一些问题。我们不应该离开过去的历史条件，用现在的观点来苛求于过去，甚至否定

① 朱九思：《历史的回顾》，《高等教育研究》1992 年第 4 期。
② 姚启和、许晓东：《朱九思的教育思想和办学实践》，《高等教育研究》1995 年第 4 期。
③ 朱九思：《〈大学教育思想专论〉序》，《高等教育研究》1990 年第 4 期。
④ 姚启和等编著：《高等教育管理论稿》，华中理工大学出版社 1995 年版。

过去。"①对于 1952 年以后，我国高校学习苏联进行的院系调整，朱九思认为学习苏联有多方面的原因，但最主要的是政治原因，在当时情况下是完全可以理解的。朱九思说过，院系调整要辩证地看，对于一些办得差的私立大学、省立大学和教会大学应该调整，不调整不好，对社会主义高等教育不利。而对我国十几所办得很不错的国立大学是可以不调整的。当时院系调整一刀切，以致全国没有一所真正的名副其实的综合大学，这是没有多少道理的。②

朱九思针对"文革"后高教发展和华中工学院的实际，抓师资队伍建设，广招贤士，办"回炉班"，尤其是为解决教师职称顶住各方面的压力；给邓小平同志写信力主突破苏联模式，力倡开展科学研究；大声呼吁"大学的学科结构要综合化"；克服重重困难尽力改善办学条件；大力主张开展高教研究，探索教育规律；坚持严格治校与校园民主；想尽办法开展国际交流，扩大学术空间等，都包含和渗透着朱九思实事求是的科学态度和辩证思维的卓越智慧。

华中工学院作为新中国高等学校院系调整的产物，40 多年的发展道路自不乏曲折坎坷，但它在中国当代大学发展史上可以说是为数不多的获得了健康发展的幸运之星。作为一个献身革命事业的坚定的马克思主义者——朱九思在华中工学院是一位称职的领导者，他以高瞻远瞩、解放思想的卓见和勇气，抓住有利机遇使华中工学院取得了成功。用朱九思的话说，就是"对苏联办学模式的艰难突破"。突破苏联办学模式实质上是对新中国成立初期两次院系调整所形成的不良体制的合理扬弃，对几十年来习惯造成的教育观、教学观的全面检讨和更新。③

四、大学校长要有创新意识

朱九思讲："一个学校要办得有生气，要能够适应现代化要求，不断地有所发展，有所突破，一定要克服保守思想，要有敢闯新路的精神。"④朱九思这样说，也是这样做的。"文革"后期在当时许多学校尚在观望的情况下，朱九思从 1973 年开始，就大量引进人才进华中工学院。

"文革"结束后，就办起了一个"回炉班"，将"文革"中没有学满五年毕业的一批学生招回学校再读两年。对"文革"后期留校的工农兵学员，集中补课进一步培养提高。77、78 级多留了一批教师，从全国看华中工学院是首屈一指

---

① 朱九思：《历史的回顾》，《高等教育研究》1992 年第 4 期。
② 朱九思：《历史的回顾》，《高等教育研究》1992 年第 4 期。
③ 陈闻晋等：《试论中国大学校长的理想模式》，《高等教育研究》1995 年第 6 期。
④ 朱九思：《高等教育要勇于创新协同作战》，《人民日报》1984 年 6 月 24 日。

的。在教师的职称评聘上，朱九思主张胆子大一些。这样做的结果是适应了学校发展的需要，基本上解决了师资的断层问题，避免了近亲繁殖的消极作用。

朱九思最早提出了大学的学科结构要综合化的思想，并在华中工学院的实践取得了令人瞩目的成绩。1977年10月朱九思在给邓小平同志的信中指出："现在越来越清楚地看出这种理工分家的体制，与迅速发展我国科学技术、赶超世界先进水平的要求严重不相适应，必须加以改变。"①1979年6月朱九思在向教育部汇报赴美国、加拿大、日本三国考察情况时，正式提出"大学的学科结构要综合化"的主张。1980年4月，朱九思正式提出要把华中工学院办成以工科为基础，理、工、文、管相结合的综合性大学。"作为一个杰出的管理者，朱九思充分行使治校决策权，在办学实践上思想深邃，方向明确，使华中工学院的发展避免了大起大落，少走了许多弯路。他的有效管理还体现在善于发现人才、培养人才、选择人才、重用人才上，使他成功的办学方针得以较好地付诸实施。""华中理工大学从一所工学院发展成为今天规模较大，学科相对齐全，师资雄厚，人才辈出的理、工、文、管综合性大学，在很大程度上取决于作为教育管理家的朱九思的创造性治校实践。"②

五、大学校长要研究高等教育

"校长是办学治校的核心，是教师的教师"，"既然是大学负责人，理所当然要懂得教育"。③ 朱九思曾讲：我希望我们大家都共同研究教育科学，说办学不需要教育科学，只要有学问就行这是一个很大的误解。如果在几十年前这样也许还可以，因为那时的工作节奏比较慢，现在工作节奏快了也复杂了。目前和今后的情况下，教育科学的一些基本东西都不懂，当然不能说不可以办大学，但办起来实在是有困难的。我们既然在高等学校工作，就要研究教育怎么办，教育科学就是研究教育规律的。因此，早在1979年就成立了华中工学院高等教育研究组，1980年8月建立了高等教育研究室，创办了《高等教育研究》刊物。1985年6月又进而将研究室扩建成了高等教育研究所，汇集了一支专兼职相结合的研究队伍，建设了一个培养教育科学高层次人才的学科点，创造了一个理论与实际结合进行学术研究的良好氛围，围绕建设有中国特色的社会主义教育这一总的方向和华中工学院的实际开展了一系列的研究工作。这

①　朱九思：《写给邓小平同志的一封信》，《高等教育研究》1995年第5期。
②　陈闻晋等：《试论中国大学校长的理想模式》，《高等教育研究》1995年第6期。
③　朱九思：《重大的历史责任》，《高等教育研究》1989年第1期。

些研究成果对学校的发展和国家的教育决策起到了积极的作用。

六、大学校长要有战略家的眼光

朱九思在 1988 年 10 月 30 日召开的第二届大学教育思想研讨会上讲："毫无疑问，我们的学校教育工作一定要深化改革。但改革毕竟是手段而不是目的。在进行改革的时候，一定要牢牢掌握所达到的目的。教育改革所要达到的目的说到底，必须是提高教育质量，培养更多更好的人才。"[①]如何培养人才，朱九思认为，必须突破苏联模式，进行既合乎教育规律又合乎中国国情的改革。对此，朱九思大胆提出"要抓住两点：一是通才教育与专业教育相结合；二是加强基础与加强实践相结合"的主张。对于国际各种思潮及我国商品经济对大学生的消极影响，朱九思高瞻远瞩，提出了三大教育战略："第一，要认识资本主义教育与社会主义教育的共同点与根本区别。第二，要通盘研究我们的教育事业包括普通教育、高等教育和职业教育。第三，要研究来自国外的思潮和国内外敌对势力所制造的种种谬论，以便于回答学生的各种糊涂问题，澄清学生当中的混乱思想，提高他们的思想认识。"[②]"为了在学校工作中解决信念问题，有必要引用毛泽东同志当年在延安时期说过的一句话：'学校的一切工作都是为了转变学生的思想'……所谓转变学生的思想主要是教育学生树立正确的人生观和世界观，具有社会主义的信念。这对青年人来说是具有决定意义的。"[③]作为大学校长，朱九思具有教育战略眼光和革新锐气，始终把育人作为一切工作的出发点和归宿，办出了社会主义大学的特色和风格，显示出社会主义教育家的品格。

七、大学校长要精通教育管理

1984 年 1 月，朱九思发表了《略谈管理也是教育》一文，提出"要把自上而下地灌输同引导群众自己教育结合起来"[④]，"既敢于从严治校，又敢于实行校园民主，将两者结合起来，这就有可能在我们的管理工作上，开辟出一条新的路子"[⑤]，"校园民主实际上不是一个离开学校管理及其各项工作，单纯教学生

---

① 朱九思：《重大的历史责任》，《高等教育研究》1989 年第 1 期。
② 朱九思：《高等教育四十年有感》，《高等教育研究》1990 年第 1 期。
③ 朱九思：《学校的一切工作都是为了转变学生的思想》，《高等教育研究》1991 年第 1 期。
④ 转引自华中理工大学高教所：《建所十年研究工作的回顾》，《高等教育研究》1991 年第 1 期。
⑤ 转引自姚启和、许晓东：《朱九思的教育思想和办学实践》，《高等教育研究》1995 年第 4 期。

讲民主的过程,而是让学生在民主的实践中来学会民主"①。

朱九思讲:现在这一套教学方法其症结就在那个喂着吃、抱着走,或者叫填鸭式。对此,我们应当有足够的认识,要有非改不可的切肤之感。从何改起?"还要按'教是为了不需要教'这句话来做,不要只给学生'金子',而要给他们'点金之术',要使他们成为具有 New idea 有为之人,而不是平庸无能之辈。"②

朱九思讲,要"及早起步实现学校管理现代化。现在世界上 70% 的计算机用于管理。作为高等学校,我们应该在管理现代化方面走在前面。我院计算机中心配备有专门用于管理的计算机,用计算机进行管理的技术条件已经具备。现在主要是我们的干部在认识上要跟上形势,解放思想,下决心去熟悉和掌握现代管理的知识和计算机应用技术"③。

"教育系统很关键的就是教师,所有的教书育人都是通过教师来进行的。所以,团结依靠教师,充分调动教师的积极性,是我们教育事业发展的关键。"④朱九思对中央某负责同志的这番话非常赞同,并贯彻在自己的办学实践中。"他十分重视教师的意见和作用,在他的倡导下,华中理工大学校风严谨活泼,学术风气浓,校领导工作深入人心。"⑤在中国,美国对大学校长的要求是"既要掌握教育管理理论和管理策略,又必须在事业上有所造诣"。⑥ 朱九思是当代中国大学校长中达到这个较高要求的少数人之一。

八、大学校长要重视和参与学术交流

朱九思非常重视并积极参与学术交流。"现代社会广泛的信息交流,打破了传统的不同国度、不同民族、不同地域的局限,形成了一种世界性的格局。以至于我们可以这样说,人类社会发展的速度在一定程度上取决于人们对信息的利用水平。"⑦1987 年,朱九思着手大抓国内外学术交流工作,在有关学会的支持下,以非凡的气魄主办了一系列全国性或地区性的学术活动,学校千方百计地与国外的高校和学者建立联系,并邀请他们来校访问讲学,同时大批派教师出国进修或考察访问。经过几年的努力,国内外许多著名学者应邀到华

---

① 朱九思:《重大的历史责任》,《高等教育研究》1989 年第 1 期。
② 转引自华中理工大学高教所:《建所十年研究工作的回顾》,《高等教育研究》1991 年第 1 期。
③ 朱九思:《高等教育要勇于创新协同作战》,《人民日报》1984 年 6 月 24 日。
④ 朱九思:《重大的历史责任》,《高等教育研究》1989 年第 1 期。
⑤ 陈闻晋等:《试论中国大学校长的理想模式》,《高等教育研究》1995 年第 6 期。
⑥ 余立:《三论校长应成为教育家》,《高等教育研究》1995 年第 6 期。
⑦ 高旭东等:《孔子精神与基督精神》,河南人民出版社 1989 年版。

中工学院访问讲学，如费孝通、丁玲、爱泼斯坦、赫伯特·西蒙等。到 1983 年底，华中工学院已与一批外国大学建立了友好交往关系，与之有联系的学者和朋友已近 500 人，学院派到国外考察和学习的人员到 1984 年 4 月已有 316 人，这在当时是高校派出留学人员最多的。"朱九思作为中国当代大学校长的成功典型，有着丰富的办学经验和深刻的教育思想，其办学思想和管理经验正在受到愈来愈多的重视。作为一位教育家，朱九思已经获得教育界的公认。"[1]从朱九思的高教实践，我提出了大学校长必须在上述八方面有所追求，至于坚定的政治信念、高尚的道德情操、宽广的仁者胸怀、丰富的专业知识等这些大家都明了的老生常谈已包含其中了，我就没有专门赘述。

---

[1]　陈闻晋等：《试论中国大学校长的理想模式》，《高等教育研究》1995 年第 6 期。

《朱九思评传》卷首语[*]

王炯华

在九省通衢、长江汉水交汇的武汉,有一所 20 世纪 50 年代拔地而起、后来声名远扬的华中工学院。它 1988 年改名华中理工大学,2000 年与同济医科大学、武汉城市建设学院和科技部干部管理学院合并为华中科技大学。如今,它是涵盖理、工、医、文、管等多学科的综合性大学,是首批列入国家"211 工程"重点建设和国家"985 工程"建设高校之一,也是目前中国一所规模很大、水平很高的大学。学校占地面积 470 多万平方米,建筑面积 310 多万平方米。学校学科齐全、结构合理,基本构建起研究型大学的学科体系。拥有哲学、经济学、法学、教育学、文学、历史学、理学、工学、农学、医学、管理学等 11 大学科门类;设有 93 个本科专业,304 个硕士学位授权点,237 个博士学位授权点,31 个博士后科研流动站;现有一级国家重点学科 7 个,二级国家重点学科 15 个(内科学、外科学按三级),国家重点(培育)学科 7 个。现有专任教师 3000 余人,其中教授 1000 余人,副教授 1300 余人;教师中有院士 24 人(含双聘院士)。建设有武汉光电国家实验室(筹)、脉冲强磁场实验装置等国家重大科技基础设施,还拥有 5 个国家重点实验室、1 个国防重点实验室、6 个国家工程(技术)研究中心、1 个国家工程实验室及一批省部级研究基地。^①

然而,一提到这所当代中国名校,就不能不提到一位曾主掌华中工学院 31 年的主要领导人朱九思。

朱九思,生于 1916 年,江苏扬州人,资深革命家和著名教育家。

---

* 本文是《朱九思评传》(王炯华著,华中科技大学出版社 2011 年版)的"卷首语"。
王炯华,华中科技大学哲学系退休教授。

① 资料来源:http://www.hust.edu.cn/SchoolProfilesl.html,访问时间:2011 年 9 月 8 日。

朱九思5～12岁读私塾和小学。1929年13岁进入扬州中学。在当时有"北有南开，南有扬中"之誉的著名中学，由少年向青年成长的朱九思，如鱼得水，游刃有余，他不仅很好地完成了学业，而且为他日后办大学提供了灵感。

1936年，20岁的朱九思考入武汉大学哲学教育系，一年后转入外语系。他在武大求学期间，先后参加"武大青年救国团"和"武大学生救国会"。1937年10月加入中国共产党。

1937年底，朱九思被组织批准进入延安抗日军政大学第三期学习。翌年6月，他结束在抗大的学习，留校工作。随后，他作为抗大二分校工作人员，赴敌后晋察冀边区。

1946年6月，朱九思离开部队，先后任《冀热辽日报》（后改名《群众日报》）副总编辑和总编辑。1949年1月，调任《天津日报》总编辑。8月，南下长沙任《新湖南报》副社长兼副总编辑，接着任社长兼总编辑。

朱九思的这些经历表明，他是一位资深革命家，他为抗日战争和解放战争尤其是解放战争的地方新闻工作做出了重要贡献。

1953年1月，朱九思从《新湖南报》调任湖南省教育厅主持工作的第一副厅长，开始了他办教育的生涯。半年后的6月，他调任华中工学院筹备委员会副主任兼党组书记。从此，朱九思先后担任华中工学院党委书记兼副院长、临时党委书记兼革委会主任、党委书记兼院长，直到1984年底离开领导岗位。

华中工学院建校初期并没有什么名气，跟当时的许多工科院校也无法相比。但是"文革"后期和"文革"结束之后，朱九思苦心孤诣，殚精竭虑，倾注自己的全部热情和精力，发挥自己的全部聪明和才智，带领华工党委和行政一班人，立足国情，放眼世界，敢于竞争，善于转化，奠定了华中工学院实力的基础，[①]实现了华中工学院发展的重大战略转变，使新中国在院系调整背景下创办的这所工科大学迅速崛起，成为国内外瞩目的本科生教育和研究生教育并重、理工文管（现在还有医）多学科的综合性、研究型的国家重点大学。朱九思为华中工学院的创办和发展特别是"文革"之后的崛起，也为当代中国的高等教育做出了有目共睹、世人称道的贡献，从而使他成为当代中国可圈可点、屈指可数的著名教育家。

明朝高士朱升曾应朱元璋垂询，提出"高筑墙，广积粮，缓称王"方策，毛泽东在冷战时期特别是中苏对抗时期古为今用，将之改为"深挖洞，广积粮，不称

---

① "文革"结束后，在教育部对全国高校资源的调查中，15项指标，华工有12项居全国第一。

霸"作为中国的国策,而朱九思办华工,援而用之,就是"高筑墙,广积人,深挖塘"。"高筑墙"是守护校园,简陋的混凝土围墙,既使华工校园环境相对安全,也为华工后来的发展提供了土地资源。"广积人"是在全国延聘教师,特别是引进有"问题"但学有专长的人才。这是朱九思办华工最具胆识而又最为成功的人才措施。"深挖塘"是把原有池塘加以整理美化,与"文革"前已经栽种的树木结合在一起,给师生员工提供良好的工作和学习环境。"文革"前大量栽树还具有象征意义,因为栽树与育人、树木与树人是相通的。今日华工有"森林大学"之誉,朱九思功不可没!

朱九思深知大学之本在教师。他提出教师队伍的建设是一项具有战略意义的任务,是办好大学的一项基本建设,是为了赶超一流名牌大学的基础工作。他办华工不止是独具慧眼地"广积人",在那知识分子"臭老九"、人才如弃履的"左"祸年代,排除阻力,从全国各地调进了 600 多名教师;更重要的是尊重教师、关心教师、信任教师、依靠教师,尤其是尊重教师在大学教育中的地位,充分发挥大学教师教书育人的作用。他对于华工的教师尤其是教授,了如指掌,如数家珍;他对于华工教师教学和科研的成绩,倍感欣慰;他对于华工教师在学术界的地位,看得颇重;他还采取许多措施,培养教师和提高师资水平。朱九思是以严格管理著称的,他批评过华工的不少行政管理人员,却很少对华工教师说"不"。"尊师重教"也许在一些大学成为空话和套话,但在朱九思治下的华工,却是实实在在的真话和实话。

朱九思深知大学之路在综合。华中工学院是在 1952 年全国高校院系调整的背景下创办的机电类工科大学。它虽然数年之后即成为国家重点大学,到"文革"前夕已成为包括同国防有关的无线电类、船舶工程类专业的多科性工学院,"文革"中期以后又建立了同激光技术等有关的研究机构、同信息类有关的前沿技术专业而成为一所名副其实的多科性工业大学。但是,这在总体上却是中国高等教育学习苏联的产物,并不符合高等教育规律和培养高层次人才的模式。进入改革开放新时期,朱九思反思 1952 年院系调整时全盘学习苏联的教训,克服重重阻力和困难,在全国高校率先改革,独领全国工科大学之风骚,有胆有识地在华工办理科、文科和管理科学,实现了华中工学院从多科性工业大学向理工文管综合大学的转型。

朱九思深知大学之源在科研。大学特别是重点大学,理应既是教学中心,又是科研中心。朱九思的高明之处不在于认识到这两个中心,而在于在 1976 年 10 月中国政局大变动后就明确提出科研要走在教学的前面,强调科研是"源",教学是"流"。正是在朱九思这个有胆有识的主张下,华中工学院重视科研,重视学科建设,取得了一大批有影响的科研成果,[①]不仅实现了华中工学院综合性大学的转型,而且实现了由过去的基本教学型到教学、科研并重的研究型大学的转型,由基本本科教育到本科教育与研究生教育并重的转型。

朱九思深知大学之魂在学术自由。就是说,学术自由、兼容并包是大学的基本理念,也是大学成功的基本经验。朱九思在办华工的岁月,不断提倡"在学术上自由讨论,敢于争辩,追求真理,坚持真理的学风","提倡不同学术观点的自由讨论"。特别是在他卸任16年后,还以他的智慧和经验道出了大学生命的真谛,并把它作为自己的教育观:"大学的根本特性可以概括为两个字:学术。""学术自由,追求真理是大学的灵魂。"他不无现实针对性地提出:"须知世界一流大学的主要标志是具有世界一流的学术水平。若没有学术自由,哪能达到一流的学术水平?""如无学术自由,哪来知识创新?""如无学术自由,学术如何自由发展? 社会如何进步? 国家如何兴盛?"[②]虽然当代中国的大学受意识形态影响和政治运动左右,在他领导下的华中工学院同样难以实现真正的学术自由,甚至在1983年那场"清除精神污染、反对资产阶级自由化"的斗争中,他还领导批评了他担任名誉所长的华工哲学研究所一名崭露头角的青年才俊的所谓人道主义和异化问题,从而使方兴未艾、在全国颇有名气的哲学研究所一下跌入低谷;但是,痛定思痛,重视大学之魂,确认和追求学术自由的基本理念和价值却是教育家朱九思本真的复归,也是他知识分子出身的资深革命家的良知!

当代中国高等学校实际上是附属于某个部门或地区机关的行政机构。其中重点大学又是部、省即中央与地方的双重领导和党委领导下的校长负责制。朱九思在这种政治性、行政化、部省双重领导体制下办华工,当然不能像蔡元培、胡适之办北大,梅贻琦之办西南联大和清华,张伯苓之办南开,竺可桢之办浙大那样拥有独立自主权,甚至也不拥有李达在新中国办湖大(湖南大学)、武大那样的"上达帝听"的"通天"影响力[③];但是,他却有胆有识,富有远见,抓住机遇,居然能够在这种权力交错的政治性、行政化领导体制之中演出威武雄壮、有声有色的办学活剧,创获华中工学院崛起、跻身国内一流的奇迹! 这是朱九思的传奇,也是当代中国高等教育的传奇! 他成功的原因固然很多,但其

---

① 仅"六五"期间就完成科研课题294项,有100多个项目获奖。其中获国家发明奖10项,国家"六五"攻关奖5项,国家科技进步奖5项,国防科技成果奖12项,国家部委级科技成果奖50项。资料来源:http://www.hust.edu.cn/SchoolProfiles2.html,访问时间:2011年9月8日。

② 朱九思:《大学生命的真谛》,载《竞争与转化》,华中科技大学出版社2002年版。

③ 例如在同样的体制下,李达校长可向"润之兄"毛泽东直陈办学意见,索题校名;遇不如意人事可向高等教育部杨(秀峰)部长打电报辞职,中南局和湖北省委领导人还向他拜年等。

中一个重要原因,用他自己的话说,就是抓住机遇,争取"办学自主权"。

2000年5月,84岁高龄的他,趁自己的著作《竞争与转化》付梓,特意写出自己的心声:"'文革'后期,由于有刘崑山同志的开明支持,对我来说,获得了一定的办学自主权。'文革'结束前,刘崑山同志及其他军代表陆续离校,上面重新任命我为学校党委书记。时隔不久,我们华中工学院第一任院长查谦先生谢世,上面又任命我为院长,一身二任。事有凑巧,当时又正处于国家教育部虽已通知收回对学校的领导权,但又尚未完全落实的过渡状态,并且这种'过渡'意外地持续达六年之久,于是我和我的同事们就利用这个难得的机遇,更多地引进教师。当1983年上面发现我们引进了数百人之多,才明确通知将进人的批准权收上去了。但是从'文革'后期到这时,我们大概已引进了六百多位教师,大体上适应了专业发展的需要。""这已经改变了原来纯粹的工科大学模式并基本形成文、理、工、管相结合的格局,突破了'全面学苏'的模式。"①

毛泽东说过,人是要有一点精神的。朱九思的成功还在于他的事业心、责任心和工作精神。当代中国的大学是以行政、学政合一为特征的,大学就是社会,党务、政务、学务,乃至工、青、妇、计生、爱卫、武装、治安、保卫种种,事务冗杂,关系错综,书记、校长一身二任的朱九思却忙而不乱,井井有条,除了归功于他的领导艺术和工作方法,尤其归功于他的事业心、责任心和工作精神,归功于他的精神状态。武汉又是以气候异常、寒暑反差极大出名的;但是,无论是盛夏酷暑,还是数九寒天,朱九思从不懈怠,连从水果湖住地坐车来校园上班所花的时间都是算好了的,并且总要提前几分钟到达,从不允许司机出现例外。1979年12月20日,《人民日报》评论员以《共产党人应有的革命精神》为题,高度评价了华工党委朱九思一班人的精神状态:"华中工学院党委面对当前的许多实际问题,体谅国家的困难,既不向国家提出不切实际的要求,又不叫苦叫难,消极等待,而是千方百计克服困难,在力所能及的范围内,实实在在地解决一个一个的问题。这种精神状态,是革命者应有的精神状态。"

20世纪70年代末80年代初,朱九思提出:"科学研究要走在教学的前面","把学校办成以理工为基础的综合大学","根据我校的实际情况,要考虑实现三个转变:从教学中心向既是教学中心又是科研中心转变;从以工科为主转变为理、工、文、管综合组成的大学;在培养好大学生的同时,把研究生的培养提到重要位置"。在他的办学思路指导下,华工在加强基础理论、采用最新技术成就改造传统工科专业的同时,积极开拓新的专业,设立了激光技术、计算机科学与技术、信息工程、微波技术等一批具有广阔发展前景的理工结合的

---

① 《竞争与转化》"卷首语"。

技术学科专业；创办了系统工程、生物力学、工程热物理、建筑学等综合性和边缘性学科专业；还先后设立了工程力学、应用数学、应用化学和应用物理专业；1979年，成立管理工程系；并大胆突破文、理、工分家的办学模式，在全国工科大学中率先创办文科，陆续设立了中国语言研究所、哲学研究所、经济学研究所和社会学研究所等人文社会科学研究机构，并于1983年成立新闻系和经济系。为办好理科和文科专业，华工采取了几项特别的措施：一是充分调动原有教师的积极性，挖掘潜力；二是千方百计从校外调进一批教师，并从中国科学院和兄弟学校聘任一批兼职教授作为学术带头人；三是坚持"科研走在教学的前面"的原则，先开展科研、招收研究生、培养师资，再办本科专业；四是创办学术刊物，通过学术刊物同国内外学术界联系和交流。经过几年的努力，华工在多学科结合的基础上，不断"生长"出不同于原有综合大学的理科、文科和管理学科的专业。到1984年底朱九思离开领导岗位，华中工学院已设有包括理科、文科、工科和管理学科的45个本科专业，形成了新型的综合性大学，实现了以工为基础，理、工、文、管相结合向综合化发展的目标和由基本教学型向教学与研究并重的研究型大学的转变。

1984年12月，正在华工蒸蒸日上之际，华中工学院领导班子换届，68岁的朱九思不无遗憾地离开了党委书记和院长一身二任的领导岗位。他在华工领导岗位上工作了31年，带领华工党委和行政领导班子，依靠华工教职工，使新中国在1952年院系调整中创办的这所大学取得辉煌。他是华中工学院的骄傲和光荣，华中工学院也是他的丰碑！但是，朱九思却离任不离休，在华中工学院高等教育研究所即今教育科学研究院担任教授，从事高等教育研究，指导硕士、博士研究生，继续为华中工学院和改名后的华中理工大学、合校后的华中科技大学以及中国的高等教育贡献自己的热情执着和聪明才智。朱九思用自己的成就表明，他是当代中国富有远见的传奇教育家！

于今，朱九思已是年逾九秩的耄耋老人，他不再在工作岗位上继续建树了，但是，生姜愈老愈辣，年高德劭的朱九思，思想活跃，思考也越来越多，他针砭当今教育时弊，尤其影响遐迩！

前华中理工大学校长、中国科学院院士杨叔子为朱九思九十华诞撰专文说："对高等学校而言，学科的结构与水平如何，这是关系到学校建设与发展中的龙头问题；学校的科研与教学关系如何，这是关系到学校建设与发展中的基础问题；学校的研究生教育与本科生教育的关系如何，这是关系到学校建设与发展中的层次问题；学校的对外开放与国际交流如何，这是关系到学校建设与发展中的道路问题；学校的师资队伍建设如何，这是关系到学校建设与发展中的最为根本的问题；学校的管理水平如何，这是关系到学校建设与发展中的最为要害的问题。还有,学校的校园环境如何,这实际上关系到建设什么样的校园文化问题。对于建设极有水平、极富特色、极具影响的培育人才、创新文化、服务社会与交流学术的名牌高等学校而言,这几个极为重要的方面都是必须正确解决的问题。九思同志从他1953年担任我校领导,特别是从1960年担任学校的党委书记,后又兼任学校行政第一把手,直至1984年从领导岗位上退下来,31年间,在上述几个极为重要的方面作出了奠基性的贡献。而且,在退下来之后,他还一直关心我们学校与我国高等教育事业的建设与发展,甚至这已成为他生活中不可分割的重要部分。"①

最早研究朱九思的国际比较高等教育专家、加拿大多伦多大学 Ruth Hayhoe(中文名许美德)教授于1992年对朱九思进行访问后,介绍了朱九思关于加强师资队伍建设、建立新学科等成就,认为"朱九思在('文革')这样艰难的时期能预见中国大学之前景,真是一位少有的人物"。后来,她又在自己的专著中辟专章《朱九思——有远见的大学校长》,称朱九思为"高等教育发展中一位具有远见卓识的领导人"。②

朱九思的继任者、前华中理工大学党委书记李德焕说:"关键是朱九思能够遵循教育规律,有好的办学理念,对于华工的发展能够做出好的决策。早期的起点是重点大学,接着是逐步升级,学麻省、赶清华、综合性、研究型、办一流。改革开放,大家都讲摸着石头过河,但是朱九思的改革却不是一般的摸着石头过河,而是有既定教育目标,遵循教育规律,其思想、理念与摸着石头过河不一样。他在'左'的干扰年代,难能可贵地尊重知识、尊重人才,就是从教育理念要有好的教师出发的。他在科学研究方面主张异军突起,他在学科建设方面提出出奇制胜,他在学校管理方面严格要求,等等。他领导华工31年,为我们学校做出了功不可没的贡献。"③

前华中理工大学校长、时任教育部部长的周济向朱九思请教当校长的经验时,朱九思说他当校长时创造性的工作主要是两件半事情:一是提出了发展的新思路,"走综合化道路"和"科研要走在教学的前面";二是采取超常规的办法广揽了一大批人才;半件事情是植树造林。"正是由于朱九思同志的深谋远虑和他所领导的全校师生员工的大讨论,使华中科技大学在20世纪80年代

① 杨叔子:《继承历史财富 不断丰富发展——由庆贺朱九思同志九十华诞而作》,《高等教育研究》2006年第3期。

② 许美德:《朱九思——有远见的大学校长》,沈红、魏黎译,载朱九思著:《开拓与改革》"代序一",华中科技大学出版社2008年版。

③ 笔者2009年1月9日访李德焕。

初期抢抓机遇,实现了一次超常规的发展,对学校后来的发展产生了深远影响。"①周济要求华科人"认真学习和发扬20世纪80年代初九思同志带领全校师生谋划发展的经验,解放思想、高瞻远瞩、深谋远虑、精心设计"②。

作家祖慰《朱九思的"引力"》一文开门见山地写道:"朱九思,这名字铮铮有声,起码在武汉地区知识界很响亮。他是华中工学院党委书记兼院长。无论喜欢他的还是不喜欢他的人们,都喜欢谈论他。他身上有种特殊的引力,即使是相斥的人也能吸引过来。"③

有人在网上跟帖称朱九思是"大师一般的教育家",认为"朱九思是受解放前的教育成长,受中国传统文化影响成才,受共产党'捶打锤炼'成器,受'自命不凡''自有主张'而成功,受'思想自由'不落窠臼的创造性奋争而成就。其中,最重要的是他的成长,是在有中国传统文化支撑、家庭教育讲真话、社会民风鼓励讲实话的环境中过来的。"④

还有人认为,朱九思,还有匡亚明,是所在学校的精神领袖。"华中科技大学至今差不多把朱九思当作校父看待,匡亚明更了不得,在吉林大学、南京大学,至今人们都在怀念他的丰功伟绩和高尚品德。"而"校长成为精神领袖,首要的当然是高尚品德和卓越的办学思想和正确的执行方法"。朱九思30余年的办学实践所形成的可贵的品质,是高度的革命事业心、责任感和从实际出发、一切按照客观规律办事。他认为,作为领导人,必须敢于负责,敢于解决问题,敢于严格要求,必须将个人利益得失置之脑后,时刻把工作放在第一位。也"就是真正把发展学校当作高于一切的使命,而不是谋求个人的成就和声名"⑤。

朱九思属于华中工学院,华中工学院也是他的丰碑!

朱九思属于当代中国高等教育,当代中国高等教育也因他而增辉!

---

① 周济2003年1月5日在教育部直属高校工作咨询委员会第十三次全体会议上的讲话。资料来源:http://www.moe.edu.cn。
② 见陈海春:《朱九思在1978年前后》,《华中科技大学周报》总第284期"校园视点"。
③ 祖慰:《朱九思的引力》,《湖北日报》1984年5月26日。
④ 《朱九思先生谈教育》引起强烈反响。资料来源:五柳村纪事,歪酷博客。
⑤ 陈志刚:《匡亚明、朱九思为什么能够成为所在学校的精神领袖》,资料来源:http://www.sinoth.com/陈志刚思想门户,访问时间:2009年10月24日。

《朱九思评传》序二[*]

李培根

　　九思先生是当代中国高等教育界屈指可数的教育家之一,他在华中科技大学历史上的地位更是极其特别。在华中科技大学,不管是朱九思时代的经历者还是未曾经历者,甚至是和他观点有分歧的人,都承认他的功绩和地位。这当然在于他主政华中工学院时做出的丰功伟绩,以及对于这所学校后来发展所产生的深远影响。

　　九思时代,奠定了学校后来几十年学科发展的基础。正如《朱九思评传》中提到的,20世纪70年代后期,他明确提出"调整和改造专业,实现理工结合"。1980年,正式提出"把华工办成以理工为基础的综合大学"。今天,华中科技大学已经是一所真正的综合性大学。可以毫不夸张地说,今日之华中大,除了医科之外,理科、人文社科之发展的基础,都是九思时期所奠定的。

　　九思先生给我们留下了宝贵的教育思想。他提出科研走在教学的前面,对于华中工学院后来的快速发展起到了巨大作用。在教学思想和方法上,他强调培养学生的自学能力、独立工作能力和创造能力,反对把学生当作小孩,老是抱着他们走。他指出,"抱着走"的实质就是"把学生禁锢在传统的知识圈内,不图革新创造;它让'孩儿'安卧于母亲的怀抱之中,不愿自己走路"。从校长位置上退下来以后,九思先生也一直思考着教育的一些重大问题。1999年,他在《大学生命的真谛》一文中,将自己的教育观概括为"大学生命的真谛是学术自由,追求真理"。这些思想即便在将来也依然具有指导作用。

　　九思先生为学校留下了宝贵精神。他提倡而且秉持的"敢于竞争,善于转化"成了华中工学院及今天的华中科技大学之精神风貌和光荣传统。也正是

---

　　* 本文是《朱九思评传》(王炯华著,华中科技大学出版社2011年版)的"序二"。
　　李培根,原华中科技大学校长。

这种精神才使这所学校得以持续、快速地发展,并取得今天的地位。华中工学院/华中科技大学,正如人们所言:"多年以来姥姥不疼,舅舅不爱,内无历史积蕴,外无'贵人'相助,取得的成绩都是'一刀一枪'搏来的。"笔者多次在不同场合提到,希望让"敢于竞争,善于转化"永久地成为华中大的精神风貌,即使在艰难不利的条件下也要敢于与那些比自己条件优越得多的学校竞争并追求卓越。这当然需要善于把不利条件转化为有利条件,把困难转化为机遇,把劣势转化为优势。

九思先生为我们树立了杰出的领导风范。他对事业的热爱与执着,他的视野与气魄,都永远值得我们学习。我特别佩服他的独立思考与胆略,他从不盲从上级的指示。他以麻省理工学院为华中工学院的模仿和追赶对象,就是违背当时的教育部某主要领导的指示的。我还钦佩他的反思和反省精神。就像其他的大家一样,他也有过失误。80年代初,他发动批判电影《天云山传奇》和否定关于潘晓人生观的讨论,在华工开展批评黄克剑的所谓人道主义和异化问题的"错误"。这些或是在特定历史时期的中国大多数领导都难以摆脱的意识形态束缚,或只是贯彻上级指示,本来无可厚非,但是他对这些都能深刻反省,足见其大家风范。

九思先生九秩之时,我曾献词一首,不妨录于此:

华诞九十,佳宾集,朱公伟绩历历。树木育人,百年计,满园翠绿若滴。非常时期,东山再起,巨擘千钧力。望远世界,还看英雄眼际。　　崇尚研究科技,拓办文理,休管他非议。转化竞争,觅时机,凝聚大家气势。功成身退,学而时习,求是何老矣。华中九思,世界学林当立!

本书是我们研究高等教育的很好的参考资料。它既反映了九思教育思想,也反映了20世纪50年代以来中国高等教育发展的概貌,还简述了某些国际名校(如MIT)的办学思想。

此书值得高等教育研究者一读,也值得所有关心中国高等教育的人士一读。

但愿这本书的出版,使九思先生能得到他在当代中国高等教育史上本应该有的地位;使九思先生更能成为华中大历史的一座丰碑;使九思精神永远成为华中大精神;使未来学校的领导者都能把九思先生作为自己的楷模,时刻警醒自己,不可有丝毫的懈怠。倘能如此,华中大成为世界一流大学则可期待也。

但愿此书的出版,能让人们了解中国当代并非没有教育家。在时下社会广泛质疑中国高等教育的特殊时期,在高等教育界自身也感到困惑的时期,此书将犹如一丝清风拂面。

继承历史财富　不断丰富发展
——由庆贺朱九思同志九十华诞而作[*]

杨叔子

丙戌年正月十八（即 2006 年 2 月 15 日），朱九思同志满九十周岁了。作为原华中理工大学建校之初还是学生的我，作为从 1993 年至 1997 年任原华中理工大学校长的我，作为随着我们学校一起成长的我，回顾原华中理工大学的建设与发展，面对今天学校的水平与地位，环视国内外的形势与发展，放眼未来学校的任务与前景，感慨万千，思潮澎湃。学校能有今天，能成为新中国高等教育建设与发展的"缩影"，必须饮水思源；固然这是一代代的师生员工在党的领导下，在共和国的旗帜下，紧密团结，把准方向，扎实工作，不懈努力的智慧与血汗的结晶，但也必须充分认识到九思同志个人发挥的巨人作用，可以无愧地说，他在原华中理工大学建设与发展的众多极为重要的方面做出了奠基性的贡献，可谓功劳甚伟，应居首位，并且这些贡献还在深深地影响着学校今天的建设与发展。九思同志办学的杰出功劳与宝贵经验，是我们学校办学的巨大历史财富，在庆贺他九十华诞之际，我们应该充分总结，认真研究，有效继承，大力丰富，不断发展，以有力地推动学校今后的建设与发展。书不尽言，言不尽意，本文也只能是略陈固陋而已。

一、高等学校肩负的根本使命

教育的根本任务是育人，是提高国民素质。高等教育的根本任务是育人，其核心是培育具有高素质的高级专门人才。时代不同，地区不同，类型不同，条件不同，育人的内容、方法与要求有所不同，然而"育人"而非"制器"这个根

---

* 本文原载《高等教育研究》2006 年第 3 期。本文写作中得到余东升同志的帮助，特此致谢！

杨叔子，原华中理工大学校长，华中科技大学教授、博士生导师。

本任务丝毫没有改变。高等学校特别是大学，是实施高等教育的机构，其首要任务是培育高级专门人才；但是在今天，同时还必须肩负其他重要的任务：创新文化，服务社会，交流学术。高校要创新文化。高校不应只继承文化，传播文化，应用文化，还应选择文化，更应创新文化。不选择，特别是不创新，学校就不属于高等这一层次，从而创新文化也正是高校之所以成其为高校的一个显著标志。创新文化中，关键是要进行科学研究；唯有如此，才能有所发现，有所发明，有所创造，有所前进，人类社会才能有所发展。放眼世界，科技突飞猛进，知识日新月异，高校特别是大学起了何等巨大的作用！高校要服务社会。高校产生于社会，运转于社会，固然区别于社会，但是无法隔绝于社会，而且是社会不可分割的一部分。高校必须面向社会，以贡献求支持，以互动求发展，特别是大学要成为政府决策的智囊团、思想库与高新科技的活水源，要成为社会精神文明的辐射基地，在精英教育时代应如此，在大众化、普及化教育时代更应如此。高校要交流学术。在高级人才之间，在高级学术机构之间，交流学术，自古皆然。何况在今天这个信息化时代、网络化时代、知识经济初见端倪的时代、地球成为一个"村落"的时代，就更应如此。特别是对我国而言，大力加强高校的国际学术交流，十分有助于我国的改革开放；一个开放的系统、一个开放的地区、一个开放的国家，才富有活力，才不至于走向衰亡。

培育人才，创新文化，服务社会，交流学术，从一定角度上看，实际上就是传承文化，创新文化，应用文化，交流、传播文化。其实，这十分自然，教育定位于文化领域，作为实施高等教育机构的高等学校所肩负的重要任务就同文化密不可分，而且传承、创新、应用以及交流、传播文化这四个方面彼此紧密相连，相互依存，相互渗融，相互促进。

传承文化，培育高级专门人才，这是高校的首要任务。不把育人作为首要任务，就不是学校；不把培育高级专门人才作为首要任务，就不是高校；不把"得天下英才而育之"，培养一流的人才作为首要任务，就不是一流的大学。创新文化，研究高深学问，这是高校特别是大学的重要任务之一，又是高校特别是大学建设与发展的关键所在。高校不仅是培育高级专门人才的机构，而且必须同时是研究高深学问的学术机构。如果讲，培育高级专门人才是高校的首要任务，那么，研究高深学问就是高校培育高级专门人才的基础，而且是作为研究高深学问的机构存在的基础。进一步而言，研究高深学问、开展科学研究是高校的关键任务。不如此，就无文化创新，就无学问高峰可据，那么何能提高师资水平？何能高水平地传承文化？又何能培育高级专门人才？不如此，就无文化创新，就无硬软科研成果，就无高水平人才，那么何能高水平地应用文化？何能高水平地服务社会？何能成为智囊团、思想库、科技源？何能焕射引导社会潮流的精神文明光芒？又能以什么科研成果同外界、同国际进行交流？

应用文化，服务社会，这是高校的重要任务之一，又是高校发展的活力之所在。不以自己所拥有的文化、知识、技术、成果服务于社会，不为社会做贡献，不与社会互动，学校的建设与发展就不能取得社会的关心与支持，学校的人才培育与文化创新就不能取得社会的配合，而且也不能为其寻求社会的归宿。特别是在世界日益发展与进步的今天，高校日益走向社会的中心，只有更好地为社会服务，才能更好地引领社会；只有更好地为政府、为有关事业单位、为企业出谋划策，才能更好地促进社会发展；只有更好地发展高科技，更多地出高科技成果，更有效地孵化高科技产业，才能更好地推动科技与产业进步，才能更好地成为科研生力军与生产力创新源。只有扎实地立足于服务社会，才能有内涵丰富、形式多样、生机勃勃、富有成效的学术交流、文化交流，特别是国际交流。而且文化交流、学术交流，特别是国际的交流，为前三项任务的完成开辟了广阔天地，创造了开放环境，提供了具有生命力的源头，这是高校建设与发展的道路所在。世界是有差异的，差异就是矛盾，有差异、有矛盾、有矛盾的合理解决，才有不同而和的矛盾对立统一，才有发展与进步。地区不同，历史相异，情况互别，文化也就不同，学术也就相异。"海纳百川，有容乃大"，"他山之石，可以攻玉"。依据各自的具体情况，吸他人之长，补自己之短，文化、学术以及相关方面就会发展得好，发展得快，前三项任务才能完成得好，完成得快。古今中外，莫不皆然。生物中，杂交出优势；学术中，交叉出活力。

高校按其自身含义，应肩负这四项任务，少一项也不行。问题只是：培育什么人，怎么培育，怎么评价培育的结果？创新什么文化，怎么创新，怎么评价创新的结果？用什么服务社会，怎么服务，怎么评价服务的结果？交流什么内容，怎么交流，怎么评价交流的结果？概括地讲，就是做什么，怎么做，怎么评价做的结果？不论是部属高等学校还是地方高等学校，不论是普通高等学校还是职业高等学校，只是对做的类型、层次、范围、方式与水平等的要求有所不同而已，但不去做，高等学校就不姓"高"，或者说就没有姓好"高"！比如讲，在普通高校中，有所谓研究型的、研究教学型的、教学研究型的、教学型的。难道所谓研究型的高校就没有教学？没有教学，不重视育人，把教学置于忽视的地位，那就不是高校。难道所谓教学型的高校就没有研究？没有研究，不重视创新，把研究置于可有可无的地位，就不能算是高校。

九思同志为将原华中理工大学建设成为培育人才、创新文化、服务社会与交流学术这样的大学，从历史的角度公正地评价，毫无疑问，做出了杰出的贡献，而且其贡献的影响已超出原华中理工大学。

二、九思治学的历史财富

对高等学校而言,学科的结构与水平如何,这是关系到学校建设与发展中的龙头问题;学校的科研与教学关系如何,这是关系到学校建设与发展中的基础问题;学校的研究生教育与本科生教育的关系如何,这是关系到学校建设与发展中的层次问题;学校的对外开放与国际交流如何,这是关系到学校建设与发展中的道路问题;学校的师资队伍建设如何,这是关系到学校建设与发展中的最为根本的问题;学校的管理水平如何,这是关系到学校建设与发展中的最为要害的问题。还有,学校的校园环境如何,这实际上关系到建设什么样的校园文化问题。对于建设极有水平、极富特色、极具影响的培育人才、创新文化、服务社会与交流学术的名牌高等学校而言,这几个极为重要的方面都是必须正确解决的问题。九思同志从他1953年担任我校领导,特别是从1960年担任学校的党委书记,后又兼任学校行政第一把手,直至1984年从领导岗位上退下来,31年间,在上述几个极为重要的方面作出了奠基性的贡献。而且,在退下来之后,他还一直关心我们学校与我国高教事业的建设与发展,甚至这已成为他生活中不可分割的重要部分。

在学校的学科建设方面,在九思同志直接领导下,原华中工学院到"文革"前夕,已从一所机电类的工学院初步发展成为一所多科性的工学院,建立了同国防有关的无线电类、船舶工程类专业;"文革"中期建立了同激光技术等有关的研究机构,接着建立了同信息类有关的前沿技术专业,学校成为一所名副其实的多科性的工科大学。1980年前后,他克服重重阻力与种种困难,学校先后设置了一大批理科、文科专业,使学校初具综合性大学的雏形。同时,他还特别关心高等教育本身的研究,在全国高校中最早一批设置了高等教育研究所。他从整体上构建了我校的学科结构,实际上,为学校进一步向研究型、综合性、开放式的高水平大学发展,赢得了时间与空间,占据了有利的战略地位。九思同志对此做出了历史性的贡献。对于一所高水平的大学,可以说,没有理科,就没有应用学科明天原创性的发展;没有文科,就无法形成文理交融的事关大局的学术文化;理科是应用学科发展的源头,而文科又对理科、应用学科的发展有着极为深刻的影响。毫无疑问,理科、文科是应用学科发展的源头,应用学科也是文科、理科发展的战场。文、理、应用三大类学科彼此相依,彼此互动,相互促进,共同发展,这是一所高水平的大学所应努力追求的学科建设的目标。

与学科建设紧密相连的,是要解决开展科学研究问题,解决好科学研究、教学、社会服务这三者之间的关系问题。九思同志早在"四人帮"倒台之后,就明确提出"科研要走在教学的前面",正确地解决了科研与教学的关系问题。他高度重视科研,让一位校领导兼任科研处处长,他亲自抓科研,亲自过问科研项目,亲自组织教师大规模地进行国内外情况调查研究,敏感地抓住科研动态,制定有关规划,确定研究方向与奋斗目标,尽力提供研究条件,大办学术刊物。例如,20世纪70年代初期,他大抓激光等前沿技术;70年代中期,他大抓信息类的前沿技术;70年代后期他又抓理科的科研,在他的直接关心下,学校引进了引力人才,建立了引力实验室,创造了引力研究的条件。他一贯重视同国民经济建设主战场密切相关的研究与开发,例如,在70年代中后期,由我校独立自主研制的两台数控加工中心相继诞生,如此等等。他的创造性努力为学校高水平发展奠定了可靠的基础。然而,他绝不是不重视教学,相反,他十分重视教学,不断改善教学条件,大力充实教学设备与书刊,经常深入课堂听课,深入实践教学现场,深入实习车间。他深深了解科研与教学的关系。任何类型的高等学校都要有教学,都要有科研,问题只是教什么,研什么,如何教,如何研,如何评价教的结果,如何评价研的结果,如何处理好这两者之间的关系而已。不重视教学,就不是高等学校;不抓科研,也不能算是高等学校。

与上述两点紧密相连的,九思同志异常关注研究生培养,大抓研究生教育。他抢抓机遇,迅速发展我校的研究生教育。1978年我国改革开放后第一次招收硕士研究生时,学校一次就招了200多人,成为当时高校中的少有者。那时,一些指导教师每人得带几个硕士生,颇有怨言:"哪能这么招?一个人带几个!"其实,一逼就逼上来了,实际上都带得不错。可以说,没有科研,就没有名副其实的研究生教育;没有研究生教育,就没有能成气候的科研。科研、研究生教育,既直接关系到教师与学校的学术水平,也直接关系到为国家提供高水平的专门人才与高水平的科技成果,也严重关系到为社会的直接服务。到1984年,在他退下来之前,我校已成为我国第一批建有研究生院的22所高校之一,有博士点17个,硕士点近40个。当时的校领导之一、我国自动控制界权威陈挺教授兼任校研究生院院长,他尽心尽力尽职,为学校在一个高层次、高水平上发展奠定了坚实的基础。

九思同志力主学校积极对外开放,向兄弟学校学习,加强国际学术交流。他大抓外语学习,特别是英语学习;他大力聘请外教,积极开设专门的外语班;他为外语教学积极创造人力条件、财力条件与物力条件;他想方设法,利用一切可能,大批派遣教师出国学习,派遣研究生留学;他竭力聘请国内外知名教授、专家来校讲学或工作,积极同国外有关大学特别是著名大学建立合作关系。1979年11月,原华中工学院派出了第一批5位副教授赴美国有关高校做高级访问学者，到 1982 年 12 月，学校派遣的高级访问学者已达 150 人左右；这些高级访问学者绝大部分成为了学校的业务骨干、学术带头人。他还十分有远见地在 80 年代初就将当时的"华中工学院"的英文译名定为"Huazhong University of Science & Technology"，一直沿用至今。仅这一点，就为我校创造了巨大的无形资产。九思同志深刻认识到，学校要迅速发展，要高水平发展，就必须对外开放，坚持走邓小平同志提出的"三个面向"的道路。

令人最为钦佩的是他不懈地加强师资队伍建设，令人最为感动的是他一贯发自内心地对教师的爱护与尊重。他深刻地认识到，学校的建设与发展，一切得以师资建设为基础。育人，就必须有教师；培育英才，就应该有高水平的教师。他常讲：对学校的优秀教师，要如数家珍，一个一个记在心上，数得出来。他是这么讲，也是这么做。他到骨干教师家中嘘寒问暖。对派遣出国学习回校的教师，他要一个一个地会见，亲切地交谈，询问有什么困难，有什么要求，只要能解决的就当场拍板解决。原华中工学院在"文革"前，有教师 1100 多人；"文革"结束时，增至 2200 多人。这是一个令人十分感动的数字。众所周知，"文革"期间，高校的教师几乎都在严重流失，而原华中工学院的教师人数却翻了一番。因为 70 年代初，在学校军代表刘崑山同志的大力与有效支持下，从"牛棚"中被"解放"出来的九思同志，不怕鬼，不畏邪，敢于抵制"四人帮"对知识分子的倒行逆施，一直不停地大胆地到处网罗"牛鬼蛇神"，"招降纳叛"，积极搜集人才，招贤进能。同时，面对师资水平的现实，他坚定地要求并积极组织有关教师补基础、补数学、补外语；他适应当时形势，积极主张胆子放大一点进行职称评议，从而选拔了一大批学术骨干。他从各个方面极力加强师资队伍建设，使得原华中工学院在这一坚实的基础上，欣欣向荣，迅速发展，这是十分难能可贵的。

还有一点不能不提及，那就是对我校校园的绿化，九思同志有着卓著的功劳。几十万株树木，枝繁叶茂，参天蔽日，一片绿的海洋，一片绿的世界，甚至只见树木，不见房屋；这是"森林公园"，这里留下了九思同志的心血。九思同志爱树的逸事传闻不少。挖一个洞，种一株树，他往往亲临现场。他常讲：树木是净化空气的，房屋是污染空气的。有人讲：九思同志爱才如命，也爱树如命。这也不为过。正因为他这么重视绿化环境，所以才有今天喻园之内人与环境的绿色和谐，才有这么一个特殊的校园环境。

原华中理工大学之所以得到如此迅速的发展，应该说，要害在于领导，在于领导的认识，在于干部队伍的建设，在于有一大批优秀的管理干部，即在于管理。管理是最重要的科学，管理能出最宝贵的效益。九思同志在位时留下了许多好的管理传统与工作作风："严"字当头，一丝不苟；井然有序，各司其职;严于自律,清正廉洁;雷厉风行,管理高效;工作务实,不敷不衍;队伍团结,顾全大局;环境整洁,讲究文明,如此等等。他既坚定不移地抓"严","严"字贯彻于管理工作的方方面面,克始克终,工作有布置,就有措施,就有检查,就有改进;他又富有胆量地抓"干",一直强调"敢于竞争,善于转化",决不自甘落后,决不畏葸不前,只要创造出一定条件,就事在人为,敢为人先。学校的管理既井井有条,又富有生气。可以说,学校在上述几个方面之所以能取得卓然的成就,莫不与九思同志的"管理"密切有关,莫不与一大批优秀的管理干部的团结奋斗有关。

三、办好高等学校的经验启示

今天,我国处于大发展、大转型时期,办高等学校面临的形势和问题与过去相比,大有不同,情况大为复杂,挑战大为严峻,机遇大为存在,任务大为艰巨。然而,"万变不离其宗",坚定不移地贯彻党的教育方针,脚踏实地地按照教育规律办事,看清世界发展趋势,牢记国家发展需要,依据学校情况与顾及地区特点来办学是不变的。从九思同志给我们的巨大历史财富与宝贵办学经验中,从学校历届领导与师生员工共同不懈努力的实践中,考虑到已经发生变化而且还在继续变化的情况,如下四个方面值得着重提出。

第一,首要的是要有一个正确的办学思想。作为高校领导,首要的是要"出思想",办什么样的学校,如何办这样的学校。古今中外,名校的名校长莫不有自己的办学思想。上述的成就,莫不与九思同志的办学思想有关。九思同志敢于把原华中工学院同名牌大学、一流大学比较,提出"当仁不让,全力竞争","敢于竞争,善于转化"。"竞争"、"转化"所围绕的核心是学生、教师、学科,就是要培育什么样的学生,如何培育;要建设什么样的师资队伍,如何建设;要建设什么样的学科结构,如何建设。显然,战略在于"竞争",战术在于"转化"。怎么"转化"?可将原华中理工大学的经验概括为本文开始时提出的四句话:"紧密团结,把准方向,扎实工作,不懈努力"。"紧密团结",这是大前提。不搞团结,老打内战,钩心斗角,相互算计,有心搞内耗,无意干事业,工作怎么会有进展?事业怎么会有成就?一个单位所谓"有人气",就是"搞团结"。"人心齐,泰山移。"形象得很!深刻得很!我校之所以能发展到今天,就是因为上下左右的关系比较亲密,不拉山头,不搞派别,我校发展得好的院、系,更是如此。"把准方向",这是关键。方向一错,全盘皆误,团结再紧,干劲再大,只能是瞎折腾。"大跃进"的严重教训,不是值得深思再深思吗?我校之所以能发展到今天,就是因为没有大方向的失误,没有大起大落,而是一直向上向前较快发展。"扎实工作",这是根本。工作是干出来的,不是吹出来的,不是混出来的;事业是干出来的,不是写出来的,不是宣传出来的。只有干,才能把方向指着的目标与愿望逐步变成现实。清华大学的教师常讲:"到了清华,就是骡子上了'枷',不干也得干!"清华是干出来的,我们学校的情况也大抵如此。"不懈努力",这是保证。"集体努力,长期累积"这八个字就是"不懈努力"的确切内涵。成功非一朝一夕之事,千里之行,始于足下,不积跬步,无以至千里。要"转化",就是要由量变到质变。没有长期耕耘、长期积累的量变,就不可能产生质变。任何自满、任何懈怠,将可能导致相对退步、绝步退步,乃至重大挫折。

第二,一定要建设好两支队伍,一是师资队伍,二是干部队伍。

师资队伍的建设是学校建设与发展中最为基础的问题。没有教师,就没有学校,谈何培育人才?没有高水平的教师,就没有高水平的学校,谈何培育英才?"古之学者必有师。"江泽民同志讲得十分深刻:"百年大计,教育为本;教育大计,教师为本。"而干部队伍建设、管理队伍建设,则是学校建设与发展中最为根本的问题。"政治路线确定之后,干部就是决定的因素。"毛泽东同志的这句名言十分精辟。学校之所以强调师资队伍的重要,绝不是讲干部队伍、管理队伍不重要,正如在战争中强调"一切为了前线",绝不是讲后方不重要一样。这只是讲明了一个事实:胜利最终的决定是在前线。一切为了前线,就是要保证战争必须取得最终的胜利。一切为了教师,就是为了保证教师在培育人才、创新文化、服务社会与交流学术这一前线取得卓越的成就。与前线相比,后方不重要吗?总的指挥中心及其决策不重要吗?没有这些,哪有前线?哪有前线的胜利?与教师的作用比较,学校总的办学思想、办学方向、重大决策的把握,各级各类管理部门的运转不重要吗?没有这些,教师的作用又哪能得到发挥?学校的任务又怎能实现?"一切为了学生,为了一切学生,为了学生的一切",岂不成了空话!教师队伍与干部队伍,恰如一鸟的双翼,缺一不可。只有双翼健劲,才有长空竞胜,而且管理队伍处于要害地位。九思同志既抓了师资队伍建设,又抓了干部队伍建设,并且对干部的要求特别严格,干部要服务于教师,服务于学生,服务于教学与科研,而且要服务好。

第三,管理是要害,一定要妥善解决学校管理的体制与机制问题。

首先,在历届校领导的努力下,今天,我校已初步形成一个较好的管理体制:"党委领导,行政负责,教授治学。"高校的领导体制,也就是管理体制,在我国《高等教育法》中已明文规定是党委领导下的校长负责制,此即"党委领导,行政管理"。"教授治学"实际上在《高等教育法》第42条中已有所表达,即明确规定了校学术委员会的功能,赋予校学术委员会以重要的学术管理任务。

"教授治学"，首先而又基础的是教授要治学术，要做学问，教授不教学，不治学术，不做学问，就不应是教授；同时，重要而又必需的是教授应在教学与研究的基础上，直接管理学校重大的教学、科研、学科建设、专业建设等学术方面的工作，亦即代表"教授治学"的校学术委员会作为学校的学术权威机构，在校党委与校长的直接领导下，执行《高等教育法》所赋予的在重大学术问题上的评定、审议与咨询的权利与义务，并直接对校党委与校长负责。其次，在这一体制下，要认真实行"依法治校，以德治校，民主治校"的机制。学校的重大决策，必须法制化、科学化、民主化，杜绝随意性。学校各项工作的开展，必须有法可依，有章可循，而不因人而异，随意改变。然而，法既不能覆盖一切方面，法又要人去执行；一旦法所不能及之处，法即使能及而人缺德之时，德的作用就十分明显。何况，以力服人，只能服人之口、服人之行，以德服人，却能服人之心、服人之情。无论是依法，还是以德，根还是生于群众之中，生于师生员工之中；无根则木不活，根浅则木不茂。因此，必须在工作机制中贯彻党历来所主张与实行的群众路线，"从群众中来，到群众中去"，实行民主治校，师生员工当家做主。

第四，要有宏观的战略思维。

我校的成功发展，集中体现在战略上的五个"转变"中。

一是从原华中工学院一所机电类的工学院转变到原华中理工大学一所文、理、工、管兼有而工科占有优势的综合性大学，2000年并校后又增添医科这一占有优势的学科。这个转变实际上是学科建设的转变。九思同志正是在这一龙头问题上做出了历史性的贡献。学科建设，本质上是学术建设，本质上是学术生态环境的建设。只有有了合适的多样性的生态及其相互协调、相互依存、相互促进的环境，才能有欣欣向荣、前途无限的学术生态，高水平的专门人才、高水平的研究成果、高水平的社会服务、高水平的学术交流，才能在这一良好的生态环境中产生。这绝不是说，良好的生态环境就是千篇一律、千人一面的。亚马逊的热带雨林、西双版纳的亚热带森林、长白山的亚寒带森林、西伯利亚的寒带森林，都有着良好的生态环境，但彼此互异，各有特色。显然，多学科性的大学、综合性的大学，并非一定要而且也不应彼此雷同，当然应有其共同点：需有文科、理科、应用学科这三大类学科。正如前述，这三大类学科其实也是两大类学科，即基础学科、应用学科，它们应该相互依存，应该彼此互动，应该共同发展，而非拼盘式地放在一起。因此，学科建设应"支优、强基、扶新、重交，协调发展，办出特色"。首先是"支优"，支持优势学科，突出优势，这是学校竞争的需要，也是国家发展的需要。学校竞争，只能以优势竞争，竞争胜利，才能发展。国家发展，只能依靠具有相应优势的单位，既省又好又快。然而，优势要能发展，而且明天还能保持优势，甚至后天还能产生新的优势，就必须固本浚源，加强基础学科建设，即"强基"。"扶新"，"人无远虑，必有近忧"，要有战略眼光，扶助新兴学科、萌芽学科，积极准备抢夺未来学术的制高点，创造学校未来更大发展的条件。"重交"，即重视交叉学科建设。交叉，就是学科的开放；交叉，出活力，出新域，出突破，出重要的发展。但这四者，必须从具体情况出发，协调发展，而且必须办出特色。"山不在高，有仙则名。水不在深，有龙则灵。"学科建设的关键不在数量多少，能有"非予莫属"的学科特色才有强大的生命力。当然，学科建设的核心是师资（主要是学术带头人）、学科基地与学科方向这三位一体的建设，抓住这三位一体的建设，学科建设才有基础。

二是从原华中工学院开始基本只有教学转变到今天的教学、科研与社会服务三者紧密结合。这三者关系的正确处理，正如前述，是学校建设与发展中的一个基础问题，实质上，也是如何进行学科建设、如何进行学术生态环境建设的问题。事实证明，学科建设，不可能脱离教学、科研与社会服务来进行。三者之中，教学是中心，科研是关键，为社会服务是学校适应社会发展的活力。它们的关系在前面已讲明。这里特别要提出两点，第一点是在高等教育走向大众化时，每所高校应根据自己的情况正确定位，处理好大众化教育与精英教育的关系，着重提高教育质量。第二点是在国家走中国特色自主创新道路、建设创新型国家时，学校应根据自己的情况，正确处理学研产的关系，特别是对高水平的大学而言，要当好高科技产业的孵化器，善于孵化，善于放飞，为国家发展高科技产业与跨越式发展做出应有的贡献。

三是从原华中工学院开始只有本科生教育转变到今天的本科生教育、研究生教育与继续教育三者紧密结合。正如前述，这是学校建设与发展中的办学层次问题，实质上也是培育人才与建设学术生态环境如何互动的问题。在一所高水平大学中，本科生教育是学校存在的基础，研究生教育是学校提高的关键，而继续教育（其实包括在职人员攻读专业学位）则是学校适应社会发展的活力。本科生教育决不可轻视，一方面它直接为国家提供数以千万计的高素质专门人才，另一方面它又直接为研究生教育提供可靠的优质生源。国家建设急速发展，科技发展日新月异，在职人员的继续学习必不可少。何况，要建设学习型社会，高等学校义不容辞地负有对高级专门人才进行继续教育的社会责任。

四是从原华中工学院开始的专业教育、科学教育转变到今天的将素质教育融入专业教育之中并作为其指导思想的专门教育，转变到将人文教育与科学教育相融合作为指导思想的专门教育。这实质上是教育观念、教育思想的深刻转变。这个转变既是深化教育改革的先导，又贯彻于深化教育改革的全过程,这是贯彻党的教育方针,针对我国教育时弊,适应时代潮流,培养全面发展的高级专门人才所必需的转变。教育主要是文化教育,科学教育主要是科学文化教育,人文教育主要是人文文化教育。文化是个整体,科学文化与人文文化不可分割;高等教育是专门教育,是培养高级专门人才的教育。由于专业不同,文化教育内容应该而且必须有所侧重,文化教育方式应该而且必须有所不同,然而科学文化与人文文化不可分割,而且文化所含有的知识、思维、方法、原则、精神等也不可分割,如果由于专业不同,只重视科学文化或人文文化,这是十分片面乃至异常有害的。更有甚者,只重视知识,乃至只重视所谓"有用"的知识,而轻视所谓"无用"的知识,忽视思维,小视方法,漠视原则,无视精神,抛弃整体,这更是十分片面乃至异常有害的。还应提出的是,在科技高度发达、经济全球一体化的今天,忽视民族文化,漠视民族文化教育,对一个民族、一个国家而言,不仅片面、有害,而且十分危险。读一读江泽民同志在党的十六大工作报告中关于民族精神的论述,读一读胡锦涛同志在全国科技大会讲话中关于民族文化的论述,将更加发人深省! 将使人备受教益!

五是从原华中工学院开始的面向国内竞争、具有国内意识转变到今天的面向国际竞争、具有强烈的国际意识。这个转变就是开放办学,就是坚持"三个面向"的办学。这个转变实质上就是学校建设与发展所应走的道路的问题。教育必须结合实际,面向现代化;必须开辟空间,面向世界;必须延拓时间,面向未来。只有开放,只有与时俱进,才有活力,才有动力,才能发展,才能创新。今天,我校提出要办成开放式的大学,这是十分正确的。

显然,抓住上述四个方面,完成与继续完成上述的五个"转变",就是把学校建设与继续建设成(亦即"转化"与继续"转化"成)一所高水平的现代化大学,培育高水平人才,创造高水平文化,高水平地服务社会,高水平地交流学术,就是把学校办成研究型、综合性、开放式的高水平大学。

今天,我们庆贺朱九思同志九十华诞,就是要向他学习,就是要有效地继承他给我们留下的巨大历史财富与宝贵办学经验;就是要切实面对今天面临的形势与任务,坚定贯彻党的教育方针,以育人为本,落实科学发展观,落实党的十六届五中全会提出的要求,切实提高教育质量;就是要忠实执行邓小平同志提出的教育要"三个面向"的战略思想,与时俱进,毫不保守,毫不自满,毫不急功近利,毫不隐讳短处,立足现实,放眼未来,在战略上藐视敌人,在战术上重视敌人,抢抓机遇,迎接挑战,敢于竞争,善于转化。我们要学习、学习、再学习,实干、实干、再实干,更加"紧密团结,把准方向,扎实工作,不懈努力",努力培养出既能真挚爱国又会自主创新、全面发展的高级专门人才,办人民满意的高水平的大学! 昆明西山有副对联讲得好:"置身须在极高处,回首还有在上人。"

后记

  《朱九思全集》的后记，我应该是没有资格写的。几番推托，终究只得听从师命，于是写下这篇可能不像后记的后记。

  先生在华中工学院主要领导岗位上工作 31 年，先生的学生应该有几万人。1984 年底他从学校主要领导岗位上退下来之后，开始在华中工学院（后来的华中理工大学）高等教育研究所（现在的华中科技大学教育科学研究院）指导硕士生和博士生。他总共指导了 12 名硕士生和 9 名博士生。笔者是很幸运的：是先生博士生招生的开门弟子；是唯一一个硕士和博士阶段都由先生指导的弟子；是先生唯一的留在华中工学院（华中理工大学、华中科技大学）任教的博士弟子。自 1997 年博士毕业后，我在高等教育研究所/教育科学研究院从事研究生的教学与科学研究工作，直到今天，已整整 18 年了。

  在自己的导师曾任主要校领导达 31 年（其中任党委书记兼校长 10 多年）的大学中任教，我从 1988 年时的讲师，到 1995 年的副教授，到 1999 年的教授，再到 2009 年成为文科最高级别的二级教授，在整个成长过程中我都必须分外努力。说话要谨慎，因为先生不希望他的弟子是"浮夸之人"；工作要勤奋，因为先生不准许他的弟子成为"懒惰之人"；对学生要好，因为先生本人就是这样的人；研究要立足国情，因为先生的一生就把国家的需求放在第一位。万万不能打着先生的名字"招摇过市"，在晋升为正教授之前，我从来不敢向人介绍我是先生的学生，生怕辱没了先生的名声。

  我曾经让先生不高兴。1999 年和 2000 年我曾两次要求调出"华中工学院"和"华中理工大学"，到地处我国经济中心和政治中心的大学去，但先生坚决不同意！他希望我能够有一点像他，把自己的一生与华工紧紧相连。我现在也还在让先生不满意。因为出差多，指导的学生多，教学科研任务重，常常忙得不能经常去看望他,连一月一次都没有能够做到。两年前,先生希望我和我的师弟(武汉大学的黄明东教授)一起来整理先生的文章和讲话,出版《朱九思文集》。也还是因为我们这个年龄段的大学教授们的一忙再忙,我俩迟迟未能复命。直到2014年5月26日我去看先生,先生直接给我本人下达了任务。由于先生的文章中有很大一部分以前已经由华中工学院出版社、华中理工大学出版社、华中科技大学出版社出版过,有的已出版了几十年,而有的仅出版了不到十年,是否可以再次出版? 是否需要先生或者作为先生的学生的我们提供出版赞助? 如果出《朱九思文集》,是否可以在先生99岁生日前出版发行? 我联系了华中科技大学出版社,与总编辑姜新祺和策划周晓方女士、钱坤先生面谈。令人高兴的是,姜总编非常支持,回答我:一是可以再版;二是不用我们赞助;三是可以赶在先生的生日前出版。更加令人感动的是,姜总编建议,不是出一般的文集而是出版《朱九思全集》。

此后,我开始广泛收集整理朱九思先生的文章、讲话稿和信件,我逐一阅读了他存在学校档案馆的材料。时间真的不够用,我邀请了我现在指导的博士生张青根与我一起编辑整理朱先生文章。由于青根同学在华中科技大学求学7年,对九思先生的声望、地位以及威严是有所知晓的,比其他的学生来参与编辑要合适一些。我和张青根在朱先生已出版的《高等教育刍议》《高等教育散论》《竞争与转化》《开拓与改革》四本专著中认真搜寻,我本人还在朱先生那厚厚的档案材料中进行挑选,以确定一些合适于进入《朱九思全集》的文章、讲话与信件。

朱先生99岁生日快要到了,按中国习俗,是百岁庆贺。所以我想集中百篇文章进入全集中,我们也找到了这个"百篇"。但是在审阅时发现,有的讲话或书"序"很短,而大量的往来书信不合适收入全集,最后,只得忍痛割爱,为全集留下了71篇先生的文章或讲话材料。确定文稿后,我又面临一个困难选择,是按照文章或讲话的年代顺序还是按主题来编排全集的内容呢? 按时间顺序,于编者和读者都方便,读者读书的时候会有时间感,历史背景可以随着书页的翻动而闪现在读者面前;以文章主题为序,读者就比较容易抓住作者的思想要点,但对编者提出了更高的要求。两种内容篇章布局方式各有千秋! 我在权衡许久后初步选择了后一方式,并于2014年8月2日向先生汇报了这一想法,得到了先生的认可,从而最终确定以文章主题为序进行内容篇章布局,将这些入选的文章、讲话等材料分为高等教育思想和高等教育管理两大部分来划断上、下卷。最后的附录,是从众多的研究和评价文章中挑选出来的。特别是,有2篇均与王炯华先生所著的《朱九思评传》相关,有王炯华教授亲自写的"卷首语",以及时任校长李培根院士为《朱九思评传》所作的序。

全集的审读过程颇费周折,因为先生任大学校长多年,许多被收录的材料是他的讲话或谈话,口语化相当重。尽管我们尽力把过重的口语化的地方改变得更为书面用语一些,但还是会留下许多这样的毛病。我们要向读者交代的是,每篇文章,或多或少,都在先生讲话或以前发表的文稿基础上有点文字变动。

先生嘱咐我与他的老革命朋友、北京的李锐老先生联系,希望李老先生为这套全集写序。当我与李老先生联系上时,他立即应允。我将李锐先生为《朱九思评传》所写的序言做了一点修改,作为《朱九思全集》序言的初稿邮寄给了他。李老先生认真读了,并在我提供的打印稿上进行了修订,工工整整地签下了自己的名字,然后又邮寄给我。要知道,李锐先生只小九思先生1岁,也是一位百岁老先生啊!

朱九思先生出生于1916年农历正月十八,这一套分为上、下卷的《朱九思全集》也将在2015年的正月十八面世。需要向读者报告的是,百岁老人朱九思先生,虽然听力下降,视力下降,但思维仍然敏捷,他对过去发生的事记忆犹新,他仍然关心国家大事,关心华中科技大学的发展。只要我们去他住的华中科技大学附属协和医院保健楼804房间看望他,他首先会问你学校情况、国家大事,并谈及他个人的见解。

我本人也专门研究高等教育20多年(从1988年随九思先生读硕士算起),中国高等教育有许多改革,取得了很大的成就,也还存在着一些问题。当我审读、编辑这本《朱九思全集》后,我才发现,我们高等教育现在面临的问题,已进行了的或即将进行的改革,早在30年前,有的甚至是在50年前,我们可敬的朱九思先生就已经讲过了,有的甚至已经在华中工学院改革过一轮或几轮了。如,高校教师的教学质量问题,创新型人才培养问题,中学和高校的人才培养衔接问题,大学的单学科发展与多学科发展或综合化问题,教学和科研之间的关系问题,引进人才、安顿人才和稳定人才问题,教师的近亲繁殖和远亲杂交问题,学校经费配置和政府教育财政比重问题,校园种树种草种花问题,校园精神文明和物质文明问题,文化素质教育问题,如此等等,在《朱九思全集》中都有涉及。

作为一名高等教育研究者,我想说,朱九思先生是一位行政领导,是没有学科专长的校长,在由学科构成的大学里,也许会有人说他算是一个"外行"。而正是这样的"外行",没有学科壁垒,没有派别争斗,没有学术思想的门户之见。但他有的是,吸收新思想的能力与速度、学习他人他校长处的虚心与诚恳、带领学校参与高水平竞争的果断、推动学校改革与创新的勇气。还有一点,他身兼党委书记和校长的10多年,他在主要领导岗位任期的31年!他的敢作敢当,他领导的华工的快速发展,在使他本人的名声得以流芳百世的同时,是不是给我们现在的大学校长的职业化与专家型、任期制度与行政级别一个改革启示呢?

最后,我要感谢我自己能够克服困难,放下手上大量工作,来进行《朱九思全集》的编撰工作。感谢博士生张青根在其本人学业紧、任务重的情况下,放下自己正在撰写的论文,推迟自己计划提交的出国留学申请,而专心此全集的工作。感谢华中科技大学出版社总编辑姜新祺,策划周晓方、钱坤,编辑章红、殷茵、王晓东。感谢负责设计、校对、付印、出版发行的老师们。正是有了所有这些人的努力,这本集大智慧、宽胸怀、带有高等教育理论之思考与高等学校管理之经验的文章集,才能与广大读者见面。当我 2015 年 1 月 13 日到医院向先生汇报编撰工作进展,并报告他《朱九思全集》即将下厂印刷时,老先生很激动,非常清晰地说了两点意见。第一,没有你沈红的努力,就没有这本书的出版,我非常感谢你。第二,该全集应该是具有"两性"的。一是纪念性,二是普及性。在教育思想还比较混乱的今天,其中的普及性更为重要。他嘱咐我,要把上述两点意见写进"后记"中。我很是感慨,一位百岁老人,思路还如此清晰,强调重点问题还如此到位。作为了解全书内容的编辑者,我可以提前预见的是,当读者们读完这套全集时会发现,朱九思先生的教育思想和办学实践真可以用"高瞻远瞩"四个字来形容。因为他的眼光可看到未来三五十年,他的许多语言和许多行动,我们今天仍在实践当中。

有人曾说,在华中工学院,朱九思不是人,是"神"!那是说他的魄力、威严和说一不二。今天如果我们也这样说,这是想说他的眼光、胸怀和深邃思想。所有的这些,都渗透在《朱九思全集》的字里行间。望此书能对所有的读者有点用处!

沈　红

2015 年 1 月 13 日